Gruber/Stangl

Praxishandbuch Hochschülerinnen- und Hochschülerschaftsrecht

Michael Gruber

Siegfried Stangl

Praxishandbuch
Hochschülerinnen- und Hochschülerschaftsrecht

Kommentierte Ausgabe des Hochschülerinnen- und Hochschülerschaftsgesetzes 2014 und der Bezug habenden Gesetze und Verordnungen

2. Auflage

Wien, September 2017

facultas

Bibliografische Information Der Deutschen Nationalbibliothek

Die Deutsche Nationalbibliothek verzeichnet diese Publikation in der Deutschen Nationalbibliografie; detaillierte bibliografische Daten sind im Internet über http://dnb.d-nb.de abrufbar.

2. Auflage 2017

facultas Universitätsverlag, 1050 Wien, Österreich

Satz: SOLTÉSZ
Druck: Finidr, s.r.o., Ćeský Těšín
ISBN 978-3-7089-1529-6

Vorwort zur zweiten Auflage

Im Jahr 2016 wurde das Hochschülerinnen- und Hochschülerschaftsgesetz 2014 (HSG 2014) insbesondere auf Grund der Reform der Ausbildung der Pädagoginnen und Pädagogen (PädagogInnenbildungNEU), der Möglichkeit vorgezogene Wahltage einzurichten sowie der Vereinfachung des Briefwahlprozesses, grundlegend geändert. Dies hatte auch eine Novellierung der Hochschülerinnen- und Hochschülerschaftswahlordnung 2014 (HSWO 2014) zur Folge.

Eine Hochschülerinnen- und Hochschülerschafts-Dienstvertragsverordnung (HS-DVV) wurde erstmals erlassen.

Die bisherigen Richtlinien der Kontrollkommission hinsichtlich der Zurverfügungstellung von Räumen seitens der Bildungseinrichtungen an die Hochschülerinnen- und Hochschülerschaften sowie die Bestimmungen über den Verwaltungsbeitrag wurden nunmehr durch die Hochschülerinnen- und Hochschülerschaftsraum- und verwaltungsbeitragsverordnung (HS-RVBV) ersetzt.

Ebenso wurde eine Hochschülerinnen- und Hochschülerschaftswirtschaftsverordnung (HS-WV) erlassen, welche insbesondere die Abwicklung der wirtschaftlichen Angelegenheiten durch die Hochschülerinnen- und Hochschülerschaften regelt.

Im Zuge dieser umfangreichen Reformen und Änderungen im Bereich des Hochschülerinnen- und Hochschülerschaftsrechts wurde an die Autoren der vielfache Wunsch herangetragen, eine aktualisierte, der geltenden Rechtslage entsprechende, Neufassung des ***Praxishandbuches Hochschülerinnen- und Hochschülerschaftsrecht*** zu erstellen.

Die zweite Auflage des ***Praxishandbuches Hochschülerinnen- und Hochschülerschaftsrecht*** richtet sich wiederum an Studierende, insbesondere Studierendenvertreterinnen und Studierendenvertreter sowie an Personen, die mit hochschülerinnen- und hochschülerschaftsrechtlichen Aufgaben befasst sind.

Um auch die zweite Auflage des Praxishandbuches ebenso benutzerinnen- und benutzerfreundlich zu gestalten, wurde die bisherige Form des Aufbaues grundsätzlich beibehalten und der neuen Rechtslage entsprechend modifiziert.

- Inhaltsverzeichnis
- Hochschülerinnen- und Hochschülerschaftsgesetz 2014 mit eingearbeiteter Novelle 2016
- Hochschülerinnen- und Hochschülerschaftswahlordnung 2014 mit eingearbeiteter Novelle 2016
- Verordnung über die Bildungseinrichtung mit mehr als 1 000 Studierenden mit eingearbeiteter Novelle 2016
- Muster einer Verordnung des Bundesministers für Wissenschaft, Forschung und Wirtschaft über die Wahltage der Hochschülerinnen- und Hochschülerschaftswahlen

- Hochschülerinnen- und Hochschülerschafts-Dienstvertragsverordnung
- Hochschülerinnen- und Hochschülerschaftsraum- und -verwaltungsbeitragsverordnung
- Hochschülerinnen- und Hochschülerschaftswirtschaftsverordnung
- Verordnung über die Verlängerung der Anspruchsdauer der Studienbeihilfe
- Verordnung über die Verlängerung der Anspruchsdauer der Familienbeihilfe
- Übersicht über die Zuständigkeiten, Rechte und Aufgaben der Organe
- Übersicht über Übermittlungs- und Veröffentlichungspflichten
- Fristentabelle

Die Gesetzes- und Verordnungs**normen** sind **fett** gedruckt.

Die *Erläuterungen* zur Regierungsvorlage und zu den Verordnungen sind in *kursiver Schrift* verfasst.

Die Anmerkungen der Autoren sind in Normalschrift verfasst.

Die Autoren, Dr. Siegfried Stangl (Referatsleiter im Bundesministerium für Wissenschaft, Forschung und Wirtschaft) und Mag. Michael Gruber (Referent im Bundesministerium für Wissenschaft, Forschung und Wirtschaft), waren - wie schon bei der Konzeption des HSG 2014 - auch mit den Novellierungen des HSG 2014 und mit der Erstellung der übrigen erstmals erlassenen Verordnungen maßgeblich befasst. Der tägliche Umgang mit hochschülerinnen- und hochschülerschaftsrechtlichen Angelegenheiten weisen sie als profunde Experten dieser Materie aus und befähigen sie im Besonderen, dieses Handbuch **aus der Praxis für die Praxis** in verbesserter und aktualisierter zweiter Auflage vorzulegen.

Wir danken allen, die am Entstehen dieses Praxishandbuches beteiligt waren, insbesondere Frau Dipl.-Ing. Andrea Gruber und Herrn Mag. Mag. Michael Berthold.

Wien, im September 2017

Michael Gruber
Siegfried Stangl

Inhalt

3. Abschnitt
Vertretung von Studierenden an Bildungseinrichtungen, an denen keine Hochschülerinnen- und Hochschülerschaft eingerichtet ist

3. Hauptstück
Organisation der Vertretungseinrichtungen

1. Abschnitt
Allgemeine Bestimmungen über Studierendenvertreterinnen und Studierendenvertreter

2. Abschnitt
Vorsitzende und ihre Stellvertreterinnen und Stellvertreter

3. Abschnitt
Organisatorische, wirtschaftliche und finanzielle Angelegenheiten

4. Hauptstück
Willensbildung der Mitglieder

1. Abschnitt
Wahlen in die Organe

Verordnungen

Verordnung des Bundesministers für Wissenschaft, Forschung und Wirtschaft über die Durchführung der Hochschülerinnen- und Hochschülerschaftswahlen (Hochschülerinnen- und Hochschülerschaftswahlordnung 2014 – HSWO 2014)

1. Abschnitt
Begriffsbestimmungen sowie Einrichtung und Aufgaben der Wahlkommissionen

2. Abschnitt
Wahladministrationssystem

3. Abschnitt
Wählerinnen- und Wählerverzeichnis

4. Abschnitt
Wahlvorschläge und Kandidaturen

5. Abschnitt
Durchführung der Wahlen

6. Abschnitt
Durchführung der Briefwahl

7. Abschnitt
Wahlergebnis

8. Abschnitt
Schlussbestimmungen

Anlagen der HSWO 2014

Verordnung des Bundesministers für Wissenschaft, Forschung und Wirtschaft über die einheitliche Vorgangsweise bei der Zuweisung von Räumen und der Zahlung von Beiträgen zum Verwaltungsaufwand an die Hochschülerinnen- und Hochschülerschaften und die Vertretungen von Studierenden an Bildungseinrichtungen, an denen keine Hochschülerinnen- und Hochschülerschaft eingerichtet ist (Hochschülerinnen- und Hochschülerschaftsraum- und -verwaltungsbeitragsverordnung – HS-RVBV)

Verordnung des Bundesministers für Wissenschaft, Forschung und Wirtschaft über die Grundsätze einer einheitlichen und ordnungsgemäßen Haushaltsführung, der Abwicklung von Rechtsgeschäften, der Budgetierung, der Bilanzierung, der Erstellung von Jahresvoranschlägen und Jahresabschlüssen und der Prüfung von Jahresabschlüssen der Österreichischen Hochschülerinnen- und Hochschülerschaft und der Hochschülerinnen- und Hochschülerschaften und über die Erstellung von Jahres-, Quartals- und Sonderberichten von Wirtschaftsbetrieben der Österreichischen Hochschülerinnen- und Hochschülerschaft und der Hochschülerinnen- und Hochschülerschaften (Hochschülerinnen- und Hochschülerschaftswirtschafts- verordnung – HS-WV)

1. Abschnitt
Allgemeine Bestimmungen

2. Abschnitt
Haushaltsführung und Abwicklung von Rechtsgeschäften

3. Abschnitt
Budgetierung

4. Abschnitt
Erstellung des Jahresabschlusses

5. Abschnitt
Prüfung des Jahresabschlusses

6. Abschnitt
Wirtschaftsbetriebe

7. Abschnitt
Verfahrens-, Übergangs- und Schlussbestimmungen

Verordnung des Bundesministers für Wissenschaft, Forschung und Wirtschaft über die Verlängerung der Anspruchsdauer für den Bezug von Studienbeihilfe für Studierendenvertreterinnen und Studierendenvertreter

Verordnung der Bundesministerin für Familien und Jugend über die Verlängerung der Anspruchsdauer für den Bezug von Familienbeihilfe für Studierendenvertreterinnen und Studierendenvertreter

Auszüge aus dem Bundes-Verfassungsgesetz (B-VG)

Übersicht über Zuständigkeiten, Rechte, Pflichten und Aufgaben

Übersicht über Übermittlungs- und Veröffentlichungspflichten

Abkürzungsverzeichnis

ABGB	Allgemeines bürgerliches Gesetzbuch
Abs.	Absatz
AG	Aktiengesellschaft
Art.	Artikel
AVG	Allgemeines Verwaltungsverfahrensgesetz 1991
BMWFW	Bundesministerium für Wissenschaft, Forschung und Wirtschaft
BGBl.	Bundesgesetzblatt
BV	Bundesvertretung
B-VG	Bundes-Verfassungsgesetz
bzw.	beziehungsweise
csv	Comma-separated values
DSG 2000	Datenschutzgesetz 2000
DUK-Gesetz 2004	Bundesgesetz über die Universität für Weiterbildung Krems
ECTS-Anrechnungspunkte	European Credit Transfer System-Anrechnungspunkte
etc.	et cetera
FHStG	Fachhochschul-Studiengesetz
GmbH	Gesellschaft mit beschränkter Haftung
GZ	Geschäftszahl
iVm	in Verbindung mit
KK	Kontrollkommission
NRWO	Nationalrats-Wahlordnung 1992
OGH	Oberster Gerichtshof
ÖH	Österreichische Hochschülerinnen- und Hochschülerschaft
HG	Hochschulgesetz 2005
HS	Hochschülerinnen- und Hochschülerschaft
HSG 1998	Hochschülerinnen- und Hochschülerschaftsgesetz 1998
HSG 2014	Hochschülerinnen- und Hochschülerschaftsgesetz 2014
HS-QSG	Hochschul-Qualitätssicherungsgesetz
HSWO 2005	Hochschülerinnen- und Hochschülerschaftswahlordnung 2005
HSWO 2014	Hochschülerinnen- und Hochschülerschaftswahlordnung 2014
HV	Hochschulvertretung
ID	Identifikationsmerkmal
PGP	Pretty Good Privacy

PUG	Privatuniversitätengesetz
StGB	Strafgesetzbuch
StGBl.	Staatsgesetzblatt
StPO	Strafprozeßordnung 1975
UG	Universitätsgesetz 2002
UGB	Unternehmensgesetzbuch
UK	Unterkommission
UWK	Unterwahlkommission
WK	Wahlkommission
WK ÖH	Wahlkommission der Österreichischen Hochschülerinnen- und Hochschülerschaft
vH	von Hundert
VfGH	Verfassungsgerichtshof
VfSlg.	Sammlung der Erkenntnisse des Verfassungsgerichtshofes
VwGH	Verwaltungsgerichtshof
VwSlg.	Sammlung der Erkenntnisse des Verwaltungsgerichtshofes
xml	Extensible Markup Language
Z	Ziffer
z. B.	zum Beispiel

Einleitung

Das Hochschülerinnen- und Hochschülerschaftsrecht wurde im Jahr 2014 einer grundlegenden Reform unterzogen. Ausgehend vom Hochschülerinnen- und Hochschülerschaftsgesetz 1998 (HSG 1998) wurden weite Teile neu gestaltet und in deren Folge ein neues Hochschülerinnen- und Hochschülerschaftsgesetz 2014 (HSG 2014) durch das Parlament beschlossen.

Die Verlautbarung des HSG 2014 mit BGBl. I Nr. 45/2014 brachte mit sich, dass auch mehrere Verordnungen, insbesondere die Hochschülerinnen- und Hochschülerschaftswahlordnung 2014 (HSWO 2014), neu erlassen wurden. Mehrere Verordnungen, insbesondere jene, die die Richtlinien der Kontrollkommission ersetzen sollen, sind durch die Bundesministerin oder den Bundesminister in näherer Zukunft zu erlassen.

Wesentliche Neuerungen sind:

- Einheitliche Vertretungsstrukturen für Studierende
- Aufnahme der Studierenden an der Donau-Universität Krems und der Studierenden an den Privatuniversitäten als Mitglieder der Österreichischen Hochschülerinnen- und Hochschülerschaft
- Einrichtungen von neuen Hochschülerinnen- und Hochschülerschaften (HS) als Körperschaften des öffentlichen Rechts an Bildungseinrichtungen mit über 1.000 Studierenden
- Einrichtung von Hochschulvertretungen und Studienvertretungen an Bildungseinrichtungen mit weniger als 1.000 Studierenden
- Ermöglichung der Briefwahl für die Wahl der Bundesvertretung und die Wahl der Hochschulvertretungen
- Direktwahl der Bundesvertretung und Festsetzung der Zahl ihrer zu wählenden Mitglieder auf 55
- Aktives und passives Wahlrecht für alle ordentlichen Mitglieder der ÖH, unabhängig von ihrer Staatsangehörigkeit
- Stärkung der aufsichtsrechtlichen Bestimmungen

Die Zielsetzungen der Bundesregierung, die diese mit der Neufassung des HSG 2014 verknüpfte, lassen sich dem „Allgemeinen Teil der Erläuterungen der Regierungsvorlage des HSG 2014“ entnehmen:

Allgemeiner Teil

Im Arbeitsprogramm der österreichischen Bundesregierung für die Jahre 2013 bis 2018 wird unter Abschnitt drei, welcher Bildung, Wissenschaft, Kunst, Kultur und Frauen betrifft, unter anderem das Hochschülerinnen- und Hochschülerschaftsgesetz 1998 (HSG 1998) erwähnt: „das HochschülerInnenschaftsge-

setz wird im Hinblick auf mögliche Reformpunkte unter Einbeziehung Beteiligter evaluiert bzw. novelliert (Wahlrechtsfragen, Gestions- und Haftungsfragen, u. a.)".

Die vorliegende Regierungsvorlage für ein Hochschülerinnen- und Hochschülerschaftsgesetz 2014 (HSG 2014) basiert auf dem gemeinsamen Vorschlag der AktionsGemeinschaft Österreich (AG), der Fachschaftslisten Österreich (FLÖ), der Fraktion Engagierter Studierender (FEST), dem Verband Sozialistischer Student_innen in Österreich (VSStÖ) und den Grünen & Alternativen StudentInnen (GRAS), welcher dem Bundesminister für Wissenschaft, Forschung und Wirtschaft als Konsenspapier für eine Änderung des HSG 1998 vorgelegt wurde. Die von der Arbeitsgruppe im Bundesministerium für Wissenschaft, Forschung und Wirtschaft erarbeiteten Ergebnisse wurden insgesamt in drei Treffen mit Vertreterinnen und Vertretern der Bundesvertretung der Studierenden besprochen, weiterentwickelt und adaptiert.

Das wichtigste Ziel des vorgeschlagenen HSG 2014 stellt die Schaffung von homogenen Vertretungsstrukturen der Studierenden in der heterogenen Bildungseinrichtungslandschaft (Universitäten, Universität für Weiterbildung Krems, Pädagogische Hochschulen, Fachhochschulen und Privatuniversitäten) dar. Dies erfolgt durch Angleichung der Vertretungsstrukturen der Studierenden an Pädagogischen Hochschulen und Fachhochschulen an die Strukturen der Hochschülerinnen- und Hochschülerschaften an den Universitäten und durch Einbeziehung der Studierenden an Privatuniversitäten in die Österreichische Hochschülerinnen- und Hochschülerschaft (ÖH).

An Bildungseinrichtungen mit über 1000 Studierenden werden daher neue Hochschülerinnen- und Hochschülerschaften als Körperschaften öffentlichen Rechts durch das HSG 2014 errichtet. An Bildungseinrichtungen mit weniger als 1000 Studierenden werden von den Studierenden eine Hochschulvertretung und Studienvertretungen gewählt, welche die Interessen der Studierenden gegenüber der jeweiligen Bildungseinrichtung vertreten. Diese Hochschulvertretungen und Studienvertretungen werden im rechtsgeschäftlichen Verkehr durch die ÖH bzw. eine Hochschülerinnen- und Hochschülerschaft vertreten.

Es existieren Hochschülerinnen- und Hochschülerschaften nur an jenen Bildungseinrichtungen mit über 1000 Studierenden, für welche die Erreichung der erforderlichen Zahl an Studierenden durch Verordnung der Bundesministerin oder des Bundesministers festgestellt worden ist. An den übrigen Bildungseinrichtungen mit weniger als 1000 Studierenden existieren KEINE Hochschülerinnen- und Hochschülerschaften, sondern Hochschulvertretungen und Studienvertretungen mit einem die jeweilige Bildungseinrichtung kennzeichnenden Zusatz.

Um der geringen Wahlbeteiligung bei den Hochschülerinnen- und Hochschülerschaftswahlen (zuletzt 2013: 28% der Wahlberechtigten) entgegenzutreten, soll die Möglichkeit der Stimmabgabe durch Briefwahl für die Wahlen der Bundesvertretung und der Hochschulvertretungen geschaffen werden. Die Briefwahl wird zentral für alle Bildungseinrichtungen von der Wahlkommission der Österreichischen Hochschülerinnen- und Hochschülerschaft organisiert und durchgeführt.

Vor nunmehr zehn Jahren wurde die direkte Listenwahl in die Bundesvertretung durch ein Nominierungssystem (Entsendung seitens der jeweiligen Hochschülerinnen- und Hochschülerschaft, etc.) ersetzt. Da sich die Anzahl der zu vergebenden Mandate nach der Anzahl der Studierenden und deren Verteilung auf die Universitäten richtet und nicht begrenzt ist, ist die Zahl der Studierendenvertreterinnen und Studierendenvertreter in der Bundesvertretung auf zuletzt über 100 Mandatarinnen und Mandatare angewachsen. Mit der steigenden Größe der Bundesvertretung wurde einerseits deren Handlungsfähigkeit erschwert. Andererseits war es der ausdrückliche Wunsch der in der Bundesvertretung vertretenen wahlwerbenden Gruppen, wieder eine Direktwahl der Bundesvertretung der ÖH vorzusehen. Dies wird mit dem vorliegenden Entwurf verwirklicht, wobei die Bundesvertretung in Zukunft 55 Mandatarinnen und Mandatare umfassen soll.

Einen weiteren Schwerpunkt stellt in diesem Entwurf die Ausdehnung des passiven Wahlrechtes unabhängig von der Staatsangehörigkeit auf alle Studierenden dar. Mit Änderung des Bundes- Verfassungsgesetzes und Erlassung eines Ersten Bundesverfassungsrechtsbereinigungsgesetzes, BGBl. I Nr. 2/2008, wurde die Verfassungsbestimmung des § 35 Abs. 2 HSG 1998, welcher die passive Wahlberechtigung regelt, zu einer einfachen bundesgesetzlichen Bestimmung. Gemäß Art. 81c Abs. 2 B-VG kann bundesgesetzlich vorgesehen werden, dass die Tätigkeit an der Universität sowie die Mitwirkung in Organen der Universität und der Studierendenvertretung von Personen, die nicht die österreichische Staatsbürgerschaft besitzen, zulässig ist.

Um die Gebarungskontrolle und die Aufsicht über die ÖH und die Hochschülerinnen- und Hochschülerschaften zu präzisieren und zu stärken sowie um der Schaffung zusätzlicher Körperschaften Rechnung zu tragen, wird vorgeschlagen, dass die Anzahl der Mitglieder der Kontrollkommission von derzeit neun auf vierzehn erhöht wird. Die Kontrollkommission kann in der Geschäftsordnung die Bildung von Senaten zur selbstständigen und eigenverantwortlichen Geschäftsbehandlung vorsehen. Das HSG 2014 orientiert sich weitgehend an der Struktur des HSG 1998, wobei ein neuer 3. Abschnitt zur Regelung der Vertretungsstrukturen der Studierenden an Bildungseinrichtungen, an denen keine Hochschülerinnen- und Hochschülerschaft eingerichtet ist, eingefügt wurde. Auch waren durch die Angleichung der Vertretungsstrukturen der Studierenden an Pädagogischen Hochschulen und Fachhochschulen an die Strukturen der Hochschülerinnen- und Hochschülerschaften an den Universitäten und die Einbeziehung der Studierenden an Privatuniversitäten in die ÖH legistische Anpassungen und Klarstellungen notwendig. Im Besonderen Teil werden daher nur jene Bestimmungen eingehend erläutert, welche gegenüber dem HSG 1998 inhaltlich geändert wurden.

Aufgrund der historischen Entwicklung sind im HSG 1998 auch zahlreiche Sonderbestimmungen für Hochschülerinnen- und Hochschülerschaften – die gemäß HSG 1998 nur an Universitäten eingerichtet sind – gegenüber der jeweiligen Universität vorgesehen. Diese Sonderrechte haben ihre Grundlage im Universitätsgesetz 2002 – UG, BGBl. I Nr. 120/2002, zuletzt geändert durch

BGBl. I Nr. 16/2014 und werden im HSG 1998 näher ausgeführt. Da sich das HSG 2014 weitgehend an der Struktur des HSG 1998 orientiert, wurden diese Sonderbestimmungen, welche den Hochschülerinnen- und Hochschülerschaften bzw. deren Organen gegenüber den Universitäten bzw. deren Organen im UG und in Folge im HSG 1998 eingeräumt wurden, auch in das HSG 2014 übernommen. Auch sind diese Bestimmungen im jeweiligen Paragraphen des HSG 2014 klar ersichtlich, da jeweils nur solche Begriffe wie zum Beispiel „Universität" oder „Universitätsvertretung" verwendet werden, die gemäß der Begriffsbestimmung in § 1 Abs. 2 Z 1 nur die Universitäten gemäß § 6 UG und die Universität für Weiterbildung Krems bzw. die dortigen Organe der Hochschülerinnen- und Hochschülerschaften einschließen.

Im Rahmen des Begutachtungsverfahrens wurden 64 Stellungnahmen abgegeben. Diese sind auf der Homepage des Parlaments unter: *https://www.parlament.gv.at/PAKT/VHG/XXV/ME/ME_00027/index.shtml* abrufbar.

Aufgrund der Neuregelung des HSG 2014 wurde vom Bundesminister für Wissenschaft, Forschung und Wirtschaft eine neue Hochschülerinnen- und Hochschülerschaftswahlordnung 2014 erlassen, wobei die Zielsetzungen dem allgemeinen Teil der Erläuterungen entnommen werden können:

Erläuterungen:
Die Verordnung des Bundesministers für Wissenschaft, Forschung und Wirtschaft über die Erlassung von näheren Bestimmungen hinsichtlich der Durchführung der Hochschülerinnen- und Hochschülerschaftswahlen (Hochschülerinnen- und Hochschülerschaftswahlordnung 2014 – HSWO 2014) beruht auf §§ 43 Abs. 7, 44 Abs. 2, 60 Abs. 1 und 2 des Bundesgesetzes über die Vertretung der Studierenden (Hochschülerinnen- und Hochschülerschaftsgesetz 2014 – HSG 2014), BGBl. I Nr. 45/2014.

Durch die Neuregelung der Vertretung der Studierenden durch das HSG 2014, welches am 1. Oktober 2014 in Kraft getreten ist, ist auch eine Adaptierung der Hochschülerinnen- und Hochschülerschaftswahlordnung 2005 (HSWO 2005) notwendig geworden. Auf Grund der zahlreichen Änderungen im HSG 2014 und der verpflichtenden näheren Regelung des Wahlvorganges in der Hochschülerinnen- und Hochschülerschaftswahlordnung, wird von einer Novellierung der HSWO 2005 Abstand genommen und diese durch die Neuerlassung der Hochschülerinnen- und Hochschülerschaftswahlordnung 2014 ersetzt.

Als Vorlage der HSWO 2014 dienen die Bestimmungen in der HSWO 2005, welche auf Grund des HSG 2014 adaptiert und insbesondere mit Regelungen bezüglich des Wahlvorganges, des Briefwahlvorganges und des Wahladministrationssystems (inkludiert die Führung eines elektronischen Abstimmungsverzeichnisses) erweitert werden. In die HSWO 2014 werden auch gleichlautende Bestimmungen aus dem HSG 2014 übernommen. Dies erfolgt aus dem Grund, dass die Hochschülerinnen- und Hochschülerschaftswahlordnung möglichst Anwenderinnen- und anwenderorientiert gestaltet sein und somit den Wahlkom-

missionen die Organisation der Hochschülerinnen- und Hochschülerschaftswahlen erleichtern soll.
Der besondere Teil der Erläuterungen zur Hochschülerinnen- und Hochschülerschaftswahlordnung 2014 im Kommentar basiert auf dem zur Begutachtung ausgesendeten Entwurf der HSWO 2014 und wurde soweit übernommen, als diese mit der im Bundesgesetzblatt II verlautbarten HSWO 2014 übereinstimmen.

Novellierungen

Mit BGBl. I Nr. 45/2014 wurde ein neues Bundesgesetz über die Vertretung der Studierenden (Hochschülerinnen- und Hochschülerschaftsgesetz 2014 – HSG 2014) beschlossen, welches zu umfangreichen Änderungen in diesem Bereich geführt hat. In der Hochschülerinnen- und Hochschülerschaftswahlordnung 2014 (HSWO 2014) wurden anschließend die Bestimmungen betreffend die ÖH-Wahlen näher ausformuliert. Mit diesen Neuregelungen waren insbesondere folgende Auswirkungen verbunden:

- Einbeziehung sämtlicher Studierender an allen Bildungseinrichtungen in die Österreichische Hochschülerinnen- und Hochschülerschaft
- Einführung einheitlicher Vertretungsstrukturen
- Direktwahl der Bundesvertretung anstelle des „Entsendungssystems"
- Einrichtung eines Wahladministrationssystems zur Sicherstellung des gleichen Wahlrechtes
- Einrichtung von ca. 30 neuen Hochschülerinnen- und Hochschülerschaften als Körperschaften öffentlichen Rechts
- Ermöglichung der Briefwahl für die Wahl der Bundesvertretung und der Hochschulvertretungen.

Eine verpflichtende Evaluierung des HSG 2014 und der HSWO 2014 ist in den Bezug habenden wirkungsorientierten Folgenabschätzungen vorgesehen. Zur Durchführung dieser Evaluierung wurden spezielle Evaluierungsworkshops mit den Vorsitzenden und stellvertretenden Vorsitzenden der Wahlkommissionen, welche für die Organisation der ÖH-Wahlen an den einzelnen Bildungseinrichtungen zuständig sind, veranstaltet. Die Ergebnisse dieser Evaluierungsworkshops bildeten die Basis für die vorgeschlagenen Änderungen. Im Vorfeld wurden die gesammelten Ergebnisse mit Vertreterinnen und Vertretern der Österreichischen Hochschülerinnen- und Hochschülerschaft (ÖH) in mehreren Sitzungen diskutiert und die vorliegende Textierung gemeinsam erarbeitet. Hingewiesen wird an dieser Stelle, dass es in ganz Österreich nur eine Österreichische Hochschülerinnen- und Hochschülerschaft (ÖH) gibt. Die Organe der ÖH sind die Bundesvertretung der Studierenden und die Wahlkommission der ÖH. An den Universitäten und an den Bildungseinrichtungen mit über 1 000 Studierenden sind Hochschülerinnen- und Hochschülerschaften eingerichtet und keine

Österreichischen Hochschülerinnen- und Hochschülerschaften. An den übrigen Bildungseinrichtungen mit weniger als 1 000 Studierenden existieren keine Hochschülerinnen- und Hochschülerschaften, sondern Vertretungsstrukturen der Studierenden an Bildungseinrichtungen, an denen keine Hochschülerinnen- und Hochschülerschaft eingerichtet ist. Die korrekte Bezeichnung der dortigen Vertretungsstrukturen lautet: „Hochschulvertretung der Studierenden der XXX (Name der Bildungseinrichtung)" bzw. Studienvertretung der Studierenden der XXX (Name der Bildungseinrichtung)".

Hochschülerinnen- und Hochschülerschaftsgesetz 2014 – HSG 2014

BGBl. I Nr. 45/2014

BGBl. I Nr. 97/2016

1. Hauptstück
Allgemeine Bestimmungen

Geltungsbereich

§ 1. (1) Dieses Bundesgesetz regelt die Errichtung und die Organisation der Vertretung der Studierenden an folgenden Bildungseinrichtungen:

1. **den Universitäten gemäß § 6 des Universitätsgesetzes 2002 – UG, BGBl. I Nr. 120/2002,**
2. **den Pädagogischen Hochschulen gemäß § 1 Abs. 1 und 2 des Hochschulgesetzes 2005 – HG, BGBl. I Nr. 30/2006,**
3. **den Fachhochschulen und Einrichtungen zur Durchführung von Fachhochschul-Studiengängen gemäß § 1 des Fachhochschul-Studiengesetzes – FHStG, BGBl. Nr. 340/1993,**
4. **den Privatuniversitäten gemäß § 1 des Privatuniversitätengesetzes – PUG, BGBl. I Nr. 74/2011, und**
5. **der Universität für Weiterbildung Krems gemäß §§ 1 und 2 des DUK-Gesetzes 2004, BGBl. I Nr. 22/2004.**

(2) Die Einrichtungen gemäß Abs. 1 werden im Folgenden als Bildungseinrichtungen bezeichnet, wobei folgende Bezeichnungen für die einzelnen Bildungseinrichtungen gemäß Abs. 1 verwendet werden:

1. **Für die Einrichtungen gemäß Abs. 1 Z 1 und 5 die Bezeichnung „Universität",**
2. **für die Einrichtungen gemäß Abs. 1 Z 2 die Bezeichnung „Pädagogische Hochschule",**
3. **für die Einrichtungen gemäß Abs. 1 Z 3 die Bezeichnung „Fachhochschule" und**
4. **für die Einrichtungen gemäß Abs. 1 Z 4 die Bezeichnung „Privatuniversität".**

(3) Ordentliche Mitglieder der Österreichischen Hochschülerinnen- und Hochschülerschaft (ÖH) sind die ordentlichen Studierenden gemäß § 2 Abs. 1 und die außerordentlichen Studierenden gemäß § 2 Abs. 2. Außerordentliche Mitglieder sind alle übrigen Studierenden an den Bildungseinrichtungen gemäß Abs. 1.

(4) Die Österreichische Hochschülerinnen- und Hochschülerschaft und die jeweiligen Hochschülerinnen- und Hochschülerschaften vertreten auch die Interessen der außerordentlichen Mitglieder. Die außerordentlichen Mitglieder haben keinen Studierendenbeitrag gemäß § 38 Abs. 2 zu leisten und sind weder aktiv noch passiv wahlberechtigt.

(5) Soweit in diesem Bundesgesetz auf Bestimmungen anderer Bundesgesetze verwiesen wird, sind diese in ihrer jeweils geltenden Fassung anzuwenden.

(6) Soweit dieses Bundesgesetz auf die Bundesministerin oder den Bundesminister oder das Bundesministerium Bezug nimmt, wird die Zuständigkeit der Bundesministerin oder des Bundesministers oder des Bundesministeriums für Wissenschaft, Forschung und Wirtschaft begründet.

Erläuterungen zur Regierungsvorlage:
Der Anwendungsbereich des HSG 2014 erfasst auch die Errichtung und die Organisation der Vertretung der Studierenden an Privatuniversitäten. Es erfolgt nun eine Trennung der Mitglieder der ÖH in ordentliche und außerordentliche Mitglieder. Die außerordentlichen Mitglieder der ÖH haben keinen Studierendenbeitrag gemäß § 38 Abs. 2 zu leisten und sind weder aktiv noch passiv wahlberechtigt, werden aber bezüglich Belangen des Studiums auch von der ÖH, den einzelnen Hochschülerinnen- und Hochschülerschaften sowie den Hochschulvertretungen und Studienvertretungen vertreten.

Anmerkungen:
Durch das HSG 2014 wurde nunmehr ein einheitliches System der Vertretung der Studierenden an den öffentlichen Universitäten, den Pädagogischen Hochschulen, den Fachhochschulen und Einrichtungen zur Durchführung von Fachhochschul-Studiengängen, den Privatuniversitäten und der Universität für Weiterbildung Krems normiert.

Begriffsbestimmungen

§ 2. (1) Der Begriff „ordentliche Studierende" umfasst folgende Studierende:

1. **an Universitäten alle ordentlichen Studierenden gemäß § 51 Abs. 2 Z 15 UG, welche zu einem ordentlichen Studium zugelassen sind (§ 63 UG) oder die Fortsetzung des Studiums gemeldet haben (§ 62 UG),**
2. **an Pädagogischen Hochschulen Studierende, die zu Bachelorstudien und Masterstudien zugelassen sind,**
3. **an Fachhochschulen ordentliche Studierende gemäß § 4 Abs. 2 erster Satz FHStG,**
4. **an Privatuniversitäten Studierende von Studien, mit Ausnahme der Universitätslehrgänge, die aufgrund eines Ausbildungsvertrages zu einem Studium an der Privatuniversität zugelassen sind und**

5. an der Universität für Weiterbildung Krems Studierende von „PhD“-Studien gemäß § 5 Abs. 1 des DUK-Gesetzes 2004.

(2) Der Begriff „außerordentliche Studierende“ umfasst folgende Studierende:

1. an Universitäten alle außerordentlichen Studierenden gemäß § 51 Abs. 2 Z 22 UG,

2. an Pädagogischen Hochschulen Studierende, die zu Hochschullehrgängen oder Lehrgängen gemäß § 39 HG mit mindestens 30 ECTS-Anrechnungspunkten zugelassen sind,

3. an Fachhochschulen Studierende gemäß § 4 Abs. 2 FHStG, die zu außerordentlichen Studien zugelassen sind,

4. an Privatuniversitäten Studierende von Universitätslehrgängen gemäß § 3 Abs. 4 PUG und

5. an der Universität für Weiterbildung Krems Studierende von Universitätslehrgängen gemäß § 5 Abs. 1 des DUK-Gesetzes 2004.

(3) Der Begriff „Hochschulvertretung“ umfasst, soweit nicht anders bestimmt, folgende Organe:

1. die Universitätsvertretungen,

2. die Pädagogischen Hochschulvertretungen,

3. die Fachhochschulvertretungen und

4. die Privatuniversitätsvertretungen.

Erläuterungen zur Regierungsvorlage:

Diese Bestimmung enthält Begriffsbestimmungen. In den Absätzen 2 und 3 wird definiert, welche Studierenden an den verschiedenen Bildungseinrichtungen unter die Begriffe „ordentliche Studierende“ und „außerordentliche Studierende“ zu subsumieren sind. Diese „ordentlichen Studierenden“ und „außerordentlichen Studierenden“ ergeben sodann die ordentlichen Mitglieder der ÖH. Es ist vorgesehen, diese Differenzierung in ordentliche und außerordentliche Mitglieder der ÖH und deren Abgrenzung, insbesondere im Hinblick auf deren Anwendbarkeit in der Praxis, im Rahmen der in der Wirkungsorientierten Folgenabschätzung für das Jahr 2015 festgelegten Evaluierung der Hochschülerinnen- und Hochschülerschaftswahlen 2015, zu überprüfen. Auch wird der neue Begriff „Hochschulvertretung“ implementiert, welcher die Universitätsvertretungen, die Pädagogischen Hochschulvertretungen, die Fachhochschulvertretungen und die Privatuniversitätsvertretungen umfasst.

Österreichische Hochschülerinnen- und Hochschülerschaft, Hochschülerinnen- und Hochschülerschaften und Vertretungsstrukturen an den übrigen Bildungseinrichtungen

§ 3. (1) Die Österreichische Hochschülerinnen- und Hochschülerschaft und die Hochschülerinnen- und Hochschülerschaften an den Universitäten sind Körperschaften öffentlichen Rechts und verwalten ihre Angelegenheiten im Rahmen dieses Bundesgesetzes selbst.

(2) An den Bildungseinrichtungen gemäß § 1 Abs. 1 Z 2 bis 4, für die durch Verordnung der Bundesministerin oder des Bundesministers für den Durchschnitt der letzten drei Studienjahre festgestellt wird, dass mehr als 1.000 Studierende gemäß § 2 Abs. 1 und 2 an der jeweiligen Bildungseinrichtung zugelassen waren, sind Hochschülerinnen- und Hochschülerschaften als Körperschaften öffentlichen Rechts eingerichtet. Dies gilt solange, bis die Bundesministerin oder der Bundesminister durch Verordnung feststellt, dass an diesen Bildungseinrichtungen für den Durchschnitt der letzten drei Studienjahre weniger als 1.000 Studierende gemäß § 2 Abs. 1 und 2 an der jeweiligen Bildungseinrichtung zugelassen waren oder die Voraussetzungen gemäß § 1 Abs. 1 Z 2 bis 4 nicht mehr vorliegen. Neu eingerichtete Körperschaften nehmen ihre Tätigkeit mit der Funktionsperiode auf, die auf die konstituierende Wahl der Organe dieser Körperschaften folgt. Die Anzahl der Studierenden von gemeinsam eingerichteten Studien ist anhand der Verteilungsschlüssel gemäß § 9 Abs. 5 und 7 der Universitäts-Studienevidenzverordnung 2004 – UniStEV 2004, BGBl. II Nr. 288/2004, in der jeweils geltenden Fassung, welche von der Bundesministerin oder dem Bundesminister der Österreichischen Hochschülerinnen- und Hochschülerschaft zur Verfügung zu stellen sind, so auf die jeweiligen Bildungseinrichtungen aufzuteilen, dass die Summe für jede Studierende oder jeden Studierenden den Wert 1 ergibt. Wenn kein Verteilungsschlüssel vorhanden ist, erfolgt die Aufteilung der Anzahl der Studierenden zu gleichen Teilen auf die beteiligten Bildungseinrichtungen. Die Anzahl der Studierenden an einer Bildungseinrichtung ist die Summe der auf diese Weise ermittelten Studierenden pro Bildungseinrichtung und der übrigen Studierenden an dieser Bildungseinrichtung, die kein gemeinsam eingerichtetes Studium studieren.

(3) An den Bildungseinrichtungen gemäß § 1 Abs. 1 Z 2 bis 4, an denen keine Hochschülerinnen- und Hochschülerschaft als Körperschaft öffentlichen Rechts eingerichtet ist, sind eine Hochschulvertretung und Studienvertretungen einzurichten. Diese Vertretungen werden von der Bundesvertretung rechtsgeschäftlich vertreten. Auf Antrag einer Hochschulvertretung kann die rechtsgeschäftliche Vertretung von einer Hochschülerinnen- und Hochschülerschaft wahrgenommen werden. Ein solcher Antrag und eine allfällige Zustimmung bedürfen eines Beschlusses mit Zweidrittelmehrheit der beiden Hochschulvertretungen. Ein entsprechender Beschluss kann

nicht vor Ablauf von vier Jahren geändert werden und hat mit der Funktionsperiode der Organe ident zu sein.

(4) Die Körperschaften öffentlichen Rechts gemäß Abs. 1 und 2 sind errichtet, um die Interessen ihrer Mitglieder zu vertreten und ihre Mitglieder zu fördern. Dabei sind insbesondere kulturelle, sportliche, soziale sowie studienspezifische Aspekte zu berücksichtigen.

(5) Die Österreichische Hochschülerinnen- und Hochschülerschaft und die Hochschülerinnen- und Hochschülerschaften sind zur Führung des Bundeswappens im Sinne des Wappengesetzes, BGBl. Nr. 159/1984, berechtigt.

Erläuterungen zur Regierungsvorlage:

Durch dieses Bundesgesetz werden neue Hochschülerinnen- und Hochschülerschaften als Körperschaften öffentlichen Rechts an Bildungseinrichtungen mit über 1000 Studierenden durch Gesetz eingerichtet. Die Zahl der Studierenden wird durch Verordnung der Bundesministerin oder des Bundesministers festgestellt. Es sind die drei vorangegangenen Jahre vor der Verordnungserlassung heranzuziehen, wobei alle ordentlichen und außerordentlichen Studierenden gemäß § 2 Abs. 1 und 2 an der jeweiligen Bildungseinrichtung miteinzurechnen sind. Diese Hochschülerinnen- und Hochschülerschaften bleiben solange eigene Hochschülerinnen- und Hochschülerschaften, bis an der jeweiligen Bildungseinrichtung die Zahl der ordentlichen und außerordentlichen Studierenden gemäß § 2 Abs. 1 und 2 unter 1000 fällt, und dies durch Verordnung der Bundesministerin oder des Bundesministers festgestellt wird. Neu eingerichtete Körperschaften nehmen ihre Tätigkeit mit der Funktionsperiode auf, die auf die konstituierende Wahl der Organe dieser Körperschaft folgt.

Erläuterungen zur Novelle (BGBl. I Nr. 97/2016):

Durch das Bundesgesetz, mit dem das Hochschulgesetz 2005, das Universitätsgesetz 2002 und das Hochschul-Qualitätssicherungsgesetz geändert wurden (Bundesrahmengesetz zur Einführung einer neuen Ausbildung für Pädagoginnen und Pädagogen), BGBl. I Nr. 124/2013, hat der Gesetzgeber neue Rahmenbedingungen für die Ausbildung von Pädagoginnen und Pädagogen geschaffen. In den Erläuterungen wird dazu ausgeführt:

„Ein bildungspolitisches Kernprojekt der letzten Jahre ist die Pädagoginnen- und Pädagogenbildung NEU, die die Aus- und Weiterbildung aller Personen umfasst, die einen pädagogischen Beruf ergreifen. Zielsetzungen des Projektes sind eine inhaltliche Aufwertung und weitere Akademisierung des Lehrberufs, eine kompetenzbasierte Ausbildung, die die wissenschaftliche und berufsfeldbezogene Qualifikation der Absolventen und Absolventinnen sicherstellt und die Harmonisierung der Ausbildung an Pädagogischen Hochschulen und an Universitäten unter der Zielsetzung von weitreichenden Kooperationen. Mit einer neuen Ausbildung sollen Pädagoginnen und Pädagogen bestmöglich für den Einsatz in den in Österreich bestehenden Schularten (Volksschule, Neue

Mittelschule, AHS, Berufsbildende Schulen, etc.) vorbereitet werden. Um die Flexibilität des Einsatzes der Pädagoginnen und Pädagogen und die Übergänge zwischen Schulstufen und Schularten zu erleichtern, wurden in der Pädagoginnen- und Pädagogenbildung NEU Lehrämter für größere Altersbereiche konzipiert." Durch dieses Bundesrahmengesetz und nachfolgende legistische Tätigkeiten wurde daher eine verstärkte Zusammenarbeit von Universitäten und Pädagogischen Hochschulen bei der Ausbildung von Pädagoginnen und Pädagogen forciert und eine Kooperationsverpflichtung von Universitäten und Pädagogischen Hochschulen in definierten Bereichen festgelegt. In der Realität sieht es nun so aus, dass sich z. B. im Bereich der Sekundarstufe (Allgemeinbildung) die Universitäten und Pädagogischen Hochschulen in vier „Verbundregionen" zusammengeschlossen haben bzw. voraussichtlich zusammenschließen werden, um jeweils ein gemeinsam eingerichtetes Studium anzubieten. Daher wird es in Hinkunft zum Regelfall, dass Studierende eines solchen gemeinsam eingerichteten Studiums an mehreren Bildungseinrichtungen ihr Studium absolvieren. Mit der Zulassung zu einem solchen gemeinsam eingerichteten Studium werden die Studierenden auch gleichzeitig Angehörige aller an diesem gemeinsam eingerichteten Studium beteiligten Universitäten und Pädagogischen Hochschulen (siehe §§ 3 Abs. 3 und 3a Abs. 4 der UniversitätsStudienevidenzverordnung 2004 – UniStEV 2004 und § 9 Abs. 3 der HochschulStudienevidenzverordnung – HSteV). In den diesen Regelungen zugrundeliegenden Materiengesetzen, dem Universitätsgesetz 2002 – UG und dem Hochschulgesetz 2005 – HG stellen somit die neu zwischen Universitäten und Pädagogischen Hochschulen eingerichteten Lehramtsstudien einen Sonderfall von gemeinsam durchgeführten (Terminologie des UG) bzw. gemeinsam eingerichteten (Terminologie HG) Studien dar. Die Terminologie des HSG 2014 kennt bereits den Begriff des „gemeinsam eingerichteten Studiums", weshalb dieser nunmehr für alle gemeinsam eingerichteten Studien inklusive der gemeinsam eingerichteten Lehramtsstudien verwendet wird. In § 3 Abs. 2 wird nunmehr festgelegt, wie die Anzahl der Studierenden eines gemeinsam eingerichteten Studiums auf die beteiligten Bildungseinrichtungen aufgeteilt wird. Da diese Studierenden in Hinkunft nicht nur an einer Bildungseinrichtung, sondern an mehreren Bildungseinrichtungen Teile ihres Studiums absolvieren werden, braucht es eine Regelung, die diese Studierenden auf die beteiligten Bildungseinrichtungen „aufteilt". Dies ist insbesondere notwendig, weil die Anzahl der Studierenden an einer Bildungseinrichtung mit zahlreichen Konsequenzen verbunden ist. Zu erwähnen ist in diesem Zusammenhang die Verteilung der Studierendenbeiträge, die Berechnung der Größe einer Hochschulvertretung bzw. einer Studienvertretung, etc. Die Berechnung der Studierendenzahlen erfolgt anhand der Verteilungsschlüssel, welche von Bildungseinrichtungen, die an einem gemeinsam eingerichteten Studium beteiligt sind, an die Bundesministerin oder den Bundesminister gemäß § 9 Abs. 5 und 7 der Universitäts-Studienevidenzverordnung 2004 – UniStEV 2004, BGBl. II Nr. 288/2004, in der jeweils geltenden Fassung, zu übermitteln sind. Um diese Berechnung durchführen zu können, hat die Bundesministerin oder der Bundesminister die von den Bildungseinrichtungen übermittelten Verteilungsschlüssel der ÖH zur Verfügung zu stellen. Dadurch ist gewährleistet, dass die ÖH die in Abs. 2 beschriebene „Aufteilung" der Studierenden vornehmen kann. Angemerkt wird, dass die Verteilungsschlüssel zur Zählung der Studienmengen eingeführt worden sind, weshalb diese Art der Berechnung der Studierendenzahlen – wie sie hier definiert ist – eine Sonderbestimmung darstellt.

Anmerkungen:
Die Österreichische Hochschülerinnen- und Hochschülerschaft wurde analog den anderen Interessensvertretungen (Ärztekammer, Rechtsanwaltskammer, etc.) als Körperschaft öffentlichen Rechts eingerichtet. Sie verwalten sich selbst (Selbstverwaltungskörperschaften).

Die verfassungsrechtliche Grundlage dafür findet sich in Art. 120a B-VG, BGBl. Nr. 1/1930 zuletzt geändert durch BGBl. I Nr. 2/2008, welcher wie folgt lautet:

„B. Sonstige Selbstverwaltung

Artikel 120a. *(1) Personen können zur selbständigen Wahrnehmung öffentlicher Aufgaben, die in ihrem ausschließlichen oder überwiegenden gemeinsamen Interesse gelegen und geeignet sind, durch sie gemeinsam besorgt zu werden, durch Gesetz zu Selbstverwaltungskörpern zusammengefasst werden.*

(2) Die Republik anerkennt die Rolle der Sozialpartner. Sie achtet deren Autonomie und fördert den sozialpartnerschaftlichen Dialog durch die Einrichtung von Selbstverwaltungskörpern."

Eine Körperschaft ist die zur juristischen Person erhobene Personenmehrheit; ihr kommt eine vom Wechsel ihrer Mitglieder unabhängige Rechtspersönlichkeit und Rechtsfähigkeit zu. Die Rechtsstellung des Einzelnen zu ihr ist die eines „Mitglieds".[1]

Dies bedeutet, dass die ÖH und die HS, welche mit Rechtspersönlichkeit und Rechtsfähigkeit ausgestattet sind, Rechte erwerben und veräußern, Verbindlichkeiten eingehen, klagen sowie geklagt werden können. Obwohl der ÖH und den HS Rechtspersönlichkeit und Rechtsfähigkeit zukommt, kann sie dennoch nicht selbst handeln. Sie bedarf dazu jener Organe und deren vertretungsbefugten Personen, die im HSG 2014 vorgesehen sind.

Die ÖH und die HS sind errichtet, um die Interessen ihrer Mitglieder zu vertreten und ihre Mitglieder zu fördern. Dabei sind insbesondere kulturelle, sportliche, soziale sowie studienspezifische Aspekte zu berücksichtigen. Die Frage, ob die ÖH und die HS auch ein allgemeinpolitisches Mandat ausüben können, wird zu bejahen sein. Dies ergibt sich insbesondere aus der Formulierung „Vertretung der allgemeinen und studienbezogenen Interessen ihrer Mitglieder" in den §§ 4 Abs. 1 und 12 Abs. 2. Durch die Verwendung des Wortes „allgemein" hat

1 Vergleiche Raschauer, Allgemeines Verwaltungsrecht, 5. Auflage, RZ 79.

somit der Gesetzgeber der ÖH und den HS einen weiten Gestaltungsspielraum zugestanden, der allerdings einen Bezug zu der Vertretung der Interessen ihrer Mitglieder aufweisen muss.

Die neuen Hochschülerinnen- und Hochschülerschaften als Körperschaften öffentlichen Rechts gemäß Absatz 2 sind an jenen Bildungseinrichtungen eingerichtet, welche in der Verordnung des Bundesministers für Wissenschaft, Forschung und Wirtschaft über die Feststellung der Bildungseinrichtungen, an denen im Durchschnitt der letzten drei Studienjahre mehr als 1.000 Studierende zugelassen waren, BGBl. II Nr. 372/2014, aufgelistet sind. An den übrigen Bildungseinrichtungen existieren keine Körperschaften öffentlichen Rechts, sondern nur Hochschulvertretungen und Studienvertretungen. Siehe dazu auch die Ausführungen zu §§ 23 ff.

An Bildungseinrichtungen mit einer Studierendenanzahl von durchschnittlich über 1000 Studierenden innerhalb der letzten drei Studienjahre sind Körperschaften öffentlichen Rechts bereits durch das Gesetz eingerichtet. Die Zahl der Studierenden wird dabei durch Verordnung der Bundesministerin oder des Bundesministers festgestellt. Diese Körperschaften öffentlichen Rechts sind solange eingerichtet, bis durch Verordnung der Bundesministerin oder des Bundesministers festgestellt wird, dass an diesen Bildungseinrichtungen innerhalb der letzten drei Studienjahre weniger als 1000 Studierende zugelassen waren. Dabei wäre Rücksicht auf eine geregelte und ordnungsgemäße Übergabe der Rechtsgeschäfte zu nehmen, weshalb es zweckmäßig erscheint, dass die im Amt befindlichen Organe ihre Tätigkeiten bis zum Ende der jeweiligen Funktionsperiode weiterhin ausüben können.

Rechtsprechung VfGH:
Wie der VfGH im Erk. Slg. 8215/1977 herausgearbeitet habe, dürf[t]en einer Selbstverwaltungskörperschaft zur eigenverantwortlichen, weisungsfreien Besorgung solche Angelegenheiten überlassen werden, „die im ausschließlichen oder überwiegenden Interesse der zur Selbstverwaltungskörperschaft zusammengefassten Personen gelegen und geeignet sind, durch diese Gemeinschaft besorgt zu werden“ (VfSlg. 8644/1979).

Rechtsprechung OGH:
Die österreichische Hochschülerschaft kann nicht als „berufliche Vertretung“ im Sinne der Art 10 Abs. 1 Z 8, 11 Abs. 1 Z 2, 141 Abs. 1 lit. a B-VG anerkannt werden, weil darunter nur Vertretungen von Personen zu verstehen sind, die selbständig oder unselbständig eine auf Erwerb ausgerichtete Tätigkeit ausüben (siehe OGH 24.06.1975 4 Ob 552/75).

Dies hat unter anderem die Auswirkungen, dass für Wahlanfechtungen nicht der Verfassungsgerichtshof sondern die Verwaltungsgerichte und die spezifischen strafrechtlichen Wahltatbestände nicht anwendbar sind. Siehe dazu die Bestimmungen der §§ 56 und 57 und die diesbezüglichen Anmerkungen.

2. Hauptstück
Vertretungseinrichtungen

1. Abschnitt
Österreichische Hochschülerinnen- und Hochschülerschaft

Aufgaben der Österreichischen Hochschülerinnen- und Hochschülerschaft

§ 4. (1) Der Österreichischen Hochschülerinnen- und Hochschülerschaft obliegt die Vertretung der allgemeinen und studienbezogenen Interessen ihrer Mitglieder insbesondere gegenüber staatlichen Behörden und Einrichtungen sowie universitären Organen und Organen der Bildungseinrichtungen, soweit diese Interessen nicht ausschließlich eine Bildungseinrichtung betreffen.

(1a) Die Österreichische Hochschülerinnen- und Hochschülerschaft ist ermächtigt, nach Bevollmächtigung eines ordentlichen oder außerordentlichen Mitglieds der Österreichischen Hochschülerinnen- und Hochschülerschaft dieses im Rahmen ihres Aufgabenbereiches, insbesondere in studienrechtlichen und studienförderungsrechtlichen Angelegenheiten, vor Behörden und Verwaltungsgerichten unentgeltlich zu vertreten. Die Bestimmungen über die Anwaltspflicht bleiben unberührt.

(2) Der Österreichischen Hochschülerinnen- und Hochschülerschaft obliegt es innerhalb ihrer Zuständigkeit, insbesondere den staatlichen Behörden, den jeweils zuständigen Bundesministerinnen und Bundesministern, den universitären Organen, den Organen der Bildungseinrichtungen und den gesetzgebenden Körperschaften Gutachten und Vorschläge über Angelegenheiten der Studierenden, des Universitätswesens und des Bildungswesens im Bereich der Bildungseinrichtungen zu erstatten.

(3) Die jeweils zuständigen Bundesministerinnen und Bundesminister haben Gesetzesentwürfe, die Angelegenheiten von Studierenden betreffen, vor ihrer Vorlage an die Bundesregierung und Verordnungen dieser Art vor ihrer Erlassung der Österreichischen Hochschülerinnen- und Hochschülerschaft unter Gewährung einer angemessenen Frist zur Begutachtung zu übermitteln.

Erläuterungen zur Novelle (BGBl. I Nr. 97/2016):
Aufgenommen wird eine Bestimmung, welche regelt, dass die Österreichische Hochschülerinnen- und Hochschülerschaft ermächtigt ist, nach erfolgter Bevollmächtigung eines ordentlichen oder außerordentlichen Mitglieds der Österreichischen Hochschülerinnen- und Hochschülerschaft dieses im Rahmen ihres Aufgabenbereiches, insbesondere in studienrechtlichen und studienför-

derungsrechtlichen Angelegenheiten, vor Behörden und Verwaltungsgerichten unentgeltlich zu vertreten. Die Bestimmungen über die Anwaltspflicht bleiben unberührt. Grundlegende Voraussetzung für die Vertretung einer oder eines Studierenden ist das Vorliegen einer unterfertigten Bevollmächtigung der oder des Studierenden. Nach Vorliegen einer solchen Bevollmächtigung kann dann die Österreichische Hochschülerinnen- und Hochschülerschaft bzw. die Bundesvertretung oder die zuständige Stelle (Referentin oder Referent, Sachbearbeiterin oder Sachbearbeiter, etc.) die weiteren Schritte setzen, um die Studierende oder den Studierenden zu vertreten. Sachlich eingeschränkt ist diese Vertretungsbefugnis auf Bereiche, die in den Aufgabenbereich der ÖH fallen. Darunter zu verstehen sind hauptsächlich Themenstellungen, die in einem Zusammenhang mit einem Studium stehen, wie studienrechtliche und studienförderungsrechtliche Themenstellungen. Die Studierenden können sich in weiterer Folge, bei Vorliegen einer entsprechenden Vollmacht, von der ÖH bei Verfahren vor Behörden und Verwaltungsgerichten vertreten lassen. Die Bestimmungen über die Anwaltspflicht bleiben aber von dieser Bestimmung unberührt.

Anmerkungen:

Der ÖH obliegt somit die Vertretung all jener Angelegenheiten, die über die Vertretung der Interessen der einzelnen HS hinausgehen. Dies trifft dann zu, wenn es sich um Angelegenheiten handelt, die über den Wirkungsbereich einer einzelnen Hochschülerinnen- und Hochschülerschaft an einer Bildungseinrichtung hinausgehen und somit Studierende an mehreren (mindestens zwei) Bildungseinrichtungen betrifft.

Neu aufgenommen wurde in den Aufzählungen der Aufgaben der Bundesvertretung der Hochschulvertretungen und der Studienvertretungen, die Beratung der Studienwerberinnen und Studienwerber sowie der Studierenden. Dadurch wurde klargestellt, dass die ÖH und die HS neben ihrer Hauptaufgabe – der Vertretung der Interessen ihrer Mitglieder – auch Beratungstätigkeiten für potentielle Studierende wahrzunehmen haben. Siehe dazu die Ausführungen zu §§ 11, 17, 20, 27 und 29.

Gesetzes- und Verordnungsentwürfe, die Angelegenheiten von Studierenden betreffen, sind der ÖH und den HH vor ihrer Erlassung zur Abgabe einer Stellungnahme im Rahmen des Begutachtungsverfahrens zu übermitteln. Eine Beschlussfassung eines Gesetzesentwurfes durch den Nationalrat, welcher in Form einer Regierungsvorlage eingebracht worden ist, ohne Gewährung einer angemessenen Begutachtungsfrist für die ÖH und die HS, würde somit nicht verfassungskonform zustande gekommen sein. Ein derartiger Gesetzesentwurf dürfte somit von der Bundespräsidentin oder dem Bundespräsidenten, welche oder welcher das verfassungskonforme Zustandekommen eines Gesetzesentwurfes gemäß Art. 47 Abs. 1 B-VG zu prüfen hat, nicht beurkundet werden und von der Bundeskanzlerin oder vom Bundeskanzler nicht gegengezeichnet werden.

Rechte und Pflichten der Österreichischen Hochschülerinnen- und Hochschülerschaft

§ 5. (1) Die Österreichische Hochschülerinnen- und Hochschülerschaft und die in ihr vertretenen wahlwerbenden Gruppen haben das Recht, Veranstaltungen an allen Bildungseinrichtungen durchzuführen.

(2) Solche Veranstaltungen sind, sofern sie an einer Universität oder einer Pädagogischen Hochschule abgehalten werden, der Rektorin oder dem Rektor, sofern sie an einer Privatuniversität abgehalten werden, der Leiterin oder dem Leiter der Privatuniversität, sofern sie an einer Fachhochschule abgehalten werden, der Vertreterin oder dem Vertreter des Erhalters mindestens 72 Stunden vor Beginn der Veranstaltung anzuzeigen. Bei Unterlassung der fristgerechten Anzeige geht das Recht auf Durchführung dieser Veranstaltung verloren. Das jeweils zuständige Organ bestimmt, welche Räume für welchen Zeitraum für Veranstaltungen zur Verfügung gestellt werden. Diese Veranstaltungen sind grundsätzlich öffentlich, jedoch kann der Zutritt erforderlichenfalls auf Angehörige der jeweiligen Bildungseinrichtung eingeschränkt und mit einer den räumlichen Verhältnissen entsprechenden Zahl begrenzt werden. Das jeweils zuständige Organ kann eine Veranstaltung innerhalb von 48 Stunden nach der Anzeige untersagen, wenn ihre Durchführung, insbesondere im Hinblick auf das Fehlen geeigneter Räume, nur unter Beeinträchtigung des Lehr- und Forschungsbetriebes sichergestellt werden könnte. In die Berechnung der Fristen sind Samstage, Sonn- und Feiertage nicht einzubeziehen. Entstehen der Bildungseinrichtung durch die Zurverfügungstellung der Räume über den ordentlichen Betrieb hinausgehende zusätzliche Kosten, so sind diese von der Veranstalterin oder dem Veranstalter gemäß Abs. 1 zu tragen. Die Einhebung einer angemessenen Kaution durch die Bildungseinrichtung für der Bildungseinrichtung durch die Abhaltung größerer gesellschaftlicher Veranstaltungen außerhalb des gesetzlichen Vertretungsauftrages allenfalls entstehende, über den ordentlichen Betrieb hinausgehende zusätzliche Kosten ist zulässig.

(3) Die Begrenzung des Zutritts zu Veranstaltungen und die Untersagung von Veranstaltungen hat durch Bescheid der Rektorin oder des Rektors der Universität oder der Pädagogischen Hochschule oder der Leiterin oder des Leiters der Privatuniversität oder der Vertreterin oder des Vertreters des Erhalters eines Fachhochschul-Studienganges zu erfolgen. Gegen diesen Bescheid kann binnen vier Wochen Beschwerde an das Bundesverwaltungsgericht erhoben werden.

(4) Die Österreichische Hochschülerinnen- und Hochschülerschaft und die in ihr vertretenen wahlwerbenden Gruppen haben das Recht, an den von den in Abs. 2 genannten Organen zur Verfügung gestellten Plakatflächen Informationen anzubringen und an den Bildungseinrichtungen Informationsmaterial zu verteilen. Bei der Verteilung von Informationsma-

terial in Hörsälen ist darauf zu achten, dass dadurch der Lehr- und Prüfungsbetrieb nicht beeinträchtigt wird.

Erläuterungen zur Regierungsvorlage:

Eine wahlwerbende Gruppe besteht ab Zulassung zur Wahl und die Rechtsstellung als wahlwerbende Gruppe endet – wenn sie ein Mandat erreicht hat – mit Ablauf der Funktionsperiode des Organs (siehe auch die Anmerkungen zu § 49).

Die Rektorin oder der Rektor der Universität oder der Pädagogischen Hochschule oder die Leiterin oder der Leiter der Privatuniversität oder die Vertreterin oder der Vertreter des Erhalters eines Fachhochschul- Studienganges kann ein spezielles Prozedere für die Anzeige einer Veranstaltung festlegen (Form, Inhalt, etc.). Gegebenenfalls kann diese oder dieser die Anzahl von Veranstaltungen der Österreichischen Hochschülerinnen- und Hochschülerschaft oder von einer in ihr vertretenen wahlwerbenden Gruppe auch begrenzen. Dies insbesondere dann, wenn es durch die Zurverfügungstellung geeigneter Räume zu einer Beeinträchtigung des Lehr- und Forschungsbetriebes kommen könnte. Bei der Zurverfügungstellung von Räumen ist auch auf die rechtlichen Möglichkeiten Bedacht zu nehmen, wobei insbesondere auch darauf zu achten ist, ob sich diese Räume im Eigentum der jeweiligen Bildungseinrichtung befinden oder von Dritten angemietet wurden. Sollten Räume am Wochenende (insbesondere an Sonntagen) zur Verfügung gestellt werden, so sind allenfalls entstehende Zusatzkosten (z. B. Personalkosten für den Hausdienst, etc.) von jenen zu bezahlen, die diese Räume nutzen. Mit der Bezeichnung „Rektorin" oder „Rektor" ist bei den Pädagogischen Hochschulen das oberste monokratische Organ bzw. die außenbefugte Vertreterin oder der außenbefugte Vertreter des Hochschulerhalters gemeint. Mit der Bezeichnung „Leiterin" oder „Leiter" ist bei den Privatuniversitäten das oberste monokratische Organ der Einrichtung gemeint. Mit der Bezeichnung „Vertreterin" oder „Vertreter" des Erhalters ist bei Fachhochschulen die außenvertretungsbefugte Person (z. B. Geschäftsführerin oder Geschäftsführer, Obfrau oder Obmann, etc.) gemeint. Die obersten Organe – auch an Privatuniversitäten und Fachhochschulen – haben in diesen Angelegenheiten, aus Rechtsschutzgründen, durch Bescheid zu entscheiden. Sie sind daher als Beliehene zu betrachten. Funktionell gleicht der Beliehene einer Behörde, ohne allerdings in den staatlichen Organisationsapparat eingegliedert zu sein. Beleihung ist also die Übertragung von Hoheitsrechten auf Privatpersonen mit der Verpflichtung diese wahrzunehmen (Antoniolli/Koja, Allgemeines Verwaltungsrecht, Seite 401).

Die Beschwerdefrist an das Bundesverwaltungsgericht beträgt nunmehr vier Wochen. Auch wurden die Geldbeträge bei den Geldstrafen einer Verwaltungsübertretung angepasst.

Erläuterungen zur Novelle (BGBl. I Nr. 97/2016):

Die Österreichische Hochschülerinnen- und Hochschülerschaft (ÖH), die Hochschülerinnen- und Hochschülerschaften und die Vertretungsstrukturen der Studierenden an Bildungseinrichtungen, an denen keine Hochschülerinnen-

und Hochschülerschaft eingerichtet ist, haben das Recht, Veranstaltungen an den Bildungseinrichtungen durchzuführen. In diesem Zusammenhang kommt es gelegentlich zu Unstimmigkeiten zwischen den oben Genannten. Um dieser Problematik entgegenzuwirken, werden folgende Änderungen vorgeschlagen. Die Anzeigefrist beträgt 72 Stunden vor der Veranstaltung und die Frist für eine etwaige Untersagung 48 Stunden. Um der Bildungseinrichtung genügend Spielraum für die Prüfung der Anzeige einer solchen Veranstaltung bzw. einer etwaigen Untersagung zu ermöglichen, wurde nunmehr explizit festgelegt, dass in die Berechnung dieser Fristen Samstage, Sonn- und Feiertage nicht einzubeziehen sind. Klargestellt wird nunmehr auch, dass etwaige zusätzliche Kosten, die der Bildungseinrichtung durch die Zurverfügungstellung der Räume entstehen, durch die Veranstalterin oder dem Veranstalter zu tragen sind. Es wird definiert, dass nur solche Kosten verrechnet werden dürfen, die über den ordentlichen Betrieb hinausgehen. Darunter fallen etwa Reinigungskosten bei einer starken Verschmutzung oder Kosten für Sicherheitspersonal, welches aufgrund der Veranstaltung länger als sonst vor Ort bleiben muss. Um die Einhebung solcher Kostenersätze sicherzustellen ist es zulässig, für die Abhaltung größerer gesellschaftlicher Veranstaltungen eine angemessene Kaution einzuheben. Der Gesetzgeber geht davon aus, dass unter der Wortfolge „außerhalb des gesetzlichen Vertretungsauftrages" insbesondere die Abhaltung von Studierendenfesten verstanden wird. Die Angemessenheit der vorgeschriebenen Kaution hat sich an der konkret durchgeführten Veranstaltung zu bemessen. Als Kriterium für die Festlegung der Höhe einer angemessenen Kaution kann dabei insbesondere die Zahl der Teilnehmerinnen und Teilnehmer der durchgeführten gesellschaftlichen Veranstaltung herangezogen werden. Die Einhebung einer Kaution könnte auch derart durchgeführt werden, dass zu Beginn einer Funktionsperiode ein pauschaler Betrag an die Bildungseinrichtung überwiesen wird, welcher sodann für einen definierten Zeitraum bei der Bildungseinrichtung verbleibt.

Anmerkungen:

Berechtigt Veranstaltungen an den Bildungseinrichtungen abzuhalten sind:

- die Österreichische Hochschülerinnen- und Hochschülerschaft und die in ihr vertretenen wahlwerbenden Gruppen (§ 5 Abs. 1),
- die Hochschülerinnen- und Hochschülerschaften und die in ihren Organen wahlwerbenden Gruppen (§ 13 Abs. 1) und
- die Hochschulvertretungen und Studienvertretungen und ihre wahlwerbenden Gruppen an Bildungseinrichtungen, an denen keine Hochschülerinnen- und Hochschülerschaft eingerichtet ist (§ 24 Abs. 1).

Die Rektorin oder der Rektor der Universität oder der Pädagogischen Hochschule oder die Leiterin oder der Leiter der Privatuniversität oder die Vertreterin oder der Vertreter des Erhalters eines Fachhochschul-Studienganges hat der ÖH und des HS und den wahlwerbenden Gruppen Plakatflächen zur Verfügung zu stellen und diesen das Verteilen von Informationsmaterial in den Räumlichkeiten der Bildungseinrichtung zu gestatten. Der Lehr- und Prüfungsbetrieb darf dabei nicht beeinträchtigt werden. Sollten durch das Verteilen von Informationsmaterial zusätzliche und über das allgemeine Ausmaß hinausgehende Reinigungsarbeiten erforderlich sein, können bei schuldhaftem Vorgehen der ÖH und der HS bzw. die in ihr vertretenen wahlwerbenden Gruppen allenfalls Schadenersatzansprüche gestellt werden.

Rechtsauskunft BMWFW:

Solche Veranstaltungen sind dem zuständigen Organ mindestens 72 Stunden vor Beginn der Veranstaltung anzuzeigen. Bei Unterlassung der fristgerechten Anzeige geht das Recht auf Durchführung dieser Veranstaltung verloren. Die Rektorin oder der Rektor der Universität oder der Pädagogischen Hochschule oder die Leiterin oder der Leiter der Privatuniversität oder die Vertreterin oder der Vertreter des Erhalters eines Fachhochschul-Studienganges bestimmt, welche Räume für welchen Zeitraum für Veranstaltungen zur Verfügung gestellt werden. Diese Veranstaltungen sind grundsätzlich öffentlich, jedoch kann der Zutritt erforderlichenfalls auf Angehörige der jeweiligen Bildungseinrichtung eingeschränkt und mit einer den räumlichen Verhältnissen entsprechenden Zahl begrenzt werden. Eine Untersagung hat innerhalb von 48 Stunden nach der Anzeige zu erfolgen, wenn ihre Durchführung insbesondere im Hinblick auf das Fehlen geeigneter Räume nur unter Beeinträchtigung des Lehr- und Forschungsbetriebes sichergestellt werden könnte.

Bei der Zurverfügungstellung handelt es sich um ein durch eine gesetzliche Bestimmung eingeräumtes Benützungsrecht, welches unentgeltlich zu gewähren ist. Die Unentgeltlichkeit schließt die Überlassung der Räume in einem ihrer Bestimmung gemäßen gebrauchsfähigen Zustand ein, weshalb etwaige im ortsüblichen Ausmaß erforderliche Strom- oder Heizungskosten nicht verlangt werden dürfen.

Um eine geordnete Abwicklung der Veranstaltungsanzeigen durchführen zu können ist es zulässig, dass die Bildungseinrichtung ein spezielles Prozedere für die Anzeige einer Veranstaltung durch die oben aufgezählten Berechtigten festlegt.

Die zur Verfügung gestellten Räume sind in ortsüblicher Weise (z. B.: in Einklang mit von seitens der Bildungseinrichtung festgelegten „allgemeinen Geschäftsbedingungen“ stehend) zu gebrauchen und in dem Zustand „zurückzugeben“, der zum Zeitpunkt der Zurverfügungstellung vorgefunden worden ist.

Entstehen der Bildungseinrichtung allfällige Zusatzkosten (z. B.: Personalkosten für den Hausdienst, Reinigungskosten, Kosten für Reparaturen und Instandsetzungen, etc.), welche der Bildungseinrichtung ohne Zurverfügungstellung nicht angefallen wären, so sind diese von jenen zu bezahlen, die diese Räume nutzen oder benutzt haben. Diese Zusatzkosten werden insbesondere dann entstehen, wenn Räume an Abenden oder an Wochenenden zur Verfügung gestellt werden (siehe GZ: BMWFW-52.500/0007-WF/I/6/2014).

Rechtsauskunft BMWFW:
Im Hochschülerinnen- und Hochschülerschaftsgesetz 1998 (HSG 1998) war und im neuen Hochschülerinnen- und Hochschülerschaftsgesetz 2014 (HSG 2014) ist die Durchführung von Veranstaltungen an Bildungseinrichtungen nur rudimentär geregelt. Eine Anzeige einer solchen Veranstaltung hat demnach mindestens 72 Stunden vor Beginn der Veranstaltung durchgeführt zu werden. Das jeweils zuständige Organ kann eine Veranstaltung innerhalb von 48 Stunden nach der Anzeige untersagen, wenn ihre Durchführung insbesondere im Hinblick auf das Fehlen geeigneter Räume nur unter Beeinträchtigung des Lehr- und Forschungsbetriebes sichergestellt werden kann. Die Begrenzung des Zutritts zu Veranstaltungen und die Untersagung von Veranstaltungen haben bescheidmäßig zu erfolgen. Gegen diesen Bescheid kann binnen vier Wochen Beschwerde an das Bundesverwaltungsgericht erhoben werden (HSG 2014).

Das jeweils zuständige Organ bestimmt, welche Räume für welchen Zeitraum zur Verfügung gestellt werden. Außerdem kann der Zutritt erforderlichenfalls auf Angehörige der jeweiligen Bildungseinrichtung eingeschränkt werden und mit einer der räumlichen Verhältnissen entsprechen Zahl begrenzt werden. Aus diesen Bestimmungen ergibt sich daher, dass die Genehmigung von Veranstaltungen auch unter der Vorschreibung gewisser Auflagen erfolgen kann, da ansonsten eine Untersagung vorgenommen werden müsste.

Nicht aus den Augen gelassen werden darf in diesem Zusammenhang, dass gemäß § 94 Abs. 1 Z 1 Universitätsgesetz 2002 (UG) die Studierenden (somit auch ihre Vertretungseinrichtungen) zu den Angehörigen der Universität zählen.

Die Bildungseinrichtungen (z. B. Universitäten) unterliegen ihrerseits Normen und Auflagen, welche sie zu erfüllen haben. Aus diesem Grund ergibt sich, dass eine Bildungseinrichtung (z. B. Universität) Räume nur unter denselben Bedingungen weitergeben darf, welche sie selbst bei der Nutzung einzuhalten hat. Es ist daher ausgeschlossen, dass für Veranstaltungen nach dem HSG 1998 (HSG 2014) weniger strenge Vorschriften gelten können, als für die Bildungseinrichtung selbst, wenn diese eigene Veranstaltungen in diesen Räumen durchführt. Somit erstreckt sich die Wirkung der für die Bildungseinrichtung (z. B. Universität) geltenden Rechtsnormen auch auf eine von der Hochschülerinnen- und Hochschülerschaft bzw. einer in ihren Organen vertretenen wahlwerbenden Gruppe durchgeführte Veranstaltung in diesen Räumlichkeiten. Aus diesem Grund ist es daher verständlich und erforderlich, dass eine Bildungseinrichtung auf die einzuhaltenden Bestimmungen aufmerksam macht und eine Veranstaltung nur unter Einhaltung dieser Bestimmungen (=Auflagen) genehmigt.

Die Bestimmungen über Veranstaltungen im HSG 1998 (HSG 2014) können daher nicht isoliert betrachtet werden, sondern müssen gemeinsam mit Bestimmungen in anderen Normen, wie dem Universitätsgesetz 2002, diversen Veranstaltungsgesetzen oder feuerpolizeilichen und gewerberechtlichen Bestimmungen betrachtet werden.

Zum Beispiel ergeben sich für die Universitäten gemäß § 49 UG die Rechte und Pflichten für die Obsorge für die ordnungsgemäße Instandhaltung, Instandsetzung und Abwendung von Schäden aus den einschlägigen gesetzlichen Bestimmungen, sofern im Mietvertrag nichts anderes vorgesehen ist. Insbesondere ist hier auf die §§ 1319 und 1319a des Allgemeinen Bürgerlichen Gesetzbuches (ABGB) zu verweisen, welche wie folgt lauten:

„6. Durch ein Bauwerk

§ 1319. *Wird durch Einsturz oder Ablösung von Teilen eines Gebäudes oder eines anderen auf einem Grundstück aufgeführten Werkes jemand verletzt oder sonst ein Schaden verursacht, so ist der Besitzer des Gebäudes oder Werkes zum Ersatze verpflichtet, wenn die Ereignung die Folge der mangelhaften Beschaffenheit des Werkes ist und er nicht beweist, daß er alle zur Abwendung der Gefahr erforderliche Sorgfalt angewendet habe.*

6a. durch einen Weg;

§ 1319a. *(1) Wird durch den mangelhaften Zustand eines Weges ein Mensch getötet, an seinem Körper oder an seiner Gesundheit verletzt oder eine Sache beschädigt, so haftet derjenige für den Ersatz des Schadens, der für den ordnungsgemäßen Zustand des Weges als Halter verantwortlich ist, sofern er oder einer seiner Leute den Mangel vorsätzlich oder grobfahrlässig verschuldet hat. Ist der Schaden bei einer unerlaubten, besonders auch widmungswidrigen, Benützung des Weges entstanden und ist die Unerlaubtheit dem Benützer entweder nach der Art des Weges oder durch entsprechende Verbotszeichen, eine Abschrankung oder eine sonstige Absperrung des Weges erkennbar gewesen, so kann sich der Geschädigte auf den mangelhaften Zustand des Weges nicht berufen.*

(2) Ein Weg im Sinn des Abs. 1 ist eine Landfläche, die von jedermann unter den gleichen Bedingungen für den Verkehr jeder Art oder für bestimmte Arten des Verkehres benützt werden darf, auch wenn sie nur für einen eingeschränkten Benützerkreis bestimmt ist; zu einem Weg gehören auch die in seinem Zug befindlichen und dem Verkehr dienenden Anlagen, wie besonders Brücken, Stützmauern, Futtermauern, Durchlässe, Gräben und Pflanzungen. Ob der Zustand eines Weges mangelhaft ist, richtet sich danach, was nach der Art des Weges, besonders nach seiner Widmung, für seine Anlage und Betreuung angemessen und zumutbar ist.

(3) Ist der mangelhafte Zustand durch Leute des Haftpflichtigen verschuldet worden, so haften auch sie nur bei Vorsatz oder grober Fahrlässigkeit.“

Aus dem oben genannten Normenzusammenhalt ergibt sich, dass die Bildungseinrichtungen verpflichtet und berechtigt sind, die für die Durchführung von Veranstaltungen erforderlichen Auflagen vorzuschreiben (siehe GZ: BMWFW-52.500/0010-WF/I/6/2014).

Rechtsprechung OGH:
Die Haftung nach § 1319 ABGB setzt voraus, daß der Einsturz oder die Ablösung von Teilen auf eine mangelhafte Beschaffenheit des Gebäudes oder Werks zurückzuführen ist. Der Mangel kann durch fehlerhafte Errichtung oder – wie hier – durch unzureichende Instandhaltung hervorgerufen worden sein. Daß äußere Ereignisse zu dem Mangel hinzutreten und den Einsturz auslösen, schließt die Haftung nicht aus (s Koziol, Österreichisches Haftpflichtrecht**2, 397f mwN).

Der Besitzer haftet, wenn er nicht beweist, alle zur Abwendung der Gefahr erforderliche Sorgfalt angewendet zu haben. Darunter sind Vorkehrungen zu verstehen, die vernünftigerweise nach der Auffassung des Verkehrs erwartet werden können (EvBl 1983/63; Schwimann/Harrer, ABGB**2 § 1319 Rz 8; Koziol aaO 400, jeweils mwN) (siehe OGH 4Ob179/99y vom 13.07.1999).

Rechtsauskunft BMWFW:
Aufgrund der Formulierung der §§ 5 und 13 HSG 2014 geht das Bundesministerium für Wissenschaft, Forschung und Wirtschaft davon aus, dass unter einer „Veranstaltung" im Sinne des HSG 2014 ein zeitlich begrenztes Ereignis zu verstehen ist. Darunter zu subsumieren sind Vorträge, Informationsveranstaltungen, etc. Da das HSG 2014 weder eine Begriffsdefinition des Begriffes „Veranstaltung" noch eine Einschränkung auf bestimmte „Arten" von Veranstaltungen vorsieht, ist davon auszugehen, dass Filmvorführungen darunter zu subsumieren sind. Dies kann auch durch § 12 Abs. 2 HSG 2014 begründet werden. Diese Bestimmung besagt, dass den Hochschülerinnen- und Hochschülerschaften die Vertretung der allgemeinen und studienbezogenen Interessen ihrer Mitglieder insbesondere gegenüber staatlichen Behörden und Einrichtungen sowie universitären Organen und Organen der Bildungseinrichtung obliegt (siehe GZ: BMWFW-52.530/0001-WF/IV/6/2017).

Unter Veranstaltungen zu subsumieren sind Vorträge, Informationsveranstaltungen, etc., aber keine „Kurse", welche sich über einen längeren Zeitraum erstrecken (siehe: GZ: BMWFW-52.500/0008-WF/IV/6b/2015).

Evidenz der Mitglieder der Österreichischen Hochschülerinnen- und Hochschülerschaft

§ 6. (1) Die Rektorin oder der Rektor der Universität oder der Pädagogischen Hochschule oder die Leiterin oder der Leiter der Privatuniversität oder die Vertreterin oder der Vertreter des Erhalters eines Fachhochschul-Studienganges hat der Österreichischen Hochschülerinnen- und Hochschülerschaft in jedem Semester ein Verzeichnis der Studierenden, über Antrag auch auf elektronischen Datenträgern, ehestmöglich zur Verfügung zu stellen. Dieses Verzeichnis hat Angaben über Namen, wenn vorhanden über Matrikelnummer bzw. Personenkennzahl bzw. Personenkennzeichen, Geschlecht, Staatsangehörigkeit, Geburtsdatum, Anschrift

am Studienort und Heimatort, und, wenn vorhanden, die E-Mail-Adresse, sowie über die Zulassung zum Studium zu enthalten. Die Daten dieses Verzeichnisses dürfen nur für Zwecke gemäß § 4 Abs. 1 verwendet werden, wobei für die Österreichische Hochschülerinnen- und Hochschülerschaft und die wahlwerbenden Gruppen gemäß Abs. 2, § 107 Abs. 2 des Telekommunikationsgesetzes 2003 – TKG 2003, BGBl. I Nr. 70/2003, in der jeweils geltenden Fassung, nicht anzuwenden ist.

(2) Die Österreichische Hochschülerinnen- und Hochschülerschaft hat den für die Bundesvertretung wahlwerbenden Gruppen auf deren Verlangen Abschriften dieser Verzeichnisse der Studierenden, über Antrag auch auf elektronischen Datenträgern, zur Verfügung zu stellen. Der Antrag ist von der oder dem Zustellungsbevollmächtigten der jeweiligen wahlwerbenden Gruppe zu unterfertigen, die oder der für die gesetzeskonforme Verwendung der Daten verantwortlich ist.

(3) Die entgeltliche oder unentgeltliche Weitergabe von Daten und Datenträgern zur zweckwidrigen Verwendung an Dritte sowie die zweckwidrige Verwendung ist eine Verwaltungsübertretung, die mit Geldstrafe von 3 000 Euro bis zu 30 000 Euro, im Falle der Uneinbringlichkeit mit Ersatzfreiheitsstrafe bis zu sechs Wochen zu bestrafen ist.

Erläuterungen zur Novelle (BGBl. I Nr. 97/2016):

Die Österreichische Hochschülerinnen- und Hochschülerschaft und die für die Bundesvertretung wahlwerbenden Gruppen waren immer schon berechtigt, zur Vertretung der allgemeinen und studienbezogenen Interessen der Mitglieder der Österreichischen Hochschülerinnen- und Hochschülerschaft, Aussendungen – auch in elektronischer Form – vorzunehmen. Dies ist darin begründet, dass, um die Vertretung der allgemeinen und studienbezogenen Interessen wahrnehmen zu können, die Übermittlung von Informationen (insbesondere zu Initiativen, Veranstaltungen, etc.) notwendig ist. In diesem Zusammenhang gilt diese Regelung auch als „lex specialis" zu anderen gleichrangigen Gesetzesbestimmungen, welche unter anderem die „Zusendungen als elektronische Post" regeln. Um eine eindeutige Klarstellung vorzunehmen, wird nunmehr geregelt, dass § 107 Abs. 2 des Telekommunikationsgesetzes 2003 – TKG 2003, BGBl. I Nr. 70/2003, in der jeweils geltenden Fassung, bei solchen Aussendungen nicht zur Anwendung kommt.

Aufgenommen wurde nunmehr die Formulierung, dass nicht nur eine Weitergabe von Daten und Datenträgern zur zweckwidrigen Verwendung an Dritte, sondern auch eine zweckwidrige Verwendung eine Verwaltungsübertretung ist. Auch wurde der Rahmen der Beträge, welche im Falle eines Verstoßes zu entrichten wären, auf Wunsch der ÖH angehoben. Die unterschiedlichen Strafrahmen für eine Verwaltungsübertretung in den §§ 6, 13 und 24 ist dadurch bedingt, dass sich die Höhe der Verwaltungsstrafbestimmungen am Umfang der jeweiligen Datenmengen orientiert. Die Evidenz der Mitglieder der Österreichischen Hochschülerinnen- und Hochschülerschaft (§ 6) umfasst alle Studierenden Ös-

terreichs. Die Evidenz der Studierenden gemäß § 13 umfasst alle Studierenden, die der Bildungseinrichtung angehören, an welcher eine Hochschülerinnen- und Hochschülerschaft als Körperschaft öffentlichen Rechts eingerichtet ist. Die Evidenz der Studierenden gemäß § 24 umfasst schließlich alle Studierenden, die der Bildungseinrichtung angehören, an welcher keine Hochschülerinnen- und Hochschülerschaft als Körperschaft öffentlichen Rechts eingerichtet ist. Eine Hochschülerinnen- und Hochschülerschaft als Körperschaft öffentlichen Rechts ist nur an solchen Bildungseinrichtungen gemäß § 1 Abs. 1 Z 2 bis 4 eingerichtet, für die durch Verordnung der Bundesministerin oder des Bundesministers für den Durchschnitt der letzten drei Studienjahre festgestellt wurde, dass mehr als 1.000 Studierende gemäß § 2 Abs. 1 und 2 an der jeweiligen Bildungseinrichtung zugelassen waren.

Anmerkungen:
Der Gesetzgeber hat im Gegensatz zum HSG 1998 nunmehr präzise geregelt, für welche Zwecke die Evidenz der Mitglieder der ÖH verwendet werden darf. Die Verwendung darf somit nur für die Vertretung der allgemeinen und studienbezogenen Interessen, insbesondere gegenüber staatlichen Behörden und Einrichtungen sowie universitären Organen und Organen der Bildungseinrichtungen erfolgen. Damit wurde auch dem Zweckbindungsgrundsatz einer Datenverwendung gemäß § 6 Abs. 1 Z 2 des Datenschutzgesetzes 2000 – DSG 2000 Rechnung getragen. Für die Form der Bereitstellung der Verzeichnisse der Studierenden siehe auch § 7a des Bildungsdokumentationsgesetzes, BGBl. I Nr. 12/2002.

Die wahlwerbenden Gruppen sind berechtigt, Abschriften dieser Verzeichnisse der Studierenden von der ÖH oder den HS zu erhalten. Ein entsprechender Antrag ist von der oder dem Zustellungsbevollmächtigten der jeweiligen wahlwerbenden Gruppe zu stellen.

Diese Person haftet zivil- und strafrechtlich für die gesetzeskonforme Verwendung der Daten. Dies gilt auch für Personen (wie etwa Angestellte der ÖH bzw. der HS), die entgeltlich oder unentgeltlich Daten oder Datenträger zur zweckwidrigen Verwendung an Dritte weitergeben.

Infrastruktur der Österreichischen Hochschülerinnen- und Hochschülerschaft

§ 7. (1) Die Bundesministerin oder der Bundesminister hat der Österreichischen Hochschülerinnen- und Hochschülerschaft die für die Erfüllung ihrer Aufgaben erforderlichen Räume zur Verfügung zu stellen.
(2) Nach Maßgabe des jeweiligen Bundesfinanzgesetzes hat die Bundesministerin oder der Bundesminister überdies in der Höhe von 5 bis 10 vH der Gesamtsumme der Studierendenbeiträge des jeweiligen Studienjahres (§ 38 Abs. 2 und 3) Beiträge zum Verwaltungsaufwand der Österreichischen Hochschülerinnen- und Hochschülerschaft, zur Schulung von Stu-

dierendenvertreterinnen und Studierendenvertretern sowie zur fachlichen Information der Studierenden zu leisten.

Organe der Österreichischen Hochschülerinnen- und Hochschülerschaft

§ 8. (1) Die Organe der Österreichischen Hochschülerinnen- und Hochschülerschaft sind:

1. die Bundesvertretung der Studierenden,

2. die Wahlkommission der Österreichischen Hochschülerinnen- und Hochschülerschaft (WK-ÖH).

(2) Die Funktionsperiode der Bundesvertretung beginnt jeweils mit dem der Wahl folgenden 1. Juli und endet mit 30. Juni des zweiten darauffolgenden Jahres. Die Wahlkommission der Österreichischen Hochschülerinnen- und Hochschülerschaft ist auf Dauer eingerichtet.

(3) Soweit in diesem Bundesgesetz nichts anderes bestimmt ist, ist für einen Beschluss eines Organs die Anwesenheit von mindestens der Hälfte der stimmberechtigten Mitglieder erforderlich. In diesem Fall gilt ein Antrag als angenommen, wenn er die einfache Mehrheit der abgegebenen gültigen Stimmen erlangt hat. Eine Stimmenthaltung gilt als nicht abgegebene Stimme. Die Fassung von Beschlüssen im Umlaufweg ist für das Organ gemäß Abs. 1 Z 1 nicht zulässig.

Erläuterungen zur Novelle (BGBl. I Nr. 97/2016):
Es wird normiert, dass die Fassung von Beschlüssen im Umlaufweg durch die Bundesvertretung nicht zulässig ist. Damit wird nunmehr diese Möglichkeit der Beschlussfassung explizit ausgeschlossen.

Anmerkungen:
Mindestens die Hälfte der stimmberechtigten Mitglieder eines Organs sind erforderlich, damit ein Beschluss rechtmäßig zustande kommt. Damit ein Beschluss zustande kommt, gilt, dass die einfache Mehrheit der abgegeben gültigen Stimmen erreicht wird. Ungültige Stimmen und Stimmenthaltungen gelten als nicht abgegebene Stimmen, wodurch diese das Quorum senken. Einfache Mehrheit bedeutet somit, dass die Anzahl der Stimmen, die für einen Antrag gestimmt haben, um mindestens eine Stimme höher sein muss als die Anzahl der Stimmen, die gegen den Antrag gestimmt haben. Bei Stimmengleichheit (für oder gegen den Antrag) gilt dieser als nicht angenommen. Sollten weniger als die Hälfte der stimmberechtigten Mitglieder eines Organs anwesend sein, können keine Beschlüsse gefasst werden.

Bundesvertretung der Studierenden

§ 9. (1) Der Bundesvertretung der Studierenden mit Sitz in Wien gehören an:

1. 55 gewählte Mandatarinnen und Mandatare mit Stimmrecht;

2. die Referentinnen und Referenten der Bundesvertretung mit beratender Stimme und Antragsrecht für die Angelegenheiten ihres Referates;

3. die Vorsitzenden der Hochschulvertretungen mit beratender Stimme und Antragsrecht.

(2) Die Bundesvertretung hat mit Zweidrittelmehrheit eine Satzung zu beschließen, die insbesondere folgende Festlegungen zu enthalten hat:

1. Einladung zu Sitzungen,

2. Erstellung der Tagesordnung,

3. Ablauf von Sitzungen,

4. Redezeitregelungen,

5. Abstimmungsgrundsätze,

6. fakultativ die Einrichtung von Ausschüssen, allenfalls mit Entscheidungsvollmacht,

7. Organisation der Verwaltung,

8. Einrichtung von Referaten,

9. Kontrollrechte von Mandatarinnen und Mandataren,

10. allfällige Festlegung der Möglichkeit von mündlichen Stimmübertragungen von Mandatarinnen und Mandataren an Ersatzpersonen während einer Sitzung,

11. Regelungen betreffend die Übertragung von Aufgaben und Befugnissen auf Hochschulvertretungen und Studienvertretungen an Bildungseinrichtungen, an denen keine Hochschülerinnen- und Hochschülerschaft eingerichtet ist und

12. Regelungen über die Durchführung von nicht in diesem Bundesgesetz vorgesehenen Wahlen (z. B. Jahrgangsvertretungswahlen) an Bildungseinrichtungen, an denen keine Hochschülerinnen- und Hochschülerschaft eingerichtet ist.

(3) In der Satzung ist festzulegen, dass jedenfalls zwei Sitzungen der Bundesvertretung pro Semester stattzufinden haben und die Anberaumung einer außerordentlichen Sitzung jedenfalls zu erfolgen hat, wenn mindestens 20 vH der Mandatarinnen und Mandatare dies verlangen.

(4) Die Satzung ist auf der Homepage der Österreichischen Hochschülerinnen- und Hochschülerschaft zu veröffentlichen. Diese tritt mit Veröffentlichung oder dem im Beschluss festgelegten Zeitpunkt in Kraft.

Erläuterungen zur Regierungsvorlage:
Der Bundesvertretung, welche ab der ÖH-Wahl 2015 direkt gewählt wird, gehören 55 direkt von den Studierenden zu wählende Mandatarinnen und Mandatare an. In die Satzung der Bundesvertretung kann eine Regelung bezüglich der Ermöglichung von mündlichen Stimmübertragungen von Mandatarinnen und Mandataren an Ersatzpersonen, während einer Sitzung, aufgenommen werden. Die Satzung ist außerdem auf der Startseite der Webseite der ÖH zu veröffentlichen.

Erläuterungen zur Novelle (BGBl. I Nr. 97/2016):
Neben legistischen Anpassungen in den Ziffern 10 und 11 wurde eine neue Z 12 aufgenommen. Die Satzung der Bundesvertretung hat in Hinkunft daher auch Regelungen über die Durchführung von nicht in diesem Gesetz geregelten Wahlen zu enthalten. Zu regeln sind darin insbesondere die Festlegung der Zuständigkeiten für die Durchführung und die Leitung der Wahlhandlung solcher Wahlen. Nicht zuständig für die Durchführung solcher Wahlen sind die Wahlkommissionen und Unterwahlkommissionen, welche nur für die Organisation und Durchführung der im HSG 2014 genannten Wahlen (Wahl der Bundesvertretung, Wahl der Hochschulvertretungen und Wahl der Studienvertretungen) zuständig sind. Der Geltungsbereich dieser Regelungen beschränkt sich auf solche Vertretungsstrukturen der Studierenden, welche an jenen Bildungseinrichtungen existieren, an denen keine Hochschülerinnen- und Hochschülerschaft eingerichtet ist. Nicht davon betroffen sind die Wahlen der Bundesvertretung, der Hochschulvertretungen und der Studienvertretungen, da es sich um Wahlen handeln muss, die nicht in diesem Gesetz geregelt sind. Davon erfasst sind somit z. B. die Wahlen der Jahrgangssprecherinnen und der Jahrgangssprecher an Fachhochschulen.

Anmerkungen:
Grundsätzlich gilt, dass die Satzung mit der Veröffentlichung auf der Homepage der ÖH in Kraft tritt. Die Bundesvertretung kann allerdings einen anderen Zeitpunkt des Inkrafttretens beschließen.

Vorsitzendenkonferenzen

§ 10. (1) Die Vorsitzenden der Universitätsvertretungen und die oder der Vorsitzende der Bundesvertretung bilden einen Ausschuss, welcher der Beratung der Bundesvertretung und der Koordinierung der Aufgaben und Tätigkeiten der Universitätsvertretungen, soweit diese über den Wirkungsbereich einer Hochschülerinnen- und Hochschülerschaft hinausgehen, dient (Vorsitzendenkonferenz der Universitätsvertretungen).

(2) Die Vorsitzenden der Pädagogischen Hochschulvertretungen und die oder der Vorsitzende der Bundesvertretung bilden einen Ausschuss, welcher der Beratung der Bundesvertretung und der Koordinierung der

Aufgaben und Tätigkeiten der Pädagogischen Hochschulvertretungen, soweit diese über den Wirkungsbereich einer Pädagogischen Hochschulvertretung hinausgehen, dient (Vorsitzendenkonferenz der Pädagogischen Hochschulvertretungen).

(3) Die Vorsitzenden der Fachhochschulvertretungen und die oder der Vorsitzende der Bundesvertretung bilden einen Ausschuss, welcher der Beratung der Bundesvertretung und der Koordinierung der Aufgaben und Tätigkeiten der Fachhochschulvertretungen, soweit diese über den Wirkungsbereich einer Fachhochschulvertretung hinausgehen, dient (Vorsitzendenkonferenz der Fachhochschulvertretungen).

(4) Die Vorsitzenden der Privatuniversitätsvertretungen und die oder der Vorsitzende der Bundesvertretung bilden einen Ausschuss, welcher der Beratung der Bundesvertretung und der Koordinierung der Aufgaben und Tätigkeiten der Privatuniversitätsvertretungen, soweit diese über den Wirkungsbereich einer Privatuniversitätsvertretung hinausgehen, dient (Vorsitzendenkonferenz der Privatuniversitätsvertretungen).

(5) Den Vorsitz in den Vorsitzendenkonferenzen gemäß Abs. 1 bis 4 führt die oder der Vorsitzende der Bundesvertretung, die oder der die Vorsitzendenkonferenzen mindestens einmal pro Semester einzuberufen hat.

(6) Die Vorsitzendenkonferenzen sind berechtigt, eigene Geschäftsordnungen mit Zweidrittelmehrheit zu erlassen. Wird keine Geschäftsordnung beschlossen, so sind die Bestimmungen der Satzung der Bundesvertretung sinngemäß anzuwenden.

Erläuterungen zur Regierungsvorlage:

Aufgrund der legistischen Adaptierungen durch die Einbeziehung der Studierenden an Privatuniversitäten ist folglich auch eine Vorsitzendenkonferenz der Privatuniversitätsvertretungen in diesem Bundesgesetz vorgesehen. Alle Vorsitzendenkonferenzen sind nunmehr berechtigt, eigene Geschäftsordnungen zu erlassen. Wird von diesem Recht kein Gebrauch gemacht, sind die in Betracht kommende Bestimmungen der Satzung der Bundesvertretung sinngemäß anzuwenden.

Anmerkungen:

Die Vorsitzendenkonferenzen sind eingerichtet zur Beratung der Bundesvertretung und der Koordinierung der Aufgaben und Tätigkeiten der Universitätsvertretungen, der Pädagogischen Hochschulvertretungen, der Fachhochschulvertretungen oder der Privatuniversitätsvertretungen. Sie besitzen keine Rechtspersönlichkeit und sind somit nach außen nicht vertretungsbefugt.

Somit existieren folgende Vorsitzendenkonferenzen:

- Vorsitzendenkonferenz der Universitätsvertretungen
- Vorsitzendenkonferenz der Pädagogischen Hochschulvertretungen
- Vorsitzendenkonferenz der Fachhochschulvertretungen
- Vorsitzendenkonferenz der Privatuniversitätsvertretungen

Die Vorsitzendenkonferenzen haben folgende Befugnisse:

- Entsendung von je einer Vertreterin oder einem Vertreter in die Kontrollkommission gemäß § 64 Abs. 2 Z 5.
- Die Vorsitzendenkonferenz der Privatuniversitäten ist berechtigt, eine Vertreterin oder einen Vertreter der insgesamt drei Vertreterinnen oder Vertreter zu nominieren, die von der ÖH in die Generalversammlung der Agentur für Qualitätssicherung und Akkreditierung Austria entsendet werden (siehe § 11 Abs. 1 Z 2 HS-QSG).

Aufgaben der Bundesvertretung der Studierenden

§ 11. (1) Die Aufgaben der Bundesvertretung der Studierenden sind:

1. Vertretung der Interessen und Förderung der Mitglieder der Österreichischen Hochschülerinnen- und Hochschülerschaft, soweit sie über den Wirkungsbereich einer Hochschülerinnen- und Hochschülerschaft hinausgehen und diese nicht von der an der jeweiligen Bildungseinrichtung eingerichteten Hochschülerinnen- und Hochschülerschaft wahrgenommen wird;

2. Bekanntgabe und Verteilung der Studierendenbeiträge und allfälliger Sonderbeiträge;

3. Beschlussfassung über den Jahresvoranschlag der Österreichischen Hochschülerinnen- und Hochschülerschaft;

4. Verfügung über das Budget der Österreichischen Hochschülerinnen- und Hochschülerschaft;

5. Beschlussfassung über den Jahresabschluss der Österreichischen Hochschülerinnen- und Hochschülerschaft;

5a. Beschlussfassung über die Bestellung einer Wirtschaftsprüferin oder eines Wirtschaftsprüfers gemäß § 40 Abs. 3;

6. Führung der für die Erledigung der Aufgaben notwendigen Verwaltungseinrichtungen;

7. Beschlussfassung über die Durchführung oder Koordinierung von Projekten, soweit diese nicht zum Wirkungsbereich der einzelnen Hochschülerinnen- und Hochschülerschaften gehören;

8. Durchführung von Schulungen für Studierendenvertreterinnen und Studierendenvertreter nach Maßgabe der finanziellen Möglichkeiten, soweit eine einheitliche, bundesweite Durchführung der Schulung zweckmäßig ist;

9. Abgabe von Stellungnahmen zu Gesetzes- und Verordnungsentwürfen;

10. Beratung der Studienwerberinnen und Studienwerbern sowie der Studierenden.

(2) Der Bundesvertretung der Studierenden können von einzelnen Hochschulvertretungen im Einvernehmen Aufgaben übertragen werden.

Erläuterungen zur Regierungsvorlage:
Neu aufgenommen wurde in den Aufgabenkatalog der Bundesvertretung der Studierenden die Aufgabe der Beratung der Studienwerberinnen und Studienwerber sowie der Studierenden. Durch die Aufnahme dieser Ziffer zehn wird eine wesentliche Aufgabe, die in der Praxis schon sehr lange wahrgenommen wird, auch in diesem Bundesgesetz abgebildet.

Erläuterungen zur Novelle (BGBl. I Nr. 97/2016):
In § 11 Abs. 1 Z 2 wird die Formulierung „Einhebung der Studierendenbeiträge" auf „Bekanntgabe und Verteilung der Studierendenbeiträge und allfälliger Sonderbeiträge" geändert. Dies war notwendig, da die Einhebung der Studierendenbeiträge durch die Leiterinnen und Leiter der Bildungseinrichtungen zu erfolgen hat, welche die eingehobenen Studierendenbeiträge sodann an die ÖH zu überweisen haben, damit diese die Verteilung vornehmen kann. Die Formulierung „Einhebung der Studierendenbeiträge" war in § 11 Abs. 1 Z 2 daher irreführend und hat teilweise an den mit dem HSG 2014 neu in den Wirkungskreis der ÖH gekommenen Bildungseinrichtungen zu unterschiedlichen Interpretationen geführt.
Explizit ist nunmehr festgelegt, dass die Bestellung einer Wirtschaftsprüferin oder eines Wirtschaftsprüfers für die Prüfung des Jahresabschlusses der ÖH durch Beschlussfassung der Bundesvertretung zu erfolgen hat. Damit wird die praktische Vorgehensweise der vergangenen Jahre auch im HSG 2014 nachvollzogen.

Anmerkungen:
Eine weitere Aufgabe der Bundesvertretung der Studierenden ist gemäß § 32 Abs. 2 die Entsendung von Studierendenvertreterinnen und Studierendenvertreter, insbesondere in staatliche Behörden und von Delegierten in internationale Studierendenorganisationen.

Im Bundesgesetz über die externe Qualitätssicherung im Hochschulwesen und die Agentur für Qualitätssicherung und Akkreditierung Austria (Hochschul-Qualitätssicherungsgesetz – HS-QSG), BGBl. I Nr. 74/2011, findet sich bezüglich der Zusammensetzung der Generalversammlung als ein Organ der Agentur für Qualitätssicherung und Akkreditierung Austria, folgende Bestimmung:

„Generalversammlung

§ 11. *(1) Die Generalversammlung besteht aus 23 Mitgliedern und zwar:*

1. *sechs Vertreterinnen oder Vertretern, die durch den Beirat für Wirtschafts- und Sozialfragen nominiert werden;*
2. *drei Vertreterinnen oder Vertretern der Österreichischen Hochschülerinnen- und Hochschülerschaft, wobei eine Vertreterin oder ein Vertreter von der Vorsitzendenkonferenz der Privatuniversitätsvertretungen gemäß § 10 Abs. 4 des Hochschülerinnen- und Hochschülerschaftsgesetzes 2014 – HSG 2014, BGBl. I Nr. 45/2014, nominiert wird;*

3. (Anm.: aufgehoben durch BGBl. I Nr. 45/2014)
4. sechs Vertreterinnen oder Vertretern der Universitätenkonferenz;
5. vier Vertreterinnen oder Vertretern der Fachhochschulkonferenz;
6. zwei Vertreterinnen oder Vertretern der Österreichischen Privatuniversitätenkonferenz;
7. zwei Vertreterinnen oder Vertretern des Bundesministeriums für Wissenschaft und Forschung.

(2) Die Mitglieder der Generalversammlung müssen über Kenntnisse des Hochschulwesens und in Angelegenheiten der Qualitätssicherung des Hochschulwesens verfügen.

(3) Die Nominierung der Mitglieder gemäß Abs. 1 Z 2 bis 7 erfolgt durch die jeweiligen Einrichtungen. Die Nominierung hat bis längstens einen Monat vor Ablauf der Funktionsperiode des betreffenden Mitglieds zu erfolgen, bei vorzeitiger Abberufung eines Mitglieds spätestens einen Monat nach Bekanntgabe der Abberufung. Die Mitglieder sind durch die zuständige Bundesministerin oder den zuständigen Bundesminister zu bestellen.

(4) Die Funktionsperiode der Mitglieder der Generalversammlung beträgt fünf Jahre, Wiederbestellungen sind zulässig.

(5) Die zuständige Bundesministerin oder der zuständige Bundesminister hat ein Mitglied der Generalversammlung vor Ablauf der Funktionsperiode auf Antrag oder nach Anhörung der Generalversammlung abzuberufen, wenn es seine Pflichten gröblich verletzt oder vernachlässigt hat oder wenn es nicht mehr in der Lage ist, seine Aufgaben zu erfüllen."

2. Abschnitt
Hochschülerinnen- und Hochschülerschaften

Mitglieder und Aufgaben der Hochschülerinnen- und Hochschülerschaften

§ 12. (1) Den Hochschülerinnen- und Hochschülerschaften gehören die ordentlichen und außerordentlichen Mitglieder an den jeweiligen Bildungseinrichtungen an.

(1a) Studierende eines gemeinsam eingerichteten Studiums gehören allen Hochschülerinnen- und Hochschülerschaften und allen Vertretungsstrukturen der Studierenden an Bildungseinrichtungen, an denen keine Hochschülerinnen- oder Hochschülerschaft eingerichtet ist, jener Bildungseinrichtungen an, die am gemeinsam eingerichteten Studium beteiligt sind.

(2) Den Hochschülerinnen- und Hochschülerschaften obliegt die Vertretung der allgemeinen und studienbezogenen Interessen ihrer Mitglieder insbesondere gegenüber staatlichen Behörden und Einrichtungen sowie

universitären Organen und Organen der Bildungseinrichtung. Überdies obliegt ihnen die Mitwirkung in staatlichen Behörden und Einrichtungen, in den universitären Kollegialorganen inklusive deren Kommissionen und Unterkommissionen, sowie nach Maßgabe der gesetzlichen Bestimmungen in Organen der jeweiligen Bildungseinrichtung.

(2a) Die Hochschülerinnen- und Hochschülerschaften sind ermächtigt, nach Bevollmächtigung eines ordentlichen oder außerordentlichen Mitglieds der Österreichischen Hochschülerinnen- und Hochschülerschaft dieses im Rahmen ihres Aufgabenbereiches, insbesondere in studienrechtlichen, und familienbeihilfenrechtlichen Angelegenheiten, vor Behörden und Verwaltungsgerichten unentgeltlich zu vertreten. Die Bestimmungen über die Anwaltspflicht bleiben unberührt.

(3) Den Hochschülerinnen- und Hochschülerschaften obliegt innerhalb ihrer Zuständigkeit, den staatlichen Behörden, insbesondere den jeweils zuständigen Bundesministerinnen und Bundesministern, den Organen der jeweiligen Bildungseinrichtung und den gesetzgebenden Körperschaften Gutachten und Vorschläge über Angelegenheiten der Studierenden und des Hochschulwesens zu erstatten.

(4) Die jeweils zuständigen Bundesministerinnen und Bundesminister haben Gesetzesentwürfe, die Angelegenheiten von Studierenden betreffen, vor ihrer Vorlage an die Bundesregierung und Verordnungen dieser Art vor ihrer Erlassung den Hochschülerinnen- und Hochschülerschaften unter Gewährung einer angemessenen Frist zur Begutachtung zu übermitteln.

Erläuterungen zur Novelle (BGBl. I Nr. 97/2016):

In der Bestimmung zu den Mitgliedern und Aufgaben der Hochschülerinnen- und Hochschülerschaften wird nunmehr festgelegt, dass Studierende eines gemeinsam eingerichteten Studiums allen Hochschülerinnen- und Hochschülerschaften und allen Vertretungsstrukturen der Studierenden an Bildungseinrichtungen, an denen keine Hochschülerinnen- oder Hochschülerschaft eingerichtet ist, jenen Bildungseinrichtungen angehören, die an einem gemeinsam eingerichteten Studium beteiligt sind. Durch diese Bestimmung ist somit gewährleistet, dass die Interessen dieser Studierenden von den Hochschulvertretungen und den Studienvertretungen gegenüber allen Bildungseinrichtungen, die an einem gemeinsam eingerichteten Studium beteiligt sind, mitvertreten werden.
Siehe auch Erläuterungen zu § 4.

Anmerkungen:

Die HS haben als Aufgabe die Vertretung der Interessen der Studierenden an der jeweiligen Bildungseinrichtung. Sind die Interessen von Studierenden mehrerer (mindestens zwei) Bildungseinrichtungen betroffen, geht der Zuständigkeitsbereich auf die ÖH über. Im Übrigen siehe die Ausführungen zu § 4.

Gemäß § 47 Abs. 2a HSG 2014 sind Studierende eines gemeinsam eingerichteten Studiums allerdings nur für zwei Hochschulvertretungen und die dazugehörigen Studienvertretungen aktiv wahlberechtigt. Insbesondere bedeutet dies, dass beispielsweise Studierende eines von acht Bildungseinrichtungen gemeinsam eingerichteten Lehramtsstudiums im Rahmen der Pädagog/innenbildung NEU für zwei Hochschulvertretungen und die dazugehörigen Studienvertretungen wahlberechtigt sind. Das Wahlrecht für die Bundesvertretung steht allen Studierenden, gleich an wievielen Bildungseinrichtungen Studien betrieben werden, aufgrund des Grundsatzes des gleiches Wahlrechtes nur einmal zu.

Siehe im Übrigen die Ausführungen zu § 47.

Rechte und Pflichten der Hochschülerinnen- und Hochschülerschaften

§ 13. (1) Die Hochschülerinnen- und Hochschülerschaften und die in ihren Organen vertretenen wahlwerbenden Gruppen sind berechtigt, Veranstaltungen an der jeweiligen Bildungseinrichtung durchzuführen. Solche Veranstaltungen sind, sofern sie an einer Universität oder einer Pädagogischen Hochschule abgehalten werden, der Rektorin oder dem Rektor, sofern sie an einer Privatuniversität abgehalten werden, der Leiterin oder dem Leiter der Privatuniversität, sofern sie an einer Fachhochschule abgehalten werden, der Vertreterin oder dem Vertreter des Erhalters mindestens 72 Stunden vor Beginn der Veranstaltung anzuzeigen. Bei Unterlassung der fristgerechten Anzeige geht das Recht auf Durchführung dieser Veranstaltung verloren. Das jeweils zuständige Organ bestimmt, welche Räume für welchen Zeitraum für Veranstaltungen zur Verfügung gestellt werden. Diese Veranstaltungen sind grundsätzlich öffentlich, jedoch kann der Zutritt erforderlichenfalls auf Angehörige der jeweiligen Bildungseinrichtung eingeschränkt und mit einer den räumlichen Verhältnissen entsprechenden Zahl begrenzt werden. Das jeweils zuständige Organ kann eine Veranstaltung innerhalb von 48 Stunden nach der Anzeige untersagen, wenn ihre Durchführung insbesondere im Hinblick auf das Fehlen geeigneter Räume nur unter Beeinträchtigung des Lehr- und Forschungsbetriebes sichergestellt werden könnte. In die Berechnung der Fristen sind Samstage, Sonn- und Feiertage nicht einzubeziehen. Entstehen der Bildungseinrichtung durch die Zurverfügungstellung der Räume über den ordentlichen Betrieb hinausgehende zusätzliche Kosten, so sind diese von der Veranstalterin oder dem Veranstalter zu tragen. Die Einhebung einer angemessenen Kaution durch die Bildungseinrichtung für der Bildungseinrichtung durch die Abhaltung größerer gesellschaftlicher Veranstaltungen außerhalb des gesetzlichen Vertretungsauftrages allenfalls entstehende, über den ordentlichen Betrieb hinausgehende zusätzliche Kosten ist zulässig.

(2) Die Begrenzung des Zutritts zu Veranstaltungen und die Untersagung von Veranstaltungen hat durch Bescheid der Rektorin oder des Rektors der Universität oder der Pädagogischen Hochschule oder der Leiterin oder des Leiters der Privatuniversität oder der Vertreterin oder des Vertre-

ters des Erhalters eines Fachhochschul-Studienganges zu erfolgen. Gegen diesen Bescheid kann binnen vier Wochen Beschwerde an das Bundesverwaltungsgericht erhoben werden.

(3) Die Hochschülerinnen- und Hochschülerschaften, die für ihre Organe wahlwerbenden Gruppen sowie die zugelassenen Kandidatinnen und Kandidaten für die Studienvertretungen sind berechtigt, an den von den zuständigen Organen gemäß Abs. 1 zur Verfügung gestellten Plakatflächen Informationen anzubringen und an der jeweiligen Bildungseinrichtung Informationsmaterial zu verteilen. Bei der Verteilung von Informationsmaterial in Hörsälen ist darauf zu achten, dass dadurch der Lehr- und Prüfungsbetrieb nicht beeinträchtigt wird.

(4) Die Rektorin oder der Rektor der Universität oder der Pädagogischen Hochschule oder die Leiterin oder der Leiter der Privatuniversität oder die Vertreterin oder der Vertreter des Erhalters eines Fachhochschul-Studienganges hat der jeweiligen Hochschülerinnen- und Hochschülerschaft in jedem Semester ein Verzeichnis der Studierenden, über Antrag auch auf elektronischen Datenträgen, zur Verfügung zu stellen. Dieses Verzeichnis hat Angaben über Namen, wenn vorhanden über Matrikelnummer bzw. Personenkennzahl bzw. Personenkennzeichen, Geschlecht, Staatsangehörigkeit, Geburtsdatum, Anschrift am Studienort und Heimatort und, wenn vorhanden, die E-Mail-Adresse, sowie über die betriebenen Studien zu enthalten. Die Daten dieses Verzeichnisses dürfen nur für Zwecke gemäß § 12 Abs. 2 verwendet werden, wobei für die Hochschülerinnen- und Hochschülerschaft und die wahlwerbenden Gruppen und zugelassenen Kandidatinnen und Kandidaten gemäß Abs. 5, § 107 Abs. 2 TKG 2003 nicht anzuwenden ist.

(5) Die jeweilige Hochschülerinnen- und Hochschülerschaft hat den für ihre Organe wahlwerbenden Gruppen und den zugelassenen Kandidatinnen und Kandidaten auf deren Verlangen Abschriften dieses Verzeichnisses der Studierenden, über Antrag auch auf elektronischen Datenträgern, zur Verfügung zu stellen. Der Antrag ist von der oder dem Zustellungsbevollmächtigten der jeweiligen wahlwerbenden Gruppe oder der zugelassenen Kandidatin oder dem zugelassenen Kandidaten zu unterfertigen, die oder der für die gesetzeskonforme Verwendung der Daten verantwortlich ist.

(6) Die entgeltliche oder unentgeltliche Weitergabe von Daten und Datenträgern zur zweckwidrigen Verwendung an Dritte sowie die zweckwidrige Verwendung ist eine Verwaltungsübertretung, die mit Geldstrafe von 1 000 Euro bis zu 10 000 Euro, im Falle der Uneinbringlichkeit mit Ersatzfreiheitsstrafe bis zu vier Wochen zu bestrafen ist.

(7) Die oder der Vorsitzende jeder Universitätsvertretung hat das Recht, Informationen über die Verwendung der Studienbeiträge gemäß § 91 UG beim Rektorat der jeweiligen Universität einzuholen. Das Rektorat

ist verpflichtet, die entsprechenden Informationen schriftlich zu erteilen. Die oder der Vorsitzende jeder Universitätsvertretung ist verpflichtet, die Studierenden der jeweiligen Universität darüber zu informieren.

(8) Die oder der Vorsitzende jeder Universitätsvertretung hat gemäß § 21 Abs. 15 UG das Recht, in den Sitzungen des Universitätsrates zu Tagesordnungspunkten, die ihren Aufgabenbereich betreffen, insbesondere zu

1. **Genehmigung des Entwicklungsplans,**
2. **Genehmigung des Organisationsplans,**
3. **Genehmigung des Entwurfs der Leistungsvereinbarung und**
4. **Stellungnahme zu Curricula und Studienangeboten außerhalb der Leistungsvereinbarung,**

angehört zu werden.

Erläuterungen zur Regierungsvorlage:

Es wurden legistische Adaptierungen aufgrund der Vereinheitlichung der Vertretungsstrukturen und der Einbeziehung der Studierenden an Privatuniversitäten vorgenommen. Eine wahlwerbende Gruppe besteht ab Zulassung zur Wahl und die Rechtsstellung als wahlwerbende Gruppe endet – wenn sie ein Mandat erreicht hat – mit Ablauf der Funktionsperiode des Organs. Hinsichtlich der Kandidatinnen und Kandidaten ist in § 13 Abs. 3 ausdrücklich vorgesehen, dass sie ab Zulassung durch die Wahlkommission die Plakatflächen nutzen und Informationsmaterial verteilen dürfen. Nach der Wahl werden die gewählten Kandidatinnen und Kandidaten gemäß § 30 Abs. 1 Z 1 zu Mandatarinnen und Mandataren und gehören in dieser Eigenschaft einer Studienvertretung gemäß § 19 an. Ab dem Zeitpunkt der Erlangung bzw. der Zuteilung des Mandats geht der Status als Kandidatin bzw. Kandidat somit verloren. Ab diesem Zeitpunkt ist die Mandatarin oder der Mandatar Mitglied der Studienvertretung und hat die Aufgaben der Studienvertretung wahrzunehmen.

Die Absätze 7 und 8 sind Sonderregelungen, die aufgrund der Verwendung des Begriffes „Universitätsvertretung" nur an den öffentlichen Universitäten gemäß UG und für die Universität für Weiterbildung Krems anwendbar sind.

Erläuterungen zur Novelle (BGBl. I Nr. 97/2016):

Aufgenommen wurde nunmehr die Formulierung, dass nicht nur eine Weitergabe von Daten und Datenträgern zur zweckwidrigen Verwendung an Dritte sondern auch eine zweckwidrige Verwendung eine Verwaltungsübertretung ist. Auch wurde der Rahmen der Beträge, welche im Falle eines Verstoßes zu entrichten wären, auf Wunsch der ÖH angehoben. Die Wortfolge „wenn die Tat nicht den Tatbestand einer in die Zuständigkeit der Gerichte fallenden strafbaren Handlung bildet oder nach anderen Verwaltungsstrafbestimmungen mit strengerer Strafe bedroht ist" ist entfallen, da gemäß § 22 Abs. 1 des Verwaltungsstrafgesetzes 1991 – VStG, BGBl. Nr. 52/1991, in der Fassung des Verwaltungsgerichtsbarkeits-Ausführungsgesetzes 2013, BGBl. I Nr. 33/2013, soweit die Verwaltungsvorschriften nicht anderes bestimmen, eine Tat als Verwaltungs-

übertretung nur dann strafbar ist, wenn sie nicht den Tatbestand einer in die Zuständigkeit der Gerichte fallenden strafbaren Handlung bildet. Es ist daher nicht mehr erforderlich, die bloße Subsidiarität einer verwaltungsbehördlichen Strafbarkeit in den Verwaltungsvorschriften eigens anzuordnen.
Siehe auch Erläuterungen zu §§ 5 Abs. 2 und 6 Abs. 1.

Anmerkungen:
Zu Veranstaltungen, Plakatflächen und dem Verteilen von Informationsmaterial siehe die Ausführungen zu § 5. Zu „Verzeichnis der Studierenden" siehe die Ausführungen zu § 6.

Infrastruktur der Hochschülerinnen- und Hochschülerschaften

§ 14. (1) Die Rektorin oder der Rektor der Universität oder der Pädagogischen Hochschule oder die Leiterin oder der Leiter der Privatuniversität oder die Vertreterin oder der Vertreter des Erhalters eines Fachhochschul-Studienganges hat folgende Verpflichtungen:

1. **der jeweiligen Hochschülerinnen- und Hochschülerschaft die für die Erfüllung ihrer Aufgaben erforderlichen Räume insbesondere innerhalb der Gebäude der jeweiligen Bildungseinrichtung und**
2. **eine dem Standard der Zentralen Verwaltung der Bildungseinrichtung entsprechende Büroausstattung**

zur Verfügung zu stellen.

(2) Die zur Verfügung gestellten Gegenstände sind in einem Verzeichnis festzuhalten. Die jeweilige Hochschülerinnen- und Hochschülerschaft haftet für den Verlust und die Beschädigung der übernommenen Gegenstände, die nicht auf gewöhnliche Abnützung zurückzuführen ist.

(3) Die Rektorin oder der Rektor hat der jeweiligen Hochschülerinnen- und Hochschülerschaft an Universitäten:

1. **für notwendige Aufwendungen, die zur fachlichen Betreuung von Studierenden erforderlich sind und in den Aufgabenbereich der Universität gehören, nach Maßgabe der budgetären Möglichkeiten einen angemessenen Ersatz zu leisten,**
2. **nach Maßgabe der budgetären Möglichkeiten Beiträge zum Verwaltungsaufwand der jeweiligen Hochschülerinnen- und Hochschülerschaft, zur Schulung von Studierendenvertreterinnen und Studierendenvertretern sowie zur fachlichen Information der Studierenden zu leisten und**
3. **der jeweiligen Hochschülerinnen- und Hochschülerschaft den ihr zukommenden Ausgabenrahmen bis spätestens 1. Mai jeden Jahres bekanntzugeben und zeitgerecht zur Verfügung zu stellen.**

(4) Die Bundesministerin oder der Bundesminister hat den Hochschülerinnen- und Hochschülerschaften an den übrigen Bildungseinrichtungen:

1. nach Maßgabe der budgetären Möglichkeiten Beiträge zum Verwaltungsaufwand der jeweiligen Hochschülerinnen- und Hochschülerschaft, zur Schulung von Studierendenvertreterinnen und Studierendenvertretern sowie zur fachlichen Information der Studierenden zu leisten und

2. der jeweiligen Hochschülerinnen- und Hochschülerschaft den ihr zukommenden Ausgabenrahmen bis spätestens 1. Mai jeden Jahres bekanntzugeben und zeitgerecht zur Verfügung zu stellen.

(5) Die Kontrollkommission kann die Erlassung einer Verordnung durch die Bundesministerin oder den Bundesminister zur Sicherstellung einer möglichst einheitlichen Vorgangsweise bei der Zuweisung von Räumen und der Vergabe von Beiträgen beantragen. Die Hochschülerinnen- und Hochschülerschaften sowie die Rektorinnen und Rektoren der Universitäten bzw. der Pädagogischen Hochschulen bzw. die Leiterinnen und Leiter der Privatuniversitäten bzw. die Vertreterinnen und Vertreter der Erhalter von Fachhochschul-Studiengängen sind anzuhören. Dabei sind insbesondere Übergangsregelungen für neu zu errichtende Körperschaften öffentlichen Rechts und Hochschulvertretungen an Bildungseinrichtungen, an denen keine Körperschaft öffentlichen Rechts eingerichtet ist, und Mindestbeiträge zum Verwaltungsaufwand festzulegen, wobei auf die Anzahl der Studierenden und die vorhandenen räumlichen Gegebenheiten Bedacht zu nehmen ist.

Erläuterungen zur Regierungsvorlage:

Es wurden legistische Adaptierungen aufgrund der Vereinheitlichung der Vertretungsstrukturen und der Einbeziehung der Studierenden an Privatuniversitäten vorgenommen. Über den „Standard" der in der zentralen Verwaltung der Bildungseinrichtung verwendeten „Büroausstattung" hat die Rektorin oder der Rektor der Universität oder der Pädagogischen Hochschule oder die Leiterin oder der Leiter der Privatuniversität oder die Vertreterin oder der Vertreter des Erhalters eines Fachhochschul-Studienganges zu entscheiden. Diese sind aber nicht verpflichtet, der Hochschülerinnen- und Hochschülerschaft eine Liste über die eingesetzte Software bzw. eine Liste über die eingesetzten technischen Geräte auszufolgen. Die Bundesministerin oder der Bundesminister hat auch an die Hochschülerinnen- und Hochschülerschaften an den Privatuniversitäten, nach Maßgabe der budgetären Möglichkeiten, einen Beitrag zum Verwaltungsaufwand, zur Schulung von Studierendenvertreterinnen und -vertretern und zur fachlichen Information der Studierenden zu leisten. Bei rund 7 500 Studierenden ergibt dies einen Betrag von etwa 13 500 Euro.

Erläuterungen zur Novelle (BGBl. I Nr. 97/2016):

In der geltenden Textierung des HSG 2014 ist vorgesehen, dass die Kontrollkommission im Einvernehmen mit den Hochschülerinnen- und Hochschülerschaften sowie den Rektorinnen und Rektoren der Universitäten bzw. der Pädagogischen

Hochschulen bzw. den Leiterinnen und Leitern der Privatuniversitäten bzw. den Vertreterinnen und Vertretern der Erhalter von FachhochschulStudiengängen die Erlassung einer Verordnung durch die Bundesministerin oder den Bundesminister zur Sicherstellung einer möglichst einheitlichen Vorgangsweise bei der Zuweisung von Räumen und der Vergabe von Beiträgen beantragen kann. Dabei sind insbesondere Übergangsregelungen für neu zu errichtende Körperschaften öffentlichen Rechts und Hochschulvertretungen an Bildungseinrichtungen, an denen keine Körperschaft öffentlichen Rechts eingerichtet ist, und Mindestbeiträge zum Verwaltungsaufwand festzulegen, wobei auf die Anzahl der Studierenden und die vorhandenen räumlichen Gegebenheiten Bedacht zu nehmen ist. In der Realität hat sich jedoch herausgestellt, dass eine solche Einvernehmensherstellung mit allen Hochschülerinnen- und Hochschülerschaften und den Leiterinnen und Leitern der Bildungseinrichtungen nicht vollziehbar ist. Deswegen ist in Hinkunft für die Erlassung einer solchen Verordnung ein Anhörungsrecht für die Hochschülerinnen- und Hochschülerschaften und die Leiterinnen und Leiter der Bildungseinrichtungen vorgesehen.

Anmerkungen:
Die Leiterin oder der Leiter einer Bildungseinrichtung ist verpflichtet, der jeweiligen HS die erforderlichen Räume und eine dem Standard der Zentralen Verwaltung der Bildungseinrichtung entsprechende Büroausstattung kostenlos zur Verfügung zu stellen. Durch Verordnung der Bundesministerin oder des Bundesministers ist festzulegen, dass eine möglichst gerechte und einheitliche Vorgangsweise bei der Zuweisung von Räumen erfolgt, wobei darauf zu achten ist, dass sich die Räume nach Möglichkeit in den Gebäuden der jeweiligen Bildungseinrichtung befinden.

Hinsichtlich der Zurverfügungstellung von Geldmitteln für die notwendigen Aufwendungen, die zur fachlichen Betreuung der Studierenden erforderlich sind und welche an Universitäten die Rektorin oder der Rektor zur Verfügung zu stellen hat, sind in einer Verordnung nähere Bestimmungen, welche zu einer einheitlichen Vorgangsweise führen, festzulegen. An den anderen Bildungseinrichtungen sind die Beiträge zum Verwaltungsaufwand seitens der Bundesministerin oder des Bundesministers zur Verfügung zu stellen. Diese Differenzierung bezüglich der Bereitstellung der Mittel ergibt sich aus der unterschiedlichen Organisations- und Rechtsgestaltung der Bildungseinrichtungen.

Eine solche Verordnung wurde 2017 erlassen: siehe dazu weiter unten die Hochschülerinnen- und Hochschülerschaftsraum- und -verwaltungsbeitragsverordnung – HS-RVBV.

Organe der Hochschülerinnen- und Hochschülerschaften

§ 15. (1) Die Organe der Hochschülerinnen- und Hochschülerschaften an den Bildungseinrichtungen sind:

1. die Universitätsvertretung der Studierenden an Universitäten,

2. die Pädagogische Hochschulvertretung der Studierenden an Pädagogischen Hochschulen,
3. die Fachhochschulvertretung der Studierenden an Fachhochschulen,
4. die Privatuniversitätsvertretung der Studierenden an Privatuniversitäten,
5. die Studienvertretungen und
6. die Wahlkommissionen.

(2) Die Hochschulvertretungen gemäß Abs. 1 Z 1 bis 4 sind berechtigt, im Rahmen ihrer Satzung weitere Organe entsprechend dem Organisationsplan der jeweiligen Bildungseinrichtung (zB Fakultätsvertretung, Fachbereichsvertretung, Departementvertretung, Bereichsvertretung, etc.) einzurichten. Sie haben in der Satzung festzulegen, von welcher Studienvertretung Studierende in diese Organe zu entsenden sind. Bei der Festlegung der Zahl der von den einzelnen Studienvertretungen zu entsendenden Vertreterinnen und Vertretern ist die Anzahl der Studierenden des jeweiligen Studiums zu berücksichtigen.

(3) Die Funktionsperiode der Organe gemäß Abs. 1 Z 1 bis 5 und der Organe gemäß Abs. 2 beginnt jeweils mit dem der Wahl folgenden 1. Juli und endet mit 30. Juni des zweiten darauf folgenden Jahres. Die Wahlkommissionen sind auf Dauer eingerichtet.

(4) Soweit in diesem Bundesgesetz nichts anderes bestimmt ist, ist für einen Beschluss eines Organs die Anwesenheit von mindestens der Hälfte der stimmberechtigten Mitglieder erforderlich. In diesem Fall gilt ein Antrag als angenommen, wenn er die einfache Mehrheit der abgegebenen gültigen Stimmen erlangt hat. Eine Stimmenthaltung gilt als nicht abgegebene Stimme. Die Fassung von Beschlüssen im Umlaufweg ist für die Organe gemäß Abs. 1 Z 1 bis 4 nicht zulässig.

Erläuterungen zur Regierungsvorlage:
Es wurden legistische Adaptierungen aufgrund der Vereinheitlichung der Vertretungsstrukturen und der Einbeziehung der Studierenden an Privatuniversitäten vorgenommen. Die nach dem HSG 1998 eingerichteten „§ 12 Abs. 2 – Organe" haben ihre rechtliche Grundlage nunmehr in § 15 Abs. 2 und können durch die Hochschulvertretung von Hochschülerinnen- und Hochschülerschaften im Rahmen ihrer Satzung entsprechend dem Organisationsplan der jeweiligen Bildungseinrichtung eingerichtet werden.

Erläuterungen zur Novelle (BGBl. I Nr. 97/2016):
Es wird normiert, dass die Fassung von Beschlüssen im Umlaufweg durch die Hochschulvertretungen (Universitätsvertretungen, Pädagogische Hochschulvertretungen, Fachhochschulvertretungen und Privatuniversitätsvertretungen) nicht zulässig ist. Damit wird nunmehr diese Möglichkeit der Beschlussfassung explizit ausgeschlossen.

Anmerkungen:
Die Organe gemäß § 15 Abs. 2 können von den Hochschulvertretungen durch Aufnahme in die Satzung eingerichtet werden. Die Mitglieder dieser Organe werden nicht direkt gewählt, sondern von den Studienvertretungen entsandt.

Zur Gültigkeit von Beschlüssen siehe die Ausführungen zu § 8.

Hochschulvertretung der Hochschülerinnen- und Hochschülerschaften

§ 16. (1) Der Hochschulvertretung der Hochschülerinnen- und Hochschülerschaften an den Bildungseinrichtungen gehören an:

1. **bei bis zu 7 000 Wahlberechtigten neun Mandatarinnen und Mandatare, bei bis zu 10 000 Wahlberechtigten elf, bei bis zu 14 000 Wahlberechtigten 13, bei bis zu 18 000 Wahlberechtigten 15, bei bis zu 23 000 Wahlberechtigten 17, bei bis zu 29 000 Wahlberechtigten 19, bei bis zu 35 000 Wahlberechtigten 21, bei bis zu 45 000 Wahlberechtigten 23, bei bis zu 60 000 Wahlberechtigten 25, bei über 60 000 Wahlberechtigten 27 Mandatarinnen und Mandatare;**
2. **die Referentinnen und Referenten der Hochschulvertretung mit beratender Stimme und Antragsrecht für die Angelegenheiten ihres Referates;**
3. **die Vorsitzenden der Organe gemäß § 15 Abs. 2 mit beratender Stimme und Antragsrecht bzw. an Bildungseinrichtungen, an deren Hochschülerinnen- und Hochschülerschaften keine Organe gemäß § 15 Abs. 2 eingerichtet sind, die Vorsitzenden der Studienvertretungen mit beratender Stimme und Antragsrecht.**

(2) Die Hochschulvertretung hat nach Anhörung der betroffenen Organe mit Zweidrittelmehrheit eine Satzung für alle Organe der Hochschülerinnen- und Hochschülerschaft mit Ausnahme der Wahlkommission zu beschließen, die insbesondere folgende Festlegungen zu enthalten hat:

1. **alle eingerichteten Organe der Hochschülerinnen- und Hochschülerschaft,**
2. **Einladung zu Sitzungen,**
3. **Erstellung der Tagesordnung,**
4. **Ablauf von Sitzungen,**
5. **Redezeitregelungen,**
6. **Abstimmungsgrundsätze,**
7. **fakultativ die Einrichtung von Ausschüssen, allenfalls mit Entscheidungsvollmacht,**
8. **Organisation der Verwaltung,**
9. **Einrichtung von Referaten,**

10. Kontrollrechte von Mandatarinnen und Mandataren,

11. allfällige Festlegung der Möglichkeit von mündlichen Stimmübertragungen von Mandatarinnen und Mandataren an Ersatzpersonen während einer Sitzung,

12. bei Universitätsvertretungen zusätzlich eine Regelung betreffend die Vorgangsweise bei der Entsendung von Studierendenvertreterinnen und Studierendenvertretern in die Kollegialorgane gemäß § 25 Abs. 8 Z 1 bis 3 UG, an allen anderen Bildungseinrichtungen nach Maßgabe der dortigen organisationsrechtlichen Bestimmungen und

13. allfällige Regelungen über die Durchführung von nicht in diesem Bundesgesetz vorgesehenen Wahlen (z B Jahrgangsvertretungswahlen).

(3) In der Satzung ist festzulegen, dass jedenfalls zwei Sitzungen pro Semester stattzufinden haben und die Anberaumung einer außerordentlichen Sitzung jedenfalls zu erfolgen hat, wenn mindestens 20 vH der Mandatarinnen und Mandatare dies verlangen.

(4) Die Satzung ist auf der Homepage der betreffenden Hochschülerinnen- und Hochschülerschaft zu veröffentlichen. Diese tritt mit Veröffentlichung oder dem im Beschluss festgelegten Zeitpunkt in Kraft. Hat eine Hochschülerinnen- und Hochschülerschaft keine eigene Homepage, ist die Satzung auf der Homepage der Österreichischen Hochschülerinnen- und Hochschülerschaft zu veröffentlichen.

Erläuterungen zur Regierungsvorlage:

Es wurden legistische Adaptierungen aufgrund der Vereinheitlichung der Vertretungsstrukturen und der Einbeziehung der Studierenden an Privatuniversitäten vorgenommen. In die Satzungen der Hochschulvertretungen können Regelungen bezüglich der Ermöglichung von mündlichen Stimmübertragungen von Mandatarinnen und Mandataren an Ersatzpersonen, während einer Sitzung, aufgenommen werden. Die Satzung ist außerdem auf der jeweiligen Startseite der Webseite der Hochschülerinnen- und Hochschülerschaft zu veröffentlichen. Sollte eine Hochschülerinnen- und Hochschülerschaft über keine eigene Homepage verfügen, ist die Satzung auf der Startseite der Webseite der ÖH zu veröffentlichen.

Erläuterungen zur Novelle (BGBl. I Nr. 97/2016):

Neben legistischen Anpassungen in den Ziffern 11 und 12 wurde eine neue Z 13 aufgenommen. Die Satzung einer Hochschulvertretung kann in Hinkunft daher auch Regelungen über die Durchführung von nicht in diesem Gesetz geregelten Wahlen enthalten. Davon erfasst sind z. B. die Wahlen der Jahrgangssprecherinnen und der Jahrgangssprecher an Fachhochschulen. Zu regeln sind darin insbesondere die Festlegung der Zuständigkeiten für die Durchführung und die Leitung der Wahlhandlung solcher Wahlen. Nicht zuständig für die Durchfüh-

rung solcher Wahlen sind die Wahlkommissionen und Unterwahlkommissionen, welche nur für die Organisation und Durchführung der im HSG 2014 genannten Wahlen (Wahl der Bundesvertretung, Wahl der Hochschulvertretungen und Wahl der Studienvertretungen) zuständig sind.

Anmerkungen:
Zur Satzung siehe die Ausführungen zu § 9.

Rechtsauskunft BMWFW:
Anzumerken ist, dass etwaige in der Satzung vorgesehene zusätzliche Vertretungseinrichtungen, wie etwa „Jahrgangsvertretungen", keine Organe im Sinne des HSG 2014 (auch keine „§ 15 Abs. 2 Organe") sein können.

Dies aus dem Grund, da das HSG 2014 solche Vertretungseinrichtungen nicht kennt, und die Organe gemäß § 15 Abs. 2 nicht direkt gewählt werden, sondern von den Studienvertretungen beschickt werden.

Vielmehr handelt es sich bei diesen Vertretungseinrichtungen um eine eigene Kategorie von Vertretungseinrichtungen, die im Rahmen der Satzungsautonomie, vorgesehen werden können. Daher wären etwaige Aufgaben- und Zuständigkeitsbereiche und der Wahlmodus von solchen Vertretungseinrichtungen näher in der Satzung zu regeln. Sie haben daher nicht jene Rechte, die für die gemäß HSG 2014 eingerichteten Organe vorgesehen sind. Vielmehr beschränkt sich ihre Tätigkeit auf interne Vertretungsaufgaben (siehe: GZ: BMWFW-52.500/0031-WF/IV/6b/2014).

Aufgaben der Hochschulvertretungen der Hochschülerinnen- und Hochschülerschaften

§ 17. Die Aufgaben der Hochschulvertretungen der Hochschülerinnen- und Hochschülerschaften an den Bildungseinrichtungen sind:

1. **Vertretung der Interessen ihrer Mitglieder für den Bereich der jeweiligen Bildungseinrichtung sowie deren Förderung, soweit sie nicht in den Wirkungsbereich anderer Organe der Hochschülerinnen- und Hochschülerschaft fallen;**
2. **Beschlussfassung über den Jahresvoranschlag der Hochschülerinnen- und Hochschülerschaft und über die Verteilung der aus den Studierendenbeiträgen zur Verfügung stehenden Geldmittel. An Bildungseinrichtungen mit Organen gemäß § 15 Abs. 2 sind den Studienvertretungen insgesamt mindestens 30 vH und den Organen gemäß § 15 Abs. 2 mindestens 10 vH zur Verfügung zu stellen. An Bildungseinrichtungen ohne Organe gemäß § 15 Abs. 2 und an den anderen Bildungseinrichtungen sind den Studienvertretungen insgesamt mindestens 30 vH zur Verfügung zu stellen. Bei der Verteilung ist darauf zu achten, dass jedem dieser Organe ein zur**

Erfüllung seiner Aufgaben erforderlicher Mindestbetrag zur Verfügung steht;

3. Verfügung über das Budget der Hochschulvertretung;

4. Beschlussfassung über den Jahresabschluss der Hochschülerinnen- und Hochschülerschaft;

4a. Beschlussfassung über die Bestellung einer Wirtschaftsprüferin oder eines Wirtschaftsprüfers gemäß § 40 Abs. 3;

5. Führung der für die Erledigung der Aufgaben aller Organe der Hochschülerinnen- und Hochschülerschaft notwendigen Verwaltungseinrichtungen;

6. Abgabe von Stellungnahmen zu Gesetzes- und Verordnungsentwürfen;

7. Entsendung und Abberufung von Studierendenvertreterinnen und Studierendenvertretern in Kommissionen und Unterkommissionen des Senates der Universität, insbesondere in die Kollegialorgane gemäß § 25 Abs. 8 Z 1 bis 3 UG, bei allen anderen Bildungseinrichtungen nach Maßgabe der dortigen organisationsrechtlichen Bestimmungen und in staatliche Behörden;

8. Entsendung der Vertreterinnen und Vertreter der Studierenden in den Senat der Universität aus den Reihen der Studierenden der Universität nach dem Wahlverfahren gemäß § 52 entsprechend dem Stimmenverhältnis der in der Universitätsvertretung vertretenen wahlwerbenden Gruppen und bei allen anderen Bildungseinrichtungen nach Maßgabe der dortigen organisationsrechtlichen Bestimmungen;

9. Koordination der Tätigkeiten der Organe gemäß § 15 Abs. 2, sofern solche eingerichtet sind, und

10. Beratung der Studienwerberinnen und Studienwerber sowie der Studierenden.

Erläuterungen zur Regierungsvorlage:

In den Aufgabenkatalog der Hochschulvertretungen wurde die Beratung der Studienwerberinnen und Studienwerber und der Studierenden aufgenommen. Diese Beratung wurde in den vergangenen Jahren schon praktiziert und erfolgreich durchgeführt, weswegen es sich bei der Erwähnung dieser Aufgabe im Gesetz nur um das Nachvollziehen einer bereits zum Aufgabenbereich gehörenden Tätigkeit handelt.

Erläuterungen zur Novelle (BGBl. I Nr. 97/2016):

Explizit ist nunmehr festgelegt, dass die Bestellung einer Wirtschaftsprüferin oder eines Wirtschaftsprüfers für die Prüfung des Jahresabschlusses der Hochschülerinnen- und Hochschülerschaft durch Beschlussfassung der Hochschulvertretung zu erfolgen hat.

Anmerkungen:
Die Aufgaben einer Hochschulvertretung sind gegenüber den Aufgaben der Bundesvertretung und anderer Hochschulvertretungen durch die Definition der Wirkungsbereiche in Abs. 1 Z 1 und § 4 Abs. 1 abgegrenzt. Somit ergeben sich folgende Zuständigkeiten:

- Zuständigkeit der Österreichischen Hochschülerinnen- und Hochschülerschaft: *„die Vertretung der allgemeinen und studienbezogenen Interessen ihrer Mitglieder insbesondere gegenüber staatlichen Behörden und Einrichtungen sowie universitären Organen und Organen der Bildungseinrichtungen, soweit diese Interessen nicht ausschließlich eine Bildungseinrichtung betreffen."*
- Zuständigkeit der Hochschulvertretung: *„Vertretung der Interessen ihrer Mitglieder für den Bereich der jeweiligen Bildungseinrichtung sowie deren Förderung, soweit sie nicht in den Wirkungsbereich anderer Organe der Hochschülerinnen- und Hochschülerschaft fallen."*

Die Hochschulvertretung ist das leitende und koordinierende Organ einer HS. Die Aufgaben dieser sind taxativ aufgezählt und können in der Satzung näher ausgestaltet werden.

Hinsichtlich der Entsendung und Abberufung von Studierendenvertreterinnen und Studierendenvertretern in Kommissionen und Unterkommissionen des Senates der Universität, insbesondere in die Kollegialorgane gemäß § 25 Abs. 8 Z 1 bis 3 UG, bei allen anderen Bildungseinrichtungen nach Maßgabe der dortigen organisationsrechtlichen Bestimmungen und in staatliche Behörden siehe die Ausführungen zu § 32.

Organe gemäß § 15 Abs. 2

§ 18. (1) Die Aufgaben der Organe gemäß § 15 Abs. 2 sind:

1. Vertretung der Interessen der Studierenden sowie deren Förderung in ihrem Wirkungsbereich;

2. Verfügung über das zugewiesene Budget;

3. Koordination der Tätigkeiten der Studienvertretungen;

4. Abgabe von Stellungnahmen zu Gesetzes- und Verordnungsentwürfen.

(2) Den Organen gemäß § 15 Abs. 2 gehören an:

1. bei bis zu 2.000 Wahlberechtigten fünf Studierendenvertreterinnen und Studierendenvertreter, bei bis zu 3.000 Wahlberechtigten sieben, bei bis zu 4.000 Wahlberechtigten neun, und bei über 4.000 Wahlberechtigten elf Studierendenvertreterinnen und Studierendenvertreter;

2. die Vorsitzenden der Studienvertretungen, die entsprechend dem Organisationsplan der jeweiligen Bildungseinrichtung Studierende

in dieses Organ entsenden, mit beratender Stimme und Antragsrecht.

Studienvertretungen der Hochschülerinnen- und Hochschülerschaften

§ 19. (1) Für jedes Studium von ordentlichen Studierenden gemäß § 2 Abs. 1 ist eine Studienvertretung einzurichten. Für jedes Studium von außerordentlichen Studierenden gemäß § 2 Abs. 2 können durch Beschluss der Hochschulvertretung Studienvertretungen eingerichtet werden.

(2) Die zuständige Hochschulvertretung kann beschließen, dass mehrere Studienvertretungen zu einer Studienvertretung zusammengefasst werden. Sind mehrere Bildungseinrichtungen mit der Durchführung eines Studiums betraut, so kann durch übereinstimmende Beschlüsse der betroffenen Hochschulvertretungen eine gemeinsame Studienvertretung eingerichtet werden. In den Beschlüssen ist festzustellen, welcher Hochschülerinnen- und Hochschülerschaft die gemeinsame Studienvertretung organisatorisch angehört.

(3) Der Studienvertretung gehören bei bis zu 400 Wahlberechtigten drei Mandatarinnen und Mandatare, bei über 400 Wahlberechtigten fünf Mandatarinnen und Mandatare an.

(4) Die Funktionsperiode der Studienvertretung endet vorzeitig, wenn die Zahl der Mandatarinnen oder Mandatare unter die Hälfte der für die Studienvertretung zu vergebenden Mandate gesunken ist. In diesem Fall hat das Organ gemäß § 15 Abs. 2, an Bildungseinrichtungen ohne zusätzliches Organ gemäß § 15 Abs. 2 die jeweilige Hochschulvertretung, deren Aufgaben und das Budget zu übernehmen. Die Bestellung einer Person, die diese Aufgaben für das zuständige Organ wahrnimmt, durch Beschluss der zuständigen Hochschulvertretung ist zulässig.

(5) Beschlüsse gemäß Abs. 1 und 2 bedürfen der Zweidrittelmehrheit und sind spätestens vier Monate vor dem ersten Wahltag der jeweiligen Hochschülerinnen- und Hochschülerschaftswahl zu fassen. Beschlüsse gemäß Abs. 2 treten außer Kraft, wenn 15 vH der für die gemeinsame Studienvertretung aktiv Wahlberechtigten innerhalb eines Monates nach der jeweiligen Beschlussfassung bei der zuständigen Wahlkommission eigenständige Studienvertretungen schriftlich beantragen.

Erläuterungen zur Regierungsvorlage:

Wie schon bisher bei den Universitäten ist nunmehr auch bei den Pädagogischen Hochschulen, den Fachhochschulen und den Privatuniversitäten für jedes ordentliche Studium von ordentlichen Studierenden gemäß § 2 Abs. 1 eine Studienvertretung einzurichten. Für Universitätslehrgänge können durch Beschluss der Hochschulvertretung Studienvertretungen vorgesehen werden. Ab-

satz 2 regelt, dass die zuständige Hochschulvertretung beschließen kann, dass für zwei oder mehrere Studien eine gemeinsame Studienvertretung eingerichtet werden kann. Die Zusammenfassung von Studienvertretungen zu einer Studienvertretung ermöglicht daher speziell für kleine Studien eine gemeinsame, handlungsfähige Studienvertretung. Sind mehrere Bildungseinrichtungen mit der Durchführung eines Studiums betraut, so kann ebenfalls durch übereinstimmende Beschlüsse der betroffenen Hochschulvertretungen eine gemeinsame Studienvertretung für diese Studien eingerichtet werden. In den Beschlüssen ist jedenfalls eine Regelung aufzunehmen, welcher Hochschülerinnen- und Hochschülerschaft diese gemeinsame Studienvertretung organisatorisch angehört. Solche Beschlüsse bleiben so lange gültig, bis ein davon abweichender neuer Beschluss gefasst worden ist oder mindestens 15 vH der für die gemeinsame Studienvertretung aktiv Wahlberechtigten innerhalb eines Monates nach der jeweiligen Beschlussfassung bei der zuständigen Wahlkommission eigenständige Studienvertretungen schriftlich beantragen. Auch ist es nunmehr zulässig, dass bei einer vorzeitigen Beendigung der Funktionsperiode einer Studienvertretung jenes Organ, auf welches die Aufgaben und das Budget übergegangen sind, eine Person zur Wahrnehmung der betreffenden Aufgaben ermächtigen kann. Dafür ist ein Beschluss der zuständigen Hochschulvertretung notwendig.

Aufgaben der Studienvertretungen der Hochschülerinnen- und Hochschülerschaften

§ 20. Die Aufgaben der Studienvertretungen der Hochschülerinnen- und Hochschülerschaften an den Bildungseinrichtungen sind:

1. **Vertretung der Interessen der Studierenden sowie deren Förderung in ihrem Wirkungsbereich;**
2. **Nominierung der von der Universitätsvertretung in die Kollegialorgane gemäß § 25 Abs. 8 Z 1 bis 3 UG zu entsendenden Studierendenvertreterinnen und Studierendenvertreter nach Maßgabe der Satzung, bei allen anderen Bildungseinrichtungen nach Maßgabe der dortigen organisationsrechtlichen Bestimmungen;**
3. **Verfügung über das der Studienvertretung zugewiesene Budget;**
4. **Abgabe von Stellungnahmen zu Gesetzes- und Verordnungsentwürfen;**
5. **Beratung der Studienwerberinnen und Studienwerber sowie der Studierenden.**

Erläuterungen zur Regierungsvorlage:

Es wurden legistische Adaptierungen aufgrund der Vereinheitlichung der Vertretungsstrukturen und der Einbeziehung der Studierenden an Privatuniversitäten vorgenommen. Neu aufgenommen wurde in den Aufgabenkatalog der Studienvertretungen der Studierenden die Aufgabe der Beratung der Studienwerberinnen und Studienwerber sowie der Studierenden. Durch die Aufnahme dieser

Ziffer fünf in § 20 Abs. 1, wird eine wesentliche Aufgabe, die in der Praxis schon sehr lange wahrgenommen wird, auch in diesem Bundesgesetz abgebildet.

Anmerkungen:
Zum Nominierungsrecht der Studienvertretungen siehe die Ausführungen zu § 32.

Studierendenversammlung der Hochschülerinnen- und Hochschülerschaften

§ 21. (1) Die Organe gemäß § 15 Abs. 2 und Studienvertretungen können zur Information und zur Behandlung von studienbezogenen Angelegenheiten der Studierenden eine Studierendenversammlung einberufen.

(2) Eine Studierendenversammlung ist jedenfalls einzuberufen, wenn dies mindestens 5 vH der für das jeweilige Organ Wahlberechtigten schriftlich verlangen.

(3) Die Einberufung einer Studierendenversammlung hat die oder der Vorsitzende des jeweiligen Organs vorzunehmen.

(4) Für Abstimmungen sind die entsprechenden Bestimmungen anzuwenden, die für das jeweilige Organ gelten. Beschlüsse einer Studierendenversammlung hat das jeweilige Organ der Hochschülerinnen- und Hochschülerschaft in der nächsten k zu behandeln.

Anmerkungen:
Um allen Mitgliedern ein direktes Gestaltungs- und Mitwirkungsrecht zu ermöglichen, kann eine Studierendenversammlung einberufen werden. Eine Studierendenversammlung muss einberufen werden, wenn mindestens fünf Prozent des jeweiligen Organs dies verlangen. Die HS ist verpflichtet die entsprechenden Beschlüsse einer Studierendenversammlung in der nächsten Sitzung zu behandeln. Eine Verpflichtung zur Umsetzung dieser Beschlüsse besteht aber nicht. Das Instrument der Studierendenversammlung kommt dem Petitionsrecht an den Nationalrat nahe.

Tätigkeitsbericht der Hochschülerinnen- und Hochschülerschaften

§ 22. (1) Die Bundesvertretung, die Hochschulvertretungen und die Organe gemäß § 15 Abs. 2 haben jedes Jahr bis 30. Juni einen Tätigkeitsbericht auch auf der jeweiligen Homepage zu veröffentlichen, der in geeigneter Weise die Verteilung der Studierendenbeiträge darzustellen und die Tätigkeitsfelder, insbesondere die Beratungstätigkeiten und die erbrachten Dienstleistungen darzulegen hat. Dieser Tätigkeitsbericht ist der Kontrollkommission und der Bundesministerin oder dem Bundesminister unverzüglich in elektronischer Form zu übermitteln.

(2) Die Bundesvertretung hat auf der Grundlage der Tätigkeitsberichte gemäß Abs. 1 der Bundesministerin oder dem Bundesminister mindestens alle zwei Jahre einen Bericht zwecks Vorlage an den Nationalrat zu übermitteln.

Erläuterungen zur Regierungsvorlage:

Die Bundesvertretung, die Hochschulvertretungen und die Organe gemäß § 15 Abs. 2 haben jedes Jahr bis 30. Juni einen Tätigkeitsbericht, auch auf der jeweiligen Homepage, zu veröffentlichen und diesen unverzüglich der Kontrollkommission und der Bundesministerin oder dem Bundesminister zu übermitteln.

Anmerkungen:

Zu den Rechtsfolgen einer Verletzung der Übermittlung des Tätigkeitsberichts siehe die Ausführungen zu § 63.

3. Abschnitt

Vertretung von Studierenden an Bildungseinrichtungen, an denen keine Hochschülerinnen- und Hochschülerschaft eingerichtet ist

Aufgaben der Hochschulvertretungen und Studienvertretungen an Bildungseinrichtungen, an denen keine Hochschülerinnen- und Hochschülerschaft eingerichtet ist

§ 23. (1) Die Vertretung und Wahrnehmung der Interessen der Studierenden an Bildungseinrichtungen, an denen keine Hochschülerinnen- und Hochschülerschaft eingerichtet ist, erfolgt durch die Hochschulvertretung und die Studienvertretungen der Studierenden an der jeweiligen Bildungseinrichtung.

(1a) Studierende eines gemeinsam eingerichteten Studiums gehören allen Hochschülerinnen- und Hochschülerschaften und allen Vertretungsstrukturen der Studierenden an Bildungseinrichtungen, an denen keine Hochschülerinnen- oder Hochschülerschaft eingerichtet ist, jener Bildungseinrichtungen an, die am gemeinsam eingerichteten Studium beteiligt sind.

(2) Insbesondere obliegt ihnen die Vertretung der allgemeinen und studienbezogenen Interessen der Studierenden der betreffenden Bildungseinrichtung gegenüber staatlichen Behörden und Einrichtungen sowie Organen der Bildungseinrichtung. Überdies obliegt ihnen die Mitwirkung in staatlichen Behörden und Einrichtungen sowie nach Maßgabe der gesetzlichen oder satzungsmäßigen Bestimmungen in Organen der jeweiligen Bildungseinrichtung.

(3) Zum Abschluss von Rechtsgeschäften ist gemäß § 3 Abs. 3 entweder die Mitwirkung der Bundesvertretung oder die Mitwirkung einer Hochschülerinnen- und Hochschülerschaft gemäß § 3 Abs. 1 oder 2 erforderlich.

(4) Gewählten Vertreterinnen und Vertretern an diesen Bildungseinrichtungen können von der oder dem Vorsitzenden der Bundesvertretung oder der oder dem Vorsitzenden der Hochschulvertretung einer Hochschülerinnen- und Hochschülerschaft gemäß § 3 Abs. 1 oder 2 bestimmte Rechtsgeschäfte durch Vollmacht übertragen werden. Diese bevollmächtigten Personen haben Rechtsgeschäfte gemeinsam mit der zuständigen Wirtschaftsreferentin oder dem zuständigen Wirtschaftsreferenten der mitwirkenden Körperschaft gemäß Abs. 3 unter Anwendung der Bestimmungen des § 42 abzuschließen. Die Vollmacht ist längstens für die Dauer der Funktionsperiode zu erteilen.

(5) Die Hochschulvertretungen haben jedes Jahr bis 30. Juni einen Tätigkeitsbericht auch auf der jeweiligen Homepage zu veröffentlichen, der

in geeigneter Weise die Verteilung der Studierendenbeiträge darzustellen und die Tätigkeitsfelder, insbesondere die Beratungstätigkeiten und die erbrachten Leistungen darzulegen hat. Dieser Tätigkeitsbericht ist der Kontrollkommission und der Bundesministerin oder dem Bundesminister unverzüglich in elektronischer Form zu übermitteln.

(6) Die oder der Vorsitzende einer Hochschulvertretung kann im Hinblick auf den Umfang ihrer oder seiner Aufgaben, nach Zustimmung der Hochschulvertretung, Sachbearbeiterinnen und Sachbearbeiter einsetzen. Die Sachbearbeiterinnen und Sachbearbeiter sind der oder dem Vorsitzenden für ihre Tätigkeit verantwortlich.

Erläuterungen zur Regierungsvorlage:

Mit § 23 beginnt der neue 3. Abschnitt, welcher die Vertretung der Studierenden an Bildungseinrichtungen, an denen keine Hochschülerinnen- und Hochschülerschaften eingerichtet sind, regelt. Neben der ÖH gibt es Hochschülerinnen- und Hochschülerschaften als Körperschaften öffentlichen Rechts nur an Universitäten und an jenen Bildungseinrichtungen, für die durch Verordnung der Bundesministerin oder des Bundesministers für den Durchschnitt der letzten drei Studienjahre festgestellt wurde, dass mehr als 1.000 Studierende gemäß § 2 Abs. 1 und 2 an der jeweiligen Bildungseinrichtung zugelassen waren.

An allen anderen Bildungseinrichtungen, an denen keine Hochschülerinnen- und Hochschülerschaft eingerichtet ist, werden die Studierenden durch eine Hochschulvertretung und durch Studienvertretungen vertreten. Damit sind die Vertretungsstrukturen den Organen (Hochschulvertretung, Studienvertretung) der Hochschülerinnen- und Hochschülerschaften nachgebildet. Den Studienvertretungen und Hochschulvertretungen an Bildungseinrichtungen, an denen keine Hochschülerinnen- und Hochschülerschaft eingerichtet ist, kommt jedoch vornehmlich die Vertretung und Wahrnehmung der Interessen der Studierenden gegenüber der jeweiligen Bildungseinrichtung und gegenüber den staatlichen Behörden zu. Da diese Studienvertretungen und Hochschulvertretungen keine Organe einer Körperschaft öffentlichen Rechts sind und somit über keine eigene Rechtspersönlichkeit verfügen, bedürfen diese zum Abschluss von Rechtsgeschäften entweder der Mitwirkung der Bundesvertretung oder der Mitwirkung einer anderen Hochschülerinnen- und Hochschülerschaft.

In § 3 Abs. 3 wird festgelegt, dass diese Hochschulvertretungen und Studienvertretungen grundsätzlich von der Bundesvertretung rechtsgeschäftlich vertreten werden. Auf Antrag einer Hochschulvertretung kann die rechtsgeschäftliche Vertretung aber auch von einer anderen Hochschülerinnen- und Hochschülerschaft wahrgenommen werden. Ein solcher Antrag und eine allfällige Zustimmung bedürfen eines Beschlusses mit Zweidrittelmehrheit der jeweiligen Hochschulvertretung. Eine entsprechende Entscheidung kann nicht vor Ablauf von vier Studienjahren geändert werden und hat mit der Funktionsperiode der Organe (der vertretenden ÖH bzw. der vertretenden Hochschülerinnen- und Hochschülerschaft) ident zu sein. Durch diese Wahlmöglichkeit soll es den ein-

zelnen Hochschulvertretungen ermöglicht werden, die für die Studierenden der jeweiligen Bildungseinrichtung beste Lösung zu finden und auch etwaige Besonderheiten der jeweiligen Bildungseinrichtung berücksichtigen zu können. Die räumliche Nähe zu einer Hochschülerinnen- und Hochschülerschaft könnte zum Beispiel zu einer effektiveren Mitbetreuung führen. Gewählten Vertreterinnen und Vertretern an diesen Bildungseinrichtungen können von der Vorsitzenden oder dem Vorsitzenden der Bundesvertretung oder der Vorsitzenden oder dem Vorsitzenden der Hochschulvertretung einer anderen Hochschülerinnen- und Hochschülerschaft – je nachdem, wer die Vertretungen der Studierenden an dieser Bildungseinrichtung rechtsgeschäftlich vertritt – bestimmte Rechtsgeschäfte durch Vollmacht übertragen werden. Diese bevollmächtigten Personen haben dann Rechtsgeschäfte gemeinsam mit der zuständigen Wirtschaftsreferentin oder dem zuständigen Wirtschaftsreferenten der mitwirkenden Körperschaft unter Anwendung der Bestimmungen des § 42 abzuschließen. Eine Vollmacht kann längstens für die Dauer der Funktionsperiode erteilt werden. Es gilt somit das „Vieraugenprinzip".

Vorgesehen wurde auch, dass von der oder dem Vorsitzenden einer Hochschulvertretung im Hinblick auf den Umfang ihrer oder seiner Aufgaben, nach Zustimmung der Hochschulvertretung, Sachbearbeiterinnen und Sachbearbeiter eingesetzt werden können. Die Sachbearbeiterinnen und Sachbearbeiter sind der oder dem Vorsitzenden für ihre Tätigkeit verantwortlich.

Anmerkungen:
Bei den Hochschulvertretungen und Studienvertretungen an Bildungseinrichtungen, an denen keine Hochschülerinnen- und Hochschülerschaft eingerichtet ist, handelt es sich um jene Vertretungen der Studierenden an Bildungseinrichtungen, welche in der Verordnung des Bundesministers für Wissenschaft, Forschung und Wirtschaft über die Feststellung der Bildungseinrichtungen, an denen im Durchschnitt der letzten drei Studienjahre mehr als 1.000 Studierende zugelassen waren, BGBl. II Nr. 372/2014, nicht aufgezählt sind.

Die Durchführung der Wahlen hinsichtlich der Bundesvertretung, der Hochschulvertretungen und der Studienvertretungen hat in gleicher Weise zu erfolgen, wie an Bildungseinrichtungen, an denen eine HS eingerichtet ist. Eine Unterwahlkommission, welche organisatorisch der Wahlkommission der ÖH zuzurechnen ist, ist einzurichten.

Rechte und Pflichten der Studierendenvertretungen an Bildungseinrichtungen, an denen keine Hochschülerinnen- und Hochschülerschaft eingerichtet ist

§ 24. (1) Die Hochschulvertretungen und Studienvertretungen und ihre wahlwerbenden Gruppen sind berechtigt, Veranstaltungen an der jeweiligen Bildungseinrichtung durchzuführen. Solche Veranstaltungen sind, sofern sie an einer Pädagogischen Hochschule abgehalten werden, der

Rektorin oder dem Rektor, sofern sie an einer Privatuniversität abgehalten werden, der Leiterin oder dem Leiter der Privatuniversität, sofern sie an einer Fachhochschule abgehalten werden, der Vertreterin oder dem Vertreter des Erhalters mindestens 72 Stunden vor Beginn der Veranstaltung anzuzeigen. Bei Unterlassung der fristgerechten Anzeige geht das Recht auf Durchführung dieser Veranstaltung verloren. Das jeweils zuständige Organ bestimmt, welche Räume für welchen Zeitraum für Veranstaltungen zur Verfügung gestellt werden. Diese Veranstaltungen sind grundsätzlich öffentlich, jedoch kann der Zutritt erforderlichenfalls auf Angehörige der jeweiligen Bildungseinrichtung eingeschränkt und mit einer den räumlichen Verhältnissen entsprechenden Zahl begrenzt werden. Das jeweils zuständige Organ kann eine Veranstaltung innerhalb von 48 Stunden nach der Anzeige untersagen, wenn ihre Durchführung insbesondere im Hinblick auf das Fehlen geeigneter Räume nur unter Beeinträchtigung des Lehr- und Forschungsbetriebes sichergestellt werden könnte. In die Berechnung der Fristen sind Samstage, Sonn- und Feiertage nicht einzubeziehen. Entstehen der Bildungseinrichtung durch die Zurverfügungstellung der Räume über den ordentlichen Betrieb hinausgehende zusätzliche Kosten, so sind diese von der Veranstalterin oder dem Veranstalter zu tragen. Die Einhebung einer angemessenen Kaution durch die Bildungseinrichtung für der Bildungseinrichtung durch die Abhaltung größerer gesellschaftlicher Veranstaltungen außerhalb des gesetzlichen Vertretungsauftrages allenfalls entstehende, über den ordentlichen Betrieb hinausgehende zusätzliche Kosten ist zulässig.

(2) Die Begrenzung des Zutritts zu Veranstaltungen und die Untersagung von Veranstaltungen hat durch Bescheid der Rektorin oder des Rektors der Pädagogischen Hochschule oder der Leiterin oder des Leiters der Privatuniversität oder der Vertreterin oder des Vertreters des Erhalters eines Fachhochschul-Studienganges zu erfolgen. Gegen diesen Bescheid kann binnen vier Wochen Beschwerde an das Bundesverwaltungsgericht erhoben werden.

(3) Die Hochschulvertretungen und Studienvertretungen und ihre wahlwerbenden Gruppen sowie die zugelassenen Kandidatinnen und Kandidaten für die Studienvertretungen sind berechtigt, an den von den Organen gemäß Abs. 1 zur Verfügung gestellten Plakatflächen Informationen anzubringen und an der jeweiligen Bildungseinrichtung Informationsmaterial zu verteilen. Bei der Verteilung von Informationsmaterial in Hörsälen ist darauf zu achten, dass dadurch der Lehr- und Prüfungsbetrieb nicht beeinträchtigt wird.

(4) Die Rektorin oder der Rektor der Pädagogischen Hochschule oder die Leiterin oder der Leiter der Privatuniversität oder die Vertreterin oder der Vertreter des Erhalters eines Fachhochschul-Studienganges hat der jeweiligen Hochschulvertretung in jedem Semester ein Verzeichnis

der Studierenden, über Antrag auch auf elektronischen Datenträgen, zur Verfügung zu stellen. Dieses Verzeichnis hat Angaben über Namen, wenn vorhanden über Matrikelnummer bzw. Personenkennzahl bzw. Personenkennzeichen, Geschlecht, Staatsangehörigkeit, Geburtsdatum, Anschrift am Studienort und Heimatort und, wenn vorhanden, die E-Mail-Adresse, sowie über die betriebenen Studien zu enthalten. Die Daten dieses Verzeichnisses dürfen nur für Zwecke gemäß § 23 Abs. 2 verwendet werden, wobei für die Hochschulvertretung und die wahlwerbenden Gruppen und zugelassenen Kandidatinnen und Kandidaten gemäß Abs. 5, § 107 Abs. 2 TKG 2003 nicht anzuwenden ist.

(5) Die jeweilige Hochschulvertretung hat ihren wahlwerbenden Gruppen und den zugelassenen Kandidatinnen und Kandidaten auf deren Verlangen Abschriften dieses Verzeichnisses der Studierenden, über Antrag auch auf elektronischen Datenträgern, zur Verfügung zu stellen. Der Antrag ist von der oder dem Zustellungsbevollmächtigten der jeweiligen wahlwerbenden Gruppe oder der zugelassenen Kandidatin oder dem zugelassenen Kandidaten zu unterfertigen, die oder der für die gesetzeskonforme Verwendung der Daten verantwortlich ist.

(6) Die entgeltliche oder unentgeltliche Weitergabe von Daten und Datenträgern zur zweckwidrigen Verwendung an Dritte sowie die zweckwidrige Verwendung ist eine Verwaltungsübertretung, die mit Geldstrafe von 300 Euro bis zu 3 000 Euro, im Falle der Uneinbringlichkeit mit Ersatzfreiheitsstrafe bis zu zwei Wochen zu bestrafen ist.

Erläuterungen zur Regierungsvorlage:

Die Regelungen bezüglich der Rechte und Pflichten und der Infrastruktur der Vertretung der Studierenden an Bildungseinrichtungen, an denen keine Hochschülerinnen- und Hochschülerschaft eingerichtet ist, sind den entsprechenden Bestimmungen für die ÖH und die Hochschülerinnen- und Hochschülerschaften nachgebildet.

Erläuterungen zur Novelle (BGBl. I Nr. 97/2016):

Aufgenommen wurde nunmehr die Formulierung, dass nicht nur eine Weitergabe von Daten und Datenträgern zur zweckwidrigen Verwendung an Dritte sondern auch eine zweckwidrige Verwendung eine Verwaltungsübertretung ist.
Siehe auch Erläuterungen zu § 13 Abs. 6.
Siehe die Erläuterungen zu §§ 5 Abs. 2 und 6 Abs. 1.

Anmerkungen:

Bezüglich der Durchführung von Veranstaltungen, der Zurverfügungstellung von Plakatflächen und dem Verteilen von Informationsmaterial vergleiche die Ausführungen zu § 5. Hinsichtlich „Verzeichnis der Studierenden“ siehe die Ausführungen zu § 6.

Infrastruktur der Studierendenvertretungen an Bildungseinrichtungen, an denen keine Hochschülerinnen- und Hochschülerschaft eingerichtet ist

§ 25. (1) Die Rektorin oder der Rektor der Pädagogischen Hochschule oder die Leiterin oder der Leiter der Privatuniversität oder die Vertreterin oder der Vertreter des Erhalters eines Fachhochschul-Studienganges hat folgende Verpflichtungen:

1. der jeweiligen Hochschulvertretung die für die Erfüllung ihrer Aufgaben erforderlichen Räume insbesondere innerhalb der Gebäude der jeweiligen Bildungseinrichtung und

2. eine dem Standard der Zentralen Verwaltung der Bildungseinrichtung entsprechende Büroausstattung

zur Verfügung zu stellen.

(2) Die zur Verfügung gestellten Gegenstände sind in einem Verzeichnis festzuhalten. Die Österreichische Hochschülerinnen- und Hochschülerschaft oder die zuständige Hochschülerinnen- und Hochschülerschaft haftet für den Verlust und die Beschädigung der übernommenen Gegenstände, die nicht auf gewöhnliche Abnützung zurückzuführen ist.

(3) Die Bundesministerin oder der Bundesminister hat der jeweiligen Hochschulvertretung:

1. nach Maßgabe der budgetären Möglichkeiten Beiträge zum Verwaltungsaufwand, zur Schulung von Studierendenvertreterinnen und Studierendenvertretern sowie zur fachlichen Information der Studierenden zu leisten und

2. den ihr zukommenden Ausgabenrahmen bis spätestens 1. Mai jedes Jahres bekanntzugeben und zeitgerecht zur Verfügung zu stellen.

Anmerkungen:
Bezüglich der Zurverfügungstellung der Infrastruktur vergleiche die Ausführungen zu § 14.

Vertretungsstrukturen der Studierenden an Bildungseinrichtungen, an denen keine Hochschülerinnen- und Hochschülerschaft eingerichtet ist

§ 26. (1) Die Vertretung der Interessen der Studierenden der jeweiligen Bildungseinrichtung erfolgt durch:

1. die Hochschulvertretung und

2. die Studienvertretungen.

(2) Die Funktionsperiode der gewählten Studierendenvertreterinnen und Studierendenvertreter beginnt jeweils mit dem der Wahl folgenden 1. Juli und endet mit 30. Juni des zweiten darauf folgenden Jahres.

(3) Der Hochschulvertretung der Studierenden an den Bildungseinrichtungen gehören an:

1. sieben Mandatarinnen und Mandatare;

2. die Referentinnen und Referenten der Hochschulvertretung mit beratender Stimme und Antragsrecht für die Angelegenheiten ihres Referates, sofern Referate eingerichtet sind;

3. die Vorsitzenden der Studienvertretungen mit beratender Stimme und Antragsrecht.

(4) Die oder der Vorsitzende der Hochschulvertretung hat jedenfalls zwei Sitzungen pro Semester einzuberufen, wobei die Anberaumung einer außerordentlichen Sitzung jedenfalls zu erfolgen hat, wenn mindestens 20 vH der Mandatarinnen und Mandatare dies verlangen. Die Erlassung einer Geschäftsordnung ist mit Zweidrittelmehrheit zulässig, wobei sich der Inhalt an § 16 Abs. 2 zu orientieren hat.

Erläuterungen zur Regierungsvorlage:

Die Vertretungsstrukturen der Studierenden an Bildungseinrichtungen, an denen keine Hochschülerinnen und Hochschülerschaften eingerichtet sind, bestehen bei jeder Bildungseinrichtung aus einer Hochschulvertretung und den Studienvertretungen. Die Strukturen entsprechen daher jenen an den größeren Bildungseinrichtungen, an denen Körperschaften durch Bundesgesetz errichtet sind. Allerdings ist zu beachten, dass die Hochschulvertretung und die Studienvertretungen nach diesem Abschnitt nicht gleichzeitig auch Organe einer Hochschülerinnen- und Hochschülerschaft sind und sich daher von den gleichnamigen Vertretungen an größeren Bildungseinrichtungen unterscheiden. So bestimmen etwa § 26 Abs. 3 und 4, dass der Hochschulvertretung der Studierenden an einer Bildungseinrichtung, an denen keine Hochschülerinnen- und Hochschülerschaft eingerichtet ist, sieben Mandatarinnen und Mandatare angehören und diese keine Satzungen, sondern nur Geschäftsordnungen beschließen können.

Aufgaben der Hochschulvertretungen der Studierenden an Bildungseinrichtungen, an denen keine Hochschülerinnen- und Hochschülerschaft eingerichtet ist

§ 27. Die Aufgaben der Hochschulvertretungen der Studierenden sind:

1. Vertretung der Interessen ihrer Mitglieder für den Bereich der jeweiligen Bildungseinrichtung sowie deren Förderung;

2. Verfügung über das von der oder dem Vorsitzenden der Bundesvertretung gemäß § 39 Abs. 6 zugewiesene Budget gemeinsam mit

der zuständigen Wirtschaftsreferentin bzw. dem Wirtschaftsreferenten;

3. Koordination der Tätigkeiten der Studienvertretungen;

4. Abgabe von Stellungnahmen zu Gesetzes- und Verordnungsentwürfen;

5. Entsendung und Abberufung von Studierendenvertreterinnen und Studierendenvertretern in Organe, Kommissionen und Unterkommissionen der Bildungseinrichtung nach Maßgabe der dortigen organisationsrechtlichen Bestimmungen und in staatliche Behörden;

6. Beratung der Studienwerberinnen und Studienwerber sowie der Studierenden.

Anmerkungen:

Da die Hochschulvertretungen der Studierenden an Bildungseinrichtungen, an denen keine Hochschülerinnen- und Hochschülerschaft eingerichtet sind über keine eigene Rechtspersönlichkeit verfügen, ist die Abwicklung von Rechtsgeschäften und somit die Verfügung über das zustehende Budget gemäß § 3 Abs. 3 nur über die ÖH oder eine andere HS, welche über eine eigene Rechtspersönlichkeit verfügen, möglich.

Studienvertretung der Studierenden an Bildungseinrichtungen, an denen keine Hochschülerinnen- und Hochschülerschaft eingerichtet ist

§ 28. (1) Für jedes ordentliche Studium ist eine Studienvertretung einzurichten.

(2) Die zuständige Hochschulvertretung kann beschließen, dass Studienvertretungen zu einer Studienvertretung zusammengefasst werden. Sind mehrere Bildungseinrichtungen mit der Durchführung eines Studiums betraut, so kann durch übereinstimmende Beschlüsse der betroffenen Hochschulvertretungen eine gemeinsame Studienvertretung eingerichtet werden.

(3) Der Studienvertretung gehören bei bis zu 400 Wahlberechtigten drei Mandatarinnen und Mandatare, bei über 400 Wahlberechtigten fünf Mandatarinnen und Mandatare an.

(4) Die Funktionsperiode der Studienvertretung endet vorzeitig, wenn die Zahl der Mandatarinnen oder Mandatare unter die Hälfte der für die Studienvertretung zu vergebenden Mandate gesunken ist. In diesem Fall hat die jeweilige Hochschulvertretung deren Aufgaben und das Budget zu übernehmen. Die Bestellung einer Person, die diese Aufgaben wahrnimmt, durch Beschluss der zuständigen Hochschulvertretung ist zulässig.

(5) Beschlüsse gemäß Abs. 2 bedürfen der Zweidrittelmehrheit und sind spätestens vier Monate vor dem ersten Wahltag der jeweiligen Hochschülerinnen- und Hochschülerschaftswahl zu fassen. Diese Beschlüsse treten außer Kraft, wenn 15 vH der für die gemeinsame Studienvertretung aktiv Wahlberechtigten innerhalb eines Monates nach der jeweiligen Beschlussfassung bei der zuständigen Wahlkommission eigenständige Studienvertretungen schriftlich beantragen.

Anmerkungen:
Vergleiche die Ausführungen zu § 19.

Aufgaben der Studienvertretung der Studierenden an Bildungseinrichtungen, an denen keine Hochschülerinnen- und Hochschülerschaft eingerichtet ist

§ 29. Die Aufgaben der Studienvertretung sind:

1. Vertretung der Interessen der Studierenden sowie deren Förderung in ihrem Wirkungsbereich;

2. Nominierung der von der Hochschulvertretung zu entsendenden Vertreterinnen und Vertretern in Organe, Kommissionen und Unterkommissionen der Bildungseinrichtung nach Maßgabe der dortigen organisationsrechtlichen Bestimmungen;

3. Verfügung über das der Studienvertretung zugewiesene Budget nach Maßgabe des § 42 gemeinsam mit der zuständigen Wirtschaftsreferentin bzw. dem zuständigen Wirtschaftsreferenten;

4. Abgabe von Stellungnahmen zu Gesetzes- und Verordnungsentwürfen;

5. Beratung der Studienwerberinnen und Studienwerber sowie der Studierenden.

3. Hauptstück
Organisation der Vertretungseinrichtungen

1. Abschnitt
Allgemeine Bestimmungen über Studierendenvertreterinnen und Studierendenvertreter

Studierendenvertreterinnen und Studierendenvertreter

§ 30. (1) Studierendenvertreterinnen und Studierendenvertreter sind:

1. die Mandatarinnen und Mandatare,

2. die von den Organen der Österreichischen Hochschülerinnen- und Hochschülerschaft und der Hochschülerinnen- und Hochschülerschaften sowie den Hochschulvertretungen entsandten Vertreterinnen und Vertreter in staatliche Behörden, universitäre Kollegialorgane und, nach Maßgabe der gesetzlichen Vorschriften, in Kollegialorgane der Bildungseinrichtung sowie deren Kommissionen und Unterkommissionen und in internationale Studierendenorganisationen,

3. die Referentinnen und Referenten sowie die stellvertretenden Wirtschaftsreferentinnen und Wirtschaftsreferenten,

4. die Sachbearbeiterinnen und Sachbearbeiter,

5. die entsandten Vertreterinnen und Vertreter in die Organe der Wirtschaftsbetriebe, wenn sie Studierende sind, und

6. Personen gemäß § 19 Abs. 4, § 28 Abs. 4 und § 52 Abs. 3 und 4.

(2) Studierendenvertreterinnen und Studierendenvertreter sind zusätzlich an Universitäten die Tutorinnen und Tutoren gemäß § 66 Abs. 4 UG und an Pädagogischen Hochschulen die Tutorinnen und Tutoren gemäß § 41 Abs. 3 HG, wenn sie Studierende sind und von Organen der jeweiligen Hochschülerinnen- und Hochschülerschaft namhaft gemacht wurden.

(3) Die Studierendenvertreterinnen und Studierendenvertreter haben ihre Aufgaben gewissenhaft und uneigennützig zu erfüllen.

(4) Der oder dem Vorsitzenden und der Wirtschaftsreferentin oder dem Wirtschaftsreferenten der Bundesvertretung und der Hochschulvertretungen sind von der oder dem Vorsitzenden der zuständigen Wahlkommission einheitliche, auf die jeweilige Funktionsperiode befristete und mit einem Lichtbild versehene Ausweise auszustellen. Anderen Studierendenvertreterinnen und Studierendenvertretern gemäß Abs. 1 und 2 sind auf Antrag der oder des Vorsitzenden Ausweise auszustellen. Scheidet eine Studierendenvertreterin oder ein Studierendenvertreter vor Ablauf der Funk-

tionsperiode aus ihrer oder seiner Funktion aus, hat sie oder er ihren oder seinen Ausweis unverzüglich der oder dem Vorsitzenden der zuständigen Wahlkommission auszufolgen. Die Herstellung und Gestaltung der Ausweise ist durch Verordnung der Bundesministerin oder des Bundesministers näher festzulegen.

(5) Die oder der Vorsitzende der Bundesvertretung und die Vorsitzenden jeder Hochschulvertretung haben ein aktuelles Verzeichnis der Studierendenvertreterinnen und Studierendenvertreter der jeweiligen Bildungseinrichtung zu führen. Dieses Verzeichnis hat den Namen, die Anschrift, den Tätigkeitsbereich, die Dauer der Funktionsperiode und die Unterschrift der Studierendenvertreterin oder des Studierendenvertreters zu enthalten. Das vorzeitige Ausscheiden einer Studierendenvertreterin oder eines Studierendenvertreters ist von der oder dem zuständigen Vorsitzenden mit Angabe des Datums des Ausscheidens zu vermerken und der oder dem Vorsitzenden der zuständigen Wahlkommission bekanntzugeben. Alle Mitglieder der Österreichischen Hochschülerinnen- und Hochschülerschaft sind berechtigt, in dieses Verzeichnis Einsicht zu nehmen.

Erläuterungen zur Regierungsvorlage:

Die Aufzählung der Studierendenvertreterinnen und -vertreter wurde um den Kreis der stellvertretenden Wirtschaftsreferentinnen und Wirtschaftsreferenten sowie der Personen gemäß § 19 Abs. 4 (von einer Hochschulvertretung einer Hochschülerinnen- und Hochschülerschaft bestellte Person, die Aufgaben einer Studienvertretung wahrnimmt, wenn deren Funktionsperiode vorzeitig geendet hat), § 28 Abs. 4 (von einer Hochschulvertretung einer Bildungseinrichtung ohne Hochschülerinnen- und Hochschülerschaft bestellte Person, die Aufgaben einer Studienvertretung wahrnimmt) und § 52 Abs. 3 und 4 (bei einer aufgrund einer zu geringen Zahl der zu vergebenden Mandate unterbliebenen Wahl bestellte Personen) erweitert. Auch wurde der Kreis der Studierendenvertreterinnen und Studierendenvertreter zusätzlich an Pädagogischen Hochschulen um die Tutorinnen und Tutoren gemäß § 41 Abs. 3 HG, wenn sie Studierende sind und von Organen der jeweiligen Hochschülerinnen- und Hochschülerschaft namhaft gemacht wurden, erweitert. Neu geregelt wurde, dass für Studierendenvertreterinnen und -vertreter ausgestellte Lichtbildausweise nach Beendigung der Funktionsausübung unverzüglich der bzw. dem Vorsitzenden der zuständigen Wahlkommission auszuhändigen sind. Die oder der zuständige Bundesministerin oder Bundesminister hat durch Verordnung festzulegen, wie diese Lichtbildausweise herzustellen und zu gestalten sind.

Anmerkungen:

Der Personenkreis der Studierendenvertreterinnen und Studierendenvertreter ist taxativ aufgezählt. Nicht zu den Studierendenvertreterinnen und Studierendenvertretern zu zählen sind somit beispielsweise Ersatzmandatarinnen und Ersatzmandatare, da diese in der taxativen Aufzählung des Absatz 1 nicht enthalten sind. Zusätzlich zu den in § 30 Abs. 1 taxativ aufgezählten Studierendenvertreterinnen und Studierendenvertretern sind gemäß § 31 Abs. 7 auf Vorsitzende, Sprecherinnen und Sprecher sowie deren Stellvertreterinnen und Stellvertreter von Heimvertretungen gemäß § 7 Studentenheimgesetz, BGBl. Nr. 291/1986, § 31 Abs. 2 bis 6 anzuwenden.

Rechtsfolgen der Tätigkeit als Studierendenvertreterin oder Studierendenvertreter

§ 31. (1) Die Studierendenvertreterinnen und Studierendenvertreter üben ihre Tätigkeit ehrenamtlich aus. Sie haben Anspruch auf Ersatz des ihnen aus ihrer Tätigkeit erwachsenden Aufwandes. Ihnen kann im Hinblick auf die Bedeutung der Funktion und auf den damit üblicherweise verbundenen Aufwand durch Beschluss der Bundesvertretung oder der jeweiligen Hochschulvertretung eine laufende pauschalierte Entschädigung gewährt werden. Diese Beschlüsse sind der Kontrollkommission unverzüglich in elektronischer Form zu übermitteln.

(2) Zeiten als Studierendenvertreterin oder Studierendenvertreter sind unter Berücksichtigung der Funktion und der zeitlichen Inanspruchnahme bis zum Höchstausmaß von vier Semestern zur Erlangung von Studienbeihilfen nach dem Studienförderungsgesetz 1992, BGBl. Nr. 305/1992, nicht in die darin vorgesehene höchstzulässige Studienzeit einzurechnen. Die Bundesministerin oder der Bundesminister hat durch Verordnung die näheren Voraussetzungen für diese Nichteinrechnung festzulegen.

(3) Zeiten als Studierendenvertreterin oder Studierendenvertreter ersetzen die in den Curricula vorgesehenen ECTS-Anrechnungspunkte für im Curriculum entsprechend gekennzeichnete Module oder Lehrveranstaltungen sowie für frei zu wählende Module oder frei zu wählende Lehrveranstaltungen (z. B. freie Wahlfächer), für jedes Semester, in welchem eine derartige Tätigkeit ununterbrochen ausgeübt wird, in folgendem Ausmaß:

1. **für die Vorsitzenden und stellvertretenden Vorsitzenden der Bundesvertretung und der Hochschulvertretungen und die Referentinnen und Referenten sowie die stellvertretenden Wirtschaftsreferentinnen und Wirtschaftsreferenten um je acht ECTS-Anrechnungspunkte,**
2. **für die Vorsitzenden der Organe gemäß § 15 Abs. 2 und der Studienvertretungen sowie die Sachbearbeiterinnen und Sachbearbeiter der Bundesvertretung und der Hochschulvertretungen um je sechs ECTS-Anrechnungspunkte,**
3. **für die Mandatarinnen und Mandatare in der Bundesvertretung, den Hochschulvertretungen, den Organen gemäß § 15 Abs. 2 und den Studienvertretungen um je sechs ECTS-Anrechnungspunkte,**
4. **für alle anderen Studierendenvertreterinnen und Studierendenvertreter um je zwei ECTS-Anrechnungspunkte.**

(3a) Zeiten als Studierendenvertreterin oder Studierendenvertreter an Bildungseinrichtungen, an denen keine Hochschülerinnen- und Hochschülerschaft eingerichtet ist, ersetzen die ECTS-Anrechnungspunkte gemäß Abs. 3 nur um die Hälfte des vorgesehenen Ausmaßes.

(4) Frei zu wählende Module oder frei zu wählende Lehrveranstaltungen sind Module oder Lehrveranstaltungen, die frei aus dem Angebot der Bildungseinrichtungen gewählt werden können. Davon nicht erfasst sind Module oder Lehrveranstaltungen, die verpflichtend aus einem vorgegebenen Angebot im Curriculum zu wählen sind. Das an der jeweiligen Bildungseinrichtung für die studienrechtlichen Angelegenheiten zuständige Organ hat den Ersatz der ECTS-Anrechnungspunkte gemäß Abs. 3 und 3a festzustellen.

(5) Studierendenvertreterinnen und Studierendenvertreter sind berechtigt, anstelle von Einzelprüfungen kommissionelle Prüfungen abzulegen. Die freie Wahl der Prüferinnen und Prüfer ist ab dem zweiten Prüfungsantritt zulässig. Diese Berechtigungen erstrecken sich auch auf die beiden darauffolgenden Semester nach dem Semester der Beendigung der Funktion als Studierendenvertreterin oder Studierendenvertreter.

(6) Soweit für eine Lehrveranstaltung an einer Bildungseinrichtung eine Anwesenheitsverpflichtung vorgesehen ist, kann diese von Studierendenvertreterinnen und Studierendenvertretern, zusätzlich zu den bestehenden Regelungen betreffend die Ausnahmen der Anwesenheitsverpflichtung, um höchstens 30 vH für Tätigkeiten als Studierendenvertreterin oder Studierendenvertreter unterschritten werden. Dies gilt nicht, wenn die vollständige Anwesenheit zur Erlangung einer Berufsberechtigung erforderlich ist. Die Leiterin oder der Leiter der Lehrveranstaltung ist berechtigt, die Vorlage eines entsprechenden Nachweises zu verlangen. Von der Möglichkeit einer Unterschreitung der Anwesenheitsverpflichtung ausgenommen sind bei Lehramtsstudien die im Curriculum gekennzeichneten Praktika im Rahmen der pädagogisch-praktischen Studien.

(7) Auf die Vorsitzende oder den Vorsitzenden, die Sprecherin oder den Sprecher sowie deren Stellvertreterinnen und Stellvertreter der Heimvertretung gemäß § 7 Studentenheimgesetz, BGBl. Nr. 291/1986, in der jeweils geltenden Fassung, sind die Abs. 2 bis 6 anzuwenden.

Erläuterungen zur Regierungsvorlage:

Es wurden legistische Adaptierungen aufgrund der Vereinheitlichung der Vertretungsstrukturen und der Einbeziehung der Studierenden an Privatuniversitäten vorgenommen. Der Anspruch auf Aufwandersatz bezieht sich auf den konkreten aus der Tätigkeit erwachsenen Aufwand, wie etwa Barauslagen. Auf Entschädigung des zeitlichen Aufwandes oder Vergütung der Tätigkeit besteht kein Anspruch. Absatz 3 wurde dahingehend adaptiert, dass nun nicht mehr auf Semesterstunden, sondern auf ECTS-Anrechnungspunkte Bezug genommen wird. Die stellvertretenden Vorsitzenden sind nunmehr bezüglich des Ausmaßes der Anrechenbarkeit ihrer Tätigkeiten als Studierendenvertreterinnen und -vertreter den Vorsitzenden gleichgestellt. Für die Mandatarinnen und Mandatare in der Bundesvertretung, den Hochschulvertretungen, den Organen gemäß § 15 Abs. 2 und den Studienvertretungen wurde das Ausmaß der Anrechenbarkeit auf je sechs ECTS-Anrechnungspunkte erweitert. Studierendenvertreterinnen und -vertreter sind nunmehr auch berechtigt, die Prüferinnen und Prüfer ab dem zweiten Prüfungsantritt frei zu wählen. Dieses Auswahlrecht kann nur innerhalb des an der jeweiligen Bildungseinrichtung tätigen und für die Abnahme der betreffenden Prüfung berechtigten Lehrpersonals ausgeübt werden. Keinesfalls ist die Bildungseinrichtung verpflichtet, externes Lehrpersonal „zuzukaufen". Das Auswahlrecht und das Recht auf Ablegung von kommissionellen Prüfungen anstatt von Einzelprüfungen erstreckt sich auch auf die beiden Semester, welche dem Semester folgen, in welchem die Funktion als Studierendenvertreterin oder -vertreter beendet wurde. Das Auswahlrecht und das Recht auf Ablegung von kommissionellen Prüfungen anstatt von Einzelprüfungen setzt voraus, dass vor Antritt zu einer Prüfung bekannt gegeben werden muss, ob dieses Recht in Anspruch genommen wird. Nur dadurch wird die jeweilige Bildungseinrichtung in die Lage versetzt, die entsprechenden organisatorischen Maßnahmen, wie zum Beispiel die Zusammensetzung einer Prüfungskommission anstelle einer Einzelprüferin oder eines Einzelprüfers zu veranlassen. Dieses Recht gilt für Studierendenvertreterinnen und Studierendenvertreter auch für schriftliche Prüfungen. Auch in diesem Fall haben die Studierendenvertreterinnen und Studierendenvertreter vor Antritt zu dieser (schriftlichen) Prüfung bekannt zu geben, ob sie von diesem Recht Gebrauch machen. Diese vergünstigende Regelung bezieht sich nur auf das innerhalb des an der jeweiligen Bildungseinrichtung tätigen und für die Abnahme der betreffenden Prüfung berechtigten Lehrpersonals. Ist nicht genug Lehrpersonal, welches für die Abnahme der Prüfung in einem bestimmten Fachbereich befugt ist, vorhanden, ist die Durchführung einer kommissionellen Prüfung nicht möglich. Keinesfalls ist die Bildungseinrichtung verpflichtet, externes Lehrpersonal „zuzukaufen". Eine bereits erfolgte Beurteilung durch eine Einzelprüferin oder einen Einzelprüfer ohne entsprechenden Antrag auf Durchführung einer kommissionellen Prüfung kann im Nachhinein nicht von einer Studierendenvertreterin oder einem Studierendenvertreter bekämpft werden. Es handelt sich somit in diesem Fall um eine gültige abgelegte Prüfung, die auf die Gesamtzahl der Prüfungen anzurechnen ist. In Absatz 6 wurde die Bestimmung des § 5 Abs. 3 des Bundesgesetzes über Fachhochschul-Studiengänge (Fachhochschul-Studiengesetz – FHStG), BGBl. Nr. 340/1993, in der Fassung BGBl. I Nr. 79/2013, übernommen und in adaptierter Formulierung für alle Studierendenvertreterinnen und -vertreter anwendbar gemacht.

Erläuterungen zur Novelle (BGBl. I Nr. 97/2016):

In dieser Bestimmung wurde das Wort „verringern" durch das Wort „ersetzen" getauscht. Dies war erforderlich, da das Wort „verringern" teilweise dahingehend ausgelegt worden ist, dass bei Nachweis der Tätigkeit als Studierendenver-

treterin oder Studierendenvertreter die Gesamtzahl an ECTS-Anrechnungspunkten eines Studiums um die gemäß § 31 zustehenden ECTS-Anrechnungspunkte „verringert" wurde. In der Darstellung z. B. im „diploma supplement" hat es dadurch so ausgesehen als hätten die Absolventinnen und Absolventen die zum Abschluss des Studiums erforderliche Zahl an ECTS-Anrechnungspunkten nicht erfüllt. Es wird daher nunmehr das Wort „ersetzen" verwendet, welches klar zum Ausdruck bringen soll, dass die Tätigkeit als Studierendenvertreterin oder Studierendenvertreter in ECTS-Anrechnungspunkten dargestellt werden und dies auch bestätigt werden soll. Die allgemeine Formulierung „frei zu wählende Module oder frei zu wählende Lehrveranstaltungen (z. B. freie Wahlfächer) sowie, falls im Curriculum vorgesehen, für entsprechend gekennzeichnete Module oder Lehrveranstaltungen" soll nunmehr sicherstellen, dass an allen Bildungseinrichtungen die gleichen Voraussetzungen gelten. Bisher waren die Privatuniversitäten nicht vom Anwendungsbereich dieses Absatzes mitumfasst. Die „ergänzenden Studien" an Pädagogischen Hochschulen sind auslaufend und die Formulierung „an Pädagogischen Hochschulen und Fachhochschulen für Module, die soziale Kompetenz oder Soft Skills vermitteln" hat dazu geführt, dass darunter sehr große Teile von Studien subsumiert werden konnten. Nunmehr ist vorgesehen, dass in den Curricula explizit jene Lehrveranstaltungen gekennzeichnet werden können, die bei Nachweis der Tätigkeit als Studierendenvertreterin oder Studierendenvertreter ersetzt werden können. Es sind bewusst keine Vorgaben gemacht worden, welche Arten von Lehrveranstaltungen darunter fallen können, da es eine Vielzahl an Bezeichnungen für Lehrveranstaltungen an den verschiedenen postsekundären Bildungseinrichtungen gibt und diese daher nicht abschließend aufgezählt werden können. Es können daher jegliche Typen von Lehrveranstaltungen darunter fallen, sofern dafür vom zuständigen Organ (z. B. Curricularkommissionen) ein Beschluss vorliegt und diese im Curriculum gekennzeichnet wurden. Der Gesetzgeber geht davon aus, dass zumindest eine Lehrveranstaltung im Curriculum entsprechend gekennzeichnet wird. Ist dies nicht der Fall, kommen für die Inanspruchnahme der „Ersetzung" solche Module oder Lehrveranstaltungen in Betracht, die frei aus dem Bildungsangebot der Bildungseinrichtungen gewählt werden können. Nicht erfasst sind solche Module oder Lehrveranstaltungen, die verpflichtend aus einem im Curriculum vorgegebenem Angebot auszuwählen sind. Der neue Absatz 3a berücksichtigt die unterschiedliche Komplexität der Tätigkeit von Studierendenvertreterinnen und Studierendenvertretern bei Hochschülerinnen- und Hochschülerschaften und solchen bei Vertretungsstrukturen von Studierenden an Bildungseinrichtungen, an denen keine Hochschülerinnen- und Hochschülerschaft eingerichtet ist. Aufgrund der unterschiedlichen Größe und der unterschiedlichen Komplexität der Tätigkeit (Körperschaft öffentlichen Rechts vs. rechtsgeschäftliche Vertretung durch eine Körperschaft öffentlichen Rechts) ist vorgesehen, dass Zeiten als Studierendenvertreterin oder Studierendenvertreter an Bildungseinrichtungen, an denen keine Hochschülerinnen- und Hochschülerschaft eingerichtet ist, die in § 31 Abs. 3 aufgezählten ECTS-Anrechnungspunkte nur um die Hälfte des vorgesehenen Ausmaßes reduzieren. Da es bei der Anwendung und Auslegung der Bestimmung des § 31 Abs. 6 zu unterschiedlichen Ansichten gekommen ist, wird normiert, dass zusätzlich zu den bestehenden Regelungen betreffend die Ausnahmen der Anwesenheitsverpflichtung, eine Unterschreitung der Anwesenheitsverpflichtung um höchstens 30 vH für Tätigkeiten als Studierendenvertreterin oder Studierendenvertreter gemacht werden kann. Daher muss die Abwesenheit durch den Nachweis einer Tätigkeit, welche im Rahmen des Aufgabenbereiches als Studierendenvertreterin oder Studierendenvertreter gelegen sein muss, bei Verlangen durch die Leiterin oder den Leiter der Lehrveranstaltung, nachgewiesen werden. Unter der Wortfolge „Leiterin oder Leiter der Lehrveranstaltung" sind jene Personen gemeint, die für die Lehrveranstaltung inhaltlich und fachlich verantwortlich sind. Das können auch so genannte Koordinatorinnen oder Koordinatoren einer Lehrveranstaltung oder eines Moduls sein.

Von der Möglichkeit einer Unterschreitung der Anwesenheitsverpflichtung ausgenommen sind bei Lehramtsstudien die im Curriculum gekennzeichneten Praktika im Rahmen der pädagogisch-praktischen Studien. Bei diesen ist es zwingend notwendig, dass die Studierenden bei möglichst allen Einheiten anwesend sind. Eine Unterschreitung der Anwesenheitsverpflichtung ist ebenso nicht möglich, wenn die Anwesenheit für die Erfüllung einer Berufsberechtigung zwingend erforderlich ist. Dies ist insbesondere dann der Fall, wenn die Absolvierung von Praxiszeiten mit einer verpflichtend zu absolvierenden Stundenanzahl für die Erfüllung einer Berufsberechtigung angegeben ist. Zu denken ist dabei unter anderem an Studien an Fachhochschulen im Bereich der Gesundheits- und Pflegeberufe. Auch im Rahmen dieser Studien sind Praktika bzw. Laborübungen im Curriculum verankert, die eine 100%-ige Anwesenheit erfordern, da eine genaue Einhaltung der Praktikumsstunden bei diesen Studien zur Erlangung der Berufsberechtigung unbedingt erforderlich ist. Aufgenommen wurde auch eine Bestimmung, dass die in den Absätzen 2 bis 6 aufgegliederten Rechtsfolgen der Tätigkeit als Studierendenvertreterin oder Studierendenvertreter auch für die Vorsitzende oder den Vorsitzenden, die Sprecherin oder den Sprecher sowie deren Stellvertreterinnen und Stellvertreter der Heimvertretung gemäß § 7 Studentenheimgesetz, BGBl. Nr. 291/1986, in der jeweils geltenden Fassung, zur Anwendung kommen.

Anmerkungen:

Die Studierendenvertreterinnen und Studierendenvertreter üben ihre Tätigkeit ehrenamtlich aus. Sie haben Anspruch auf Ersatz des ihnen aus ihrer Tätigkeit erwachsenden Aufwandes. Ihnen kann im Hinblick auf die Bedeutung der Funktion und auf den damit üblicherweise verbundenen Aufwand durch Beschluss der Bundesvertretung oder der Universitätsvertretung (jeweiligen Hochschulvertretung) eine laufende pauschalierte Entschädigung gewährt werden. Diese Beschlüsse sind der Kontrollkommission unverzüglich (in elektronischer Form) zur Kenntnis zu bringen.

Wie das Bundesministerium für Wissenschaft, Forschung und Wirtschaft bereits mit GZ 76.024/0001-I/1/7/1994 ausgeführt hat, bezieht sich der Anspruch auf Aufwandersatz auf den konkreten aus der Tätigkeit erwachsenen Aufwand, wie etwa Barauslagen. Auf Entschädigung des zeitlichen Aufwandes oder Vergütung der Tätigkeit besteht kein Anspruch (siehe GZ: BMWFW-52.500/0022-WF/IV/6b/2014).

Um der gesetzlichen Anordnung (Sie haben Anspruch auf Ersatz des ihnen aus ihrer Tätigkeit erwachsenden Aufwandes) zu entsprechen, sollte auch in regelmäßigen Abständen überprüft werden, ob der seinerzeit gefasste Beschluss auch weiterhin aufrecht zu erhalten ist. Liegen Gründe vor, die die Auszahlung einer pauschalierten Aufwandsentschädigung nicht (mehr) rechtfertigen, sind diese durch Fassung eines neuen Beschlusses einzustellen. Nähere Bestimmungen, insbesondere Kriterien für die Auszahlung und Einstellung von Aufwandsentschädigungen können überdies in die Satzung aufgenommen werden. (siehe GZ: BMWFW-52.500/0027-WF/IV/6/2016)

Rechtsauskunft BMWFW:
Gemäß § 31 Abs. 4 HSG 2014 hat die tatsächliche Verringerung der ECTS-Anrechnungspunkte gemäß Abs. 3 das an der jeweiligen Bildungseinrichtung für die studienrechtlichen Angelegenheiten zuständige Organ festzustellen. Daher besteht das Recht auf eine bescheidmäßige Feststellung der tatsächlichen Verringerung der ECTS-Anrechnungspunkte nur dann, wenn im Curriculum entsprechend gekennzeichnete Module oder Lehrveranstaltungen sowie frei zu wählende Module oder frei zu wählende Lehrveranstaltungen (z. B. freie Wahlfächer) vorgesehen sind.

„Die Wortfolge „eine derartige Tätigkeit“ in Absatz 3 impliziert, dass auch bei der gleichzeitigen Ausübung mehrerer Funktionen nur eine Tätigkeit Auswirkungen auf die „Ersetzung“ der vorgesehenen ECTS-Anrechnungspunkte für freie Wahlfächer hat. Sieht ein Curriculum (Studienplan, etc.) keine entsprechend gekennzeichneten Module oder Lehrveranstaltungen oder frei zu wählende Module oder frei zu wählende Lehrveranstaltungen (z. B. freie Wahlfächer) vor, besteht kein Rechtsanspruch auf den „Ersatz“ von ECTS-Anrechnungspunkten.

Es wird davon ausgegangen, dass die Formulierung „ersetzen … für jedes Semester, in welchem eine derartige Tätigkeit ununterbrochen ausgeübt wird …“ auch ein „Ansparen“ von ECTS-Anrechnungspunkten zulässt, welche sodann in einem späteren Semester verbraucht werden können (siehe: GZ: BMWFW-52.530/0004-WF/IV/6/2017).

Rechtsauskunft BMWFW:
Die Bestimmung des § 31 Abs. 3 HSG 2014 ist unabhängig von der Bestimmung des § 12 des Fachhochschul-Studiengesetzes zu betrachten und begründet einen Rechtsanspruch von Studierenden an Fachhochschulen auf *Verringerung* (nunmehr Ersetzung) von ECTS- Anrechnungspunkten für *Module, die soziale Kompetenz oder Soft Skills vermitteln* (Anmerkung: nunmehr im Curriculum entsprechend gekennzeichnete Module oder Lehrveranstaltungen sowie für frei

zu wählende Module oder frei zu wählende Lehrveranstaltungen (z. B. freie Wahlfächer) in dem in den Ziffern 1 bis 4 festgelegten Ausmaß. Dies bedeutet, dass die oder der Studierende daher weniger ECTS-Anrechnungspunkte zu absolvieren braucht, als im jeweiligen Curriculum vorgesehen sind. Gemäß § 31 Abs. 4 HSG 2014 hat die tatsächliche Verringerung (nunmehr Ersetzung) der ECTS-Anrechnungspunkte gemäß Abs. 3 leg. cit. das an der jeweiligen Bildungseinrichtung für die studienrechtlichen Angelegenheiten zuständige Organ festzustellen.

Das für studienrechtliche Angelegenheiten zuständige Organ gemäß § 31 Abs. 4 HSG 2014 an Fachhochschulen ist die Studiengangsleitung. Diese haben auch die gesetzlichen Bestimmungen des HSG 2014 anzuwenden und zu vollziehen (siehe: GZ: BMWFW-52.530/0006-WF/IV/6/2016).

Rechtsauskunft BMWFW:
Die Formulierung „zusätzlich zu den bestehenden Regelungen betreffend die Ausnahmen der Anwesenheitsverpflichtung, um höchstens 30 vH unterschritten werden" ist dahingehend zu verstehen, dass die Reduzierung der Anwesenheitsverpflichtung um höchstens 30 Prozent, von der in dieser Lehrveranstaltung vorgesehenen Anwesenheitsverpflichtung, zu berechnen ist.

Eine Anwesenheitsverpflichtung von 80% (Mindest-)Anwesenheitsverpflichtung würde bei einer Unterschreitung durch Studierendenvertreterinnen oder Studienvertreter um höchstens 30% zu einer Anwesenheitsverpflichtung von 56% führen.

...

Die Inanspruchnahme der Möglichkeit der zusätzlichen Unterschreitung der Anwesenheitsverpflichtung bezieht sich auf die körperliche Abwesenheit bei Lehrveranstaltungen. Für Studierendenvertreterinnen und Studierendenvertreter besteht jedoch keine Sonderregelung bezüglich einer Reduzierung der in der Lehrveranstaltung zu erbringenden Leistungen. Studierendenvertreterinnen und Studierendenvertreter haben daher das gleiche Arbeitspensum wie andere Studierende, die diese Lehrveranstaltung besuchen und keine Studierendenvertreterinnen oder Studierendenvertreter sind, zu absolvieren. Daher ist die Vorschreibung von Ersatzleistungen unter bestimmten Umständen (z. B. Versäumen einer Klausur aufgrund der Abwesenheit) möglich (siehe dazu GZ: BMWFW-52.530/0001-WF/IV/6/2016).

Entsendung von Studierendenvertreterinnen und Studierendenvertretern

§ 32. (1) Die Entsendung von Studierendenvertreterinnen und Studierendenvertretern insbesondere in staatliche Behörden und universitäre Kollegialorgane und nach Maßgabe der gesetzlichen Bestimmungen in Organe der Bildungseinrichtung sowie Kommissionen und Unterkommis-

sionen und von Delegierten in internationale Studierendenorganisationen erfolgt nach dem Wahlverfahren gemäß § 52 entsprechend dem Stimmenverhältnis der im jeweils entsendenden Organ vertretenen wahlwerbenden Gruppen auf Grund eines Beschlusses dieses Organs. Bei Entsendungen in Organe gemäß § 25 Abs. 8 Z 1 bis 3 UG hat die Universitätsvertretung die Studierendenvertreterinnen und Studierendenvertreter aus den Nominierungen der jeweiligen Studienvertretungen auszuwählen. Die zu entsendenden Studierendenvertreterinnen und Studierendenvertreter sind, mit Ausnahme der Entsendungen in Organe gemäß § 25 Abs. 8 Z 1 bis 3 UG, von den jeweiligen wahlwerbenden Gruppen zu bestimmen. Bei der Entsendung ist über einen Gesamtvorschlag abzustimmen. Die Entsendung von Studierendenvertreterinnen und Studierendenvertretern an den übrigen Bildungseinrichtungen hat nach Maßgabe der jeweiligen organisationsrechtlichen Bestimmungen zu erfolgen.

(2) Die Entsendung von Studierendenvertreterinnen und Studierendenvertretern insbesondere in staatliche Behörden und von Delegierten in internationale Studierendenorganisationen durch die Bundesvertretung erfolgt nach dem Wahlverfahren gemäß § 52 auf Grund eines Beschlusses der Bundesvertretung, wobei eine Person jedenfalls durch die Vorsitzende oder den Vorsitzenden zu nominieren ist. Bei der Entsendung ist über einen Gesamtvorschlag abzustimmen.

(3) Eine Abberufung vor Ablauf der Funktionsperiode ist mit Zweidrittelmehrheit möglich.

(4) Die Funktionsperiode von in Kollegialorgane der Bildungseinrichtungen, mit Ausnahme der Habilitations- und Berufungskommissionen, entsandten Studierendenvertreterinnen und Studierendenvertreter entspricht der Funktionsperiode gemäß § 15 Abs. 3 mit der Maßgabe, dass entsandte Studierendenvertreterinnen und Studierendenvertreter so lange ihre Funktion auszuüben haben, bis eine neue Entsendung erfolgt.

Erläuterungen zur Regierungsvorlage:

Die derzeitige Rechtslage wurde übernommen. Geändert wurde, dass die oder der Vorsitzende der Bundesvertretung bei der Entsendung gemäß Abs. 2 (in staatliche Behörden und von Delegierten in internationale Studierendenorganisationen) jedenfalls eine Person ihrer oder seiner Wahl nominieren darf. Neu aufgenommen wurde auch der Absatz 4, welcher vorsieht, dass die Funktionsperiode von in Kollegialorgane der Bildungseinrichtungen, mit Ausnahme der Habilitations- und Berufungskommissionen, entsandten Studierendenvertreterinnen und Studierendenvertretern der Funktionsperiode gemäß § 15 Abs. 3 entspricht, mit der Maßgabe, dass entsandte Studierendenvertreterinnen und Studierendenvertreter so lange ihre Funktion auszuüben haben, bis eine neue Entsendung erfolgt.

Anmerkungen:
Die Funktionsperiode von entsandten Studierendenvertreterinnen und Studierendenvertretern richtet sich nach der Funktionsperiode der entsendungsberechtigten Organe dieses Bundesgesetzes und beträgt somit grundsätzlich maximal zwei Jahre. Sonderbestimmungen sind vorgesehen für:

- Habilitations- und Berufungskommission: die Funktionsperiode richtet sich nach der erforderlichen Dauer der Kommission und ist nicht an die Funktionsperiode des entsendungsberechtigten Organs gebunden. Das entsendungsberechtigte Organ kann aber gemäß Absatz 3 die entsandte Studierendenvertreterin oder den entsandten Studierendenvertreter mit Zweidrittelmehrheit vorzeitig abberufen.
- Kollegialorgane (mit Ausnahme der Habilitations- und Berufungskommissionen): die Funktionsperiode richtet sich grundsätzlich nach der Funktionsperiode des entsendungsberechtigten Organs, wobei sich die Funktionsperiode solange erstreckt, bis eine neue Studierendenvertreterin oder ein neuer Studierendenvertreter entsandt wird.

Für die Entsendung von Studierendenvertreterinnen und Studierendenvertretern in Habilitations-, Berufungs- und Curricularkommissionen hat die jeweilige Studienvertretung oder haben die jeweiligen Studienvertretungen Personen zu nominieren. Diese sind von der Universitätsvertretung zu entsenden. Werden mehr Personen nominiert, als zu entsenden sind, hat die Auswahl der nominierten Personen, welche entsendet werden, durch die Universitätsvertretung zu erfolgen.

Die Entsendung von Vertreterinnen und Vertretern der Studierenden in Kollegialorgane der Universitäten, der Universität für Weiterbildung Krems, der Pädagogischen Hochschulen und der Fachhochschulen ist in folgenden Materiengesetzen näher definiert:

Universitätsgesetz 2002 – UG

§ 25 Abs. 4 Z 4 lautet:
„(4) Die Mitglieder und Ersatzmitglieder des Senats sind folgendermaßen zu bestellen:
...

> *4. Die Vertreterinnen und Vertreter der Studierenden sind zu entsenden (§ 32 Abs. 1 des Hochschülerinnen- und Hochschülerschaftsgesetzes 2014 – HSG 2014, BGBl. I Nr. 45/2014).“*

§ 51 Abs. 4 lautet:
„(4) Das Recht, als Vertreterin oder als Vertreter der Studierenden in Kollegialorganen tätig zu werden, richtet sich nach dem HSG 2014.“

DUK-Gesetz 2004

§ 8 lautet:

*„**Vertreterinnen und Vertreter der Studierenden in Kollegialorganen***

Die Entsendung von Studierendenvertreterinnen und Studierendenvertretern in die Kollegialorgane der Universität für Weiterbildung Krems erfolgt gemäß § 32 Abs. 1 des Hochschülerinnen- und Hochschülerschaftsgesetzes 2014 – HSG 2014, BGBl. I Nr. 45/2014. Werden Studierendenvertreterinnen und Studierendenvertreter in diese nicht zeitgerecht entsendet, hat der Universitätsrat eine einmalige Nachfrist zur Nachholung der Entsendung zu setzen. Verstreicht diese Frist ergebnislos, gilt das Kollegialorgan auch ohne Studierendenvertreterinnen und Studierendenvertreter als gesetzmäßig zusammengesetzt."

Hochschulgesetz 2005 – HG

§ 9 Abs. 6 Z 6 und **10** lauten:

„(6) Im Besonderen sind über Abs. 1 bis 5 hinaus folgende leitende Grundsätze zu beachten:

...

6. die Mitsprache der Studierenden, insbesondere bei Studienangelegenheiten und bei der Qualitätssicherung der Lehre,

...

10. das Zusammenwirken von Studierenden, Lehrenden sowie des Verwaltungspersonals der Pädagogischen Hochschule im Sinne einer hochschulischen Lehr- und Lernkultur,"

§ 12 Abs. 8 lautet:

„(8) Das Rektorat, der oder die Vorsitzende des Hochschulkollegiums, der oder die Vorsitzende des Arbeitskreises für Gleichbehandlungsfragen und der oder die Vorsitzende der Hochschülerinnen- und Hochschülerschaft bzw. der Hochschulvertretung an der betreffenden Pädagogischen Hochschule haben das Recht, in den Sitzungen des Hochschulrates zu Tagesordnungspunkten angehört zu werden, die ihren Aufgabenbereich betreffen."

§ 17 Abs. 2 und **4** lauten:

„(2) Das Hochschulkollegium besteht aus elf Mitgliedern, und zwar aus

1. sechs Vertretern bzw. Vertreterinnen des Lehrpersonals aus dem Kreis der Lehrpersonen gemäß § 18 Abs. 1 Z 1 und 2, auch in der Funktion von Leitern und Leiterinnen von Organisationseinheiten der Pädagogischen Hochschule,

2. drei Vertretern bzw. Vertreterinnen der Hochschülerinnen- und Hochschülerschaft bzw. der Hochschulvertretung der Pädagogischen Hochschule und

2. zwei Vertretern bzw. Vertreterinnen des Verwaltungspersonals der Pädagogischen Hochschule.

…

(4) Die Funktionsperiode des Hochschulkollegiums beträgt drei Studienjahre. Die Vertreter und

Vertreterinnen gemäß Abs. 2 Z 1 bis 3 sind folgendermaßen zu bestellen:

1. die Vertreter bzw. Vertreterinnen des Lehrpersonals sind von allen Lehrpersonen gemäß § 18 Abs. 1 Z 1 und 2 zu wählen,
2. die Vertreter bzw. Vertreterinnen der Hochschülerinnen- und Hochschülerschaft bzw. der Hochschulvertretung sind durch die Hochschülerinnen- und Hochschülerschaft bzw. die Hochschulvertretung zu entsenden,
3. die Vertreter bzw. die Vertreterinnen des Verwaltungspersonals sind von allen Angehörigen des Verwaltungspersonals zu wählen."

Fachhochschul-Studiengesetz – FHStG

§ 8 Abs. 3 Z 5 lautet:

„(3) Eine Akkreditierung als Fachhochschul-Studiengang setzt voraus, daß

…

5. der mit der Entwicklung des beantragten Studienganges betraute Personenkreis und das den Studiengang durchführende Lehr- und Forschungspersonal eine den Hochschulen entsprechende Autonomie besitzen sowie eine entsprechende Mitbestimmung der Studierenden gewährleistet ist;"

§ 10 Abs. 2 lautet:

„(2) Dem Kollegium gehören neben der Leiterin oder dem Leiter des Kollegiums und ihrer oder seiner Stellvertretung sechs Leiterinnen oder Leiter der jeweils eingerichteten Fachhochschul-Studiengänge, sechs Vertreterinnen oder Vertreter des Lehr- und Forschungspersonals sowie vier Vertreterinnen oder Vertreter der Studierenden der Fachhochschul-Studiengänge an. Diese Vertretungen im Kollegium werden, mit Ausnahme der Vertreterinnen und Vertreter der Studierenden, von den jeweiligen Personengruppen gewählt. Die Vertreterinnen und Vertreter der Studierenden sind gemäß § 32 Abs. 1 des Hochschülerinnen- und Hochschülerschaftsgesetzes 2014 – HSG 2014, BGBl. I Nr. 45/2014, zu entsenden. Sollten weniger als sechs Leiterinnen oder Leiter von Fachhochschul-Studiengängen zur Verfügung stehen, ist deren Anzahl aus dem Kreis der Vertreterinnen oder Vertreter des Lehr- und Forschungspersonals zu ergänzen. Bei der Erstellung der Wahlvorschläge für die zu wählenden Vertreterinnen oder Vertreter sind pro Gruppe nach Möglichkeit mindestens 45 vH Frauen aufzunehmen."

Während das Universitätsgesetz 2002, das Bundesgesetz über die Universität für Weiterbildung Krems das Hochschulgesetz und das Fachhochschul-Studiengesetz detaillierte Regelungen zur Entsendung von Studierendenvertreterinnen und Studierendenvertretern in Kollegialorgane vorsehen, sind derartige Bestimmungen im Privatuniversitätengesetz nicht vorgesehen. Das Privatuniversitätengesetz sieht lediglich vor, dass die Gewährleistung der Mitsprache der Studierenden in akademischen Angelegenheiten in der Satzung zu regeln ist.

Privatuniversitätengesetz – PUG
§ 4 Abs. 2 Z 4 lautet:

„(2) In der Satzung sind insbesondere folgende Angelegenheiten zu regeln:

...

4. Gewährleistung der Mitsprache der Studierenden in akademischen Angelegenheiten;"

Rechtsauskunft BMWFW:
§ 32 Abs. 4 HSG 2014 legt fest, dass die Funktionsperiode von in Kollegialorgane der Bildungseinrichtungen, mit Ausnahme der Habilitations- und Berufungskommissionen, entsandten Studierendenvertreterinnen und Studierendenvertreter der Funktionsperiode gemäß § 15 Abs. 3 mit der Maßgabe entspricht, dass entsandte Studierendenvertreterinnen und Studierendenvertreter so lange ihre Funktion auszuüben haben, bis eine neue Entsendung erfolgt.

Dies bedeutet, dass entsandte Vertreterinnen und Vertreter der Studierenden grundsätzlich (auch bei Vorliegen des Erlöschens der Zulassung zum Studium) bis zum Ende der Funktionsperiode ihre Funktion ausüben, wobei eine Abberufung vor Ablauf der Funktionsperiode mit Zweidrittelmehrheit möglich ist. Gemäß § 32 Abs. 3 HSG 2014 können auch einzelne entsandte Vertreterinnen oder Vertreter der Studierenden abberufen werden.

Wird eine Vertreterin oder ein Vertreter der Studierenden vor Ablauf der Funktionsperiode von ihrer oder seiner Funktion abberufen oder scheidet aus einem anderen Grund (zu denken wäre etwa an einen Rücktritt oder Todesfall) aus seiner Funktion aus, kann diese freie Position durch einen gesonderten Beschluss, bei welchem über eine Nachnominierung abzustimmen ist, gesondert besetzt werden (siehe: GZ: BMWFW-52.530/0002-WF/IV/6/2017).

Rechtsauskunft BMWFW:
Bei einer Entsendung in Organe gemäß § 25 Abs. 8 Z 1 bis 3 UG hat daher die Universitätsvertretung die Studierendenvertreterinnen und Studierendenvertreter aus den Nominierungen der jeweiligen Studienvertretungen auszuwählen. Dadurch ist die Universitätsvertretung an die Nominierung der Studienvertretungen gebunden und hat sich an diese zu halten.

Wird eine Vertreterin oder ein Vertreter der Studierenden vor Ablauf der Funktionsperiode von ihrer oder seiner Funktion abberufen oder scheidet aus einem anderen Grund (zu denken wäre etwa an einen Rücktritt oder Todesfall) aus seiner Funktion aus, kann diese freie Position durch einen gesonderten Beschluss, bei welchem über eine Nachnominierung abzustimmen ist, gesondert besetzt werden. In diesem Fall ist nur über eine Entsendung in den „frei gewordenen Platz" abzustimmen. Es darf nicht neuerlich über bereits entsandte Vertreterinnen und Vertreter abgestimmt werden, da diese ja bereits entsandt sind. Daher beschränkt sich in so einem Fall der „Gesamtvorschlag" nur auf die nachzubesetzende(n) Position(en).

Sollen bereits entsandte Vertreterinnen und Vertreter der Studierenden abberufen werden, ist das nur durch eine Abberufung gemäß § 32 Abs. 3 HSG 2014 mit Zweidrittelmehrheit möglich (siehe: GZ: BMWFW-52.520/0010-WF/IV/6/2017).

Rechtsauskunft BMWFW:
Somit ergibt sich, dass die Entsendung von Vertreterinnen und Vertretern der Studierenden in Organe der Bildungseinrichtung, durch die Hochschulvertretung vorzunehmen ist.

Ist eine Bildungseinrichtung auch im Ausland tätig und errichtet dort eine Zweigstelle, kann durchaus in den organisationsrechtlichen Bestimmungen vorgesehen werden, dass die Vertreterinnen und Vertreter der Studierenden in den dortigen Gremien, aus dem Kreise der lokal Studierenden - durch die Hochschulvertretung - zu entsenden sind (siehe: GZ: BMWFW-52.500/0003-WF/IV/6/2017).

2. Abschnitt

Vorsitzende und ihre Stellvertreterinnen und Stellvertreter

Wahl und Abwahl der oder des Vorsitzenden und der Stellvertreterinnen und Stellvertreter

§ 33. (1) Die Bundesvertretung, die Hochschulvertretungen, die Organe gemäß § 15 Abs. 2 und die Studienvertretungen haben bei Anwesenheit von mindestens einem Drittel der Stimmberechtigten aus ihrer Mitte eine Vorsitzende oder einen Vorsitzenden und zwei Stellvertreterinnen oder Stellvertreter zu wählen. Die Wahl hat in der konstituierenden Sitzung die oder der Vorsitzende der zuständigen Wahlkommission zu leiten.

(2) Die Wahl der oder des Vorsitzenden und der Stellvertreterinnen und Stellvertreter erfolgt jeweils in bis zu vier Wahlgängen, wobei nach folgendem Verfahren vorzugehen ist:

1. **Wählbar sind nur jene Mandatarinnen und Mandatare, die für den ersten und zweiten Wahlgang vor dem ersten Wahlgang oder für den dritten und vierten Wahlgang vor dem dritten Wahlgang vorgeschlagen wurden.**

2. Gewählt ist jene Mandatarin oder jener Mandatar, auf die oder den in einem der ersten drei Wahlgänge die absolute Mehrheit der abgegebenen gültigen Stimmen oder im vierten und letzten Wahlgang die relative Mehrheit der abgegebenen gültigen Stimmen entfallen.

(3) Erreicht in der konstituierenden Sitzung keine Kandidatin oder kein Kandidat die relative Mehrheit der abgegebenen gültigen Stimmen, so entscheidet zwischen den zwei Kandidatinnen oder Kandidaten, welche die höchste Stimmenanzahl erhalten haben, das Los. Diese oder dieser ist mit der geschäftsführenden Vorsitzführung betraut. Sie oder er hat unverzüglich eine Sitzung des Organs zur Wahl einer oder eines Vorsitzenden einzuberufen.

(4) Die Abwahl der oder des Vorsitzenden und der Stellvertreterinnen oder Stellvertreter erfolgt bei Anwesenheit von mindestens der Hälfte der Stimmberechtigten mit Zweidrittelmehrheit der abgegebenen gültigen Stimmen.

(5) Die Abwahl erfolgt bei Anwesenheit von mindestens der Hälfte der Stimmberechtigten durch die Neuwahl mit absoluter Mehrheit der abgegebenen gültigen Stimmen, wenn der Antrag auf Neuwahl als eigener Tagesordnungspunkt in der Einladung, die in diesem Fall mindestens zwei Wochen vor dem Sitzungstermin ausgesandt werden muss, aufscheint. Gleichzeitig mit dem Antrag auf Neuwahl, der von mindestens 10 vH der für das entsprechende Organ wahlberechtigten Mandatarinnen und Mandatare unterschrieben sein muss, ist der Name der Kandidatin oder des Kandidaten für jede neu zu besetzende Funktion (Vorsitzende bzw. Vorsitzender oder Stellvertreterin bzw. Stellvertreter), die oder der gewählt werden soll, bekanntzugeben. In diesem Fall stehen nur die so namhaft gemachten Kandidatinnen und Kandidaten zur Wahl.

(6) Von der Wahl und Abwahl der oder des Vorsitzenden der Bundesvertretung und der Hochschulvertretungen ist die Bundesministerin oder der Bundesminister unverzüglich in Kenntnis zu setzen.

Anmerkungen:

Passiv zur Wahl der oder des Vorsitzenden und der Stellvertreterinnen und Stellvertreter der Bundesvertretung, der Hochschulvertretungen, der Organe gemäß § 15 Abs. 2 und der Studienvertretungen berechtigt sind nur Personen, die diesem Organ angehören. Die Wahl der oder des Vorsitzenden hat in der konstituierenden Sitzung des jeweiligen Organs zu erfolgen. Diese Sitzung ist von der oder dem Vorsitzenden der zuständigen Wahlkommission zu leiten. Vorgesehen sind bis zu vier Wahlgänge wobei nur vor dem ersten und dem dritten Wahlgang neue Kandidatinnen und Kandidaten vorgeschlagen werden können. Gewählt ist jene Mandatarin oder jener Mandatar, auf die oder den in einem der ersten drei Wahlgänge die absolute Mehrheit der abgegebenen gültigen Stimmen oder im vierten und letzten Wahlgang die relative Mehrheit der abgegebenen gültigen Stimmen entfallen. Wenn in der konstituierenden Sitzung keine Kandidatin oder kein Kandidat die erforderliche Mehrheit erreicht, so wird die oder der geschäftsführende und somit vorläufige Vorsitzende durch Los zwischen jenen Kandidatinnen und Kandidaten ausgewählt, die die höchste Stimmenanzahl erreicht haben. Die oder der geschäftsführende Vorsitzende hat sodann eine Sitzung des jeweiligen Organs zur Wahl der oder des Vorsitzenden einzuberufen.

Die Abwahl einer oder eines Vorsitzenden und der Stellvertreterinnen und Stellvertreter ist mit Zweidrittelmehrheit der abgegebenen gültigen Stimmen, bei Anwesenheit mindestens der Hälfte der Stimmberechtigten auch dann möglich, wenn die Abwahl keinen eigenen Tagesordnungspunkt darstellt.

Stellt die Abwahl einen eigenen Tagesordnungspunkt dar, der von zehn Prozent für das entsprechende Organ wahlberechtigten Mandatarinnen und Mandataren unterzeichnet sein muss, kann die Abwahl bei Anwesenheit der Hälfte der Stimmberechtigten mit absoluter (einfacher) Mehrheit der abgegebenen gültigen Stimmen erfolgen. Diese Abwahlvariante („konstruktives Misstrauensvotum") setzt allerdings voraus, dass der Name der Kandidatin oder des Kandidaten für jede neu zu besetzende Funktion in der Einladung bekanntzugeben ist.

Begriffsbestimmung:

- Absolute Mehrheit: Eine *absolute Mehrheit* hat daher, wer mehr Stimmen auf sich vereint als alle anderen in ihrer Gesamtheit („50 +1 von 100").
- Relative Mehrheit: Eine *relative Mehrheit* hat, wer mehr Stimmen auf sich vereint als jede oder jeder andere für sich (A: 40, B: 30, C: 20, D: 10 von 100 gültigen Stimmen. A hat somit die relative Mehrheit).

Ungültige bzw. nicht abgegebene Stimmen sind nicht zu berücksichtigen.

Bezeichnung der Vorsitzenden und ihrer Stellvertreterinnen und Stellvertreter

§ 34. (1) Die oder der Vorsitzende der Bundesvertretung führt die Bezeichnung Vorsitzende oder Vorsitzender der Österreichischen Hochschülerinnen- und Hochschülerschaft und vertritt diese nach außen.

(2) Die Vorsitzenden der Hochschulvertretungen führen die Bezeichnung Vorsitzende oder Vorsitzender der Hochschülerinnen- und Hochschülerschaft mit einem die Bildungseinrichtung kennzeichnenden Zusatz und vertreten diese nach außen.

(3) Die Vorsitzenden von anderen Organen der Hochschülerinnen- und Hochschülerschaften führen die Bezeichnung Vorsitzende oder Vorsitzender des jeweiligen Organs der Hochschülerinnen- und Hochschülerschaft mit einem die Hochschülerinnen- und Hochschülerschaft an der Bildungseinrichtung kennzeichnenden Zusatz.

(4) Die Vorsitzenden der Hochschulvertretungen und der Studienvertretungen an Bildungseinrichtungen, an denen keine Hochschülerinnen- und Hochschülerschaft eingerichtet ist, führen die Bezeichnung Vorsitzende oder Vorsitzender der jeweiligen Vertretung mit einem die Bildungseinrichtung kennzeichnenden Zusatz.

Erläuterungen zur Regierungsvorlage:
Da es an Bildungseinrichtungen mit weniger als 1000 Studierenden keine Hochschülerinnen- und Hochschülerschaften gibt, haben die Vorsitzenden der Hochschulvertretungen und der Studienvertretungen an diesen Bildungseinrichtungen die Bezeichnung Vorsitzende oder Vorsitzender der jeweiligen Vertretung mit einem die Bildungseinrichtung kennzeichnenden Zusatz zu führen. Beispiel: „Vorsitzende bzw. Vorsitzender der Privatuniversitätsvertretung der Studierenden an der Privatuniversität XXX"

Aufgaben der Vorsitzenden und ihrer Stellvertreterinnen und Stellvertreter

§ 35. (1) Die oder der Vorsitzende hat für die Durchführung der Beschlüsse des jeweiligen Organs bzw. der Vertretung und für die Erledigung der laufenden Geschäfte zu sorgen. In dringlichen Angelegenheiten ist sie oder er allein entscheidungsbefugt.

(2) Die oder der Vorsitzende der Bundesvertretung oder einer Hochschulvertretung kann genau bestimmte Teile ihrer oder seiner Aufgaben auf die Stellvertreterin oder den Stellvertreter übertragen. In diesem Fall handelt die Stellvertreterin oder der Stellvertreter im Auftrag und unter Verantwortung der oder des Vorsitzenden.

(3) Auf Vorschlag der oder des jeweiligen Vorsitzenden kann die Bundesvertretung oder eine Hochschulvertretung genau bestimmte Teile ihrer oder seiner Aufgaben auf die Stellvertreterin oder den Stellvertreter übertragen. In diesem Beschluss ist für die Vertretung der bevollmächtigten Stellvertreterin oder des bevollmächtigten Stellvertreters Vorsorge zu treffen. In diesem Fall handelt die Stellvertreterin oder der Stellvertreter im eigenen Namen und unter eigener Verantwortung.

(4) Die oder der Vorsitzende wird im Falle der Verhinderung durch die erste Stellvertreterin oder den ersten Stellvertreter vertreten. Im Falle der Verhinderung der ersten Stellvertreterin oder des ersten Stellvertreters wird die oder der Vorsitzende durch die zweite Stellvertreterin oder den zweiten Stellvertreter vertreten.

(5) Sind die oder der Vorsitzende und die Stellvertreterinnen oder Stellvertreter dauernd verhindert, so hat das an Studienjahren älteste Mitglied, bei gleichem Studienalter das an Lebensjahren ältere Mitglied des jeweiligen Organs die Funktion der oder des geschäftsführenden Vorsitzenden zu übernehmen. Sie oder er hat unverzüglich eine Sitzung des Or-

gans zur Wahl einer oder eines Vorsitzenden einzuberufen. Der oder dem geschäftsführenden Vorsitzenden obliegt die Auszahlung der Gehälter, die Durchführung der Verteilung der Studierendenbeiträge, die Durchführung der erforderlichen Ausgaben für die Erhaltung der Infrastruktur sowie die Einsetzung einer vorläufigen Wirtschaftsreferentin oder eines vorläufigen Wirtschaftsreferenten für die Dauer ihrer oder seiner Geschäftsführung.

(6) Die Vorsitzenden und ihre Stellvertreterinnen oder Stellvertreter haben die Gesetze, Verordnungen, Satzungen, Geschäftsordnungen und Beschlüsse zu beachten und sind den Organen für ihre Tätigkeit verantwortlich.

Anmerkungen:

Die oder der Vorsitzende der ÖH und der HS vertritt die Körperschaft öffentlichen Rechts nach außen und hat für die Umsetzung der Beschlüsse zu sorgen. Sie oder er ist zivil- und strafrechtlich für ihr oder sein Handeln oder Unterlassen einer Handlung verantwortlich. Dies kann insbesondere bei der Beauftragung oder Nichtbeauftragung von Publikationen wegen (rechtlicher) Auffassungsunterschiede zwischen dem zivil- und strafrechtlich verantwortlichen Vorsitzenden und jenem Organ der HS, welches eine Publikation aus den ihr zur Verfügung stehenden Budgetmitteln veröffentlichen will, zu Spannungen führen. In diesem Fall können sich Vertreterinnen und Vertreter dieses Organs an die Aufsichtsbehörde wenden, welche das rechtskonforme oder rechtswidrige Verhalten der oder des Vorsitzenden bescheidmäßig festzustellen hat.

Eine Übertragung von Aufgaben auf die Stellvertreterinnen und Stellvertreter ist möglich, jedoch muss gewährleistet sein, dass jede Handlung einer Person zugeordnet werden kann.

Die Außenvertretung durch ein sogenanntes „Vorsitzteam" ist rechtlich nicht möglich; das „Vorsitzteam" besteht aus rechtlicher Sicht somit immer aus drei Personen, nämlich aus einer oder einem Vorsitzenden und zwei Stellvertreterinnen und Stellvertretern.

3. Abschnitt

Organisatorische, wirtschaftliche und finanzielle Angelegenheiten

Organisation der Verwaltung

§ 36. (1) Die Verwaltung hat nach den Grundsätzen der Zweckmäßigkeit, der Sparsamkeit, der Wirtschaftlichkeit sowie unter Heranziehung moderner technischer Hilfsmittel zu erfolgen.

(2) Die Verwaltung und die übrigen Aufgabenbereiche sind durch Referate zu führen. Die Referate sind durch die Bundesvertretung und die Hochschulvertretungen der Hochschülerinnen- und Hochschülerschaften durch die jeweiligen Satzungen einzurichten. Folgende Referate sind jedenfalls einzurichten:

1. **ein Referat für Bildungspolitik,**
2. **ein Referat für Sozialpolitik und**
3. **ein Referat für wirtschaftliche Angelegenheiten (Wirtschaftsreferat).**

(3) Die Referate stehen unter der Leitung von Referentinnen und Referenten. Für das Wirtschaftsreferat kann eine Stellvertreterin oder ein Stellvertreter bestellt werden. Dieser oder diesem können von der Wirtschaftsreferentin oder dem Wirtschaftsreferenten genau bestimmte Teile ihrer oder seiner Aufgaben übertragen werden. In diesem Fall handelt die stellvertretende Wirtschaftsreferentin oder der stellvertretende Wirtschaftsreferent im Auftrag und unter Verantwortung der Wirtschaftsreferentin oder des Wirtschaftsreferenten. Im Verhinderungsfall der Wirtschaftsreferentin oder des Wirtschaftsreferenten übernimmt ihre oder seine Aufgaben die stellvertretende Wirtschaftsreferentin oder der stellvertretende Wirtschaftsreferent. Die Referentinnen und Referenten müssen mit Ausnahme des Abs. 4 ordentliche Mitglieder der Österreichischen Hochschülerinnen- und Hochschülerschaft sein und die erforderliche Befähigung besitzen. Den Referentinnen und Referenten können im Hinblick auf den Umfang ihrer Aufgaben von der oder dem Vorsitzenden Sachbearbeiterinnen und Sachbearbeiter sowie Angestellte zur Unterstützung zur Verfügung gestellt werden.

(4) Das zuständige Organ kann auf Vorschlag der oder des Vorsitzenden qualifizierte Angestellte mit der Leitung eines Referates betrauen. Diese Angestellten haben die Interessen der Studierenden gewissenhaft und uneigennützig wahrzunehmen.

(5) Die Referentinnen und Referenten sowie die Delegierten in internationalen Studierendenorganisationen sind an Beschlüsse der zuständigen Organe gebunden. Die Referentinnen und Referenten sind darüber hinaus an die Weisungen der oder des Vorsitzenden gebunden und verpflichtet, der oder dem Vorsitzenden und den Mandatarinnen und Mandataren sämtliche Auskünfte über ihre Tätigkeiten im Bereich ihres Referates zu erteilen.

(6) Die Referentinnen und Referenten sowie die allfällige Stellvertreterin oder der allfällige Stellvertreter des Wirtschaftsreferats werden von der oder dem Vorsitzenden auf Grund einer öffentlichen Ausschreibung zur Bestellung vorgeschlagen. Die Bestellung erfolgt durch das zuständige Organ. Eine Abberufung vor Ablauf der Funktionsperiode ist mit Zweidrittelmehrheit der abgegebenen gültigen Stimmen möglich. Eine Abberufung vor Ablauf der Funktionsperiode ist mit einfacher Mehrheit der abgegebenen gültigen Stimmen dann möglich, wenn der Antrag auf Abberufung als

eigener Tagesordnungspunkt in der Einladung, die in diesem Fall mindestens zwei Wochen vor dem Sitzungstermin ausgesandt werden muss, aufscheint. Die Satzung kann vorsehen, dass bis zur Bestellung entsprechend qualifizierte Personen von der oder dem Vorsitzenden mit der Leitung eines Referates vorläufig betraut werden können.

(7) Die Referentinnen und Referenten sind den jeweiligen Organen für ihre Tätigkeit verantwortlich. Die Sachbearbeiterinnen und Sachbearbeiter sind den Referentinnen und Referenten für ihre Tätigkeit verantwortlich.

(8) Vorsitzende oder ihre Stellvertreterinnen oder Stellvertreter können nicht gleichzeitig mit der Leitung oder der stellvertretenden Leitung des Wirtschaftsreferates betraut werden.

(9) Vorsitzenden der Bundesvertretung und der Hochschulvertretungen, deren Stellvertreterinnen oder Stellvertretern und Wirtschaftsreferentinnen und Wirtschaftsreferenten sowie deren Stellvertreterinnen und Stellvertretern ist es während der Dauer ihrer Tätigkeit untersagt, geschäftliche Beziehungen mit Erwerbsabsicht jedweder Art zum Rechtsträger, dem sie angehören, oder zu einem Wirtschaftsbetrieb gemäß § 37 fortzuführen oder einzugehen. Diese Personen dürfen die Tätigkeit einer Geschäftsführerin oder eines Geschäftsführers sowie einer Vorständin oder eines Vorstandes eines Wirtschaftsbetriebes gemäß § 37 nicht ausüben. Diese Unvereinbarkeiten bleiben für zwei Jahre nach Ausscheiden aus der Funktion bestehen.

Erläuterungen zur Regierungsvorlage:
Vorgesehen ist nunmehr, dass für das Wirtschaftsreferat eine Stellvertreterin oder ein Stellvertreter bestellt werden kann. Des Weiteren wurden auch Unvereinbarkeitsregelungen in dieses Bundesgesetz aufgenommen, weshalb Vorsitzende oder ihre Stellvertreterinnen und Stellvertreter nicht gleichzeitig mit der Leitung oder der stellvertretenden Leitung des Wirtschaftsreferates betraut werden können. Auch ist es diesen sowie Wirtschaftsreferentinnen und Wirtschaftsreferenten sowie deren Stellvertreterinnen und Stellvertretern während der Dauer ihrer Tätigkeit untersagt, geschäftliche Beziehungen mit Erwerbsabsicht jedweder Art zum Rechtsträger, dem sie angehören, oder zu einem Wirtschaftsbetrieb gemäß § 37 fortzuführen oder einzugehen. Diese Personen dürfen die Tätigkeit einer Geschäftsführerin oder eines Geschäftsführers sowie einer Vorständin oder eines Vorstandes eines Wirtschaftsbetriebes gemäß § 37 nicht ausüben. Diese Unvereinbarkeiten bleiben für eine Dauer von zwei Jahren nach Ausscheiden aus der Funktion bestehen. Vom Begriff „Rechtsträger" ist die Österreichische Hochschülerinnen- oder Hochschülerschaft oder jene Hochschülerinnen- oder Hochschülerschaft und somit nicht die Bildungseinrichtung gemeint, welcher eine Studierendenvertreterin oder ein Studierendenvertreter angehört.

Erläuterungen zur Novelle (BGBl. I Nr. 97/2016):

Bisher war es nur möglich, eine Referentin oder einen Referenten vor Ablauf der Funktionsperiode mit Zweidrittelmehrheit der abgegebenen gültigen Stimmen abzuberufen. Durch die vorliegende Änderung soll auch eine Abberufung (Anm.: wie es die geltende Rechtslage bereits für die Vorsitzenden und stv. Vorsitzenden vorsieht) mit einfacher Mehrheit der abgegebenen gültigen Stimmen dann möglich sein, wenn der Antrag auf Abberufung als eigener Tagesordnungspunkt in der Einladung, die in diesem Fall mindestens zwei Wochen vor dem Sitzungstermin ausgesandt werden muss, aufscheint.

Explizit festgelegt wird, dass diese „Unvereinbarkeitsbestimmung" nur für die Vorsitzenden der Bundesvertretung und der Hochschulvertretungen, deren Stellvertreterinnen und Stellvertretern und Wirtschaftsreferentinnen und Wirtschaftsreferenten sowie deren Stellvertreterinnen und Stellvertretern gilt.

Anmerkungen:

§ 36 Abs. 9 sieht vor, dass es Vorsitzenden der Bundesvertretung und der Hochschulvertretungen und deren Stellvertreterinnen oder Stellvertretern sowie Wirtschaftsreferentinnen und Wirtschaftsreferenten sowie deren Stellvertreterinnen und Stellvertretern während der Dauer ihrer Tätigkeit untersagt ist, geschäftliche Beziehungen mit Erwerbsabsicht jedweder Art zum Rechtsträger, dem sie angehören, oder zu einem Wirtschaftsbetrieb gemäß § 37 fortzuführen oder einzugehen. Diese Personen dürfen die Tätigkeit einer Geschäftsführerin oder eines Geschäftsführers sowie einer Vorständin oder eines Vorstandes eines Wirtschaftsbetriebes gemäß § 37 nicht ausüben. Diese Unvereinbarkeiten bleiben für zwei Jahre nach Ausscheiden aus der Funktion bestehen.

Rechtsauskunft BMWFW:

Die Formulierung in Absatz 3 „Den Referentinnen und Referenten können im Hinblick auf den Umfang ihrer Aufgaben von der oder dem Vorsitzenden Sachbearbeiterinnen und Sachbearbeiter sowie Angestellte zur Unterstützung zur Verfügung gestellt werden.", lässt darauf schließen, dass die Sachbearbeiterinnen und Sachbearbeiter andere Personen, als die oder der Vorsitzende (bzw. stv. Vorsitzende) selbst sein müssen (siehe: GZ: BMWFW-52.530/0003-WF/IV/6/2017).

Wirtschaftsbetriebe

§ 37. (1) Die Österreichische Hochschülerinnen- und Hochschülerschaft und die Hochschülerinnen- und Hochschülerschaften sind berechtigt, im Interesse der Studierenden Wirtschaftsbetriebe in Form von Kapitalgesellschaften zu führen oder sich an Kapitalgesellschaften zu beteiligen. Die Berechtigung zur Führung von Wirtschaftsbetrieben und zur Beteiligung an Kapitalgesellschaften bedarf der Genehmigung der Bundesminis-

terin oder des Bundesministers. Diese ist zu erteilen, wenn diese im Interesse der Studierenden wirtschaftlich, zweckmäßig und sparsam geführt werden können.

(2) In den Satzungen der Kapitalgesellschaften ist die Einrichtung eines Aufsichtsrates vorzusehen.

(3) Die Geschäftsführerin oder der Geschäftsführer bzw. der Vorstand des jeweiligen Wirtschaftsbetriebes hat jährlich sowohl den Jahresabschluss gemäß §§ 193 ff, den Lagebericht gemäß §§ 243 ff, den Prüfungsbericht gemäß § 273 und den Bestätigungsvermerk gemäß § 274 des Unternehmensgesetzbuches – UGB, dRGBl. S 219/1897, der Kontrollkommission spätestens vier Monate nach Abschluss eines Wirtschaftsjahres vorzulegen. Überdies sind der Kontrollkommission jährlich im Vorhinein die Jahresbudgets vorzulegen.

(4) Die Geschäftsführerin oder der Geschäftsführer bzw. der Vorstand des jeweiligen Wirtschaftsbetriebes hat die dem Aufsichtsrat zu erstattenden Jahres-, Quartals- und Sonderberichte (§ 81 Aktiengesetz 1965, BGBl. Nr. 98/1965, § 28a GmbH-Gesetz, RGBl. Nr. 58/1906) und die Protokolle der Aufsichtsratssitzungen auch der Kontrollkommission unverzüglich vorzulegen. Die Geschäftsführerin oder der Geschäftsführer bzw. der Vorstand des jeweiligen Wirtschaftsbetriebes hat der Kontrollkommission auf ihr Verlangen schriftliche und mündliche Auskünfte zu erteilen und auf Verlangen Einblick in die Bücher und sonstigen Aufzeichnungen zu gewähren.

(5) Die Kontrollkommission kann die Erlassung einer Verordnung durch die Bundesministerin oder den Bundesminister zur näheren Regelung der Erstellung von Jahres-, Quartals- und Sonderberichten der Wirtschaftsbetriebe beantragen, wobei diese Verordnung insbesondere Gliederungsschemata zu enthalten hat.

Erläuterungen zur Regierungsvorlage:

Die ÖH oder eine Hochschülerinnen- und Hochschülerschaft sind berechtigt, im Interesse der Studierenden Wirtschaftsbetriebe in Form von Kapitalgesellschaften zu führen oder sich an Kapitalgesellschaften zu beteiligen. Die Berechtigung zur Führung von Wirtschaftsbetrieben und zur Beteiligung an Kapitalgesellschaften bedarf der Genehmigung der Bundesministerin oder des Bundesministers. Klargestellt wurde, dass die Bundesministerin oder der Bundesminister die Genehmigung zu erteilen hat, wenn dieser Wirtschaftsbetrieb im Interesse der Studierenden wirtschaftlich, zweckmäßig und sparsam geführt werden kann. Der Kontrollkommission wurde die Möglichkeit eingeräumt, schriftliche oder mündliche Auskünfte bei der Geschäftsführerin oder dem Geschäftsführer bzw. dem Vorstand des jeweiligen Wirtschaftsbetriebes einzuholen und Einsicht in die Bücher und sonstigen Aufzeichnungen zu nehmen. Die Kontrollkommission kann die Erlassung einer Verordnung durch die Bundesministerin oder den Bun-

desminister zur näheren Regelung der Erstellung von Jahres-, Quartals- und Sonderberichten der Wirtschaftsbetriebe beantragen, wobei diese Verordnung insbesondere Gliederungsschemata zu enthalten hat.

Anmerkungen:

Wirtschaftsbetriebe dürfen daher nur in Form von Kapitalgesellschaften geführt werden. Kapitalgesellschaften sind Aktiengesellschaften (AG), Gesellschaften mit beschränkter Haftung (GmbH) und die Europäischen Gesellschaften (Societas Europaea – SE).

In Form von Vereinen, Genossenschaften, Privatstiftungen, etc. dürfen somit keine Wirtschaftsbetriebe geführt werden; wohl können seitens der ÖH und der HS Vereine für andere (nicht wirtschaftliche) Zwecke (z. B. Sportvereine einer HS, etc.) gegründet werden.

Finanzierung

§ 38. (1) Die finanziellen Mittel zur Bedeckung des Aufwandes, welcher der Österreichischen Hochschülerinnen- und Hochschülerschaft und den Hochschülerinnen- und Hochschülerschaften an den Bildungseinrichtungen aus ihrer Tätigkeit erwächst, sind insbesondere:

1. **Studierendenbeiträge einschließlich allfälliger Sonderbeiträge (Abs. 6),**
2. **Erträge aus Vermögen,**
3. **Erträge aus Stiftungen, die zugunsten der Österreichischen Hochschülerinnen- und Hochschülerschaft oder der Hochschülerinnen- und Hochschülerschaften an den Bildungseinrichtungen errichtet werden,**
4. **Schenkungen und sonstige Zuwendungen aus privaten oder öffentlichen Mitteln,**
5. **Erträge aus Veranstaltungen,**
6. **Erträge aus Wirtschaftsbetrieben.**

(2) Die ordentlichen Mitglieder der Österreichischen Hochschülerinnen- und Hochschülerschaft sind verpflichtet, einen Studierendenbeitrag an die Österreichische Hochschülerinnen- und Hochschülerschaft zu entrichten. Der Studierendenbeitrag beträgt pro Semester 18,00 Euro.

(3) Der Studierendenbeitrag erhöht sich je Studienjahr um die gültige Steigerungsrate des Verbraucherpreisindex 2010. Als gültige Steigerungsrate ist jener verlautbarte Wert von Hundert zu betrachten, um den sich der Wert des Verbraucherpreisindex 2010 für Juni des vorangegangenen Kalenderjahres verändert hat. Der sich daraus ergebende Betrag ist auf halbe oder ganze Euro aufzurunden. Den Ausgangswert bildet der Wert des Verbraucherpreisindex 2010 für Juni 2014. Die oder der Vorsitzende

der Bundesvertretung hat die Höhe des Studierendenbeitrages für das folgende Studienjahr bis längstens 1. Mai jedes Jahres in geeigneter Form bekanntzugeben.

(4) Die Zulassung zum Studium und die Meldung der Fortsetzung des Studiums an den Universitäten und Pädagogischen Hochschulen setzt die Entrichtung des Studierendenbeitrages einschließlich allfälliger Sonderbeiträge (Abs. 6) für das betreffende Semester voraus. Die Einhebung bzw. Einzahlung des Studierendenbeitrages einschließlich allfälliger Sonderbeiträge (Abs. 6) für Studierende an sämtlichen Bildungseinrichtungen ist von der Rektorin oder dem Rektor der Universität oder der Pädagogischen Hochschule oder der Leiterin oder dem Leiter der Privatuniversität oder der Vertreterin oder dem Vertreter des Erhalters eines Fachhochschul-Studienganges in geeigneter Weise durchzuführen und zu überprüfen. Die Weiterleitung der bis zu diesem Zeitpunkt eingelangten Studierendenbeiträge einschließlich allfälliger Sonderbeiträge (Abs. 6) an die Österreichische Hochschülerinnen- und Hochschülerschaft hat spätestens am 31. Jänner, am 30. April, am 31. August und am 30. November eines jeden Jahres zu erfolgen. Hierbei sind die Anzahl der Studierenden und ein genauer und eindeutiger Verwendungszweck, der eine Zuordnung der eingelangten Studierendenbeiträge einschließlich allfälliger Sonderbeiträge (Abs. 6) zum jeweiligen Semester ermöglicht, anzugeben.

(5) Ermäßigungen oder Befreiungen von der Bezahlung des Studierendenbeitrages können im Hinblick auf die soziale Lage der Studierenden von den Hochschulvertretungen auf Grund allgemeiner Richtlinien, die die Bundesvertretung zu beschließen hat, bewilligt werden.

(6) Die Einhebung eines Sonderbeitrages zur Erfüllung besonderer Aufgaben durch die Österreichische Hochschülerinnen- und Hochschülerschaft ist nach Maßgabe des Mehraufwandes unter Beachtung der Grundsätze der Sparsamkeit, Wirtschaftlichkeit und Zweckmäßigkeit auf Grund eines mit Zweidrittelmehrheit gefassten Beschlusses der Bundesvertretung zulässig. Vor der Festsetzung der Höhe des Sonderbeitrages sind die Vertretungen der betroffenen Bildungseinrichtungen anzuhören. Die Einhebung eines Sonderbeitrages kann auf bestimmte Mitglieder, bestimmte Standorte oder bestimmte Bildungseinrichtungen beschränkt werden.

Erläuterungen zur Regierungsvorlage:

Es wurden legistische Anpassungen vorgenommen. Auch wurde der aktuelle Studierendenbeitrag in der Höhe von 18,00 Euro in dieses Bundesgesetz aufgenommen. Die Einhebung des Studierendenbeitrages ist von der Rektorin oder dem Rektor der Universität oder der Pädagogischen Hochschule oder der Leiterin oder dem Leiter der Privatuniversität oder der Vertreterin oder dem Vertreter des Erhalters eines Fachhochschul-Studienganges in geeigneter Weise durchzuführen und zu überprüfen.

Erläuterungen zur Novelle (BGBl. I Nr. 97/2016):

Hierbei handelt es sich um eine legistische Klarstellung, dass die ordentlichen Mitglieder der ÖH verpflichtet sind, den ÖH-Beitrag an die ÖH zu entrichten.

Aufgrund der in Zukunft vermehrt zwischen den Universitäten und Pädagogischen Hochschulen angebotenen gemeinsam eingerichteten Studien werden die Pädagogischen Hochschulen in den ersten Satz aufgenommen. Damit ist auch an diesen für die Zulassung zum Studium und die Meldung der Fortsetzung des Studiums (bzw. Inskription) die Entrichtung des ÖH-Beitrages einschließlich allfälliger Sonderbeiträge eine zwingende Voraussetzung. In diesem Zusammenhang stellt die Einhebung des ÖH-Beitrages eine wichtige Aufgabe dar, welche an sämtlichen Bildungseinrichtungen von der Rektorin oder dem Rektor der Universität oder der Pädagogischen Hochschule oder der Leiterin oder dem Leiter der Privatuniversität oder der Vertreterin oder dem Vertreter des Erhalters eines Fachhochschul-Studienganges durchgeführt werden muss. Auch haben diese die Einzahlung des ÖH-Beitrages durch die Studierenden zu überprüfen und die eingehobenen ÖH-Beiträge an die ÖH zu überweisen. Diese Weiterleitung der bis zu diesem Zeitpunkt eingelangten Studierendenbeiträge einschließlich allfälliger Sonderbeiträge (Abs. 6) an die ÖH hat spätestens am 31. Jänner, am 30. April, am 31. August und am 30. November eines jeden Jahres zu erfolgen. Auch sind die Anzahl der Studierenden und ein genauer und eindeutiger Verwendungszweck, der eine Zuordnung der eingelangten Studierendenbeiträge einschließlich allfälliger Sonderbeiträge (Abs. 6) zum jeweiligen Semester ermöglicht, anzugeben. Es muss durch diese Angaben sichergestellt sein, dass eine eindeutige Zuordnung der eingelangten ÖH-Beiträge zum Winter- und Sommersemester gemacht werden kann.

Anmerkungen:

Ein Sonderbeitrag kann nur von der ÖH beschlossen werden. Der Beschluss bedarf einer Zweidrittelmehrheit der Bundesvertretung. Die Vertretungen der vom Beschluss betroffenen Bildungseinrichtungen sind lediglich anzuhören. Es bedarf somit keines Antrages der vom Beschluss betroffenen Vertretungen; vielmehr kann die ÖH nach Anhörung dieser Vertretungen von sich aus tätig werden und hat dabei die Grundsätze der Sparsamkeit, Wirtschaftlichkeit und Zweckmäßigkeit zu beachten.

Zusätzlich zum Studierendenbeitrag wird seit geraumer Zeit ein Sonderbeitrag für eine Studierendenversicherung eingehoben. Die Höhe des Sonderbeitrages beträgt seit dem Sommersemester 2015 0,70 Euro (siehe dazu „http://www.oeh.ac.at/#/versicherung/“).

Die Einhebung des ÖH-Beitrages hat durch die Rektorin oder dem Rektor der Universität oder der Pädagogischen Hochschule oder die Leiterin oder dem Leiter der Privatuniversität oder die Vertreterin oder dem Vertreter des Erhalters eines Fachhochschul-Studienganges zu erfolgen. Diese haben auf geeignete Weise sicherzustellen, dass der ÖH-Beitrag auch tatsächlich von den Studierenden bezahlt wird. Gegebenenfalls ist der ÖH-Beitrag auch von den Studierenden einzuklagen. Es ist nicht zulässig die Verantwortung für die Einhebung des ÖH-Beitrages an die ÖH abzuwälzen.

Verteilung der Studierendenbeiträge

§ 39. (1) Die oder der Vorsitzende der Bundesvertretung hat die Gesamtsumme der Studierendenbeiträge, gegliedert nach den Studierendenbeiträgen von Studierenden an Universitäten, Pädagogischen Hochschulen, Fachhochschulen und Privatuniversitäten einschließlich der Sonderbeiträge festzustellen. Die Sonderbeiträge sind von der Summe der zu verteilenden Studierendenbeiträge abzuziehen.

(1a) Die Anzahl der Studierenden von gemeinsam eingerichteten Studien ist anhand der Verteilungsschlüssel gemäß § 9 Abs. 5 und 7 UniStEV 2004, welche von der Bundesministerin oder dem Bundesminister der Österreichischen Hochschülerinnen- und Hochschülerschaft zur Verfügung zu stellen sind, so auf die jeweiligen Bildungseinrichtungen aufzuteilen, dass die Summe für jede Studierende oder jeden Studierenden den Wert 1 ergibt. Wenn kein Verteilungsschlüssel vorhanden ist, erfolgt die Aufteilung der Anzahl der Studierenden zu gleichen Teilen auf die beteiligten Bildungseinrichtungen. Die Anzahl der Studierenden an einer Bildungseinrichtung ist die Summe der auf diese Weise ermittelten Studierenden pro Bildungseinrichtung und der übrigen Studierenden an dieser Bildungseinrichtung, die kein gemeinsam eingerichtetes Studium studieren.

(2) Die oder der Vorsitzende der Bundesvertretung hat 84 vH der festgestellten Gesamtsumme der Studierendenbeiträge von Studierenden an Universitäten den Universitätsvertretungen anzuweisen. 30 vH des den Universitätsvertretungen zustehenden Betrages ist den Universitätsvertretungen zu gleichen Teilen als Sockelbetrag zuzuweisen. Die Anweisung des Restbetrages hat nach Maßgabe der Zahl der Studierenden zu erfolgen.

(3) Die oder der Vorsitzende der Bundesvertretung hat 95 vH der festgestellten Gesamtsumme der Studierendenbeiträge von Studierenden an Pädagogischen Hochschulen den Pädagogischen Hochschulvertretungen anzuweisen. 30 vH des den Pädagogischen Hochschulvertretungen zustehenden Betrages ist den Pädagogischen Hochschulvertretungen, an denen gemäß § 3 Abs. 2 eine Körperschaft öffentlichen Rechts eingerichtet ist, zu gleichen Teilen als Sockelbetrag zuzuweisen. Die Anweisung des Restbetrages hat nach Maßgabe der Zahl der Studierenden zu erfolgen, wobei Pädagogische Hochschulvertretungen, an denen keine Körperschaft öffentlichen Rechts gemäß § 3 Abs. 2 eingerichtet ist, einen Grundbetrag gemäß Abs. 6 erhalten.

(4) Die oder der Vorsitzende der Bundesvertretung hat 95 vH der festgestellten Gesamtsumme der Studierendenbeiträge von Studierenden an

Fachhochschulen den Fachhochschulvertretungen anzuweisen. 30 vH des den Fachhochschulvertretungen zustehenden Betrages ist den Fachhochschulvertretungen, an denen gemäß § 3 Abs. 2 eine Körperschaft öffentlichen Rechts eingerichtet ist, zu gleichen Teilen als Sockelbetrag zuzuweisen. Die Anweisung des Restbetrages hat nach Maßgabe der Zahl der Studierenden zu erfolgen, wobei Fachhochschulvertretungen, an denen keine Körperschaft öffentlichen Rechts gemäß § 3 Abs. 2 eingerichtet ist, einen Grundbetrag gemäß Abs. 6 erhalten.

(5) Die oder der Vorsitzende der Bundesvertretung hat 95 vH der festgestellten Gesamtsumme der Studierendenbeiträge von Studierenden an Privatuniversitäten den Privatuniversitätsvertretungen anzuweisen. 30 vH des den Privatuniversitätsvertretungen zustehenden Betrages ist den Privatuniversitätsvertretungen, an denen gemäß § 3 Abs. 2 eine Körperschaft öffentlichen Rechts eingerichtet ist, zu gleichen Teilen als Sockelbetrag zuzuweisen. Die Anweisung des Restbetrages hat nach Maßgabe der Zahl der Studierenden zu erfolgen, wobei Privatuniversitätsvertretungen, an denen keine Körperschaft öffentlichen Rechts gemäß § 3 Abs. 2 eingerichtet ist, einen Grundbetrag gemäß Abs. 6 erhalten.

(6) Hochschulvertretungen, an denen keine Körperschaft öffentlichen Rechts gemäß § 3 Abs. 2 eingerichtet ist, erhalten mit einer Studierendenanzahl von

1. **bis zu 200 einen Grundbetrag in der Höhe von 3 000 Euro,**
2. **bis zu 400 einen Grundbetrag in der Höhe von 6 000 Euro,**
3. **bis zu 1.000 einen Grundbetrag in der Höhe von 12 000 Euro und**
4. **über 1.000 einen Grundbetrag in der Höhe von 15 000 Euro.**

(7) Die oder der Vorsitzende der Bundesvertretung hat Hochschulvertretungen, an denen gemäß § 3 Abs. 1 und Abs. 2 eine Körperschaft öffentlichen Rechts eingerichtet ist, mindestens 90 vH der ihnen zustehenden Beträge im Wintersemester bis spätestens 15. Dezember und im Sommersemester bis spätestens 15. Mai anzuweisen. Den restlichen Betrag hat die oder der Vorsitzende der Bundesvertretung den Hochschulvertretungen auf Grund der tatsächlichen Zahlen der Studierenden bis zum 30. Juni jeden Jahres anzuweisen.

(8) Die oder der Vorsitzende jeder Hochschulvertretung hat die gemäß § 17 Z 2 zur Verfügung stehende Gesamtsumme den Studienvertretungen und, sofern eingerichtet, den Organen gemäß § 15 Abs. 2 zur Verfügung zu stellen. Der in § 17 Z 2 festgelegte Verteilungsschlüssel ist auch auf Studienvertretungen gemäß § 28 anzuwenden.

Erläuterungen zur Regierungsvorlage:

Die Verteilung der Studierendenbeiträge erfolgt entsprechend dem Rechtstypus der Bildungseinrichtungen getrennt, weshalb die oder der Vorsitzende der Bundesvertretung die Gesamtsumme der Studierendenbeiträge der ordentlichen

Mitglieder der ÖH an den Universitäten (inklusive der Universität für Weiterbildung Krems), den Pädagogischen Hochschulen, den Fachhochschulen und den Privatuniversitäten gesondert festzustellen hat. Da die ÖH an Universitäten mit Abstand die höchste Zahl an ordentlichen Mitgliedern hat, ergibt sich – im Gegensatz zu den anderen Bildungseinrichtungstypen – eine ungleich höhere Summe, die den Hochschülerinnen- und Hochschülerschaften an den einzelnen Universitäten von der Vorsitzenden oder dem Vorsitzenden der ÖH zugewiesen wird (84% der festgestellten Gesamtsumme der Studierendenbeiträge von Studierenden an Universitäten). Um die neu entstehenden Hochschülerinnen- und Hochschülerschaften auch in finanzieller Hinsicht zu unterstützen, werden diesen getrennt nach Rechtstypus der Bildungseinrichtungen insgesamt 95% der Studierendenbeiträge zugewiesen, weshalb somit in diesem Bereich insgesamt nur 5% der Studierendenbeiträge bei der Bundesvertretung verbleiben. Die oder der Vorsitzende der Bundesvertretung hat daher 95% der Gesamtsumme der Studierendenbeiträge der Studierenden an Pädagogischen Hochschulen bzw. Fachhochschulen bzw. Privatuniversitäten getrennt nach Rechtstypus der Bildungseinrichtungen den jeweiligen Hochschulvertretungen (Pädagogische Hochschulvertretungen bzw. Fachhochschulvertretungen bzw. Privatuniversitätsvertretungen) anzuweisen. 30% der jeweiligen Anweisungssumme ist als Sockelbetrag den jeweiligen Hochschulvertretungen (Pädagogische Hochschulvertretungen bzw. Fachhochschulvertretungen bzw. Privatuniversitätsvertretungen) zuzuweisen. Von den restlichen 70% der Anweisungssumme sind die im Absatz 6 aufgezählten Sockelbeträge an die Hochschulvertretungen an Bildungseinrichtungen, an denen keine Hochschülerinnen- und Hochschülerschaft eingerichtet ist, anzuweisen. Nach Anweisung dieser Sockelbeträge ist der verbleibende Restbetrag nach Maßgabe der Zahl der Studierenden den jeweiligen Hochschulvertretungen (Pädagogische Hochschulvertretungen bzw. Fachhochschulvertretungen bzw. Privatuniversitätsvertretungen) zuzuweisen.

Erläuterungen zur Novelle (BGBl. I Nr. 97/2016):

Bei der Berechnung der Verteilung der ÖH-Beiträge auf die einzelnen Bildungseinrichtungen ist aufgrund der Pädagog/innenbildung NEU (insbesondere durch das Angebot von gemeinsam eingerichteten Studien durch mehrere Bildungseinrichtungen) die Implementierung einer Zählweise von Studierenden eines gemeinsam eingerichteten Studiums für die Berechnung und Verteilung der ÖH-Beiträge notwendig geworden. Studierende eines gemeinsam eingerichteten Studiums sind verpflichtet den ÖH-Beitrag nur einmal einzuzahlen. Dies geschieht vornehmlich an der Bildungseinrichtung, an welcher sie zum Studium zugelassen sind. Für die Verteilung der eingehobenen ÖH-Beiträge zwischen den Hochschülerinnen- und Hochschülerschaften und den Vertretungsstrukturen der Studierenden, an den Bildungseinrichtungen an denen keine Hochschülerinnen- und Hochschülerschaft eingerichtet ist, soll in Zukunft der an die Bundesministerin oder den Bundesminister für Wissenschaft, Forschung und Wirtschaft von den Bildungseinrichtungen gemeldete Verteilungsschlüssel (Anm.: stellt die Beteiligung einer Bildungseinrichtung an einem Unterrichtsfach bzw.

einer Spezialisierung am gemeinsam eingerichteten Studium dar; siehe § 9 der UniStEV 2004) herangezogen werden. Siehe auch Erläuterungen zu § 3 Abs. 2.

Auf Wunsch der ÖH wurden in dieser Bestimmung die Zeitpunkte der Anweisung der ÖH-Beiträge an die Hochschülerinnen- und Hochschülerschaften und die Vertretungsstrukturen der Studierenden an den Bildungseinrichtungen, an denen keine Hochschülerinnen- und Hochschülerschaft eingerichtet ist, angepasst.

Budgetierung und Bilanzierung

§ 40. (1) Bis spätestens 1. Juni jeden Jahres hat die Wirtschaftsreferentin oder der Wirtschaftsreferent einen Jahresvoranschlag für die Zeit vom 1. Juli des Jahres bis zum 30. Juni des folgenden Jahres zu erstellen (Budgetierung) und diesen der oder dem Vorsitzenden zur Gegenzeichnung vorzulegen. Diese oder dieser hat den Jahresvoranschlag (Budget) unverzüglich gegenzuzeichnen und den jeweiligen Mandatarinnen und Mandataren zuzustellen. Der Jahresvoranschlag hat alle Einnahmen und Ausgaben aller Organe zu umfassen. Er ist zweckmäßig und so weit zu gliedern, dass er eine ausreichende Aussage über die Finanzierung der Aufgaben der Organe enthält. Der Jahresvoranschlag in der organ- und referatsbezogenen Gliederung ist in einen rechnerisch übereinstimmenden Jahresvoranschlag in der Gliederung der Erfolgsrechnung des Jahresabschlusses überzuleiten, der Auskunft über die Gebarung der Hochschülerinnen- und Hochschülerschaft insgesamt gibt.

(2) Die Bundesvertretung und jede Hochschulvertretung einer Hochschülerinnen- und Hochschülerschaft hat den Jahresvoranschlag sowie jede Änderung mit einfacher Mehrheit zu beschließen und der Kontrollkommission schriftlich und in elektronischer Form zuzustellen. Kommt ein Beschluss über den Jahresvoranschlag nicht rechtzeitig zustande, so ist bis zur Einigung über den neuen Voranschlag der letzte vom jeweiligen Organ beschlossene Jahresvoranschlag mit der Maßgabe anzuwenden, dass in jedem Monat nicht mehr als ein Zwölftel der Ansätze dieses Voranschlages verbraucht werden darf. Zahlungen auf Grund bereits bestehender rechtlicher Verpflichtungen bleiben davon unberührt.

(3) Die Wirtschaftsreferentin oder der Wirtschaftsreferent hat einen schriftlichen Jahresabschluss zu verfassen und nach der Gegenzeichnung durch die oder den Vorsitzenden spätestens Ende Dezember jedes Jahres den jeweiligen Mandatarinnen und Mandataren und der Kontrollkommission schriftlich und in elektronischer Form zuzustellen. Dem Jahresabschluss ist ein schriftlicher Prüfungsbericht einer Wirtschaftsprüferin oder eines Wirtschaftsprüfers beizulegen. Die Bestimmungen der §§ 268 bis 276 UGB sind sinngemäß anzuwenden. Im Prüfungsbericht ist die Anzahl der abgeschlossenen Dienstverträge anzugeben und gesondert auszuweisen, ob bei deren Abschluss die einschlägigen Gesetze und Verordnungen beachtet worden sind. Die Prüfung des Jahresabschlusses kann entfallen,

wenn die Kontrollkommission bereits eine Wirtschaftsprüferin oder einen Wirtschaftsprüfer mit einer entsprechenden Prüfung beauftragt hat. Dies gilt auch für die Prüfung der Jahresabschlüsse der Wirtschaftsbetriebe. Eine Wirtschaftsprüferin oder ein Wirtschaftsprüfer ist als Prüferin oder Prüfer für eine Körperschaft öffentlichen Rechts gemäß § 3 oder eines Wirtschaftsbetriebes gemäß § 37 ausgeschlossen, wenn sie oder er für diese Körperschaft öffentlichen Rechts oder diesen Wirtschaftsbetrieb einen Bestätigungsvermerk über die Prüfung des Jahresabschlusses bereits in fünf Fällen gezeichnet hat; dies gilt nicht nach einer Unterbrechung der Prüfungstätigkeit für zumindest zwei aufeinander folgende Geschäftsjahre. Bezüglich der Genehmigung des Jahresabschlusses sind die Bestimmungen über den Jahresvoranschlag sinngemäß anzuwenden.

(4) Jahresvoranschlag und Jahresabschluss samt Prüfungsbericht sind mindestens zwei Wochen vor der ihre Genehmigung betreffenden Sitzung zur öffentlichen Einsicht in den Räumen der Österreichischen Hochschülerinnen- und Hochschülerschaft oder der jeweiligen Hochschülerinnen- und Hochschülerschaft aufzulegen. Der Zeitraum, in welchem der Jahresvoranschlag und der Jahresabschluss zur öffentlichen Einsicht aufliegen, der beschlossene Jahresvoranschlag und der Jahresabschluss samt schriftlichem Prüfungsbericht einer Wirtschaftsprüferin oder eines Wirtschaftsprüfers sind auf der Homepage der Österreichischen Hochschülerinnen- und Hochschülerschaft oder der jeweiligen Hochschülerinnen- und Hochschülerschaft zu veröffentlichen.

(5) Die Kontrollkommission kann die Erlassung einer Verordnung durch die Bundesministerin oder den Bundesminister zur näheren Regelung der Erstellung von Jahresvoranschlägen (Budgetierung) und Jahresabschlüssen beantragen. Darin sind insbesondere die jeweiligen allgemeinen Grundsätze sowie deren Konkretisierung für einzelne Positionen für die Erstellung des Jahresvoranschlages und des Jahresabschlusses, weiters die jeweiligen Mindestinhalte (Rechenwerke, anzuführende Positionen, etc.) und deren Gliederung sowie die Grundsätze der Ausgestaltung des Budget-Ist-Vergleiches zu präzisieren.

(6) Die Kontrollkommission kann die Erlassung einer Verordnung durch die Bundesministerin oder den Bundesminister zur näheren Regelung der Prüfung von Jahresabschlüssen beantragen. Darin sind insbesondere die allgemeinen Grundsätze der Prüfung von Jahresabschlüssen von Hochschülerinnen- und Hochschülerschaften und deren Wirtschaftsbetrieben, die Beauftragung und der Prüfungsauftrag, der Umfang der Prüfung sowie die Zusammenfassung des Prüfungsergebnisses (insbesondere auch der Bestätigungsvermerk) und Informationspflichten gegenüber der Bundesministerin oder dem Bundesminister oder der Kontrollkommission zu präzisieren. Zu prüfende Inhalte oder zu übermittelnde Informationen können dafür in, bei der Prüfung zu verwendenden, Musterformularen näher definiert werden.

Erläuterungen zur Regierungsvorlage:

Es wurden legistische Anpassungen vorgenommen. Der Jahresvoranschlag und Änderungen von diesem sind der Kontrollkommission zu übermitteln. Außerdem ist auf der Homepage der ÖH oder der jeweiligen Hochschülerinnen- und Hochschülerschaft der Zeitraum, in welchem der Jahresvoranschlag und der Jahresabschluss zur öffentlichen Einsicht aufliegen, der Prüfvermerk und eine zusammenfassende Darstellung des Jahresabschlusses zu veröffentlichen. Aufgrund einer Empfehlung des Rechnungshofes wurde die Regelung eingeführt, dass eine Wirtschaftsprüferin oder ein Wirtschaftsprüfer als Prüferin oder Prüfer für eine Körperschaft öffentlichen Rechts gemäß § 3 oder eines Wirtschaftsbetriebes gemäß § 37 ausgeschlossen ist, wenn sie oder er für diese Körperschaft öffentlichen Rechts oder diesen Wirtschaftsbetrieb einen Bestätigungsvermerk gemäß § 274 UGB über die Prüfung des Jahresabschlusses bereits in fünf Fällen gezeichnet hat; dies gilt nicht nach einer Unterbrechung der Prüfungstätigkeit für zumindest zwei aufeinander folgende Geschäftsjahre. Die Kontrollkommission kann die Erlassung einer Verordnung durch die Bundesministerin oder den Bundesminister zur näheren Regelung der Budgetierung, der Bilanzierung und der Erstellung von Jahresabschlüssen beantragen, wobei insbesondere die Grundsätze der Budgeterstellung, der Erstellung des Jahresabschlusses, des Budget – Ist Vergleiches sowie die Darstellung der Informationen in den einzelnen Rechenwerken zu präzisieren sind. Auch kann die Kontrollkommission die Erlassung einer Verordnung durch die Bundesministerin oder den Bundesminister zur näheren Regelung der Prüfung von Jahresabschlüssen beantragen. Darin sind insbesondere der Prüfungsauftrag, der Prüfvermerk und Mängel, die jedenfalls als wesentliche Punkte in den Feststellungen der Wirtschaftsprüferin oder des Wirtschaftsprüfers aufzunehmen sind, zu präzisieren.

Erläuterungen zur Novelle (BGBl. I Nr. 97/2016):

Im HSG 2014 entfallen die Vorgaben zur Mindestgliederung über den Jahresvoranschlag, da diese in einer gemäß § 40 Abs. 5 zu erlassenden Verordnung zu definieren sind. Es wird weiters eine Definition der Begriffe „Budgetierung“ und „Budget“ vorgenommen. Aufgenommen wurde betreffend der Gestaltung des Jahresvoranschlages folgende Formulierung: Der Jahresvoranschlag in der organ- und referatsbezogenen Gliederung ist in einen rechnerisch übereinstimmenden Jahresvoranschlag in der Gliederung der Erfolgsrechnung des Jahresabschlusses überzuleiten, der Auskunft über die Gebarung der Hochschülerinnen- und Hochschülerschaft insgesamt gibt. Die Budgetierung dient einerseits der Verteilung der Mittel innerhalb einer Hochschülerinnen- und Hochschülerschaft auf die Organe und Referate, andererseits soll auch die geplante Gebarung von einem sachkundigen Dritten vor der Planperiode sowie deren Eintreffen und gegebenenfalls auftretende Abweichungen nach Ende des Wirtschaftsjahres (Budget-Ist-Vergleich) nachvollzogen bzw. geprüft werden können. Für die Erstellung des Budget-Ist-Vergleiches müssen die Hochschülerinnen- und Hochschülerschaften schon jetzt den in der organ- und referatsbezogenen Gliederung ausgestalteten Jahresvoranschlag in die Gliederung der

Erfolgsrechnung des Jahresabschlusses überleiten. Allerdings geschieht dies nicht am Beginn, sondern am Ende eines Wirtschaftsjahres. Der letzte Satz des § 40 Abs. 1 sieht nunmehr vor, dass diese Überleitung nicht am Ende eines Wirtschaftsjahres sondern schon davor, vor der Übermittlung des Jahresvoranschlages an die Kontrollkommission, durchgeführt werden muss.
Klargestellt wird, dass bei der Prüfung des Jahresabschlusses neben den im HSG 2014 und in Bezug habenden Normen auch die Bestimmungen des Unternehmensgesetzbuches – UGB, dRGBl. S 219/1897, in der geltenden Fassung, von der Wirtschaftsprüferin oder dem Wirtschaftsprüfer zu beachten sind. Neben dem Jahresabschluss sind ab Inkrafttreten dieser Novelle auch die von der ÖH oder der jeweiligen Hochschülerinnen- oder Hochschülerschaft abgeschlossenen Dienstverträge von der Wirtschaftsprüferin oder dem Wirtschaftsprüfer auf Einhaltung des gesetzes- und verordnungsgemäßen (Verordnung des Bundesministers für Wissenschaft, Forschung und Wirtschaft über Arbeitsverhältnisse zu Hochschülerinnen- und Hochschülerschaften – Hochschülerinnen- und Hochschülerschafts-Dienstvertragsverordnung [HS-DVV]) Zustandekommens zu überprüfen. Die Anzahl der abgeschlossenen Dienstverträge und das Prüfungsergebnis, ob diese den einschlägigen Bestimmungen entsprechen, sind nach einer solchen Überprüfung zusätzlich im Prüfungsbericht über die Prüfung des Jahresabschlusses gesondert auszuweisen. Um für eine erhöhte Transparenz bei der Verwendung der ÖH-Beiträge zu sorgen, ist diesbezüglich nunmehr vorgesehen, dass der beschlossene Jahresvoranschlag und der Jahresabschluss samt schriftlichem Prüfungsbericht einer Wirtschaftsprüferin oder eines Wirtschaftsprüfers auf der Homepage der Österreichischen Hochschülerinnen- und Hochschülerschaft oder der jeweiligen Hochschülerinnen- und Hochschülerschaft zu veröffentlichen sind. Dies soll gewährleisten, dass sich alle Interessierten, vor allem aber die Mitglieder der Österreichischen Hochschülerinnen- und Hochschülerschaft, über die gesetzeskonforme Verwendung der Studierendenbeiträge informieren können. Aufgenommen wurden die Jahresvoranschläge in die Verordnungsermächtigungen des Abs. 5 und 6 Entfallen sind daher die im Abs. 1 vorgegebenen Mindestgliederungserfordernisse für den Jahresvoranschlag. Dadurch ist gewährleistet, dass bezüglich der Gliederung und Erstellung von Jahresvoranschlägen und Jahresabschlüssen einheitliche Vorgaben durch Verordnung der Bundesministerin oder des Bundesministers gemacht werden können. Weisen in Hinkunft die Jahresvoranschläge und die Jahresabschlüsse dieselbe Gliederung auf, werden diese auch einfacher zu vergleichen sein.

Anmerkungen:
Die Verpflichtung zur Erstellung eines Jahresvoranschlages betrifft die ÖH und die HS. Die Hochschulvertretungen an Bildungseinrichtungen, an denen keine HS eingerichtet sind, sind von dieser Verpflichtung ausgenommen. Diese Hochschulvertretungen werden rechtlich und somit auch wirtschaftlich entweder von der ÖH oder von einer anderen rechtsgeschäftsfähigen HS „mitbetreut".

Sowohl der Jahresvoranschlag als auch der Jahresabschluss ist von der Wirtschaftsreferentin oder dem Wirtschaftsreferenten zu erstellen. Dem Jahresabschluss ist überdies ein Prüfungsbericht einer Wirtschaftsprüferin oder eines Wirtschaftsprüfers beizulegen. Nähere Regelungen hinsichtlich der Prüfung von Jahresabschlüssen sind durch Verordnung auf Antrag der KK erlassen worden. Siehe dazu die Hochschülerinnen- und Hochschülerschaftswirtschaftsverordnung – HS-WV.

Wenn eine Wirtschaftsreferentin oder ein Wirtschaftsreferent bzw. eine Vorsitzende oder ein Vorsitzender ihrer oder seiner gesetzlichen Informationspflicht gemäß § 40 Abs. 2 oder 3 gegenüber der Kontrollkommission trotz mindestens zweimaliger schriftlicher Aufforderung durch die Kontrollkommission nicht nachkommt, so kann diese oder dieser auf Antrag der Kontrollkommission durch aufsichtsbehördlichen Bescheid ihrer oder seiner Funktion enthoben werden (Vergleiche § 63). Der aufsichtsbehördliche Bescheid ist von der Bundesministerin oder dem Bundesminister zu erlassen.

Rechtsauskunft BMWFW:
Das Gesetz stellt explizit auf die Person der Wirtschaftsprüferin oder des Wirtschaftsprüfers ab. Hat eine Wirtschaftsprüferin oder ein Wirtschaftsprüfer bereits in fünf Fällen den Jahresabschluss einer Hochschülerinnen- und Hochschülerschaft gezeichnet, ist sie oder er als Prüferin oder als Prüfer für zumindest zwei aufeinander folgende Geschäftsjahre ausgeschlossen. Da diese Regelung im HSG 2014 explizit auf die Person der Wirtschaftsprüferin oder des Wirtschaftsprüfers Bezug nimmt, ist ein Wechsel der Wirtschaftsprüferin oder des Wirtschaftsprüfers innerhalb einer Wirtschaftsprüfungskanzlei zulässig (siehe: GZ: BMWFW-52.500/0027-WF/IV/6b/2015).

Rechtsauskunft BMWFW:
Da im HSG 2014 keine expliziten Übergangsregelungen betreffend § 40 Abs. 3 HSG 2014 implementiert wurden, kann davon ausgegangen werden, dass die Zählung für die Regelung „dass eine Wirtschaftsprüferin oder ein Wirtschaftsprüfer als Prüferin oder Prüfer für eine Körperschaft öffentlichen Rechts gemäß § 3 oder eines Wirtschaftsbetriebes gemäß § 37 ausgeschlossen ist, wenn sie oder er für diese Körperschaft öffentlichen Rechts oder diesen Wirtschaftsbetrieb einen Bestätigungsvermerk gemäß § 274 UGB über die Prüfung des Jahresabschlusses bereits in fünf Fällen gezeichnet hat" mit dem Berichtsjahr 2013/14 beginnt, da das HSG 2014 mit 1.10.2014 in Kraft getreten ist (siehe: GZ: BMWFW-52.500/0049-WF/IV/6b/2015).

Haushaltsführung

§ 41. (1) Der Gebarung ist der genehmigte Jahresvoranschlag zugrunde zu legen. Die Gebarung ist nach den Grundsätzen der Richtigkeit, Zweckmäßigkeit, Sparsamkeit und der leichten Kontrollierbarkeit zu gestalten. Überschreitungen und Umgliederungen des Jahresvoranschlages bedürfen der vorherigen Genehmigung durch das jeweilige Organ.

(2) Organe gemäß § 15 Abs. 2 und Studienvertretungen können mit einfacher Mehrheit die Gliederung der ihnen zugewiesenen Mittel ändern.

(3) Der Zahlungsverkehr ist grundsätzlich bargeldlos über ein Konto einer Kreditunternehmung abzuwickeln.

(4) Über die Gebarung sind Bücher und Aufzeichnungen nach den Grundsätzen ordnungsmäßiger Buchführung und Bilanzierung im Sinne der unternehmensrechtlichen Bestimmungen zu führen. Jede Studierendenvertreterin oder jeder Studierendenvertreter, die oder der Bareinnahmen aufbringt oder Barausgaben bestreitet, hat darüber ein Kassabuch zu führen. Bei Hochschülerinnen- und Hochschülerschaften mit mehr als 2 500 ordentlichen Mitgliedern hat die Buchführung auch eine Vermögensrechnung zu enthalten. Bei kleineren Hochschülerinnen- und Hochschülerschaften hat die Buchführung zumindest eine Überschussrechnung im Sinne des § 4 Abs. 3 des Einkommensteuergesetzes 1988, BGBl. Nr. 400/1988, zu umfassen. Ergänzend sind das vorhandene Vermögen und die bestehenden Verbindlichkeiten zum Abschlussstichtag darzustellen.

(5) Das gesamte bewegliche und unbewegliche Vermögen ist für den Bereich der Österreichischen Hochschülerinnen- und Hochschülerschaft und den Bereich jeder Hochschülerinnen- und Hochschülerschaft in gesonderten Verzeichnissen festzuhalten, wobei Güter des Anlagevermögens erst ab einem Anschaffungswert von über 400 Euro in ein Anlagenverzeichnis aufzunehmen sind.

(6) Jede Verrechnungsunterlage und jede Verrechnungsaufschreibung ist sieben Jahre aufzubewahren. Die Aufbewahrungsfrist beginnt mit dem Ende des Rechnungsjahres, auf das sich die Unterlage oder Aufschreibung bezieht, jedoch nicht vor Erstellung des diesbezüglichen Jahresabschlusses.

(7) Die Kontrollkommission kann die Erlassung einer Verordnung durch die Bundesministerin oder den Bundesminister zur näheren Regelung einer einheitlichen und ordnungsgemäßen Haushaltsführung und der Abwicklung von Rechtsgeschäften beantragen, wobei insbesondere die Grundsätze der ordnungsgemäßen Haushaltsführung und des Abschlusses von Rechtsgeschäften sowie die sich daraus ergebenden Anforderungen an die Aufzeichnungen zu präzisieren sind.

Erläuterungen zur Regierungsvorlage:

Über die Gebarung sind Bücher und Aufzeichnungen nach den Grundsätzen ordnungsgemäßer Buchführung und Bilanzierung im Sinne der unternehmensrechtlichen Bestimmungen zu führen. Die Wertgrenze, ab der Güter in ein Anlagenverzeichnis aufzunehmen sind, wurde auf 400 Euro erhöht. Die Kontrollkommission kann die Erlassung einer Verordnung durch die Bundesministerin oder den Bundesminister zur näheren Regelung einer einheitlichen und ordnungsgemäßen Haushaltsführung und der Abwicklung von Rechtsgeschäften beantragen, wobei insbesondere die Grundsätze der ordnungsgemäßen Haus-

haltsführung und des Abschlusses von Rechtsgeschäften sowie die sich daraus ergebenden Anforderungen an die Aufzeichnungen zu präzisieren sind.

Erläuterungen zur Novelle (BGBl. I Nr. 97/2016):

§ 41 Abs. 4 sieht eine Erleichterung für Hochschülerinnen- und Hochschülerschaften mit weniger als 2500 ordentlichen Mitgliedern vor, indem von diesen keine Vermögensrechnung erstellt werden muss. Auf Grund des großen Anstiegs an kleinen Körperschaften öffentlichen Rechts im Rahmen des HSG 2014 kommt dieser Regelung nun größere Bedeutung zu. Neben einer Erleichterung im Arbeitsaufwand für die Hochschülerinnen- und Hochschülerschaften ist mit dieser Regelung der große Nachteil verbunden, dass über den Jahresabschluss weder Informationen über das Vermögen noch über bestehende Verbindlichkeiten der Hochschülerinnen- und Hochschülerschaften gewonnen werden können. Die Kontrollkommission hat daher im Begutachtungsverfahren angeregt zumindest ergänzende Informationen im Jahresabschluss zu ausgewählten Vermögensbereichen bzw. Verbindlichkeiten vorzusehen. Aus diesem Grund ist nunmehr vorgesehen, dass kleinere Hochschülerinnen- und Hochschschülerschaften das vorhandene Vermögen und die bestehenden Verbindlichkeiten zum Zeitpunkt des Abschlussstichtages darzustellen haben.

Anmerkungen:

Zur Definition der Begrifflichkeiten „Richtigkeit, Zweckmäßigkeit und Sparsamkeit", siehe die Ausführungen zu § 66.

Rechtsgeschäfte

§ 42. (1) Der Abschluss von Rechtsgeschäften, mit denen Einnahmen oder Ausgaben verbunden sind, bedarf des Einvernehmens zwischen der oder dem Vorsitzenden der Österreichischen Hochschülerinnen- und Hochschülerschaft oder einer Hochschülerinnen- und Hochschülerschaft mit der Wirtschaftsreferentin oder dem Wirtschaftsreferenten.

(2) Der Abschluss von Rechtsgeschäften, mit denen je Rechtsgeschäft Einnahmen oder Ausgaben von über 6 000 Euro verbunden sind, erfordert einen Beschluss des fachlich zuständigen Ausschusses der jeweiligen Hochschulvertretung. Ist kein fachlich zuständiger Ausschuss eingerichtet, ist ein Beschluss der jeweiligen Hochschulvertretung erforderlich. Ab einem Betrag von 12 000 Euro ist jedenfalls ein Beschluss der jeweiligen Hochschulvertretung erforderlich. Für die Bundesvertretung und jene Hochschulvertretungen, in denen mindestens 15 Mandatarinnen und Mandatare zu wählen sind, gilt eine für die erforderliche Beschlussfassung im Ausschuss maßgebliche Betragsgrenze von 9 000 Euro und eine für die Beschlussfassung der Bundesvertretung bzw. der jeweiligen Hochschulvertretung maßgebliche Betragsgrenze von 18 000 Euro.

(3) Zum Abschluss von Rechtsgeschäften, mit denen je Rechtsgeschäft

Einnahmen oder Ausgaben bis zu einem Betrag von höchstens 900 Euro verbunden sind, kann die oder der Vorsitzende der Österreichischen Hochschülerinnen- und Hochschülerschaft oder einer Hochschülerinnen- und Hochschülerschaft die Wirtschaftsreferentin oder den Wirtschaftsreferenten gemeinsam mit der sachlich zuständigen Referentin oder dem sachlich zuständigen Referenten ermächtigen.

(4) Zum Abschluss von Rechtsgeschäften, mit denen je Rechtsgeschäft Einnahmen oder Ausgaben bis zu einem Betrag von höchstens 1 800 Euro verbunden sind, ist die Wirtschaftsreferentin oder der Wirtschaftsreferent gemeinsam mit der oder dem Vorsitzenden des jeweiligen Organs gemäß § 15 Abs. 2 berechtigt.

(5) Zum Abschluss von Rechtsgeschäften, mit denen je Rechtsgeschäft Einnahmen oder Ausgaben bis zu einem Betrag von höchstens 900 Euro verbunden sind, ist die Wirtschaftsreferentin oder der Wirtschaftsreferent gemeinsam mit der oder dem Vorsitzenden der zuständigen Studienvertretung berechtigt.

(6) Die im Wirtschaftsjahr abgeschlossenen Dienstverträge sind der Wirtschaftsprüferin oder dem Wirtschaftsprüfer zusammen mit dem Jahresabschluss zu übermitteln. Abgeschlossene Dienstverträge und Betriebsvereinbarungen sind der Kontrollkommission, auf deren Verlangen, in elektronischer Form unverzüglich zu übermitteln. Bei Feststellung grober Mängel ist die Bundesministerin oder der Bundesminister zu informieren.

(7) Die Kontrollkommission kann die Erlassung einer Verordnung durch die Bundesministerin oder den Bundesminister hinsichtlich der Voraussetzungen für Abschlüsse und Bedingungen von Arbeitsverhältnissen beantragen. Die Österreichische Hochschülerinnen- und Hochschülerschaft und die Hochschülerinnen- und Hochschülerschaften sind anzuhören. Die Bemessung der Entgelthöhe im Zeitpunkt des Abschlusses des Arbeitsverhältnisses hat sich an einer vergleichbaren Tätigkeit gemäß dem Entlohnungsschema der Vertragsbediensteten des Bundes des Verwaltungsdienstes zu orientieren. Der Verordnung entgegenstehende Vereinbarungen sind unwirksam.

Erläuterungen zur Regierungsvorlage:

Die Wertgrenzen für Abschlüsse von Rechtsgeschäften wurden auf runde Beträge erhöht. Abgeschlossene Dienstverträge und Betriebsvereinbarungen müssen der Kontrollkommission, auf deren Verlangen, unverzüglich in elektronischer Form übermittelt werden. Bei Feststellung grober Mängel hat die Kontrollkommission die Bundesministerin oder den Bundesminister zu informieren. Die Kontrollkommission kann im Einvernehmen mit den Hochschülerinnen- und Hochschülerschaften die Erlassung einer Verordnung durch die Bundesministerin oder den Bundesminister hinsichtlich der Voraussetzungen für Abschlüsse von Arbeitsverhältnissen beantragen. Die Bemessung der Entgelthöhe im Zeitpunkt des Abschlusses des Arbeitsverhältnisses hat sich an einer vergleichbaren

Tätigkeit gemäß dem Entlohnungsschema der Vertragsbediensteten des Bundes des Verwaltungsdienstes zu orientieren. Der Verordnung entgegenstehende Vereinbarungen sind unwirksam. Auf Dienstverträge ist grundsätzlich das Angestelltengesetz, BGBl. Nr. 292/1921, in der Fassung des Bundesgesetzes BGBl. I Nr. 58/2010, anzuwenden. Die Bemessung der Entgelthöhe im Zeitpunkt des Abschlusses des Dienstverhältnisses hat sich an einer vergleichbaren Tätigkeit gemäß dem Entlohnungsschema der Vertragsbediensteten des Bundes des Verwaltungsdienstes zu orientieren. Dies dient zur Stärkung der Planungssicherheit und Effektivität durch Vorgaben von Mindeststandards im Personalbereich der Hochschülerinnen- und Hochschülerschaften. Da Beschäftigte von Hochschülerinnen- und Hochschülerschaften überwiegend mit Verwaltungsaufgaben betraut sind, soll daher auf die Verhältnisse von Vertragsbediensteten des Bundes, die dem Verwaltungsdienst zugeordnet sind, Bedacht genommen werden. Damit ist die Gestaltung leistungsadäquater Entlohnung durch den Rahmen der für den öffentlichen Verwaltungssektor geltenden Entgeltsätze gewährleistet.

Erläuterungen zur Novelle (BGBl. I Nr. 97/2016):

Damit die abgeschlossenen Dienstverträge von der Wirtschaftsprüferin oder dem Wirtschaftsprüfer überprüft werden können, ist auch eine Übermittlung der abgeschlossenen Dienstverträge an diese notwendig. Festgelegt wird, dass die (bis zu diesem Zeitpunkt im betreffenden Wirtschaftsjahr) abgeschlossenen Dienstverträge mitsamt dem Jahresabschluss an die Wirtschaftsprüferin oder den Wirtschaftsprüfer zu übermitteln sind.

Anmerkungen:

Rechtsgeschäfte können grundsätzlich von der oder dem außenvertretungsbefugten Vorsitzenden gemeinsam mit der Wirtschaftsreferentin oder dem Wirtschaftsreferenten abgeschlossen werden. Im Falle der Verhinderung der oder des Vorsitzenden wird diese oder dieser von der ersten Stellvertreterin oder den ersten Stellvertreter vertreten. Sollte auch die erste Stellvertreterin oder der erste Stellvertreter verhindert sein, wird die oder der Vorsitzende durch die zweite Stellvertreterin oder den zweiten Stellvertreter vertreten.

Im Falle der Verhinderung der Wirtschaftsreferentin oder des Wirtschaftsreferentin wird diese oder dieser von der Stellvertreterin oder dem Stellvertreter vertreten, sofern eine Stellvertreterin oder ein Stellvertreter gemäß § 36 Abs. 3 bestellt wurde.

Zu beachten sind auch etwaige Übertragungen von Aufgaben von der oder dem Vorsitzenden auf die Stellvertreterin oder den Stellvertreter gemäß § 35 Abs. 2 und 3. Diese lauten:

„(2) Die oder der Vorsitzende der Bundesvertretung oder einer Hochschulvertretung kann genau bestimmte Teile ihrer oder seiner Aufgaben auf die Stellvertreterin oder den Stellvertreter übertragen. In diesem Fall handelt die Stellvertreterin oder der Stellvertreter im Auftrag und unter Verantwortung der oder des Vorsitzenden.“

Im Falle der Übertragung gemäß § 35 Abs. 2 sind die Handlungen der Stellvertreterin oder des Stellvertreters haftungsrechtlich weiterhin der oder dem Vorsitzenden zuzurechnen.

„(3) Auf Vorschlag der oder des jeweiligen Vorsitzenden kann die Bundesvertretung oder eine Hochschulvertretung genau bestimmte Teile ihrer oder seiner Aufgaben auf die Stellvertreterin oder den Stellvertreter übertragen. In diesem Beschluss ist für die Vertretung der bevollmächtigten Stellvertreterin oder des bevollmächtigten Stellvertreters Vorsorge zu treffen. In diesem Fall handelt die Stellvertreterin oder der Stellvertreter im eigenen Namen und unter eigener Verantwortung."

Im Falle der Übertragung gemäß § 35 Abs. 3 sind die Handlungen der Stellvertreterin oder des Stellvertreters haftungsrechtlich nicht der oder dem Vorsitzenden zuzurechnen. Die Stellvertreterin oder der Stellvertreter handelt haftungsrechtlich auf eigene Verantwortung.

Bei Überschreitung von gewissen Betragsgrenzen sind Beschlüsse der fachlich zuständigen Ausschüsse von Organen oder von Organen (Bundesvertretung, Hochschulvertretung) erforderlich.

Vorgesehen sind auch Sonderregelungen für Abschlüsse von Rechtsgeschäften geringeren Ausmaßes durch die oder den Vorsitzenden der zuständigen Studienvertretung oder die oder den Vorsitzenden des jeweiligen Organs gemäß § 15 Abs. 2 jeweils mit der Wirtschaftsreferentin oder dem Wirtschaftsreferenten.

Der Abschluss von Rechtsgeschäften durch ein etwaiges „Vorsitzteam" ist nicht möglich.

Abschlussberechtigt sind, bei Rechtsgeschäften, mit denen Einnahmen oder Ausgaben verbunden sind:

Für die Bundesvertretung:

- Bis 9 000 Euro die oder der Vorsitzende gemeinsam mit der Wirtschaftsreferentin oder dem Wirtschaftsreferenten.
- Über 9 000 Euro die oder der Vorsitzende gemeinsam mit der Wirtschaftsreferentin oder dem Wirtschaftsreferenten aufgrund eines Beschlusses des zuständigen Ausschusses der Bundesvertretung. Ist kein Ausschuss eingerichtet: aufgrund eines Beschlusses der Bundesvertretung.
- Über 18 000 Euro die oder der Vorsitzende gemeinsam mit der Wirtschaftsreferentin oder dem Wirtschaftsreferenten aufgrund eines Beschlusses der Bundesvertretung.
- Bis 900 Euro die sachlich zuständige Referentin oder der sachlich zuständige Referent gemeinsam mit der Wirtschaftsreferentin oder dem Wirtschaftsreferenten, wenn jene oder jener von der oder dem Vorsitzenden dafür ermächtigt wurde.

Für die Hochschulvertretungen einer HS, in denen mindestens 15 Mandatarinnen und Mandatare zu wählen sind:

- Bis 9 000 Euro die oder der Vorsitzende gemeinsam mit der Wirtschaftsreferentin oder dem Wirtschaftsreferenten.
- Über 9 000 Euro die oder der Vorsitzende gemeinsam mit der Wirtschaftsreferentin oder dem Wirtschaftsreferenten aufgrund eines Beschlusses des zuständigen Ausschusses der Hochschulvertretung. Ist kein Ausschuss eingerichtet: aufgrund eines Beschlusses der Hochschulvertretung.
- Über 18 000 Euro die oder der Vorsitzende gemeinsam mit der Wirtschaftsreferentin oder dem Wirtschaftsreferenten aufgrund eines Beschlusses der Hochschulvertretung.
- Bis 900 Euro die sachlich zuständige Referentin oder der sachlich zuständige Referent gemeinsam mit der Wirtschaftsreferentin oder dem Wirtschaftsreferenten, wenn jene oder jener von der oder dem Vorsitzenden dafür ermächtigt wurde.
- Bis 1 800 Euro die oder der Vorsitzende des Organs gemäß § 15 Abs. 2 gemeinsam mit der Wirtschaftsreferentin oder dem Wirtschaftsreferenten.

Für Hochschulvertretungen einer HS, in denen weniger als 15 Mandatarinnen und Mandatare zu wählen sind:

- Bis 6 000 Euro die oder der Vorsitzende gemeinsam mit der Wirtschaftsreferentin oder dem Wirtschaftsreferenten.
- Über 6 000 Euro die oder der Vorsitzende gemeinsam mit der Wirtschaftsreferentin oder dem Wirtschaftsreferenten aufgrund eines Beschlusses des zuständigen Ausschusses der Hochschulvertretung. Ist kein Ausschuss eingerichtet: aufgrund eines Beschlusses der Hochschulvertretung.
- Über 12 000 Euro die oder der Vorsitzende gemeinsam mit der Wirtschaftsreferentin oder dem Wirtschaftsreferenten aufgrund eines Beschlusses der Hochschulvertretung.
- Bis 900 die sachlich zuständige Referentin oder der sachlich zuständige Referent gemeinsam mit der Wirtschaftsreferentin oder dem Wirtschaftsreferenten, wenn jene oder jener von der oder dem Vorsitzenden dafür ermächtigt wurde.
- Bis 1 800 Euro die oder der Vorsitzende des Organs gemäß § 15 Abs. 2 gemeinsam mit der Wirtschaftsreferentin oder dem Wirtschaftsreferenten.

Für Studienvertretungen einer HS:

- Bis 900 Euro die oder der Vorsitzende gemeinsam mit der Wirtschaftsreferentin oder dem Wirtschaftsreferenten.

Für Hochschulvertretungen und Studienvertretungen an einer Bildungseinrichtung, an der keine HS eingerichtet ist:

- Die Bundesvertretung oder die Hochschulvertretung, welche diese rechtsgeschäftlich vertritt. Die Abschlussvoraussetzungen richten sich nach den für diese Organe geltenden Bestimmungen des § 42.
- Die oder der Vorsitzende der Bundesvertretung oder der Hochschulvertretung einer HS kann gewählten Vertreterinnen und Vertretern an Bildungseinrichtungen, an denen keine HS eingerichtet ist, die Befugnis bestimmte Rechtsgeschäfte gemeinsam mit der zuständigen Wirtschaftsreferentin oder dem zuständigen Wirtschaftsreferenten abzuschließen durch Ausstellung einer Vollmacht übertragen.

Mit 1. Jänner 2017 ist die Verordnung des Bundesministers für Wissenschaft, Forschung und Wirtschaft über Arbeitsverhältnisse zu Hochschülerinnen- und Hochschülerschaften – Hochschülerinnen- und Hochschülerschafts-Dienstvertragsverordnung (HS-DVV), BGBl. II Nr. 356/2016, in Kraft getreten. Seit diesem Zeitpunkt hat die Kontrollkommission Dienstverträge nicht mehr bescheidmäßig zu genehmigen. Nunmehr sind die im Wirtschaftsjahr abgeschlossenen Dienstverträge der Wirtschaftsprüferin oder dem Wirtschaftsprüfer zusammen mit dem Jahresabschluss zu übermitteln.

Die abgeschlossenen Dienstverträge und Betriebsvereinbarungen sind der Kontrollkommission NUR, auf deren Verlangen, in elektronischer Form unverzüglich zu übermitteln. Bei Feststellung grober Mängel hat die Kontrollkommission die Bundesministerin oder der Bundesminister zu informieren.

Rechtsauskunft BMWFW:
Gemäß § 42 Abs. 2 HSG 2014 erfordert der Abschluss von Rechtsgeschäften, mit denen je Rechtsgeschäft Einnahmen oder Ausgaben von über 6 000 Euro verbunden sind, einen Beschluss des fachlich zuständigen Ausschusses der jeweiligen Hochschulvertretung. Ist kein fachlich zuständiger Ausschuss eingerichtet, ist ein Beschluss der jeweiligen Hochschulvertretung erforderlich. Ab einem Betrag von 12 000 Euro ist jedenfalls ein Beschluss der jeweiligen Hochschulvertretung erforderlich. Für die Bundesvertretung und jene Hochschulvertretungen, in denen mindestens 15 Mandatarinnen und Mandatare zu wählen sind, gilt eine für die erforderliche Beschlussfassung im Ausschuss maßgebliche Betragsgrenze von 9 000 Euro und eine für die Beschlussfassung der Bundesvertretung bzw. der jeweiligen Hochschulvertretung maßgebliche Betragsgrenze von 18 000 Euro.

Auch wenn davon ausgegangen werden kann, dass bei einem durch die Hochschulvertretung beschlossenem Jahresvoranschlag diesem und dadurch auch den darin enthaltenen Projekten (z. B. Ball) zugestimmt worden ist, ist gemäß § 42 Abs. 2 HSG 2014 – bei Überschreitung der vorgesehenen Wertgrenzen – ein gesonderter Beschluss der Hochschulvertretung notwendig (siehe GZ: BMWFW-52.520/0018-WF/IV/6/2016).

4. Hauptstück
Willensbildung der Mitglieder

1. Abschnitt
Wahlen in die Organe

Durchführung der Wahlen in die Organe

§ 43. (1) Die Wahlen in sämtliche Organe der Österreichischen Hochschülerinnen- und Hochschülerschaft, der Hochschülerinnen- und Hochschülerschaften und in die Hochschulvertretungen und Studienvertretungen an Bildungseinrichtungen, an denen keine Hochschülerinnen- und Hochschülerschaft eingerichtet ist, mit Ausnahme der Wahlkommissionen und der Organe gemäß § 15 Abs. 2, sind alle zwei Jahre gleichzeitig auf Grund des allgemeinen, gleichen und geheimen Verhältniswahlrechtes gesondert für jedes dieser Organe durchzuführen. Das Wahlrecht ist persönlich bei der zuständigen Wahlkommission auszuüben. Die Wahlen der Bundesvertretung und der Hochschulvertretungen sind auch durch Briefwahl in Form der Übermittlung einer Wahlkarte zulässig.

(2) Die Wahlen sind von Dienstag bis Donnerstag einer Woche in der Zeit von Mitte April bis Mitte Juni durchzuführen. Die Wahlkommissionen oder Unterwahlkommissionen an Bildungseinrichtungen gemäß § 1 Abs. 1 Z 2 bis 5, an denen berufsbegleitende Studien oder duale Studiengänge eingerichtet sind, sind davon abweichend berechtigt, den ersten und/oder den zweiten Wahltag auf Freitag bzw. Samstag der der Wahl vorangehenden Woche vorzuziehen. In diesem Bundesgesetz festgelegte Fristen, die sich nach den Wahltagen richten, bleiben davon unberührt. Die Bundesministerin oder der Bundesminister hat nach Anhörung der Österreichischen Hochschülerinnen- und Hochschülerschaft, der Hochschülerinnen- und Hochschülerschaften und der Hochschulvertretungen an Bildungseinrichtungen, an denen keine Hochschülerinnen- und Hochschülerschaft eingerichtet ist die Wahltage und die sich daraus ergebenden Fristen durch Verordnung festzulegen.

(3) Bei Hochschülerinnen- und Hochschülerschaftswahlen sind amtliche Stimmzettel zu verwenden. Für die Beurteilung der Gültigkeit und Ungültigkeit von Stimmen und die Form der Stimmabgabe sind die Bestimmungen der Nationalrats-Wahlordnung 1992 – NRWO, BGBl. Nr. 471/1992, anzuwenden.

(4) Zur Sicherstellung des gleichen Wahlrechtes ist von der Wahlkommission der Österreichischen Hochschülerinnen- und Hochschülerschaft ein Wählerinnen- und Wählerverzeichnis ohne Sozialversicherungsnummer zu erstellen. Dieses Wählerinnen- und Wählerverzeichnis hat alle

Wahlberechtigten an sämtlichen Bildungseinrichtungen zu enthalten.

(5) Zur Erstellung des Wählerinnen- und Wählerverzeichnisses ist ein Datenverbund einzurichten, der jedenfalls folgende Daten der ordentlichen Mitglieder der Österreichischen Hochschülerinnen- und Hochschülerschaft an der jeweiligen Bildungseinrichtung zu enthalten hat:

1. **Familienname,**
2. **Vorname,**
3. **bildungseinrichtungsspezifische Personenkennzeichen (Matrikelnummer, Personenkennzahl, Personenkennzeichen etc.),**
4. **Sozialversicherungsnummer oder Ersatzkennzeichen,**
5. **Geburtsdatum,**
6. **Geschlecht,**
7. **Anschrift am Studienort und am Heimatort,**
8. **die an der jeweiligen Bildungseinrichtung betriebenen Studien einschließlich deren Codierung,**
9. **die Bezeichnung der Bildungseinrichtung einschließlich deren Codierung,**
10. **E-Mail-Adresse der oder des Studierenden an der Bildungseinrichtung,**
11. **bereichsspezifisches Personenkennzeichen BF.**

(6) Die Daten gemäß Abs. 5 sind von der Rektorin oder dem Rektor der Universität oder der Pädagogischen Hochschule oder der Leiterin oder dem Leiter der Privatuniversität oder der Vertreterin oder dem Vertreter des Erhalters eines Fachhochschul-Studienganges bis spätestens 31. Dezember jeden Jahres, das einer Hochschülerinnen- und Hochschülerschaftswahl vorangeht, in elektronischer Form an die Wahlkommission der Österreichischen Hochschülerinnen- und Hochschülerschaft zu übermitteln. Unmittelbar nach Ablauf des Stichtages gemäß § 47 Abs. 5 sind diese Daten neuerlich in elektronischer Form an die Wahlkommission der Österreichischen Hochschülerinnen- und Hochschülerschaft zu übermitteln.

(7) Nähere Bestimmungen über die Übermittlung der Daten und die Erstellung des Wählerinnen- und Wählerverzeichnisses sind in der Hochschülerinnen- und Hochschülerschaftswahlordnung zu treffen.

Erläuterungen zur Regierungsvorlage:

Aufgrund der Wiedereinführung der Direktwahl der Bundesvertretung werden nunmehr mit Ausnahme der Organe gemäß § 15 Abs. 2 und der Wahlkommissionen bzw. Unterwahlkommissionen alle anderen Organe der ÖH und der Hochschülerinnen- und Hochschülerschaften sowie die Hochschul- und Studienvertretungen an Bildungseinrichtungen, an denen keine Hochschülerinnen- und Hochschülerschaften eingerichtet sind, alle zwei Jahre gleichzeitig auf Grund des allgemeinen, gleichen und geheimen Verhältniswahlrechtes gewählt.

Um sicherzustellen, dass jede oder jeder Wahlberechtigte nur eine Stimme bei der Wahl der Bundesvertretung und den jeweiligen Hochschulvertretungen abgeben kann, ist von der Wahlkommission der ÖH ein gesamtes Wählerinnen- und Wählerverzeichnis der ordentlichen Mitglieder der ÖH zu erstellen und ein Wahladministrationssystem zur Verfügung zu stellen. Für diese Zwecke ist ein Datenverbund zu betreiben, der jedenfalls folgende Daten zu enthalten hat: den Namen, wenn vorhanden die Matrikelnummer bzw. die Personenkennzahl bzw. das Personenkennzeichen, die Sozialversicherungsnummer oder das Ersatzkennzeichen, das Geburtsdatum, das Geschlecht, die Anschrift am Studien- und Heimatort, die an der jeweiligen Bildungseinrichtung betriebenen Studien und die Bezeichnung der Bildungseinrichtung. Diese Daten sind von der Rektorin oder dem Rektor der Universität oder der Pädagogischen Hochschule oder der Leiterin oder dem Leiter der Privatuniversität oder der Vertreterin oder dem Vertreter des Erhalters eines Fachhochschul-Studienganges bis spätestens 31. Dezember jeden Jahres in elektronischer Form an die zuständige Wahlkommission zu übermitteln. Unmittelbar am nächsten Tag nach Ablauf des Stichtages, welcher sieben Wochen vor dem ersten Wahltag liegt (§ 47 Abs. 5), haben die Rektorin oder der Rektor der Universität oder der Pädagogischen Hochschule oder die Leiterin oder der Leiter der Privatuniversität oder die Vertreterin oder der Vertreter des Erhalters eines Fachhochschul-Studienganges diese Daten gemäß Abs. 5 neuerlich in elektronischer Form an die zuständige Wahlkommission zu übermitteln. Die Übermittlung der Daten am Tag nach Ablauf des Stichtages ist nötig, damit alle am Stichtag für die Hochschülerinnen- und Hochschülerschaftswahlen Wahlberechtigten auch im Wählerinnen- und Wählerverzeichnis enthalten sind.

Erläuterungen zur Novelle (BGBl. I Nr. 97/2016):

Die Wahlkommissionen (bei Hochschülerinnen- und Hochschülerschaften) oder Unterwahlkommissionen (bei Vertretungsstrukturen der Studierenden an Bildungseinrichtungen, an denen keine Hochschülerinnen- und Hochschülerschaft eingerichtet ist) an Pädagogischen Hochschulen, Fachhochschulen und Einrichtungen zur Durchführung von Fachhochschul-Studiengängen, Privatuniversitäten und der Universität für Weiterbildung Krems, an denen berufsbegleitende Studien oder duale Studiengänge eingerichtet sind, sind berechtigt, den ersten und/oder den zweiten Wahltag auf Freitag bzw. Samstag der, der Wahl vorangehenden, Woche vorzuziehen. Durch diese Regelung soll es Studierenden, die vorwiegend am Wochenende auf der Bildungseinrichtung anwesend sind, ermöglicht werden, an den ÖH-Wahlen teilzunehmen. Diese Möglichkeit besteht nicht an den Universitäten, da berufsbegleitende Studien bzw. duale Studiengänge hauptsächlich an den oben genannten Bildungseinrichtungen angeboten werden. Wird ein Wahltag auf den Freitag oder den Samstag oder werden zwei Wahltage auf den Freitag und den Samstag der Vorwoche der ÖH-Wahlen durch Beschluss der Wahlkommission oder Unterwahlkommission vorgezogen, hat dies aber keine Auswirkungen auf die im HSG 2014 und in diesem Bundesgesetz oder der HSWO 2014 festgelegte Fristen. Alle Fristen werden auch in Hinkunft

von den durch Verordnung der Bundesministerin oder des Bundesministers festgelegten drei Wahltagen berechnet.
Es wurde eine legistische Anpassung vorgenommen. Neu hinzugekommen ist die Ziffer 11. Die Bildungseinrichtungen sind in Hinkunft auch verpflichtet das bereichsspezifische Personenkennzeichen BF der oder des Studierenden an die Wahlkommission der ÖH zu übermitteln. Zur Erstellung des Wählerinnen- und Wählerverzeichnisses, in welchem alle wahlberechtigten Studierenden enthalten sind, ist die Sozialversicherungsnummer notwendig. Die von den Bildungseinrichtungen einzeln übermittelten Verzeichnisse der Wahlberechtigten werden anhand der Sozialversicherungsnummer bzw. dem Ersatzkennzeichen zusammengeführt, damit gewährleistet ist, dass eine Studierende oder ein Studierender nur einen Eintrag im Wählerinnen- und Wählerverzeichnis hat und somit die Wahlberechtigung für die Bundesvertretung nur einmal ausgeübt werden kann. Geplant ist in Hinkunft für diesen Prozess der Zusammenführung das bereichsspezifische Personenkennzeichen BF zu verwenden und nicht mehr die Sozialversicherungsnummer. Da aber nicht gewährleistet ist, dass alle Bildungseinrichtungen für jede Studierende und jeden Studierenden ein bereichsspezifisches Personenkennzeichen BF zum Zeitpunkt der verpflichtenden Datenübermittlung für die ÖH-Wahlen 2017 generieren können, sind daher zumindest für diese Wahl beide Datensätze zu übermitteln.
Eingeschränkt wird die Verpflichtung der Datenübermittlung an die Wahlkommission der ÖH durch die Rektorin oder den Rektor der Universität oder der Pädagogischen Hochschule oder die Leiterin oder den Leiter der Privatuniversität oder die Vertreterin oder den Vertreter des Erhalters eines Fachhochschul-Studienganges bis spätestens 31. Dezember jeden Jahres, das einer ÖH-Wahl vorangeht.

Anmerkungen:
Wahlgrundsätze bei den Hochschülerinnen- und Hochschülerschaftswahlen:

- Allgemeines Wahlrecht: alle ordentlichen Mitglieder der ÖH – unabhängig von ihrer Staatsangehörigkeit – haben das Recht, bei Erfüllung der gesetzlichen Voraussetzungen (Erreichen der vorgesehenen Altersgrenzen, rechtzeitige Zahlung des Studierendenbeitrages, etc.) zu wählen (aktives Wahlrecht) und gewählt zu werden (passives Wahlrecht). Ausgeschlossen vom Wahlrecht sind ordentliche Mitglieder der ÖH, die rechtskräftig nach dem Verbotsgesetz 1947 oder zu einer unbedingten Freiheitsstrafe von mehr als fünf Jahren (in bestimmten Fällen: mehr als ein Jahr) verurteilt wurden und dies vom Gericht ausdrücklich festgestellt wurde.
- Gleiches Wahlrecht: alle ordentlichen Mitglieder der ÖH haben mit ihrer Stimme für das jeweilige Organ den gleichen Einfluss auf das Wahlergebnis. Mit Hilfe des elektronischen Wahladministrationssystem wird sichergestellt, dass ordentliche Mitglieder der ÖH, die an mehreren Bil-

dungseinrichtungen studieren, ihr Wahlrecht für die Bundesvertretung nur einmal ausüben dürfen.

- Geheimes Wahlrecht: durch genaue Normierungen in der HSWO 2014 ist sichergestellt, dass im Falle der Präsenzwahl, die Wahlberechtigten ihre Stimmen unbeobachtet abgeben können müssen. Im Falle der Briefwahl haben die Wahlberechtigten, eidesstaatlich zu erklären, dass sie die Stimmzettel persönlich, unbeobachtet und unbeeinflusst ausgefüllt haben.
- Verhältniswahlrecht: das Verhältniswahlrecht garantiert, dass die wahlwerbenden Gruppen entsprechend dem bei den letzten Wahlen erzielten Stimmenanteil oder die Kandidatinnen und Kandidaten entsprechend den bei den letzten Wahlen erzielten Stimmen in den jeweiligen Organen vertreten sind.
- Persönliches Wahlrecht: die Wahlberechtigten geben ihre Stimmen persönlich vor der zuständigen Wahlkommission ab. Eine Abgabe durch Bevollmächtigte ist nicht möglich. Im Falle der Briefwahl haben die Wahlberechtigten, eidesstaatlich zu erklären, dass sie die Stimmzettel persönlich, unbeobachtet und unbeeinflusst ausgefüllt haben.

Zur näheren Ausgestaltung der Durchführung der Hochschülerinnen- und Hochschülerschaftswahlen siehe die Ausführungen zur HSWO 2014. Zur Briefwahl siehe die Anmerkungen zu § 44.

Rechtsprechung VfGH:
Laut Judikatur des Verfassungsgerichtshofes sind übermittelte Daten spätestens dann zu löschen, wenn die Daten für den Zweck der Datenverwendung nicht mehr benötigt werden (vgl. VfSlg. 18.146/2007 und 18.963/2009).

Ausstellung einer Wahlkarte

§ 44. (1) Wahlberechtigte haben einen Anspruch auf Ausstellung einer Wahlkarte zur Wahl der Bundesvertretung und der Hochschulvertretungen. Mit der Wahlkarte ist die Berechtigung zur Stimmabgabe im Wege der Rückübermittlung der verschlossenen Wahlkarte an die Wahlkommission der Österreichischen Hochschülerinnen- und Hochschülerschaft verbunden.

(2) Die Ausstellung einer Wahlkarte ist bei der Wahlkommission der Österreichischen Hochschülerinnen- und Hochschülerschaft innerhalb des in der Verordnung der Bundesministerin oder des Bundesministers festgelegten Zeitraumes schriftlich, persönlich oder elektronisch zu beantragen. Die Identität der Antragstellerin bzw. des Antragstellers ist glaubhaft zu machen.

(3) Beantragte Wahlkarten sind persönlich abzuholen oder diesen Personen auf Antrag postalisch an die von der Antragstellerin oder vom

Antragsteller bekannt gegebene Adresse zu übermitteln. Im Falle einer postalischen Versendung ist das Kuvert, in dem sich die Wahlkarte befindet, mit dem Vermerk „Wahlkarte für die ÖH-Wahl" unter Beifügung der entsprechenden Jahreszahl zu kennzeichnen. Das Risiko des verspäteten Einlangens bei einer verlangten postalischen Übermittlung von Wahlkarten trägt die Antragstellerin oder der Antragsteller.

(4) Für die Ausfolgung oder die Übermittlung beantragter Wahlkarten gilt:

1. **Im Falle der persönlichen Ausfolgung einer Wahlkarte hat die Antragstellerin oder der Antragsteller eine Übernahmebestätigung zu unterschreiben.**
2. **Eine postalische Versendung hat mittels eingeschriebener Briefsendung mit dem Vermerk „Nicht an Postbevollmächtigte" ausschließlich an die Empfängerin oder an den Empfänger selbst zu erfolgen. Ausgenommen vom Erfordernis der postalischen Versendung mittels eingeschriebener Briefsendung mit dem Vermerk „Nicht an Postbevollmächtigte" sind jene persönlich oder elektronisch durch Verwendung der Bürgerkarte, einschließlich jener mittels Mobiltelefon (Handy-Signatur) gestellten Anträge, bei denen ausdrücklich darauf verzichtet worden ist.**

(5) Die Wahlkarte ist als verschließbarer Briefumschlag herzustellen und hat die in einer Anlage zur Hochschülerinnen- und Hochschülerschaftswahlordnung festzulegenden Aufdrucke zu tragen. Auf der Wahlkarte können entsprechend ihrer technischen Beschaffenheit Aufdrucke mit Hinweisen zu ihrer Handhabung angebracht werden.

(6) Die Wahlkommission der Österreichischen Hochschülerinnen- und Hochschülerschaft hat für die Stimmabgabe mittels einer Wahlkarte folgende Unterlagen in einem verschlossenen Kuvert bereitzustellen:

1. **Die Wahlkarte in Form eines Kuverts. Die Wahlkarte hat dem in einer Anlage zur Hochschülerinnen- und Hochschülerschaftswahlordnung festzulegenden Muster sinngemäß zu entsprechen und muss insbesondere mit folgenden Angaben versehen sein:**
   a. **Name und Adresse der oder des wahlberechtigten Studierenden,**
   b. **Matrikelnummer, Personenkennzahl, Personenkennzeichen oder Sozialversicherungsnummer,**
   c. **Anzahl und Bezeichnung der zu wählenden Organe und**
   d. **Adresse der Wahlkommission der Österreichischen Hochschülerinnen- und Hochschülerschaft, an welche die Wahlkarte zurückzusenden ist.**
2. **Die Stimmzettel samt den Wahlkuverts.**

(7) Die Ausstellung der Wahlkarte ist im Wahladministrationssystem bei der betreffenden Wählerin oder dem betreffenden Wähler mit dem Wort „Wahlkarte" in auffälliger Weise zu vermerken.

Erläuterungen zur Regierungsvorlage:

Erstmals wird die Abgabe der Stimmen für die Bundesvertretung und die Hochschulvertretungen im Wege der Rückübermittlung einer verschlossenen Wahlkarte an die Wahlkommission der ÖH (Briefwahl) ermöglicht. Diese führt die Briefwahl zentral für ganz Österreich durch. Eine Wahlkarte ist bei der Wahlkommission der ÖH innerhalb der Frist, welche in der Wahlordnung gemäß § 60 festgelegt ist, zu beantragen. Die Antragstellerin bzw. der Antragsteller hat in geeigneter Weise seine Identität nachzuweisen (Anmerkung: durch Novelle geändert: glaubhaft zu machen). Genau dargestellt wird, wie und unter welchen Voraussetzungen eine Wahlkarte ausgestellt werden kann. Nähere Regelungen werden in der Wahlordnung gemäß § 60 festgelegt. Insgesamt orientieren sich die Bestimmungen zur Briefwahl an den Bestimmungen zur Briefwahl in der Nationalrats Wahlordnung 1992 (NRWO), BGBl. Nr. 471/1992, in der Fassung des Bundesgesetzes BGBl. I Nr. 115/2013.

Erläuterungen zur Novelle (BGBl. I Nr. 97/2016):

Übernommen wird in diesem Bereich die Terminologie des Bundesgesetzes über die Wahl des Nationalrates (Nationalrats-Wahlordnung 1992 – NRWO), BGBl. Nr. 471/1992, in der geltenden Fassung.
Grundsätzlich ist eine beantragte Wahlkarte an die Antragstellerin oder den Antragsteller mittels eingeschriebener Briefsendung mit dem Vermerk „Nicht an Postbevollmächtigte" zuzustellen. Bei dieser Form der Zustellung kann die Aushändigung nur persönlich an die Antragstellerin oder den Antragsteller erfolgen. Eine Ersatzzustellung ist ausgeschlossen. Um die Briefwahlmöglichkeit für die Antragstellerinnen und Antragsteller attraktiver zu gestalten, besteht nunmehr die Möglichkeit, bei persönlich gestellten oder bei mit einer qualifizierten elektronischen Signatur versehenen, elektronisch eingebrachten Anträgen ausdrücklich auf die Zustellungsart mittels eingeschriebener Briefsendung mit dem Vermerk „Nicht an Postbevollmächtigte" verzichten zu können. Wird ausdrücklich darauf verzichtet, erfolgt eine normale Zustellung – auf eigene Gefahr der Antragstellerin oder des Antragstellers – an die von ihr oder ihm bekannt gegebene Adresse.

Anmerkungen:

Vorgesehen ist nunmehr, dass die Hochschulvertretungen und die Bundesvertretung auch im Wege der Briefwahl gewählt werden können. Nicht von dieser Möglichkeit erfasst sind die Wahlen der Studienvertretungen, welche auch weiterhin persönlich vor der zuständigen Wahlkommission gewählt werden müssen. Diese Vorgangsweise scheint zweckmäßig zu sein, da die Wahlkommission der Österreichischen Hochschülerinnen- und Hochschülerschaft, welche für die Durchführung der Briefwahl zuständig ist, den logistischen Aufwand einer Briefwahl der Studienvertretungen nicht bewerkstelligen könnte.

Zur näheren Ausgestaltung der Durchführung der Hochschülerinnen- und Hochschülerschaftswahlen siehe die Ausführungen zur HSWO 2014.

Rechtsprechung VfGH:
Bezüglich der Ausgestaltung der Briefwahl hat der Verfassungsgerichtshof unter anderem in seinem Erkenntnis vom 13.12.2011 (V 85/11) Folgendes ausgeführt:

„Aber auch die Bundesverfassung schreibt die persönliche und geheime Wahl der Organe der Selbstverwaltung (mit Ausnahme der kommunalen Selbstverwaltung) nicht ausdrücklich vor: Wie der Verfassungsgerichtshof bereits wiederholt ausgesprochen hat, kommt dem Gesetzgeber in der Frage, in welcher Weise die demokratische Legitimation von Selbstverwaltungsorganen sichergestellt werden kann, ein relativ weiter rechtspolitischer Spielraum zu. So ist es aus verfassungsrechtlicher Sicht nicht geboten, Wahlen in Organe der nichtterritorialen Selbstverwaltung nach denselben Grundsätzen zu regeln, die bundesverfassungsgesetzlich für staatliche und kommunale Wahlen gelten (vgl. VfSlg. 17.023/2003, S 669 Punkt 3. mwH sowie VfSlg. 17.951/2006, S 439 ff.). In diesem Sinne hat der Verfassungsgerichtshof die indirekte Wahl und teilweise auch bestehende Mehrheitswahl bei der Österreichischen HochschülerInnenschaft (VfSlg. 17.951/2006), das aktive Wahlrecht für juristische Personen bei der Landwirtschaftskammer (VfSlg. 14.440/1994) und die – noch vor der bundesverfassungsgesetzlichen Verankerung vorgesehene – Briefwahl bei der Landarbeiterkammer (VfSlg. 8590/1979) als verfassungsrechtlich unbedenklich erachtet. Die für bestimmte Wahlen gebotenen Grundsätze (vgl. Art. 26 Abs. 1 B-VG für den Nationalrat, Art. 95 Abs. 1 leg.cit. für die Landtage und Art. 117 Abs. 2 leg.cit. für die Gemeinderäte) können auch nicht im Wege der sogenannten Versteinerung aus dem demokratischen Prinzip als solchem abgeleitet werden (VfSlg. 8590/1979).

Entgegen der Auffassung der beschwerdeführenden Parteien hat auch der durch den Bundesverfassungsgesetzgeber mit BGBl. I 2/2008 neu geschaffene Art. 120c B-VG, demzufolge die ‚Organe der Selbstverwaltungskörper aus dem Kreis ihrer Mitglieder nach demokratischen Grundsätzen zu bilden‘ sind, zu keiner Änderung geführt. Im Bericht des Verfassungsausschusses (AB 370 BlgNR 23. GP, 5) findet sich hiezu wörtlich Folgendes: ‚In Art. 120c Abs. 1 [B-VG] wird im Hinblick auf die dem Selbstverwaltungsbegriff nach ständiger Rechtsprechung des Verfassungsgerichtshofes innewohnende Befugnis zur Bestellung der eigenen Organe aus der Mitte der Verbandsangehörigen das Erfordernis der demokratischen Organkreation verankert‘. Daraus ergibt sich, dass der Bundesverfassungsgesetzgeber dem Art. 120c B-VG die – oben dargelegte – ständige Rechtsprechung des Verfassungsgerichtshofes zu den Selbstverwaltungsorganen ausdrücklich zu Grunde gelegt hat (vgl. auch VfSlg. 18.731/2009).

Unter Berücksichtigung der bisherigen Rechtsprechung des Verfassungsgerichtshofes beinhaltet die Wortfolge ‚nach demokratischen Grundsätzen‘ somit die Vorgabe, dass die mit entscheidungswichtigen Aufgaben und Befugnissen betrauten Organe des Selbstverwaltungskörpers von diesem ‚autonom‘ (VfSlg. 8644/1979, S 123), dh. aus der Mitte seiner Angehörigen, zu bestellen sind, um demokratisch legitimiert zu sein, woraus sich u.a. auch die Notwendigkeit regelmäßiger Neuwahlen in diese Organe (VfSlg. 10.306/1984) und die Möglich-

keit der Mitglieder im Rahmen einer repräsentativ-demokratisch organisierten Willensbildung die Haltung der Organe zu beeinflussen (VfSlg. 11.469/1987, S 233) ergibt.“

Stimmabgabe mit einer Wahlkarte

§ 45. (1) Wurde eine Wahlkarte ausgestellt, so ist eine persönliche Stimmabgabe für die Wahl der Bundesvertretung und der jeweiligen Hochschulvertretung und der Studienvertretungen vor der zuständigen Wahlkommission oder Unterwahlkommission oder Unterkommission nur unter Abgabe dieser Wahlkarte samt allen Unterlagen zulässig. Nach erfolgter Abgabe der Wahlkarte samt allen Unterlagen ist eine persönliche Stimmabgabe vor allen übrigen Wahlkommissionen oder Unterwahlkommissionen oder Unterkommissionen, bei denen ein weiteres Wahlrecht besteht, zulässig.

(2) Wird von der Berechtigung zur Stimmabgabe im Wege der Rückübermittlung der verschlossenen Wahlkarte an die Wahlkommission der Österreichischen Hochschülerinnen- und Hochschülerschaft Gebrauch gemacht (Briefwahl), so hat die Wählerin oder der Wähler die von ihr oder ihm ausgefüllten amtlichen Stimmzettel in die jeweiligen Wahlkuverts zu legen. Diese Wahlkuverts sind zu verschließen und in die Wahlkarte zu legen, sodann ist auf der Wahlkarte durch eigenhändige Unterschrift eidesstattlich zu erklären, dass sie oder er die amtlichen Stimmzettel persönlich, unbeobachtet und unbeeinflusst ausgefüllt hat. Anschließend ist die Wahlkarte zu verschließen und so rechtzeitig an die Wahlkommission der Österreichischen Hochschülerinnen- und Hochschülerschaft zu übermitteln, dass die Wahlkarte dort spätestens am zweiten Wahltag um 18:00 Uhr einlangt, widrigenfalls sie nicht berücksichtigt wird.

(3) Die Stimmabgabe im Wege der Briefwahl ist nichtig, wenn

1. **die eidesstattliche Erklärung auf oder in der Wahlkarte nicht oder offensichtlich nicht durch die Wahlberechtigte oder den Wahlberechtigten abgegeben wurde,**
2. **das Überkuvert keine Wahlkarte oder mehrere Wahlkarten enthält,**
3. **die Wahlkarte kein Wahlkuvert enthält,**
4. **das Überkuvert oder die Wahlkarte mehr Wahlkuverts enthält, als der oder dem Wahlberechtigten Stimmrechte zustehen,**
5. **die Prüfung auf Unversehrtheit ergeben hat, dass das Überkuvert oder die Wahlkarte derart beschädigt ist, dass ein vorangegangenes missbräuchliches Entnehmen oder Zurücklegen der inliegenden Wahlkuverts nicht ausgeschlossen werden kann,**
6. **die Daten oder die Unterschrift der Wählerin oder des Wählers auf oder in der Wahlkarte nicht mehr erkennbar sind oder**

7. das Überkuvert oder die Wahlkarte nicht spätestens am zweiten Wahltag um 18.00 Uhr bei der zuständigen Wahlkommission eingelangt ist.

(4) Die Wahlkommission der Österreichischen Hochschülerinnen- und Hochschülerschaft hat die Wahlkarten bis zur Auszählung sicher zu verwahren und die auf oder in der Wahlkarte befindlichen Daten im Wahladministrationssystem zu erfassen.

(5) Wurden für die Wahl der Bundesvertretung und einer Hochschulvertretung an einer Bildungseinrichtung nicht mehr als drei Wahlkarten rückübermittelt, sind diese nicht in die Ergebnisermittlung mit einzubeziehen und zu vernichten. Dasselbe gilt für Stimmzettel, die sich außerhalb des Wahlkuverts befinden.

(6) Die näheren Bestimmungen über die Wahlkarten und die Durchführung der Briefwahl sind in der Hochschülerinnen- und Hochschülerschaftswahlordnung zu treffen. Insbesondere kann vorgesehen werden, dass die eidesstattliche Erklärung gemäß Abs. 2 auf einem zur Verfügung gestellten Formular durch Einlage in die Wahlkarte abgegeben werden kann oder dass für die Rückübermittlung der Wahlkarte ein Überkuvert zu verwenden ist.

Erläuterungen zur Regierungsvorlage:
Wurde eine Wahlkarte ausgestellt, kann die oder der betreffende Wahlberechtigte ihre oder seine Stimme durch Rückübermittlung der verschlossenen Wahlkarte oder unter Abgabe der Wahlkarte auch persönlich vor der zuständigen Wahlkommission abgeben. ([Anmerkung: durch Novelle geändert; siehe Erläuterungen zur Novelle unten] Zu beachten ist, dass, wenn eine Wahlkarte ausgestellt worden ist und dennoch vom Recht auf die persönliche Abgabe der Stimme vor einer Wahlkommission Gebrauch gemacht wird, nur die Bundesvertretung und eine Hochschulvertretung gewählt werden können, auch wenn der betreffende Studierende an mehreren Bildungseinrichtungen studiert, da bei der ersten persönlichen Stimmabgabe vor einer Wahlkommission die Wahlkarte – vor der Wahlhandlung – bei der Wahlkommission abzugeben ist.) Die Wahlkarte muss spätestens am zweiten Wahltag um 18:00 Uhr bei der Wahlkommission der ÖH eingelangt sein; bei einem späteren Einlangen darf sie nicht mehr berücksichtigt werden. Die Nichtigkeitsgründe werden taxativ aufgezählt und entsprechen den Nichtigkeitsgründen der NRWO. Wurden für die Wahl der Bundesvertretung und einer Hochschulvertretung an einer Bildungseinrichtung nicht mehr als drei Wahlkarten rückübermittelt, sind diese zu vernichten. Nur dadurch kann das geheime Wahlrecht gewährleistet werden.

Erläuterungen zur Novelle (BGBl. I Nr. 97/2016):
Ist eine Wahlkarte ausgestellt (an die Antragstellerin oder den Antragsteller übermittelt bzw. persönlich ausgehändigt) worden, ist eine persönliche Stimmabgabe vor einer Wahlkommission oder Unterwahlkommission oder Unterkommission

nur dann möglich, wenn diese Wahlkarte bei einer zuständigen Wahlkommission oder Unterwahlkommission oder Unterkommission abgegeben wird. Wird eine Wahlkarte dort abgegeben, kann die oder der Wahlberechtigte persönlich vor Ort wählen. Die Abgabe der Wahlkarte bewirkt aber auch, dass etwaige andere Wahlberechtigungen der Wahlberechtigten oder des Wahlberechtigten bei anderen Wahlkommissionen oder Unterwahlkommissionen oder Unterkommissionen wieder in Anspruch genommen werden können. Technisch gesehen wird die Abgabe der Wahlkarte von einem Mitglied der Wahlkommission oder Unterwahlkommission oder Unterkommission im elektronischen Wahladministrationssystem vermerkt. Dieser Vermerk führt dann zu einer „Freischaltung" aller Wahlberechtigungen im elektronischen Abstimmungsverzeichnis, wodurch das Wahlrecht wieder persönlich ausgeübt werden kann.

Anmerkungen:

Die Ausübung des persönlichen Wahlrechts bei bereits beantragter und ausgestellter Wahlkarte ist nur dann möglich, wenn diese samt allen mitübermittelten Unterlagen (somit auch dem Begleitschreiben, etc.) abgegeben wird.

Zur näheren Ausgestaltung der Durchführung der Hochschülerinnen- und Hochschülerschaftswahlen siehe die Ausführungen zur HSWO 2014.

Wahladministrationssystem

§ 46. Zur Sicherstellung des gleichen Wahlrechtes für die Wahl der Bundesvertretung und der Hochschulvertretungen und zur Unterstützung der Durchführung dieser Wahlen ist von der Wahlkommission der Österreichischen Hochschülerinnen- und Hochschülerschaft ein elektronisches Wahladministrationssystem zur Verfügung zu stellen. Die Kosten des Wahladministrationssystems sind anteilsmäßig je zur Hälfte von der Österreichischen Hochschülerinnen- und Hochschülerschaft und zur Hälfte aliquot nach der Zahl der ordentlichen Mitglieder der Hochschülerinnen- und Hochschülerschaften an den Bildungseinrichtungen zu tragen.

Erläuterungen zur Regierungsvorlage:

Zur Sicherstellung, dass eine Stimme für die Wahl der Bundesvertretung und die jeweilige Hochschulvertretung von einer wahlberechtigten Person nur einmal abgegeben werden kann und zur Unterstützung der Durchführung dieser Wahlen, ist die Zurverfügungstellung eines Wahladministrationssystems durch die Wahlkommission der ÖH notwendig. Die Kosten der Entwicklung, des Betriebes sowie der Weiterentwicklung dieses Wahladministrationssystems und allfällige Lizenzgebühren sind anteilsmäßig je zur Hälfte von der ÖH und zur Hälfte aliquot nach der Zahl der ordentlichen Mitglieder von den Hochschülerinnen- und Hochschülerschaften an den Bildungseinrichtungen zu tragen.

Anmerkungen:

Die Kosten des Wahladministrationssystems sind anteilsmäßig je zur Hälfte von der Österreichischen Hochschülerinnen- und Hochschülerschaft und zur Hälfte aliquot nach der Zahl der ordentlichen Mitglieder der Hochschülerinnen- und Hochschülerschaften an den Bildungseinrichtungen zu tragen. Bei dieser Bestimmung handelt es sich um eine lex specialis – Bestimmung zu § 42 HSG 2014. Dies bedeutet, dass die für den Abschluss von Rechtsgeschäften grundsätzlich vorgesehenen Beschlussfassungen durch die entsprechenden Organe nicht erforderlich sind. Der Gesetzgeber hat in § 46 HSG 2014 angeordnet, dass die Kosten des Wahladministrationssystems anteilsmäßig je zur Hälfte von der Österreichischen Hochschülerinnen- und Hochschülerschaft und zur Hälfte aliquot nach der Zahl der ordentlichen Mitglieder von den Hochschülerinnen- und Hochschülerschaften an den Bildungseinrichtungen zu tragen sind.

Von Vertretungen der Studierenden an Bildungseinrichtungen, an denen keine HS eingerichtet sind, sind mangels gesetzlicher Normierung keine Kosten zu tragen.

Eine genauere Ausformung der Funktionen des Wahladministrationssystems erfolgt gemäß § 60 in der HSWO 2014. Siehe daher die Anmerkungen zu § 12 HSWO 2014.

Rechtsauskunft BMWFW:

Gemäß § 3 Abs. 2 HSG 2014 sind an den Bildungseinrichtungen gemäß § 1 Abs. 1 Z 2 bis 4 leg. cit., für die durch Verordnung der Bundesministerin oder des Bundesministers für den Durchschnitt der letzten drei Studienjahre festgestellt wird, dass mehr als 1.000 Studierende gemäß § 2 Abs. 1 und 2 an der jeweiligen Bildungseinrichtung zugelassen waren, Hochschülerinnen- und Hochschülerschaften als Körperschaften öffentlichen Rechts eingerichtet. Dies gilt solange, bis die Bundesministerin oder der Bundesminister durch Verordnung feststellt, dass an diesen Bildungseinrichtungen für den Durchschnitt der letzten drei Studienjahre weniger als 1.000 Studierende gemäß § 2 Abs. 1 und 2 an der jeweiligen Bildungseinrichtung zugelassen waren oder die Voraussetzungen gemäß § 1 Abs. 1 Z 2 bis 4 nicht mehr vorliegen. Neu eingerichtete Körperschaften nehmen ihre Tätigkeit mit der Funktionsperiode auf, die auf die konstituierende Wahl der Organe dieser Körperschaften folgt.

Gemäß § 3 Abs. 3 HSG 2014 sind an den Bildungseinrichtungen gemäß § 1 Abs. 1 Z 2 bis 4 leg. cit., an denen keine Hochschülerinnen- und Hochschülerschaft als Körperschaft öffentlichen Rechts eingerichtet ist, eine Hochschulvertretung und Studienvertretungen einzurichten. Diese Vertretungen werden von der Bundesvertretung rechtsgeschäftlich vertreten. Auf Antrag einer Hochschulvertretung kann die rechtsgeschäftliche Vertretung von einer Hochschülerinnen- und Hochschülerschaft wahrgenommen werden. Ein solcher Antrag und eine allfällige Zustimmung bedürfen eines Beschlusses mit Zweidrittelmehrheit der beiden Hochschulvertretungen. Ein entsprechender Beschluss kann nicht vor

Ablauf von vier Jahren geändert werden und hat mit der Funktionsperiode der Organe ident zu sein.

Die Kosten des elektronischen Wahladministrationssystems sind somit zur Hälfte von der Österreichischen Hochschülerinnen- und Hochschülerschaft und zur zweiten Hälfte von sämtlichen Hochschülerinnen- und Hochschülerschaften, die als Körperschaften öffentlichen Rechts eingerichtet sind, zu tragen (siehe GZ: BMWFW-52.500/0017-WF/IV/6b/2014).

Vertretungseinrichtungen an denen keine Körperschaften öffentlichen Rechts eingerichtet sind (somit lediglich eine Hochschulvertretung und Studienvertretungen), haben keine Kosten an der Finanzierung des Wahladministrationssystems zu tragen (siehe GZ: BMWFW-52.510/0030-WF/IV/6b/2014).

Wahlberechtigte

§ 47. (1) Für die Bundesvertretung und die Hochschulvertretungen sind alle ordentlichen Mitglieder der Österreichischen Hochschülerinnen- und Hochschülerschaft an der jeweiligen Bildungseinrichtung aktiv und passiv wahlberechtigt, die für das Semester, in dem die Wahl abgehalten wird, zu einem Studium zugelassen sind oder die Fortsetzung des Studiums gemeldet haben oder die aufgrund eines Ausbildungsvertrages zu einem Studium zugelassen sind und den Studierendenbeitrag gemäß § 38 Abs. 2 entrichtet haben.

(2) Für die Studienvertretungen sind die Studierenden an der jeweiligen Bildungseinrichtung wahlberechtigt, die für die jeweiligen Studien zugelassen sind und für das Semester, in dem die Wahl abgehalten wird, die Fortsetzung des Studiums gemeldet haben oder aufgrund eines Ausbildungsvertrages zu einem Studium zugelassen sind und den Studierendenbeitrag gemäß § 38 Abs. 2 entrichtet haben.

(2a) Studierende eines an mehreren Bildungseinrichtungen gemeinsam eingerichteten Studiums sind bei Vorliegen der Voraussetzungen der Abs. 1 und 2 für die jeweilige Wahl, abweichend von Abs. 1 und 2, für zwei Hochschulvertretungen und die dazugehörigen Studienvertretungen nach Wahl der oder des Studierenden aktiv wahlberechtigt und für die Hochschulvertretungen und die dazugehörigen Studienvertretungen an allen am gemeinsam eingerichteten Studium beteiligten Bildungseinrichtungen passiv wahlberechtigt.

(3) Die Studienvertretungen haben nach Maßgabe der Satzung Studierende in die Organe gemäß § 15 Abs. 2 zu entsenden. Bei der Entsendung ist die Anzahl der Studierenden des jeweiligen Studiums zu berücksichtigen.

(4) Die Wahlkommission hat auf Antrag ordentliche Studierende, die zu einem individuellen Diplom-, Bachelor- oder Masterstudium zugelassen sind, zur Wahl der Studienvertretung jenes Studiums zuzulassen, bei welchem der Schwerpunkt des individuellen Studiums liegt.

(5) Das Wahlrecht und die Wählbarkeit sind, abgesehen vom Wahlalter, nach einem Stichtag, der sieben Wochen vor dem ersten Wahltag liegt, zu beurteilen. Aktiv wahlberechtigt sind jene ordentlichen Mitglieder, die am ersten Wahltag das 14. Lebensjahr vollendet haben. Passiv wahlberechtigt sind jene ordentlichen Mitglieder, die am ersten Wahltag das 18. Lebensjahr vollendet haben.

Erläuterungen zur Regierungsvorlage:

Alle ordentlichen Mitglieder (das sind die ordentlichen Studierenden gemäß § 2 Abs. 1 und die außerordentlichen Studierenden gemäß § 2 Abs. 2) der ÖH sind für die Bundesvertretung und die Hochschulvertretungen aktiv und passiv wahlberechtigt, unabhängig von ihrer Staatsangehörigkeit, sofern sie am Stichtag des Semesters, in dem die Wahl abgehalten wird, zu einem Studium zugelassen sind oder die Fortsetzung des Studiums gemeldet haben oder aufgrund eines Ausbildungsvertrages zu einem Studium zugelassen sind und den Studierendenbeitrag gemäß § 38 Abs. 2 entrichtet haben. ([Anmerkung: durch Novelle geändert siehe unten] Studierende eines an mehreren Bildungseinrichtungen gemeinsam eingerichteten Studiums sind für die Hochschulvertretungen und die Studienvertretungen an jeder dieser Bildungseinrichtungen wahlberechtigt, sofern keine gemeinsame Studienvertretung gemäß § 19 Abs. 2 eingerichtet worden ist.)

Erläuterungen zur Novelle (BGBl. I Nr. 97/2016):

Bisher waren Studierende eines an mehreren Bildungseinrichtungen gemeinsam eingerichteten Studiums für die Hochschulvertretungen und die Studienvertretungen an jeder dieser Bildungseinrichtungen wahlberechtigt. Diese Norm hat die, bis vor dem Wintersemester 2015/2016 typische, Ausgestaltung eines gemeinsam eingerichteten Studiums vor Augen gehabt. Alle gemeinsam eingerichteten Studien waren bis zu diesem Zeitpunkt solche Studien, die in Kooperation zwischen zwei Bildungseinrichtungen angeboten wurden. Durch das Bundesrahmengesetz zur Einführung einer neuen Ausbildung für Pädagoginnen und Pädagogen hat der Gesetzgeber im Jahre 2013 neue Rahmenbedingungen für die Ausbildung von Pädagoginnen und Pädagogen geschaffen, eine verstärkte Zusammenarbeit von Universitäten und Pädagogischen Hochschulen bei der Ausbildung von Pädagoginnen und Pädagogen forciert und eine Kooperationsverpflichtung von Universitäten und Pädagogischen Hochschulen in definierten Bereichen festgelegt. Mit Wintersemester 2015/2016 hat der „Süd-Ost-Verbund" begonnen, ein gemeinsam eingerichtetes Lehramtsstudium im Bereich der Sekundarstufe (Allgemeinbildung) anzubieten. Dafür haben sich acht Universitäten und Pädagogische Hochschulen zusammengeschlossen, um ein gemeinsam eingerichtetes Studium anzubieten. Die Zulassung zu einem solchen, gemeinsam eingerichteten Studium hat nur an einer der beteiligten Bildungseinrichtungen, grundsätzlich nach Wahl der Studierenden zu erfolgen. Mit der Zulassung an der Universität oder Pädagogischen Hochschule wird die oder der Studierende auch Angehörige oder Angehöriger aller am gemeinsam eingerichteten

Lehramtsstudium beteiligten Universitäten und Pädagogischen Hochschulen (siehe dazu §§ 3a Abs. 4 und 4 Abs. 4 UniStEV 2004). Bezüglich der bisher vorgesehenen Regelung, dass Studierende eines an mehreren Bildungseinrichtungen gemeinsam eingerichteten Studiums für die Hochschulvertretungen und die Studienvertretungen an jeder dieser Bildungseinrichtungen wahlberechtigt sind, wurden von der ÖH Bedenken geäußert. Diese bestehen in der Sorge, dass durch eine etwaige Wahlberechtigung an allen beteiligten Bildungseinrichtungen einerseits die Organisation der Wahlen an diesen Bildungseinrichtungen ungemein erschwert wird und andererseits, dass es durch gezielte „Aktionen" zu einer starken Beeinflussung und Steuerung der Wahlbeteiligungen und Wahlergebnisse kommen könnte. Um dies hintanzuhalten wird vorgeschlagen, dass die Wahlberechtigung von Studierenden eines an mehreren Bildungseinrichtungen gemeinsam eingerichteten Studiums derart festgelegt wird, dass diese an zwei Bildungseinrichtungen wahlberechtigt sind. Die Bildungseinrichtungen an denen solche Studierende ihr Wahlrecht ausüben, können von den Studierenden frei gewählt werden. Die Begrenzung der Wahlberechtigungen mit zwei Wahlberechtigungen rührt daher, dass gemeinsam eingerichtete Studien vorwiegend von zwei Bildungseinrichtungen durchgeführt werden und gemeinsam eingerichtete Lehramtsstudien unter anderem aus zwei Unterrichtsfächern bzw. einem Unterrichtsfach und einer Spezialisierung bestehen.
Festgelegt wird nunmehr eine Altersgrenze für die aktive und die passive Wahlberechtigung. Aktiv wahlberechtigt sind jene ordentlichen Mitglieder, die am ersten Wahltag (jeweils ein Dienstag) das 14. Lebensjahr vollendet haben. Passiv wahlberechtigt sind jene ordentlichen Mitglieder, die am ersten Wahltag (jeweils ein Dienstag) das 18. Lebensjahr vollendet haben. Diese unterschiedliche Festlegung der Altersgrenzen rührt daher, dass erst mit 18 Jahren die Volljährigkeit erreicht wird und damit die unbeschränkte Geschäftsfähigkeit eintritt. Zusätzlich müssen die Studierenden, um wahlberechtigt zu sein, für das Semester, in dem die Wahl abgehalten wird, zu einem Studium zugelassen sein oder die Fortsetzung des Studiums gemeldet haben oder auf Grund eines Ausbildungsvertrages zu einem Studium zugelassen sein und den Studierendenbeitrag gemäß § 38 Abs. 2 HSG 2014 entrichtet haben.

Anmerkungen:
Im Vorfeld von Hochschülerinnen- und Hochschülerschaftswahlen treten immer wieder Fragestellungen hinsichtlich der Wahlberechtigung von Studierenden auf, die zwar den Studierendenbeitrag entrichtet haben, dieser aber am Stichtag für die Wahlberechtigung noch nicht am Konto der jeweiligen Bildungseinrichtung eingelangt bzw. verbucht ist.

Für die Bundesvertretung und die Hochschulvertretungen sind alle ordentlichen Mitglieder der Österreichischen Hochschülerinnen- und Hochschülerschaft an der jeweiligen Bildungseinrichtung aktiv und passiv wahlberechtigt, die für das Semester, in dem die Wahl abgehalten wird, zu einem Studium zugelassen sind oder die Fortsetzung des Studiums gemeldet haben oder die aufgrund eines Ausbildungsvertrages zu einem Studium zugelassen sind und den Studierendenbeitrag gemäß § 38 Abs. 2 entrichtet haben. Das Wahlrecht und die Wählbarkeit richten sich nach einem Stichtag, der sieben Wochen vor dem ersten Wahltag liegt. Aktiv wahlberechtigt sind jene ordentlichen Mitglieder, die am ersten Wahltag das 14. Lebensjahr vollendet haben. Passiv wahlberechtigt sind jene ordentlichen Mitglieder, die am ersten Wahltag das 18. Lebensjahr vollendet haben.

Die Einhebung bzw. Einzahlung des Studierendenbeitrages einschließlich allfälliger Sonderbeiträge für Studierende an sämtlichen Bildungseinrichtungen ist von der Rektorin oder dem Rektor der Universität oder der Pädagogischen Hochschule oder der Leiterin oder dem Leiter der Privatuniversität oder der Vertreterin oder dem Vertreter des Erhalters eines Fachhochschul-Studienganges in geeigneter Weise durchzuführen und zu überprüfen.

Die Daten der ordentlichen Mitglieder der Österreichischen Hochschülerinnen- und Hochschülerschaft an der jeweiligen Bildungseinrichtung gemäß § 43 Abs. 5 zur Erstellung des Wählerinnen- und Wählerverzeichnisses für die Hochschülerinnen- und Hochschülerschaftswahlen sind von der Rektorin oder dem Rektor der Universität oder der Pädagogischen Hochschule oder der Leiterin oder dem Leiter der Privatuniversität oder der Vertreterin oder dem Vertreter des Erhalters eines Fachhochschul-Studienganges unmittelbar nach Ablauf des Stichtages in elektronischer Form an die Wahlkommission der Österreichischen Hochschülerinnen- und Hochschülerschaft zu übermitteln.

Da die Daten zur Erstellung des Wählerinnen- und Wählerverzeichnisses unmittelbar nach Ablauf des Stichtages - binnen zweier Werktage - zum Datenbestand des Stichtages zu übermitteln sind, sind nur jene Daten der ordentlichen Mitglieder der ÖH, welche unter anderem den Studierendenbeitrag entrichtet haben, an die Wahlkommission der ÖH zu übermitteln. Bei diesem Personenkreis handelt es sich somit um die Wahlberechtigten. Wurde zwar der Studierendenbeitrag entrichtet, ist dieser jedoch am Stichtag noch nicht am Konto der Bildungseinrichtung eingelangt bzw. verbucht, ist diese Person nicht wahlberechtigt.

In diesem Sinne regelt auch § 907a des Allgemeinen Bürgerlichen Gesetzbuches (ABGB), dass *„wenn eine Geldschuld durch Banküberweisung erfüllt wird, der Schuldner den Überweisungsauftrag so rechtzeitig zu erteilen hat, dass der geschuldete Betrag bei Fälligkeit auf dem Konto des Gläubigers wertgestellt ist.“*

Um wahlberechtigt zu sein, ist daher auf eine zeitgerechte Entrichtung des Studierendenbeitrages zu achten.

Rechtsprechung VwGH:

Unter Werktag ist jeder Tag zu verstehen, der nicht ein Sonntag oder ein gesetzlicher Feiertag ist (Hinweis E 20. April 1972, 2399/71, VwSlg 8216 A/1972).

Wahlausschließungsgründe

§ 48. Die Wahlausschließungsgründe und die Wählbarkeit richten sich nach den Bestimmungen der NRWO, wenn in diesem Bundesgesetz nicht anderes bestimmt ist. Eine rechtskräftige Verurteilung nach dem Verbotsgesetz 1947, StGBl. Nr. 13/1945, stellt einen Wahlausschließungsgrund dar.

Anmerkungen:
Bestimmungen der Nationalrats-Wahlordnung 1992 – NRWO:

„2. Abschnitt
Wahlausschließungsgründe
Wegen gerichtlicher Verurteilung

§ 22. (1) Wer durch ein inländisches Gericht wegen einer

1. *nach dem 14., 15., 16., 17., 18., 24. oder 25. Abschnitt des Besonderen Teils des Strafgesetzbuches – StGB strafbaren Handlung;*
2. *strafbaren Handlung gemäß §§ 278a bis 278e StGB;*
3. *strafbaren Handlung gemäß dem Verbotsgesetz 1947;*
4. *in Zusammenhang mit einer Wahl, einer Volksabstimmung, einer Volksbefragung oder einem Volksbegehren begangenen strafbaren Handlung nach dem 22. Abschnitt des Besonderen Teils des StGB*

zu einer nicht bedingt nachgesehenen Freiheitsstrafe von mindestens einem Jahr oder wegen einer sonstigen mit Vorsatz begangenen strafbaren Handlung zu einer nicht bedingt nachgesehenen Freiheitsstrafe von mehr als fünf Jahren rechtskräftig verurteilt wird, kann vom Gericht (§ 446a StPO) unter Zugrundelegung der Umstände des Einzelfalls vom Wahlrecht ausgeschlossen werden.

(2) Der Ausschluss vom Wahlrecht beginnt mit Rechtskraft des Urteils und endet, sobald die Strafe vollstreckt ist und mit Freiheitsentziehung verbundene vorbeugende Maßnahmen vollzogen oder weggefallen sind; ist die Strafe nur durch Anrechnung einer Vorhaft verbüßt worden, so endet der Ausschluss mit Rechtskraft des Urteils. Fällt das Ende des Ausschlusses vom Wahlrecht in die Zeit nach dem Stichtag, so kann bis zum Ende des Einsichtszeitraums (§ 25 Abs. 1) die Aufnahme in das Wählerverzeichnis begehrt werden.

Wählbarkeit

§ 41. (1) Wählbar sind alle Männer und Frauen, die am Stichtag die österreichische Staatsbürgerschaft besitzen und am Tag der Wahl das 18. Lebensjahr vollendet haben. Nicht wählbar ist, wer durch ein inländisches Gericht wegen einer oder mehrerer mit Vorsatz begangener und von Amts wegen zu verfolgender gerichtlich strafbarer Handlungen rechtskräftig zu einer nicht bedingt nachgesehenen sechs Monate übersteigenden Freiheitsstrafe oder zu einer bedingt nachgesehenen ein Jahr übersteigenden Freiheitsstrafe verurteilt wurde. Der Ausschluss von der Wählbarkeit endet nach sechs Monaten. Die Frist beginnt,

sobald die Strafe vollstreckt ist und mit Freiheitsentziehung verbundene vorbeugende Maßnahmen vollzogen oder weggefallen sind; ist die Strafe nur durch Anrechnung einer Vorhaft verbüßt worden oder zur Gänze bedingt nachgesehen worden, so beginnt die Frist mit Rechtskraft des Urteils.

(2) Ist nach anderen gesetzlichen Bestimmungen der Eintritt von Rechtsfolgen ausgeschlossen, sind die Rechtsfolgen erloschen oder sind dem Verurteilten alle Rechtsfolgen nachgesehen worden, so ist er auch von der Wählbarkeit nicht ausgeschlossen. Wird die bedingte Nachsicht widerrufen, so tritt mit dem Tag der Rechtskraft dieses Beschlusses der Ausschluss von der Wählbarkeit ein.

Aus dieser folgt, dass sich die Wahlausschließungsgründe und die Wählbarkeit grundsätzlich nach den Bestimmungen der NRWO richten. Ausgeschlossen vom Wahlrecht sind daher ordentliche Mitglieder der ÖH, die zu einer unbedingten Freiheitsstrafe von mehr als fünf Jahren (in bestimmten Fällen: mehr als ein Jahr) oder rechtskräftig nach dem Verbotsgesetz 1947 verurteilt worden sind und dies ausdrücklich vom Gericht im Urteil festgestellt wurde. Eine derartige gerichtliche Feststellung hinsichtlich des Ausschlusses des Wahlrechtes hat explizit Auswirkungen auf den Ausschluss des Wahlrechtes bei Hochschülerinnen- und Hochschülerschaftswahlen und muss seitens des Gerichtes nicht nochmals festgestellt werden.

Bei Verdacht des Vorliegens von Wahlausschließungsgründen hat die zuständige Wahlkommission weitere Erhebungen zu veranlassen. Siehe darüber hinaus Anmerkungen zu § 43.

Wahlwerbende Gruppen und Zustellungsbevollmächtigte

§ 49. (1) Gruppen, die sich an der Wahl beteiligen wollen und deren Wahlvorschläge von der Wahlkommission bzw. Unterwahlkommission gemäß § 50 zugelassen wurden, sind wahlwerbende Gruppen. Für die wahlwerbende Gruppe vertretungsbefugt ist die von ihr benannte zustellungsbevollmächtigte Vertreterin oder der von ihr benannte zustellungsbevollmächtigte Vertreter.

(2) Nach rechtskräftigem Abschluss des Wahlverfahrens endet die Rechtsstellung als wahlwerbende Gruppe, wenn sie kein Mandat erlangt hat.

(3) Hat eine wahlwerbende Gruppe ein Mandat erlangt, endet die Rechtsstellung als wahlwerbende Gruppe mit Ablauf der Funktionsperiode des Organs.

(4) Der Wahlvorschlag einer wahlwerbenden Gruppe darf höchstens doppelt so viele Personen enthalten, wie Mandate für das jeweilige Organ zu vergeben sind.

Anmerkungen:
Eine wahlwerbende Gruppe besteht daher ab Zulassung zur Wahl und die Rechtsstellung als wahlwerbende Gruppe endet – wenn sie ein Mandat erreicht hat – mit Ablauf der Funktionsperiode des Organs. Wenn sie kein Mandat erreicht hat, endet die Rechtsstellung als wahlwerbende Gruppe nach rechtskräftigem Abschluss des Wahlverfahrens. Wurde kein Einspruch gemäß den §§ 56 und 57 eingebracht, endet somit die Rechtsstellung als wahlwerbende Gruppe mit Ablauf der Einspruchsfrist (binnen zwei Wochen ab Verlautbarung des jeweiligen Wahlergebnisses).

Eine Zustellungsbevollmächtigte oder ein Zustellungsbevollmächtigter einer wahlwerbenden Gruppe kann nur eine natürliche Person sein. Sie oder er ist gesetzliche Vertreterin oder gesetzlicher Vertreter der wahlwerbenden Gruppe. Siehe auch die Anmerkungen zu § 26 HSWO 2014.

Rechtsauskunft BMWFW:
Die Änderung des Wortlautes und somit die Änderung der Bezeichnung einer wahlwerbenden Gruppe ist während der Dauer der Funktionsperiode nicht zulässig. Für eine Umbenennung einer wahlwerbenden Gruppe findet sich im HSG 2014 keine Rechtsgrundlage und würde letztlich allenfalls zu einer Täuschung der Wählerinnen und Wähler führen (siehe GZ: BMWFW-52.510/0009-WF/IV/6b/2015).

Zusammensetzung der Wahlkommissionen

§ 50. (1) Bei der Österreichischen Hochschülerinnen- und Hochschülerschaft und den Hochschülerinnen- und Hochschülerschaften an den Bildungseinrichtungen sind ständige Wahlkommissionen einzurichten.

(2) Die bei der Österreichischen Hochschülerinnen- und Hochschülerschaft eingerichtete Wahlkommission besteht aus:

1. je einer oder einem von den drei an Stimmen stärksten in der letzten Bundesvertretung vertretenen wahlwerbenden Gruppen zu bestimmenden Vertreterin oder Vertreter,

2. einer oder einem von der Bundesministerin oder vom Bundesminister zu entsendenden rechtskundigen Bediensteten als Vorsitzende oder Vorsitzenden (Vorsitzende oder Vorsitzender der Wahlkommission der Österreichischen Hochschülerinnen- und Hochschülerschaft).

(3) Die bei den Hochschülerinnen- und Hochschülerschaften an den Bildungseinrichtungen eingerichteten Wahlkommissionen bestehen aus:

1. je einer oder einem von den drei an Stimmen stärksten in der jeweiligen letzten Universitätsvertretung, Privatuniversitätsvertretung, Fachhochschulvertretung oder Pädagogischen Hochschulvertretung vertretenen wahlwerbenden Gruppen zu bestimmenden Vertreterin oder Vertreter,

2. einer bzw. einem rechtskundigen Vorsitzenden, die oder der von der Rektorin oder dem Rektor der Universität oder der Pädagogischen Hochschule oder der Leiterin oder dem Leiter der Privatuniversität oder der Vertreterin oder dem Vertreter des Erhalters eines Fachhochschul-Studienganges zu bestimmen und von der Bundesministerin oder dem Bundesminister zu bestellen ist (Vorsitzende oder Vorsitzender der Wahlkommission der Hochschülerinnen- und Hochschülerschaft der Bildungseinrichtung).

(4) Bei Bildungseinrichtungen, an denen keine Hochschülerinnen- und Hochschülerschaft eingerichtet ist, ist für die Durchführung der Wahlen eine Unterwahlkommission der Wahlkommission der Österreichischen Hochschülerinnen- und Hochschülerschaft einzurichten, welche sich wie folgt zusammensetzt:

1. je einer oder einem von den drei an Stimmen stärksten in der jeweiligen letzten Hochschulvertretung vertretenen wahlwerbenden Gruppen zu bestimmenden Vertreterin oder Vertreter
2. einer bzw. einem rechtskundigen Vorsitzenden, die oder der von der Rektorin oder dem Rektor der Pädagogischen Hochschule oder der Leiterin oder dem Leiter der Privatuniversität oder der Vertreterin oder dem Vertreter des Erhalters eines Fachhochschul-Studienganges zu bestimmen und von der Bundesministerin oder dem Bundesminister zu bestellen ist.

(5) Die Bundesministerin oder der Bundesminister kann für den Fall der Verhinderung der oder des Vorsitzenden eine rechtskundige Bedienstete oder einen rechtskundigen Bediensteten als Stellvertreterin oder Stellvertreter bestimmen.

(6) Die Vertreterinnen und Vertreter der wahlwerbenden Gruppen in den Wahlkommissionen bzw. Unterwahlkommissionen dürfen nicht in einem für das betreffende Organ eingebrachten Wahlvorschlag enthalten sein. Alle wahlwerbenden Gruppen sind berechtigt, je eine Beobachterin oder einen Beobachter in die Wahlkommissionen zu entsenden. Die Umbildung der Wahlkommissionen hat längstens zwei Monate nach Rechtskraft der Wahl zu erfolgen; Verzögerungen machen aber Beschlüsse der Wahlkommissionen nicht ungültig. Sind in einer Wahlkommission oder Unterwahlkommission weniger als drei wahlwerbende Gruppen entsendungsberechtigt, ist diese gesetzeskonform zusammengesetzt. Vertreterinnen oder Vertreter von nicht mehr entsendungsberechtigten wahlwerbenden Gruppen scheiden mit Rechtskraft der Wahl aus der Wahlkommission oder der Unterwahlkommission aus.

(7) Die Vorsitzenden der Wahlkommissionen bei den Hochschülerinnen- und Hochschülerschaften an den Bildungseinrichtungen (deren Stellvertreterin oder Stellvertreter) werden durch die Rektorin oder den Rektor der Universität oder der Pädagogischen Hochschule oder die Leiterin oder

den Leiter der Privatuniversität oder die Vertreterin oder den Vertreter des Erhalters eines Fachhochschul-Studienganges, die oder der Vorsitzende der Wahlkommission bei der Österreichischen Hochschülerinnen- und Hochschülerschaft (deren Stellvertreterin oder Stellvertreter) durch die Bundesministerin oder den Bundesminister oder eine Vertreterin oder einen Vertreter angelobt. Die Vorsitzenden der Unterwahlkommissionen werden von der oder dem Vorsitzenden der Wahlkommission der Österreichischen Hochschülerinnen- und Hochschülerschaft angelobt. Die Angelobung der übrigen Mitglieder der Wahlkommissionen erfolgt durch die jeweilige Vorsitzende oder den jeweiligen Vorsitzenden.

(8) Bei den erstmaligen Wahlen an neu eingerichteten Bildungseinrichtungen gemäß § 1 Abs. 1 setzt sich abweichend von Abs. 3 die Wahlkommission und abweichend von Abs. 4 die Unterwahlkommission wie folgt zusammen: Aus

1. **je einer oder einem von den drei an Stimmen stärksten in der Bundesvertretung vertretenen wahlwerbenden Gruppen zu bestimmenden Vertreterin oder Vertreter und**
2. **einer bzw. einem rechtskundigen Vorsitzenden, die oder der von der Rektorin oder dem Rektor der Universität oder der Pädagogischen Hochschule oder der Leiterin oder dem Leiter der Privatuniversität oder der Vertreterin oder dem Vertreter des Erhalters eines Fachhochschul-Studienganges zu bestimmen und von der Bundesministerin oder dem Bundesminister zu bestellen ist.**

Erläuterungen zur Regierungsvorlage:

Neu hinzugekommen sind die Unterwahlkommissionen. Diese sind der Wahlkommission der ÖH organisatorisch zuzurechnen und für die Durchführung der Wahlen an Bildungseinrichtungen, an denen keine Hochschülerinnen- und Hochschülerschaft eingerichtet ist, zuständig. Diese Unterwahlkommissionen dürfen nicht mit Unterkommissionen, die von den Wahlkommissionen bzw. Unterwahlkommissionen zur Unterstützung ihrer (dislozierten) Tätigkeit eingerichtet werden können, verwechselt werden. Der Vorsitz in jeder Wahlkommission bzw. Unterwahlkommission ist durch eine rechtskundige Person wahrzunehmen. Die Vorsitzenden der Unterwahlkommissionen werden vom Vorsitzenden der Wahlkommission der Österreichischen Hochschülerinnen- und Hochschülerschaft angelobt. Neu geregelt wurde, dass alle wahlwerbenden Gruppen berechtigt sind – allenfalls zusätzlich zu einer Vertreterin oder einem Vertreter – je eine Beobachterin oder einen Beobachter in die Wahlkommissionen bzw. Unterwahlkommissionen zu entsenden.

Erläuterungen zur Novelle (BGBl. I Nr. 97/2016):

In § 50 Abs. 6 wird eine Regelung aufgenommen, welche besagt, dass eine Wahlkommission oder Unterwahlkommission auch dann gesetzeskonform zusammengesetzt ist, wenn weniger als drei wahlwerbende Gruppen entsendungsberech-

tigt sind. Grundsätzlich besteht eine Wahlkommission oder Unterwahlkommission aus der oder dem Vorsitzenden und drei, von den stimmenstärksten, in der jeweiligen letzten Hochschulvertretung vertretenen, wahlwerbenden Gruppen zu entsendenden Mitgliedern. Nun existieren nicht an allen Bildungseinrichtungen drei oder mehr wahlwerbende Gruppen, sondern teilweise nur eine oder zwei wahlwerbende Gruppen, welche zur Wahl der Hochschulvertretung antreten. In diesen Fällen kann nur eine wahlwerbende Gruppe bzw. können nur zwei wahlwerbende Gruppen, Vertreterinnen und Vertreter in die Wahlkommission oder Unterwahlkommission entsenden. Durch die Neuregelung wird nunmehr festgelegt, dass auch diese Wahlkommissionen und Unterwahlkommissionen gesetzeskonform zusammengesetzt sind. Neu geregelt wird auch, dass Vertreterinnen oder Vertreter von nicht mehr entsendungsberechtigten wahlwerbenden Gruppen mit Rechtskraft der Wahl aus der Wahlkommission oder Unterwahlkommission ausscheiden.
In § 50 wird erstmals normiert, wie sich eine Wahlkommission oder Unterwahlkommission bei den ersten Wahlen an einer neu eingerichteten Bildungseinrichtung zusammensetzt. In diesem Fall sind neben der oder dem Vorsitzenden, welcher durch die Bundesministerin oder den Bundesminister bestellt wird, die übrigen drei Mitglieder von den drei an Stimmen stärksten in der Bundesvertretung vertretenen wahlwerbenden Gruppen zu bestimmen. Dies ist dadurch begründet, dass es zum Zeitpunkt des Beginnes der Organisation der ÖH-Wahlen noch keine (zugelassenen) wahlwerbenden Gruppen an dieser Bildungseinrichtung gibt.

Anmerkungen:
Eine rechtskundige Person ist eine solche, die ein rechtswissenschaftliches Studium absolviert hat. Dies kann ein Diplomstudium oder ein Bachelorstudium sein. Das Bachelorstudium Wirtschaft und Recht ist unter den Begriff „rechtswissenschaftliches Studium“ zu subsumieren. Es ist Aufgabe der Rektorin oder des Rektors der Universität oder der Pädagogischen Hochschule oder der Leiterin oder des Leiters der Privatuniversität oder der Vertreterin oder des Vertreters des Erhalters eines Fachhochschul-Studienganges eine rechtskundige Vorsitzende oder einen rechtskundigen Vorsitzenden zu bestimmen. Diese oder dieser ist bei Vorliegen der Voraussetzung der „Rechtskundigkeit“ von der Bundesministerin oder dem Bundesminister bescheidmäßig zu bestellen. Gleiches gilt für die Stellvertreterin oder den Stellvertreter.

Es ist unzulässig, dass Personen, die auf einem Wahlvorschlag eines Organs (Bundes- oder Hochschulvertretung) für die durchzuführende Wahl enthalten sind, Mitglieder der jeweiligen Wahlkommission sind.

Übersicht der „Wahlkommissionen“:

- Wahlkommission der Österreichischen Hochschülerinnen- und Hochschülerschaft ist ein Organ der Körperschaft Österreichische Hochschülerinnen- und Hochschülerschaft
- Wahlkommissionen der Hochschülerinnen- und Hochschülerschaften

sind Organe der jeweiligen Körperschaft Hochschülerinnen- und Hochschülerschaft

- Unterwahlkommissionen sind organisatorisch der Wahlkommission der Österreichischen Hochschülerinnen- und Hochschülerschaft zuzurechnen und für die Wahlen an Bildungseinrichtungen, an denen keine Hochschülerinnen- und Hochschülerschaft eingerichtet ist, zuständig. Unterwahlkommissionen sind somit an Bildungseinrichtungen mit weniger als 1 000 Studierenden eingerichtet.
- Unterkommission: Jede dieser Wahlkommissionen (Wahlkommission der Österreichischen Hochschülerinnen- und Hochschülerschaft, Wahlkommissionen der Hochschülerinnen- und Hochschülerschaften und Unterwahlkommissionen) ist berechtigt Unterkommissionen einzurichten. Diesen sind genau umschriebene Aufgabenbereiche zuzuordnen.

Rechtsauskunft BMWFW:
Bezugnehmend auf Ihre Anfrage betreffend „Entsendung von Beobachterinnen und Beobachtern von wahlwerbenden Gruppen der Bundesvertretung (auch) in die Wahlkommissionen der Hochschulvertretungen", teilt das Bundesministerium für Wissenschaft, Forschung und Wirtschaft mit:

Gemäß § 50 Abs. 6 HSG 2014 sind alle wahlwerbenden Gruppen berechtigt, je eine Beobachterin oder einen Beobachter in die Wahlkommissionen zu entsenden. Aus der nunmehr geltenden Textierung ergibt sich, dass alle wahlwerbenden Gruppen und somit auch jene für die Bundesvertretung berechtigt sind, je eine Beobachterin oder einen Beobachter in sämtliche Wahlkommissionen zu entsenden (siehe: GZ: BMWFW-52.500/0016-WF/IV/6b/2015).

Aufgaben der Wahlkommissionen und Unterwahlkommissionen

§ 51. (1) Die Wahlkommissionen der Hochschülerinnen- und Hochschülerschaften und die Unterwahlkommissionen sind für die Durchführung der Wahlen an der jeweiligen Bildungseinrichtung zuständig. Sie haben überdies die organisatorische Durchführung der Wahlen in die Bundesvertretung an der jeweiligen Bildungseinrichtung zu besorgen. Die Bildung von Unterkommissionen ist zulässig. Die Vertreterinnen und Vertreter der wahlwerbenden Gruppen in den Unterkommissionen dürfen in einem für das betreffende Organ eingebrachten Wahlvorschlag enthalten sein. Den Wahlkommissionen und Unterwahlkommissionen obliegt die:

1. **Feststellung der Zahl der für jedes Organ zu vergebenden Mandate,**
2. **Prüfung der Wahlvorschläge,**
3. **Leitung der Wahlhandlung,**
4. **Prüfung der Identität und der Wahlberechtigung der Wählerinnen und Wähler,**

5. Entgegennahme der Stimmzettel und Entscheidung über die Gültigkeit der abgegebenen Stimmzettel,

6. Feststellung des Wahlergebnisses,

7. Zuweisung der Mandate an die wahlwerbenden Gruppen und die Kandidatinnen oder Kandidaten für die Studienvertretungen,

8. Verständigung der gewählten Mandatarinnen und Mandatare,

9. Verlautbarung des Wahlergebnisses,

10. bescheidmäßige Feststellung des Erlöschens von Mandaten gemäß § 55 und nachträgliche Zuweisung von Mandaten an Personen gemäß §§ 53 und 54,

11. Durchführung von Urabstimmungen gemäß § 62, wenn sie gemeinsam mit Hochschülerschaftswahlen stattfinden.

(2) Die Wahlkommission der Österreichischen Hochschülerinnen- und Hochschülerschaft ist für die Durchführung der Briefwahl zuständig. Die Bildung von Unterkommissionen ist zulässig. Die Festlegung eines örtlichen und zeitlichen an die jeweiligen Gegebenheiten angepassten Wirkungsbereiches ist zulässig. Ihr obliegt die:

1. Prüfung der Wahlvorschläge,

2. Durchführung der Briefwahl und deren Auswertung,

3. Zuweisung der Mandate für die Bundesvertretung,

4. Entscheidungen über Einsprüche gemäß § 57,

5. Verständigung der gewählten Mandatarinnen und Mandatare,

6. Verlautbarung des Wahlergebnisses und

7. bescheidmäßige Feststellung des Erlöschens von Mandaten gemäß § 55 und nachträgliche Zuweisung von Mandaten an Personen gemäß §§ 53 und 54.

(3) Die Wahlkommissionen bzw. Unterwahlkommissionen haben spätestens drei Wochen vor dem ersten Wahltag die zugelassenen gültigen Wahlvorschläge in der Reihenfolge gemäß § 44 Abs. 3 HSWO 2014 zu verlautbaren. Die Verlautbarung erfolgt durch öffentliche Bekanntmachung in den Räumen der Österreichischen Hochschülerinnen- und Hochschülerschaft und der Hochschülerinnen- und Hochschülerschaften sowie an den in den Bildungseinrichtungen gemäß § 1 Abs. 1 zur Verfügung zu stellenden Plakatflächen. Gleichzeitig sind diese auf den Homepages der Österreichischen Hochschülerinnen- und Hochschülerschaft oder der jeweiligen Hochschülerinnen- und Hochschülerschaft zu veröffentlichen.

(4) Die Wahlergebnisse sind innerhalb einer Woche ab dem letzten Wahltag zu verlautbaren. Gleichzeitig mit der Verlautbarung des Wahlergebnisses haben die Zuweisung der Mandate und die Verständigung der gewählten Mandatarinnen und Mandatare zu erfolgen.

(5) Die Wahlkommissionen bzw. Unterwahlkommissionen sind bei Anwesenheit der oder des Vorsitzenden und mindestens der Hälfte der übrigen Mitglieder beschlussfähig. Sie treffen ihre Entscheidungen mit einfacher Stimmenmehrheit. Kommt kein Beschluss der Wahlkommission zustande, entscheidet die oder der Vorsitzende alleine.

(6) Den Vorsitzenden der Wahlkommissionen bzw. der Unterwahlkommissionen und ihren Stellvertreterinnen und Stellvertretern gebührt eine Aufwandsentschädigung, die von der Bundesministerin oder dem Bundesminister festzusetzen ist.

Erläuterungen zur Regierungsvorlage:

Die Aufgaben der Wahlkommissionen bzw. Unterwahlkommissionen entsprechen grundsätzlich der derzeit geltenden Rechtslage. Für die Wahlkommission der ÖH kommt die ausschließliche Durchführung der Briefwahl für die Wahl der Bundesvertretung und der Hochschulvertretungen an sämtlichen Bildungseinrichtungen hinzu.

Erläuterungen zur Novelle (BGBl. I Nr. 97/2016):

Im Gegensatz zu den Mitgliedern der Wahlkommissionen und Unterwahlkommissionen dürfen die Mitglieder der Unterkommissionen in einem für das betreffende Organ eingebrachten Wahlvorschlag enthalten sein. Damit wird darauf reagiert, dass es für die wahlwerbenden Gruppen immer schwieriger wird genügend Personen zu finden, die in die Unterkommissionen entsandt werden können.

Die zugelassenen gültigen Wahlvorschläge sind nicht mehr in der Reihenfolge ihres Einlangens, sondern in der Reihenfolge zu verlautbaren, in der sie auch am Stimmzettel bei den ÖH-Wahlen aufscheinen. Dies ist die Reihenfolge, die sich aus ihrer bisherigen Stimmenzahl in dem zu wählenden Organ ergibt. Bisher nicht im jeweiligen Organ vertretene wahlwerbende Gruppen sind in alphabetischer Reihenfolge anzuschließen.

Anmerkungen:

Die Wahlkommissionen sind Organe der ÖH und der HS. Da die Wahlkommissionen Organe der Selbstverwaltungskörperschaften ÖH und HS sind, sind auch die Wahlkommissionen weisungsfrei, unterliegen aber der Aufsicht der zuständigen Bundesministerin oder des zuständigen Bundesministers. Mangels gesetzlicher Determinierung ist die Erlassung einer Satzung durch die Wahlkommissionen nicht möglich.

Ihnen obliegt die Organisation und Durchführung der Hochschülerinnen- und Hochschülerschaftswahlen. Entstehen in diesem Zusammenhang etwaige Aufwendungen (wie etwa der Kauf von Stempeln, Druck der Stimmzettel, etc.) sind diese Kosten von der ÖH oder der HS zu tragen.

Hinsichtlich einer näheren Auflistung der Aufgaben und Zuständigkeiten der Wahlkommissionen siehe die Ausführungen zu §§ 2 bis 11 HSWO 2014.

Wahlverfahren

§ 52. (1) Die Wahlen in die Bundesvertretung und die Hochschulvertretungen erfolgen nach einem Listenwahlrecht. Die Anzahl der auf die einzelnen wahlwerbenden Gruppen entfallenden Mandate ist mittels der Wahlzahl zu ermitteln. Hiebei ist nach dem d'Hondtschen Verfahren wie folgt vorzugehen:

1. **Die Zahlen der für jede wahlwerbende Gruppe abgegebenen gültigen Stimmen werden, nach ihrer Größe geordnet, nebeneinandergeschrieben; unter jede dieser Zahlen wird die Hälfte, unter diese ihr Drittel, Viertel und nach Bedarf auch ihr Fünftel, Sechstel usw. geschrieben. Als Wahlzahl gilt, wenn drei Mandate zu vergeben sind, die drittgrößte, bei vier Mandaten die viertgrößte usw. der angeschriebenen Zahlen.**
2. **Auf jede wahlwerbende Gruppe entfallen so viele Mandate, als die Wahlzahl in der Summe der für die wahlwerbenden Gruppen abgegebenen gültigen Stimmen enthalten ist.**
3. **Haben nach dieser Berechnung mehrere wahlwerbende Gruppen den gleichen Anspruch auf das letzte zu vergebende Mandat, so entscheidet über die Verteilung dieses Mandates das Los.**

(2) Bei den Wahlen der Studienvertretungen sind die Kandidatinnen und Kandidaten als Personen zu wählen. Bei Personenwahlen darf keine Wählerin oder kein Wähler mehr Kandidatinnen und Kandidaten wählen, als Mandate für die jeweilige Studienvertretung zu vergeben sind. Mehrfachnennungen einer Kandidatin oder eines Kandidaten sind nur einmal zu zählen.

(3) Gibt es weniger Kandidatinnen und Kandidaten als die Hälfte der für eine Hochschulvertretung zu vergebenden Mandate, so hat die Wahl zu unterbleiben. In diesem Fall hat die Bundesvertretung deren Aufgaben und das Budget zu übernehmen. Die Bestellung einer Person, die diese Aufgaben für die Bundesvertretung wahrnimmt, ist zulässig.

(4) Gibt es weniger Kandidatinnen und Kandidaten als die Hälfte der für eine Studienvertretung zu vergebenden Mandate, so hat die Wahl zu unterbleiben. In diesem Fall hat das Organ gemäß § 15 Abs. 2, an Bildungseinrichtungen ohne zusätzliches Organ gemäß § 15 Abs. 2 die Hochschulvertretung, deren Aufgaben und das Budget zu übernehmen. Die Bestellung einer Person, die diese Aufgaben wahrnimmt, durch Beschluss der zuständigen Hochschulvertretung ist zulässig.

Erläuterungen zur Regierungsvorlage:

Neu geregelt ist, dass die Wahl einer Hochschulvertretung nicht durchgeführt wird, wenn es weniger Kandidatinnen und Kandidaten als die Hälfte der für eine Hochschulvertretung zu vergebenden Mandate gibt. In diesem Fall hat die

Bundesvertretung deren Aufgaben und das Budget zu übernehmen. Auch hat die Wahl zu unterbleiben, wenn es weniger Kandidatinnen und Kandidaten als die Hälfte der für eine Studienvertretung zu vergebenden Mandate gibt. In diesem Fall hat das Organ gemäß § 15 Abs. 2, an Bildungseinrichtungen ohne zusätzliches Organ gemäß § 15 Abs. 2 die Hochschulvertretung, deren Aufgaben und das Budget zu übernehmen. In beiden Fällen ist die Bestellung einer Person, die diese Aufgaben wahrnimmt, durch Beschluss der Bundesvertretung bzw. der zuständigen Hochschulvertretung zulässig.

Anmerkungen:
Die Verteilung der Mandate erfolgt nach dem d'Hondtschen Ermittlungsverfahren.

Das System des Listenwahlrechtes ist für die Wahl der Bundesvertretung und die Hochschulvertretungen vorgesehen. Demgegenüber werden die Studienvertretungen in Form des Personenwahlrechtes gewählt. Für den Fall, dass zu wenig Personen für eine Studienvertretung kandidieren, hat die Wahl zu unterbleiben. In diesem Fall hat das jeweils übergeordnete Organ die Aufgaben und das Budget zu übernehmen. Gibt es zu wenig Kandidatinnen und Kandidaten für eine Hochschulvertretung, so hat die Wahl zu unterbleiben. In diesem Fall hat die Bundesvertretung deren Aufgaben und das Budget zu übernehmen. Es kann eine eigene Person, die diese Aufgaben für die Bundesvertretung wahrnimmt, bestellt werden.

Zuweisung der Mandate für die Bundesvertretung und die Hochschulvertretungen

§ 53. (1) Die auf Grund der Wahlen auf eine wahlwerbende Gruppe entfallenden Mandate sind den Bewerberinnen und Bewerbern in der Reihenfolge des Wahlvorschlages zuzuweisen. Die auf diesem Wahlvorschlag enthaltenen nicht gewählten Personen sind Ersatzpersonen.

(2) Ist ein Wahlvorschlag erschöpft, kann die betreffende wahlwerbende Gruppe jene Anzahl von Personen nachnominieren, die erforderlich ist, um den Wahlvorschlag auf die doppelte Anzahl der für das jeweilige Organ zu vergebenden Mandate zu ergänzen.

(3) Kommt eine wahlwerbende Gruppe der Aufforderung zur Nachnominierung von Personen gemäß Abs. 2 durch die Vorsitzende oder den Vorsitzenden der zuständigen Wahlkommission nicht binnen einer Frist von drei Wochen nach, so sind die freien Mandate auf die verbleibenden wahlwerbenden Gruppen nach dem Verfahren gemäß § 52 aufzuteilen.

Erläuterungen zur Novelle (BGBl. I Nr. 97/2016):
Ist ein Wahlvorschlag erschöpft, kann die betreffende wahlwerbende Gruppe jene Anzahl von Personen nachnominieren, die erforderlich ist, um den Wahlvorschlag auf die doppelte Anzahl der für das jeweilige Organ zu vergebenden

Mandate zu ergänzen. Diese Regelung ist notwendig, da teilweise bei den Studierendenvertreterinnen und Studierendenvertretern eine erhöhte Fluktuation besteht. Dies ist unter anderem bedingt durch Absolvierung von Auslandssemestern oder der Beendigung des Studiums. In diesem Zusammenhang hat die bisherige Formulierung des § 53 Abs. 3: „Ist auf Grund vollständiger Erschöpfung eines Wahlvorschlages eine weitere Zuweisung von Mandaten unmöglich, sind die freien Mandate auf die verbleibenden wahlwerbenden Gruppen nach dem Verfahren gemäß § 52 aufzuteilen" in der Praxis zu Unklarheiten geführt. Durch die Neuformulierung des § 50 Abs. 3 wird festgelegt, dass die oder der Zustellungsbevollmächtigte einer wahlwerbenden Gruppe im Falle einer Erschöpfung des Wahlvorschlages binnen drei Wochen, nach Aufforderung, eine Nachnominierung von Personen durchzuführen hat. Kommt er dieser Aufforderung nicht nach, sind die freien Mandate auf die übrigen wahlwerbenden Gruppen (nach dem Verfahren gemäß § 52) aufzuteilen.

Anmerkungen:

Da zu den Aufgaben der Wahlkommissionen auch die bescheidmäßige Feststellung des Erlöschens von Mandaten zählt, ist auch die Zuweisung von Mandaten als Bescheid zu qualifizieren.

Für den Fall, dass ein Wahlvorschlag einer wahlwerbenden Gruppe erschöpft ist, hat diese das Recht diesen bis zur doppelten Mandatsanzahl der zu vergebenden Mandate (z. B.: bei der Bundesvertretung: 110 nachnominierte Personen) zu ergänzen. Diese Bestimmung ist aus demokratiepolitischer Hinsicht bedenklich, da die Vertretung der Studierenden unter Umständen von Personen wahrgenommen wird, die auf dem ursprünglichen Wahlvorschlag nicht enthalten waren und somit von den Studierenden nicht gewählt worden sind, berücksichtigt aber die spezielle Situation von Studierenden, da die Funktionsperiode von zwei Jahren einen langen Zeitraum im Vergleich zu den Regelstudienzeiten darstellt.

Sofern für einen Wahlvorschlag keine weitere Zuweisung von Mandaten möglich ist, sind die frei werdenden Mandate auf die übrigen wahlwerbenden Gruppen nach dem d'Hondtschen Verfahren aufzuteilen. Dies wird insbesondere dann der Fall sein, wenn sich eine wahlwerbende Gruppe während einer Funktionsperiode auflöst.

Rechtsauskunft BMWFW:

Somit hat die oder der Zustellungsbevollmächtigte einer wahlwerbenden Gruppe der oder dem Vorsitzenden einer Wahl- oder Unterwahlkommission eine allfällige Nachnominierung von Personen in einem Wahlvorschlag bekanntzugeben. Die oder der Vorsitzende einer Wahl- oder Unterwahlkommission hat sodann bei Erlöschen eines Mandates das freigewordene Mandat gemäß § 51 Abs. 1 Z 10 HSG 2014 der nächstfolgenden Person ohne Mandat am Wahlvorschlag zuzuweisen (siehe: GZ: BMWFW-52.513/0067-WF/IV/6b/2016).

Rechtsauskunft BMWFW:
Ist ein Wahlvorschlag erschöpft, und ist somit bei dieser wahlwerbenden Gruppe keine Person vorhanden, der ein frei gewordenes Mandat zugewiesen werden könnte, kann die betreffende wahlwerbende Gruppe jene Anzahl von Personen nachnominieren, die erforderlich ist, um den Wahlvorschlag auf die doppelte Anzahl der für das jeweilige Organ zu vergebenden Mandate zu ergänzen. Um diese Nachnominierung durchführen zu können ist die oder der Zustellbevollmächtigte dieser wahlwerbenden Gruppe zu verständigen und aufzufordern – binnen einer angemessenen Frist (Anmerkung: nunmehr drei Wochen) – eine allfällige Nachnominierung gemäß § 53 Abs. 2 HSG 2014 vorzunehmen.

Wird eine solche Nachnominierung nicht vorgenommen, sind die freien Mandate auf die verbleibenden wahlwerbenden Gruppen nach dem Verfahren gemäß § 52 aufzuteilen.

Das Recht, eine Nachnominierung durchzuführen, besteht für eine wahlwerbende Gruppe somit auch während der laufenden Funktionsperiode und nicht nur während des laufenden Wahlverfahrens. Wurde aber ein Mandat auf Grund des § 53 Abs. 3 HSG 2014 einer anderen wahlwerbenden Gruppe zugewiesen, bleibt dieses für die ganze Funktionsperiode bei dieser wahlwerbenden Gruppe (siehe: GZ: BMWFW-52.500/0039-WF/IV/6/2015).

Zuweisung der Mandate für die Studienvertretungen

§ 54. (1) Die Mandate für die Studienvertretungen werden an die Kandidatinnen und Kandidaten nach der Zahl der erhaltenen Stimmen derart vergeben, dass das erste Mandat der Kandidatin oder dem Kandidaten mit der höchsten Stimmenzahl, das zweite Mandat der Kandidatin oder dem Kandidaten mit der zweithöchsten Stimmenzahl usw. zufällt. Haben nach dieser Berechnung auf das letzte zuzuweisende Mandat mehrere Kandidatinnen und Kandidaten den gleichen Anspruch, weil sie die gleiche Stimmenzahl erhalten haben, so entscheidet das Los.

(2) Erlischt ein Mandat, ist es der Kandidatin oder dem Kandidaten mit der nächsthöchsten Stimmenzahl zuzuweisen.

Erlöschen von Mandaten

§ 55. (1) Ein Mandat für die Bundesvertretung erlischt, wenn die Mandatarin oder der Mandatar auf das Mandat verzichtet oder die Eigenschaft als ordentliches Mitglied der Österreichischen Hochschülerinnen- und Hochschülerschaft verliert.

(2) Ein Mandat für die jeweilige Hochschulvertretung erlischt, wenn die Mandatarin oder der Mandatar auf das Mandat verzichtet oder sie oder er zu keinem Studium an dieser Bildungseinrichtung zugelassen ist.

(3) Ein Mandat für die Studienvertretung oder für das Organ gemäß § 15 Abs. 2 erlischt, wenn die Mandatarin oder der Mandatar auf das Mandat verzichtet oder sie oder er zu keinem Studium an dieser Bildungseinrichtung zugelassen ist.

(4) Ein befristeter Verzicht auf ein zugewiesenes Mandat ist zulässig. Mandate erlöschen nach Abschluss eines Studiums erst dann, wenn die ehestmögliche Zulassung zu einem weiteren Studium an der jeweiligen Bildungseinrichtung nicht erfolgt ist.

Erläuterungen zur Regierungsvorlage:

Ein Mandat für die Bundesvertretung erlischt, wenn die Mandatarin oder der Mandatar auf das Mandat verzichtet oder die Eigenschaft als ordentliches Mitglied der Österreichischen Hochschülerinnen- und Hochschülerschaft verliert. Ein Mandat für die Hochschulvertretung, eine Studienvertretung oder für das Organ gemäß § 15 Abs. 2 erlischt, wenn die Mandatarin oder der Mandatar auf das Mandat verzichtet oder sie oder er zu keinem Studium an dieser Bildungseinrichtung zugelassen ist.

Erläuterungen zur Novelle (BGBl. I Nr. 97/2016):

Aufgenommen wird eine „Überbrückungsbestimmung“, welche verhindern soll, dass ein Mandat für die Hochschulvertretungen und die Studienvertretungen auch dann erlischt, wenn die oder der Studierende kurzzeitig, in der Phase bis eine Zulassung zu einem weiteren Studium an dieser Bildungseinrichtung zulässig bzw. möglich ist, zu keinem Studium an dieser Bildungseinrichtung zugelassen ist. Grundsätzlich erlischt ein Mandat, wenn auf dieses verzichtet worden ist oder die oder der Studierende zu keinem Studium an dieser Bildungseinrichtung zugelassen ist. So ergibt sich zum Beispiel, dass mit Beendigung des Bachelorstudiums, wenn dies das einzige betriebene Studium an dieser Bildungseinrichtung ist, das Mandat automatisch erlischt. Durch Aufnahme dieser neuen Regelung wird es in Zukunft für Studierendenvertreterinnen und Studierendenvertreter möglich sein, ihre Vertretungsarbeit kurzzeitig, ohne Zulassung zu einem Studium an dieser Bildungseinrichtung, weiterhin auszuüben. Begrenzt ist der Zeitraum, in welchem keine Zulassung zu einem Studium an dieser Bildungseinrichtung besteht, dadurch, dass die Studierendenvertreterin oder der Studierendenvertreter ehestmöglich zu einem weiteren Studium an dieser Bildungseinrichtung zugelassen werden muss, damit ihr oder sein Mandat nicht erlischt. „Ehestmöglich“ bedeutet in diesem Zusammenhang, dass sich die oder der Studierende nach Beendigung des Studiums unverzüglich um die Zulassung zu einem weiteren Studium kümmern muss. An manchen Bildungseinrichtungen kann die Zulassung zu einem weiteren Studium schon am selben oder nächsten Tag nach Beendigung des Studiums möglich sein. Um der Bestimmung „ehestmöglich“ zu entsprechen, hat in diesem Fall die Zulassung innerhalb der nächsten Tage zu erfolgen. Ist die Zulassung erst zu einem späteren Zeitpunkt möglich (z. B. nach Absolvierung eines Aufnahmeverfahrens), hat die oder der Studie-

rende innerhalb der nächsten Tage ab der ersten Möglichkeit der Vornahme der Zulassung diese durchzuführen. Ob die Voraussetzung der „ehestmöglichen" Zulassung zu einem weiteren Studium erfüllt wird, hat die zuständige Wahlkommission oder Unterwahlkommission zu beurteilen, wobei die an der jeweiligen Bildungseinrichtung vorgesehenen Zulassungsfristen bei der Beurteilung zu beachten sind. Erfolgte die Zulassung zu einem weiteren Studium nicht ehestmöglich, hat die Wahlkommission oder die Unterwahlkommission das Erlöschen des Mandates bescheidmäßig festzustellen.

Einsprüche gegen die Wahl der Bundesvertretung

§ 56. (1) Die Bundesministerin oder der Bundesminister hat über Einsprüche wegen Verletzung der Bestimmungen über das Wahlverfahren für die Wahl der Bundesvertretung mit Bescheid zu entscheiden.

(2) Jede wahlwerbende Gruppe für die Bundesvertretung ist berechtigt, binnen zwei Wochen ab der Verlautbarung des jeweiligen Wahlergebnisses Einsprüche gegen die jeweilige Wahl bei der oder dem Vorsitzenden der Wahlkommission der Österreichischen Hochschülerinnen- und Hochschülerschaft einzubringen.

(3) Die Wahlkommission der Österreichischen Hochschülerinnen- und Hochschülerschaft hat zu dem Einspruch Stellung zu nehmen und den Einspruch und die Stellungnahme der Bundesministerin oder dem Bundesminister zu übermitteln.

(4) Einem Einspruch ist stattzugeben und die Wahl für ungültig zu erklären, wenn wesentliche Bestimmungen des Wahlverfahrens verletzt wurden und hierdurch die Mandatsverteilung beeinflusst werden konnte. Eine für ungültig erklärte Wahl ist nach Maßgabe des § 58 zu wiederholen.

(5) Wird einem Einspruch gegen die ziffernmäßige Ermittlung einer Wahlkommission bzw. einer Unterwahlkommission oder gegen falsche rechnerische Ermittlungen bei der Mandatszuweisung stattgegeben, so ist die Ermittlung richtigzustellen, die erfolgte Verlautbarung der Wahlkommission bzw. Unterwahlkommission zu widerrufen und das richtige Wahlergebnis zu verlautbaren. In diesem Fall hat allenfalls eine Neuzuweisung von Mandaten zu erfolgen. Die unrichtig zugewiesenen Mandate erlöschen mit Rechtskraft der Entscheidung über den Einspruch.

(6) Gegen den Bescheid der Bundesministerin oder des Bundesministers kann binnen vier Wochen Beschwerde an das Bundesverwaltungsgericht erhoben werden.

(7) Im Verfahren zur Entscheidung über einen Einspruch oder über eine Beschwerde haben alle wahlwerbenden Gruppen für die Bundesvertretung Parteistellung.

Erläuterungen zur Regierungsvorlage:
Es wurden legistische Anpassungen aufgrund der Wiedereinführung der Direktwahl und der Vereinheitlichung der Vertretungsstrukturen und Einbeziehung der Studierenden an Privatuniversitäten vorgenommen. Die Beschwerdefrist gegen Bescheide der Bundesministerin oder des Bundesministers aufgrund eines Einspruches gegen die Wahl der Bundesvertretung wurde auf vier Wochen ausgeweitet.

Anmerkungen:
Über Einsprüche hinsichtlich der Wahl der Bundesvertretung hat die Bundesministerin oder der Bundesminister nach Durchführung eines Ermittlungsverfahrens nach dem AVG, wobei allen wahlwerbenden Gruppen ex lege Parteistellung zukommt, bescheidmäßig zu entscheiden. Gegen einen derartigen Bescheid kann von allen Parteien Beschwerde an das Bundesverwaltungsgericht erhoben werden.

Einsprüche gegen die Wahlen der Hochschulvertretungen und der Studienvertretungen

§ 57. (1) Die Wahlkommission der Österreichischen Hochschülerinnen- und Hochschülerschaft hat über Einsprüche wegen Verletzung der Bestimmungen über das Wahlverfahren für die Wahlen in alle Organe der Hochschülerinnen- und Hochschülerschaften und an Bildungseinrichtungen, an denen keine Hochschülerinnen- oder Hochschülerschaften eingerichtet ist, der Hochschulvertretungen und Studienvertretungen mit Bescheid zu entscheiden.

(2) Jede wahlwerbende Gruppe und jede Kandidatin oder jeder Kandidat für die Studienvertretungen ist berechtigt, binnen zwei Wochen ab der Verlautbarung des jeweiligen Wahlergebnisses Einsprüche gegen die jeweilige Wahl bei der oder dem Vorsitzenden der betreffenden Wahlkommission bzw. Unterwahlkommission einzubringen.

(3) Die Wahlkommission bzw. Unterwahlkommission hat zu dem Einspruch Stellung zu nehmen und den Einspruch und die Stellungnahme der Wahlkommission der Österreichischen Hochschülerinnen- und Hochschülerschaft zu übermitteln.

(4) Einem Einspruch ist stattzugeben und die Wahl für ungültig zu erklären, wenn wesentliche Bestimmungen des Wahlverfahrens verletzt wurden und hierdurch die Mandatsverteilung beeinflusst werden konnte. Eine für ungültig erklärte Wahl ist nach Maßgabe des § 58 zu wiederholen.

(5) Wird einem Einspruch gegen die ziffernmäßige Ermittlung einer Wahlkommission bzw. Unterwahlkommission oder gegen falsche rechnerische Ermittlungen bei der Mandatszuweisung stattgegeben, so ist die Ermittlung richtigzustellen, die erfolgte Verlautbarung der Wahlkommission

bzw. Unterwahlkommission zu widerrufen und das richtige Wahlergebnis zu verlautbaren. In diesem Fall hat allenfalls eine Neuzuweisung von Mandaten zu erfolgen. Die unrichtig zugewiesenen Mandate erlöschen mit Rechtskraft der Entscheidung über den Einspruch.

(6) Gegen den Bescheid der Wahlkommission der Österreichischen Hochschülerinnen- und Hochschülerschaft kann binnen vier Wochen Beschwerde an das jeweilige Landesverwaltungsgericht erhoben werden.

(7) Im Verfahren zur Entscheidung über einen Einspruch oder über eine Beschwerde haben alle wahlwerbenden Gruppen und die zur Wahl zugelassenen Kandidatinnen und Kandidaten für das jeweilige Organ bzw. die betreffende Hochschulvertretung oder Studienvertretung Parteistellung.

Anmerkungen:
Über Einsprüche hinsichtlich der Wahlen in alle Organe der Hochschülerinnen- und Hochschülerschaften und an Bildungseinrichtungen, an denen keine Hochschülerinnen- oder Hochschülerschaften eingerichtet ist, der Hochschulvertretungen und Studienvertretungen hat die Wahlkommission der ÖH nach Durchführung eines Ermittlungsverfahrens nach dem AVG, wobei allen wahlwerbenden Gruppen bzw. den zur Wahl zugelassenen Kandidatinnen und Kandidaten ex lege Parteistellung zukommt, bescheidmäßig zu entscheiden. Gegen einen derartigen Bescheid kann von allen Parteien Beschwerde an das jeweilige Landesverwaltungsgericht erhoben werden.

Wahlwiederholung

§ 58. (1) Ist auf Grund eines Einspruchs wegen Verletzung der Bestimmungen über das Wahlverfahren die Wiederholung einer Wahl notwendig, so ist diese Wahl innerhalb von 60 Tagen ab der Rechtskraft der Entscheidung durchzuführen. Lehrveranstaltungsfreie Zeiten und die Zulassungsfristen sind in diesen Zeitraum nicht einzurechnen. Bei einer Wahlwiederholung ist eine Stimmabgabe durch Briefwahl in Form der Übermittlung einer Wahlkarte nicht zulässig.

(1a) Ist auf Grund eines Einspruchs wegen Verletzung der Bestimmungen über das Wahlverfahren gemäß § 57 die Wiederholung einer Wahl notwendig, hat die zuständige Wahlkommission oder Unterwahlkommission festzulegen, ob das elektronische Wahladministrationssystem für die Durchführung der Wahlwiederholung erforderlich ist.

(2) Die Wahlwiederholung ist jeweils in einer Woche von Dienstag bis Donnerstag durchzuführen. Die Abhaltung der Wahlwiederholung während der lehrveranstaltungsfreien Zeit und innerhalb der Zulassungsfristen ist unzulässig. Die Wahltage sind nach Anhörung der Österreichischen Hochschülerinnen- und Hochschülerschaft, der Hochschülerinnen- und

Hochschülerschaften und der Hochschulvertretungen an Bildungseinrichtungen, an denen keine Hochschülerinnen- und Hochschülerschaft eingerichtet ist von der Bundesministerin oder dem Bundesminister durch Verordnung festzulegen.

(3) Der Wahlwiederholung liegen die zur aufgehobenen Wahl zugelassenen Wahlvorschläge zugrunde, soweit diese nicht vor der Wahl zurückgezogen werden. Die Einbringung und Zulassung von neuen Wahlvorschlägen auch neuer wahlwerbender Gruppen ist zulässig. Der von der jeweiligen wahlwerbenden Gruppe bei den aufgehobenen Wahlen eingebrachte Wahlvorschlag gilt als zurückgezogen, wenn der neue Wahlvorschlag von der Wahlkommission bzw. Unterwahlkommission zugelassen wird.

(4) Wird die Entscheidung über die Aufhebung der Wahl erst im letzten Viertel der Funktionsperiode rechtskräftig, entfällt die Wahlwiederholung und die Organe bzw. die Hochschulvertretungen und die Studienvertretungen haben ihre Funktion bis zum Ablauf der Funktionsperiode weiter auszuüben.

(5) Diese Bestimmungen gelten auch für die Kandidaturen für Wahlen der Studienvertretungen.

Erläuterungen zur Novelle (BGBl. I Nr. 97/2016):

Ausgeschlossen wird, dass bei einer Wahlwiederholung eine Stimmabgabe durch Briefwahl möglich ist. Dies begründet sich darin, dass eine etwaige Wahlwiederholung grundsätzlich binnen 60 Tagen ab Rechtskraft der Entscheidung durchzuführen ist und aufgrund der knapp bemessenen Fristigkeiten die Organisation einer Briefwahl faktisch nicht durchführbar wäre. Der neue Absatz 1a normiert, dass im Falle einer Wahlwiederholung die zuständige Wahlkommission oder Unterwahlkommission zu beschließen hat, ob das elektronische Wahladministrationssystem für die Durchführung der Wahlwiederholung erforderlich ist. Ist zum Beispiel die Wahl einer Hochschulvertretung an einer Bildungseinrichtung zu wiederholen und existiert nur eine Unterkommission, könnte auf die Verwendung des elektronischen Wahladministrationssystems verzichtet werden, da die Kontrolle des gleichen Wahlrechtes durch das papierene Wählerinnen- und Wählerverzeichnis erfolgen könnte.

Anmerkungen:

Für den Fall der Erforderlichkeit der Wahlwiederholung ist diese innerhalb von 60 Tagen nach der Rechtskraft der Entscheidung zu wiederholen. In diese 60 Tage sind lehrveranstaltungsfreie Zeiten und die Zulassungsfristen (inklusive der Nachfrist an Universitäten) nicht einzurechnen. Wird die Entscheidung über die Aufhebung der Wahl erst im letzten Viertel der Funktionsperiode rechtskräftig, entfällt die Wahlwiederholung und die Organe bzw. die Hochschulvertretungen und die Studienvertretungen haben ihre Funktion bis zum Ablauf der Funktionsperiode weiter auszuüben. Somit ergibt sich für die Möglichkeit der Wiederholung der Wahl der Bundesvertretung ein relativ enger Zeitraum, da an keiner der über 70 Bildungseinrichtungen lehrveranstaltungsfreie Zeiten oder Zulassungsfristen (inklusive der Nachfrist bei Universitäten) sein dürfen.

Konstituierung der Bundesvertretung, der Hochschulvertretungen und der Studienvertretungen

§ 59. (1) Die oder der Vorsitzende der Wahlkommission bzw. der Unterwahlkommission hat ehestmöglich nach der Verlautbarung des Wahlergebnisses zur konstituierenden Sitzung des jeweiligen Organs bzw. der betreffenden Hochschulvertretung oder Studienvertretung einzuladen.

(2) Die Mandatarinnen und Mandatare mit Ausnahme jener der Studienvertretungen können sich bei Sitzungen nur durch Ersatzpersonen (§ 53 Abs. 1) vertreten lassen. Die Mandatarinnen und Mandatare haben ihre ständigen Ersatzpersonen in der konstituierenden Sitzung oder in der ersten Sitzung nach einer späteren Mandatszuweisung bekanntzugeben. Die spätere Bekanntgabe einer anderen ständigen Ersatzperson ist zulässig.

(3) Ist die bekanntgegebene ständige Ersatzperson verhindert oder hat die Mandatarin oder der Mandatar keine ständige Ersatzperson bekanntgegeben, so kann sie oder er sich durch eine andere Ersatzperson, die dem jeweiligen Wahlvorschlag zu entnehmen ist, vertreten lassen. In der konstituierenden Sitzung ist nur eine Vertretung durch eine Ersatzperson gemäß § 53 Abs. 1 zulässig. Die Vertretungsbefugnis ist durch eine gerichtlich, notariell oder durch die Vorsitzende oder den Vorsitzenden einer Wahlkommission bzw. Unterwahlkommission beglaubigte Vollmacht nachzuweisen.

Erläuterungen zur Novelle (BGBl. I Nr. 97/2016):

Es erfolgt eine legistische Klarstellung bezüglich Ersatzpersonen und ständigen Ersatzpersonen. Klargestellt wird, dass in der konstituierenden Sitzung nur eine Vertretung durch eine Ersatzperson gemäß § 53 Abs. 1 (Die auf Grund der Wahlen auf eine wahlwerbende Gruppe entfallenden Mandate sind den Bewerberinnen und Bewerbern in der Reihenfolge des Wahlvorschlages zuzuweisen. Die auf diesem Wahlvorschlag enthaltenen nicht gewählten Personen sind Ersatzpersonen.) zulässig ist.

Anmerkungen:

Die oder der Vorsitzende der zuständigen Wahlkommission hat zur konstituierenden Sitzung des jeweiligen Organs bzw. der betreffenden Hochschulvertretung oder Studienvertretung einzuladen und diese Sitzung bis zur Wahl der oder des Vorsitzenden und der Stellvertreterinnen und Stellvertreter des jeweiligen Organs bzw. der betreffenden Hochschulvertretung oder Studienvertretung zu leiten.

Rechtsauskunft BMWFW:
Mandatare können an der konstituierenden Sitzung der Hochschulvertretung auch über Videokonferenz teilnehmen, wenn die Wahlkommission einen entsprechenden Beschluss fasst (siehe: GZ: BMWFW-52.514/0013-WF/IV/6b/2015).

Rechtsauskunft BMWFW:
Aus § 59 Abs. 2 leg. cit. ergibt sich, dass sich Mandatarinnen und Mandatare bei Sitzungen nur durch Ersatzpersonen vertreten lassen können. Kann eine Mandatarin oder ein Mandatar nicht an einer Sitzung teilnehmen (ein Grund dafür kann auch durch längere Ortsabwesenheit gegeben sein) kann diese durch die bekanntgegebene Ersatzperson vertreten werden. Ist diese Ersatzperson verhindert oder wurde eine solche Ersatzperson nicht bekannt gegeben, kann sie oder er sich nur durch eine andere Ersatzperson, die dem jeweiligen Wahlvorschlag zu entnehmen ist, vertreten lassen, wobei die Vertretungsbefugnis durch eine gerichtlich, notariell oder durch die Vorsitzende oder den Vorsitzenden einer Wahlkommission bzw. Unterwahlkommission beglaubigte Vollmacht nachzuweisen ist.

Kann eine Mandatarin oder ein Mandatar seine Funktion (länger) nicht ausüben ist für diese Zeitspanne auch ein befristeter Verzicht auf das Mandat gemäß § 55 Abs. 4 leg. cit. möglich.

Befindet sich die Mandatarin oder der Mandatar für längere Zeit nicht vor Ort und nimmt daher nicht an den Sitzungen der Hochschulvertretung teil, kann davon ausgegangen werden, dass sie oder er durch ihre oder seine Ersatzperson vertreten wird, wenn eine solche in der konstituierenden Sitzung oder in der ersten Sitzung nach einer späteren Mandatszuweisung bekanntgegeben worden ist. Damit ist auch das Recht verbunden, Anträge für die bevorstehenden Sitzungen zu stellen (siehe: GZ: BMWFW-52.500/0037-WF/IV/6/2015).

Rechtsauskunft BMWFW:
Das Hochschülerinnen- und Hochschülerschaftsgesetz 2014 (HSG 2014) sieht keine Bestimmung vor, welche anordnet, dass erfolgte Stimmübertragungen archiviert werden müssen. Daher wäre zu überprüfen, ob in der Satzung Bezug habende Regelungen existieren. Existieren auch in der Satzung keine solchen Regelungen, ist es dennoch empfehlenswert, solche erfolgten Stimmübertragungen aufzuheben und beispielsweise dem Protokoll über die getätigte Sitzung beizufügen (siehe: GZ: BMWFW-52.500/0019-WF/IV/6b/2016).

Hochschülerinnen- und Hochschülerschaftswahlordnung

§ 60. (1) Die Bundesministerin oder der Bundesminister hat nähere Bestimmungen hinsichtlich der Durchführung der Wahlen (Präsenz- und Briefwahlen) durch Verordnung (Hochschülerinnen- und Hochschülerschaftswahlordnung) zu erlassen. Diese Verordnung hat insbesondere Bestimmungen über die Entscheidungsfindung in den Wahlkommissionen

bzw. Unterwahlkommissionen und Unterkommissionen, die Zusammensetzung der Unterkommissionen, die Bekanntmachung der Wahltage, die Erfassung der Wahlberechtigten, die Einbringung und Zulassung von Wahlvorschlägen sowie die für die Zulassung von Wahlvorschlägen notwendigen Unterstützungserklärungen, die Durchführung der Wahl und die Ausübung des Wahlrechts, insbesondere auch Bestimmungen über die Durchführung der Briefwahl, die Funktionen des Wahladministrationssystems sowie die Beurkundung und Feststellung des Wahlergebnisses zu enthalten.

(2) Die Bundesministerin oder der Bundesminister hat die jeweiligen Pflichten der Rektorinnen und Rektoren der Universitäten bzw. der Pädagogischen Hochschulen bzw. der Leiterinnen und Leiter der Privatuniversitäten bzw. der Vertreterinnen und Vertreter des Erhalters von Fachhochschul-Studiengängen zur Mitwirkung an der Durchführung der Wahl durch Verordnung festzulegen.

Erläuterungen zur Novelle (BGBl. I Nr. 97/2016):

In die Verordnungsermächtigung zur Erlassung der Hochschülerinnen- und Hochschülerschaftswahlordnung wird aufgenommen, dass in dieser auch Regelungen über die Entscheidungsfindung in den Unterkommissionen und bezüglich ihrer Zusammensetzung getroffen werden können.

Anmerkungen:

Die Hochschülerinnen- und Hochschülerschaftswahlordnung 2014 wurde mit BGBl. II Nr. 376 am 23. Dezember 2014 verlautbart und ist rückwirkend mit 1. Oktober 2014 in Kraft getreten. 2017 wurde diese geändert und die Änderung mit BGBl. II Nr. 48/2017 am 13. Februar 2017 verlautbart.

2. Abschnitt

Direkte Mitbestimmung der Mitglieder

Antragsrecht

§ 61. (1) Ein Antrag kann von mindestens 5 vH oder von mindestens 200 Wahlberechtigten eines Organs bzw. einer Hochschulvertretung oder einer Studienvertretung eingebracht werden. Der Antrag muss in den Aufgabenbereich des Organs bzw. der Hochschulvertretung oder der Studienvertretung fallen.

(2) Diese Anträge sind spätestens eine Woche vor der Sitzung des jeweiligen Organs bzw. der jeweiligen Hochschulvertretung oder der jeweiligen Studienvertretung der oder dem Vorsitzenden zu übermitteln. Nach dieser Frist eingelangte Anträge sind bis zur nächsten Sitzung des betreffenden Organs bzw. der jeweiligen Hochschulvertretung oder der jeweiligen Studienvertretung zurückzustellen.

(3) Vertreterin oder Vertreter eines Antrages ist dessen Erstunterzeichnerin oder Erstunterzeichner. Diese oder dieser ist berechtigt, den Antrag in der Sitzung des jeweiligen Organs bzw. der jeweiligen Hochschulvertretung oder der jeweiligen Studienvertretung mündlich zu vertreten.

Anmerkungen:
Durch das Antragsrecht ist gewährleistet, dass auch Nichtmandatarinnen und Nichtmandatare berechtigt sind, Anträge, die in den jeweiligen Aufgabenbereich des Organs fallen, einzubringen. In der nächstfolgenden Sitzung sind diese Anträge zu behandeln und somit über diese Anträge abzustimmen. Dieses Instrument ermöglicht den Studierenden eine direkte Mitwirkung an der Willensbildung des entsprechenden Organs.

Urabstimmung

§ 62. (1) Die Bundesvertretung und die Hochschulvertretungen können für ihren jeweiligen Aufgabenbereich mit Zweidrittelmehrheit beschließen, dass Urabstimmungen abzuhalten sind.

(2) Das Ergebnis einer Urabstimmung ist für die jeweiligen Organe bzw. die betreffenden Hochschulvertretungen bindend, wenn das Ausmaß der Beteiligung an der Urabstimmung mindestens zwei Drittel des Ausmaßes der Beteiligung bei der letzten Wahl des jeweiligen Organs bzw. der betreffenden Hochschulvertretung erreicht.

(3) Ergebnisse von Urabstimmungen gelten grundsätzlich bis zu ihrer Aufhebung oder Abänderung durch eine weitere Urabstimmung. Das betreffende Organ bzw. die betreffende Hochschulvertretung kann Ergebnisse von Urabstimmungen nur mit Zweidrittelmehrheit aufheben oder abändern.

(4) Die Form der Durchführung von Urabstimmungen ist in den Satzungen bzw. Geschäftsordnungen zu regeln.

(5) Die organisatorische Durchführung einer Urabstimmung hat von der zuständigen Wahlkommission bzw. Unterwahlkommission zu erfolgen, wenn sie gemeinsam mit einer Hochschülerinnen- und Hochschülerschaftswahl stattfindet.

Anmerkungen:
Um die Studierenden direkt an der Willensbildung teilhaben zu lassen und somit eine breite Partizipation zu gewährleisten, können die Bundesvertretung und die Hochschulvertretungen Urabstimmungen für ihren jeweiligen Zuständigkeitsbereich abhalten. Das Ergebnis einer derartigen Urabstimmung ist dann bindend, wenn das Ausmaß der Beteiligung mindestens zwei Drittel des Ausmaßes der Beteiligung bei der letzten Wahl des jeweiligen Organs bzw. der betreffenden Hochschulvertretung erreicht hat. In welcher Form Urabstimmungen durchgeführt werden, ist in den jeweiligen Satzungen bzw. Geschäftsordnungen zu

regeln. Für die organisatorische Durchführung ist die jeweilige Wahlkommission nur dann zuständig, wenn die Urabstimmung gemeinsam mit der Hochschülerinnen- und Hochschülerschaftswahl stattfindet. Andernfalls hat das jeweilige Organ die Urabstimmung selbst zu organisieren und durchzuführen.

5. Hauptstück

Aufsicht und Kontrolle

Aufsicht

§ 63. (1) Die Österreichische Hochschülerinnen- und Hochschülerschaft und die Hochschülerinnen- und Hochschülerschaften an den Bildungseinrichtungen sowie die Hochschulvertretungen und die Studienvertretungen der Studierenden an Bildungseinrichtungen, an denen keine Hochschülerinnen- und Hochschülerschaft eingerichtet ist, unterstehen der Aufsicht der Bundesministerin oder des Bundesministers. Die Bundesvertretung, die Hochschulvertretungen und die Wahlkommissionen bzw. Unterwahlkommissionen haben die Protokolle über die von ihnen gefassten Beschlüsse binnen zwei Wochen nach Beschlussfassung der Bundesministerin oder dem Bundesminister, alle anderen Organe der Rektorin oder dem Rektor der Universität oder der Pädagogischen Hochschule oder der Leiterin oder dem Leiter der Privatuniversität oder der Vertreterin oder dem Vertreter des Erhalters eines Fachhochschul-Studienganges unaufgefordert vorzulegen.

(2) Zur Überprüfung der Rechtmäßigkeit der Beschlüsse sind allenfalls notwendige Auskünfte zu erteilen und Überprüfungen an Ort und Stelle zuzulassen. Stellt die Rektorin oder der Rektor der Universität oder der Pädagogischen Hochschule oder die Leiterin oder der Leiter der Privatuniversität oder die Vertreterin oder der Vertreter des Erhalters eines Fachhochschul-Studienganges dabei die Rechtswidrigkeit von Beschlüssen im Sinne des Abs. 3 fest, hat sie oder er die Bundesministerin oder den Bundesminister zu informieren.

(3) Die Bundesministerin oder der Bundesminister hat in Ausübung ihres oder seines Aufsichtsrechts durch Bescheid den Beschluss eines Organs bzw. einer Hochschulvertretung oder Studienvertretung und die Wahl oder Abwahl der oder des Vorsitzenden und der Stellvertreterinnen und Stellvertreter aufzuheben, wenn der Beschluss oder die Wahl

1. **von einem unzuständigen Organ bzw. einer unzuständigen Hochschulvertretung oder unzuständigen Studienvertretung stammt oder**
2. **unter erheblicher Verletzung von Verfahrensvorschriften zustande gekommen ist oder**

3. im Widerspruch zu geltenden Gesetzen oder Verordnungen steht oder
4. der Beschluss wegen seiner finanziellen Auswirkungen nicht durchführbar ist.

Im Bescheid ist den Organen bzw. einer Hochschulvertretung oder Studienvertretung aufzutragen, den der Rechtsanschauung der Bundesministerin oder des Bundesministers entsprechenden Rechtszustand mit den rechtlich zu Gebote stehenden Mitteln unverzüglich herzustellen.

(4) Die Bundesministerin oder der Bundesminister hat in Ausübung ihres oder seines Aufsichtsrechtes durch Bescheid die Rechtswidrigkeit der Handlung einer oder eines Vorsitzenden oder einer Stellvertreterin oder eines Stellvertreters festzustellen, wenn die oder der Vorsitzende oder die Stellvertreterin oder der Stellvertreter in Ausübung ihrer oder seiner Funktion eine Handlung vorgenommen oder unterlassen hat, die im Widerspruch zu geltenden Gesetzen oder Verordnungen steht.

(5) Die oder der Vorsitzende oder die Stellvertreterin oder der Stellvertreter sind im Fall des Abs. 4 verpflichtet, den der Rechtsanschauung der Bundesministerin oder des Bundesministers entsprechenden Rechtszustand unverzüglich herzustellen.

(6) Das rechtswidrige Handeln einer oder eines Vorsitzenden oder einer Stellvertreterin oder eines Stellvertreters gemäß Abs. 4 ist eine Verwaltungsübertretung, die mit Geldstrafe von 300 Euro bis 3 000 Euro, im Falle der Uneinbringlichkeit mit Ersatzfreiheitsstrafe bis zu zwei Wochen zu bestrafen ist, wenn die Tat nicht den Tatbestand einer in die Zuständigkeit der Gerichte fallenden strafbaren Handlung bildet oder nach anderen Verwaltungsstrafbestimmungen mit strengerer Strafe bedroht ist.

(7) Kommt eine Organwalterin oder ein Organwalter bzw. eine Angehörige oder ein Angehöriger einer Hochschulvertretung oder Studienvertretung schuldhaft ihrer bzw. seiner gesetzlichen Informationspflicht gemäß § 40 Abs. 2 oder 3 gegenüber der Kontrollkommission trotz mindestens zweimaliger schriftlicher Aufforderung durch die Kontrollkommission nicht nach, so kann diese oder dieser auf Antrag der Kontrollkommission durch aufsichtsbehördlichen Bescheid ihrer oder seiner Funktion enthoben werden. Diese Personen können ihrer Funktion auch enthoben werden, wenn sie oder er schuldhaft der im aufsichtsbehördlichen Verfahren festgestellten Rechtsansicht der Bundesministerin oder des Bundesministers nicht unverzüglich entsprechen (Abs. 3). In wirtschaftlichen und haushaltsrechtlichen Belangen ist überdies im aufsichtsbehördlichen Verfahren die Kontrollkommission anzuhören.

(8) Die Bundesministerin oder der Bundesminister hat mit Verordnung Verordnungen aufzuheben, wenn die betreffende Verordnung in Widerspruch zu geltenden Gesetzen oder Verordnungen steht.

(9) Ab der formellen Einleitung eines aufsichtsbehördlichen Verfahrens durch die Bundesministerin oder den Bundesminister kann die Bundesministerin oder der Bundesminister durch Bescheid die Durchführung der diesem Verfahren zu Grunde liegenden Beschlüsse für jeweils ein Monat untersagen, wobei die Verhältnismäßigkeit dieser Maßnahme im Bescheid zu begründen ist. Die mehrmalige Untersagung ist bis zur Gesamtdauer von sechs Monaten zulässig.

(10) Die Bundesministerin oder der Bundesminister hat das rechtswidrige Unterbleiben einer Wahl durch Bescheid festzustellen und die Durchführung dieser Wahl innerhalb von 60 Tagen anzuordnen, wobei § 58 sinngemäß anzuwenden ist. Einer Beschwerde kommt keine aufschiebende Wirkung zu.

Erläuterungen zur Regierungsvorlage:

Das Aufsichtsrecht wurde dahingehend erweitert, dass zukünftig durch eine Verordnung der Bundesministerin oder des Bundesministers Verordnungen (vom Begriff Verordnungen sind auch Satzungen erfasst) aufzuheben sind, wenn diese in Widerspruch zu geltenden Gesetzen und Verordnungen stehen. Ab der formellen Einleitung eines Aufsichtsverfahrens kann die Bundesministerin oder der Bundesminister durch Bescheid die Durchführung der diesem Verfahren zu Grunde liegenden Beschlüsse für jeweils ein Monat untersagen. Eine wiederholte Untersagung ist bis zur Gesamtdauer von sechs Monaten zulässig. Entsprechende Bescheide sind zu begründen. Verstößt eine Organwalterin oder ein Organwalter bzw. eine Angehörige oder ein Angehöriger einer Hochschulvertretung oder einer Studienvertretung schuldhaft gegen die Informationspflicht gegenüber der Kontrollkommission, kann diese bzw. dieser ihres bzw. seines Amtes enthoben werden. Solch ein Verfahren kann erst nach Verstreichen der in der zweiten schriftlichen Aufforderung durch die Kontrollkommission festgelegten Frist und aufgrund eines entsprechenden schriftlichen Antrags der Kontrollkommission an die Bundesministerin oder den Bundesminister eingeleitet werden. Auch kann ein solches Verfahren durch die Bundesministerin oder den Bundesminister eingeleitet werden, wenn eine Organwalterin oder ein Organwalter bzw. eine Angehörige oder ein Angehöriger einer Hochschulvertretung oder einer Studienvertretung schuldhaft und nicht unverzüglich der im aufsichtsbehördlichen Verfahren festgestellten Rechtsansicht der Bundesministerin oder des Bundesministers entspricht. In wirtschaftlichen und haushaltsrechtlichen Belangen ist überdies im aufsichtsbehördlichen Verfahren die Kontrollkommission anzuhören.

Erläuterungen zur Novelle (BGBl. I Nr. 97/2016):

Die Bundesministerin oder der Bundesminister hat gemäß dieser Bestimmung das rechtswidrige Unterbleiben einer Wahl durch Bescheid festzustellen und die Durchführung dieser Wahl innerhalb von 60 Tagen anzuordnen, wobei § 58 sinngemäß anzuwenden ist. Einer Beschwerde kommt keine aufschiebende

Wirkung zu. Durch diese Regelung soll auch in jenen Fällen eine „Wahlwiederholung" (besser: „eine nicht durchgeführte Wahl") angeordnet werden können, bei denen das Rechtsschutzinstrument eines Einspruches gemäß §§ 56 oder 57 nicht zum Tragen kommt.

Anmerkungen:
Da es sich bei der ÖH und den HS um Körperschaften öffentlichen Rechts und somit um Selbstverwaltungskörperschaften handelt, obliegen diese aus verfassungsgesetzlichen Grundsätzen (Art. 20 Abs. 1 B-VG) der Aufsicht des zuständigen obersten Organs (Bundesministerin oder Bundesminister). Andererseits ist durch die Rechtskonstruktion einer Selbstverwaltungskörperschaft gewährleistet, dass seitens des obersten Organs keine Weisungen erteilt werden können.

Aus dem Normenzusammenhang des HSG 2014 ergibt sich, dass gegen Bescheide der Bundesministerin oder des Bundesministers im aufsichtsbehördlichen Verfahren die Erhebung einer Beschwerde nur an das Bundesverwaltungsgericht möglich ist.

Absatz 6 sieht eine Verwaltungsstrafbestimmung vor, die das durch die Bundesministerin oder den Bundesminister festgestellte rechtswidrige Handeln einer oder eines Vorsitzenden oder einer Stellvertreterin oder eines Stellvertreters durch die Bezirksverwaltungsbehörde ahndet. Darunter ist auch die Verletzung der Übermittlungspflicht der Tätigkeitsberichte gemäß § 22 zu subsumieren. Die Bundesministerin oder der Bundesminister kann in einem aufsichtsbehördlichen Verfahren nur feststellen, ob eine Handlung oder ein Unterlassen einer Handlung rechtswidrig war. Ist ein solcher Bescheid rechtskräftig geworden, hat die Bundesministerin oder der Bundesminister diesen an die zuständige Bezirksverwaltungsbehörde weiterzuleiten. Diese hat sodann ein Verwaltungsstrafverfahren einzuleiten und eine Geldstrafe zu verhängen.

Wenn die Tat unter den Tatbestand einer in die Zuständigkeit der Gerichte fallenden strafbaren Handlung fällt oder nach anderen Verwaltungsstrafbestimmungen mit strengerer Strafe bedroht ist, sind diese Bestimmungen anzuwenden.

Die Bestimmung des Absatz 8 nach welcher „die Bundesministerin oder der Bundesminister mit Verordnung Verordnungen aufzuheben hat, wenn die betreffende Verordnung in Widerspruch zu geltenden Gesetzen oder Verordnungen steht", ist so zu interpretieren, dass auch einzelne Bestimmungen einer gesetzwidrigen Verordnung aufhebbar sind. Dies ist deswegen möglich und zweckmäßig, weil ansonsten auch gesetzeskonforme Verordnungsbestimmungen aufgehoben werden würden, was von den aufsichtsrechtlichen Kompetenzen der Bundesministerin oder des Bundesministers nicht umfasst ist.

Kontrollkommission

§ 64. (1) Zur Überprüfung der Gebarung der Österreichischen Hochschülerinnen- und Hochschülerschaft, der Hochschülerinnen- und Hochschülerschaften und der Hochschulvertretungen und der Studienvertretungen der Studierenden an Bildungseinrichtungen, an denen keine Hochschülerinnen- und Hochschülerschaft eingerichtet ist, und ihrer Wirtschaftsbetriebe sowie zur Beratung der Bundesministerin oder des Bundesministers ist eine Kontrollkommission eingerichtet, die aus vierzehn Mitgliedern besteht.

(2) Die Mitglieder der Kontrollkommission sind jeweils für die Dauer einer Funktionsperiode von vier Jahren zu bestellen. Die Wiederbestellung ist zulässig.

(3) Die Kontrollkommission setzt sich zusammen aus:

1. **vier von der Bundesministerin oder dem Bundesminister zu entsendenden Vertreterinnen oder Vertretern,**
2. **einer oder einem von der Bundesministerin oder dem Bundesminister für Bildung und Frauen zu entsendenden Vertreterin oder Vertreter,**
3. **zwei von der Bundesministerin oder dem Bundesminister für Finanzen zu entsendenden Vertreterinnen oder Vertretern der Finanzprokuratur,**
4. **drei von der Bundesvertretung der Studierenden durch Beschluss zu entsendenden Vertreterinnen oder Vertretern,**
5. **je einer oder einem von den einzelnen Vorsitzendenkonferenzen der Hochschulvertretungen durch Beschluss zu entsendenden Vertreterin oder Vertreter.**

(4) Die oder der amtierende Vorsitzende der Österreichischen Hochschülerinnen- und Hochschülerschaft und deren amtierende Stellvertreterin oder dessen amtierender Stellvertreter, die amtierenden Vorsitzenden der Hochschülerinnen- und Hochschülerschaften an den Bildungseinrichtungen und deren amtierende Stellvertreterinnen und Stellvertreter sowie die amtierenden Referentinnen und Referenten dürfen der Kontrollkommission nicht angehören. Dies gilt auch, wenn sie eine dieser Funktionen in den zwei dem Beginn der jeweiligen Funktionsperiode unmittelbar vorangehenden Jahren ausgeübt haben.

(5) Die Bundesministerin oder der Bundesminister hat aus dem Kreise der von ihr oder ihm entsendeten Vertreterinnen und Vertreter für die Dauer einer Funktionsperiode die Vorsitzende oder den Vorsitzenden und die Stellvertreterinnen oder Stellvertreter zu bestellen. Die Wiederbestellung ist zulässig.

(6) Die Bundesministerin oder der Bundesminister hat der Kontrollkommission den für die Durchführung ihrer Aufgaben notwendigen Verwaltungsaufwand, inklusive der Personal- und Sachaufwendungen, zur Verfügung zu stellen.

(7) Die Kosten für die Erfüllung zusätzlicher Prüfungsaufträge hat grundsätzlich die Bundesministerin oder der Bundesminister zu tragen. Hat die Österreichische Hochschülerinnen- und Hochschülerschaft oder eine Hochschülerinnen- und Hochschülerschaft an einer Bildungseinrichtung einen oder mehrere zusätzliche Prüfungsaufträge verschuldet, so hat sie selbst die dadurch entstehenden Kosten zu tragen, wenn dabei erhebliche Mängel festgestellt wurden.

(8) Den vom Bund entsandten Vertreterinnen oder Vertretern gebührt eine Aufwandsentschädigung, die von der Bundesministerin oder dem Bundesminister festzusetzen ist.

Erläuterungen zur Regierungsvorlage:
Durch die vorliegende Regierungsvorlage wird klargestellt, dass es sich bei der Kontrollkommission um einen Beirat der Bundesministerin oder des Bundesministers – und somit um keine Behörde – handelt, welcher die ihm übertragenen Aufgaben wahrnimmt und bei Feststellung und Missachtung der gesetzlichen Vorschriften, die Bundesministerin oder den Bundesminister und gegebenenfalls die Bundesvertretung oder die betreffende Hochschulvertretung zu informieren hat. Durch die Angleichung der Vertretungsstrukturen der Studierenden an den verschiedenen Bildungseinrichtungen bzw. die Einbeziehung der Studierenden an den Privatuniversitäten wird der Wirkungsbereich der Kontrollkommission ausgeweitet. Der dadurch entstehenden Mehrbelastung der Kontrollkommission wird einerseits durch eine Anhebung der Zahl ihrer Mitglieder von zurzeit neun auf zukünftig 14 und andererseits durch die Zurverfügungstellung der für die Ausübung der Aufgaben notwendigen Verwaltungsressourcen durch die Bundesministerin bzw. den Bundesminister entgegengetreten. Den vom Bund entsandten Vertreterinnen und Vertretern gebührt eine Aufwandsentschädigung, die von der Bundesministerin oder dem Bundesminister festzulegen ist.

Anmerkungen:
Der Kontrollkommission obliegt die Überprüfung der Gebarung auf Rechtmäßigkeit, Zweckmäßigkeit, Sparsamkeit und Wirtschaftlichkeit der ÖH, der HS und der Hochschulvertretungen und der Studienvertretungen der Studierenden an Bildungseinrichtungen, an denen keine HS eingerichtet ist, und ihrer Wirtschaftsbetriebe. Zu ihrem Aufgabenbereich gehört auch die Beratung der Bundesministerin oder des Bundesministers, die oder der ihre Expertise insbesondere in jenen aufsichtsbehördlichen Verfahren in Anspruch nehmen wird, welche einen wirtschaftlichen Bezug aufweisen.

Die Kontrollkommission besteht aus 14 Mitgliedern und fällt ihre Entscheidungen mit einfacher Stimmenmehrheit. Bei Stimmengleichheit entscheidet die

Stimme der oder des Vorsitzenden. Ist die oder der Vorsitzende verhindert, wird diese oder dieser von der Stellvertreterin oder dem Stellvertreter vertreten.

Die Bestellung der Mitglieder erfolgt durch die Bundesministerin oder den Bundesminister für Wissenschaft, Forschung und Wirtschaft auf Vorschlag der entsendungsbefugten Organe. Eine mehrmalige Wiederbestellung ist zulässig.

Die Kontrollkommission setzt sich aus Vertreterinnen und Vertretern verschiedener Bundesministerien, der Finanzprokuratur und der Studierenden zusammen. Dadurch können Expertisen verschiedener Kompetenzbereiche erstellt und die Beiratsfunktion somit in entsprechender Breite ausgeübt werden.

Rechtsauskunft BMWFW:
Die Unvereinbarkeitsbestimmung in Absatz 4 ist nur auf Vorsitzende und deren Stellvertreterinnen und Stellvertreter der Österreichischen Hochschülerinnen- und Hochschülerschaft und der Hochschülerinnen- und Hochschülerschaften, welche als Körperschaften öffentlichen Rechts eingerichtet sind, anzuwenden. Daher ist eine Entsendung von (ehemaligen) Vorsitzenden und deren Stellvertreterinnen und Stellvertretern einer Hochschulvertretung an einer Bildungseinrichtung, an der keine Hochschülerinnen- und Hochschülerschaft als Körperschaft öffentlichen Rechts eingerichtet ist, in die Kontrollkommission durch die jeweilige Vorsitzendenkonferenz möglich (GZ: BMWFW-52.500/0026-WF/IV/6/2014).

Aufgaben der Kontrollkommission

§ 65. (1) Die Aufgaben der Kontrollkommission umfassen:

1. **laufende Überprüfung der finanziellen Gebarung und wirtschaftlichen Lage sowie der Einhaltung der Haushaltsvorschriften,**
2. **Beratung und Überprüfung bei dienst- und besoldungsrechtlichen Angelegenheiten sowie bei Angelegenheiten der finanziellen Gebarung,**
3. **Mitwirkung an der Schulung der Studierendenvertreterinnen und Studierendenvertreter,**
4. **Stellung von Anträgen zur Erlassung von Verordnungen der Bundesministerin oder des Bundesministers gemäß § 14 Abs. 5, § 37 Abs. 5, § 40 Abs. 5 und 6, § 41 Abs. 7 und § 42 Abs. 7.**

(2) Die Kontrollkommission hat das Recht, die in Erfüllung ihrer Aufgaben notwendigen Erhebungen anzustellen und Überprüfungen an Ort und Stelle vorzunehmen. Sie kann zur Erfüllung ihrer Aufgaben Wirtschaftstreuhänderinnen und Wirtschaftstreuhänder sowie andere Experten, insbesondere sachverständige Bedienstete des Bundes heranziehen.

(3) Bei Feststellung grober Mängel in der Erfüllung der gesetzlichen Pflichten betreffend die Haushaltsführung durch Studierendenvertreterin-

nen und Studierendenvertreter hat die Kontrollkommission unverzüglich die Bundesvertretung oder die betreffende Hochschulvertretung und die Bundesministerin oder den Bundesminister zu informieren.

(4) Die Kontrollkommission hat der Bundesministerin oder dem Bundesminister, der Österreichischen Hochschülerinnen- und Hochschülerschaft, den Hochschülerinnen- und Hochschülerschaften und den Hochschulvertretungen der Studierenden an Bildungseinrichtungen, an denen keine Hochschülerinnen- und Hochschülerschaft eingerichtet ist, jährlich einen schriftlichen Bericht über ihre Tätigkeit in elektronischer Form zu übermitteln.

(5) Die Beschlüsse der Kontrollkommission und der allenfalls eingerichteten Senate bedürfen der einfachen Mehrheit bei Anwesenheit von mindestens der Hälfte der Mitglieder. Bei Stimmengleichheit entscheidet die Stimme der oder des Vorsitzenden.

(6) Die Kontrollkommission hat eine Geschäftsordnung zu beschließen, in welcher die Einrichtung von Senaten zur selbstständigen und eigenverantwortlichen Geschäftsbehandlung vorgesehen werden kann. Die Geschäftsordnung bedarf der Genehmigung durch die Bundesministerin oder den Bundesminister.

(7) Die Geschäftsordnung der Kontrollkommission ist auf der Amtstafel und der Homepage des Bundesministeriums und der Homepage der Österreichischen Hochschülerinnen- und Hochschülerschaft zu veröffentlichen.

Erläuterungen zur Regierungsvorlage:

Es erfolgt eine Präzisierung der Aufgabenbereiche der Kontrollkommission, wobei unter die präzisierten Aufgabenbereiche die laufende Überprüfung der finanziellen Gebarung und der wirtschaftlichen Lage sowie die Einhaltung der Haushaltsvorschriften zu subsumieren ist. Die frühere Kompetenz, Richtlinien aufgrund des HSG 1998 zu erlassen, ist entfallen. Vielmehr wurde im HSG 2014 vorgesehen, diese Materien – aufgrund der besseren Rechtsschutzmöglichkeiten und der besseren Verlautbarungsmöglichkeiten (BGBl. II) – durch Verordnungen der Bundesministerin oder des Bundesministers zu regeln. Die Kontrollkommission hat in Zukunft Dienstverträge und Betriebsvereinbarungen nicht mehr im Einzelfall zu genehmigen, sondern die Bundesministerin oder der Bundesminister kann in den Verordnungen objektive Kriterien festlegen, nach welchen Dienstverträge und Betriebsvereinbarungen in Zukunft von der ÖH und den einzelnen Hochschülerinnen- und Hochschülerschaften abgeschlossen werden dürfen. Die Prüfung der Einhaltung der in den Verordnungen festgelegten Kriterien wird durch die Wirtschaftsprüferin oder den Wirtschaftsprüfer, sowie durch die Aufsichtsbehörde unter Mitwirkung der Kontrollkommission wahrgenommen. Durch die Erlassung von Verordnungen durch die Bundesministerin oder den Bundesminister und nicht mehr, wie bisher, von Richtlinien durch die Kon-

trollkommission, ist durch die zwingende Verlautbarung von diesen im BGBl. II eine erhöhte Publizität und ein verstärkter Rechtsschutz gegeben. Ein erhöhter Rechtsschutz wird dadurch bewirkt, dass bei einem Verstoß gegen Bestimmungen einer Verordnung die Aufsichtsbehörde angerufen bzw. diese von sich aus selbst tätig werden kann. Die von der Kontrollkommission erstellten Richtlinien sind bis zur Verlautbarung einer Verordnung für den jeweiligen Bereich weiterhin anzuwenden. Die Geschäftsordnung der Kontrollkommission bedarf der Genehmigung durch die zuständige Bundesministerin oder den zuständigen Bundesminister und ist auf der Amtstafel und der Homepage des Bundesministeriums und der Homepage der ÖH zu veröffentlichen. Durch Aufnahme von entsprechenden Bestimmungen in der Geschäftsordnung können Senate, mit der Befugnis der selbstständigen und eigenverantwortlichen Geschäftsbehandlung, eingerichtet werden.

Anmerkungen:

Mit 1. Jänner 2017 ist die Verordnung des Bundesministers für Wissenschaft, Forschung und Wirtschaft über Arbeitsverhältnisse zu Hochschülerinnen- und Hochschülerschaften – Hochschülerinnen- und Hochschülerschafts-Dienstvertragsverordnung (HS-DVV), BGBl. II Nr. 356/2016, in Kraft getreten. Seit diesem Zeitpunkt hat die Kontrollkommission Dienstverträge nicht mehr bescheidmäßig zu genehmigen. Nunmehr sind die im Wirtschaftsjahr abgeschlossenen Dienstverträge der Wirtschaftsprüferin oder dem Wirtschaftsprüfer zusammen mit dem Jahresabschluss zu übermitteln.

Die abgeschlossenen Dienstverträge und Betriebsvereinbarungen sind der Kontrollkommission nur, auf deren Verlangen, in elektronischer Form unverzüglich zu übermitteln. Bei Feststellung grober Mängel hat die Kontrollkommission die Bundesministerin oder der Bundesminister zu informieren.

Derzeit ist in der Geschäftsordnung der Kontrollkommission geregelt, dass zwei Senate mit folgenden Zuständigkeiten eingerichtet sind:

Senat 1: ÖH, HS an Universitäten, der Universität für Weiterbildung Krems und Privatuniversitäten und deren Wirtschaftsbetriebe.

Senat 2: HS an Pädagogischen Hochschulen und Fachhochschulen und deren Wirtschaftsbetriebe.

Rechnungshofkontrolle

§ 66. Die Gebarung der Österreichischen Hochschülerinnen- und Hochschülerschaft und der Hochschülerinnen- und Hochschülerschaften sowie ihrer Wirtschaftsbetriebe unterliegt der Prüfung durch den Rechnungshof.

Anmerkungen:
Gemäß Art. 121 Abs. 1 B-VG ist „Zur Überprüfung der Gebarung des Bundes, der Länder, der Gemeindeverbände, der Gemeinden und anderer durch Gesetz bestimmter Rechtsträger der Rechnungshof berufen. Durch die Bestimmung des § 66 wird daher dem Rechnungshof eine Prüfkompetenz eingeräumt.

„Prüfungsmaßstäbe des Rechnungshofes sind die gesetzlichen Grundsätze der Sparsamkeit, Wirtschaftlichkeit und Zweckmäßigkeit auf der Grundlage der Ordnungsmäßigkeit und Rechtmäßigkeit (Art. 126b Abs. 5 B-VG). Er überprüft, ob die Gebarung der staatlichen Stellen diesen Grundsätzen entspricht und erarbeitet Empfehlungen, wie die überprüfte Stelle ihre Ziele und Aufgaben sparsam, wirtschaftlich und zweckmäßig erfüllen kann.

Ausgangspunkt ist die rechnerische Richtigkeit der Gebarung. Die Prüfung auf Übereinstimmung mit bestehenden Vorschriften spricht das Legalitätsprinzip an (Art 18 Abs. 1 B-VG), das festlegt, dass die Verwaltung in Österreich nur aufgrund der Gesetze ausgeübt werden darf. Der Maßstab der Sparsamkeit bezieht sich auf die Ausgabenminimierung, das der Wirtschaftlichkeit auf das bestmögliche Verhältnis zwischen Aufwand und Ertrag. Die Zweckmäßigkeit bezieht sich auf die Optimierung der zu erfüllenden Aufgaben. Diese Maßstäbe stellen eine Einheit dar, sie beziehen sich auf die Ziel-Mittel-Relation, so dass der Rechnungshof eine umfassende Effizienzkontrolle des Verwaltungshandelns durchzuführen hat: Die verfügbaren Ressourcen sollen derart eingesetzt werden, dass – gemessen an den zu erreichenden Zielen – ein Höchstmaß an Nutzen geschaffen wird.

Aufgrund der Haushaltsreform werden zukünftig die neuen Grundsätze der Haushaltsführung – Wirkungsorientierung, Effizienz, Transparenz und „true and fair view" – als Maßstäbe für die Prüfungen des Rechnungshofes eine zentrale Rolle einnehmen."[2]

6. Hauptstück

Verfahrens-, Übergangs- und Schlussbestimmungen

Verfahrensbestimmungen

§ 67. (1) Jedes Mitglied ist berechtigt, gegen Beschlüsse der Bundesvertretung, der Hochschulvertretungen, der Organe gemäß § 15 Abs. 2 und der Studienvertretungen wegen behaupteter Rechtswidrigkeit Aufsichtsbeschwerde an die Bundesministerin oder den Bundesminister zu erheben. Die Bundesministerin oder der Bundesminister hat über eine Aufsichtsbeschwerde unverzüglich, längstens jedoch innerhalb von drei Monaten zu entscheiden.

---

2 Siehe: http://www.rechnungshof.gv.at/ueber-den-rh/pruefung/pruefungsmassstaebe.html

(2) Eine Aufsichtsbeschwerde ist jedenfalls bescheidmäßig zu erledigen, wenn diese von einem Sechstel der Mandatarinnen und Mandatare oder von fünf Mitgliedern des jeweiligen Organs bzw. von fünf Mitgliedern der Hochschulvertretung oder der Studienvertretung der Studierenden an Bildungseinrichtungen, an denen keine Hochschülerinnen- und Hochschülerschaft eingerichtet ist, unterzeichnet wurde. Die Einschreiterinnen und Einschreiter haben eine zustellungsbevollmächtigte Person zu benennen.

(3) Zur Erlassung von Bescheiden über die Rechte und Pflichten der Mitglieder, insbesondere über die Feststellung der Verpflichtung zur Leistung des Studierendenbeitrages einschließlich eines allfälligen Sonderbeitrages (§ 38 Abs. 1 Z 1), ist für Studierende die jeweilige Hochschulvertretung zuständig. Gegen derartige Bescheide kann binnen vier Wochen Beschwerde an das jeweilige Landesverwaltungsgericht erhoben werden. Zur Erlassung von Bescheiden über die Rechte und Pflichten der übrigen Mitglieder, insbesondere über die Feststellung der Verpflichtung zur Leistung des Studierendenbeitrages einschließlich eines allfälligen Sonderbeitrages (§ 38 Abs. 1 Z 1), ist für Studierende an Bildungseinrichtungen ohne eigene Hochschülerinnen- und Hochschülerschaft die Bundesvertretung zuständig.

(4) Gegen Bescheide der Wahlkommissionen über die Feststellung des Erlöschens von Mandaten kann binnen vier Wochen Beschwerde an das jeweilige Landesverwaltungsgericht erhoben werden.

(5) Auf die Verfahren gemäß Abs. 2 bis 4 sowie gemäß § 5 Abs. 3, § 13 Abs. 2 und § 24 Abs. 2 ist das Allgemeine Verwaltungsverfahrensgesetz 1991, BGBl. Nr. 51/1991, anzuwenden.

Erläuterungen zur Regierungsvorlage:

Eine von einem Sechstel der Mandatarinnen und Mandatare oder von fünf Mitgliedern des jeweiligen Organs oder einer Hochschulvertretung oder einer Studienvertretung unterzeichnete Aufsichtsbeschwerde ist von der Bundesministerin oder dem Bundesminister bescheidmäßig zu erledigen. In der Aufsichtsbeschwerde ist eine zustellungsbevollmächtigte Person zu benennen. Zur Erlassung von Bescheiden über die Rechte und Pflichten der Mitglieder, insbesondere über die Feststellung der Verpflichtung zur Leistung des Studierendenbeitrages einschließlich eines allfälligen Sonderbeitrages (§ 38 Abs. 1 Z 1), ist für Studierende die jeweilige Hochschulvertretung zuständig. Gegen derartige Bescheide kann binnen vier Wochen Beschwerde an das jeweilige Landesverwaltungsgericht erhoben werden. Die Beschwerdefrist an das jeweilige Landesverwaltungsgericht wurde auf vier Wochen angepasst.

Inkrafttreten

§ 68. (1) Dieses Bundesgesetz tritt mit 1. Oktober 2014 in Kraft.

(2) Die Verordnungen auf Grund dieses Bundesgesetzes dürfen bereits mit dem auf die Kundmachung dieses Bundesgesetzes folgenden Tag erlassen werden. Die Inkraftsetzung ist jedoch frühestens mit 1. Oktober 2014 zulässig.

Erläuterungen zur Regierungsvorlage:

Dieses Bundesgesetz tritt mit Ablauf des Tages der Kundmachung im Bundesgesetzblatt in Kraft. Gleichzeitig tritt das HSG 1998 mit Ausnahme der Bestimmung des § 58a außer Kraft.

Außerkrafttreten

§ 69. (1) Das Hochschülerinnen- und Hochschülerschaftsgesetz 1998, BGBl. Nr. 309/1998, tritt mit Ausnahme der § 20a Abs. 1 bis 6 und 8 und § 58a mit Ablauf des 30. September 2014 außer Kraft.

(2) § 20a Abs. 1 bis 6 und 8 des Hochschülerinnen- und Hochschülerschaftsgesetzes 1998, BGBl. Nr. 309, tritt mit Ablauf des 31. Dezember 2014 außer Kraft.

(3) Die Hochschülerschaftswahlordnung 2005, BGBl. II Nr. 91/2005, tritt mit Ablauf des 30. September 2014 außer Kraft.

(4) Wird in anderen Bundesgesetzen auf Bestimmungen verwiesen, an deren Stelle mit dem Inkrafttreten dieses Bundesgesetzes neue Bestimmungen wirksam werden, so sind diese Verweisungen auf die entsprechenden neuen Bestimmungen zu beziehen.

Übergangsbestimmungen

§ 70. (1) Die Funktionsperiode der zum Zeitpunkt des Inkrafttretens dieses Bundesgesetzes im Amt befindlichen Organe gemäß HSG 1998, BGBl. I Nr. 22/1999, zuletzt geändert durch BGBl. I Nr. 79/2013, endet mit 30. Juni 2015.

(2) Bis zum Ende der Funktionsperiode gemäß Abs. 1 haben die Organe mit Ausnahme der Wahlkommissionen die Bestimmungen des HSG 1998 anstelle der Bestimmungen dieses Bundesgesetzes weiterhin anzuwenden. Die Wahlkommissionen und Unterwahlkommissionen haben die Bestimmungen dieses Bundesgesetzes anzuwenden.

(3) Die Geschäftsordnungen und Satzungen der Bundesvertretung und der Universitätsvertretungen, die auf Grund des HSG 1998 beschlossen wurden, sind unter Maßgabe der in diesem Bundesgesetz geregelten Bestimmungen bis spätestens 31. Dezember 2015 anzupassen bzw. zu ergänzen.

(4) Die vor dem Inkrafttreten dieses Bundesgesetzes gemäß den §§ 34 bis 48 HSG 1998 eingerichteten Wahlkommissionen üben ihre Funktion als Wahlkommissionen weiterhin aus.

(5) Die erstmalige Bildung der Wahlkommissionen bzw. Unterwahlkommissionen gemäß § 50 an den Bildungseinrichtungen gemäß § 1 Abs. 1 Z 2 bis 5 hat bis längstens 31. Dezember 2014 zu erfolgen.

(6) Die Fachhochschul-Studienvertretung gemäß § 5 Abs. 1 FHStG und die Pädagogische Hochschulvertretung gemäß § 20a HSG 1998 haben in allen Wahlkommissionen bzw. Unterwahlkommissionen, die aufgrund dieses Bundesgesetzes erstmals für die Hochschülerinnen- und Hochschülerschaftswahl 2015 konstituiert werden, Vertreterinnen und Vertreter zu entsenden. Die Bundesvertretung hat in die Wahlkommissionen und Unterwahlkommissionen der Bildungseinrichtungen gemäß § 1 Abs. 1 Z 4 und 5 Vertreterinnen und Vertreter gemäß der Bestimmung des § 50 Abs. 2 Z 1 zu entsenden. Die auf Grund dieser Bestimmung entsandten Vertreterinnen und Vertreter scheiden spätestens mit Inkrafttreten dieses Bundesgesetzes aus ihrer Funktion aus.

(7) Die vor dem Inkrafttreten dieses Bundesgesetzes gemäß den §§ 52 und 53 HSG 1998 eingerichtete Kontrollkommission übt ihre Funktion als Kontrollkommission weiterhin aus und ist unverzüglich um die gemäß § 64 Abs. 3 zusätzlich vorgesehenen Mitglieder zu erweitern.

(8) Die Geschäftsordnung der Kontrollkommission gemäß § 53 Abs. 6 HSG 1998 gilt bis zur Genehmigung einer neuen Geschäftsordnung durch die Bundesministerin oder den Bundesminister. Die Richtlinien der Kontrollkommission gemäß § 53 Abs. 1 Z 4 bis 7 HSG 1998 gelten bis zur Erlassung der jeweils entsprechenden Verordnungen gemäß § 14 Abs. 5, § 37 Abs. 5, § 40 Abs. 5 und 6, § 41 Abs. 7 und § 42 Abs. 7 durch die Bundesministerin oder den Bundesminister.

(9) §§ 33 Abs. 8 und 53 Abs. 1 Z 8 HSG 1998 sind bis zum Inkrafttreten einer Verordnung gemäß § 42 Abs. 7 weiterhin anzuwenden.

(10) Die gemäß § 3 Abs. 2 eingerichteten Körperschaften haben ihre Organe unverzüglich nach Durchführung der Hochschülerinnen- und Hochschülerschaftswahl 2015 zu konstituieren. Sie haben ihre Tätigkeit mit 1. Juli 2015 aufzunehmen.

(11) Bis spätestens 31. Oktober 2015 hat die Wirtschaftsreferentin oder der Wirtschaftsreferent an den gemäß § 3 Abs. 2 eingerichteten Körperschaften, abweichend von § 40 Abs. 1, einen Jahresvoranschlag für die Zeit bis zum 30. Juni des folgenden Jahres zu erstellen und diesen der oder dem Vorsitzenden zur Gegenzeichnung vorzulegen.

(12) Die Funktionsperiode der gemäß § 20a HSG 1998 gewählten Studiengangsvertretungen und Pädagogischen Hochschulvertretungen endet mit 30. Juni 2015.

(13) Die Sozialversicherungsnummer oder das Ersatzkennzeichen gemäß § 43 Abs. 5 Z 4 einer oder eines Studierenden ist von der Rektorin oder dem Rektor der Universität oder der Pädagogischen Hochschule oder der Leiterin oder dem Leiter der Privatuniversität oder der Vertreterin oder dem Vertreter des Erhalters eines Fachhochschul-Studienganges nur dann zu übermitteln, sofern nicht für alle ordentlichen Mitglieder der Österreichischen Hochschülerinnen- und Hochschülerschaft das bereichsspezifische Personenkennzeichen BF gemäß § 43 Abs. 5 Z 11 vorhanden ist. Die Wahlkommission der Österreichischen Hochschülerinnen- und Hochschülerschaft hat bei Vorliegen des bereichsspezifischen Personenkennzeichens BF gemäß § 43 Abs. 5 Z 11 für alle ordentlichen Mitglieder der Österreichischen Hochschülerinnen- und Hochschülerschaft dies durch Beschluss festzustellen und der Rektorin oder dem Rektor der Universität oder der Pädagogischen Hochschule oder der Leiterin oder dem Leiter der Privatuniversität oder der Vertreterin oder dem Vertreter des Erhalters eines Fachhochschul-Studienganges mitzuteilen.

Erläuterungen zur Regierungsvorlage:
Die Funktionsperiode der aufgrund des HSG 1998 gewählten Organe endet mit 30. Juni 2015 und diese haben, mit Ausnahme der Wahlkommissionen, bis zu diesem Zeitpunkt die Bestimmungen des HSG 1998 weiterhin anzuwenden. Die Wahlkommissionen und Unterwahlkommissionen haben ab Inkrafttreten des Bundesgesetzes dessen Bestimmungen anzuwenden. Die aufgrund des HSG 1998 beschlossenen Satzungen der Bundesvertretung und der Universitätsvertretungen sind bis spätestens 31. Dezember 2015 an die Bestimmungen dieses Bundesgesetzes anzupassen. Die schon bisher bestehenden Wahlkommissionen üben ihre Funktion auch weiterhin aus. Die Bildung der aufgrund dieses Bundesgesetzes neu zu bildenden Wahlkommissionen und Unterwahlkommissionen hat bis spätestens 31. Dezember 2014 zu erfolgen. Die Fachhochschul-Studienvertretung gemäß § 5 Abs. 1 FHStG und die Pädagogische Hochschulvertretung gemäß § 20a HSG 1998 haben in alle Wahlkommissionen bzw. Unterwahlkommissionen, die aufgrund dieses Bundesgesetzes erstmals für die Hochschülerinnen- und Hochschülerschaftswahl 2015 konstituiert werden, Vertreterinnen und Vertreter zu entsenden. Die Bundesvertretung hat in die Wahlkommissionen und Unterwahlkommissionen der Bildungseinrichtungen gemäß § 1 Abs. 1 Z 4 und 5 Vertreterinnen und Vertreter gemäß der Bestimmung des § 50 Abs. 2 Z 1 zu entsenden. Die bereits bestehende Kontrollkommission übt ihre Funktion als Kontrollkommission weiterhin aus und ist unverzüglich um die gemäß § 64 Abs. 3 zusätzlich vorgesehenen Mitglieder zu erweitern. Daher gilt die Geschäftsordnung der Kontrollkommission bis zur Genehmigung einer neuen Geschäftsordnung durch die Bundesministerin oder den Bundesminister weiter. Die gemäß § 3 Abs. 2 eingerichteten Körperschaften haben ihre Organe unverzüglich nach Durchführung der Hochschülerinnen- und Hochschülerschaftswahl 2015 zu konstituieren. Sie haben ihre Tätigkeit mit 1. Juli 2015 aufzunehmen. Bis spätestens 31. Oktober 2015 hat die Wirtschaftsreferentin oder der Wirtschaftsreferent

an den gemäß § 3 Abs. 2 eingerichteten Körperschaften, abweichend von § 40 Abs. 1, einen Jahresvoranschlag für die Zeit bis zum 30. Juni des folgenden Jahres zu erstellen und diesen der oder dem Vorsitzenden zur Gegenzeichnung vorzulegen. Da § 20a Abs. 1 bis 6 und 8 HSG 1998 mit Ablauf des 31. Dezember 2014 außer Kraft tritt, sind bis zu diesem Zeitpunkt Wahlen gemäß § 20a HSG 1998 an Pädagogischen Hochschulen durchzuführen. Die Funktionsperiode der gemäß § 20a HSG 1998 an Pädagogischen Hochschulen gewählten Studiengangsvertretungen und Pädagogischen Hochschulvertretungen endet mit 30. Juni 2015, damit die Vertretung der Interessen der Studierenden – bis Vertretungen der Studierenden gemäß den Bestimmungen des HSG 2014 vorhanden sind – gewährleistet ist.

Erläuterungen zur Novelle (BGBl. I Nr. 97/2016):
Die Übergangsbestimmung des § 70 Abs. 6 hat für die ÖH-Wahlen 2015 vorgesehen, dass die Fachhochschul-Studienvertretung gemäß § 5 Abs. 1 FHStG und die Pädagogische Hochschulvertretung gemäß § 20a HSG 1998 in alle Wahlkommissionen bzw. Unterwahlkommissionen, die aufgrund dieses Bundesgesetzes erstmals für die Hochschülerinnen- und Hochschülerschaftswahl 2015 konstituiert werden, Vertreterinnen und Vertreter zu entsenden hatten. Die Bundesvertretung hatte in die Wahlkommissionen und Unterwahlkommissionen der Bildungseinrichtungen gemäß § 1 Abs. 1 Z 4 und 5 Vertreterinnen und Vertreter gemäß der Bestimmung des § 50 Abs. 2 Z 1 zu entsenden. Geregelt wird nunmehr, dass diese entsendeten Vertreterinnen und Vertreter spätestens mit Inkrafttreten dieses Bundesgesetzes aus ihrer Funktion ausscheiden.
Es wird normiert, dass bei Vorliegen der bereichsspezifischen Personenkennzeichen BF für alle Studierenden an allen Bildungseinrichtungen die Sozialversicherungsnummer bzw. das Ersatzkennzeichen von der Rektorin oder dem Rektor der Universität oder der Pädagogischen Hochschule oder der Leiterin oder dem Leiter der Privatuniversität oder der Vertreterin oder dem Vertreter des Erhalters eines Fachhochschul-Studienganges nicht mehr an die Wahlkommission der ÖH übermittelt werden darf. Ob diese Voraussetzung vorliegt, ist von der Wahlkommission der ÖH durch Beschluss festzustellen und den Bildungseinrichtungen bekannt zu geben. Siehe auch Erläuterungen zu § 43 Abs. 5.

Vollziehung

§ 71. Mit der Vollziehung dieses Bundesgesetzes ist

1. **hinsichtlich des § 64 Abs. 3 Z 2 die Bundesministerin oder der Bundesminister für Wissenschaft, Forschung und Wirtschaft im Einvernehmen mit der Bundesministerin oder dem Bundesminister für Bildung,**
2. **hinsichtlich des § 64 Abs. 3 Z 3 die Bundesministerin oder der Bundesminister für Wissenschaft, Forschung und Wirtschaft im Einvernehmen mit der Bundesministerin oder dem Bundesminister für Finanzen,**

3. im Übrigen die Bundesministerin oder der Bundesminister für Wissenschaft, Forschung und Wirtschaft betraut.

Erläuterungen zur Regierungsvorlage:

Formale Anpassung der Vollziehungsbestimmung aufgrund der Änderung des Bundesministeriengesetzes 1986, BGBl. Nr. 76/1986, zuletzt geändert durch BGBl. I Nr. 11/2014.

Verordnung des Bundesministers für Wissenschaft, Forschung und Wirtschaft über die Durchführung der Hochschülerinnen- und Hochschülerschaftswahlen (Hochschülerinnen- und Hochschülerschaftswahlordnung 2014 – HSWO 2014)

BGBl. II Nr. 346/2014

BGBl. II Nr. 48/2017

Auf Grund der § 43 Abs. 7, § 44 Abs. 2 und § 60 Abs. 1 und 2 des Hochschülerinnen- und Hochschülerschaftsgesetzes 2014 – HSG 2014, BGBl. I Nr. 45/2014, wird verordnet:

1. Abschnitt

Begriffsbestimmungen sowie Einrichtung und Aufgaben der Wahlkommissionen

Begriffsbestimmungen

§ 1. Im Sinne dieser Verordnung gelten als

1. **Wahlkommission: die Wahlkommission der Österreichischen Hochschülerinnen- und Hochschülerschaft, die Unterwahlkommissionen der Wahlkommission der Österreichischen Hochschülerinnen- und Hochschülerschaft an Bildungseinrichtungen, an denen keine Hochschülerinnen- und Hochschülerschaften eingerichtet ist, und die Wahlkommissionen der Hochschülerinnen- und Hochschülerschaften an den Bildungseinrichtungen;**
2. **Unterkommission: zur Unterstützung bei der Durchführung der Hochschülerinnen- und Hochschülerschaftswahlen können von den Wahlkommissionen Unterkommissionen eingerichtet werden;**
3. **Wahladministrationssystem: ein Hardware- und Softwaresystem zur Unterstützung der Wahlkommissionen bei der Wahrnehmung ihrer Aufgaben bei der durchzuführenden Wahl;**
4. **Hochschulvertretung: die Universitätsvertretungen, die Pädagogischen Hochschulvertretungen, die Fachhochschulvertretungen und die Privatuniversitätsvertretungen;**
5. **Bildungseinrichtung: die Universitäten gemäß § 6 des Universitätsgesetzes 2002 – UG, BGBl. I Nr. 120/2002, die Pädagogischen**

Hochschulen gemäß § 1 Abs. 1 und 2 des Hochschulgesetzes 2005 – HG, BGBl. I Nr. 30/2006, die Fachhochschulen und Einrichtungen zur Durchführung von Fachhochschul-Studiengängen gemäß § 1 des Fachhochschul-Studiengesetzes – FHStG, BGBl. Nr. 340/1993, die Privatuniversitäten gemäß § 1 des Privatuniversitätengesetzes – PUG, BGBl. I Nr. 74/2011, und die Universität für Weiterbildung Krems gemäß §§ 1 und 2 des DUK-Gesetzes 2004, BGBl. I Nr. 22/2004;

6. **Bildungseinrichtungsspezifisches Personenkennzeichen: die Matrikelnummer an Universitäten und Pädagogischen Hochschulen, das Personenkennzeichen an Fachhochschulen und Einrichtungen zur Durchführung von Fachhochschul-Studiengängen und die Personenkennzahl oder eine vergleichbare Kennzeichnung an Privatuniversitäten;**
7. **Wählerinnen- und Wählerverzeichnis: auf Grund der Zusammenführung der übermittelten Daten wird ein gesamtes Wählerinnen- und Wählerverzeichnis erstellt, welches alle Wahlberechtigten an allen Bildungseinrichtungen enthält (Wählerinnen- und Wählerverzeichnis Bundesvertretung – BV). Aus diesem Wählerinnen- und Wählerverzeichnis BV heraus werden für die Verwendung bei den Wahlen Wählerinnen- und Wählerverzeichnisse generiert, die alle Wahlberechtigten für eine Hochschulvertretung an einer bestimmten Bildungseinrichtung enthalten (Wählerinnen- und Wählerverzeichnis Hochschulvertretung – HV). Aus diesem Wählerinnen- und Wählerverzeichnis HV heraus können für die Verwendung bei den Wahlen Wählerinnen- und Wählerverzeichnisse für Unterkommissionen der Wahlkommissionen oder Unterwahlkommissionen generiert werden, die alle Wahlberechtigten für diese Unterkommission enthalten (Wählerinnen- und Wählerverzeichnis Unterkommission – UK);**
8. **Identifikationsmerkmal (ID): ein eindeutiges Erkennungsmerkmal der Studierenden. Das Identifikationsmerkmal wird bei der Erstellung des Wählerinnen- und Wählerverzeichnisses BV automatisch generiert, indem jeder oder jedem Studierenden auf Grund der Position im Wählerinnen- und Wählerverzeichnis (fortlaufende Nummer) ein eindeutiges Identifikationsmerkmal (ID) zugewiesen wird.**

Zusammensetzung der Wahlkommissionen

§ 2. (1) Bei der Österreichischen Hochschülerinnen- und Hochschülerschaft und den Hochschülerinnen- und Hochschülerschaften an den Bildungseinrichtungen sind ständige Wahlkommissionen eingerichtet. Bei Bildungseinrichtungen, an denen keine Hochschülerinnen- und Hochschülerschaften eingerichtet sind, sind für die Durchführung der Wahlen stän-

dige Unterwahlkommissionen der Wahlkommission der Österreichischen Hochschülerinnen- und Hochschülerschaft eingerichtet.

(2) Die bei der Österreichischen Hochschülerinnen- und Hochschülerschaft eingerichtete Wahlkommission besteht aus:

1. **je einer oder einem von den drei an Stimmen stärksten, in der letzten Bundesvertretung vertretenen wahlwerbenden Gruppen zu bestimmenden Vertreterin oder Vertreter,**
2. **einer oder einem von der Bundesministerin oder vom Bundesminister zu entsendenden rechtskundigen Bediensteten als Vorsitzende oder Vorsitzenden (Vorsitzende oder Vorsitzender der Wahlkommission der Österreichischen Hochschülerinnen- und Hochschülerschaft) oder deren oder dessen Stellvertreterin oder Stellvertreter.**

(3) Die bei den Hochschülerinnen- und Hochschülerschaften an den Bildungseinrichtungen eingerichteten Wahlkommissionen bestehen aus:

1. **je einer oder einem von den drei an Stimmen stärksten, in der jeweiligen letzten Universitätsvertretung, Privatuniversitätsvertretung, Fachhochschulvertretung oder Pädagogischen Hochschulvertretung vertretenen wahlwerbenden Gruppen zu bestimmenden Vertreterin oder Vertreter,**
2. **einer oder einem rechtskundigen Vorsitzenden, die oder der von der Rektorin oder dem Rektor der Universität oder der Pädagogischen Hochschule oder der Leiterin oder dem Leiter der Privatuniversität oder der Vertreterin oder dem Vertreter des Erhalters eines Fachhochschul-Studienganges zu bestimmen und von der Bundesministerin oder dem Bundesminister zu bestellen ist (Vorsitzende oder Vorsitzender der Wahlkommission der Hochschülerinnen- und Hochschülerschaft der Bildungseinrichtung) oder deren oder dessen Stellvertreterin oder Stellvertreter.**

(4) Die bei Bildungseinrichtungen, an denen keine Hochschülerinnen- und Hochschülerschaft eingerichtet ist, eingerichteten Unterwahlkommissionen der Wahlkommission der Österreichischen Hochschülerinnen- und Hochschülerschaft bestehen aus:

1. **je einer oder einem von den drei an Stimmen stärksten in der jeweiligen letzten Hochschulvertretung vertretenen wahlwerbenden Gruppen zu bestimmenden Vertreterin oder Vertreter,**
2. **einer oder einem rechtskundigen Vorsitzenden, die oder der von der Rektorin oder dem Rektor der Pädagogischen Hochschule oder der Leiterin oder dem Leiter der Privatuniversität oder der Vertreterin oder dem Vertreter des Erhalters eines Fachhochschul-Studienganges zu bestimmen und von der Bundesministerin oder dem Bundesminister zu bestellen ist oder deren oder dessen Stellvertreterin oder Stellvertreter.**

(5) Bei den erstmaligen Wahlen an neu eingerichteten Bildungseinrichtungen gemäß § 1 Abs. 1 HSG 2014 setzt sich abweichend von Abs. 3 die Wahlkommission und abweichend von Abs. 4 die Unterwahlkommission wie folgt zusammen: Aus

1. **je einer oder einem von den drei an Stimmen stärksten in der Bundesvertretung vertretenen wahlwerbenden Gruppen zu bestimmenden Vertreterin oder Vertreter und**
2. **einer bzw. einem rechtskundigen Vorsitzenden, die oder der von der Rektorin oder dem Rektor der Universität oder der Pädagogischen Hochschule oder der Leiterin oder dem Leiter der Privatuniversität oder der Vertreterin oder dem Vertreter des Erhalters eines Fachhochschul-Studienganges zu bestimmen und von der Bundesministerin oder dem Bundesminister zu bestellen ist.**

Erläuterungen:

Für die Durchführung der Hochschülerinnen- und Hochschülerschaftswahlen sind Wahlkommissionen (Wahlkommission der Österreichischen Hochschülerinnen- und Hochschülerschaft, die Unterwahlkommissionen der Wahlkommission der Österreichischen Hochschülerinnen- und Hochschülerschaft an Bildungseinrichtungen, an denen keine Hochschülerinnen- und Hochschülerschaften eingerichtet ist und die Wahlkommissionen der Hochschülerinnen- und Hochschülerschaften) zuständig. An jeder Bildungseinrichtung (Universität, Universität für Weiterbildung Krems, Pädagogische Hochschule, Fachhochschule und Privatuniversität) sind dazu Wahlkommissionen eingerichtet, die die Hochschülerinnen- und Hochschülerschaftswahlen an der jeweiligen Bildungseinrichtung zu organisieren haben. Neu hinzugekommen sind die Unterwahlkommissionen. Diese sind der Wahlkommission der Österreichischen Hochschülerinnen- und Hochschülerschaft organisatorisch zuzurechnen und für die Durchführung der Wahlen an Bildungseinrichtungen, an denen keine Hochschülerinnen- und Hochschülerschaft eingerichtet ist, zuständig.

Diese Unterwahlkommissionen dürfen nicht mit Unterkommissionen, die von den Wahlkommissionen bzw. Unterwahlkommissionen zur Unterstützung ihrer (dislozierten) Tätigkeit eingerichtet werden können, verwechselt werden. Die Wahlkommission der Österreichischen Hochschülerinnen- und Hochschülerschaft ist auch berechtigt zur Unterstützung bei der Briefwahl Unterkommissionen einzurichten, wobei die Festlegung eines örtlichen und zeitlichen, an die jeweiligen Gegebenheiten angepassten, Wirkungsbereiches zulässig ist.

Der Vorsitz in jeder Wahlkommission bzw. Unterwahlkommission ist durch eine rechtskundige Person wahrzunehmen, die oder der von der Rektorin oder dem Rektor der Universität oder der Pädagogischen Hochschule oder der Leiterin oder dem Leiter der Privatuniversität oder der Vertreterin oder dem Vertreter des Erhalters eines Fachhochschul-Studienganges zu bestimmen und von der Bundesministerin oder dem Bundesminister zu bestellen ist. In Ausnahmefällen darf eine Vorsitzende oder ein Vorsitzender auch mehreren Wahl-

kommissionen angehören. Die restlichen Mitglieder der Wahlkommission bzw. Unterwahlkommission sind je eine oder einer von den drei an Stimmen stärksten in der jeweiligen letzten Universitätsvertretung, Privatuniversitätsvertretung, Fachhochschulvertretung oder Pädagogischen Hochschulvertretung vertretenen wahlwerbenden Gruppen zu bestimmende Vertreterin oder Vertreter dieser wahlwerbenden Gruppe. Neu geregelt wurde, dass alle wahlwerbenden Gruppen berechtigt sind – allenfalls zusätzlich zu einer Vertreterin oder einem Vertreter – je eine Beobachterin oder einen Beobachter in die Wahlkommissionen bzw. Unterwahlkommissionen zu entsenden.

Die Aufgaben der Wahlkommissionen bzw. Unterwahlkommissionen entsprechen grundsätzlich der derzeit geltenden Rechtslage. Der Wahlkommission der Österreichischen Hochschülerinnen- und Hochschülerschaft obliegt die ausschließliche Durchführung der Briefwahl für die Wahl der Bundesvertretung und der Hochschulvertretungen an sämtlichen Bildungseinrichtungen. Des Weiteren hat die Wahlkommission der Österreichischen Hochschülerinnen- und Hochschülerschaft sicherzustellen, dass den Wahlkommissionen und Unterwahlkommissionen eine ausreichende Anzahl an Zugangsberechtigungen für das elektronische Wahladministrationssystem zur Verfügung gestellt wird.

Erläuterungen zur Novelle (BGBl. II Nr. 48/2017):

In § 2 wird erstmals normiert, wie sich eine Wahlkommission oder Unterwahlkommission bei den ersten Wahlen an einer neu eingerichteten Bildungseinrichtung zusammensetzt. In diesem Fall sind neben der oder dem Vorsitzenden, welcher durch die Bundesministerin oder den Bundesminister bestellt wird, die übrigen drei Mitglieder von den drei an Stimmen stärksten in der Bundesvertretung vertretenen wahlwerbenden Gruppen zu bestimmen. Dies ist dadurch begründet, dass es zum Zeitpunkt des Beginnes der Organisation der ÖH-Wahlen noch keine (zugelassenen) wahlwerbenden Gruppen an dieser Bildungseinrichtung gibt.

Mitglieder der Wahlkommissionen und Beobachterinnen und Beobachter

§ 3. (1) Die Mitglieder der Wahlkommissionen mit Ausnahme der oder des Vorsitzenden (deren Stellvertreterin oder Stellvertreter) und die Mitglieder allfälliger Unterkommissionen sind durch die Zustellungsbevollmächtigte oder den Zustellungsbevollmächtigten der jeweiligen wahlwerbenden Gruppe der oder dem Vorsitzenden der Wahlkommission bekannt zu geben. Die Entsendung dieser Mitglieder der Wahlkommission und der Mitglieder allfälliger Unterkommissionen wird durch die Angelobung wirksam. Niemand darf mehr als einer Wahlkommission angehören. Eine Vorsitzende oder ein Vorsitzender (deren Stellvertreterin oder Stellvertreter) darf mehreren Wahlkommissionen oder Unterkommissionen angehören, wenn dies auf Grund der geringen Anzahl von Studierenden oder der örtlichen Gegebenheiten zweckmäßig ist. Die Entscheidung über die Zuge-

hörigkeit einer Vorsitzenden oder eines Vorsitzenden zu mehreren Wahlkommissionen wird durch die Bundesministerin oder den Bundesminister getroffen. Die Vertreterinnen und Vertreter der wahlwerbenden Gruppen in den Wahlkommissionen dürfen nicht in einem für das betreffende Organ eingebrachten Wahlvorschlag enthalten sein.

(2) Die Vorsitzenden der Wahlkommissionen bei den Hochschülerinnen- und Hochschülerschaften an den Bildungseinrichtungen (deren Stellvertreterin oder Stellvertreter) werden durch die Rektorin oder den Rektor der Universität oder der Pädagogischen Hochschule oder die Leiterin oder den Leiter der Privatuniversität oder die Vertreterin oder den Vertreter des Erhalters eines Fachhochschul-Studienganges, die oder der Vorsitzende der Wahlkommission bei der Österreichischen Hochschülerinnen- und Hochschülerschaft (deren Stellvertreterin oder Stellvertreter) durch die Bundesministerin oder den Bundesminister oder eine Vertreterin oder einen Vertreter angelobt. Die Vorsitzenden der Unterwahlkommissionen werden von der oder dem Vorsitzenden der Wahlkommission der Österreichischen Hochschülerinnen- und Hochschülerschaft angelobt. Die Angelobung der übrigen Mitglieder der Wahlkommissionen erfolgt durch die jeweilige Vorsitzende oder den jeweiligen Vorsitzenden.

(3) Vor Antritt ihres Amtes haben alle Mitglieder der Wahlkommissionen und der Unterkommissionen das Gelöbnis strenger Unparteilichkeit und gewissenhafter Erfüllung ihrer Aufgaben abzulegen.

(4) Alle wahlwerbenden Gruppen sind berechtigt, je eine Beobachterin oder einen Beobachter in die Wahlkommission zu entsenden.

(5) Die Bundesministerin oder der Bundesminister kann für den Fall der Verhinderung der oder des Vorsitzenden eine rechtskundige Bedienstete oder einen rechtskundigen Bediensteten als Stellvertreterin oder Stellvertreter bestimmen.

Anmerkungen:

Bei der oder dem Vorsitzenden einer Wahlkommission muss es sich um eine rechtskundige Person handeln. Sie oder er kann gleichzeitig mit der Vorsitzführung in mehreren Wahlkommission von der Bundesministerin oder dem Bundesminister bestellt werden. Die übrigen (von den wahlwerbenden Gruppen zu entsendenden) Mitglieder dürfen nur einer Wahlkommission angehören. Es ist auch unzulässig, dass Personen, die auf einem Wahlvorschlag eines Organs für die durchzuführende Wahl enthalten sind, Mitglieder der jeweiligen Wahlkommission sind.

Von jeder wahlwerbenden Gruppe kann eine Beobachterin oder ein Beobachter in die Wahlkommission entsandt werden. Dies bedeutet, dass die drei an stimmenstärksten wahlwerbenden Gruppen, sowohl ein Mitglied als auch eine Beobachterin oder einen Beobachter in die Wahlkommission entsenden dürfen.

Entgegen der Regelung in § 6. Abs. 1, dass nach Feststellung des Wahlergebnisses die oder der Vorsitzende jeder Wahlkommission die zustellungsbevollmächtigte Vertreterin oder den zustellungsbevollmächtigten Vertreter der wahlwerbenden Gruppen, denen auf Grund des Wahlergebnisses nunmehr das Recht auf Entsendung eines Mitgliedes in die Wahlkommission zusteht, zur Bekanntgabe dieses Mitgliedes aufzufordern hat, besteht keine Aufforderungspflicht der oder des Vorsitzenden an die wahlwerbenden Gruppen, Beobachterinnen oder Beobachter zu nominieren. Es ist vielmehr Aufgabe der oder des Zustellungsbevollmächtigten aller wahlwerbenden Gruppen von sich aus, Beobachterinnen oder Beobachter der oder dem Vorsitzenden einer Wahlkommission bekanntzugeben.

Es ist Aufgabe der Rektorin oder des Rektors der Universität oder der Pädagogischen Hochschule oder der Leiterin oder des Leiters der Privatuniversität oder der Vertreterin oder des Vertreters des Erhalters eines Fachhochschul-Studienganges die Vorsitzende oder den Vorsitzenden und die Stellvertreterin oder den Stellvertreter der Wahlkommission einer HS anzugeloben. Im Verhinderungsfall ist die Angelobung von jener Person vorzunehmen, die nach den jeweiligen organisationsrechtlichen Bestimmungen der jeweiligen Bildungseinrichtung dazu befugt ist. Die oder der Vorsitzende der Wahlkommission der ÖH ist durch die Bundesministerin oder den Bundesminister anzugeloben. Die Vorsitzenden der Unterwahlkommissionen, diese existieren an jenen Bildungseinrichtungen, an denen keine HS eingerichtet sind (somit an Bildungseinrichtungen mit unter 1 000 Studierenden), sind von der oder dem Vorsitzenden der Wahlkommission der ÖH anzugeloben.

Die Angelobung (Bedeutung laut Duden: feierliche Vereidigung) hat somit persönlich und nicht in ausschließlicher Papierform zu erfolgen. Die Angelobung hat vor Antritt des Amtes zu erfolgen. Bei der Angelobung ist das Gelöbnis der Unparteilichkeit und der gewissenhaften Erledigung aller Aufgaben abzulegen.

Zuständigkeiten der Wahlkommissionen

§ 4. (1) Die Wahlkommission der Österreichischen Hochschülerinnen- und Hochschülerschaft hat insbesondere folgende Zuständigkeiten:

1. **die Verlautbarung der Wahltage und der sich daraus ergebenden Termine und Fristen (§ 11) sowie der allenfalls vorgezogenen Wahltage gemäß § 33 Abs. 4,**
2. **die Einrichtung und Zurverfügungstellung einer Homepage für die Beantragung der Wahlkarte,**
3. **die Zurverfügungstellung eines Wahladministrationssystems gemäß § 46 HSG 2014,**
4. **die Erstellung des gesamten Wählerinnen- und Wählerverzeichnisses (Wählerinnen- und Wählerverzeichnis BV) der Wahlberechtigten mit den Wahlberechtigungen für die Bundesvertretung, die Hochschulvertretungen und die Studienvertretungen,**

5. die Auflage des Wählerinnen- und Wählerverzeichnisses BV,
6. die Veranlassung der Berichtigung des Wählerinnen- und Wählerverzeichnisses BV gemäß § 20 Abs. 3,
7. die Prüfung der Wahlvorschläge für die Wahl der Bundesvertretung,
8. die Erstellung der Stimmzettel für die Wahl der Bundesvertretung,
9. die Durchführung der Briefwahl und deren Auswertung; bei Bedarf die Einrichtung von Unterkommissionen zur Unterstützung,
10. die Verlautbarung des Wahlergebnisses der Bundesvertretung,
11. die Zuweisung der Mandate für die Bundesvertretung,
12. die Verständigung der gewählten Mandatarinnen und Mandatare,
13. die Durchführung der konstituierenden Sitzung der Bundesvertretung mit Wahl der oder des Vorsitzenden und ihrer oder seiner Stellvertreterinnen oder Stellvertreter,
14. die Entscheidungen über Einsprüche gegen die Wahlen der Hochschulvertretungen und der Studienvertretungen gemäß § 57 HSG 2014,
15. die bescheidmäßige Feststellung des Erlöschens von Mandaten gemäß § 55 Abs. 1 HSG 2014 und nachträgliche Zuweisung von Mandaten an Personen gemäß § 53 HSG 2014,
16. die Durchführung von Urabstimmungen gemäß § 62 HSG 2014, wenn sie gemeinsam mit Hochschülerinnen- und Hochschülerschaftswahlen stattfinden,
17. die Verwaltung der Zugänge der Wahlkommissionen, Unterwahlkommissionen und Unterkommissionen zum elektronischen Wahladministrationssystem.

(2) Die Wahlkommissionen der Hochschülerinnen- und Hochschülerschaften und die Unterwahlkommissionen der Wahlkommission der Österreichischen Hochschülerinnen- und Hochschülerschaft haben insbesondere folgende Zuständigkeiten:

1. die Verlautbarung der Wahltage und der sich daraus ergebenden Termine und Fristen (§ 11) sowie der allenfalls vorgezogenen Wahltage gemäß § 33 Abs. 4,
2. die Festlegung eines Zeitpunktes, bis zu dem von der Hochschulvertretung bekannt zu geben ist, welche zusammengefassten Studienvertretungen zu wählen sind, wobei dieser Zeitpunkt spätestens drei Monate vor dem erstem Wahltag zu liegen hat,
3. die Zuordnung der Studien zu Studienvertretungen im Wahladministrationssystem (§ 12 Abs. 2 Z 2),
4. die Zulassung von ordentlichen Studierenden, die zu einem individuellen Diplom-, Bachelor- oder Masterstudium zugelassen sind,

zur Wahl der Studienvertretung jenes Studiums, bei welchem der Schwerpunkt des individuellen Studiums liegt, wobei der Antrag spätestens vier Monate vor dem ersten Wahltag zu stellen ist (§ 47 Abs. 4 HSG 2014),

5. **die Erstellung (§ 18 Abs. 2) und die Auflage des Wählerinnen- und Wählerverzeichnisses HV (§ 19 Abs. 2 Z 2) und die Erstellung der Wählerinnen- und Wählerverzeichnisse UK (§ 18 Abs. 3),**
6. **die Entscheidungen über Einsprüche gegen das Wählerinnen- und Wählerverzeichnis HV gemäß § 20 Abs. 2,**
7. **die Feststellung der Zahl der für jedes Organ zu vergebenden Mandate (§ 16 Abs. 1 Z 1, § 18 Abs. 2 Z 1, § 19 Abs. 3 und § 28 Abs. 3 HSG 2014),**
8. **die Prüfung der Wahlvorschläge (§ 29),**
9. **die Erstellung der Stimmzettel für die Wahl der Hochschulvertretung und elektronische Übermittlung dieser an die Wahlkommission der Österreichischen Hochschülerinnen- und Hochschülerschaft bis spätestens vier Wochen vor dem letzten Wahltag,**
10. **die Erstellung der Stimmzettel für die Wahl der Studienvertretungen,**
11. **die Durchführung der im HSG 2014 normierten Wahlen und die Leitung der Wahlhandlung,**
12. **die Entscheidung bezüglich des Startens, Beendens und etwaigen Unterbrechens des Wahlvorganges,**
13. **die Prüfung der Identität und der Wahlberechtigung der Wählerinnen und Wähler (§ 39),**
14. **die Entgegennahme der Stimmzettel (§ 40 Abs. 2) und die Entscheidung über die Gültigkeit der abgegebenen Stimmzettel (§ 48 Abs. 3),**
15. **die Feststellung des Wahlergebnisses (§ 48 Abs. 3),**
16. **die Zuweisung der Mandate an die wahlwerbenden Gruppen und die Kandidatinnen und Kandidaten für die Studienvertretungen (§ 62),**
17. **die Verständigung der gewählten Mandatarinnen und Mandatare (§ 64),**
18. **die Verlautbarung des Wahlergebnisses (§ 63),**
19. **die bescheidmäßige Feststellung des Erlöschens von Mandaten gemäß § 55 Abs. 2 und 3 HSG 2014 und die nachträgliche Zuweisung von Mandaten an Personen gemäß §§ 53 und 54 HSG 2014,**
20. **die Durchführung von Urabstimmungen gemäß § 62 HSG 2014, wenn sie gemeinsam mit Hochschülerinnen- und Hochschülerschaftswahlen stattfinden,**

21. die Durchführung der konstituierenden Sitzung der Hochschulvertretung und der Studienvertretungen mit Wahl der oder des Vorsitzenden und ihrer oder seiner Stellvertreterinnen oder Stellvertreter (§ 59 HSG 2014),

22. die Berechtigung, Formulare (Anlagen 3 bis 6 und 14 bis 16) auch in einer Fremdsprache zur Verfügung zu stellen, soferne diese die an der Bildungseinrichtung überwiegend verwendete Unterrichtssprache ist.

(3) Die Wahlkommissionen haben spätestens drei Wochen vor dem ersten Wahltag die zugelassenen gültigen Wahlvorschläge in der Reihenfolge gemäß § 44 Abs. 3 zu verlautbaren.

(4) Die Wahlergebnisse sind innerhalb einer Woche ab dem letzten Wahltag zu verlautbaren. Gleichzeitig mit der Verlautbarung des Wahlergebnisses haben die Zuweisung der Mandate und die Verständigung der gewählten Mandatarinnen und Mandatare zu erfolgen.

Erläuterungen zur Novelle (BGBl. II Nr. 48/2017):

Bei den Aufgaben und Zuständigkeiten der Wahlkommissionen und Unterwahlkommissionen erfolgt eine Ergänzung, dass sie zusätzlich zu den Wahltagen und den sich daraus ergebenden Fristen, auch den bzw. die allenfalls vorgezogenen Wahltag(e) zu verlautbaren haben.

Die Wahlkommissionen und Unterwahlkommissionen sind nur für die Organisation und Durchführung von solchen Wahlen zuständig die im HSG 2014 geregelt sind. Darunter fallen die Wahl der Bundesvertretung, die Wahl der Hochschulvertretung und die Wahlen der Studienvertretungen. Sind in der Satzung der ÖH oder einer Hochschülerinnen- oder Hochschülerschaft weitere Organe (mit Ausnahme der § 15 Abs. 2 HSG 2014 Organe) oder Vertretungsstrukturen vorgesehen, sind die Organisation und die Durchführung dieser Wahlen in der Satzung näher auszuführen.

Die zugelassenen gültigen Wahlvorschläge sind nicht mehr in der Reihenfolge ihres Einlangens, sondern in der Reihenfolge zu verlautbaren, in der sie auch am Stimmzettel bei den ÖH-Wahlen aufscheinen. Dies ist die Reihenfolge, die sich aus ihrer bisherigen Stimmenzahl in dem zu wählenden Organ ergibt. Bisher nicht im jeweiligen Organ vertretene wahlwerbende Gruppen sind in alphabetischer Reihenfolge anzuschließen.

Anmerkungen:

Die Aufgaben sämtlicher Wahlkommissionen sind demonstrativ und somit nicht abschließend aufgezählt.

Aufgaben der Vorsitzenden der Wahlkommissionen und der Stellvertreterinnen und Stellvertreter

§ 5. (1) Die oder der Vorsitzende der Wahlkommission hat für die Einberufung und Leitung der Sitzungen, die Anfertigung der Niederschrift über jede Sitzung und die Umbildung der Wahlkommission (§ 6) zu sorgen. Sie oder er führt die Angelobung der Mitglieder der Wahlkommission und der Unterkommissionen durch, leitet die Abstimmungen und vollzieht die Beschlüsse der Wahlkommission.

(2) Die oder der Vorsitzende der Wahlkommission hat zu der konstituierenden Sitzung der Bundesvertretung oder der Hochschulvertretung und der Studienvertretungen einzuladen und diese bis zur Wahl einer oder eines Vorsitzenden und deren oder dessen Stellvertreterinnen und Stellvertreter zu leiten.

(3) Bei Verhinderung der oder des Vorsitzenden hat deren oder dessen Aufgaben die von der Bundesministerin oder dem Bundesminister bestellte rechtskundige Stellvertreterin oder der von der Bundesministerin oder dem Bundesminister bestellte rechtskundige Stellvertreter zu übernehmen. Die Stellvertreterin oder der Stellvertreter ist berechtigt, auch bei Anwesenheit der oder des Vorsitzenden an den Sitzungen der Wahlkommission teilzunehmen.

Anmerkungen:
Die oder der Vorsitzende der Wahlkommission ist für die Vollziehung der Beschlüsse der Wahlkommission im Außenverhältnis verantwortlich. Daher ist nur die oder der Vorsitzende der Wahlkommission außenvertretungsbefugt.

Umbildung der Wahlkommissionen

§ 6. (1) Vertreterinnen oder Vertreter von nicht mehr entsendungsberechtigten wahlwerbenden Gruppen scheiden mit Rechtskraft der Wahl aus der Wahlkommission aus. Die oder der Vorsitzende jeder Wahlkommission hat die zustellungsbevollmächtigte Vertreterin oder den zustellungsbevollmächtigten Vertreter der wahlwerbenden Gruppen, denen auf Grund des Wahlergebnisses nunmehr das Recht auf Entsendung eines Mitgliedes in die Wahlkommission zusteht, zur Bekanntgabe dieses Mitgliedes aufzufordern.

(2) Die Umbildung der Wahlkommissionen hat längstens zwei Monate nach Rechtskraft der Wahl zu erfolgen; Verzögerungen machen Beschlüsse der Wahlkommissionen nicht ungültig. Sind in einer Wahlkommission weniger als drei wahlwerbende Gruppen entsendungsberechtigt, ist diese gemäß § 50 Abs. 6 HSG 2014 gesetzeskonform zusammengesetzt.

Erläuterungen zur Novelle (BGBl. II Nr. 48/2017):
Eine Wahlkommission oder Unterwahlkommission ist auch dann gesetzeskonform zusammengesetzt, wenn weniger als drei wahlwerbende Gruppen entsendungsberechtigt sind. Grundsätzlich besteht eine Wahlkommission oder Unterkommission aus der oder dem Vorsitzenden und drei von den stimmenstärksten, in der jeweiligen letzten Hochschulvertretung vertretenen, wahlwerbenden Gruppen zu entsendenden Mitgliedern. Nun existieren nicht an allen Bildungseinrichtungen drei oder mehr wahlwerbende Gruppen, sondern teilweise nur eine oder zwei wahlwerbende Gruppen, welche zur Wahl der Hochschulvertretung antreten. In diesen Fällen kann nur eine wahlwerbende Gruppe bzw. können nur zwei wahlwerbende Gruppen, Vertreterinnen und Vertreter in die Wahlkommission oder Unterwahlkommission entsenden. Durch die Neuregelung wird nunmehr festgelegt, dass auch diese Wahlkommissionen und Unterwahlkommissionen gesetzeskonform zusammengesetzt sind. Neu geregelt wird auch, dass Vertreterinnen oder Vertreter von nicht mehr entsendungsberechtigten wahlwerbenden Gruppen mit Rechtskraft der Wahl aus der Wahlkommission oder Unterwahlkommission ausscheiden.

Nach Rechtskraft der Wahl hat die oder der Vorsitzende, binnen zweier Monate, die wahlwerbenden Gruppen, die ab diesem Zeitpunkt „neu" entsendeberechtigt sind, aufzufordern, eine Vertreterin oder einen Vertreter in die Wahlkommission oder Unterwahlkommission zu nominieren.

Anmerkungen:
Es gehört zu den Aufgaben der oder des Vorsitzenden der Wahlkommission dafür zu sorgen, dass jene wahlwerbenden Gruppen, welche berechtigt sind ein Mitglied in die Wahlkommission zu entsenden, nach Feststellung des Wahlergebnisses, aufgefordert werden, dieses Mitglied bekanntzugeben. Die Bekanntgabe des Mitglieds hat durch die zustellungsbevollmächtigte Vertreterin oder den zustellungsbevollmächtigten Vertreter der entsendungsberechtigten wahlwerbenden Gruppen zu erfolgen.

Beschlusserfordernisse in den Wahlkommissionen

§ 7. (1) Die Wahlkommissionen sind bei Anwesenheit der oder des Vorsitzenden und mindestens der Hälfte der übrigen Mitglieder beschlussfähig. Sie treffen ihre Entscheidungen mit einfacher Stimmenmehrheit.

(2) Ist die Wahlkommission nicht beschlussfähig, so entscheidet die oder der Vorsitzende alleine über die für diese Sitzung ausgesendeten Tagesordnungspunkte.

(3) Tritt bei einer Abstimmung Stimmengleichheit ein, so entscheidet die Stimme der oder des Vorsitzenden.

Anmerkungen:

Die Wahlkommission ist beschlussfähig, wenn neben der oder dem Vorsitzenden mindestens zwei Mitglieder anwesend sind und trifft ihre Entscheidungen mit einfacher Mehrheit. Die Wahlkommission ist nicht beschlussfähig, wenn neben der oder dem Vorsitzenden nur ein weiteres Mitglied anwesend ist. In diesem Fall hat, um eine Handlungsfähigkeit der Wahlkommission und eine ordnungsgemäße Durchführung der Hochschülerinnen- und Hochschülerschaftswahl zu gewährleisten, die oder der Vorsitzende die alleinige Entscheidungsbefugnis über jene Tagesordnungspunkte, die für diese Sitzung ausgesendet wurden.

Bei einer allfälligen Stimmengleichheit hat die oder der Vorsitzende ein Dirimierungsrecht. In diesen Fällen gibt daher deren bzw. dessen Stimme den Ausschlag.

Einberufung der Wahlkommissionen

§ 8. (1) Die oder der Vorsitzende hat die übrigen Mitglieder der Wahlkommission sowie die nominierten Beobachterinnen und Beobachter nach Kenntnis jedes Sachverhaltes, der eine Entscheidung der Wahlkommission erfordert, unverzüglich, längstens aber innerhalb einer Woche nach Kenntnis zu einer Sitzung einzuberufen. Die Einladung hat rechtzeitig, mindestens aber drei Werktage vor der Sitzung nachweislich, gegebenenfalls auch durch geeignete Telekommunikationsmittel, zu erfolgen. Sie hat eine Tagesordnung zu enthalten.

(2) Jedes Mitglied der Wahlkommission und jede Beobachterin und jeder Beobachter in der Wahlkommission kann unter Beifügung einer Tagesordnung von der oder dem Vorsitzenden die Abhaltung einer Sitzung der Wahlkommission verlangen. Zu derartigen Sitzungen ist unverzüglich, längstens aber innerhalb von drei Werktagen nach Stellung des Verlangens einzuladen. Die Sitzung ist ehestmöglich, spätestens jedoch innerhalb von zwei Wochen nach erfolgter Ladung abzuhalten.

(3) Die Wahlkommission kann die Einberufung einer Sitzung bereits auf einer vorhergehenden Sitzung durch Beschluss durchführen. Dabei nicht anwesende Mitglieder und Beobachterinnen und Beobachter sind von einem derartigen Beschluss unverzüglich in Kenntnis zu setzen.

(4) In dringenden Fällen kann die oder der Vorsitzende eine Entscheidung auch mittels eines Umlaufbeschlusses herbeiführen.

Anmerkungen:

Die Einladung zu einer Sitzung der Wahlkommission hat durch die oder den Vorsitzenden dann zu erfolgen, wenn ein Sachverhalt vorliegt, der dies erfordert oder ein Mitglied der Wahlkommission oder eine Beobachterin oder ein Beobachter unter Beifügung einer Tagesordnung von der oder dem Vorsitzenden die Abhaltung einer Sitzung verlangt. Es sind sämtliche Mitglieder und sämtliche, der oder dem Vorsitzenden bekannt gegebenen Beobachterinnen und Beobachter einzuladen. Die Einladung hat mindestens drei Werktage vor der Sitzung zu erfolgen.

Ob ein „dringender Fall" vorliegt, und somit eine Entscheidung durch Umlaufbeschluss herbeigeführt werden kann, obliegt der alleinigen Beurteilung und Entscheidung der oder des Vorsitzenden.

Unterschieden werden kann daher zwischen folgenden Sitzungen der Wahlkommissionen:

„Normale Sitzung":

- Einladung durch die oder den Vorsitzenden.
- Einzuladen sind die übrigen Mitglieder der Wahlkommission und die bekannt gegebenen Beobachterinnen und Beobachter.
- Die Einladung hat mindestens drei Werktage vor der anberaumten Sitzung zu erfolgen und hat eine Tagesordnung zu enthalten.
- Einberufung immer dann, wenn eine Entscheidung (Beschluss) der Wahlkommission notwendig ist.
- Die Einberufung hat innerhalb einer Woche nach Kenntnis des entscheidungsauslösenden Ereignisses zu erfolgen.
- die Abhaltung einer Sitzung kann auch in einer vorhergehenden Sitzung durch Beschluss der Wahlkommission beschlossen werden. Dabei nicht anwesende Mitglieder und Beobachterinnen und Beobachter sind von einem derartigen Beschluss unverzüglich von der oder dem Vorsitzenden in Kenntnis zu setzen.

Von einem Mitglied der Wahlkommission oder einer Beobachterin oder einem Beobachter verlangte Sitzung:

- Antrag hat an die oder den Vorsitzenden zu erfolgen.
- Dem Antrag muss eine Tagesordnung angeschlossen sein.
- Die oder der Vorsitzende hat sodann unverzüglich, längstens binnen drei Werktagen nach Stellung des Antrages zu einer Sitzung der Wahlkommission einzuladen.
- Die Sitzung hat ehestmöglich binnen zwei Wochen nach ausgeschickter Einladung zur Sitzung abgehalten zu werden.

In dringenden Fällen:

- Durchführung eines Umlaufbeschlusses durch die oder den Vorsitzenden.

Rechtsprechung VwGH:

Unter Werktag ist jeder Tag zu verstehen, der nicht ein Sonntag oder ein gesetzlicher Feiertag ist (Hinweis E 20. April 1972, 2399/71, VwSlg 8216 A/1972).

Niederschrift

§ 9. Über jede Sitzung einer Wahlkommission (Unterkommission) ist eine Niederschrift anzufertigen. Es ist ein Formular nach dem Muster der Anlage 1 zu verwenden. Die Niederschrift hat eine kurze Schilderung des Verlaufes der Sitzung und die gefassten Beschlüsse zu enthalten. Die Niederschrift ist von den anwesenden Mitgliedern der Wahlkommission (Unterkommission) zu unterschreiben. Wird die Unterschrift nicht von allen anwesenden Mitgliedern geleistet, so ist der entsprechende Grund anzugeben. Entscheidungen gemäß § 7 Abs. 2 und § 8 Abs. 4 sind von der oder dem Vorsitzenden jedenfalls zu protokollieren.

Anmerkungen:
In der Niederschrift sind jedenfalls Entscheidungen der oder des Vorsitzenden, die anlässlich einer Sitzung, bei der die Wahlkommission nicht beschlussfähig war, gefasst wurden, sowie Entscheidungen, die durch Umlaufbeschluss gefasst wurden, zu protokollieren.

Unterkommissionen

§ 10. (1) Die Wahlkommissionen können Unterkommissionen bestellen, wenn dadurch die Durchführung der Wahlen zweckmäßiger zu organisieren ist. Jeder Unterkommission ist ein genau umschriebener Kreis von Wahlberechtigten zuzuteilen.

(2) Die Beschlussfassung über die Einrichtung von Unterkommissionen, deren Aufgaben und Wirkungsbereiche hat spätestens vier Wochen vor dem letzten Wahltag zu erfolgen. Die Unterkommissionen sind vor dem erstmaligen Beginn der Wahlhandlung zu konstituieren.

(3) Jeder Unterkommission der Wahlkommission haben zumindest drei Vertreterinnen oder Vertreter der in der jeweiligen Hochschulvertretung oder der Bundesvertretung der Studierenden vertretenen wahlwerbenden Gruppen anzugehören. Die Vertreterinnen und Vertreter der wahlwerbenden Gruppen in den Unterkommissionen dürfen in einem für das betreffende Organ eingebrachten Wahlvorschlag enthalten sein. Die nähere Zusammensetzung nach wahlwerbenden Gruppen und die Funktionsdauer der Unterkommission ist durch Beschluss der Wahlkommission festzusetzen. Die anderen, nicht vertretenen Gruppen und die wahlwerbenden Gruppen sind berechtigt, je eine Beobachterin oder einen Beobachter in diejenigen Unterkommissionen zu entsenden, für die diese wahlwerbenden Gruppen zur Wahl zugelassen wurden. Werden von den entsendungsbefugten wahlwerbenden Gruppen auch nach ausdrücklicher Aufforderung zu wenige Vertreterinnen oder Vertreter in eine Unterkommission entsandt, so ist die Wahlkommission berechtigt, geeignete Personen in die Unterkommission zu entsenden.

(4) Für die Entsendung, den Amtsantritt und die Angelobung der Mitglieder der Unterkommissionen gelten die entsprechenden Bestimmungen für die Wahlkommission. Eine allfällige Umbildung der Unterkommissionen ist durch die Wahlkommission durchzuführen.

(5) Ein Mitglied der Unterkommission ist von der Wahlkommission zu der oder dem Vorsitzenden zu bestimmen. Auf sie oder ihn sind für den Aufgabenbereich der Unterkommission die Bestimmungen über die Befugnisse und Aufgaben einer oder eines Vorsitzenden der Wahlkommission anzuwenden.

(6) Die Wahlkommission der Österreichischen Hochschülerinnen- und Hochschülerschaft kann darüber hinaus zur Unterstützung bei der Briefwahl Unterkommissionen bilden, wobei die Festlegung eines örtlichen und zeitlichen an die jeweiligen Gegebenheiten angepassten Wirkungsbereiches zulässig ist. Die oder der Vorsitzende der Wahlkommission der Österreichischen Hochschülerinnen- und Hochschülerschaft ist berechtigt, geeignete Hilfsorgane mit der Erfüllung spezifischer Aufgaben zu betrauen. Diese Aufgaben sind von der Wahlkommission der Österreichischen Hochschülerinnen- und Hochschülerschaft festzulegen.

Erläuterungen zur Novelle (BGBl. II Nr. 48/2017):

In Absatz 2 wird eine legistische Adaptierung aufgrund der nunmehr bestehenden Möglichkeit des „Vorziehens“ eines Wahltages oder von zwei Wahltagen vorgenommen.

Im Gegensatz zu den Mitgliedern der Wahlkommissionen und Unterwahlkommissionen dürfen die Mitglieder der Unterkommissionen in einem für das betreffende Organ eingebrachten Wahlvorschlag enthalten sein. Damit wird darauf reagiert, dass es für die wahlwerbenden Gruppen immer schwieriger wird genügend Personen zu finden, die in die Unterkommissionen entsandt werden können.

Werden von der entsendungsberechtigten wahlwerbenden Gruppe, auch nach ausdrücklicher Aufforderung durch die Wahlkommission oder Unterwahlkommission, immer noch zu wenige Personen genannt, die in die Unterkommissionen entsendet werden, wodurch eine ordnungsgemäße Zusammensetzung der Unterkommissionen nicht gewährleitet werden kann, ist die Wahlkommission oder Unterwahlkommission berechtigt, geeignete Personen in die Unterkommission zu entsenden. Wesen einer Kommission ist, dass sich diese aus mehreren Mitgliedern zusammensetzt, die durch gegenseitige Kontrolle einen gesetzes- und verordnungskonformen Ablauf der Wahl gewährleisten.

Anmerkungen:

Ob eine Unterkommission eingerichtet wird oder Unterkommissionen eingerichtet werden, obliegt der Entscheidung der jeweiligen Wahlkommission, die diese Entscheidung (Beschluss der Wahlkommission) spätestens vier Wochen vor dem letzten Wahltag zu treffen hat. Einer Unterkommission müssen mindestens drei Vertreterinnen oder Vertreter der in der jeweiligen Hochschulvertretung oder der Bundesvertretung der Studierenden vertretenen wahlwerbenden Gruppen angehören.

Im Gegensatz zu den Mitgliedern der Wahlkommissionen und Unterwahlkommissionen wurde in der HSWO 2014 nunmehr klargestellt, dass die Mitglieder der Unterkommissionen in einem für das betreffende Organ eingebrachten Wahlvorschlag enthalten sein dürfen. Es ist auch davon auszugehen, dass Kandidatinnen und Kandidaten für eine Studienvertretung Mitglied einer Unterkommission sein dürfen auch wenn diese nicht explizit erwähnt werden.

Die Unterkommission ist vor Beginn der Wahlhandlung des ersten Wahltages bzw. eines vorgezogenen Wahltages zu konstituieren. Es ist somit möglich, die Konstituierung vor dem ersten Wahltag bzw. dem ersten vorgezogenen Wahltag oder am ersten Wahltag bzw. am ersten vorgezogenen Wahltag vor Beginn der Wahlhandlung vorzunehmen.

Von jeder wahlwerbenden Gruppe kann eine Beobachterin oder ein Beobachter in die Unterkommission entsendet werden. Dies bedeutet, dass neben den zumindest drei Vertreterinnen oder Vertretern, die von den wahlwerbenden Gruppen entsendet werden, zusätzlich auch eine Beobachterin oder ein Beobachter in die Unterkommission entsendet werden kann. Die Mitglieder der Unterkommission sind von der oder dem Vorsitzenden der Wahlkommission anzugeloben, welche oder welcher die Angelobung vor der Konstituierung der Unterkommission und somit spätestens am ersten Wahltag bzw. am ersten vorgezogenen Wahltag durchzuführen hat.

Die Briefwahl ist von der Wahlkommission der ÖH für die Wahl der Bundesvertretung und der Hochschulvertretungen zu organisieren und durchzuführen. Zu diesem Zweck kann die Wahlkommission der ÖH eine Unterkommission oder mehrere Unterkommission einrichten. Zu denken wäre dabei etwa an eigene Unterkommissionen, die für die Entgegennahme der Briefwahlanträge, den Versand der Briefwahlunterlagen oder die Auszählung der eingelangten Stimmzettel der Wahlkarten zuständig ist.

Die oder der Vorsitzende der Wahlkommission der ÖH ist alleine berechtigt für die Durchführung spezifischer Aufgaben (insbesondere bei der Durchführung der Briefwahl) neben oder anstelle einer Unterkommission auch einzelne Personen als geeignete Hilfsorgane zu betrauen. Der diesbezügliche Aufgabenbereich ist von der Wahlkommission der ÖH festzulegen. Da es sich bei der Wahlkommission der ÖH um ein Organ der Körperschaft öffentlichen Rechts ÖH handelt, sind allfällig entstehende Kosten von der ÖH zu tragen.

Verlautbarung der Wahltage

§ 11. (1) Die Wahlkommissionen haben innerhalb von zwei Wochen nach Inkrafttreten der Verordnung der Bundesministerin oder des Bun-

desministers über die Bestimmung der Wahltage und der sich daraus ergebenden Termine und Fristen für das Wahlverfahren diese inklusive einer postalischen und einer elektronischen Einbringungsstelle zu verlautbaren und auf den Homepages der Österreichischen Hochschülerinnen- und Hochschülerschaft und der jeweiligen Hochschülerinnen- und Hochschülerschaften zu veröffentlichen.

(2) Die Verlautbarung hat durch öffentlichen Aushang zu erfolgen:

1. **in den Räumen der Österreichischen Hochschülerinnen- und Hochschülerschaft, der Hochschülerinnen- und Hochschülerschaften und der Hochschulvertretungen an Bildungseinrichtungen, an denen keine Hochschülerinnen- und Hochschülerschaft eingerichtet ist,**
2. **an den von der Rektorin oder dem Rektor der Universität oder der Pädagogischen Hochschule oder der Leiterin oder dem Leiter der Privatuniversität oder der Vertreterin oder dem Vertreter des Erhalters eines Fachhochschul-Studienganges gemäß § 13 Abs. 3 und § 24 Abs. 3 HSG 2014 zur Verfügung gestellten Plakatflächen und**
3. **an den der Wahlkommission zur Verfügung gestellten Plakatflächen.**

Erläuterungen zur Novelle (BGBl. II Nr. 48/2017):

Vorgesehen ist, dass in Zukunft Wahlvorschläge von wahlwerbenden Gruppen und Kandidaturen von Kandidatinnen und Kandidaten neben der persönlichen Übergabe an die Vorsitzenden der Wahlkommissionen oder Unterwahlkommissionen und der Übermittlung mittels eingeschriebenem Brief auch durch ein mit einer qualifizierten elektronischen Signatur gemäß § 3 Z 3a des Signaturgesetzes, BGBl. I Nr. 190/1999 idF BGBl. I Nr. 59/2008, in der jeweils geltenden Fassung, versehenem Dokument, bei den Vorsitzenden der Wahlkommissionen oder Unterwahlkommissionen eingebracht werden können. Damit soll dieser Prozess der Einbringung eines Wahlvorschlages für wahlwerbende Gruppen und der Einbringung einer Kandidatur für Kandidatinnen und Kandidaten erleichtert werden. Insbesondere ist dabei an Studierende zu denken, die sich aufgrund der Absolvierung eines Auslandssemesters zu diesem Zeitpunkt noch außerhalb Österreichs befinden. Dafür hat jede Wahlkommission oder Unterwahlkommission neben der postalischen Anschrift eine elektronische Einbringungsstelle (z. B. E-Mail-Adresse) bekannt zu geben und zu veröffentlichen.

Anmerkungen:

Die Inbetriebnahme eigener Homepages durch die Wahlkommissionen ist weder erforderlich noch zweckmäßig, da es sich bei den Wahlkommissionen um Organe der Körperschaften ÖH oder HS handelt.

2. Abschnitt
Wahladministrationssystem

Wahladministrationssystem

§ 12. (1) Zur Sicherstellung des gleichen Wahlrechtes für die Wahl der Bundesvertretung und der Hochschulvertretungen und zur Unterstützung der Durchführung der Hochschülerinnen- und Hochschülerschaftswahlen ist ein elektronisches Wahladministrationssystem von den Wahlkommissionen zu verwenden. Die Wahlkommission der Österreichischen Hochschülerinnen- und Hochschülerschaft kann die Bundesministerin oder den Bundesminister um Unterstützung bei Erfüllung der Aufgaben gegen Ersatz der diesbezüglichen Aufwendungen nach Maßgabe des § 46 zweiter Satz HSG 2014 ersuchen.

(2) Das Wahladministrationssystem hat insbesondere folgende Funktionen zu enthalten:

1. **Erstellung der Wählerinnen- und Wählerverzeichnisse,**
2. **Zuordnung der Studien zu Studienvertretungen,**
3. **Beantragung einer Wahlkarte und Ersichtlichmachung der Beantragung einer Wahlkarte bei einer oder einem Wahlberechtigten im System und ob an diese oder diesen eine Wahlkarte versendet oder von dieser oder diesem persönlich abgeholt worden ist,**
4. **Führung eines elektronischen Abstimmungsverzeichnisses für die Wahl der Bundesvertretung, der Hochschulvertretungen und der Studienvertretungen,**
5. **Übermittlung der Ergebnisse der abgegebenen Briefwahlstimmen für die Wahl der Hochschulvertretungen von der Wahlkommission der Österreichischen Hochschülerinnen- und Hochschülerschaft an die Wahlkommissionen und Unterwahlkommissionen,**
6. **Übermittlung der Ergebnisse der Wahl der Bundesvertretung von den Wahlkommissionen und Unterwahlkommissionen an die Wahlkommission der Österreichischen Hochschülerinnen- und Hochschülerschaft.**

(3) Die Wahlkommission der Österreichischen Hochschülerinnen- und Hochschülerschaft hat für deren Vorsitzende oder Vorsitzenden (Stellvertreterin oder Stellvertreter), die Vorsitzenden der Wahlkommissionen der Hochschülerinnen- und Hochschülerschaften (Stellvertreterin oder Stellvertreter) und die Vorsitzenden der Unterwahlkommissionen (Stellvertreterin oder Stellvertreter) auf gesicherte Art eine Zugangsberechtigung bereitzustellen. Die Wahlkommission kann beschließen, dass auf Grund besonderer Erfordernisse (insbesondere dislozierte Standorte oder übermäßige Anzahl von Unterkommissionen etc.) zusätzlichen vertrauenswürdigen Personen eine Zugangsberechtigung bereitgestellt werden kann.

(4) Die Zugangsberechtigungen sind auf die Aufgabenbereiche der jeweiligen Wahlkommissionen oder Unterkommissionen einzuschränken. Die dem Stand der Technik entsprechenden Sicherheitserfordernisse sind zu gewährleisten.

(5) Die Wahlkommission der Österreichischen Hochschülerinnen- und Hochschülerschaft hat rechtzeitig vor Beginn der Wahlhandlung für jede Unterkommission an jeder Bildungseinrichtung eine der Anzahl der Wahlberechtigten und der örtlichen Gegebenheiten entsprechende Anzahl an Zugangsberechtigungen zu erstellen, die von der oder dem Vorsitzenden der Wahlkommission der Österreichischen Hochschülerinnen- und Hochschülerschaft verwaltet werden. Jede dieser Zugangsberechtigung besteht aus einem Benutzernamen und einem Passwort und ist nur ein Mal verwendbar. Die Zugangsberechtigungen der jeweiligen Unterkommissionen sind so zu erstellen, dass die Benutzernamen unverwechselbar jedenfalls mit der Bezeichnung der Unterkommission sowie einer fortlaufenden Nummer zu versehen sind. Die Wahlkommission der Österreichischen Hochschülerinnen- und Hochschülerschaft ist berechtigt, durch Beschluss Dienstleister mit der Abwicklung der Organisation der Bestellung, Verwaltung und Versendung der Zugangsberechtigungen zu beauftragen.

(6) Die oder der Vorsitzende der Wahlkommission der Österreichischen Hochschülerinnen- und Hochschülerschaft hat den Vorsitzenden der Wahlkommissionen und den Vorsitzenden der Unterwahlkommissionen die Zugangsberechtigungen für die Unterkommissionen an den jeweiligen Bildungseinrichtungen zu übermitteln. Falls die Zugangsberechtigungen elektronisch übermittelt werden, hat die Übermittlung in einem dem Stand der Technik entsprechenden sicheren Übertragungsmodus zu erfolgen. An Bildungseinrichtungen, an denen keine Unterkommissionen eingerichtet sind, agiert die Wahlkommission oder die Unterwahlkommission gleichzeitig als Unterkommission. Die Passwörter der Zugangsberechtigungen der Unterkommissionen dürfen ausschließlich den Vorsitzenden der Wahlkommissionen oder der Unterwahlkommissionen bekannt sein, nicht jedoch den übrigen Mitgliedern der Wahlkommissionen.

(7) Die oder der Vorsitzende der Wahlkommission oder die oder der Vorsitzende der Unterwahlkommission hat dafür Sorge zu tragen, dass die Zugangsberechtigungen für die Unterkommissionen an der Bildungseinrichtung einzeln in Kuverts gelegt werden. Die Kuverts sind mit der Bezeichnung der Bildungseinrichtung, mit der Nummer der jeweiligen Unterkommission und mit einer fortlaufenden Nummer zu beschriften und zu verschließen. Vor Beginn der Wahlhandlung sind den Unterkommissionen die verschlossenen Kuverts mit den Zugangsberechtigungen zu übergeben, sofern die Wahlhandlung nicht von der oder dem Vorsitzenden (Stellvertreterin oder Stellvertreter) gestartet wird.

(8) Sobald sich eine Unterkommission im elektronischen Wahladministrationssystem anmelden möchte, hat sie das Kuvert mit der niedrigsten noch nicht verwendeten Nummer zu öffnen und die in diesem Kuvert enthaltene Zugangsberechtigung zu verwenden. Kuverts dürfen nur in Anwesenheit aller Mitglieder der jeweiligen Unterkommission geöffnet werden. Sollte die Anwesenheit aller Mitglieder nicht möglich sein, so ist der Grund dafür in der Niederschrift festzuhalten. Der Zeitpunkt des Öffnens eines Kuverts ist in der Niederschrift zu dokumentieren.

(9) Geht die Zugangsberechtigung einer Unterkommission verloren oder wird eine Zugangsberechtigung missbräuchlich verwendet, so hat die zuständige Wahlkommission oder Unterwahlkommission unverzüglich die Wahlkommission der Österreichischen Hochschülerinnen- und Hochschülerschaft zu informieren. Die oder der Vorsitzende der Wahlkommission der Österreichischen Hochschülerinnen- und Hochschülerschaft hat dafür Sorge zu tragen, dass die Zugangsberechtigung unverzüglich im elektronischen Wahladministrationssystem gesperrt wird. Sollte die Zugangsberechtigung bereits verwendet worden sein, so kann die zuständige Wahlkommission oder Unterwahlkommission im Einvernehmen mit der Wahlkommission der Österreichischen Hochschülerinnen- und Hochschülerschaft beschließen, alle Einträge, die von der verloren gegangenen oder missbräuchlich verwendeten Zugangsberechtigung im elektronischen Wahladministrationssystem gesetzt wurden, rückgängig zu machen.

Erläuterungen:

Zur Sicherstellung, dass eine Stimme für die Wahl der Bundesvertretung und die jeweilige Hochschulvertretung von einer wahlberechtigten Person nur einmal abgegeben werden kann und zur Unterstützung der Durchführung dieser Wahlen, ist die Zurverfügungstellung eines Wahladministrationssystems durch die Wahlkommission der Österreichischen Hochschülerinnen- und Hochschülerschaft notwendig. Dieses Wahladministrationssystem muss bei den Hochschülerinnen- und Hochschülerschaftswahlen von den Wahlkommissionen und deren eingerichteten Unterkommissionen verpflichtend verwendet werden.

Die wichtigsten Funktionen des Wahladministrationssystems sind: die Erstellung eines gesamten Wählerinnen- und Wählerverzeichnisses, welches alle Wahlberechtigten an sämtlichen Bildungseinrichtungen, inklusive aller Wahlberechtigungen, enthält (Wählerinnen- und Wählerverzeichnis BV). Aus diesem Wählerinnen- und Wählerverzeichnis können sodann von den zuständigen Wahlkommissionen bzw. Unterwahlkommissionen die Wählerinnen- und Wählerverzeichnisse erstellt werden, welche alle Wahlberechtigten an der jeweiligen Bildungseinrichtung enthalten bzw. vor einer bestimmten Unterkommission wahlberechtigt sind. Eine Voraussetzung der Erstellung des Wählerinnen- und Wählerverzeichnisses BV ist die Zuordnung der an der jeweiligen Bildungseinrichtung angebotenen Studien zu einer Studienvertretung. Grundsätzlich hat jedes Studium eine eigene Studienvertretung, welche aber auf Beschluss der zuständigen Hochschulvertretung auch zusammengelegt werden können. Um ein korrektes Wählerinnen- und Wählerverzeichnis BV, inklusive der Wahlberechtigungen für die Studienvertretungen, erstellen zu können, hat daher jede Wahlkommission bzw. Unterwahlkommission jedes Studium an der betreffenden Bildungseinrichtung einer Studienvertretung im System zuzuweisen.

Die Beantragung einer Wahlkarte und die Versendung oder Abholung einer Wahlkarte ist im Wahladministrationssystem zu vermerken. Eine Wahlkarte kann nur dann versendet oder ausgefolgt werden, wenn eine Überprüfung der Antragstellerin oder des Antragstellers auf seine Wahlberechtigungen hin, anhand des Wählerinnen- und Wählerverzeichnisses BV, stattgefunden hat.

Während der Hochschülerinnen- und Hochschülerschaftswahlen muss vor jeder Aushändigung eines Stimmzettels an eine Wahlberechtigte oder einen Wahlberechtigten anhand des elektronisch geführten Abstimmungsverzeichnisses überprüft werden, ob die oder der Wahlberechtigte sein Stimmrecht für das jeweilige zu wählende Organ noch nicht ausgeübt hat und nach Ausfolgung des Stimmzettels ist dieser Vorgang im elektronisch geführten Abstimmungsverzeichnis zu vermerken.

Schließlich dient das Wahladministrationssystem der Übermittlung der Ergebnisse der abgegebenen Briefwahlstimmen für die Wahl der Hochschulvertretungen von der Wahlkommission der Österreichischen Hochschülerinnen- und Hochschülerschaft an die Wahlkommissionen bzw. Unterwahlkommissionen, der Übermittlung der Ergebnisse der Wahl der Bundesvertretung von den Wahlkommissionen bzw. Unterwahlkommissionen an die Wahlkommission der Österreichischen Hochschülerinnen- und Hochschülerschaft.

Eine Zugangsberechtigung zum Einstieg in das Wahladministrationssystem erhalten die jeweiligen Vorsitzenden und stellvertretenden Vorsitzenden der Wahlkommissionen. Diese dürfen die Zugangsberechtigung nicht weitergeben und haben sich vor Beginn der Wahlhandlung an jedem Tag an jedem Standort einer Unterkommission für diese einzuloggen. Die Wahlkommission kann beschließen, dass auf Grund besonderer Erfordernisse (dislozierte Standorte oder übermäßige Anzahl von Unterkommissionen) zusätzlichen vertrauenswürdigen Personen eine Zugangsberechtigung bereitgestellt werden kann.

Die Zugangsberechtigungen sind auf die Aufgabenbereiche der jeweiligen Wahlkommissionen oder Unterkommissionen einzuschränken und die dem Stand der Technik entsprechenden Sicherheitserfordernisse sind zu gewährleisten. Die Wahlkommission der Österreichischen Hochschülerinnen- und Hochschülerschaft hat fristgerecht für jede Unterkommission eine ausreichende Anzahl an Zugangangsberechtigungen für das Wahladministrationssystem zu erstellen. Diese sind von der oder dem Vorsitzenden der Wahlkommission der Österreichischen Hochschülerinnen- und Hochschülerschaft zu verwalten und den Vorsitzenden der Wahlkommissionen bzw. Unterwahlkommissionen zu übermitteln. Es ist sicherzustellen, dass die Passwörter der Zugangsberechtigungen der Unterkommissionen ausschließlich den Vorsitzenden der Wahlkommissionen bzw. der Unterwahlkommissionen bekannt sind; den übrigen Mitgliedern dürfen diese nicht bekannt gegeben werden. Von den Wahlkommissionen bzw. Unterwahlkommissionen ist sicherzustellen, dass die Zugänge für die Unter-

kommissionen einzeln in Kuverts gegeben werden. Die Kuverts sind mit der Bezeichnung der Bildungseinrichtung, mit der Nummer der jeweiligen Unterkommission und mit dem jeweiligen Benutzernamen zu beschriften und zu verschließen. Diese verschlossenen Kuverts sind den Unterkommissionen vor Beginn der Wahlhandlung zu übergeben. Die Kuverts dürfen nur in Anwesenheit sämtlicher Mitglieder der Unterkommission geöffnet werden. Für den Fall, dass eine Zugangsberechtigung einer Unterkommission verloren geht oder missbräuchlich verwendet wird, ist seitens der zuständigen Wahlkommission unverzüglich die Wahlkommission der Österreichischen Hochschülerinnen- und Hochschülerschaft zu verständigen. Die oder der Vorsitzende der Wahlkommission der Österreichischen Hochschülerinnen- und Hochschülerschaft hat dafür Sorge zu tragen, dass die Zugangsberechtigung unverzüglich im elektronischen Wahladministrationssystem gesperrt wird. Sollte die Zugangsberechtigung bereits verwendet worden sein, so kann die zuständige Wahlkommission im Einvernehmen mit der Wahlkommission der Österreichischen Hochschülerinnen- und Hochschülerschaft beschließen, alle Einträge, die von der verloren gegangenen oder missbräuchlich verwendeten Zugangsberechtigung im elektronischen Wahladministrationssystem gesetzt wurden, rückgängig zu machen.

Anmerkungen:
Die Funktionen des Wahladministrationssystems sind demonstrativ aufgezählt. Weitere Funktionen können durch Beschluss der Wahlkommission der ÖH festgelegt und zur Anwendung vorgeschrieben werden.

Es obliegt dem Ermessen der Vorsitzenden der Wahlkommissionen und der Unterwahlkommissionen die Zugangsberechtigungen für die Unterkommissionen, entweder diesen zur Verfügung zu stellen, oder den Einstieg in das Wahladministrationssystem für die Unterkommissionen selbst vorzunehmen oder die Stellvertreterin oder den Stellvertreter damit zu beauftragen.

3. Abschnitt
Wählerinnen- und Wählerverzeichnis

Erfassung der Wahlberechtigten

§ 13. (1) Aktiv wahlberechtigt sind jene ordentlichen Mitglieder, die am ersten Wahltag das 14. Lebensjahr vollendet haben. Passiv wahlberechtigt sind jene ordentlichen Mitglieder, die am ersten Wahltag das 18. Lebensjahr vollendet haben. Für die Bundesvertretung und die Hochschulvertretungen sind alle ordentlichen Mitglieder der Österreichischen Hochschülerinnen- und Hochschülerschaft an der jeweiligen Bildungseinrichtung aktiv und passiv wahlberechtigt, die für das Semester, in dem die Wahl abgehalten wird, zu einem Studium zugelassen sind oder die Fortsetzung

des Studiums gemeldet haben oder die auf Grund eines Ausbildungsvertrages zu einem Studium zugelassen sind und den Studierendenbeitrag gemäß § 38 Abs. 2 HSG 2014 entrichtet haben.

(2) Für die Studienvertretungen sind die Studierenden an der jeweiligen Bildungseinrichtung aktiv und passiv wahlberechtigt, die für die jeweiligen Studien zugelassen sind und für das Semester, in dem die Wahl abgehalten wird, die Fortsetzung des Studiums gemeldet haben oder auf Grund eines Ausbildungsvertrages zu einem Studium zugelassen sind und den Studierendenbeitrag gemäß § 38 Abs. 2 HSG 2014 entrichtet haben.

(3) Studierende eines an mehreren Bildungseinrichtungen gemeinsam eingerichteten Studiums sind bei Vorliegen der Voraussetzungen der Abs. 1 und 2 für die jeweilige Wahl, abweichend von Abs. 1 und 2, für zwei Hochschulvertretungen und die dazugehörigen Studienvertretungen nach Wahl der oder des Studierenden aktiv wahlberechtigt und für die Hochschulvertretungen und die dazugehörigen Studienvertretungen an allen am gemeinsam eingerichteten Studium beteiligten Bildungseinrichtungen passiv wahlberechtigt.

Erläuterungen zur Novelle (BGBl. II Nr. 48/2017):

Festgelegt wird nunmehr eine Altersgrenze für die aktive und die passive Wahlberechtigung. Aktiv wahlberechtigt sind jene ordentlichen Mitglieder, die am Stichtag das 14. Lebensjahr vollendet haben. Passiv wahlberechtigt sind jene ordentlichen Mitglieder, die am Stichtag das 18. Lebensjahr vollendet haben. Diese unterschiedliche Festlegung der Altersgrenzen rührt daher, dass erst mit 18. Jahren die Volljährigkeit erreicht wird und damit die unbeschränkte Geschäftsfähigkeit eintritt.

Zusätzlich müssen die Studierenden um wahlberechtigt zu sein, für das Semester, in dem die Wahl abgehalten wird, zu einem Studium zugelassen sein oder die Fortsetzung des Studiums gemeldet haben oder auf Grund eines Ausbildungsvertrages zu einem Studium zugelassen sein und den Studierendenbeitrag gemäß § 38 Abs. 2 HSG 2014 entrichtet haben.

Bisher waren Studierende eines an mehreren Bildungseinrichtungen gemeinsam eingerichteten Studiums für die Hochschulvertretungen und die Studienvertretungen an jeder dieser Bildungseinrichtung wahlberechtigt. Diese Norm hat die bis vor dem Wintersemester 2015/2016 typische Ausgestaltung eines gemeinsam eingerichteten Studiums vor Augen gehabt. Alle gemeinsam eingerichteten Studien waren bis zu diesem Zeitpunkt solche Studien die in Kooperation zwischen zwei Bildungseinrichtungen angeboten wurden.

Durch das Bundesrahmengesetz zur Einführung einer neuen Ausbildung für Pädagoginnen und Pädagogen hat der Gesetzgeber im Jahre 2013 neue Rahmenbedingungen für die Ausbildung von Pädagoginnen und Pädagogen geschaffen, eine verstärkte Zusammenarbeit von Universitäten und Pädagogischen Hochschulen bei der Ausbildung von Pädagoginnen und Pädagogen for-

ciert und eine Kooperationsverpflichtung von Universitäten und Pädagogischen Hochschulen in definierten Bereichen festgelegt.

Mit Wintersemester 2015/2016 hat der „Süd-Ost-Verbund" begonnen, ein gemeinsam eingerichtetes Lehramtsstudium im Bereich der Sekundarstufe (Allgemeinbildung) anzubieten. Dafür haben sich acht Universitäten und Pädagogische Hochschulen zusammengeschlossen, um ein gemeinsam eingerichtetes Studium anzubieten. Die Zulassung zu einem solchen gemeinsam eingerichteten Studium hat nur an einer der beteiligten Bildungseinrichtungen, grundsätzlich nach Wahl der Studierenden, zu erfolgen. Mit der Zulassung an der Universität oder Pädagogischen Hochschule wird die oder der Studierende auch Angehörige oder Angehöriger aller am gemeinsam eingerichteten Lehramtsstudium beteiligten Universitäten und Pädagogischen Hochschulen (siehe dazu §§ 3a Abs. 4 und 4 Abs. 4 UniStEV 2004).

Bezüglich der bisher vorgesehenen Regelung, dass Studierende eines an mehreren Bildungseinrichtungen gemeinsam eingerichteten Studiums für die Hochschulvertretungen und die Studienvertretungen an jeder dieser Bildungseinrichtungen wahlberechtigt sind, wurden von der ÖH Bedenken geäußert. Diese bestehen in der Sorge, dass durch eine etwaige Wahlberechtigung an allen beteiligten Bildungseinrichtungen, einerseits die Organisation der Wahlen an diesen Bildungseinrichtungen ungemein erschwert wird und andererseits, dass es durch gezielte „Aktionen" zu einer starken Beeinflussung und Steuerung der Wahlbeteiligungen und Wahlergebnisse kommen könnte.

Um dies hintanzuhalten wird vorgeschlagen, dass die Wahlberechtigung von Studierenden eines an mehreren Bildungseinrichtungen gemeinsam eingerichteten Studiums derart festgelegt wird, dass diese an zwei Bildungseinrichtungen wahlberechtigt sind. Die Bildungseinrichtungen an denen solche Studierende ihr Wahlrecht ausüben, können von den Studierenden frei gewählt werden.

Die Begrenzung auf zwei Wahlberechtigungen rührt daher, dass gemeinsam eingerichtete Studien vorwiegend von zwei Bildungseinrichtungen durchgeführt werden und gemeinsam eingerichtete Lehramtsstudien unter anderem aus zwei Unterrichtsfächern bzw. einem Unterrichtsfach und einer Spezialisierung bestehen.

Anmerkungen:

Siehe die Anmerkungen zu § 47 HSG 2014.

Stichtag

§ 14. Das Wahlrecht und die Wählbarkeit sind, abgesehen vom Wahlalter, nach einem Stichtag, der sieben Wochen vor dem ersten Wahltag liegt, zu beurteilen.

Anmerkungen:

Siehe die Anmerkungen zu § 47 HSG 2014.

Allgemeines zum Wählerinnen- und Wählerverzeichnis

§ 15. (1) Zur Sicherstellung des gleichen Wahlrechtes ist gemäß § 43 Abs. 4 HSG 2014 von der Wahlkommission der Österreichischen Hochschülerinnen- und Hochschülerschaft ein Wählerinnen- und Wählerverzeichnis ohne Sozialversicherungsnummer zu erstellen. Dieses Wählerinnen- und Wählerverzeichnis hat alle Wahlberechtigten an sämtlichen Bildungseinrichtungen zu enthalten.

(2) Zur Erstellung des Wählerinnen- und Wählerverzeichnisses ist ein Datenverbund einzurichten, der jedenfalls folgende Daten der ordentlichen Mitglieder der Österreichischen Hochschülerinnen- und Hochschülerschaft an der jeweiligen Bildungseinrichtung zu enthalten hat:

1. **Familienname,**
2. **Vorname,**
3. **bildungseinrichtungsspezifische Personenkennzeichen (Matrikelnummer, Personenkennzahl, Personenkennzeichen etc.),**
4. **Sozialversicherungsnummer oder Ersatzkennzeichen,**
5. **Geburtsdatum,**
6. **Geschlecht,**
7. **Anschrift am Studienort und am Heimatort,**
8. **die an der jeweiligen Bildungseinrichtung betriebenen Studien einschließlich deren Codierung,**
9. **die Bezeichnung der Bildungseinrichtung einschließlich deren Codierung,**
10. **E-Mail-Adresse der oder des Studierenden an der Bildungseinrichtung,**
11. **bereichsspezifisches Personenkennzeichen BF.**

(3) Der Datenverbund gemäß Abs. 2 dient der sicheren Speicherung der übermittelten Daten der Studierenden und ist ein integrierter Bestandteil des Wahladministrationssystems.

Erläuterungen zur Novelle (BGBl. II Nr. 48/2017):

Es wurde eine legistische Anpassung vorgenommen. Neu hinzugekommen ist die Ziffer 11. Die Bildungseinrichtungen sind in Hinkunft auch verpflichtet, das bereichsspezifische Personenkennzeichen BF der oder des Studierenden an die Wahlkommission der ÖH zu übermitteln. Zur Erstellung des Wählerinnen- und Wählerverzeichnisses, in welchem alle wahlberechtigten Studierenden enthalten sind, ist die Sozialversicherungsnummer notwendig. Die von den Bildungseinrichtungen einzeln übermittelten Verzeichnisse der Wahlberechtigten werden anhand der Sozialversicherungsnummer bzw. dem Ersatzkennzeichen zusammengeführt, damit gewährleistet ist, dass eine Studierende oder ein Studierender nur einen Eintrag im Wählerinnen- und Wählerverzeichnis hat und somit die Wahlberechtigung für die Bundesvertretung nur einmal ausgeübt werden kann. Geplant ist in Hinkunft für diesen Prozess der Zusammenführung das bereichsspezifische Personenkennzeichen zu verwenden und nicht mehr die Sozialversicherungsnummer. Da aber nicht gewährleistet ist, dass alle Bildungseinrichtungen für jede Studierende und jeden Studierenden ein bereichsspezifisches Personenkennzeichen zum Zeitpunkt der verpflichtenden Datenübermittlung für die ÖH-Wahlen 2017 generieren können, sind daher zumindest für diese Wahl beide Datensätze zu übermitteln.

Anmerkungen:
Siehe die Anmerkungen zu § 43 HSG 2014.

§ 43 Abs. 5 HSG 2014 enthält eine demonstrative Aufzählung von Daten der wahlberechtigten ordentlicher Mitglieder der ÖH, die für die Erstellung des Wählerinnen- und Wählerverzeichnisses durch die Wahlkommission der ÖH erforderlich sind. Zusätzlich legt die HSWO 2014 fest, dass die betriebenen Studien, sowie die Bezeichnungen der Bildungseinrichtungen entsprechende Codierungen zu enthalten haben. Darüber hinaus hat der Datenverbund auch die offiziellen E-Mail-Adressen der Studierenden der jeweiligen Bildungseinrichtungen zu enthalten.

Übermittlung der Daten der Wahlberechtigten an die Wahlkommission der Österreichischen Hochschülerinnen- und Hochschülerschaft

§ 16. (1) Die Daten gemäß § 15 Abs. 2 sind von der Rektorin oder dem Rektor der Universität oder der Pädagogischen Hochschule oder der Leiterin oder dem Leiter der Privatuniversität oder der Vertreterin oder dem Vertreter des Erhalters eines Fachhochschul-Studienganges bis spätestens 31. Dezember jeden Jahres, das einer Hochschülerinnen- und Hochschülerschaftswahl vorangeht, in elektronischer Form unentgeltlich an die Wahlkommission der Österreichischen Hochschülerinnen- und Hochschülerschaft zu übermitteln. Unmittelbar nach Ablauf des Stichtages gemäß § 47 Abs. 5 HSG 2014 sind diese Daten binnen zweier Werktage neuerlich in elektronischer Form an die Wahlkommission der Österreichischen Hochschülerinnen- und Hochschülerschaft zu übermitteln.

(2) Die Daten gemäß § 15 Abs. 2 sind in einem von der Wahlkommission der Österreichischen Hochschülerinnen- und Hochschülerschaft bekanntzugebenden einheitlichen Datenformat und Verschlüsselungsverfahren elektronisch an diese zu übermitteln.

(3) Die Wahlkommission der Österreichischen Hochschülerinnen- und Hochschülerschaft hat sicherzustellen, dass die übermittelten Daten gemäß § 15 Abs. 2 in einem dem Stand der Technik entsprechenden Sicherheitsstandard gespeichert werden.

(4) Die Löschung der Daten gemäß § 15 Abs. 2 ist von der Wahlkommission der Österreichischen Hochschülerinnen- und Hochschülerschaft frühestens nach rechtskräftiger Entscheidung allfälliger Rechtsmittel durchzuführen und hat spätestens eine Woche nach rechtskräftiger Entscheidung allfälliger Rechtsmittel zu erfolgen.

(5) Wird von der Wahlkommission der Österreichischen Hochschülerinnen- und Hochschülerschaft ein Dienstleister mit dem Betrieb des Wahladministrationssystems inklusive des Datenverbundes beauftragt, kann diese festlegen, dass die Daten gemäß § 15 Abs. 2 direkt an den Dienstleister zu übermitteln sind.

Erläuterungen:

Zur Sicherstellung des gleichen Wahlrechtes ist gemäß § 43 Abs. 4 HSG 2014 von der Wahlkommission der Österreichischen Hochschülerinnen- und Hochschülerschaft ein Wählerinnen- und Wählerverzeichnis ohne Sozialversicherungsnummer zu erstellen. Dieses Wählerinnen- und Wählerverzeichnis hat alle Wahlberechtigten an sämtlichen Bildungseinrichtungen zu enthalten.

Für die Erstellung des Wählerinnen- und Wählerverzeichnisses BV haben die Rektorin oder der Rektor der Universität oder der Pädagogischen Hochschule oder die Leiterin oder der Leiter der Privatuniversität oder die Vertreterin oder der Vertreter des Erhalters eines Fachhochschul-Studienganges bis spätestens 31. Dezember jeden Jahres (Anmerkung: eingefügt wurde durch die Novelle die Wortfolge: „das einer Hochschülerinnen- und Hochschülerschaftswahl vorangeht“) und unmittelbar nach Ablauf des Stichtages gemäß § 47 Abs. 5 HSG 2014 binnen zweier Werktage die Daten gemäß § 15 Abs. 2 in elektronischer Form unentgeltlich an die Wahlkommission der Österreichischen Hochschülerinnen- und Hochschülerschaft zu übermitteln.

Die Übermittlung der Daten hat in einem von der Wahlkommission der Österreichischen Hochschülerinnen- und Hochschülerschaft bekanntzugebenden einheitlichem Datenformat (z. B. csv, xml, etc.) und Verschlüsselungsverfahren (z. B. mittels PGP (Pretty Good Privacy) zu erfolgen.

Erläuterungen zur Novelle (BGBl. II Nr. 48/2017):

Eingeschränkt wird die Verpflichtung der Datenübermittlung an die Wahlkommission der ÖH durch die Rektorin oder den Rektor der Universität oder der Pädagogischen Hochschule oder der Leiterin oder den Leiter der Privatuniversität oder der Vertreterin oder den Vertreter des Erhalters eines Fachhochschul-Studienganges bis spätestens 31. Dezember jeden Jahres, das einer ÖH-Wahl vorangeht. Für die kommenden ÖH-Wahlen im Jahre 2019 ist somit eine Datenübermittlung bis spätestens 31. Dezember 2018 vorzunehmen.

Anmerkungen:

Bei der Formulierung „Stand der Technik“ handelt es sich um eine Technikklausel. Diese bezieht sich auf jene technischen Möglichkeiten, die zum jeweiligen

Zeitpunkt auf gesicherten Erkenntnissen von Wissenschaft und Technik beruhen.

Rechtsprechung VwGH:
Unter Werktag ist jeder Tag zu verstehen, der nicht ein Sonntag oder ein gesetzlicher Feiertag ist (Hinweis E 20. April 1972, 2399/71, VwSlg 8216 A/1972).

Erstellung des vorläufigen Wählerinnen- und Wählerverzeichnisses

§ 17. (1) Zur Erstellung des vorläufigen Wählerinnen- und Wählerverzeichnisses hat die Wahlkommission der Österreichischen Hochschülerinnen- und Hochschülerschaft die gemäß § 15 Abs. 2 übermittelten Daten auf ihre Vollständigkeit und Richtigkeit zu überprüfen und in einem gesamten vorläufigen Wählerinnen- und Wählerverzeichnis (vorläufiges Wählerinnen- und Wählerverzeichnis BV) zusammenzufassen.

(2) Scheinen Wahlberechtigte mehrfach (insbesondere auf Grund des Betreibens von Studien an mehreren Bildungseinrichtungen) in den übermittelten Daten auf, sind diese mehrfachen Einträge einer oder eines Wahlberechtigten zur Gewährleistung des gleichen Wahlrechtes für die Wahl der Bundesvertretung von der Wahlkommission der Österreichischen Hochschülerinnen- und Hochschülerschaft zu einem Eintrag im vorläufigen Wählerinnen- und Wählerverzeichnis BV zusammenzuführen. Die Zusammenführung hat durch Abgleichung des bereichsspezifischen Personenkennzeichens BF der Wahlberechtigten zu erfolgen, sofern auf Grund der anderen übermittelten Merkmale (Familienname, Vorname, Geburtsdatum, bildungseinrichtungsspezifisches Personenkennzeichen etc.) kein begründeter Zweifel besteht, dass es sich um die gleiche Person handelt. Die Zusammenführung kann automatisiert erfolgen, es ist aber in jedem Fall zu dokumentieren, aus welchen Gründen für oder gegen eine Zusammenführung entschieden wurde. In Zweifelsfällen entscheidet die Wahlkommission der Österreichischen Hochschülerinnen- und Hochschülerschaft.

(3) Lassen sich Einträge anhand des bereichsspezifischen Personenkennzeichens BF nicht eindeutig zusammenführen, sind diese Datensätze einer oder eines Wahlberechtigten von der Wahlkommission der Österreichischen Hochschülerinnen- und Hochschülerschaft nur bei Übereinstimmung der anderen übermittelten Merkmale (Familienname, Vorname, Geburtsdatum, bildungseinrichtungsspezifisches Personenkennzeichen, etc.) zusammenzuführen.

(4) Die Wahlberechtigten sind sodann, alphabetisch nach Familienname geordnet, in dem vorläufigen Wählerinnen- und Wählerverzeichnis BV einzutragen, wobei das bereichsspezifische Personenkennzeichen BF ausgeblendet und jeder und jedem Wahlberechtigten zur eindeutigen Identifizierbarkeit ein eigenes Identifikationsmerkmal (fortlaufende Nummer

der Position im vorläufigen Wählerinnen- und Wählerverzeichnis BV) zugeordnet wird.

Anmerkungen:
Die Daten sämtlicher Wahlberechtigter sind in einem vorläufigen Wählerinnen- und Wählerverzeichnis zu erfassen. Durch Abgleichung dieser Daten anhand des bereichsspezifischen Personenkennzeichens BF (bzw. bis dieses für alle Studierenden vorhanden ist anhand der Sozialversicherungsnummer bzw. des Ersatzkennzeichens) wird gewährleistet, dass eine wahlberechtigte Person nur einen Eintrag im Wählerinnen- und Wählerverzeichnis hat und somit zur Wahl der Bundesvertretung nur einmal wahlberechtigt ist. Damit ist der Grundsatz des gleichen Wahlrechtes sichergestellt.

Vorläufiges Wählerinnen- und Wählerverzeichnis

§ 18. (1) Das vorläufige Wählerinnen- und Wählerverzeichnis enthält alle Wahlberechtigten für die Wahl der Bundesvertretung (vorläufiges Wählerinnen- und Wählerverzeichnis BV).

(2) Aus diesem vorläufigen Wählerinnen- und Wählerverzeichnis BV sind sodann die vorläufigen Wählerinnen- und Wählerverzeichnisse HV zu erstellen. Dies erfolgt, indem aus dem vorläufigen Wählerinnen- und Wählerverzeichnis BV alle Wahlberechtigten für die jeweilige Hochschulvertretung in einem vorläufigen Wählerinnen- und Wählerverzeichnis HV zusammengefasst werden.

(3) Für die Wahlen der Hochschulvertretungen und Studienvertretungen an den jeweiligen Bildungseinrichtungen ist jeweils derjenige Teil des Wählerinnen- und Wählerverzeichnisses BV zu verwenden, der jene Wahlberechtigten enthält, die vor der zuständigen Wahlkommission oder Unterwahlkommission oder Unterkommission wahlberechtigt sind.

(4) Das Wählerinnen- und Wählerverzeichnis hat insbesondere folgende Spalten der ordentlichen Mitglieder zu enthalten:

1. **fortlaufende Nummer im Wählerinnen- und Wählerverzeichnis BV (ID),**
2. **Familienname der oder des Studierenden,**
3. **Vorname der oder des Studierenden,**
4. **Geburtsdatum,**
5. **bildungseinrichtungsspezifische Personenkennzeichen (Matrikelnummer, Personenkennzahl, Personenkennzeichen etc.),**
6. **Wahlberechtigungen (Bundesvertretung, Hochschulvertretung(en), Studienvertretung(en)),**
7. **leere Spalte zum Eintrag der fortlaufenden Nummer des elektronischen Abstimmungsverzeichnisses.**

Erläuterungen zur Novelle (BGBl. II Nr. 48/2017):
In Zukunft hat das Wählerinnen- und Wählerverzeichnis zusätzlich für alle Wahlberechtigten eine leere Spalte zu enthalten, in welche die Nummer des elektronischen Abstimmungsverzeichnisses durch ein Mitglied der Wahlkommission oder Unterwahlkommission oder Unterkommission eingetragen werden muss. Bisher war diesbezüglich vorgesehen, dass neben dem elektronisch geführten bzw. generierten Abstimmungsverzeichnis die Stimmabgabe auch in einem papierenen Abstimmungsverzeichnis durch ein Mitglied der Wahlkommission oder Unterwahlkommission oder Unterkommission eingetragen werden musste. Durch die Einführung der verpflichtenden Verwendung des elektronischen Wahladministrationssytems bei den ÖH-Wahlen durch das HSG 2014, in welchem die Ausgabe der Stimmzettel an die Wahlberechtigten durch ein Mitglied der Wahlkommission oder Unterwahlkommission oder Unterkommission vermerkt werden muss, wird automatisch und elektronisch ein Abstimmungsverzeichnis generiert. Dieses elektronisch generierte Abstimmungsverzeichnis ist seit dem HSG 2014 das „federführende", welches auch in ausgedruckter Form der Niederschrift als Beilage anzuschließen ist. In Hinkunft reicht es aus, dass das Mitglied der Wahlkommission oder Unterwahlkommission oder Unterkommission, das die Streichung im papierbasierten Wählerinnen- und Wählerverzeichnis vornimmt, die Nummer (Position) der Wählerin oder des Wählers, die im elektronischen Abstimmungsverzeichnis angezeigt wird, bei der Wählerin oder dem Wähler im papierenen Wählerinnen- und Wählerverzeichnis zusätzlich einträgt. Ein papierenes Abstimmungsverzeichnis ist nicht mehr zu führen.

Einsichtnahme in das vorläufige Wählerinnen- und Wählerverzeichnis

§ 19. (1) Die Wählerinnen- und Wählerverzeichnisse sind innerhalb eines Zeitraumes von sechs Wochen vor dem letzten Wahltag bis fünf Wochen vor dem ersten Wahltag aufzulegen.

(2) Aufzulegen ist:

1. **In den Räumen der Österreichischen Hochschülerinnen- und Hochschülerschaft das vorläufige Wählerinnen- und Wählerverzeichnis BV und**
2. **in den Räumen der jeweiligen Hochschülerinnen- und Hochschülerschaft oder der Hochschulvertretung an Bildungseinrichtungen, an denen keine Hochschülerinnen- und Hochschülerschaft eingerichtet ist, das vorläufige Wählerinnen- und Wählerverzeichnis HV.**

(3) Während des Zeitraumes gemäß Abs. 1 kann jedes ordentliche Mitglied der Österreichischen Hochschülerinnen- und Hochschülerschaft Einsicht in das jeweilige vorläufige Wählerinnen- und Wählerverzeichnis nehmen.

(3a) Die Wahlkommission der Österreichischen Hochschülerinnen- und Hochschülerschaft kann beschließen, dass während des Zeitraumes gemäß Abs. 1, auch eine Einsichtnahme ins vorläufige Wählerinnen- und Wählerverzeichnis im Wege des elektronischen Wahladministrationssystems erfolgen kann. Dafür hat die oder der Studierende ihre oder seine Identität durch Verwendung der Bürgerkarte, einschließlich jener mittels Mobiltelefon (Handy-Signatur), glaubhaft zu machen. Die Einsichtnahme ins vorläufige Wählerinnen- und Wählerverzeichnis ist dabei auf die eigenen Wahlberechtigungen beschränkt. Ein diesbezüglicher Beschluss ist nur dann zulässig, wenn für alle ordentlichen Mitglieder der Österreichischen Hochschülerinnen- und Hochschülerschaft das bereichsspezifische Personenkennzeichen BF gemäß § 15 Abs. 2 Z 11 vorhanden ist.

(4) Die Wahlkommissionen haben an den von der Rektorin oder dem Rektor der Universität oder der Pädagogischen Hochschule oder der Leiterin oder dem Leiter der Privatuniversität oder der Vertreterin oder dem Vertreter des Erhalters eines Fachhochschul-Studienganges gemäß § 13 Abs. 3 und § 24 Abs. 3 HSG 2014 zur Verfügung gestellten Plakatflächen und den den Wahlkommissionen zugewiesenen Plakatflächen die Wahlberechtigten fristgerecht auf den genauen Zeitpunkt und die Dauer der Einsichtnahme hinzuweisen.

(5) Die Wahlkommission der Österreichischen Hochschülerinnen- und Hochschülerschaft kann beschließen, dass Informationen zur Wahl in elektronischer Form (E-Mail) an alle Wahlberechtigten versandt werden. Die Wahlkommission der Österreichischen Hochschülerinnen- und Hochschülerschaft ist berechtigt, durch Beschluss einen Dienstleister mit der Versendung zu beauftragen.

Anmerkungen:

Durch die Möglichkeit der Einsichtnahme in das vorläufige Wählerinnen- und Wählerverzeichnis, kann jede und jeder Wahlberechtigte feststellen, ob sie oder er im Wählerinnen- und Wählerverzeichnis aufscheint und somit wahlberechtigt ist.

Neu aufgenommen wurde eine Bestimmung, die es ermöglicht, dass während des Zeitraumes der Einsichtnahme, auch eine Einsichtnahme ins vorläufige Wählerinnen- und Wählerverzeichnis im Wege des elektronischen Wahladministrationssystems erfolgen kann. Dies muss von der Wahlkommission der ÖH beschlossen werden, wobei die Fassung eines solchen Beschlusses erst dann möglich ist, wenn das bereichsspezifische Personenkennzeichen BF für alle Studierenden gebildet wurde.

Einsprüche gegen das vorläufige Wählerinnen- und Wählerverzeichnis

§ 20. (1) Im gemäß § 19 festgelegten Zeitraum kann jedes ordentliche Mitglied der Österreichischen Hochschülerinnen- und Hochschülerschaft bei der oder dem Vorsitzenden der jeweiligen Wahlkommission schriftlich Einspruch gegen das vorläufige Wählerinnen- und Wählerverzeichnis erheben. Der Einspruch hat einen Antrag auf Aufnahme einer oder eines Wahlberechtigten in das Wählerinnen- und Wählerverzeichnis, die Berichtigung einer Wahlberechtigung oder die Streichung einer oder eines nicht Wahlberechtigten aus dem Wählerinnen- und Wählerverzeichnis zu enthalten.

(2) Die zuständige Wahlkommission hat über Einsprüche gegen das vorläufige Wählerinnen- und Wählerverzeichnis längstens binnen dreier Werktage zu entscheiden. Eine Verbesserung des vorläufigen Wählerinnen- und Wählerverzeichnisses ist insbesondere notwendig, wenn durch Vorlage geeigneter Urkunden oder Belege dessen Unrichtigkeit nachgewiesen wird. Gegen die Entscheidung der Wahlkommission ist kein gesondertes Rechtsmittel zulässig.

(3) Ist auf Grund einer Entscheidung der Wahlkommission eine Änderung des vorläufigen Wählerinnen- und Wählerverzeichnis notwendig, hat die zuständige Wahlkommission oder Unterwahlkommission diese Entscheidung unmittelbar nach Beschlussfassung der Wahlkommission der Österreichischen Hochschülerinnen- und Hochschülerschaft mitzuteilen. Die Wahlkommission der Österreichischen Hochschülerinnen- und Hochschülerschaft hat sodann die Änderung des vorläufigen Wählerinnen- und Wählerverzeichnisses vorzunehmen oder zu veranlassen.

(4) Dieses von der Wahlkommission der Österreichischen Hochschülerinnen-und Hochschülerschaft berichtigte Wählerinnen- und Wählerverzeichnis (Wählerinnen- und Wählerverzeichnis BV) ist der Hochschülerinnen- und Hochschülerschaftswahl zugrunde zu legen.

Anmerkungen:

Scheint ein ordentliches Mitglied der ÖH im vorläufigen Wählerinnen- und Wählerverzeichnis nicht auf, besteht die Möglichkeit, einen schriftlichen Einspruch zu erheben. Darüber hinaus kann jedes ordentliche Mitglied der ÖH die Berichtigung oder die Streichung eines nicht Wahlberechtigten aus dem Wählerinnen- und Wählerverzeichnis verlangen. Über derartige Einsprüche hat die jeweilige Wahlkommission oder Unterwahlkommission binnen dreier Werktage zu entscheiden. Entscheidungen der Wahlkommissionen und Unterwahlkommissionen über Änderungen sind der Wahlkommission der ÖH unverzüglich bekannt zu geben, welche sodann die Berichtigung von Einträgen im vorläufigen Wählerinnen- und Wählerverzeichnis vorzunehmen hat. Nach Abschluss der Berichtigungen des vorläufigen Wählerinnen- und Wählerverzeichnisses liegt das endgültige, für die Hochschülerinnen- und Hochschülerschaftswahlen zu verwendende Wählerinnen- und Wählerverzeichnis vor.

Verwendung des Wählerinnen- und Wählerverzeichnisses bei den Wahlen

§ 21. Die oder der Vorsitzende der Wahlkommission oder Unterwahlkommission hat längstens am Tag vor dem erstmaligen Beginn der Wahlhandlung unter Verwendung des Wahladministrationssystems papierbasierte Wählerinnen- oder Wählerverzeichnisse in ausreichender Stückzahl herzustellen. Sind Unterkommissionen eingerichtet, hat die oder der Vorsitzende aus dem Wählerinnen- oder Wählerverzeichnis HV, Verzeichnisse der Wahlberechtigten für die jeweiligen Wirkungsbereiche der Unterkommissionen anzufertigen (Wählerinnen- und Wählerverzeichnis UK). Die Wählerinnen- und Wählerverzeichnisse UK sind der jeweiligen Unterkommission vor dem erstmaligen Beginn der Wahlhandlung zu übergeben.

Erläuterungen zur Novelle (BGBl. II Nr. 48/2017):
Es wurde eine legistische Anpassung, aufgrund der Möglichkeit einen Wahltag oder zwei Wahltage durch Beschluss der Wahlkommission oder Unterwahlkommission vorzuziehen, vorgenommen.

4. Abschnitt
Wahlvorschläge und Kandidaturen

Wahlvorschläge

§ 22. (1) Gruppen, die sich an der Wahl beteiligen wollen, haben frühestens sieben Wochen vor dem ersten Wahltag bis spätestens fünf Wochen vor dem ersten Wahltag bei der zuständigen Wahlkommission mit eingeschriebenem Brief oder durch ein mit einer qualifizierten elektronischen Signatur gemäß Art. 3 Z 12 der Verordnung (EU) Nr. 910/2014 über elektronische Identifizierung und Vertrauensdienste für elektronische Transaktionen im Binnenmarkt und zur Aufhebung der Richtlinie 1999/93/EG (im Folgenden: eIDAS-VO), ABl. Nr. L 257 vom 28.08.2014 S. 73, in der Fassung der Berichtigung ABl. Nr. L 257 vom 29.01.2015 S.19, versehenes Dokument einen Wahlvorschlag einzubringen. Es sind Formulare nach dem Muster der Anlagen 2 und 3 zu verwenden.

(2) Die Formvorschrift des Abs. 1 entfällt, wenn der Wahlvorschlag innerhalb der Frist des Abs. 1 der oder dem Vorsitzenden der zuständigen Wahlkommission persönlich übergeben wird. Die Übergabe ist sowohl durch die Vorsitzende oder den Vorsitzenden der Wahlkommission als auch

durch eine weitere bei der Übergabe anwesende Person schriftlich zu bestätigen. Das Datum, die Uhrzeit und der Ort der Übergabe sind auf dem Wahlvorschlag zu vermerken.

(3) Jeder Wahlvorschlag hat zu enthalten:

1. **die Bezeichnung der wahlwerbenden Gruppe, gegebenenfalls auch eine der Bezeichnung entsprechende Kurzbezeichnung,**
2. **eine Liste der Kandidatinnen und Kandidaten,**
3. **die Zustimmungserklärungen der Kandidatinnen und Kandidaten,**
4. **die Bezeichnung einer zustellungsbevollmächtigten Vertreterin oder eines zustellungsbevollmächtigten Vertreters,**
5. **eine ausreichende Zahl von Unterstützungserklärungen (§ 27).**

Erläuterungen zur Novelle (BGBl. II Nr. 48/2017):

Vorgesehen ist, dass in Zukunft Wahlvorschläge von wahlwerbenden Gruppen und Kandidaturen von Kandidatinnen und Kandidaten neben der persönlichen Übergabe an die Vorsitzenden der Wahlkommissionen oder Unterwahlkommissionen und der Übermittlung mittels eingeschriebenem Brief auch durch ein mit einer qualifizierten elektronischen Signatur gemäß § 3 Z 3a des Signaturgesetzes, BGBl. I Nr. 190/1999 idF BGBl. I Nr. 59/2008, in der jeweils geltenden Fassung, versehenem Dokument, bei den Vorsitzenden der Wahlkommissionen oder Unterwahlkommissionen eingebracht werden können. Damit soll dieser Prozess der Einbringung eines Wahlvorschlages für wahlwerbende Gruppen und der Einbringung einer Kandidatur für Kandidatinnen und Kandidaten erleichtert werden. Insbesondere ist dabei an Studierende zu denken, die sich aufgrund der Absolvierung eines Auslandssemesters zu diesem Zeitpunkt noch außerhalb Österreichs befinden. Dafür hat jede Wahlkommission oder Unterwahlkommission neben der postalischen Anschrift eine elektronische Einbringungsstelle (z. B. E-Mail-Adresse) bekannt zu geben und zu veröffentlichen.

Anmerkungen:

Der Wahlvorschlag, also die Willensbekundung einer wahlwerbenden Gruppe, an der Hochschülerinnen- und Hochschülerschaftswahl teilnehmen zu wollen, kann entweder mit einem eingeschriebenen Brief oder durch ein mit einer qualifizierten elektronischen Signatur gemäß Art. 3 Z 12 eIDAS-VO versehenem Dokument eingebracht oder persönlich bei der oder dem Vorsitzenden der zuständigen Wahlkommission übergeben werden. Die Adresse und die elektronische Einbringungsstelle der Wahlkommission ist von dieser fristgerecht in geeigneter Weise bekannt zu geben. Bei einer persönlichen Übergabe hat neben der oder dem Vorsitzenden der zuständigen Wahlkommission eine weitere Person die Übergabe zu bestätigen. Bei dieser Person muss es sich um kein Mitglied der Wahlkommission handeln.

Bezeichnung der wahlwerbenden Gruppen

§ 23. (1) Weisen mehrere Wahlvorschläge für ein Organ dieselben oder schwer unterscheidbare Bezeichnungen auf, so hat die zuständige Wahlkommission die zustellungsbevollmächtigten Vertreterinnen und Vertreter der betreffenden wahlwerbenden Gruppen aufzufordern, binnen drei Tagen, längstens aber bis vier Wochen vor dem ersten Wahltag, das Einvernehmen über die unterscheidenden Bezeichnungen herzustellen. Kommt ein Einvernehmen nicht zustande, so hat die zuständige Wahlkommission unterscheidende Bezeichnungen der Wahlvorschläge festzusetzen.

(2) Wahlwerbende Gruppen, die bisher im betreffenden Organ vertreten waren, sind jedenfalls berechtigt, ihre bisherige Bezeichnung beizubehalten.

(3) Die Verwendung von Bezeichnungen von Organen des HSG 2014 als Bezeichnung einer wahlwerbenden Gruppe ist nicht zulässig.

Anmerkungen:

Wenn mehrere fristgerecht eingebrachte Wahlvorschläge für ein Organ dieselbe oder eine schwer unterscheidbare Bezeichnung aufweisen, sind die zustellungsbevollmächtigten Vertreterinnen und Vertreter dieser wahlwerbenden Gruppen von der Wahlkommission aufzufordern, das Einvernehmen über für die Wählerinnen und Wähler klar unterscheidbare und somit nicht verwechselbare Bezeichnungen herzustellen. Wird dieser Aufforderung nicht fristgerecht Rechnung getragen, so hat die Wahlkommission durch Beschluss klar und deutlich unterscheidende Bezeichnungen und allenfalls Kurzbezeichnungen, festzusetzen.

Bei Fristen, die nach Tagen bestimmt sind, wird der Tag, an dem das fristauslösende Ereignis stattfindet, nicht mitgerechnet. Die Frist beginnt um 0.00 Uhr des folgenden Tages zu laufen und endet um 24.00 Uhr des letzten Tages der Frist (vergleiche § 32 Abs. 1 AVG).

Kandidatinnen- und Kandidatenliste

§ 24. (1) Die Kandidatinnen- und Kandidatenliste darf höchstens doppelt so viele Personen enthalten, wie für das jeweilige Organ Mandate zu vergeben sind.

(2) Für jede Kandidatin und jeden Kandidaten ist anzugeben:

1. Familienname und Vorname,

2. Geburtsjahr,

3. Anschrift,

4. die Bezeichnung des Studiums,

5. das bildungseinrichtungsspezifische Personenkennzeichen (Matrikelnummer, Personenkennzahl, Personenkennzeichen etc.),

6. E-Mail-Adresse.

(3) Für jede Kandidatin und jeden Kandidaten ist für das Wahlsemester eine Bestätigung über die Zulassung zu einem Studium, eine Bestätigung über die Fortsetzungsmeldung des Studiums oder eine Bestätigung eines aufrechten Ausbildungsverhältnisses anzuschließen oder nachzuweisen.

(4) Kandidatinnen und Kandidaten, die nicht passiv wahlberechtigt sind, sind von der Kandidatinnen- und Kandidatenliste zu streichen.

(5) Enthält eine Kandidatinnen- und Kandidatenliste mehr Kandidatinnen und Kandidaten als zulässig, so sind die überzähligen Kandidatinnen und Kandidaten zu streichen.

Erläuterungen zur Novelle (BGBl. II Nr. 48/2017):

Jeder Wahlvorschlag einer wahlwerbenden Gruppe hat unter anderem eine Liste der Kandidatinnen und Kandidaten zu enthalten. In der Kandidatinnen- und Kandidatenliste ist gemäß § 24 Abs. 2 der Familienname und Vorname, das Geburtsjahr, die Anschrift, die Bezeichnung des Studiums und das bildungseinrichtungsspezifische Personenkennzeichen für jede Kandidatin und jeden Kandidaten anzugeben. Um bei etwaigen Nachfragen schneller mit der Kandidatin oder dem Kandidaten in Kontakt treten zu können, muss nunmehr auch eine E-Mail-Adresse angegeben werden.

Anmerkungen:

Die Bestätigung über die Zulassung zu einem Studium, über die Fortsetzungsmeldung oder das Vorliegen eines aufrechten Ausbildungsverhältnisses kann auch in Form einer Sammelbestätigung seitens des zuständigen Organs der jeweiligen Bildungseinrichtung erfolgen.

Die zuständige Wahlkommission hat das Vorliegen der passiven Wahlberechtigung zu überprüfen und etwaige nicht passiv Wahlberechtigte sowie jene Kandidatinnen und Kandidaten von der Liste zu streichen, die über das doppelte Ausmaß der für das jeweilige Organ zu vergebenden Mandate hinausgehen.

Zustimmungserklärungen

§ 25. (1) In den Wahlvorschlag darf eine Person nur dann aufgenommen werden, wenn sie oder er ihre oder seine Zustimmung schriftlich erklärt hat. Die Erklärung ist dem Wahlvorschlag anzuschließen.

(2) Kandidatinnen und Kandidaten, die keine Zustimmungserklärung abgegeben haben, sind zu streichen.

Zustellungsbevollmächtigte Vertreterinnen und Vertreter

§ 26. (1) Jeder Wahlvorschlag hat den Familiennamen und den Vornamen und die Anschrift einer zustellungsbevollmächtigten Vertreterin oder eines zustellungsbevollmächtigten Vertreters zu enthalten.

(2) Wenn ein Wahlvorschlag keine zustellungsbevollmächtigte Vertreterin oder keinen zustellungsbevollmächtigten Vertreter anführt, so gilt die jeweils an erster Stelle des Wahlvorschlages stehende Person als zustellungsbevollmächtigte Vertreterin oder als zustellungsbevollmächtigter Vertreter der wahlwerbenden Gruppe.

(3) Die wahlwerbende Gruppe kann die zustellungsbevollmächtigte Vertreterin oder den zustellungsbevollmächtigten Vertreter jederzeit durch eine andere Vertreterin oder einen anderen Vertreter ersetzen. Solche an die Wahlkommission zu richtende Erklärungen bedürfen der Unterschrift der letzten zustellungsbevollmächtigten Vertreterin oder des letzten zustellungsbevollmächtigten Vertreters. Stimmt diese oder dieser nicht zu und ist sie oder er nach Ansicht der wahlwerbenden Gruppe nicht mehr in der Lage, die wahlwerbende Gruppe zu vertreten, so muss die Erklärung von mehr als der Hälfte der Kandidatinnen und Kandidaten, die zum Zeitpunkt der Einbringung des Wahlvorschlages auf diesem angeführt waren, unterschrieben sein.

Anmerkungen:
Eine zustellungsbevollmächtigte Vertreterin oder ein zustellungsbevollmächtigter Vertreter einer wahlwerbenden Gruppe kann von der wahlwerbenden Gruppe nur mit ihrer oder seiner Zustimmung ausgetauscht werden. Stimmt sie oder er nicht zu oder ist sie oder er nach Ansicht der wahlwerbenden Gruppe nicht mehr fähig, die wahlwerbende Gruppe ordnungsgemäß zu vertreten, muss die Erklärung von mehr als der Hälfte der Kandidatinnen und Kandidaten, die zum Zeitpunkt der Einbringung des Wahlvorschlages auf diesem angeführt waren, unterschrieben werden.

Unterstützungserklärungen

§ 27. (1) Jeder Wahlvorschlag, mit Ausnahme des Wahlvorschlages für die Bundesvertretung, muss mindestens folgende Anzahl von Unterstützungserklärungen von für das betreffende Organ Wahlberechtigten aufweisen: Wahlvorschläge für

1. **Organe bis 500 Wahlberechtigte müssen von 10,**
2. **Organe mit mehr als 500 Wahlberechtigten von 20,**
3. **Organe mit mehr als 1 000 Wahlberechtigten von 30,**
4. **Organe mit mehr als 5 000 Wahlberechtigten von 50,**
5. **Organe mit mehr als 15 000 Wahlberechtigten von 100,**
6. **Organe mit mehr als 30 000 Wahlberechtigten von 150,**
7. **Organe mit mehr als 100 000 Wahlberechtigten von 200 Wahlberechtigten unterstützt werden.**

(2) Der Wahlvorschlag für die Bundesvertretung muss von mindestens 200 Wahlberechtigten aus mindestens sieben Bildungseinrichtungen un-

terstützt werden, wobei diese Unterstützungserklärungen von mindestens zehn Wahlberechtigten je Bildungseinrichtung stammen müssen.

(3) Bei jeder dem Wahlvorschlag angeschlossenen Unterstützungserklärung ist der Familienname und der Vorname, wenn vorhanden das bildungseinrichtungsspezifische Personenkennzeichen (Matrikelnummer, Personenkennzahl, Personenkennzeichen etc.), die Anschrift und das Studium der oder des Unterstützenden anzugeben. Überdies ist für das Wahlsemester eine Bestätigung gemäß Abs. 4 über die Zulassung zu einem Studium, eine Bestätigung über die Fortsetzungsmeldung des Studiums oder eine Bestätigung eines aufrechten Ausbildungsverhältnisses anzuschließen oder nachzuweisen. Für die Unterstützungserklärungen sind Formulare nach dem Muster der Anlagen 4 und 5 zu verwenden.

(4) Die Zulassung zu einem Studium oder eine Bestätigung über die Fortsetzungsmeldung des Studiums oder eines aufrechten Ausbildungsverhältnisses ist durch die Rektorin oder den Rektor der Universität oder der Pädagogischen Hochschule oder die Leiterin oder den Leiter der Privatuniversität oder die Vertreterin oder den Vertreter des Erhalters eines Fachhochschul-Studienganges binnen drei Werktagen nach Beantragung zu bestätigen oder auszustellen.

(5) Wahlberechtigte dürfen eine Unterstützungserklärung für die Bundesvertretung oder eine Hochschulvertretung nur dann unterfertigen, wenn sie für diese wahlberechtigt sind.

(6) Abs. 4 widersprechende Unterstützungserklärungen sind von der Wahlkommission als ungültig zu streichen, wenn

1. **die Person, die eine Unterstützungserklärung abgegeben hat, überhaupt nicht wahlberechtigt ist;**
2. **die Person für eine Hochschulvertretung, auf die sich der Wahlvorschlag bezieht, nicht wahlberechtigt ist; die Gültigkeit der Unterstützungserklärung derselben Person auf einem Wahlvorschlag für eine Hochschulvertretung, für welche sie wahlberechtigt ist, wird hierdurch nicht berührt.**

(7) Eine Zurückziehung einzelner Unterstützungserklärungen nach Einlangen des Wahlvorschlages ist von der Wahlkommission nicht zur Kenntnis zu nehmen, es sei denn, dass die Unterstützerin oder der Unterstützer der Wahlkommission glaubhaft macht, dass sie oder er durch einen wesentlichen Irrtum oder durch arglistige Täuschung oder Drohung zur Unterstützung des Wahlvorschlages bestimmt worden ist und die Zurückziehung der Unterstützungserklärung spätestens vier Wochen vor dem ersten Wahltag erfolgt ist.

Erläuterungen:

Die derzeitige Rechtslage wurde im Wesentlichen übernommen. Neben terminologischen Änderungen wurden die Fristigkeiten geändert und bei den Unter-

stützungserklärungen für Organe bis zu 1 000 Wahlberechtigten eine Teilung (in Organe unter 500 Wahlberechtigten und Organe mit mehr als 500 Wahlberechtigten) vorgenommen. Normiert wurde des Weiteren, dass die Anzahl der Unterstützungserklärungen für die Bundesvertretung weiterhin 200 beträgt, diese jedoch aus mindestens vier verschiedenen Bildungseinrichtungen stammen müssen.

Erläuterungen zur Novelle (BGBl. II Nr. 48/2017):
Jeder Wahlvorschlag muss eine bestimmte Anzahl von Unterstützungserklärungen von für das betreffende Organ Wahlberechtigten aufweisen. Nicht explizit geregelt war, ob der Nachweis der Wahlberechtigung durch die wahlwerbende Gruppe zu erbringen ist, oder ob die Wahlkommission oder Unterwahlkommission dies zu prüfen hat. Daher wird eine Klarstellung vorgenommen, dass die Wahlberechtigung für das Wahlsemester, welche durch eine Bestätigung über die Zulassung zu einem Studium oder eine Bestätigung über die Fortsetzungsmeldung des Studiums oder eine Bestätigung eines aufrechten Ausbildungsverhältnisses nachgewiesen werden kann, durch die wahlwerbende Gruppe nachgewiesen werden muss.
Die Zulassung zu einem Studium oder eine Bestätigung über die Fortsetzungsmeldung des Studiums oder eines aufrechten Ausbildungsverhältnisses ist durch die Rektorin oder den Rektor der Universität oder der Pädagogischen Hochschule oder die Leiterin oder den Leiter der Privatuniversität oder die Vertreterin oder den Vertreter des Erhalters eines Fachhochschul-Studienganges zu bestätigen oder auszustellen. Neu ist, dass ein solche Nachweis bzw. eine solche Bestätigung binnen drei Werktagen ab Beantragung auszustellen ist.

Anmerkungen:
Zu Absatz 4 siehe die Ausführungen zur Ausstellung einer „Sammelbestätigung“ in § 24.

Kandidatur für Studienvertretungen

§ 28. (1) Für Wahlen in Studienvertretungen hat jede Kandidatin und jeder Kandidat ihre oder seine Kandidatur bei der zuständigen Wahlkommission oder Unterwahlkommission frühestens sieben Wochen vor dem ersten Wahltag und spätestens vier Wochen vor dem letzten Wahltag mit eingeschriebenem Brief oder durch ein mit einer qualifizierten elektronischen Signatur gemäß Art. 3 Z 12 eIDAS-VO versehenes Dokument bekannt zu geben. Es sind Formulare nach dem Muster der Anlage 6 zu verwenden.

(2) Die Formvorschrift des Abs. 1 entfällt, wenn die Kandidatur innerhalb der Frist des Abs. 1 der oder dem Vorsitzenden der zuständigen Wahlkommission oder Unterwahlkommission persönlich übergeben wird. Die Übergabe ist sowohl durch die Vorsitzende oder den Vorsitzenden der Wahlkommission oder Unterwahlkommission als auch durch eine weitere bei der Einbringung anwesende Person schriftlich zu bestätigen. Das Da-

tum, die Uhrzeit und der Ort der Übergabe sind auf der Kandidatur zu vermerken.

(3) Für jede Kandidatin und jeden Kandidaten ist anzugeben:

1. Familienname und Vorname,

2. Geburtsjahr,

3. Anschrift,

4. die Bezeichnung des Studiums,

5. das bildungseinrichtungsspezifische Personenkennzeichen (Matrikelnummer, Personenkennzahl, Personenkennzeichen etc.),

6. E-Mail-Adresse.

(4) Überdies ist für das Wahlsemester eine Bestätigung über die Zulassung zu einem Studium, eine Bestätigung über die Fortsetzungsmeldung des Studiums oder eine Bestätigung eines aufrechten Ausbildungsverhältnisses anzuschließen oder nachzuweisen. Die Zulassung zu einem Studium oder eine Bestätigung über die Fortsetzungsmeldung des Studiums oder eines aufrechten Ausbildungsverhältnisses ist durch die Rektorin oder den Rektor der Universität oder der Pädagogischen Hochschule oder die Leiterin oder den Leiter der Privatuniversität oder die Vertreterin oder den Vertreter des Erhalters eines Fachhochschul-Studienganges binnen drei Werktagen nach Beantragung zu bestätigen oder auszustellen.

(5) Kandidatinnen und Kandidaten, die für die jeweilige Studienvertretung nicht passiv wahlberechtigt sind, sind von der Wahlkommission oder Unterwahlkommission nicht zuzulassen.

Erläuterungen zur Novelle (BGBl. II Nr. 48/2017):

Jede Kandidatur einer Kandidatin oder eines Kandidaten für die Wahl einer Studienvertretung hat folgende Angaben zu enthalten: Familienname und Vorname, Geburtsjahr, Anschrift, Bezeichnung des Studiums und das bildungseinrichtungsspezifische Personenkennzeichen. Um bei etwaigen Nachfragen schneller mit der Kandidatin oder dem Kandidaten in Kontakt treten zu können, muss nunmehr auch eine E-Mail-Adresse angegeben werden.

Die Zulassung zu einem Studium oder eine Bestätigung über die Fortsetzungsmeldung des Studiums oder eines aufrechten Ausbildungsverhältnisses ist durch die Rektorin oder den Rektor der Universität oder der Pädagogischen Hochschule oder die Leiterin oder den Leiter der Privatuniversität oder die Vertreterin oder den Vertreter des Erhalters eines Fachhochschul-Studienganges zu bestätigen oder auszustellen. Neu ist, dass ein solcher Nachweis bzw. eine solche Bestätigung binnen drei Werktagen ab Beantragung auszustellen ist.

Anmerkungen:

Die Wahl der Studienvertretung ist eine Personenwahl. Zur Einbringung der Kandidatur siehe die Ausführungen zu § 22.

Prüfung und Verbesserung von Wahlvorschlägen und Kandidaturen

§ 29. (1) Die Wahlkommissionen haben die einlangenden Wahlvorschläge und Kandidaturen für Studienvertretungen unverzüglich hinsichtlich der Einhaltung der Vorschriften der §§ 22 bis 28 und hinsichtlich der passiven Wahlberechtigung der Kandidatinnen und Kandidaten zu überprüfen. Die zuständigen Organe der Bildungseinrichtungen haben die erforderlichen Auskünfte zu erteilen.

(2) Entspricht ein Wahlvorschlag den Bestimmungen des § 22 Abs. 1 und Abs. 3 Z 1 bis 3 und 5 und eine Kandidatur den Bestimmungen des § 28 Abs. 1, 2 und 4, weist jedoch Mängel hinsichtlich der gemäß § 24 Abs. 1 bis 3 oder § 27 Abs. 2 oder § 28 Abs. 3 erforderlichen Angaben und Nachweise auf, so hat die Wahlkommission den Wahlvorschlag der betreffenden wahlwerbenden Gruppe bzw. die Bekanntgabe der Kandidatur der jeweiligen Kandidatin oder dem jeweiligen Kandidaten mit Rückscheinbrief oder auf sonst geeignete Weise nachweislich zur Verbesserung zurückzustellen.

(3) Der verbesserte Wahlvorschlag oder die verbesserte Bekanntgabe der Kandidatur muss innerhalb einer Frist von drei Tagen nach Einlangen bei der zustellungsbevollmächtigten Vertreterin oder bei dem zustellungsbevollmächtigten Vertreter bzw. bei der Kandidatin oder dem Kandidaten, bei Wahlvorschlägen längstens vier Wochen vor dem ersten Wahltag und bei Kandidaturen längstens drei Wochen vor dem ersten Wahltag bei der zuständigen Wahlkommission mit eingeschriebenem Brief oder durch ein mit einer qualifizierten elektronischen Signatur gemäß Art. 3 Z 12 eIDAS-VO versehenes Dokument wieder eingelangt sein.

(4) Die Formvorschrift des Abs. 3 entfällt, wenn der verbesserte Wahlvorschlag oder die verbesserte Bekanntgabe der Kandidatur innerhalb der Frist des Abs. 3 der oder dem Vorsitzenden der zuständigen Wahlkommission persönlich übergeben wird. Die Übergabe ist sowohl durch die Vorsitzende oder den Vorsitzenden der Wahlkommission als auch durch eine gleichzeitig bei der Übergabe anwesende Person schriftlich zu bestätigen. Das Datum, die Uhrzeit und der Ort der Übergabe sind auf dem verbesserten Wahlvorschlag oder der verbesserten Bekanntgabe der Kandidatur zu vermerken.

(5) Werden zur Verbesserung zurückgestellte Wahlvorschläge und Kandidaturen nicht fristgerecht wieder vorgelegt, gelten diese Wahlvorschläge und diese Kandidaturen als zurückgezogen.

Anmerkungen:

Die Wahlkommissionen haben nach Einlangen der Wahlvorschläge und der Kandidaturen diese auf Einhaltung der Formvorschriften zu überprüfen.

Verbesserungsfähig ist ein Wahlvorschlag:

- der fristgerecht (frühestens sieben Wochen bis spätestens fünf Wochen vor dem ersten Wahltag) und ordnungsgemäß eingebracht oder übergeben wurde (§ 22 Abs. 1),
- die Bezeichnung der wahlwerbenden Gruppe (§ 22 Abs. 3 Z 1),
- die Liste der Kandidatinnen und Kandidaten (§ 22 Abs. 3 Z 2),
- die Zustimmungserklärungen der Kandidatinnen und Kandidaten (§ 22 Abs. 3 Z 3) enthält und
- eine ausreichende Zahl von Unterstützungserklärungen vorliegen (§ 22 Abs. 3 Z 5),

nur bei Vorliegen folgender Mängel:

- wenn die Kandidatinnen- und Kandidatenliste mehr als die doppelte Anzahl von Kandidatinnen und Kandidaten aufweist, als für das jeweilige Organ Mandate zu vergeben sind (§ 24 Abs. 1); [die überzähligen Kandidatinnen und Kandidaten sind von der Wahlkommission zu streichen] (§ 24 Abs. 5) oder
- wenn die Kandidatinnen- und Kandidatenliste nicht alle Angaben der Kandidatinnen und Kandidaten (Familienname und Vorname, Geburtsjahr, Anschrift, die Bezeichnung des Studiums, das bildungseinrichtungsspezifische Personenkennzeichen, E-Mail-Adresse) enthält (§ 24 Abs. 2) oder
- keine Bestätigung über die Zulassung zu einem Studium, eine Bestätigung über die Fortsetzungsmeldung des Studiums oder eine Bestätigung eines aufrechten Ausbildungsverhältnisses angeschlossen war oder nachgewiesen wurde (§ 24 Abs. 3) oder
- der Wahlvorschlag für die Bundesvertretung nicht von mindestens 200 Wahlberechtigten aus mindestens sieben Bildungseinrichtungen unterstützt wurde, wobei diese Unterstützungserklärungen von mindestens zehn Wahlberechtigten je Bildungseinrichtung stammen müssen (§ 27 Abs. 2).

Verbesserungsfähig ist eine Kandidatur:

- die fristgerecht bekanntgegeben (frühestens sieben Wochen vor dem ersten bis spätestens vier Wochen vor dem letzten Wahltag) wurde (§ 28 Abs. 1) oder
- übergeben wurde (§ 28 Abs. 2) und
- eine Bestätigung über die Zulassung zu einem Studium, eine Bestätigung über die Fortsetzungsmeldung des Studiums oder eine Bestätigung eines aufrechten Ausbildungsverhältnisses enthält (§ 28 Abs. 4),

nur bei Vorliegen folgender Mängel:

- wenn nicht alle Angaben der Kandidatin oder des Kandidaten (Familienname und Vorname, Geburtsjahr, Anschrift, die Bezeichnung des Studiums, das bildungseinrichtungsspezifische Personenkennzeichen, E-Mail-Adresse) vorhanden sind (§ 28 Abs. 3).

Ein Wahlvorschlag ist fristgerecht eingebracht oder eine Kandidatur ist fristgerecht bekanntgegeben, wenn der eingeschriebene Brief einen Poststempel jenes Tages aufweist, der fünf Wochen vor dem ersten Wahltag (Wahlvorschlag) bzw. vier Wochen vor dem letzten Wahltag (Kandidatur) liegt. Siehe dazu auch § 31 Abs. 2.

Die zustellungsbevollmächtigte Vertreterin oder der zustellungsbevollmächtigte Vertreter hat den verbesserungsfähigen Wahlvorschlag innerhalb einer Frist von drei Tagen nach Einlangen des Verbesserungsauftrages zu verbessern und dafür Sorge zu tragen, dass er spätestens vier Wochen vor dem ersten Wahltag bei der zuständigen Wahlkommission eingelangt ist. Die Übermittlung des verbesserten Wahlvorschlages durch Aufgabe mittels eingeschriebenen Briefes an jenem Tag, der vier Wochen vor dem ersten Wahltag liegt, reicht nicht aus. Es kommt auf das Einlangen des verbesserten Wahlvorschlages an jenem Tag, der vier Wochen vor dem ersten Wahltag liegt, bei der zuständigen Wahlkommission an.

Die Kandidatin oder der Kandidat hat die verbesserungsfähige Kandidatur innerhalb einer Frist von drei Tagen nach Einlangen des Verbesserungsauftrages zu verbessern und dafür Sorge zu tragen, dass die Kandidatur spätestens drei Wochen vor dem ersten Wahltag bei der zuständigen Wahlkommission eingelangt ist. Die Übermittlung der verbesserten Kandidatur durch Aufgabe mittels eingeschriebenen Briefes an jenem Tag, der drei Wochen vor dem ersten Wahltag liegt, reicht nicht aus. Es kommt auf das Einlangen der verbesserten Kandidatur an jenem Tag, der drei Wochen vor dem ersten Wahltag liegt, bei der zuständigen Wahlkommission an.

Zurückziehung von Wahlvorschlägen und Kandidaturen

§ 30. (1) Eine wahlwerbende Gruppe oder eine Kandidatin oder ein Kandidat kann den Wahlvorschlag oder die Kandidatur durch eine schriftliche Erklärung zurückziehen. Diese Erklärung muss bei Wahlvorschlägen längstens vier Wochen vor dem ersten Wahltag und bei Kandidaturen längstens drei Wochen vor dem ersten Wahltag bei der zuständigen Wahlkommission eingelangt sein und von der zustellungsbevollmächtigten Vertreterin oder vom zustellungsbevollmächtigten Vertreter der wahlwerbenden Gruppe und zumindest von der Hälfte der Wahlberechtigten, die seinerzeit den Wahlvorschlag unterstützt haben, bzw. von der Kandidatin oder vom Kandidaten unterschrieben sein.

(2) Ein Wahlvorschlag gilt als zurückgezogen, wenn sämtliche Kandidatinnen und Kandidaten längstens vier Wochen vor dem ersten Wahltag gegenüber der Wahlkommission schriftlich auf ihre Kandidatur verzichtet haben.

(3) Eine Kandidatur gilt als zurückgezogen, wenn die Kandidatin oder der Kandidat längstens drei Wochen vor dem ersten Wahltag gegenüber der Wahlkommission schriftlich auf ihre oder seine Kandidatur verzichtet.

Anmerkungen:
Für eine Zurückziehung eines Wahlvorschlages oder einer Kandidatur reicht eine schriftliche Erklärung aus. Die Zurückziehung muss somit nicht mittels eingeschriebenen Briefes erfolgen.

Rechtsprechung OGH:
„Schriftlichkeit" verlangt im Allgemeinen – entsprechend der Legaldefinition des § 886 ABGB – „Unterschriftlichkeit" (RIS-Justiz RS0014174 [T1]). Erforderlich ist also die eigenhändige Unterschrift unter dem Text. Dies gilt nicht nur für Verträge, sondern auch für einseitige Erklärungen (RIS-Justiz RS0017216). In diesem Sinn erfüllen gewöhnliche E-Mails ohne elektronische Signatur nicht das Schriftformgebot des § 886 ABGB (RIS-Justiz RS0126251; 5 Ob 133/10k, immolex 2011/62, 207 [Cerha] = JusIT 2011/3, 8 [Mader] zu § 16 Abs 1 Z 5 MRG; 5 Ob 166/10p, SZ 2011/29 = immolex 2012/54, 174 [Prader], ebenfalls zu § 16 Abs 1 Z 5 MRG) (siehe OGH: 3Ob104/14m vom 21.08.2014).

Ungültige Wahlvorschläge und Kandidaturen

§ 31. (1) Verfrüht oder verspätet eingebrachte Wahlvorschläge und Kandidaturen sowie Wahlvorschläge, die den Bestimmungen des § 22 Abs. 1 und Abs. 3 Z 1 bis 3 und 5, sowie Kandidaturen, die den Bestimmungen des § 28 Abs. 1 bis 4 nicht entsprechen, und zurückgezogene Wahlvorschläge (§ 30) sind ungültig.

(2) Bei der Beurteilung der Einhaltung von Fristen ist das Datum und die Uhrzeit des Poststempels des Aufgabepostamtes bzw. bei Übermittlung durch ein mit einer qualifizierten elektronischen Signatur gemäß Art. 3 Z 12 eIDAS-VO versehenes Dokument das Datum und die Uhrzeit des Versendens bzw. bei persönlicher Übergabe das Datum und die Uhrzeit der Übergabe maßgeblich. Bei Unleserlichkeit des Poststempels kann von der Wahlkommission der Aufgabeschein angefordert werden. Bei Poststempeln ohne Angabe der Uhrzeit gilt die Sendung als um 12.00 Uhr aufgegeben.

Anmerkungen:
Jene Wahlvorschläge und Kandidaturen, die nach Verstreichen der Verbesserungsfrist nicht in verbesserter Form eingebracht wurden und nicht verbesserungsfähige Wahlvorschläge und Kandidaturen sind ungültig und somit von der zuständigen Wahlkommission nicht zur Hochschülerinnen- und Hochschülerschaftswahl zuzulassen.

Zulassung und Veröffentlichung der Wahlvorschläge

§ 32. (1) Ein Wahlvorschlag ist gültig und von der Wahlkommission zuzulassen, wenn er den Vorschriften der §§ 22 bis 27 entspricht. Eine Kandidatur ist gültig und von der Wahlkommission zuzulassen, wenn sie den Vorschriften des § 28 entspricht.

(2) Die Wahlkommissionen haben bis spätestens vier Wochen vor dem letzten Wahltag auf Grund der zugelassenen gültigen Wahlvorschläge den Stimmzettel für die Wahl der jeweiligen Hochschulvertretung zu erstellen und diesen an die Wahlkommission der Österreichischen Hochschülerinnen- und Hochschülerschaft zu übermitteln.

(3) Die zugelassenen gültigen Wahlvorschläge und Kandidaturen sind in der gemäß § 23, § 24 Abs. 5 und § 25 Abs. 2 geänderten bzw. in der gemäß § 29 Abs. 3 verbesserten Form spätestens drei Wochen vor dem ersten Wahltag nach Organen geordnet zu verlautbaren. Für die Form der Verlautbarung gilt § 11.

(4) Nach der Veröffentlichung an Wahlvorschlägen und Kandidaturen festgestellte Mängel berühren die Gültigkeit dieser Wahlvorschläge und Kandidaturen nicht.

(5) Gleichzeitig mit der Veröffentlichung der Wahlvorschläge hat die Feststellung der Zahl der für jedes Organ zu vergebenden Mandate zu erfolgen.

Erläuterungen:

Auf Grund der Einführung der Briefwahl für die Wahl der Bundesvertretung und der Hochschulvertretungen und der damit einhergehenden Fristigkeiten, haben die Wahlkommissionen bis spätestens vier Wochen vor dem letzten Wahltag auf Grund der zugelassenen gültigen Wahlvorschläge den Stimmzettel für die Wahl der jeweiligen Hochschulvertretung zu erstellen und diesen an die Wahlkommission der Österreichischen Hochschülerinnen- und Hochschülerschaft zu übermitteln.

Anmerkungen:

Werden erst nach der Veröffentlichung Mängel an Wahlvorschlägen und Kandidaturen festgestellt, sind diese nicht weiter zu beachten und haben keine Auswirkungen auf die Gültigkeit dieser Wahlvorschläge und Kandidaturen. Derartige Mängel können erst nach Abschluss des Wahlvorganges durch die Einbringung eines Einspruches gegen die jeweilige Wahl geltend gemacht werden.

Zahl der zu vergebenden Mandate:

Bundesvertretung:

55 Mandatarinnen und Mandatare (§ 9 Abs. 1 Z 1 HSG 2014)

Hochschulvertretung einer HS:

- bei bis zu 7 000 Wahlberechtigten 9,
- bei bis zu 10 000 Wahlberechtigten 11,
- bei bis zu 14 000 Wahlberechtigten 13,
- bei bis zu 18 000 Wahlberechtigten 15,
- bei bis zu 23 000 Wahlberechtigten 17,

- bei bis zu 29 000 Wahlberechtigten 19,
- bei bis zu 35 000 Wahlberechtigten 21,
- bei bis zu 45 000 Wahlberechtigten 23,
- bei bis zu 60 000 Wahlberechtigten 25,
- bei über 60 000 Wahlberechtigten 27 Mandatarinnen und Mandatare (§ 16 Abs. 1 Z 1 HSG 2014).

Organe gemäß § 15 Abs. 2 HSG 2014:

- bei bis zu 2.000 Wahlberechtigten 5,
- bei bis zu 3.000 Wahlberechtigten 7,
- bei bis zu 4.000 Wahlberechtigten 9,
- bei über 4.000 Wahlberechtigten 11 Studierendenvertreterinnen und Studierendenvertreter (§ 18 Abs. 2 Z 1 HSG 2014).

Studienvertretung einer HS:

- bei bis zu 400 Wahlberechtigten 3,
- bei über 400 Wahlberechtigten 5 Mandatarinnen und Mandatare an (§ 19 Abs. 3 HSG 2014).

Hochschulvertretungen an Bildungseinrichtungen ohne HS:

- 7 Mandatarinnen und Mandatare (§ 26 Abs. 3 Z 1 HSG 2014).

Studienvertretung an Bildungseinrichtungen ohne HS:

- bei bis zu 400 Wahlberechtigten 3,
- bei über 400 Wahlberechtigten 5 Mandatarinnen und Mandatare an (§ 28 Abs. 3 HSG 2014).

5. Abschnitt
Durchführung der Wahlen

Bekanntmachung der Wahllokale und der Wahlzeiten

§ 33. (1) Die Wahlkommissionen haben spätestens zwei Wochen vor dem ersten Wahltag die Wahlzeiten und die Wahllokale zu verlautbaren. Für die Form der Verlautbarung gilt § 11.

(2) Bei der Festlegung der Wahlzeiten ist derart vorzugehen, dass die Ausübung des Wahlrechts für alle Wählerinnen und Wähler möglich ist. Bei Hochschülerinnen- und Hochschülerschaften mit weniger als 2 000 Wahlberechtigten müssen an jedem Wahltag mindestens sechs Stunden, an den drei Wahltagen insgesamt mindestens 18 Stunden für die Stimmabgabe zur Verfügung stehen. Bei Hochschülerinnen- und Hochschülerschaften mit 2 000 oder mehr Wahlberechtigten müssen an jedem Wahltag mindestens sechs Stunden, an den drei Wahltagen insgesamt mindestens 24 Stunden

für die Stimmabgabe zur Verfügung stehen. Am letzten Wahltag müssen die Wahlhandlungen um spätestens 17.00 Uhr beendet werden.

(3) An Bildungseinrichtungen, an denen keine Hochschülerinnen- und Hochschülerschaft eingerichtet ist, müssen an jedem Wahltag mindestens zwei Stunden, an den drei Wahltagen insgesamt mindestens zwölf Stunden für die Stimmabgabe zur Verfügung stehen. Am letzten Wahltag müssen die Wahlhandlungen um spätestens 17.00 Uhr beendet werden.

(4) Die Wahlkommissionen oder Unterwahlkommissionen an Bildungseinrichtungen gemäß § 1 Abs. 1 Z 2 bis 5 HSG 2014, an denen berufsbegleitende Studien oder duale Studiengänge eingerichtet sind, sind berechtigt, den ersten und/oder den zweiten Wahltag auf Freitag bzw. Samstag der der Wahl vorangehenden Woche vorzuziehen. Wurde ein solcher Beschluss gefasst, ist dieser bis spätestens vier Wochen vor dem letzten Wahltag an die Wahlkommission der Österreichischen Hochschülerinnen- und Hochschülerschaft zu übermitteln. Im HSG 2014 und in dieser Verordnung festgelegte Fristen, die sich nach den Wahltagen richten, bleiben davon unberührt.

Erläuterungen:
Abweichend von der allgemeinen Bestimmung in § 33 Abs. 1 wird bezüglich der Öffnungszeiten von Wahllokalen an Bildungseinrichtungen, an denen keine Hochschülerinnen- und Hochschülerschaft eingerichtet ist, eine divergierende Regelung getroffen. Auf Grund der geringen Größe (teilweise unter 100 Studierende) müssen die Wahllokale an diesen Bildungseinrichtungen an jedem Wahltag mindestens zwei Stunden, an den drei Wahltagen insgesamt mindestens 12 Stunden für die Stimmabgabe zur Verfügung stehen.

Erläuterungen zur Novelle (BGBl. II Nr. 48/2017):
In Absatz 1 wird bei Hochschülerinnen- und Hochschülerschaften eine Differenzierung der Zeiten vorgesehen, die für eine Stimmabgabe bei den ÖH-Wahlen verpflichtend zur Verfügung stehen müssen. Bei Hochschülerinnen- und Hochschülerschaften mit weniger als 2 000 Wahlberechtigten müssen an jedem Wahltag mindestens sechs Stunden, an den drei Wahltagen insgesamt mindestens 18 Stunden für die Stimmabgabe zur Verfügung stehen. Bei Hochschülerinnen- und Hochschülerschaften mit 2 000 oder mehr als 2 000 Wahlberechtigten müssen an jedem Wahltag mindestens sechs Stunden, an den drei Wahltagen insgesamt mindestens 24 Stunden für die Stimmabgabe zur Verfügung stehen.

In Absatz 4 wird festgelegt, dass die Wahlkommissionen (bei Hochschülerinnen- und Hochschülerschaften) oder Unterwahlkommissionen (bei Vertretungsstrukturen der Studierenden an Bildungseinrichtungen, an denen keine Hochschülerinnen- und Hochschülerschaft eingerichtet ist) an Pädagogischen Hochschulen, Fachhochschulen und Einrichtungen zur Durchführung von Fachhochschul-Studiengängen, Privatuniversitäten und der Universität für Weiterbildung Krems, an denen berufsbegleitende Studien oder duale Studiengänge eingerichtet sind, berechtigt sind, den ersten und/oder den zweiten Wahl-

tag auf Freitag bzw. Samstag der der Wahl vorangehenden Woche vorzuziehen. Durch diese Regelung soll es Studierenden, die vorwiegend am Wochenende auf der Bildungseinrichtung anwesend sind, ermöglicht werden, bei den ÖH-Wahlen teilzunehmen. Diese Möglichkeit besteht nicht an den Universitäten, da berufsbegleitende Studien bzw. duale Studiengänge hauptsächlich an den oben genannten Bildungseinrichtungen angeboten werden. Wird ein Wahltag auf den Freitag oder den Samstag oder werden zwei Wahltage auf den Freitag und den Samstag der Vorwoche der ÖH-Wahlen durch Beschluss der Wahlkommission oder Unterwahlkommission vorgezogen, hat dies aber keine Auswirkungen auf die im HSG 2014 und in diesem Bundesgesetz oder der HSWO 2014 festgelegte Fristen. Alle Fristen werden auch in Hinkunft von den durch Verordnung der Bundesministerin oder des Bundesministers festgelegten drei Wahltagen berechnet.

Verbotszone

§ 34. (1) Im Wahllokal und in einem von der zuständigen Wahlkommission oder Unterwahlkommission durch Beschluss zu bestimmenden Umkreis (Verbotszone) ist an den Wahltagen jede Art der Wahlwerbung, insbesondere auch durch Ansprachen an die Wählerinnen und Wähler oder durch Anschlag oder Verteilen von Wahlwerbung verboten. Der Umkreis darf vom Eingang des Wahllokales nicht weniger als 15 Meter und nicht mehr als 50 Meter betragen. Der Umkreis ist spätestens sieben Tage vor dem ersten Wahltag, unter Beschreibung der jedenfalls von der Verbotszone umfassten Räumlichkeiten oder Flächen, kundzumachen.

(2) Übertretungen gemäß Abs. 1 sind von der Bezirksverwaltungsbehörde mit Geldstrafe von 100 Euro bis zu 300 Euro zu ahnden.

Erläuterungen:

Vorgesehen ist nunmehr auch eine Verbotszone, innerhalb welcher an den Wahltagen jede Art der Wahlwerbung, insbesondere auch durch Ansprachen an die Wählerinnen und Wähler oder durch Anschlag oder Verteilen von Wahlwerbung verboten ist. Die Verbotszone umfasst jedenfalls das Wahllokal und weitere Flächen, wobei der Umkreis der Verbotszone vom Eingang des Wahllokales nicht weniger als 15 Meter und nicht mehr als 50 Meter betragen darf.

Verstöße gegen dieses Verbot sind von der Bezirksverwaltungsbehörde mit Geldstrafen von 100 bis zu 300 Euro zu ahnden. Die Wahlzellen müssen von der zuständigen Wahlkommission bzw. Unterwahlkommission (Unterkommission) regelmäßig kontrolliert werden, wobei vorgefundene Wahlwerbung sofort entfernt werden muss.

Anmerkungen:

Die Wahlkommission oder die Unterwahlkommission hat die Flächen der Verbotszone für jedes Wahllokal festzulegen und durch geeignete Kundmachungen dafür zu sorgen, dass diese Verbotszonen den wahlwerbenden Gruppen, den Kandidatinnen und Kandidaten und den Wählerinnen und Wählern bekannt sind. In dieser Verbotszone ist jedwede Art der Wahlwerbung verboten. Davon umfasst ist auch das sichtbare Tragen von Kleidungsstücken, Buttons, etc. mit Aufschriften oder Symbolen von wahlwerbenden Gruppen oder Kandidatinnen oder Kandidaten.

Durch die Verwendung des Wortes „Umkreis" ist davon auszugehen, dass sich die Bemessung nicht nur auf den horizontalen sondern auch auf den vertikalen Bereich bezieht. Es werden daher auch Stiegenabgänge bzw. Stiegenaufgänge die sich innerhalb des „Umkreises" befinden, mitumfasst sein.

Wahllokale

§ 35. (1) Die Wahl ist barrierefrei zu ermöglichen.

(2) Die Rektorin oder der Rektor der Universität oder der Pädagogischen Hochschule oder die Leiterin oder der Leiter der Privatuniversität oder die Vertreterin oder der Vertreter des Erhalters eines Fachhochschul-Studienganges hat geeignete Wahllokale sowie je einen Computer mit Internetzugang und Drucker gemäß § 14 Abs. 1 und § 25 Abs. 1 HSG 2014 pro Wahlkommission oder Unterwahlkommission sowie je einen Computer mit Internetzugang pro Unterkommission für die Durchführung der Wahlhandlung an der jeweiligen Bildungseinrichtung zur Verfügung zu stellen. Der Computer und der Internetzugang haben mit geeigneten Hardware- und Softwaresystemen zur Sicherstellung der Funktionsfähigkeit (zB Anti-Virus-Programm, Firewall) ausgestattet zu sein.

(3) Die erforderlichen Einrichtungsgegenstände des Wahllokales, wie die Wahlurne und die erforderlichen Wahlzellen mit entsprechender Einrichtung, sind von der Wahlkommission oder Unterwahlkommission an der jeweiligen Bildungseinrichtung bereitzustellen.

(4) In das Wahllokal dürfen außer den Mitgliedern der Wahlkommission oder Unterwahlkommission und deren Unterkommissionen nur deren Hilfsorgane, die Beobachterinnen und Beobachter, die Wählerinnen und Wähler zur Abgabe der Stimmen und die allenfalls zur Aufrechterhaltung der Ruhe und Ordnung erforderlichen Personen zugelassen werden. Nach Abgabe der Stimme haben die Wählerinnen und Wähler das Wahllokal unverzüglich zu verlassen.

(5) Sofern es zur ungestörten Durchführung der Wahl erforderlich erscheint, kann die Wahlkommission oder die Unterwahlkommission oder die Unterkommission verfügen, dass die Wählerinnen und Wähler nur einzeln in das Wahllokal eingelassen werden.

Anmerkungen:

Bei einem Wahllokal muss es sich nicht um einen eigenen Raum handeln. Auch durch die Vornahme von Abtrennungen (z. B. durch Trennwände oder Paravents) können geeignete Wahllokale geschaffen werden. Ein Wahllokal ist dann geeignet, wenn die Wahlhandlungen ungestört vorgenommen werden können.

Da die Wahl barrierefrei zu ermöglich ist, ist zu gewährleisten, dass die Stimmabgabe für Wahlberechtigte, die eines barrierefreien Zuganges bedürfen, an jeder Bildungseinrichtung gewährleistet ist.

Es obliegt der Wahlkommission oder Unterwahlkommission für die in den Wahllokalen erforderlichen Einrichtungsgegenstände, somit insbesondere die Wahlurnen und die Wahlzellen, zu sorgen. Die dafür erforderlichen Kosten sind, da es sich bei den Wahlkommissionen um Organe der HS handelt, von diesen zu tragen. Bei Unterwahlkommissionen, die an Bildungseinrichtungen bestehen, an denen keine HS eingerichtet ist, sind die Kosten von der ÖH zu tragen, da die Unterwahlkommissionen organisatorisch der Wahlkommission der ÖH zuzurechnen sind.

Wahlzelle

§ 36. (1) In jedem Wahllokal muss mindestens eine Wahlzelle vorhanden sein. Um eine raschere Durchführung der Wahlhandlung zu ermöglichen, können für eine Wahlkommission oder Unterwahlkommission oder deren Unterkommission auch mehrere Wahlzellen aufgestellt werden, soweit die Überwachung der Wahlhandlung nicht gefährdet wird.

(2) Die Wahlzelle ist derart herzustellen, dass die Wählerinnen und Wähler in der Zelle unbeobachtet von allen anderen im Wahllokal anwesenden Personen die Stimmzettel ausfüllen und in das Wahlkuvert geben können. Wenn zu diesem Zweck eigens konstruierte, feste Zellen nicht zur Verfügung stehen, genügt jede Absonderungsvorrichtung im Wahllokal, die ein Beobachten der Wählerin oder des Wählers in der Wahlzelle verhindert.

(3) Die Wahlzelle ist mit einem Tisch und einem Sessel oder mit einem Stehpult sowie mit einer Schreibunterlage zu versehen, mit dem erforderlichen Schreibmaterial für das Ausfüllen der Stimmzettel auszustatten und ausreichend zu beleuchten.

(4) Die Wahlzelle ist von der zuständigen Wahlkommission oder Unterwahlkommission oder Unterkommission regelmäßig zu kontrollieren.

Anmerkungen:

Die zuständige Wahlkommission oder Unterwahlkommission oder Unterkommission hat die Wahlzellen regelmäßig zu kontrollieren und allfällig vorhandenes Wahlwerbematerial bzw. andere zweckfremde Gegenstände zu entfernen.

Leitung der Wahl und Beginn der Wahlhandlung

§ 37. (1) Der Wahlkommission oder Unterwahlkommission oder Unterkommission obliegt die Leitung der Wahlhandlung und die Obsorge für die Einhaltung der Wahlvorschriften.

(2) Die oder der Vorsitzende hat für die Aufrechterhaltung der Ruhe und Ordnung bei der Wahlhandlung zu sorgen.

(3) Die oder der Vorsitzende der Wahlkommission oder Unterwahlkommission hat vor der festgesetzten Wahlzeit am Tag des Beginns der erstmaligen Wahlhandlung das Wählerinnen- und Wählerverzeichnis, die verschlossenen abgezählten Kuverts mit den Zugangsberechtigungen der Unterkommissionen zum elektronischen Wahladministrationssystem, die Wahlkuverts und die abgezählten amtlichen Stimmzettel der Wahlkommission oder der Unterwahlkommission oder den gemäß § 10 eingerichteten Unterkommissionen zu übergeben. Unmittelbar vor Beginn der Wahl haben sich die Mitglieder der Wahlkommission oder Unterwahlkommission oder Unterkommission zu überzeugen, dass die Wahlurne leer ist und die zur Verfügung gestellte Ausstattung gemäß § 35 Abs. 2 funktionsfähig ist.

(4) Nach dem ersten und zweiten Wahltag sind die Wahlakten und die Wahlurnen mit den darin enthaltenen Wahlkuverts und Stimmzetteln sowie die verschlossenen Kuverts mit den Zugangsberechtigungen der Unterkommissionen zum elektronischen Wahladministrationssystem von den Mitgliedern der Wahlkommission oder Unterwahlkommission oder Unterkommission zu versiegeln und bis zur Fortsetzung der Wahlhandlung unter Verschluss zu halten und sicher zu verwahren.

Erläuterungen zur Novelle (BGBl. II Nr. 48/2017):
Es wurde eine legistische Anpassung, aufgrund der Möglichkeit einen Wahltag oder zwei Wahltage durch Beschluss der Wahlkommission oder Unterwahlkommission vorzuziehen, vorgenommen.

Anmerkungen:
Wie in § 12 geregelt, obliegt es dem Ermessen der Vorsitzenden der Wahlkommissionen und der Unterwahlkommissionen die Zugangsberechtigungen für die Unterkommissionen, entweder diesen zur Verfügung zu stellen, oder den Einstieg in das Wahladministrationssystem für die Unterkommissionen selbst vorzunehmen oder die Stellvertreterin oder den Stellvertreter damit zu beauftragen. Nimmt die oder der Vorsitzende (bzw. die Stellvertreterin oder der Stellvertreter) der Wahlkommission oder Unterwahlkommission den Einstieg in das Wahladministrationssystem für die Unterkommission nicht selbst vor, sind von ihr oder ihm die verschlossenen abgezählten Kuverts mit den Zugangsberechtigungen sowie die abgezählten amtlichen Stimmzettel an die zuständige Unterkommission zu übergeben.

Nach Wahlschluss des ersten und zweiten Wahltages bzw. des/der vorgezogenen Wahltage(s) sind die Wahlunterlagen in geeignete Behältnisse zu geben (z. B. eine leere Wahlurne), diese zu versiegeln und bis zur Fortsetzung der Wahlhandlung so unter Verschluss zu halten, dass eine sichere Verwahrung gewährleistet ist. Die Wahlkommission oder Unterwahlkommission hat die Form der sicheren Verwahrung durch Beschluss festzulegen. Allfällig eingerichtete Unterkommissionen haben diesen Beschluss zu beachten.

Ausübung des Wahlrechts

§ 38. (1) Das Wahlrecht für die Bundesvertretung und die Hochschulvertretung ist wie folgt auszuüben:

1. **durch persönliche Stimmabgabe vor der zuständigen Wahlkommission oder Unterwahlkommission oder Unterkommission, bei der die oder der Studierende wahlberechtigt ist, sofern keine Wahlkarte ausgestellt wurde,**
2. **wurde eine Wahlkarte ausgestellt, entweder durch Rückübermittlung der verschlossenen Wahlkarte an die Wahlkommission der Österreichischen Hochschülerinnen- und Hochschülerschaft oder nach Abgabe dieser Wahlkarte samt allen Unterlagen vor einer Wahlkommission oder Unterwahlkommission oder Unterkommission, bei der die oder der Studierende wahlberechtigt ist, durch persönliche Stimmabgabe. Nach erfolgter Abgabe der Wahlkarte ist eine persönliche Stimmabgabe vor allen übrigen Wahlkommissionen oder Unterwahlkommissionen oder Unterkommission, bei denen ein weiteres Wahlrecht besteht, zulässig.**

(2) Das Wahlrecht für die Wahl der Studienvertretung ist wie folgt auszuüben:

1. **durch persönliche Stimmabgabe vor der zuständigen Wahlkommission oder Unterwahlkommission oder Unterkommission, bei der die oder der Studierende wahlberechtigt ist, sofern keine Wahlkarte ausgestellt wurde,**
2. **wurde eine Wahlkarte ausgestellt, nach Abgabe dieser Wahlkarte samt allen Unterlagen vor einer Wahlkommission oder Unterwahlkommission oder Unterkommission, bei der die oder der Studierende wahlberechtigt ist, durch persönliche Stimmabgabe. Nach erfolgter Abgabe der Wahlkarte ist eine persönliche Stimmabgabe vor allen übrigen Wahlkommissionen oder Unterwahlkommissionen oder Unterkommission, bei denen ein weiteres Wahlrecht besteht, zulässig.**

(3) Für Wahlberechtigte, die für mehrere Studien zugelassen sind oder die für Studien zugelassen sind, die von mehreren Bildungseinrichtungen gemeinsam eingerichtet ist (richtig: sind), und die auf Grund der

Organisation der Wahlkommission oder Unterwahlkommission oder Unterkommission ihr Wahlrecht für die verschiedenen Organe bei mehreren Wahlkommissionen oder Unterwahlkommissionen oder Unterkommissionen auszuüben haben, deren Wirkungsbereiche sich überschneiden, gilt, dass das Wahlrecht für die Bundesvertretung und die jeweilige Hochschulvertretung anlässlich der ersten Wahlhandlung bei einer Wahlkommission oder Unterwahlkommission oder Unterkommission an der betreffenden Bildungseinrichtung auszuüben ist.

(3a) Wahlberechtigte, die für Studien zugelassen sind, die von mehreren Bildungseinrichtungen gemeinsam eingerichtet sind, haben ihr Wahlrecht für die zwei Hochschulvertretungen und die zwei dazugehörigen Studienvertretungen durch Inanspruchnahme des Wahlrechtes an der bzw. den jeweiligen Hochschülerinnen- oder Hochschülerschaft(en) bzw. Vertretungsstrukturen der Studierenden an Bildungseinrichtungen, an denen keine Hochschülerinnen- oder Hochschülerschaft eingerichtet ist, auszuüben.

(4) Das Wahlrecht von Studierenden, die zu einem individuellen Studium zugelassen sind, ist bei jener Wahlkommission oder Unterwahlkommission oder Unterkommission auszuüben, welche auf Grund der Feststellung gemäß § 47 Abs. 4 HSG 2014 zuständig ist.

(5) Blinde, schwer sehbehinderte und körper- oder sinnesbehinderte Wählerinnen und Wähler dürfen sich von einer Begleitperson, die sie selbst auswählen können, führen und sich von dieser bei der persönlichen Stimmabgabe helfen lassen. Blinden und schwer sehbehinderten Wählerinnen und Wählern ist als Hilfsmittel zur Ermöglichung der selbständigen Wahlausübung jeweils eine eigene Stimmzettel-Schablone zur Verfügung zu stellen. Diese Stimmzettel-Schablone ist von blinden und schwer sehbehinderten Wählerinnen und Wählern nach dem Wahlvorgang mitzunehmen. Bei Wahlvorgängen, bei denen keine Begleitperson erforderlich ist, darf die Wahlzelle jeweils nur von einer Person betreten werden.

(6) Als körper- oder sinnesbehindert gelten Personen, denen die Ausfüllung des amtlichen Stimmzettels ohne fremde Hilfe nicht möglich ist.

(7) Über die Zulässigkeit der Inanspruchnahme einer Begleitperson entscheidet im Zweifelsfall die Wahlkommission oder die Unterwahlkommission oder die Unterkommission. Jede Stimmabgabe mit Hilfe einer Begleitperson ist in der Niederschrift über den Wahlvorgang festzuhalten.

Erläuterungen:

Auf Grund der nunmehr im HSG 2014 vorgesehenen Briefwahlmöglichkeit für die Wahl der Bundesvertretung und die Wahl der Bundesvertretung waren zahlreiche Adaptierungen und die Aufnahme von neuen Bestimmungen in die HSWO 2014 notwendig.

Das Wahlrecht für die Bundesvertretung und die Hochschulvertretung ist grundsätzlich durch persönliche Stimmabgabe vor der zuständigen Wahlkom-

mission oder Unterwahlkommission oder Unterkommission, bei der die oder der Studierende wahlberechtigt ist, auszuüben. Wurde jedoch eine Wahlkarte an eine Wahlberechtigte oder einen Wahlberechtigten von der Wahlkommission der Österreichischen Hochschülerinnen- und Hochschülerschaft versandt oder persönlich abgeholt, kann das Stimmrecht für die Wahl der Bundesvertretung entweder durch Rückübermittlung der verschlossenen Wahlkarte an die Wahlkommission der Österreichischen Hochschülerinnen- und Hochschülerschaft oder durch persönliche Stimmabgabe, nur nach Abgabe dieser Wahlkarte, samt allen Unterlagen, vor der zuständigen Wahlkommission oder Unterwahlkommission oder Unterkommission bei der die oder der Studierende wahlberechtigt ist, ausgeübt werden.

Erläuterungen zur Novelle (BGBl. II Nr. 48/2017):

Ist eine Wahlkarte ausgestellt (an die Antragstellerin oder den Antragsteller übermittelt bzw. persönlich ausgehändigt) worden, ist eine persönliche Stimmabgabe vor einer Wahlkommission oder Unterwahlkommission oder Unterkommission nur dann möglich, wenn diese Wahlkarte bei einer zuständigen Wahlkommission oder Unterwahlkommission oder Unterkommission abgegeben wird. Wird eine Wahlkarte dort abgegeben, kann die oder der Wahlberechtigte persönlich vor Ort wählen. Die Abgabe der Wahlkarte bewirkt aber auch, dass etwaige andere Wahlberechtigungen der Wahlberechtigten oder des Wahlberechtigten bei anderen Wahlkommission oder Unterwahlkommission oder Unterkommission wieder in Anspruch genommen werden können. Technisch gesehen wird die Abgabe der Wahlkarte von einem Mitglied der Wahlkommission oder Unterwahlkommission oder Unterkommission im elektronischen Wahladministrationssystem vermerkt. Dieser Vermerk führt dann zu einer „Freischaltung" der Wahlberechtigungen im elektronischen Abstimmungsverzeichnis, wodurch das Wahlrecht wieder persönlich ausgeübt werden kann. Durch die Problematik der Abbildung von gemeinsam eingerichteten Studien – insbesondere der gemeinsam eingerichteten Lehramtsstudien – bei der Briefwahl, ist es in Hinkunft nicht mehr möglich die Studienvertretungen zu wählen, wenn bereits eine Stimmabgabe durch die Briefwahl erfolgt ist. Die Studienvertretung kann immer durch persönliche Stimmabgabe gewählt werden, sofern keine Wahlkarte ausgestellt wurde. Wurde eine Wahlkarte ausgestellt, ist eine persönliche Stimmabgabe für die Wahl einer Studienvertretung nur dann möglich, wenn diese Wahlkarte samt allen Unterlagen vor einer Wahlkommission oder Unterwahlkommission oder Unterkommission, bei der die oder der Studierende wahlberechtigt ist, abgegeben worden ist.

Bisher waren Studierende eines an mehreren Bildungseinrichtungen gemeinsam eingerichteten Studiums für die Hochschulvertretungen und die Studienvertretungen an jeder dieser Bildungseinrichtung wahlberechtigt. Diese Norm hat die bis vor dem Wintersemester 2015/2016 typische Ausgestaltung eines gemeinsam eingerichteten Studiums vor Augen gehabt. Alle gemeinsam eingerichteten Studien waren bis zu diesem Zeitpunkt solche Studien die in Kooperation zwischen zwei Bildungseinrichtungen angeboten wurden.

Durch das Bundesrahmengesetz zur Einführung einer neuen Ausbildung für Pädagoginnen und Pädagogen hat der Gesetzgeber im Jahre 2013 neue Rahmenbedingungen für die Ausbildung von Pädagoginnen und Pädagogen geschaffen, eine verstärkte Zusammenarbeit von Universitäten und Pädagogischen Hochschulen bei der Ausbildung von Pädagoginnen und Pädagogen forciert und eine Kooperationsverpflichtung von Universitäten und Pädagogischen Hochschulen in definierten Bereichen festgelegt.

Mit Wintersemester 2015/2016 hat der „Süd-Ost-Verbund", begonnen, ein gemeinsam eingerichtetes Lehramtsstudium im Bereich der Sekundarstufe (Allgemeinbildung) anzubieten. Dafür haben sich acht Universitäten und Pädagogische Hochschulen zusammengeschlossen, um ein gemeinsames eingerichtetes Studium anzubieten. Die Zulassung zu einem solchen gemeinsam eingerichteten Studium hat nur an einer der beteiligten Bildungseinrichtungen, grundsätzlich nach Wahl der Studierenden zu erfolgen. Mit der Zulassung an der Universität oder Pädagogischen Hochschule wird die oder der Studierende auch Angehörige oder Angehöriger aller am gemeinsam eingerichteten Lehramtsstudium beteiligten Universitäten und Pädagogischen Hochschulen (siehe dazu §§ 3a Abs. 4 und 4 Abs. 4 UniStEV 2004).

Bezüglich der bisher vorgesehen Regelung, dass Studierende eines an mehreren Bildungseinrichtungen gemeinsam eingerichteten Studiums für die Hochschulvertretungen und die Studienvertretungen an jeder dieser Bildungseinrichtungen wahlberechtigt sind, wurden von der ÖH Bedenken geäußert. Diese bestehen in der Sorge, dass durch eine etwaige Wahlberechtigung an allen beteiligten Bildungseinrichtungen, einerseits die Organisation der Wahlen an diesen Bildungseinrichtungen ungemein erschwert wird und andererseits, dass es durch gezielte „Aktionen" zu einer starken Beeinflussung und Steuerung der Wahlbeteiligungen und Wahlergebnisse kommen könnte.

Um dies hintanzuhalten wird vorgeschlagen, dass die Wahlberechtigung von Studierenden eines an mehreren Bildungseinrichtungen gemeinsam eingerichteten Studiums derart festgelegt wird, dass diese an zwei Bildungseinrichtungen wahlberechtigt sind. Die Bildungseinrichtungen an denen solche Studierende ihr Wahlrecht ausüben, können von den Studierenden frei gewählt werden.

Die Begrenzung auf zwei Wahlberechtigungen rührt daher, dass gemeinsam eingerichtete Studien vorwiegend von zwei Bildungseinrichtungen durchgeführt werden und gemeinsam eingerichteten Lehramtsstudien unter anderem aus zwei Unterrichtsfächern bzw. einem Unterrichtsfach und einer Spezialisierung bestehen.

Anmerkungen:

Die Wahlkommission oder Unterwahlkommission hat, wenn ein Antrag eines ordentlichen Studierenden, die oder der zu einem individuellen Diplom-, Bachelor- oder Masterstudium zugelassen ist, diese oder diesen zur Wahl jener Studienvertretung zuzulassen, bei welcher der Schwerpunkt ihres oder seines individuellen Studiums liegt. Um das Wahlrecht für eine Studienvertretung ausüben zu können, haben daher Studierende von individuellen Studien einen Antrag bei der zuständigen Wahlkommission oder Unterwahlkommission bis spätestens vier Monate vor dem ersten Wahltag zu stellen.

Zur Ermöglichung der selbstständigen Wahlausübung haben blinde und schwer sehbehinderte Wahlberechtigte das Recht, ihr Wahlrecht auch mit Hilfe einer Stimmzettel-Schablone auszuüben. Gemäß § 44 haben die Vorsitzenden der Wahlkommissionen und Unterwahlkommissionen dafür Stimmzettel-Schablonen bei der oder dem Vorsitzenden der Wahlkommission der Österreichischen Hochschülerinnen- und Hochschülerschaft in der erforderlichen Anzahl fristgerecht anzufordern.

Feststellung der Identität und der Wahlberechtigung

§ 39. (1) Jede Wählerin und jeder Wähler an einer Bildungseinrichtung hat ihre oder seine Identität vor der Wahlkommission oder Unterwahlkommission oder Unterkommission mittels des bildungseinrichtungsspezifischen Ausweises der Studierenden (Studierendenausweis) oder des Personalausweises oder des Reisepasses oder des Führerscheines nachzuweisen.

(2) Die Feststellung der Wahlberechtigung hat ausschließlich auf Grund des Wählerinnen- und Wählerverzeichnisses gemäß § 18 Abs. 3 und des elektronisch geführten Abstimmungsverzeichnisses zu erfolgen.

Erläuterungen:
Die Feststellung der Identität einer Wählerin oder eines Wählers an einer Bildungseinrichtung erfolgt in Hinkunft mittels des bildungseinrichtungsspezifischen Ausweises der Studierenden (Studierendenausweis) oder mittels eines amtlichen Lichtbildausweises. In der HSWO 2005 war für die Feststellung der Identität verpflichtend der Ausweis für Studierende vorgesehen, damit die Stimmabgabe auf dem im Wahlsemester gültigen Semesteretikett im Ausweis für Studierende der entsprechenden Universität unter Bezeichnung der Wahlkommission (Unterkommission) bei der die Stimmabgabe erfolgt ist, vermerkt werden konnte. Verwendete eine Universität andere Ausweise (Chipkarten, etc.), hatte diese auf geeignete Weise sicherzustellen, dass die Wahlberechtigten für jedes Organ nur einmal ihre Stimme abgeben konnten. Durch die Verwendung eines Wahladministrationssystems, inklusive eines online geführten Abstimmungsverzeichnisses, ist nunmehr ausreichend gewährleistet, dass jede oder jeder Wahlberechtigte für jedes Organ nur einmal ihre oder seine Stimme abgibt.

Anmerkung:
Hat die Wahlkommission oder Unterwahlkommission oder Unterkommission nach Vorlage des Ausweises der Studierenden (Studierendenausweis) oder des Personalausweises oder des Reisepasses oder des Führerscheines begründete Zweifel an der Identität der Wählerin oder des Wählers muss die Identität durch Vorlage eines zusätzlichen amtlichen Lichtbildausweises eindeutig nachgewie-

sen werden (§ 43 Abs. 2). Kann kein eindeutiger Nachweis der Identität erbracht werden, ist diese Person von der Wahlkommission oder Unterwahlkommission oder Unterkommission nicht zur Wahl zuzulassen. Die Entscheidung der Wahlkommission oder Unterwahlkommission oder Unterkommission, eine Person nicht zur Wahl zuzulassen, muss vor Übergabe der Wahlunterlagen erfolgen und in der Niederschrift vermerkt werden.

Stimmabgabe

§ 40. (1) Jede und jeder Studierende hat sich zunächst durch einen Studierendenausweis oder einen Personalausweis oder einen Reisepass oder einen Führerschein auszuweisen. Ein Mitglied der Wahlkommission oder Unterwahlkommission oder Unterkommission hat sodann im Wahladministrationssystem zu überprüfen, welche Wahlberechtigungen von der oder dem Studierenden schon ausgeübt worden sind. Ist sie oder er im Wählerinnen- und Wählerverzeichnis eingetragen und hat sie oder er keinen Vermerk, dass eine Wahlkarte an sie oder ihn versandt oder von ihr oder ihm abgeholt worden ist, und hat sie oder er keinen Vermerk, dass das jeweilige Wahlrecht schon ausgeübt worden ist, so hat die oder der Vorsitzende der Wahlkommission oder Unterwahlkommission oder Unterkommission ihr oder ihm das leere Wahlkuvert und die ihr oder ihm zustehenden amtlichen Stimmzettel zu übergeben. Die amtlichen Stimmzettel müssen vor Beginn der Wahlhandlung mit einem färbigen Stempel der jeweiligen Wahlkommission oder Unterwahlkommission oder Unterkommission versehen werden.

(2) Die oder der Vorsitzende der Wahlkommission oder Unterwahlkommission oder Unterkommission hat die Wählerin oder den Wähler anzuweisen, sich in die Wahlzelle zu begeben. Dort füllt die Wählerin oder der Wähler die amtlichen Stimmzettel aus, legt sie in das Kuvert, tritt aus der Wahlzelle und übergibt das Kuvert der oder dem Vorsitzenden oder legt das Wahlkuvert selbst ungeöffnet in die Wahlurne.

(3) Ist der Wählerin oder dem Wähler beim Ausfüllen eines amtlichen Stimmzettels ein Fehler unterlaufen, so ist ihr oder ihm auf ihr oder sein Verlangen ein weiterer amtlicher Stimmzettel auszufolgen. Die Wählerin oder der Wähler hat den ihr oder ihm zuerst ausgehändigten amtlichen Stimmzettel vor der Wahlkommission oder Unterwahlkommission oder Unterkommission durch Zerreißen unbrauchbar zu machen und zwecks Wahrung des Wahlgeheimnisses mit sich zu nehmen.

(4) Die Aushändigung eines weiteren amtlichen Stimmzettels ist in jedem Fall in der Niederschrift über den Wahlvorgang festzuhalten.

Erläuterungen:
Neu ist, dass die amtlichen Stimmzettel vor Beginn der Wahlhandlung mit dem Stempel der jeweiligen Wahlkommission, Unterwahlkommission bzw. Unter-

kommission versehen werden müssen. Damit wird sichergestellt, dass Stimmzettel nicht mehrfach verwendet werden können.

Bei den Wahlen vor einer Wahlkommission bzw. Unterwahlkommission (Unterkommission) ist mit dem oder den Stimmzetteln ein Kuvert auszuhändigen. Die oder der Wahlberechtigte hat nach dem Ausfüllen des oder der Stimmzettel diese in das Kuvert zu geben, aus der Wahlzelle hinauszugehen und das Kuvert der oder dem Vorsitzenden der Wahlkommission bzw. Unterwahlkommission (Unterkommission) zu übergeben (Anmerkung: ergänzt durch Novelle: oder selbst in die Wahlurne einzuwerfen).

Anmerkungen:
Bei der Versehung der amtlichen Stimmzettel mit einem färbigen Stempel ist darauf zu achten, dass das geheime Wahlrecht gewahrt bleibt. Der Stempel auf den Stimmzetteln ist daher jeweils an der gleichen in den Anlagen 8 bis 10 vorgesehenen Stellen und in derselben Intensität aufzubringen.

Elektronisch geführtes Abstimmungsverzeichnis

§ 41. (1) Bei der Wählerin oder dem Wähler, die oder der ihre oder seine Stimme abgegeben hat, ist von einem Mitglied der Wahlkommission oder Unterwahlkommission oder Unterkommission die Stimmabgabe im elektronisch geführten Abstimmungsverzeichnis des Wahladministrationssystems zu vermerken.

(2) entfallen.

(3) Gleichzeitig ist ihr oder sein Name von einem anderen Mitglied der Wahlkommission oder Unterwahlkommission oder Unterkommission im papierbasierten Wählerinnen- und Wählerverzeichnis zu streichen und die fortlaufende Nummer des elektronisch geführten Abstimmungsverzeichnisses einzutragen.

(4) Die Verwendung des elektronisch geführten Abstimmungsverzeichnisses hat mit folgenden Maßgaben zu erfolgen:

1. **Der Aufbau des elektronisch geführten Abstimmungsverzeichnisses hat dem Abstimmungsverzeichnis gemäß dem Muster der Anlage 7 zu entsprechen.**
2. **Die Wahlkommissionen oder Unterwahlkommissionen haben die elektronischen Abstimmungsverzeichnisse getrennt für jede eingerichtete Unterkommission nach Schließen der Wahllokale auszudrucken.**
3. **Die ausgedruckten Seiten des elektronisch geführten Abstimmungsverzeichnisses bilden das der Niederschrift anzuschließende Abstimmungsverzeichnis.**
4. **Die Daten der Wahlberechtigten dürfen ausschließlich auf einem externen Datenträger verschlüsselt gespeichert werden, welcher**

sicher zu verwahren und vor dem Zugriff unbefugter Personen zu schützen ist, und müssen nach vollständigem Ausdruck, spätestens jedoch eine Woche nach dem letzten Wahltag gelöscht werden.

5. Den Mitgliedern der Wahlkommission oder Unterwahlkommission und deren Unterkommissionen und den Beobachterinnen und Beobachtern ist jederzeit Einsicht in das elektronisch geführte Abstimmungsverzeichnis zu gewähren.

6. Bei Ausfall einer der das elektronisch geführte Abstimmungsverzeichnis unterstützenden EDV-Komponente ist die Wahlhandlung von der Wahlkommission oder Unterwahlkommission oder Unterkommission zu unterbrechen und erst nach Wiederherstellung der vollen Funktionsfähigkeit fortzusetzen.

Anmerkungen:

Bei dem elektronisch geführten Abstimmungsverzeichnis handelt es sich um eine zentrale Funktion des Wahladministrationssystems, die das gleiche Wahlrecht gewährleistet. Es ist nicht mehr vorgesehen, zusätzlich zum elektronisch geführten Abstimmungsverzeichnis, ein papierbasiertes Abstimmungsverzeichnis zu führen. Somit ist das elektronisch geführte Abstimmungsverzeichnis das einzige und federführende Abstimmungsverzeichnis bei den ÖH-Wahlen.

Fällt das elektronisch geführte Abstimmungsverzeichnis aus und kann somit nicht verwendet werden, ist die Wahlhandlung so lange zu unterbrechen, bis die Funktionsfähigkeit wieder gegeben ist.

Vermerk der Stimmabgabe im Studierendenausweis

§ 42. Die Wahlkommission oder Unterwahlkommission kann durch Beschluss festlegen, dass die Stimmabgabe an geeigneter Stelle im Studierendenausweis zusätzlich vermerkt werden kann, soferne die Identität durch den Studierendenausweis nachgewiesen worden ist.

Zweifelsfälle

§ 43. (1) Die Wahlkommission oder Unterwahlkommission oder Unterkommission hat nur Studierende, die im Wählerinnen- und Wählerverzeichnis enthalten sind und ihre Identität nachgewiesen haben (§ 39), zur Stimmabgabe zuzulassen.

(2) Treten begründete Zweifel an der Identität einer oder eines Wahlberechtigten auf, so ist sie oder er von der Wahlkommission oder Unterwahlkommission oder Unterkommission zur Stimmabgabe nur zuzulassen, wenn diese Person durch Vorlage eines zusätzlichen amtlichen Lichtbildausweises ihre oder seine Identität eindeutig nachweisen kann.

(3) Zweifel im Sinn des Abs. 2 können von den Mitgliedern der Wahlkommission oder Unterwahlkommission oder Unterkommission und von

den Beobachterinnen und den Beobachtern nur solange erhoben werden, solange die Person, über deren Identität Zweifel bestehen, nicht gewählt hat.

(4) Die Entscheidung der Wahlkommission oder Unterwahlkommission oder Unterkommission, eine Person nicht zur Wahl zuzulassen, muss vor Übergabe der Wahlunterlagen erfolgen. Gegen die Entscheidung ist kein ordentliches Rechtsmittel zulässig.

(5) Entscheidungen gemäß Abs. 4 sind in der Niederschrift der Wahlkommission oder Unterwahlkommission oder Unterkommission zu vermerken.

Amtlicher Stimmzettel

§ 44. (1) Zur Stimmabgabe sind die nach dem Muster der Anlagen 8 bis 10 aufzulegenden amtlichen Stimmzettel zu verwenden. Je nach Art der zu wählenden Organe sind die amtlichen Stimmzettel in verschiedenen Farben herzustellen.

(2) Die amtlichen Stimmzettel für die Bundesvertretung, die Hochschulvertretungen und die Studienvertretungen sind in folgenden Farben herzustellen:

1. **hellblaue Stimmzettel für die Wahl der Bundesvertretung,**
2. **beige Stimmzettel für die Wahl der Hochschulvertretungen und**
3. **farblich unterscheidbare Stimmzettel für die Wahl der Studienvertretungen.**

(3) Auf dem amtlichen Stimmzettel sind die wahlwerbenden Gruppen (§ 22) bzw. die Kandidatinnen und Kandidaten für Studienvertretungen (§ 28) in der Reihenfolge ersichtlich zu machen, die sich aus ihrer bisherigen Stimmenzahl in dem zu wählenden Organ ergibt. Bisher nicht in den betreffenden Organen vertretene wahlwerbende Gruppen oder Kandidatinnen und Kandidaten sind in alphabetischer Reihenfolge anzuschließen.

(4) Die Wahlkommission oder Unterwahlkommission kann bei Vorliegen der technischen Voraussetzungen beschließen, dass die Feststellung des Wahlergebnisses automationsunterstützt unter Verwendung von Strichcodes erfolgt. Liegt ein derartiger Beschluss vor, so hat die Wahlkommission oder Unterwahlkommission die Aufnahme von Strichcodes auf dem amtlichen Stimmzettel in der Weise zu veranlassen, dass jeder wahlwerbenden Gruppe bzw. jeder Kandidatin und jedem Kandidaten ein eindeutig zuordenbarer Strichcode zugewiesen wird.

(5) Das Drucken der amtlichen Stimmzettel ist spätestens gleichzeitig mit der Verlautbarung der Wahlvorschläge durch die oder den Vorsitzenden jeder Wahlkommission oder Unterwahlkommission für alle an der jeweiligen Bildungseinrichtung zu wählenden Organe zu veranlassen.

(6) Die Vorsitzenden der Wahlkommissionen oder Unterwahlkommissionen haben für sehbehinderte und blinde Studierende Stimmzettel-Schablonen bei der oder dem Vorsitzenden der Wahlkommission der Österreichischen Hochschülerinnen- und Hochschülerschaft in der erforderlichen Anzahl fristgerecht anzufordern. Die oder der Vorsitzende der Wahlkommission der Österreichischen Hochschülerinnen- und Hochschülerschaft hat diese in der angeforderten Anzahl zur Verfügung zu stellen. Die Kosten sind anteilsmäßig je zur Hälfte von der Österreichischen Hochschülerinnen- und Hochschülerschaft und zur Hälfte aliquot nach der Zahl der ordentlichen Mitglieder der Hochschülerinnen- und Hochschülerschaften an den Bildungseinrichtungen zu tragen.

(7) Für die Briefwahl sind amtliche Stimmzettel nach dem Muster der Anlage 8-Briefwahl und der Anlage 9-Briefwahl zu verwenden und haben einen Vermerk „Briefwahl" zu enthalten.

Erläuterungen:

Festgelegt wird, dass hellblaue Stimmzettel für die Wahl der Bundesvertretung, beige Stimmzettel für die Wahl der Hochschulvertretungen und farblich unterscheidbare Stimmzettel für die Wahl der Studienvertretungen verwendet werden müssen.

Gemäß § 44 Abs. 5 hat die oder der Vorsitzende der Wahlkommission der Österreichischen Hochschülerinnen- und Hochschülerschaft dafür Sorge zu tragen, dass für sehbehinderte und blinde Studierende bei den Präsenzwahlen eine ausreichende Anzahl an Stimmzettel-Schablonen zur Verfügung steht. Auf Grund der Angleichung der Vertretungsstrukturen von Studierenden an Pädagogischen Hochschulen und Fachhochschulen an die Vertretungsstrukturen der Studierenden an Universitäten und der Einbeziehung der Studierenden an Privatuniversitäten und der Wiedereinführung der Direktwahl sind zusätzliche Stimmzettel-Schablonen für die Wahl von Organen an diesen Bildungseinrichtungen (Hochschulvertretungen) und für die Wahl der Bundesvertretung zu besorgen.

Da es sich bei den Hochschülerinnen- und Hochschülerschaftswahlen um die Wahl der Interessenvertretungen der Studierenden handelt und auch von jeder und jedem Studierenden ein Studierendenbeitrag eingehoben wird, sind die Kosten für die Stimmzettel-Schablonen anteilsmäßig je zur Hälfte von der Österreichischen Hochschülerinnen- und Hochschülerschaft und zur Hälfte aliquot nach der Zahl der ordentlichen Mitglieder der Hochschülerinnen- und Hochschülerschaften an den Bildungseinrichtungen zu tragen.

Bei der Briefwahl sind mit der Wahlkarte der Stimmzettel für die Wahl der Bundesvertretung und der oder die Stimmzettel für die Wahl der Hochschulvertretung(en), für welche die oder der Wahlberechtigte wahlberechtigt ist, zu versenden. Die für die Briefwahl verwendeten Stimmzettel sind als solche zu kennzeichnen. Um die Auszählung der abgegebenen Stimmen für die Wahlkommission der Österreichischen Hochschülerinnen- und Hochschülerschaft, wel-

che alleinig für die Abwicklung der Briefwahl zuständig ist, zu erleichtern, sind alle Stimmzettel in ein eigenes Kuvert zu geben. Daher muss der Stimmzettel für die Wahl der Bundesvertretung in das Kuvert mit der Aufschrift „Bundesvertretung“ und jeder Stimmzettel für die Wahl einer Hochschulvertretung in das dazugehörige Kuvert gegeben werden.

Anmerkungen:
Der Druck der Stimmzettel ist von der oder dem Vorsitzenden der Wahlkommission oder Unterwahlkommission spätestens gleichzeitig mit der Verlautbarung der Wahlvorschläge zu veranlassen. Die Reihung der wahlwerbenden Gruppen bzw. der Kandidatinnen und Kandidaten für Studienvertretungen auf den Stimmzetteln hat in der Reihenfolge zu erfolgen, die sich aus ihrer bisherigen Stimmenzahl in dem zu wählenden Organ ergibt. Bisher nicht in den betreffenden Organen vertretene wahlwerbende Gruppen oder Kandidatinnen und Kandidaten sind in alphabetischer Reihenfolge anzuschließen.

Die mit dem Druck der Stimmzettel anfallenden Kosten sind, da es sich bei den Wahlkommissionen um Organe der HS handelt, von diesen zu tragen. Bei Unterwahlkommissionen, die an Bildungseinrichtungen bestehen, an denen keine HS eingerichtet ist, sind die Kosten von der ÖH zu tragen, da die Unterwahlkommissionen organisatorisch der Wahlkommission der ÖH zuzurechnen sind.

Wahlkuverts

§ 45. (1) Für die Wahl sind undurchsichtige Wahlkuverts zu verwenden.

(2) Die Anbringung von Worten und Bemerkungen oder Zeichen auf den Wahlkuverts ist unzulässig. Bei der Briefwahl dürfen Wahlkuverts mit Bezeichnungen der zu wählenden Organe verwendet werden (§ 56).

(3) Die Wahlkommission oder Unterwahlkommission kann durch Beschluss festlegen, dass die Bezeichnung der Bildungseinrichtung auf die Wahlkuverts gedruckt werden kann.

Gültiger Stimmzettel

§ 46. (1) Der amtliche Stimmzettel ist gültig ausgefüllt, wenn aus ihm eindeutig zu erkennen ist, welche wahlwerbende Gruppe oder welche Kandidatin oder welchen Kandidaten die Wählerin oder der Wähler wählen wollte. Dies ist der Fall, wenn die Wählerin oder der Wähler in einem links von der Bezeichnung der wahlwerbenden Gruppe (der Kandidatin oder des Kandidaten) vorgedruckten Kreis ein liegendes Kreuz oder ein anderes Zeichen anbringt, aus dem eindeutig hervorgeht, dass sie oder er die in derselben Zeile angeführte wahlwerbende Gruppe oder die Kandidatin oder den Kandidaten wählen will.

(2) Der amtliche Stimmzettel ist aber auch dann gültig ausgefüllt, wenn der Wille der Wählerin oder des Wählers auf andere Weise, zB durch Anhaken, Unterstreichen, sonstige entsprechende Kennzeichnung einer wahlwerbenden Gruppe oder einer Kandidatin oder eines Kandidaten oder durch Durchstreichen der übrigen wahlwerbenden Gruppen oder Kandidatinnen und Kandidaten eindeutig zu erkennen ist.

(3) Wird eine Kandidatin oder ein Kandidat für Studienvertretungen mehr als einmal auf einem Stimmzettel genannt, so ist die Nennung nur einfach zu zählen.

Ungültiger Stimmzettel

§ 47. (1) Ein Stimmzettel ist ungültig, wenn ein anderer als der amtliche, mit dem färbigen Stempel der jeweiligen Wahlkommission oder Unterwahlkommission oder Unterkommission versehene, Stimmzettel zur Stimmabgabe verwendet wurde oder der Stimmzettel durch Abreißen eines Teiles derart beeinträchtigt wurde, dass nicht mehr eindeutig hervorgeht, welche wahlwerbende Gruppe (welche Kandidatin oder welchen Kandidaten) die Wählerin oder der Wähler wählen wollte oder keine wahlwerbende Gruppe (keine Kandidatin oder kein Kandidat) bezeichnet wurde oder zwei oder mehrere wahlwerbende Gruppen bezeichnet wurden oder bei Wahlen in Studienvertretungen mehr Kandidatinnen und Kandidaten genannt wurden als Mandate für das betreffende Organ zu vergeben sind oder aus den von der Wählerin oder dem Wähler angebrachten Zeichen oder den sonstigen Kennzeichen nicht eindeutig hervorgeht, welche wahlwerbende Gruppe (welche Kandidatin oder welchen Kandidaten) sie oder er wählen wollte.

(2) Wenn ein Wahlkuvert mehrere amtliche Stimmzettel für dasselbe zu wählende Organ enthält, so sind diese Stimmzettel ungültig.

(3) Leere Wahlkuverts zählen als ungültige Stimme für alle bei der Wahlkommission (Unterkommission) wählbaren Organe.

(4) Worte, Bemerkungen oder Zeichen, die auf den amtlichen Stimmzettel außer zur Kennzeichnung der wahlwerbenden Gruppe (der Kandidatin oder des Kandidaten) angebracht wurden, beeinträchtigen die Gültigkeit eines Stimmzettels nicht, wenn sich hierdurch nicht einer der angeführten Ungültigkeitsgründe ergibt. Im Wahlkuvert befindliche Beilagen aller Art beeinträchtigen die Gültigkeit der amtlichen Stimmzettel nicht.

Prüfung der Stimmzettel und Stimmenzählung

§ 48. (1) Wenn die für die Wahlhandlung festgesetzte Zeit abgelaufen ist und alle bis dahin im Wahllokal erschienenen Wählerinnen und Wähler gewählt haben, hat die oder der Vorsitzende der Wahlkommission oder Unterwahlkommission oder Unterkommission die Stimmabgabe für geschlos-

sen zu erklären. Nach Abschluss der Stimmabgabe ist das Wahllokal, in welchem nur die Mitglieder der Wahlkommission oder Unterwahlkommission oder Unterkommission, deren Hilfsorgane und Beobachterinnen und Beobachter bleiben dürfen, zu schließen.

(2) Die Wahlkommission oder Unterwahlkommission oder Unterkommission hat die in der Wahlurne befindlichen Wahlkuverts gründlich zu mischen, die Wahlurne zu entleeren und festzustellen:

1. **die Zahl der von den Wählerinnen und Wählern abgegebenen Wahlkuverts,**
2. **die Zahl der im elektronisch geführten Abstimmungsverzeichnis eingetragenen Wählerinnen und Wähler,**
3. **im Falle der Differenz zwischen den Zahlen gemäß Z 1 und Z 2 den mutmaßlichen Grund, warum die Zahl der abgegebenen Wahlkuverts mit der Zahl der im elektronisch geführten Abstimmungsverzeichnis eingetragenen Wählerinnen und Wähler nicht übereinstimmt.**

(3) Die Wahlkommission oder Unterwahlkommission oder Unterkommission hat hierauf die von den Wählerinnen und Wählern abgegebenen Wahlkuverts zu öffnen, die Stimmzettel zu übernehmen, die Gültigkeit zu überprüfen, die ungültigen Stimmzettel mit fortlaufenden Nummern zu versehen und getrennt für jedes Organ festzustellen:

1. **die Gesamtsumme der abgegebenen Stimmen,**
2. **die Summe der abgegebenen ungültigen Stimmen,**
3. **die Summe der abgegebenen gültigen Stimmen,**
4. **die Summe der auf die einzelnen wahlwerbenden Gruppen oder auf die einzelnen Kandidatinnen und Kandidaten entfallenen abgegebenen gültigen Stimmen.**

(4) Die nach Abs. 3 getroffenen Feststellungen sind auf die schnellste Art, wenn möglich telefonisch, der Wahlkommission oder Unterwahlkommission bekannt zu geben.

(5) Die Mitglieder der Unterkommissionen und der Wahlkommission oder Unterwahlkommission und die Beobachterinnen und Beobachter sind von der oder dem Vorsitzenden der Wahlkommission oder Unterwahlkommission auf ihre Pflicht zur Geheimhaltung des Wahlergebnisses bis zur Verlautbarung hinzuweisen.

Beurkundung des Wahlvorganges

§ 49. (1) Die Wahlkommission oder Unterwahlkommission oder Unterkommission hat hierauf den Wahlvorgang und das Wahlergebnis in einer Niederschrift nach dem Muster der Anlage 11 zu erstellen und die Wahlergebnisse der Wahl der Bundesvertretung und der Hochschulvertre-

tung an der jeweiligen Bildungseinrichtung im Wahladministrationssystem einzutragen.

(2) Die Niederschrift hat jedenfalls zu enthalten:

1. **die Bezeichnung des Wahlortes, des Wahllokales und die Wahltage,**
2. **die Namen der an- und abwesenden Mitglieder der Wahlkommission oder Unterwahlkommission oder Unterkommission sowie der anwesenden Beobachterinnen und Beobachter,**
3. **die genaue Anzahl der für jedes Organ übernommenen amtlichen Stimmzettel,**
4. **die Zeit des Beginnes und Schlusses der Wahlhandlung,**
5. **die allfälligen Beschlüsse der Wahlkommission oder Unterwahlkommission oder Unterkommission über die Zulassung oder Nichtzulassung von Wählerinnen und Wählern zur Stimmabgabe (§ 43),**
6. **sonstige Beschlüsse der Wahlkommission oder Unterwahlkommission oder Unterkommission, die während der Wahlhandlung gefasst wurden (zB Unterbrechung der Wahlhandlung, Stimmabgabe mit Hilfe einer Begleitperson, Aushändigung eines weiteren amtlichen Stimmzettels),**
7. **die Feststellungen der Wahlkommission oder Unterwahlkommission oder Unterkommission nach § 48 Abs. 2 und 3; wenn ungültige Stimmen festgestellt wurden, ist auch der Grund für die Ungültigkeit für jeden Stimmzettel anzuführen, sofern die Wahlkommission oder Unterwahlkommission oder Unterkommission einen Stimmzettel nicht einstimmig als ungültig beurteilt.**

(3) Der Niederschrift ist anzuschließen:

1. **das Wählerinnen- und Wählerverzeichnis,**
2. **das ausgedruckte elektronisch geführte Abstimmungsverzeichnis,**
3. **die ungültigen Stimmzettel, die in eigenen Umschlägen für jedes Organ getrennt mit entsprechenden Aufschriften zu verpacken sind,**
4. **die gültigen Stimmzettel, die nach den wahlwerbenden Gruppen bzw. nach den Kandidatinnen und Kandidaten getrennt für jedes Organ mit entsprechenden Aufschriften zu verpacken sind.**

(4) Die Niederschrift ist von den anwesenden Mitgliedern und Beobachterinnen und Beobachtern der Wahlkommission oder Unterwahlkommission oder Unterkommission zu unterschreiben. Wird die Unterschrift nicht von allen anwesenden Mitgliedern geleistet, so ist der Grund anzugeben.

(5) Die Niederschrift samt ihren Beilagen bildet den Wahlakt.

Erläuterungen zur Novelle (BGBl. II Nr. 48/2017):
§ 49 Abs. 3 Z 5 hat vorgesehen, dass zur Beurkundung des Wahlvorganges der Niederschrift, auch die nicht zur Abgabe gelangten amtlichen Stimmzettel, die ebenfalls in eigenen Umschlägen mit entsprechenden Aufschriften zu verpacken waren, anzuschließen waren. Diese Bestimmung ist nunmehr entfallen.

Besondere Umstände

§ 50. (1) Treten Umstände ein, die die Stimmabgabe verhindern, so kann jede Wahlkommission oder Unterwahlkommission oder Unterkommission die Wahlhandlung unterbrechen oder sie über die festgelegte Wahlzeit hinaus innerhalb der bestimmten Wahltage verschieben. Bei Gefahr im Verzug kann eine solche Unterbrechung und Verschiebung auch durch die oder den Vorsitzenden der Wahlkommission an der Österreichischen Hochschülerinnen- und Hochschülerschaft erfolgen. Hierbei sind die Zeiten gemäß § 33 zu beachten.

(2) Jede Verschiebung ist unverzüglich in geeigneter Weise kundzumachen.

(3) Hat die Stimmabgabe bereits begonnen, so sind die Wahlakten und die Wahlurne mit den darin enthaltenen Wahlkuverts und Stimmzetteln von der Wahlkommission oder Unterwahlkommission oder Unterkommission bis zur Fortsetzung der Wahlhandlung unter Verschluss zu nehmen und sicher zu verwahren.

6. Abschnitt
Durchführung der Briefwahl

Stimmabgabe nach ausgestellter Wahlkarte

§ 51. Wurde eine Wahlkarte von einer oder einem Wahlberechtigten beantragt und an diese oder diesen versandt oder von dieser oder diesem bei der Wahlkommission der Österreichischen Hochschülerinnen- und Hochschülerschaft abgeholt, ist eine persönliche Stimmabgabe vor der zuständigen Wahlkommission oder Unterwahlkommission oder Unterkommission für die Wahl der Bundesvertretung, der Hochschulvertretung und der Studienvertretung nur unter Abgabe dieser Wahlkarte samt allen Unterlagen möglich. Nach erfolgter Abgabe der Wahlkarte samt allen Unterlagen ist eine persönliche Stimmabgabe vor allen übrigen Wahlkommissionen oder Unterwahlkommissionen oder Unterkommission, bei denen ein weiteres Wahlrecht besteht, zulässig.

Erläuterungen:

Erstmals wird die Abgabe der Stimmen für die Bundesvertretung und die Hochschulvertretungen im Wege der Rückübermittlung einer verschlossenen Wahlkarte an die Wahlkommission der Österreichischen Hochschülerinnen- und Hochschülerschaft (Briefwahl) ermöglicht. Insgesamt orientieren sich die Bestimmungen zur Briefwahl an den Bestimmungen zur Briefwahl in der Nationalrats-Wahlordnung 1992 (NRWO), BGBl. Nr. 471/1992, in der Fassung des Bundesgesetzes BGBl. I Nr. 115/2013, wodurch eine schon in der Praxis erprobte und anerkannte Vorgehensweise übernommen wird.

Die Wahlkommission der Österreichischen Hochschülerinnen- und Hochschülerschaft führt die Briefwahl zentral für ganz Österreich durch. Eine Wahlkarte ist bei der Wahlkommission der Österreichischen Hochschülerinnen- und Hochschülerschaft ab dem, dem Stichtag gemäß § 47 Abs. 5 HSG 2014 folgenden, Tag bis eine Woche vor dem erstem Wahltag zu beantragen. Die Antragstellerin bzw. der Antragsteller hat in geeigneter Weise seine Identität nachzuweisen. Dies erfolgt bei einem schriftlichen Antrag durch Beigabe einer Kopie eines Ausweises, bei einer persönlichen Beantragung durch Vorlage eines Ausweises und der Abgabe einer Kopie dieses Ausweises und bei einer elektronischen Beantragung durch Verwendung der Handy-Signatur oder durch das Hochladen einer Kopie eines Ausweises in das „E-Formular". Der Begriff „Ausweis" umfasst folgende amtliche Lichtbildausweise: den Studierendenausweis, den Personalausweis, den Reisepass und den Führerschein.

Erläuterungen zur Novelle (BGBl. II Nr. 48/2017):

Ist eine Wahlkarte ausgestellt (an die Antragstellerin oder den Antragsteller übermittelt bzw. persönlich ausgehändigt) worden, ist eine persönliche Stimmabgabe vor einer Wahlkommission oder Unterwahlkommission oder Unterkommission nur dann möglich, wenn diese Wahlkarte bei einer zuständigen Wahlkommission oder Unterwahlkommission oder Unterkommission abgegeben wird. Wird eine Wahlkarte dort abgegeben, kann die oder der Wahlberechtigte persönlich vor Ort wählen. Die Abgabe der Wahlkarte bewirkt aber auch, dass etwaige andere Wahlberechtigungen der Wahlberechtigten oder des Wahlberechtigten bei anderen Wahlkommission oder Unterwahlkommission oder Unterkommission wieder in Anspruch genommen werden können. Technisch gesehen wird die Abgabe der Wahlkarte von einem Mitglied der Wahlkommission oder Unterwahlkommission oder Unterkommission im elektronischen Wahladministrationssystem vermerkt. Dieser Vermerk führt dann zu einer „Freischaltung" der Wahlberechtigungen im elektronischen Abstimmungsverzeichnis, wodurch das Wahlrecht wieder persönlich ausgeübt werden kann. Durch die Problematik der Abbildung von gemeinsam eingerichteten Studien – insbesondere der gemeinsam eingerichteten Lehramtsstudien – bei der Briefwahl, ist es in Hinkunft nicht mehr möglich die Studienvertretungen zu wählen, wenn bereits eine Stimmabgabe durch die Briefwahl erfolgt ist. Die Studienvertretung kann immer durch persönliche Stimmabgabe gewählt werden, sofern keine Wahlkarte ausgestellt wurde. Wurde eine Wahlkarte ausgestellt, ist eine persönliche Stimmabgabe für die Wahl einer Studienvertretung nur dann möglich, wenn diese Wahlkarte samt allen Unterlagen vor einer Wahlkommission oder Unterwahlkommission oder Unterkommission, bei der die oder der Studierende wahlberechtigt ist, abgegeben worden ist.

Anmerkungen:
Unter dem Begriff „alle Unterlagen" sind sämtliche Unterlagen zu verstehen, die der oder dem Studierenden – neben der Wahlkarte – bei der Versendung bzw. Abholung der Wahlkarte übermittelt bzw. übergeben wurden. Auch das „Begleitschreiben" ist somit von diesem Begriff umfasst.

Beantragung einer Wahlkarte

§ 52. (1) Eine Wahlkarte nach dem Muster der Anlage 12 für die Wahl der Bundesvertretung und der Hochschulvertretungen kann ab dem dem Stichtag gemäß § 47 Abs. 5 HSG 2014 folgenden Tag bis eine Woche vor dem erstem Wahltag bei der Wahlkommission der Österreichischen Hochschülerinnen- und Hochschülerschaft gemäß § 44 Abs. 2 HSG 2014, unter Glaubhaftmachung der Identität der Antragstellerin oder des Antragstellers, wie folgt beantragt werden:

1. **schriftlich, mittels eingeschriebener Briefsendung oder**
2. **persönlich, bei der Wahlkommission der Österreichischen Hochschülerinnen- und Hochschülerschaft oder**
3. **elektronisch, durch Ausfüllen und Abschicken des „E-Formulars", auf der für die Durchführung der Hochschülerinnen- und Hochschülerschaftswahlen eingerichteten Homepage (§ 4 Abs. 1 Z 2).**

(2) Die Wahlkommission der Österreichischen Hochschülerinnen- und Hochschülerschaft hat für eine schriftliche Beantragung einer Wahlkarte die Anschrift und für eine persönliche Beantragung einer Wahlkarte den Ort und die Öffnungszeiten durch Beschluss festzulegen und gemäß § 11 zu verlautbaren und zu veröffentlichen.

(3) Die Identität der Antragstellerin oder des Antragstellers ist wie folgt glaubhaft zu machen:

1. **bei einem schriftlichen Antrag durch Beigabe der Kopie des Studierendenausweises oder des Personalausweises oder des Reisepasses oder des Führerscheines;**
2. **bei einer persönlichen Beantragung durch Vorlage des Studierendenausweises oder des Personalausweises oder des Reisepasses oder des Führerscheines und der Abgabe einer Kopie von diesem;**
3. **bei einer elektronischen Beantragung durch Verwendung der Bürgerkarte, einschließlich jener mittels Mobiltelefon (Handy-Signatur), oder durch das Hochladen einer Kopie des Studierendenausweises oder des Personalausweises oder des Reisepasses oder des Führerscheines in das „E-Formular".**

(4) Die Antragstellerin oder der Antragsteller hat die Form der Zustellung (§ 53 Abs. 1 Z 5) bekanntzugeben.

(5) Hat eine Wahlberechtigte oder ein Wahlberechtigter eine Wahlkarte beantragt, werden der oder dem Wahlberechtigten folgende Stimmzettel übermittelt:

1. **der Stimmzettel für die Wahl der Bundesvertretung,**
2. **der oder die Stimmzettel für die Wahl der Hochschulvertretung oder Hochschulvertretungen, für welche diese oder dieser wahlberechtigt ist, bzw.**
3. **bei gemeinsam an mehreren Bildungseinrichtungen eingerichteten Studien sämtliche Stimmzettel für die Wahl der Hochschulvertretungen der Hochschülerinnen- und Hochschülerschaften und der Vertretungsstrukturen von Studierenden an Bildungseinrichtungen, an denen keine Hochschülerinnen- und Hochschülerschaft eingerichtet ist, jener Bildungseinrichtungen, die ein Studium gemeinsam eingerichtet haben.**

(6) Die Wahlkommission der Österreichischen Hochschülerinnen- und Hochschülerschaft ist berechtigt, durch Beschluss Dienstleister mit der Abwicklung der Organisation der Bestellung, Verwaltung und Versendung der Wahlkarten zu beauftragen.

(7) Die Löschung der elektronischen Ausweiskopien und die Vernichtung der Ausweiskopien in Papierform hat frühestens nach rechtskräftiger Entscheidung allfälliger Rechtsmittel und spätestens eine Woche nach rechtskräftiger Entscheidung allfälliger Rechtsmittel zu erfolgen.

Erläuterungen zur Novelle (BGBl. II Nr. 48/2017):

Übernommen wird in diesem Bereich die Terminologie des Bundesgesetzes über die Wahl des Nationalrates (Nationalrats-Wahlordnung 1992 – NRWO), BGBl. Nr. 471/1992, in der geltenden Fassung.

Diese Bestimmung wird dahingehend adaptiert, dass bei einem an mehreren Bildungseinrichtungen gemeinsam eingerichteten Studium, die dafür wahlberechtigten Studierenden sämtliche Stimmzettel (für die Bundesvertretung und allen Hochschulvertretungen der Bildungseinrichtungen, die dieses Studium gemeinsam eingerichtet Studium haben) zugesendet bekommen, wenn eine Wahlkarte beantragt worden ist. Die Studierenden haben sodann den Stimmzettel für die Wahl der Bundesvertretung auszufüllen und in das zugehörige Wahlkuvert zu geben. Daneben haben sie bei einem gemeinsam eingerichteten Studium für dieses Studium zwei Stimmzettel, von den für die Wahlen der Hochschulvertretungen übermittelten Stimmzetteln, auszuwählen und auszufüllen und anschließend in die zugehörigen Wahlkuverts zu geben, wobei auf den Wahlkuverts je die Bezeichnung jener Bildungseinrichtung hinzuzufügen ist, für welche der zugehörige Stimmzettel darin enthalten ist.

Beispiel: Es existiert ein gemeinsam eingerichtetes Studium (1) zwischen den Bildungseinrichtungen A, B, C, D, E, F und G. Eine Wahlberechtigte für das gemeinsam eingerichtete Studium (1) beantragt eine Wahlkarte. Sie bekommt sodann den Stimmzettel für die Wahl der Bundesvertretung und die Stimmzettel für die Wahlen der Hochschulvertretungen an den Bildungseinrichtungen A, B, C, D, E, F und G zugesendet. Von den insgesamt sieben zugesandten Stimmzetteln für die Wahlen der Hochschulvertretungen hat sie zwei auszuwählen, da bei gemeinsam eingerichteten Studien die Wahlberechtigung für dieses Studium auf die Wahl von zwei Hochschulvertretungen – nach eigener Wahl der oder des Studierenden – beschränkt ist. Die Studierende wählt in diesem Beispiel die Stimmzettel für die Wahlen der Hochschulvertretungen an den Bildungseinrichtungen A und E aus. Sie füllt diese aus und gibt je einen Stimmzettel in ein beiges Wahlkuvert. Daher den Stimmzettel A in ein beiges Wahlkuvert und vermerkt auf dem Wahlkuvert die Bezeichnung der Bildungseinrichtung A. Sodann füllt sie den Stimmzettel E aus und gibt diesen in das andere beige Wahlkuvert und vermerkt auf dem Wahlkuvert die Bezeichnung der Bildungseinrichtung E. Dann muss das blaue Wahlkuvert für die Wahl der Bundesvertretung und die beiden Wahlkuverts für die Wahlen der Hochschulvertretungen in die Wahlkarte gegeben werden. Sodann ist auf der eidesstattlichen Erklärung durch eigenhändige Unterschrift eidesstattlich zu erklären, dass die amtlichen Stimmzettel persönlich, unbeobachtet und unbeeinflusst ausgefüllt wurden und in die Wahlkarte zu geben. Anschließend ist die Wahlkarte zu verschließen und so rechtzeitig an die Wahlkommission der Österreichischen Hochschülerinnen- und Hochschülerschaft zu übermitteln, dass die Wahlkarte dort spätestens am zweiten Wahltag um 18.00 Uhr einlangt, widrigenfalls sie nicht in die Ergebnisermittlung miteinbezogen wird.

Anmerkungen:
Die Wahlkommission der Österreichischen Hochschülerinnen- und Hochschülerschaft kann die Briefwahl entweder selbst unter Zuhilfenahme von Unterkommissionen und geeigneten Hilfsorganen organisieren, durchführen und abwickeln, oder dafür geeignete Dienstleister beauftragen. Die Beauftragung von Dienstleistern mit einzelnen Teilbereichen ist möglich.

Antrag auf Ausstellung einer Wahlkarte

§ 53. (1) Eine Beantragung einer Wahlkarte gemäß § 52 (Antrag auf Ausstellung einer Wahlkarte) hat folgenden Mindestinhalt zu enthalten:

1. Familienname und Vorname,

2. Geburtsdatum,

3. Sozialversicherungsnummer oder Ersatzkennzeichen,

4. bildungseinrichtungsspezifisches Personenkennzeichen,

5. Angabe der Art der Zustellung: entweder persönliche Abholung bei der Wahlkommission der Österreichischen Hochschülerinnen- und

Hochschülerschaft oder postalische Zustellung unter Angabe der Zustelladresse,

6. Identitätsnachweis,

7. E-Mail-Adresse.

(2) Die Wahlkommission der Österreichischen Hochschülerinnen- und Hochschülerschaft hat eine Wahlkarte auf Grund eines Antrages auf Ausstellung einer Wahlkarte nur dann auszustellen, wenn die übermittelten Daten und Informationen gemäß Abs. 1 der Antragstellerin oder des Antragstellers vollständig und leserlich sind.

Anmerkungen:
Bei der im Antrag auf Ausstellung einer Wahlkarte anzugebenden E-Mail-Adresse muss es sich nicht um die offizielle E-Mail-Adresse der oder des Studierenden der jeweiligen Bildungseinrichtung handeln.

Erfassung des Wahlkartenantrages im Wahladministrationssystem

§ 54. (1) Sind die Angaben gemäß § 53 der Wahlkommission der Österreichischen Hochschülerinnen- und Hochschülerschaft vollständig übermittelt worden, wird bei einer elektronischen Beantragung nach vollständiger Befüllung der Felder im „E-Formular" durch die Antragstellerin oder den Antragsteller oder bei einer schriftlichen Beantragung nach vollständiger Befüllung der Felder im „E-Formular" durch die Wahlkommission der Österreichischen Hochschülerinnen- und Hochschülerschaft und abschließender Betätigung des Feldes „Wahlkartenantrag senden", der Wahlkartenantrag im Wahladministrationssystem erfasst.

(2) Sind die Angaben gemäß § 53 der Wahlkommission der Österreichischen Hochschülerinnen- und Hochschülerschaft bei einer persönlichen Beantragung vollständig in einem Formular angegeben worden, ist die Beantragung durch die Antragstellerin oder den Antragsteller des Wahlkartenantrages im Wahladministrationssystem zu erfassen.

Erläuterungen:
Der Eingang eines Wahlkartenantrages und die Versendung oder persönliche Abholung einer Wahlkarte sind von der Wahlkommission der Österreichischen Hochschülerinnen- und Hochschülerschaft im Wahladministrationssystem bei der oder dem entsprechenden Wahlberechtigten zu vermerken, damit diese oder dieser ihr oder sein Stimmrecht für die Bundesvertretung und die Hochschulvertretung(en) nur einmal ausüben kann.

Überprüfung der Wahlberechtigung bei der Beantragung einer Wahlkarte

§ 55. (1) Die Wahlkartenanträge gemäß § 54 Abs. 1 und 2 sind im Wahladministrationssystem sicher zu speichern und die Wahlkartenanträge nach Vorliegen des berichtigten Wählerinnen- und Wählerverzeichnisses (Wählerinnen- und Wählerverzeichnis BV) von der Wahlkommission der Österreichischen Hochschülerinnen-und Hochschülerschaft auf das Vorliegen der Wahlberechtigung der Antragstellerin oder des Antragstellers zu überprüfen und um folgende Daten der oder des Wahlberechtigten aus dem Wählerinnen- und Wählerverzeichnis BV zu ergänzen:

1. das Identifikationsmerkmal (ID) und

2. alle Wahlberechtigungen.

(2) Nach Überprüfung des Vorliegens der Wahlberechtigungen ist bei schriftlich oder elektronisch gestellten Anträgen, mit Ausnahme der Glaubhaftmachung der Identität durch die Verwendung der Bürgerkarte, einschließlich jener mittels Mobiltelefon (Handy-Signatur), ein E-Mail mit einem Bestätigungslink und einem Ablehnungslink an die von der Bildungseinrichtung bzw. den Bildungseinrichtungen gemäß § 16 übermittelten E-Mail-Adressen der Antragstellerin oder des Antragstellers zu senden. Erst wenn durch Aufruf des Bestätigungslinks die Identität der Antragstellerin oder des Antragstellers bestätigt wird, ist die Wahlkarte wirksam beantragt und die Beantragung im Wahladministrationssystem zu vermerken. Wird der Ablehnungslink aufgerufen, gilt der Wahlkartenantrag als zurückgezogen. Bei Aufruf des Bestätigungslinks oder des Ablehnungslinks ist ein E-Mail, welches den Aufruf bestätigt, an die von der Antragstellerin oder dem Antragsteller bei der Beantragung der Wahlkarte angegebene E-Mail-Adresse zu senden.

Erläuterungen:

Nach Überprüfung des Vorliegens der Wahlberechtigungen ist bei schriftlich oder elektronisch gestellten Anträgen eine E-Mail mit einem Bestätigungslink an die von der Bildungseinrichtung bzw. den Bildungseinrichtungen gemäß § 16 übermittelten E-Mail-Adressen der Antragstellerin oder des Antragstellers zu senden. Erst wenn durch Aufruf dieses Links die Identität der Antragstellerin oder des Antragstellers bestätigt wird, gilt die Beantragung einer Wahlkarte als vollständig und ist im Wahladministrationssystem zu vermerken. Durch diese Vorgangsweise wird sichergestellt, dass Wahlkarten nur an jene Wahlberechtigten übermittelt werden, die eine solche auch tatsächlich angefordert haben.

Anmerkungen:

Bei der E-Mail-Adresse an die der Bestätigungslink und der Ablehnungslink geschickt wird, muss es sich um die offizielle E-Mail-Adresse der oder des Studierenden, welche von der jeweiligen Bildungseinrichtung übermittelt wurde, handeln.

Vorbereitung Versand/Abholung der Wahlkarten durch die Wahlkommission der Österreichischen Hochschülerinnen-und Hochschülerschaft

§ 56. (1) Der um die Daten gemäß § 55 Abs. 1 der oder des Wahlberechtigten ergänzte Wahlkartenantrag ist im Wahladministrationssystem zu speichern.

(2) Die Wahlkommission der Österreichischen Hochschülerinnen- und Hochschülerschaft (Unterkommission) hat diese im Wahladministrationssystem aufscheinenden Wahlkartenanträge zu prüfen und wie folgt zu bearbeiten:

1. **Die Wahlkarte ist nach dem Muster der Anlage 12 mit einem Barcode zu versehen, welcher dem Datensatz einer oder eines Wahlberechtigten im Wahladministrationssystem zugeordnet ist und der Adresse der Wahlkommission der Österreichischen Hochschülerinnen- und Hochschülerschaft, an welche die Wahlkarte zurückzusenden ist;**
2. **die Stimmzettel für alle von der Briefwahl umfassten Wahlberechtigungen sind gemeinsam mit den dazugehörigen Kuverts und einem personalisierten Begleitschreiben der Wahlkarte beizulegen;**
3. **ebenso ist ein Beiblatt mit folgendem Inhalt beizulegen:**
   a. **Name und die im Wahlkartenantrag angegebene Adresse der oder des wahlberechtigten Studierenden,**
   b. **bildungseinrichtungsspezifische Personenkennzeichen (Matrikelnummer, Personenkennzahl, Personenkennzeichen) oder Sozialversicherungsnummer,**
   c. **Anzahl und Bezeichnung der zu wählenden Organe,**
   d. **Bereich für die Abgabe der eidesstatttlichen Erklärung und**
   e. **das Identifikationsmerkmal (ID), allenfalls auch in Form eines Barcodes.**
4. **Sodann sind sämtliche Unterlagen in ein Überkuvert zu geben.**

(3) Die Wahlkuverts bei der Briefwahl sind in folgenden Farben bereitzustellen:

1. **hellblaue Wahlkuverts für die Stimmzettel für die Wahl der Bundesvertretung mit dem Aufdruck „Bundesvertretung“,**
2. **beige Wahlkuverts für die Stimmzettel für die Wahl der Hochschulvertretung mit dem Aufdruck der Bezeichnung der jeweiligen Hochschulvertretung,**
3. **bei gemeinsam eingerichteten Studien: beige Wahlkuverts für die Stimmzettel für die Wahl der Hochschulvertretung mit dem Aufdruck sämtlicher Hochschulvertretungen oder eines Textfeldes, in welchem die Bezeichnung der Hochschulvertretung eingetragen bzw. aufgeklebt werden kann.**

(4) Die Wahlkommission der Österreichischen Hochschülerinnen- und Hochschülerschaft (Unterkommission) hat nach erfolgter Überprüfung und Übereinstimmung der Wahlberechtigungen das Überkuvert zu verschließen, diesen Vorgang im Wahladministrationssystem zu vermerken und das Überkuvert der Antragstellerin oder dem Antragsteller zu übermitteln bzw. zur Abholung bereit zu halten. Bei beantragter persönlicher Abholung ist dieser Vermerk erst nach erfolgter Abholung vorzunehmen.

Erläuterungen zur Novelle (BGBl. II Nr. 48/2017):

In dieser Bestimmung wurde abgebildet, dass bei gemeinsam eingerichteten Studien, wenn von der Möglichkeit der Briefwahl Gebrauch gemacht wird, auf den Wahlkuverts die Bezeichnung der Bildungseinrichtung einzutragen ist, für welche der zugehörige Stimmzettel für die Wahl der Hochschulvertretung hineingegeben wurde. Siehe Beispiel zu § 52.

Rückübermittlung der Wahlkarten

§ 57. (1) Wird von der Berechtigung zur Stimmabgabe im Wege der Rückübermittlung der verschlossenen Wahlkarte an die Wahlkommission der Österreichischen Hochschülerinnen- und Hochschülerschaft Gebrauch gemacht (Briefwahl), so hat die Wählerin oder der Wähler die von ihr oder ihm ausgefüllten amtlichen Stimmzettel in die jeweiligen Wahlkuverts zu geben. Bei einem an mehreren Bildungseinrichtungen gemeinsam eingerichteten Studium hat die Wählerin oder der Wähler von den übermittelten amtlichen Stimmzetteln für die Hochschulvertretungen höchstens zwei amtliche Stimmzettel auszuwählen, diese auszufüllen und die von ihr oder ihm ausgefüllten amtlichen Stimmzettel in die jeweiligen, entweder von der Wählerin oder dem Wähler mit einem liegenden Kreuz links von der Bezeichnung der zugehörigen Hochschulvertretung markierten oder in den freien Textfeldern mit der Bezeichnung der zugehörigen Hochschulvertretung ergänzten, Wahlkuverts zu geben. Diese Wahlkuverts sind in die Wahlkarte zu geben. Sodann ist auf dem mitübermittelten Beiblatt durch eigenhändige Unterschrift eidesstattlich zu erklären, dass sie oder er die amtlichen Stimmzettel persönlich, unbeobachtet und unbeeinflusst ausgefüllt hat. Dieses Beiblatt ist ebenfalls in die Wahlkarte zu geben. Anschließend ist die Wahlkarte zu verschließen und so rechtzeitig an die Wahlkommission der Österreichischen Hochschülerinnen- und Hochschülerschaft zu übermitteln, dass die Wahlkarte dort spätestens am zweiten Wahltag um 18.00 Uhr einlangt, widrigenfalls sie nicht in die Ergebnisermittlung miteinbezogen wird.

(2) Eine Rückübermittlung gemäß Abs. 1 der Wahlkarte an die Wahlkommission der Österreichischen Hochschülerinnen- und Hochschülerschaft ist zulässig:

1. durch persönliche Abgabe der Wahlkarte bei der Wahlkommission

der Österreichischen Hochschülerinnen- und Hochschülerschaft (Unterkommission) oder

2. durch Übermittlung (Post, Boten etc.) der Wahlkarte an die Wahlkommission der Österreichischen Hochschülerinnen- und Hochschülerschaft (Unterkommission).

(3) Die Stimmabgabe durch Briefwahl wird bei Nichtvorliegen eines Nichtigkeitsgrundes gemäß § 59 und bei Einlangen der Wahlkarte bei der Wahlkommission der Österreichischen Hochschülerinnen- und Hochschülerschaft (Unterkommission) bis 18.00 Uhr am zweiten Wahltag für die Auszählung berücksichtigt.

Erläuterungen:

Wurde eine Wahlkarte ausgestellt, kann die oder der betreffende Wahlberechtigte ihre oder seine Stimme durch Rückübermittlung der verschlossenen Wahlkarte oder unter Abgabe der Wahlkarte inklusive der beigelegten Stimmzettel und Wahlkuverts auch persönlich vor der zuständigen Wahlkommission abgeben.

Anmerkungen:

Im Falle der Briefwahl haben die Wahlberechtigten, eidesstaatlich zu erklären, dass sie die Stimmzettel persönlich, unbeobachtet und unbeeinflusst ausgefüllt haben. Damit sind die Grundsätze des geheimen und persönlichen Wahlrechtes gewahrt. Da nunmehr keine „Lasche" mehr bei der Wahlkarte vorgesehen ist, muss die eidesstattliche Erklärung auf einem eigenen mitübermittelten Beiblatt abgegeben werden. Dieses ist sodann mit den Stimmzettelkuverts (inklusive der darin befindlichen Stimmzettel) in die Wahlkarte zu geben, bevor diese verschlossen wird.

Die Wählerin oder der Wähler hat dafür Sorge zu tragen, dass die Wahlkarte bei der Wahlkommission der ÖH spätestens am zweiten Wahltag um 18.00 Uhr einlangt. Wahlkarten, die später einlangen, werden nicht in die Ergebnisermittlung einbezogen.

Erfassung der rechtzeitig eingelangten Wahlkarten und Prüfung der Stimmzettel und Stimmenzählung

§ 58. (1) Ist die Wahlkarte vor dem zweiten Wahltag um 18.00 Uhr bei der Wahlkommission der Österreichischen Hochschülerinnen- und Hochschülerschaft (Unterkommission) eingelangt, hat diese die eingelangten Wahlkarten auf die Unversehrtheit des Verschlusses zu überprüfen. Wahlkarten, die diese Voraussetzungen nicht erfüllen, dürfen in die Ergebnisermittlung nicht miteinbezogen werden. Der Eingang der Wahlkarte ist anhand des Barcodes im Wahladministrationssystem zu vermerken. Dieser Vermerk im Wahladministrationssystem bewirkt, dass das Wahlrecht für die Bundesvertretung, die Hochschulvertretungen und die Studienvertretungen nicht mehr persönlich ausgeübt werden darf.

(2) Die Wahlkarten sind bis zum Zeitpunkt der Auszählung durch die Wahlkommission der Österreichischen Hochschülerinnen- und Hochschülerschaft sicher zu verwahren.

(3) Die Wahlkommission der Österreichischen Hochschülerinnen- und Hochschülerschaft darf mit der Auszählung der Briefwahlstimmen frühestens am letzten Wahltag um 12.00 Uhr beginnen.

(4) Zu Beginn der Auszählung gemäß Abs. 3 hat die Wahlkommission der Österreichischen Hochschülerinnen- und Hochschülerschaft die gemäß Abs. 1 rechtzeitig eingelangten und miteinzubeziehenden Wahlkarten zu öffnen und auf das Vorhandensein der eidesstattlichen Erklärung in der Wahlkarte zu überprüfen.

(5) Wahlkarten, bei denen ein Nichtigkeitsgrund gemäß § 59 Z 1, 2, 3, 4 oder 6 vorliegt und Wahlkuverts bei denen die Bezeichnung der Hochschulvertretung nicht eingetragen bzw. aufgeklebt ist, dürfen in die Ergebnisermittlung nicht miteinbezogen werden. Nicht miteinzubeziehende Wahlkarten und Wahlkuverts sind dem Wahlakt beizufügen. Die Gründe für das Nicht-Miteinbeziehen der Wahlkarten und Wahlkuverts sind in der Niederschrift festzuhalten.

(5a) Sodann sind die, in den miteinzubeziehenden Wahlkarten enthaltenen, Wahlkuverts in die hiefür vorbereiteten Behältnisse, getrennt für die Bundesvertretung und jede Hochschulvertretung zu legen.

(6) Nach gründlichem Mischen der miteinzubeziehenden Wahlkuverts hat die Wahlkommission der Österreichischen Hochschülerinnen- und Hochschülerschaft diese getrennt für die Bundesvertretung und jede Hochschulvertretung zu öffnen, die Stimmzettel zu entnehmen, deren Gültigkeit zu überprüfen, die ungültigen Stimmzettel mit fortlaufender Nummer zu versehen und für die mittels Briefwahl abgegebenen Stimmen festzustellen:

1. **die Gesamtsumme der abgegebenen Stimmen für die Bundesvertretung und jede Hochschulvertretung,**
2. **die Summe der abgegebenen ungültigen Stimmen für die Bundesvertretung und jede Hochschulvertretung,**
3. **die Summe der abgegebenen gültigen Stimmen für die Bundesvertretung und jede Hochschulvertretung,**
4. **die Summe der auf die einzelnen wahlwerbenden Gruppen für die Bundesvertretung und jede Hochschulvertretung entfallenen abgegebenen gültigen Stimmen.**

(7) Die Mitglieder der Wahlkommission der Österreichischen Hochschülerinnen- und Hochschülerschaft (Unterkommission) und die Beobachterinnen und Beobachter sind von der oder dem Vorsitzenden auf ihre Pflicht zur Geheimhaltung des Briefwahlergebnisses bis zur Verlautbarung hinzuweisen.

Erläuterungen:
Die Wahlkarte muss spätestens am zweiten Wahltag um 18:00 Uhr bei der Wahlkommission der Österreichischen Hochschülerinnen- und Hochschülerschaft eingelangt sein; bei einem späteren Einlangen darf sie nicht mehr berücksichtigt werden.

Die Wahlkommission der Österreichischen Hochschülerinnen- und Hochschülerschaft hat die eingelangten Wahlkarten sicher zu verwahren. Wurden für die Wahl der Bundesvertretung und einer Hochschulvertretung an einer Bildungseinrichtung nicht mehr als drei Wahlkarten rückübermittelt, sind diese nicht in die Ergebnisermittlung miteinzubeziehen und zu vernichten (§ 45 HSG 2014). Mit der Auszählung der Briefwahlstimmen darf frühestens am letzten Wahltag um 12:00 Uhr begonnen werden. Dazu hat die Wahlkommission die übermittelten Wahlkarten zu öffnen, die Anzahl der darin befindlichen Kuverts mit den auf der Vorderseite der Wahlkarte abgedruckten Wahlberechtigungen zu überprüfen, und die Kuverts getrennt nach Farbe und Aufschrift der Kuverts zu sortieren und auszuzählen.

Erläuterungen zur Novelle (BGBl. II Nr. 48/2017):
Ist die Wahlkarte vor dem zweiten Wahltag um 18.00 Uhr bei der Wahlkommission der Österreichischen Hochschülerinnen- und Hochschülerschaft (Unterkommission) eingelangt, hat diese die eingelangten Wahlkarten auf die Unversehrtheit des Verschlusses zu überprüfen, die Lasche der Wahlkarte zu öffnen und auf die Sichtbarkeit der Daten der Wählerin oder des Wählers und auf das Vorliegen der eidesstattlichen Erklärungen zu überprüfen. Wahlkarten, die diese Voraussetzungen nicht erfüllen, dürfen in die Ergebnisermittlung nicht miteinbezogen werden. Der Eingang der Wahlkarte ist sodann im Wahladministrationssystem zu vermerken. Dieser Vermerk im Wahladministrationssystem bewirkt, dass das Wahlrecht für die Bundesvertretung, die Hochschulvertretungen und die Studienvertretungen nicht mehr persönlich ausgeübt werden darf. Grundsätzlich bekommt die Antragstellerin oder der Antragsteller einer Wahlkarte den Stimmzettel für die Wahl der Bundesvertretung und sämtliche Stimmzettel für die Wahl bzw. die Wahlen der Hochschulvertretungen, für die eine Wahlberechtigung besteht. Bei gemeinsam eingerichteten Studien bekommt die Antragstellerin oder der Antragsteller sämtliche Stimmzettel aller Hochschulvertretungen der Bildungseinrichtungen, die dieses Studium gemeinsam eingerichtet haben. Es besteht jedoch bei einem gemeinsam eingerichteten Studium nur ein Wahlrecht für zwei Hochschulvertretungen und nicht für alle Hochschulvertretungen an den Bildungseinrichtungen, die ein Studium gemeinsam eingerichtet haben. Die beiden Hochschulvertretungen können von den Studierenden frei ausgewählt werden. Gleichzeitig mit dieser Auswahl wäre bei der Präsenzwahl auch die zugehörige Studienvertretung zu wählen. Bei der Briefwahl ist es nicht möglich die Ebene der Studienvertretung zu wählen. Wird nunmehr die Möglichkeit der Briefwahl in Anspruch genommen – durch postalische Rückübermittlung oder Abgabe der Wahlkarte bei der Wahlkommission der ÖH – führt dies dazu, dass die Studienvertretung bzw. die Studienvertretungen nicht mehr persönlich vor

der zuständigen Wahlkommission oder Unterwahlkommission oder Unterkommission gewählt werden können.

Dies ist darin begründet, dass bei gemeinsam eingerichteten Studien, vor der Öffnung der Wahlkarte durch die Wahlkommission der ÖH, nicht ersichtlich ist, für welche zwei Hochschulvertretungen, ein Stimmzettel ausgefüllt worden ist. Aus diesem Grund kann – vor Beginn der Auszählung durch die Wahlkommission der ÖH – auch nicht festgestellt werden, an welchen zugehörigen Studienvertretungen ein Wahlrecht besteht.

Anmerkungen:
Bis zur Auszählung der Briefwahlstimmen, mit der frühestens am letzten Wahltag um 12.00 Uhr begonnen werden darf, sind die Wahlkarten so unter Verschluss zu halten, dass eine sichere Verwahrung gewährleistet ist. Die Wahlkommission der ÖH hat die Form der sicheren Verwahrung durch Beschluss festzulegen.

Nichtigkeitsgründe

§ 59. Die Stimmabgabe im Wege der Briefwahl ist nichtig, wenn:

1. **die eidesstattliche Erklärung auf oder in der Wahlkarte nicht oder offensichtlich nicht durch die Wahlberechtigte oder den Wahlberechtigten abgegeben wurde,**
2. **das Überkuvert keine Wahlkarte oder mehrere Wahlkarten enthält,**
3. **die Wahlkarte kein Wahlkuvert enthält,**
4. **das Überkuvert oder die Wahlkarte mehr Wahlkuverts enthält, als der oder dem Wahlberechtigten Stimmrechte zustehen,**
5. **die Prüfung auf Unversehrtheit ergeben hat, dass das Überkuvert oder die Wahlkarte derart beschädigt ist, dass ein vorangegangenes missbräuchliches Entnehmen oder Zurücklegen der inliegenden Wahlkuverts nicht ausgeschlossen werden kann,**
6. **die Daten oder die Unterschrift der Wählerin oder des Wählers auf oder in der Wahlkarte nicht mehr erkennbar sind oder**
7. **das Überkuvert oder die Wahlkarte nicht spätestens am zweiten Wahltag um 18.00 Uhr bei der zuständigen Wahlkommission eingelangt ist.**

7. Abschnitt
Wahlergebnis

Zusammenführung der Wahlergebnisse

§ 60. (1) Die Wahlakten der Unterkommissionen sind unverzüglich der zuständigen Wahlkommission zu übergeben oder versiegelt zu übermitteln, die Stimmzettel und sonstigen Unterlagen sind an einer geeigneten Stelle an der Bildungseinrichtung versiegelt aufzubewahren.

(2) Die Wahlkommission oder Unterwahlkommission hat die für die Bundesvertretung, die Hochschulvertretung und die Studienvertretungen bei den Unterkommissionen abgegebenen Stimmen zusammenzurechnen und das Wahlergebnis für diese zu ermitteln. Diese von der Wahlkommission oder Unterwahlkommission ermittelten Stimmen sind um die für die jeweilige Hochschulvertretung durch Briefwahl abgegebenen Stimmen zu ergänzen und die abgegebenen Stimmen der Wahl der Bundesvertretung an die Wahlkommission der Österreichischen Hochschülerinnen- und Hochschülerschaft zu übermitteln. Diese hat sodann die übermittelten Stimmen für die Wahl der Bundesvertretung mit den abgegebenen Briefwahlstimmen zu ergänzen. Es ist eine Niederschrift, der je eine Abschrift der Niederschrift der Unterkommissionen beizufügen ist, unter Anwendung der Bestimmungen des § 49 Abs. 2 bis 4 zu erstellen.

Erläuterungen:

Die Wahlkommission bzw. Unterwahlkommission hat die für die Bundesvertretung, die Hochschulvertretung und die Studienvertretungen bei den Unterkommissionen abgegebenen Stimmen zusammenzurechnen und das Wahlergebnis für diese zu ermitteln. Diese von der Wahlkommission bzw. Unterwahlkommission ermittelten Stimmen sind um die für die jeweilige Hochschulvertretung durch Briefwahl abgegebenen Stimmen zu ergänzen und die abgegebenen Stimmen der Wahl der Bundesvertretung an die Wahlkommission der Österreichischen Hochschülerinnen- und Hochschülerschaft zu übermitteln. Diese hat sodann die übermittelten Stimmen für die Wahl der Bundesvertretung mit den abgegeben Briefwahlstimmen zu ergänzen.

Wahlakt

§ 61. (1) Die Wahlakten der Unterkommissionen und die Niederschriften gemäß § 60 Abs. 2 und § 62 Abs. 2 bilden den Wahlakt der Wahlkommission.

(2) Die Wahlkommission hat die Wahlakten in geordneter und übersichtlicher Form für die Dauer von zwei Jahren, zumindest aber bis zum rechtskräftigen Abschluss des Wahlverfahrens aufzubewahren. Der

Wahlakt bei der Wahlkommission der Österreichischen Hochschülerinnen- und Hochschülerschaft umfasst die Wahlakten betreffend die Briefwahl.

Erläuterungen zur Novelle (BGBl. II Nr. 48/2017):
Festgelegt wird, dass die Wahlakten grundsätzlich für die Dauer von zwei Jahren (vormals fünf Jahre), gerechnet ab dem letzten Wahltag, aufzubewahren sind. Ist das Wahlverfahren noch nicht rechtskräftig abgeschlossen, sind die Wahlakten bis zum rechtskräftigen Abschluss des Wahlverfahrens aufzubewahren.

Zuweisung der Mandate für die Bundesvertretung, die Hochschulvertretungen und die Studienvertretungen

§ 62. (1) Die Zuweisung der Mandate für die Bundesvertretung, die Hochschulvertretungen und die Studienvertretungen hat unmittelbar nach der Feststellung des Wahlergebnisses zu erfolgen. Hierbei ist nach den Bestimmungen der §§ 52 bis 54 HSG 2014 vorzugehen.

(2) Über die Zuweisung der Mandate an die wahlwerbenden Gruppen und die Kandidatinnen und Kandidaten bei Studienvertretungen ist für jedes gewählte Organ eine eigene Niederschrift nach dem Muster der Anlagen 13 bis 15 anzufertigen.

Anmerkungen:
Siehe auch Ausführungen zu §§ 52 bis 54 HSG 2014.

Verlautbarung des Wahlergebnisses

§ 63. (1) Die Vorsitzenden der Wahlkommissionen haben das Wahlergebnis für die Bundesvertretung oder die Hochschulvertretungen und die Studienvertretungen unverzüglich, längstens aber eine Woche nach dem letzten Wahltag, in der in § 11 vorgeschriebenen Form zu verlautbaren und zu veröffentlichen.

(2) Hierbei ist anzugeben:

1. **das ziffernmäßige Wahlergebnis, geordnet nach wahlwerbenden Gruppen bzw. nach Kandidatinnen und Kandidaten,**
2. **die Zahl der auf die wahlwerbenden Gruppen entfallenden Mandate,**
3. **die gewählten Kandidatinnen und Kandidaten bei Studienvertretungen.**

Anmerkungen:

Formen der Verlautbarung und Veröffentlichung:

Die Verlautbarung hat durch öffentlichen Aushang:

- in den Räumen der Österreichischen Hochschülerinnen- und Hochschülerschaft, der Hochschülerinnen- und Hochschülerschaften und der Hochschulvertretungen an Bildungseinrichtungen, an denen keine Hochschülerinnen- und Hochschülerschaft eingerichtet ist,
- an den von der Rektorin oder dem Rektor der Universität oder der Pädagogischen Hochschule oder der Leiterin oder dem Leiter der Privatuniversität oder der Vertreterin oder dem Vertreter des Erhalters eines Fachhochschul-Studienganges gemäß § 13 Abs. 3 und § 24 Abs. 3 HSG 2014 zur Verfügung gestellten Plakatflächen und
- an den der Wahlkommission zur Verfügung gestellten Plakatflächen, zu erfolgen.

Die Veröffentlichung hat:

- auf den Homepages der Österreichischen Hochschülerinnen- und Hochschülerschaft und der Hochschülerinnen- und Hochschülerschaften zu erfolgen.

Verständigung der Gewählten

§ 64. (1) Die gewählten Mandatarinnen und Mandatare der Bundesvertretung, der Hochschulvertretungen und der Studienvertretungen sind durch die oder den Vorsitzenden der Wahlkommission von ihrer Wahl gleichzeitig mit Verlautbarung des Wahlergebnisses in Kenntnis zu setzen. Auf Beschluss der Wahlkommission kann auch eine zusätzliche nachweisliche Benachrichtigung erfolgen. Hierbei sind Formulare nach dem Muster der Anlage 16 zu verwenden. Die Wahl gilt als angenommen, wenn die oder der Gewählte ihre oder seine Wahl nicht innerhalb von drei Tagen nach Verlautbarung des Wahlergebnisses mit eingeschriebenem Brief an die Wahlkommission ablehnt.

(2) Lehnt die oder der Gewählte für die Bundesvertretung oder Hochschulvertretung ihre oder seine Wahl ab, so wird das Mandat der oder dem im Wahlvorschlag der betreffenden wahlwerbenden Gruppe nächstfolgenden Kandidatin oder Kandidaten zugeteilt.

(3) Lehnt eine Gewählte oder ein Gewählter für die Studienvertretung die Wahl ab, so ist das Mandat der Kandidatin oder dem Kandidaten mit der nächst höchsten Stimmenanzahl zuzuweisen.

(4) Lehnt eine Ersatzperson oder eine Kandidatin oder ein Kandidat das Mandat ab, so ist sie oder er aus der Liste der Kandidatinnen und Kandidaten zu streichen.

Anmerkungen:
Während die Zuweisung der Mandate für die Bundesvertretung, die Hochschulvertretungen und die Studienvertretungen durch die Wahlkommission erfolgt, ist die Verständigung der gewählten Mandatarinnen und Mandatare der Bundesvertretung, der Hochschulvertretungen und der Studienvertretungen durch die Vorsitzende oder den Vorsitzenden der jeweiligen Wahlkommission durchzuführen. Da zu den Aufgaben der Wahlkommissionen auch die bescheidmäßige Feststellung des Erlöschens von Mandaten zählt, ist auch die Zuweisung von Mandaten als Bescheid zu qualifizieren.

Einsprüche gegen die Wahl der Bundesvertretung

§ 65. (1) Die Bundesministerin oder der Bundesminister hat über Einsprüche wegen Verletzung der Bestimmungen über das Wahlverfahren für die Wahl der Bundesvertretung mit Bescheid zu entscheiden.

(2) Jede wahlwerbende Gruppe für die Bundesvertretung ist berechtigt, binnen zwei Wochen ab der Verlautbarung des jeweiligen Wahlergebnisses Einsprüche gegen die jeweilige Wahl bei der oder dem Vorsitzenden der Wahlkommission der Österreichischen Hochschülerinnen- und Hochschülerschaft einzubringen.

(3) Die Wahlkommission der Österreichischen Hochschülerinnen- und Hochschülerschaft hat zu dem Einspruch Stellung zu nehmen und den Einspruch und die Stellungnahme der Bundesministerin oder dem Bundesminister zu übermitteln.

(4) Einem Einspruch ist stattzugeben und die Wahl für ungültig zu erklären, wenn wesentliche Bestimmungen des Wahlverfahrens verletzt wurden und hierdurch die Mandatsverteilung beeinflusst werden konnte. Eine für ungültig erklärte Wahl ist nach Maßgabe des § 58 HSG 2014 zu wiederholen.

(5) Wird einem Einspruch gegen die ziffernmäßige Ermittlung einer Wahlkommission oder einer Unterwahlkommission oder gegen falsche rechnerische Ermittlungen bei der Mandatszuweisung stattgegeben, so ist die Ermittlung richtigzustellen, die erfolgte Verlautbarung der Wahlkommission oder Unterwahlkommission zu widerrufen und das richtige Wahlergebnis zu verlautbaren. In diesem Fall hat allenfalls eine Neuzuweisung von Mandaten zu erfolgen. Die unrichtig zugewiesenen Mandate erlöschen mit Rechtskraft der Entscheidung über den Einspruch.

(6) Gegen den Bescheid der Bundesministerin oder des Bundesministers kann binnen vier Wochen Beschwerde an das Bundesverwaltungsgericht erhoben werden.

(7) Im Verfahren zur Entscheidung über einen Einspruch oder über eine Beschwerde haben alle wahlwerbenden Gruppen für die Bundesvertretung Parteistellung.

Erläuterungen:
Die Bestimmung wurden aus dem HSG 2014 übernommen.

Einsprüche gegen die Wahlen der Hochschulvertretungen und der Studienvertretungen

§ 66. (1) Die Wahlkommission der Österreichischen Hochschülerinnen- und Hochschülerschaft hat über Einsprüche wegen Verletzung der Bestimmungen über das Wahlverfahren für die Wahlen in alle Organe der Hochschülerinnen- und Hochschülerschaften und an Bildungseinrichtungen, an denen keine Hochschülerinnen- oder Hochschülerschaften eingerichtet ist, der Hochschulvertretungen und Studienvertretungen mit Bescheid zu entscheiden.

(2) Jede wahlwerbende Gruppe und jede Kandidatin oder jeder Kandidat für die Studienvertretungen ist berechtigt, binnen zwei Wochen ab der Verlautbarung des jeweiligen Wahlergebnisses Einsprüche gegen die jeweilige Wahl bei der oder dem Vorsitzenden der betreffenden Wahlkommission oder Unterwahlkommission einzubringen.

(3) Die Wahlkommission oder Unterwahlkommission hat zu dem Einspruch Stellung zu nehmen und den Einspruch und die Stellungnahme der Wahlkommission der Österreichischen Hochschülerinnen- und Hochschülerschaft zu übermitteln.

(4) Einem Einspruch ist stattzugeben und die Wahl für ungültig zu erklären, wenn wesentliche Bestimmungen des Wahlverfahrens verletzt wurden und hierdurch die Mandatsverteilung beeinflusst werden konnte. Eine für ungültig erklärte Wahl ist nach Maßgabe des § 58 HSG 2014 zu wiederholen.

(5) Wird einem Einspruch gegen die ziffernmäßige Ermittlung einer Wahlkommission oder Unterwahlkommission oder gegen falsche rechnerische Ermittlungen bei der Mandatszuweisung stattgegeben, so ist die Ermittlung richtigzustellen, die erfolgte Verlautbarung der Wahlkommission oder Unterwahlkommission zu widerrufen und das richtige Wahlergebnis zu verlautbaren. In diesem Fall hat allenfalls eine Neuzuweisung von Mandaten zu erfolgen. Die unrichtig zugewiesenen Mandate erlöschen mit Rechtskraft der Entscheidung über den Einspruch.

(6) Gegen den Bescheid der Wahlkommission der Österreichischen Hochschülerinnen- und Hochschülerschaft kann binnen vier Wochen Beschwerde an das jeweilige Landesverwaltungsgericht erhoben werden.

(7) Im Verfahren zur Entscheidung über einen Einspruch oder über eine Beschwerde haben alle wahlwerbenden Gruppen und die zur Wahl zugelassenen Kandidatinnen und Kandidaten für das jeweilige Organ bzw. die betreffende Hochschulvertretung oder Studienvertretung Parteistellung.

Erläuterungen:
Die Bestimmung wurden aus dem HSG 2014 übernommen.

Wahlwiederholung

§ 67. (1) Ist auf Grund eines Einspruchs wegen Verletzung der Bestimmungen über das Wahlverfahren die Wiederholung einer Wahl notwendig, so ist diese Wahl innerhalb von 60 Tagen ab Rechtskraft der Entscheidung durchzuführen. Lehrveranstaltungsfreie Zeiten und die Zulassungsfristen sind in diesen Zeitraum nicht einzurechnen. Bei einer Wahlwiederholung ist eine Stimmabgabe durch Briefwahl in Form der Übermittlung einer Wahlkarte nicht zulässig.

(1a) Ist auf Grund eines Einspruchs wegen Verletzung der Bestimmungen über das Wahlverfahren gemäß § 57 HSG 2014 die Wiederholung einer Wahl notwendig, hat die zuständige Wahlkommission oder Unterwahlkommission festzulegen, ob das elektronische Wahladministrationssystem für die Durchführung der Wahlwiederholung erforderlich ist.

(2) Die Wahlwiederholung ist jeweils in einer Woche von Dienstag bis Donnerstag durchzuführen. Die Abhaltung der Wahlwiederholung während der lehrveranstaltungsfreien Zeit und innerhalb der Zulassungsfristen ist unzulässig. Die Wahltage sind nach Anhörung der Österreichischen Hochschülerinnen- und Hochschülerschaft, der Hochschülerinnen- und Hochschülerschaften und der Hochschulvertretungen an Bildungseinrichtungen, an denen keine Hochschülerinnen- und Hochschülerschaft eingerichtet ist, von der Bundesministerin oder dem Bundesminister durch Verordnung festzulegen.

(3) Der Wahlwiederholung liegen die zur aufgehobenen Wahl zugelassenen Wahlvorschläge zugrunde, soweit diese nicht vor der Wahl zurückgezogen werden. Die Einbringung und Zulassung von neuen Wahlvorschlägen auch neuer wahlwerbender Gruppen ist zulässig. Der von der jeweiligen wahlwerbenden Gruppe bei den aufgehobenen Wahlen eingebrachte Wahlvorschlag gilt als zurückgezogen, wenn der neue Wahlvorschlag von der Wahlkommission oder Unterwahlkommission zugelassen wird.

(4) Wird die Entscheidung über die Aufhebung der Wahl erst im letzten Viertel der Funktionsperiode rechtskräftig, entfällt die Wahlwiederholung und die Organe bzw. die Hochschulvertretungen und die Studienvertretungen haben ihre Funktion bis zum Ablauf der Funktionsperiode weiter auszuüben.

(5) Diese Bestimmungen gelten auch für die Kandidaturen für Wahlen der Studienvertretungen.

Erläuterungen:
Die Bestimmung wurden aus dem HSG 2014 übernommen.

Erläuterungen zur Novelle (BGBl. II Nr. 48/2017):

Ausgeschlossen wird, dass bei einer Wahlwiederholung eine Stimmabgabe durch Briefwahl möglich ist. Dies begründet sich darin, dass eine etwaige Wahlwiederholung grundsätzlich binnen 60 Tagen ab Rechtskraft der Entscheidung durchzuführen ist und aufgrund der knapp bemessenen Fristigkeiten die Organisation einer Briefwahl faktisch nicht durchführbar wäre.

Der neue Absatz 1a normiert, dass im Falle einer Wahlwiederholung die zuständige Wahlkommission oder Unterwahlkommission zu beschließen hat, ob das elektronische Wahladministrationssystem für die Durchführung der Wahlwiederholung erforderlich ist. Ist zum Beispiel die Wahl einer Hochschulvertretung an einer Bildungseinrichtung zu wiederholen und existiert nur eine Unterkommission, könnte auf die Verwendung des elektronischen Wahladministrationssystems verzichtet werden, da die Kontrolle des gleichen Wahlrechtes durch das papierene Wählerinnen- und Wählerverzeichnis erfolgen könnte.

8. Abschnitt
Schlussbestimmungen

Inkrafttreten

§ 68. Diese Verordnung tritt mit 1. Oktober 2014 in Kraft.

Übergangsbestimmungen

§ 69. (1) Die Reihenfolge der Wahlvorschläge für die Bundesvertretung auf dem Stimmzettel ergibt sich bei der Hochschülerinnen- und Hochschülerschaftswahl 2015 aus der Mandatsstärke der Klubs gemäß § 8 Abs. 3 HSG 1998, sofern dem jeweiligen Wahlvorschlag eine schriftliche Bestätigung der oder des jeweiligen Klubvorsitzenden gemäß § 3 Abs. 1 der Satzung der Österreichischen Hochschülerinnen- und Hochschülerschaft in der Fassung vom 28. Juni 2014 beigelegt wird, in der diese oder dieser bestätigt, dass der Wahlvorschlag von ihrem oder seinem Klub unterstützt wird.

(2) Jeder Klub kann nur einen Wahlvorschlag unterstützen. Für die Beurteilung der Mandatsstärke der Klubs ist ein Stichtag, der sieben Wochen vor dem ersten Wahltag liegt, heranzuziehen. Haben mehrere Klubs die gleiche Mandatsstärke, so entscheidet zwischen ihnen das Los.

(3) Wahlvorschläge, die von keinem Klub unterstützt werden, sind hinter den übrigen Wahlvorschlägen in alphabetischer Reihenfolge anzureihen.

(4) Wahlwerbende Gruppen in der Bundesvertretung, die gemäß Abs. 1 von einem Klub gemäß § 8 Abs. 3 HSG 1998, BGBl I Nr. 22/1999, un-

terstützt werden, sind jedenfalls berechtigt, bei der Hochschülerinnen- und Hochschülerschaftswahl 2015 die Bezeichnung des jeweiligen unterstützenden Klubs als Bezeichnung der wahlwerbenden Gruppe beizubehalten.

(5) Die Wahlvorschläge für die Pädagogischen Hochschulvertretungen, die Fachhochschulvertretungen und die Privatuniversitätsvertretungen bzw. die Kandidaturen für Studienvertretungen an diesen Bildungseinrichtungen sind für die Hochschülerinnen- und Hochschülerschaftswahl 2015 auf den Stimmzetteln in alphabetischer Reihenfolge vorzunehmen.

(6) Die Zusammenfassung mehrerer Studienvertretungen zu einer Studienvertretung durch die Hochschulvertretung im Sinne des § 19 Abs. 2 HSG 2014 an Bildungseinrichtungen, an denen noch keine Hochschulvertretungen gemäß § 3 Abs. 2 oder 3 HSG 2014 eingerichtet sind, kann durch die gemäß § 70 Abs. 1 HSG 2014 im Amt befindlichen Organe gemäß § 5 FHStG bzw. § 20a Abs. 1 Z 2 HSG 1998 beschlossen werden.

(7) Gemäß § 70 Abs. 13 HSG 2014 ist die Sozialversicherungsnummer oder das Ersatzkennzeichen einer oder eines Studierenden von der Rektorin oder dem Rektor der Universität oder der Pädagogischen Hochschule oder der Leiterin oder dem Leiter der Privatuniversität oder der Vertreterin oder dem Vertreter des Erhalters eines Fachhochschul-Studienganges nur dann zu übermitteln, sofern nicht für alle ordentlichen Mitglieder der Österreichischen Hochschülerinnen- und Hochschülerschaft das bereichsspezifische Personenkennzeichen BF vorhanden ist. Die Wahlkommission der Österreichischen Hochschülerinnen- und Hochschülerschaft hat bei Vorliegen des bereichsspezifischen Personenkennzeichens BF für alle ordentlichen Mitglieder der Österreichischen Hochschülerinnen- und Hochschülerschaft dies durch Beschluss festzustellen und der Rektorin oder dem Rektor der Universität oder der Pädagogischen Hochschule oder der Leiterin oder dem Leiter der Privatuniversität oder der Vertreterin oder dem Vertreter des Erhalters eines Fachhochschul-Studienganges mitzuteilen. Liegt ein solcher Beschluss nicht vor, hat die Erstellung des vorläufigen Wählerinnen- und Wählerverzeichnisses gemäß § 17 unter Verwendung der Sozialversicherungsnummer bzw. des Ersatzkennzeichens anstatt des bereichsspezifischen Personenkennzeichens BF zu erfolgen.

Erläuterungen:

Es handelt sich um Übergangsbestimmungen.

Da die Bundesvertretung in den vergangenen Jahren nicht direkt gewählt wurde und an einer Vielzahl von Bildungseinrichtungen (an denen bisher keine Hochschülerinnen- und Hochschülerschaft eingerichtet war) keine wahlwerbenden Gruppen existieren, die in den jeweiligen Organen vertreten sind, wurde eine Übergangsregelung für die Reihung am Stimmzettel für die Hochschülerinnen- und Hochschülerschaftswahl 2015 getroffen.

Die Wahlvorschläge für die Pädagogischen Hochschulvertretungen, die Fachhochschulvertretungen und die Privatuniversitätsvertretungen bzw. Kan-

didaturen für Studienvertretungen an diesen Bildungseinrichtungen auf den Stimmzetteln sind für die Hochschülerinnen- und Hochschülerschaftswahl 2015 in alphabetischer Reihenfolge vorzunehmen.

Im Übrigen wurde klargestellt, dass auch bei der ersten Durchführung der Hochschülerinnen- und Hochschülerschaftswahlen nach den Bestimmungen HSG 2014 auch an Fachhochschulen und Pädagogischen Hochschulen die Möglichkeit der Zusammenlegung von Studien besteht.

Anlagen der HSWO 2014

Anlage 1 Niederschrift über die Sitzungen der Wahlkommissionen

BGBl. II - Ausgegeben am 13. Februar 2017 - Nr. 48

Hochschülerinnen- und Hochschülerschaftswahlen 20.........

Niederschrift

über die Sitzung

Zutreffendes ist angekreuzt X
Erste Seite EDV-gestützt oder in Blockschrift ausfüllen.

☐ der Unterkommission

☐ der Wahlkommission / Unterwahlkommission (Unterkommission)

☐ der Wahlkommission der Österreichischen Hochschülerinnen- und Hochschülerschaft

Ort und Datum der Sitzung

Beginn der Sitzung | Ende der Sitzung

Vorsitzende oder Vorsitzender (Familienname und Vorname)

Anwesende Mitglieder

Familienname und Vorname	für die wahlwerbende Gruppe
Familienname und Vorname	für die wahlwerbende Gruppe
Familienname und Vorname	für die wahlwerbende Gruppe

Anwesende Beobachterinnen und Beobachter

Familienname und Vorname	für die wahlwerbende Gruppe
Familienname und Vorname	für die wahlwerbende Gruppe
Familienname und Vorname	für die wahlwerbende Gruppe
Familienname und Vorname	für die wahlwerbende Gruppe
Familienname und Vorname	für die wahlwerbende Gruppe

Anlage 1 1 von 4

www.ris.bka.gv.at

Kurze Schilderung des Verlaufes der Sitzung und Wortlaut und Abstimmungsergebnis der gefassten Beschlüsse:

Die Niederschrift ist von allen anwesenden Mitgliedern der Wahlkommission / Unterwahlkommission (Unterkommission) zu unterfertigen. Wird sie nicht von allen anwesenden Mitgliedern unterschrieben, so ist der Grund hiefür anzugeben.

Anlage 2 Wahlvorschlag Bundesvertretung

BGBl. II - Ausgegeben am 13. Februar 2017 - Nr. 48 — 1 von 1

Hochschülerinnen- und Hochschülerschaftswahlen 20

Wahlvorschlag

für die Bundesvertretung der Studierenden

Bezeichnung der wahlwerbenden Gruppe — gegebenenfalls Kurzbezeichnung

Zustellungsbevollmächtigte Vertreterin oder zustellungsbevollmächtigter Vertreter

Familienname und Vorname — Anschrift (PLZ, Ort, Straße, Hausnummer, gegebenenfalls Telefonnummer)

Liste der Kandidatinnen und Kandidaten

Nr.	Familienname und Vorname (Blockschrift)	bildungseinrichtungs-spezifisches Personenkennzeichen	Geburtsjahr	Anschrift (PLZ, Ort, Straße, Hausnummer)	E-Mail Adresse	Studium	Bestätigung gemäß § 47 HSG 2014	Zustimmungserklärung
								Ich stimme meiner Kandidatur zu. Unterschrift
								Ich stimme meiner Kandidatur zu. Unterschrift
								Ich stimme meiner Kandidatur zu. Unterschrift
								Ich stimme meiner Kandidatur zu. Unterschrift
								Ich stimme meiner Kandidatur zu. Unterschrift
								Ich stimme meiner Kandidatur zu. Unterschrift
								Ich stimme meiner Kandidatur zu. Unterschrift
								Ich stimme meiner Kandidatur zu. Unterschrift
								Ich stimme meiner Kandidatur zu. Unterschrift

Anlage 2 — 1 von ...

www.ris.bka.gv.at

Anlage 3 Wahlvorschlag Hochschulvertretung

BGBl. II - Ausgegeben am 13. Februar 2017 - Nr. 48 — 1 von 1

Hochschülerinnen- und Hochschülerschaftswahlen 20

Wahlvorschlag

für die Hochschulvertretung der Studierenden an der

Bezeichnung der Bildungseinrichtung

Bezeichnung der wahlwerbenden Gruppe — gegebenenfalls Kurzbezeichnung

Zustellungsbevollmächtigte Vertreterin oder zustellungsbevollmächtigter Vertreter

Familienname und Vorname — Anschrift (PLZ, Ort, Straße, Hausnummer, gegebenenfalls Telefonnummer)

Liste der Kandidatinnen und Kandidaten

Nr.	Familienname und Vorname (Blockschrift)	bildungseinrichtungs-spezifisches Personenkennzeichen	Geburtsjahr	Anschrift (PLZ, Ort, Straße, Hausnummer)	E-Mail Adresse	Studium	Bestätigung gemäß § 47 HSG 2014	Zustimmungserklärung
								Ich stimme meiner Kandidatur zu. Unterschrift
								Ich stimme meiner Kandidatur zu. Unterschrift
								Ich stimme meiner Kandidatur zu. Unterschrift
								Ich stimme meiner Kandidatur zu. Unterschrift
								Ich stimme meiner Kandidatur zu. Unterschrift
								Ich stimme meiner Kandidatur zu. Unterschrift
								Ich stimme meiner Kandidatur zu. Unterschrift
								Ich stimme meiner Kandidatur zu. Unterschrift
								Ich stimme meiner Kandidatur zu. Unterschrift

Anlage 3 — 1 von ....

www.ris.bka.gv.at

Anlage 4 Unterstützungserklärungen Bundesvertretung

BGBl. II - Ausgegeben am 13. Februar 2017 - Nr. 48

Hochschülerinnen- und Hochschülerschaftswahlen 20

Unterstützungserklärungen zum Wahlvorschlag

für die Bundesvertretung der Studierenden

Bezeichnung der wahlwerbenden Gruppe gegebenenfalls Kurzbezeichnung

Ich unterstütze durch meine Unterschrift den obengenannten, mir ausdrücklich zur Kenntnis gebrachten Wahlvorschlag

	Familienname und Vorname (Blockschrift)	bildungseinrichtungs-spezifisches Personenkennzeichen	Anschrift (PLZ, Ort, Straße, Hausnummer)	Studium	Bestätigung gemäß § 47 HSG 2014	Unterschrift
1						
2						
3						
4						
5						
6						
7						
8						
9						
10						
11						
12						
13						
14						
15						
16						
17						
18						
19						

Anlage 4 1 von 1

www.ris.bka.gv.at

Anlage 5 Unterstützungserklärungen Hochschulvertretung

BGBl. II - Ausgegeben am 13. Februar 2017 - Nr. 48

Hochschülerinnen- und Hochschülerschaftswahlen 20

Unterstützungserklärungen zum Wahlvorschlag

für die Hochschulvertretung der Studierenden an der

Bezeichnung der Bildungseinrichtung

Bezeichnung der wahlwerbenden Gruppe

gegebenenfalls Kurzbezeichnung

Ich unterstütze durch meine Unterschrift den obengenannten, mir ausdrücklich zur Kenntnis gebrachten Wahlvorschlag

	Familienname und Vorname (Blockschrift)	bildungseinrichtungs-spezifisches Personenkennzeichen	Anschrift (PLZ, Ort, Straße, Hausnummer)	Studium	Bestätigung gemäß § 47 HSG 2014	Unterschrift
1						
2						
3						
4						
5						
6						
7						
8						
9						
10						
11						
12						
13						
14						
15						
16						
17						
18						
19						

Anlage 5

1 von 1

Anlage 6 Bekanntgabe Kandidatur Studienvertretungen

BGBl. II - Ausgegeben am 13. Februar 2017 - Nr. 48

Hochschülerinnen- und Hochschülerschaftswahlen 20____

Bekanntgabe der Kandidatur

Ich gebe meine Kandidatur bekannt

für die Studienvertretung ____________________

Bezeichnung des Studiums

____

Bezeichnung der Bildungseinrichtung

____

Familienname und Vorname

____________________ ____________________

bildungseinrichtungsspezifisches Personenkennzeichen | Geburtsjahr

____

Studium

____

Anschrift (PLZ, Ort, Straße, Hausnummer)

____________________ ____________________

E-Mail-Adresse | Bestätigung gemäß § 47 HSG 2014

____

Unterschrift

Anlage 7 Abstimmungsverzeichnis

BGBl. II - Ausgegeben am 13. Februar 2017 - Nr. 48

Hochschülerinnen- und Hochschülerschaftswahlen 20....

Wahlkommission / Unterwahlkommission (Unterkommission)

Abstimmungsverzeichnis

Fortlaufende Nummer	Familienname und Vorname	Nummer im Wählerinnen- und Wählerverzeichnis BV (ID)

Anlage 8 Amtlicher Stimmzettel Bundesvertretung

BGBl. II - Ausgegeben am 23. Dezember 2014 - Nr. 376 1 von 1

Hochschülerinnen- und Hochschülerschaftswahlen 20

Amtlicher Stimmzettel

Bundesvertretung

Zu wählendes Organ

Stempel

Bezeichnung der Bildungseinrichtung

Für die gewählte Gruppe im Kreis ein X einsetzen	Raum für Strichcode	gegebenenfalls Kurzbezeichnung	Bezeichnung der Wahlwerbenden Gruppe
◯			
◯			
◯			
◯			
◯			
◯			
◯			
◯			
◯			
◯			

Anlage 8 1 von 1

www.ris.bka.gv.at

Anlage 8-Briefwahl Amtlicher Stimmzettel Bundesvertretung Briefwahl

BGBl. II - Ausgegeben am 23. Dezember 2014 - Nr. 376

Hochschülerinnen- und Hochschülerschaftswahlen 20

Briefwahl

Amtlicher Stimmzettel

Bundesvertretung

Zu wählendes Organ

Bezeichnung der Bildungseinrichtung

Für die gewählte Gruppe im Kreis ein X einsetzen	Raum für Strichcode	gegebenenfalls Kurzbezeichnung	Bezeichnung der Wahlwerbenden Gruppe
◯			
◯			
◯			
◯			
◯			
◯			
◯			
◯			
◯			
◯			

Anlage 9 Amtlicher Stimmzettel Hochschulvertretung

BGBl. II - Ausgegeben am 23. Dezember 2014 - Nr. 376 1 von 1

Hochschülerinnen- und Hochschülerschaftswahlen 20____

Amtlicher Stimmzettel

Zu wählendes Organ

Stempel

Bezeichnung der Bildungseinrichtung

Für die gewählte Gruppe im Kreis ein X einsetzen	Raum für Strichcode	gegebenenfalls Kurzbezeichnung	Bezeichnung der Wahlwerbenden Gruppe
◯			
◯			
◯			
◯			
◯			
◯			
◯			
◯			
◯			
◯			

Anlage 9 1 von 1

www.ris.bka.gv.at

Anlage 9-Briefwahl Amtlicher Stimmzettel Hochschulvertretung Briefwahl

Hochschülerinnen- und Hochschülerschaftswahlen 20

Briefwahl

Amtlicher Stimmzettel

Zu wählendes Organ

Bezeichnung der Bildungseinrichtung

Für die gewählte Gruppe im Kreis ein X einsetzen	Raum für Strichcode	gegebenenfalls Kurzbezeichnung	Bezeichnung der Wahlwerbenden Gruppe
◯			
◯			
◯			
◯			
◯			
◯			
◯			
◯			
◯			
◯			

Anlage 10 Amtlicher Stimmzettel Studienvertretung

BGBl. II -Ausgegeben am 13. Februar 2017 - Nr. 48 1 von 1

Hochschülerinnen- und Hochschülerschaftswahlen 20___

Amtlicher Stimmzettel

Studienvertretung für das Studium

Stempel

Bezeichnung der Bildungseinrichtung

Wichtig: Es dürfen höchstens ___ Kandidatinnen oder Kandidaten angekreuzt werden !

Für die gewählten Kandidatinnen oder Kandidaten im Kreis ein X einsetzen	Raum für Strichcode	Familienname und Vorname und Geburtsjahr der Kandidatin oder des Kandidaten
○		
○		
○		
○		
○		
○		
○		
○		
○		
○		
○		

Anlage 10 - A4 1 von 1

www.ris.bka.gv.at

Anlage 11 Beurkundung des Wahlvorganges

BGBl. II - Ausgegeben am 13. Februar 2017 - Nr. 48

Hochschülerinnen- und Hochschülerschaftswahlen 20

Wahlkommission / Unterwahlkommission (Unterkommission)

Erste Seite EDV-gestützt oder in Blockschrift ausfüllen.

Beurkundung des Wahlvorganges

Ort, Wahllokal und Datum

Beginn der Wahlhandlung | Ende der Wahlhandlung

Vorsitzende oder Vorsitzender (Familienname und Vorname)

Anwesende Mitglieder

Familienname und Vorname	für die wahlwerbende Gruppe
Familienname und Vorname	für die wahlwerbende Gruppe
Familienname und Vorname	für die wahlwerbende Gruppe

Abwesende Mitglieder

Familienname und Vorname	für die wahlwerbende Gruppe
Familienname und Vorname	für die wahlwerbende Gruppe
Familienname und Vorname	für die wahlwerbende Gruppe

Anwesende Beobachterinnen und Beobachter

Familienname und Vorname	für die wahlwerbende Gruppe
Familienname und Vorname	für die wahlwerbende Gruppe
Familienname und Vorname	für die wahlwerbende Gruppe
Familienname und Vorname	für die wahlwerbende Gruppe
Familienname und Vorname	für die wahlwerbende Gruppe

Anlage 11 1 von 7

www.ris.bka.gv.at

Beschlüsse der Wahlkommission gemäß § 43 der HSWO 2014 und sonstige Vorkommnisse während der Wahl:

Anzahl der für jedes Organ übernommenen amtlichen Stimmzettel:

Die Niederschrift ist von allen anwesenden Mitgliedern der Wahlkommission / Unterwahlkommission (Unterkommission) zu unterfertigen. Wird sie nicht von allen anwesenden Mitgliedern unterschrieben, so ist der Grund hiefür anzugeben.

Bundesvertretung der Studierenden an der

Bezeichnung der Bildungseinrichtung

Summe der abgegebenen Stimmen

Summe der ungültigen Stimmen

Summe der gültigen Stimmen

Von den gültigen Stimmen entfallen auf die wahlwerbenden Gruppen:

Wahlwerbende Gruppe	Stimmenanzahl
Wahlwerbende Gruppe	Stimmenanzahl
Wahlwerbende Gruppe	Stimmenanzahl
Wahlwerbende Gruppe	Stimmenanzahl
Wahlwerbende Gruppe	Stimmenanzahl
Wahlwerbende Gruppe	Stimmenanzahl
Wahlwerbende Gruppe	Stimmenanzahl
Wahlwerbende Gruppe	Stimmenanzahl
Wahlwerbende Gruppe	Stimmenanzahl
Wahlwerbende Gruppe	Stimmenanzahl
Wahlwerbende Gruppe	Stimmenanzahl
Wahlwerbende Gruppe	Stimmenanzahl
Wahlwerbende Gruppe	Stimmenanzahl
Wahlwerbende Gruppe	Stimmenanzahl

Summe der gültigen Stimmen

Hochschulvertretung der Studierenden

Bezeichnung der Bildungseinrichtung

Summe der abgegebenen Stimmen

Summe der ungültigen Stimmen

Summe der gültigen Stimmen

Von den gültigen Stimmen entfallen auf die wahlwerbenden Gruppen:

Wahlwerbende Gruppe	Stimmenanzahl
Wahlwerbende Gruppe	Stimmenanzahl
Wahlwerbende Gruppe	Stimmenanzahl
Wahlwerbende Gruppe	Stimmenanzahl
Wahlwerbende Gruppe	Stimmenanzahl
Wahlwerbende Gruppe	Stimmenanzahl
Wahlwerbende Gruppe	Stimmenanzahl
Wahlwerbende Gruppe	Stimmenanzahl
Wahlwerbende Gruppe	Stimmenanzahl
Wahlwerbende Gruppe	Stimmenanzahl
Wahlwerbende Gruppe	Stimmenanzahl
Wahlwerbende Gruppe	Stimmenanzahl
Wahlwerbende Gruppe	Stimmenanzahl
Wahlwerbende Gruppe	Stimmenanzahl

Summe der gültigen Stimmen

Studienvertretung für das Studium

Bezeichnung des Studiums

Bezeichnung der Bildungseinrichtung

Summe der abgegebenen Stimmen

Summe der ungültigen Stimmen

Summe der gültigen Stimmen

Von den gültigen Stimmen entfallen auf die Kandidatinnen und Kandidaten:

Familienname und Vorname	Stimmenanzahl
Familienname und Vorname	Stimmenanzahl
Familienname und Vorname	Stimmenanzahl
Familienname und Vorname	Stimmenanzahl
Familienname und Vorname	Stimmenanzahl
Familienname und Vorname	Stimmenanzahl
Familienname und Vorname	Stimmenanzahl
Familienname und Vorname	Stimmenanzahl
Familienname und Vorname	Stimmenanzahl
Familienname und Vorname	Stimmenanzahl
Familienname und Vorname	Stimmenanzahl
Familienname und Vorname	Stimmenanzahl
Familienname und Vorname	Stimmenanzahl
Familienname und Vorname	Stimmenanzahl

Summe der gültigen Stimmen

Anlage 12 Wahlkarte

BGBl. II - Ausgegeben am 13. Februar 2017 - Nr. 48 1 von 2

Anlage 12

Wahlkarte für die ÖH-Wahl 20XX

Ort, Datum	Unterschrift der oder des Vorsitzenden der Wahlkommission der Österreichischen Hochschülerinnen- und Hochschülerschaft	Stempel der Wahl-kommission	Raum für Barcode

Duplikate für abhanden gekommene Wahlkarten dürfen in keinem Fall ausgestellt werden.

Mit dieser Wahlkarte können Sie ihre Stimmzettel für die ÖH-Wahl 20XX auf folgende Weise abgeben:

1. Mittels Briefwahl vom Inland oder vom Ausland aus, ab Erhalt der Wahlkarte:

- Füllen Sie bitte die amtlichen Stimmzettel aus.
- Legen Sie den amtlichen (hellblauen) Stimmzettel für die Wahl der Bundesvertretung in das hellblaue Wahlkuvert und schließen Sie dieses.
- Legen Sie den bzw. die amtlichen (beige-farbenen) Stimmzettel für die Wahl der Hochschulvertretung(en) (HV) in das bzw. die mit der jeweiligen HV bedruckte(n) (beige-farbene(n)) Wahlkartenkuvert(s) und schließen Sie diese(s).
- Geben Sie bitte **das hellblaue und das oder die beige-farbene(n) verschlossenen Wahlkuverts** in dieses **Wahlkartenkuvert**.

  ACHTUNG:
- **GEBEN SIE DIE EIDESSTATTLICHE ERKLÄRUNG DURCH IHRE EIGENHÄNDIGE UNTERSCHRIFT AUF DEM MITGESCHICKTEN BEIBLATT AB UND GEBEN SIE DIESES EBENFALLS IN DIESES WAHLKARTENKUVERT.**
- Kleben Sie das Wahlkartenkuvert zu.
- Sorgen Sie dafür, dass die Wahlkarte spätestens am zweiten Wahltag (XX. XX. 20XX), 18.00 Uhr, bei der Wahlkommission der Österreichischen Hochschülerinnen- und Hochschülerschaft einlangt. Sie können ihre Wahlkarte zB in einen Postbriefkasten werfen, auf einer Postgeschäftsstelle aufgeben oder bei der Wahlkommission der Österreichischen Hochschülerinnen- und Hochschülerschaft (XX) abgeben.

2. Vor einer zuständigen Wahlkommission an den Wahltagen:

- Beachten Sie bitte die unterschiedlichen Öffnungszeiten der Wahllokale.
- Bewahren Sie die Wahlkarte bis zu den Wahltagen sorgfältig auf. Übergeben Sie bei der Stimmabgabe im Wahllokal die Wahlkarte samt allen Unterlagen (inklusive des unausgefüllten Beiblatts) der Wahlkommission. Diese wird Ihnen die weiteren Schritte bei der Stimmabgabe erklären.
- Legen Sie bitte den gültigen bildungseinrichtungsspezifischen Ausweis der Studierenden (Studierendenausweis) oder den Personalausweis oder den Reisepass oder den Führerschein vor.

Nähere Auskünfte erteilen Ihnen bzw. finden Sie:

- Auf XX
- Die Wahlkommission der Österreichischen Hochschülerinnen- und Hochschülerschaft
- Die Österreichische Hochschülerinnen- und Hochschülerschaft

Bitte beachten Sie: Bei einer Stimmabgabe mittels Briefwahl muss die Wahlkarte bist spätestens am zweiten Wahltag (XX. XX. 20XX), 18.00 Uhr, bei der Wahlkommission der Österreichischen Hochschülerinnen- und Hochschülerschaft einlangen oder die Wahlkarte kann bis zur Schließung des Wahllokales bei der zuständigen Wahlkommission abgegeben werden.

Abhanden gekommene Wahlkarten werden KEINESFALLS ersetzt.

Anlage 12

Priority Airmail

Alle Mitgliedsländer bzw. deren befugte Betreiber sind verpflichtet, die Rücksendung von CCRI/IBRS-Sendungen zu besorgen (Weltpostvertrag Art. 15.3.1)

All designated operators are obliged to operate the IBRS „return" service according to the Universal Postal Convention (Art. 15.3.1)

Tous les Pays-membres ou leurs opérateurs désignés sont obligés d'aassurer le service de retour des envois CCRI. (Convention postale universelle Art. 15.3.1)

Todos los Paises miembros o sus operadores designados están obligados de prestar el servicio de devolución de los envios CCRI (Convenio Postal Universal, Art. 15.3.1)

Postentgelt beim Empfänger einheben

No stamp required

Nicht frei machen

Reply Paid
Antwortsendung
Austria/ Österreich

WAHLKARTE

Wahlkommission der Österreichischen Hochschülerinnen- und Hochschülerschaft
XX
XX Wien
AUSTRIA

Anlage 13 Zuweisung der Mandate Bundesvertretung

BGBl. II - Ausgegeben am 23. Dezember 2014 - Nr. 376 1 von 1

Hochschülerinnen- und Hochschülerschaftswahlen 20

Wahlkommission der Österreichischen

Hochschülerinnen und Hochschülerschaft

Zuweisung der Mandate

für die Bundesvertretung der Studierenden

Zahl der zu vergebenden Mandate 55

Zahl der abgegebenen gültigen Stimmen

Wahlzahl

Auf Grund der Wahlergebnisse und der durchgeführten Losentscheidung

werden den nachstehenden wahlwerbenden Gruppen folgende Mandate zugewiesen:

Wahlwerbende Gruppe	Kurzbezeichnung	Anzahl der Mandate in Worten
Wahlwerbende Gruppe	Kurzbezeichnung	Anzahl der Mandate in Worten
Wahlwerbende Gruppe	Kurzbezeichnung	Anzahl der Mandate in Worten
Wahlwerbende Gruppe	Kurzbezeichnung	Anzahl der Mandate in Worten
Wahlwerbende Gruppe	Kurzbezeichnung	Anzahl der Mandate in Worten
Wahlwerbende Gruppe	Kurzbezeichnung	Anzahl der Mandate in Worten
Wahlwerbende Gruppe	Kurzbezeichnung	Anzahl der Mandate in Worten
Wahlwerbende Gruppe	Kurzbezeichnung	Anzahl der Mandate in Worten
Wahlwerbende Gruppe	Kurzbezeichnung	Anzahl der Mandate in Worten
Wahlwerbende Gruppe	Kurzbezeichnung	Anzahl der Mandate in Worten

Die Niederschrift ist von der oder dem Vorsitzenden der Wahlkommission zu unterfertigen.

Unterschrift

Anlage 13 1 von 1

www.ris.bka.gv.at

Anlage 14 Zuweisung der Mandate Hochschulvertretung

BGBl. II - Ausgegeben am 23. Dezember 2014 - Nr. 376

Hochschülerinnen- und Hochschülerschaftswahlen 20

Wahlkommission / Unterwahlkommission (Unterkommission)

Zuweisung der Mandate

für die Hochsuchulvertretung der Studierenden an der

Bezeichnung der Bildungseinrichtung

Bezeichnung des Organs

Zahl der zu vergebenden Mandate

Zahl der abgegebenen gültigen Stimmen

Wahlzahl

☐ Auf Grund der Wahlergebnisse ☐ und der durchgeführten Losentscheidung

werden den nachstehenden wahlwerbenden Gruppen folgende Mandate zugewiesen:

Wahlwerbende Gruppe	gegebenfalls Kurzbezeichnung	Zahl der Mandate (in Worten)

Die Niederschrift ist von der oder dem Vorsitzenden der Wahlkommission zu unterfertigen.

Unterschrift

Anlage 14 1 von 1

Anlage 15 Zuweisung der Mandate Studienvertretung

BGBl. II - Ausgegeben am 13. Februar 2017 - Nr. 48 1 von 1

Hochschülerinnen- und Hochschülerschaftswahlen 20

Wahlkommission / Unterwahlkommission (Unterkommission)

Zuweisung der Mandate

für die Studienvertretung des Studiums

Bezeichnung des Studiums

Bezeichnung der Bildungseinrichtung

Zahl der zu vergebenden Mandate

Zahl der abgegebenen gültigen Stimmen

☐ Auf Grund der Wahlergebnisse ☐ und der durchgeführten Losentscheidung

werden den nachstehenden Kandidatinnen und Kandidaten Mandate zugewiesen:

Familienname und Vorname	bildungseinrichtungs-spezifisches Personenkennzeichen	Anschrift (PLZ, Ort, Straße, Hausnummer)

Die Niederschrift ist von der oder dem Vorsitzenden der Wahlkommission zu unterfertigen.

Unterschrift

Anlage 15 1 von 1

www.ris.bka.gv.at

Anlage 16 Verständigung der Gewählten

BGBl. II - Ausgegeben am 23. Dezember 2014 - Nr. 376

Hochschülerinnen- und Hochschülerschaftswahlen 20

Wahlkommission / Unterwahlkommission (Unterkommission)

Verständigung

Bei den Hochschülerinnen- und Hochschülerschaftswahlen 20 wurden Sie als Mandatarin oder Mandatar der

Bezeichnung des Organs

gewählt. Hievon verständigen wir Sie gemäß § 64 Abs. 1 der Hochschülerinnen- und Hochschülerschaftswahlordnung 2014.

Die Wahl gilt als angenommen, wenn Sie Ihre Wahl nicht innerhalb eines Tages nach Zustellung dieser Verständigung mit eingeschriebenen Brief ablehnen. Dieser Brief ist an die oben bezeichnete Wahlkommission zu richten.

Das Wahlergebnis wurde verlautbart am

Datum

Gleichzeitig werden Sie auch zur konstituierenden Sitzung eingeladen:

Datum und Uhrzeit

Ort

Die oder der Vorsitzende der Wahlkommission

Unterschrift

Weitere Verordnungen

Verordnung des Bundesministers für Wissenschaft, Forschung und Wirtschaft über die Feststellung der Bildungseinrichtungen, an denen im Durchschnitt der letzten drei Studienjahre mehr als 1.000 Studierende zugelassen waren

BGBl. II Nr. 372/2014

BGBl. II Nr. 75/2017

Auf Grund des § 3 Abs. 2 des Hochschülerinnen- und Hochschülerschaftsgesetzes 2014 (HSG 2014), BGBl. I Nr. 45/2014, wird verordnet:

§ 1. Pädagogische Hochschulen, an denen mehr als 1 000 Studierende gemäß § 2 Abs. 1 und 2 des Hochschülerinnen- und Hochschülerschaftsgesetzes 2014 (HSG 2014) im Durchschnitt der letzten drei Studienjahre zugelassen waren, sind:

1. **Pädagogische Hochschule Niederösterreich**
2. **Pädagogische Hochschule Oberösterreich**
3. **Pädagogische Hochschule Salzburg**
4. **Pädagogische Hochschule Steiermark**
5. **Pädagogische Hochschule Tirol**
6. **Pädagogische Hochschule Wien**
7. **Private Pädagogische Hochschule der Diözese Linz**
8. **Private Pädagogische Hochschule der Erzdiözese Wien**

§ 2. Fachhochschulen und Einrichtungen zur Durchführung von Fachhochschul-Studiengängen, an denen mehr als 1 000 Studierende gemäß § 2 Abs. 1 und 2 HSG 2014 im Durchschnitt der letzten drei Studienjahre zugelassen waren, sind:

1. **Campus 02 Fachhochschule der Wirtschaft GmbH Graz**
2. **Fachhochschule Campus Wien – Verein zur Förderung des Fachhochschul-, Entwicklungs- und Forschungszentrums im Süden Wiens**
3. **Fachhochschule des bfi Wien GmbH**
4. **Fachhochschule Kärnten – Gemeinnützige Privatstiftung**
5. **Fachhochschule Salzburg GmbH**
6. **Fachhochschule St. Pölten GmbH**
7. **Verein Fachhochschule Technikum Wien**
8. **Fachhochschule Vorarlberg GmbH**

9. Fachhochschule Wiener Neustadt für Wirtschaft und Technik GmbH

10. Fachhochschule Burgenland GmbH

11. Fachhochschule Joanneum GmbH

12. Fachhochschule Kufstein GmbH

13. Fachhochschule Oberösterreich Studienbetriebs GmbH

14. Fachhochschul-Studiengänge Betriebs- und Forschungseinrichtungen der Wiener Wirtschaft GmbH

15. IMC Fachhochschule Krems GmbH

16. Management Center Innsbruck Internationale Hochschule GmbH

§ 3. Privatuniversitäten, an denen mehr als 1 000 Studierende gemäß § 2 Abs. 1 und 2 HSG 2014 im Durchschnitt der letzten drei Studienjahre zugelassen waren, sind:

1. Sigmund Freud Privatuniversität Wien GmbH

2. Private Universität für Gesundheitswissenschaft, Medizinische Informatik und Technik GmbH

3. Paracelsus Medizinische Privatuniversität Salzburg – Privatstiftung

§ 4. (1) Diese Verordnung tritt mit 1. Jänner 2015 in Kraft.

(2) § 3 Z 3 tritt mit 1. Juli 2017 in Kraft.

Erläuterungen:

Allgemeiner Teil:

Gemäß § 3 Abs. 2 des Hochschülerinnen- und Hochschülerschaftsgesetzes 2014 – HSG 2014 gibt es neben den Hochschülerinnen- und Hochschülerschaften an den Universitäten auch Hochschülerinnen- und Hochschülerschaften, welche Körperschaften öffentlichen Rechts sind, an Pädagogischen Hochschulen gemäß § 1 Abs. 1 und 2 des Hochschulgesetzes 2005, an Fachhochschulen und Einrichtungen zur Durchführung von Fachhochschul-Studiengängen gemäß § 1 des Fachhochschul-Studiengesetzes und an Privatuniversitäten gemäß § 1 des Privatuniversitätengesetzes, wenn an diesen Bildungseinrichtungen im Durchschnitt der letzten drei Studienjahre mehr als 1.000 Studierende zugelassen waren.

Ob über 1.000 Studierende für den Durchschnitt der letzten drei Studienjahre an der jeweiligen Bildungseinrichtung zugelassen waren, wird gemäß § 3 Abs. 2 HSG 2014 durch eine Verordnung des Bundesministers für Wissenschaft, Forschung und Wirtschaft festgestellt.

Folgende Studierende sind an den einzelnen Bildungseinrichtungen vom Begriff „Studierende“ erfasst:

An Pädagogischen Hochschulen gemäß § 1 Abs. 1 und 2 des Hochschulgesetzes 2005:

- *Studierende, die zu Bachelorstudien und Masterstudien zugelassen sind*
- *und Studierende, die zu Hochschullehrgängen oder Lehrgängen gemäß § 39 HG mit mindestens 30 ECTS-Anrechnungspunkten zugelassen sind.*

An Fachhochschulen und Einrichtungen zur Durchführung von Fachhochschul-Studiengängen gemäß § 1 des Fachhochschul-Studiengesetzes:

- *ordentliche Studierende gemäß § 4 Abs. 2 erster Satz FHStG und*
- *Studierende gemäß § 4 Abs. 2 FHStG, die zu außerordentlichen Studien zugelassen sind.*

An Privatuniversitäten gemäß § 1 des Privatuniversitätengesetzes:

- *Studierende von Studien, mit Ausnahme der Universitätslehrgänge, die aufgrund eines Ausbildungsvertrages zu einem Studium an der Privatuniversität zugelassen sind und*
- *Studierende von Universitätslehrgängen gemäß § 3 Abs. 4 PUG.*

Besonderer Teil:

Auflistung der Durchschnittszahl der Studierenden in den letzten drei Studienjahren an der Paracelsus Medizinischen Privatuniversität Salzburg:

Studienjahre	*2013/14*	*2014/15*	*2015/16*	*Durchschnitt*
Paracelsus Medizinische Privatuniversität Salzburg	*908*	*1139*	*1137*	*1061*

Da an der Paracelsus Medizinischen Privatuniversität Salzburg im Durchschnitt der letzten drei Studienjahre über 1 000 Studierende zu einem Studium zugelassen waren, ist daher die Verordnung anzupassen. Gemäß § 3 Abs. 2 HSG 2014 nehmen neu eingerichtete Körperschaften ihre Tätigkeit mit der Funktionsperiode auf, die auf die konstituierende Wahl der Organe dieser Körperschaften folgt. Daraus folgt, dass die Hochschülerinnen- und Hochschülerschaft der Paracelsus Medizinischen Privatuniversität Salzburg ihre Tätigkeit mit dem 1. Juli 2017 aufnimmt.

Verordnung des Bundesministers für Wissenschaft, Forschung und Wirtschaft über die Wahltage der Hochschülerinnen- und Hochschülerschaftswahlen - Muster

BGBl. II Nr. XX/XXXX

Auf Grund des § 43 Abs. 2 des Hochschülerinnen- und Hochschülerschaftsgesetzes 2014 – HSG 2014, BGBl. I Nr. 45/2014, in der Fassung des Bundesgesetzes BGBl. I Nr. 97/2016, wird verordnet:

Wahltage

§ 1. Als Wahltage für die Hochschülerinnen- und Hochschülerschaftswahlen 2017 werden Dienstag, XXX, Mittwoch, XXX, und Donnerstag, XXX, festgelegt.

Fristen und Zeitpunkte

§ 2. Folgende Fristen und Zeitpunkte sind einzuhalten:

sieben Wochen vor dem ersten Wahltag	**– Stichtag für die Wahlberechtigung (§ 47 Abs. 5 des Hochschülerinnen- und Hochschüler-schaftsgesetzes 2014 – HSG 2014, BGBl. I Nr. 45/2014, in der Fassung des Bundesgesetzes BGBl. I Nr. 97/2016, und § 14 der Hochschülerinnen- und Hochschülerschaftswahlordnung 2014 – HSWO 2014, BGBl. II Nr. 376/2014)** **– Beginn der Einbringungsfrist für Wahlvorschläge (§ 22 HSWO 2014)** **– Beginn der Einbringungsfrist für Kandidaturen (§ 28 HSWO 2014)**
Tag nach Ablauf des Stichtages	**– Beginn der Frist zur Beantragung einer Wahlkarte (§ 52 HSWO 2014)**
zweiter Werktag nach Ablauf des Stichtages	**– Ende der Frist für die Übermittlung der Daten gemäß § 15 Abs. 2 HSWO 2014 an die Wahlkommission der Österreichischen Hochschülerinnen- und Hochschülerschaft (§ 16 Abs. 1 HSWO 2014)**

sechs Wochen vor dem letzten Wahltag	– **Beginn der Frist zur Einsichtnahme in die Wählerinnen- und Wählerverzeichnisse (§ 19 Abs. 3 in Verbindung mit Abs. 1 HSWO 2014)** – **Beginn der Frist für die Einbringung schriftlicher Einsprüche gegen die Wählerinnen- und Wählerverzeichnisse (§ 20 Abs. 1 in Verbindung mit § 19 Abs. 1 HSWO 2014)**
fünf Wochen vor dem ersten Wahltag	– **Ende der Einreichungsfrist für Wahlvorschläge (§ 22 Abs. 1 HSWO 2014)** – **Ende der Frist zur Einsichtnahme in die Wählerinnen- und Wählerverzeichnisse (§ 19 Abs. 3 in Verbindung mit Abs. 1 HSWO 2014)** – **Ende der Frist für die Einbringung schriftlicher Einsprüche gegen die Wählerinnen- und Wählerverzeichnisse (§ 20 Abs. 1 in Verbindung mit § 19 Abs. 1 HSWO 2014)**
binnen drei Werktagen ab Ende der Frist zur Einsichtnahme	– **Letzter Zeitpunkt für Entscheidungen über Einsprüche gegen die Wählerinnen- und Wählerverzeichnisse (§ 20 Abs. 2 HSWO 2014)**
vier Wochen vor dem ersten Wahltag	– **Letzter Zeitpunkt für die Vorlage der Verbesserungen von Wahlvorschlägen (§ 29 Abs. 3 HSWO 2014)** – **Letzter Zeitpunkt für die Zurückziehung von Wahlvorschlägen (§ 30 Abs. 1 HSWO 2014)** – **Letzter Zeitpunkt für die Zurückziehung von Unterstützungserklärungen bei Wahlvorschlägen (§ 27 Abs. 7 HSWO 2014)** – **Letzter Zeitpunkt für die Herstellung des Einvernehmens über unterscheidende Bezeichnungen der Wahlvorschläge (§ 23 Abs. 1 HSWO 2014)**
vier Wochen vor dem letzten Wahltag	– **Ende der Einreichungsfrist für Kandidaturen (§ 28 Abs. 1 HSWO 2014)** – **Letzte Möglichkeit der Beschlussfassung über die Einrichtung von Unterkommissionen und deren Wirkungsbereiche (§ 10 Abs. 2 HSWO 2014)** – **Letzter Zeitpunkt für die Erstellung der Stimmzettel für die Wahl der Hochschulvertretungen und Übermittlung an die Wahlkommission der Österreichischen Hochschülerinnen- und Hochschülerschaft (§ 32 Abs. 2 HSWO 2014)**

drei Wochen vor dem ersten Wahltag	– Letzter Zeitpunkt für die Vorlage der Verbesserungen von Kandidaturen (§ 29 Abs. 3 HSWO 2014) – Letzter Zeitpunkt für die Zurückziehung einer Kandidatur (§ 30 Abs. 1 und 3 HSWO 2014) – Letzter Zeitpunkt für die Verlautbarung der zugelassenen Wahlvorschläge und Kandidaturen (§ 32 Abs. 3 HSWO 2014) – Letzter Zeitpunkt für die Veranlassung des Druckes der Stimmzettel; gleichzeitig mit Verlautbarung (§ 44 Abs. 5 HSWO 2014) – Letzter Zeitpunkt der Feststellung der Zahl der für jedes Organ zu vergebenden Mandate; gleichzeitig mit der Veröffentlichung der Wahlvorschläge (§ 32 Abs. 5 HSWO 2014)
zwei Wochen vor dem ersten Wahltag	– Letzter Zeitpunkt für die Verlautbarung der Wahlzeiten und Wahllokale (§ 33 Abs. 1 HSWO 2014)
eine Woche vor dem ersten Wahltag	– Ende der Frist zur Beantragung einer Wahlkarte (§ 52 Abs. 1 HSWO 2014)
	– Die Wahlkommissionen oder Unterwahlkommissionen an Bildungseinrichtungen gemäß § 1 Abs. 1 Z 2 bis 5 HSG 2014, an denen berufsbegleitende Studien oder duale Studiengänge eingerichtet sind, sind berechtigt, den ersten und/oder den zweiten Wahltag auf Freitag bzw. Samstag der der Wahl vorangehenden Woche vorzuziehen (§ 43 Abs. 2 HSG 2014)
ein Tag vor dem ersten Wahltag bzw. ein Tag vor dem ersten vorgezogenen Wahltag	– Letzter Zeitpunkt für die Herstellung der papierbasierten Wählerinnen- und Wählerverzeichnisse (§ 21 HSWO 2014)
Erster Wahltag	– Erster Wahltag
Am ersten Wahltag bzw. am ersten vorgezogenen Wahltag	– Letzter Zeitpunkt für die Konstituierung der Unterkommissionen (§ 10 Abs. 2 HSWO 2014)

Zweiter Wahltag	– **Zweiter Wahltag** – **Rückübermittelte Wahlkarten müssen bis 18.00 Uhr bei der Wahlkommission der Österreichischen Hochschülerinnen- und Hochschülerschaft eingelangt sein, um in die Ergebnisermittlung einbezogen zu werden (§ 57 Abs. 1 HSWO 2014)**
Dritter Wahltag	– **Dritter Wahltag** – **Erster Zeitpunkt für die Verlautbarung der Wahlergebnisse**
eine Woche ab dem letzten Wahltag	– **Letzter Zeitpunkt für die Verlautbarung der Wahlergebnisse (§ 51 Abs. 4 HSG 2014 und § 63 Abs. 1 HSWO 2014)** – **Letzter Zeitpunkt für die Zuweisung der Mandate (§ 51 Abs. 4 HSG 2014)** – **Letzter Zeitpunkt für die Verständigung der Gewählten; gleichzeitig mit Verlautbarung des Wahlergebnisses (§ 51 Abs. 4 HSG 2014 und § 64 Abs. 1 HSWO 2014)**
Binnen drei Tagen nach Verlautbarung des jeweiligen Wahlergebnisses	– **Letzter Zeitpunkt der Ablehnung der Wahl durch die gewählte Mandatarin oder den gewählten Mandatar (§ 64 Abs. 1 HSWO 2014)**
Binnen zwei Wochen ab Verlautbarung des jeweiligen Wahlergebnisses	– **Möglichkeit des Einspruchs gegen die Wahl der Bundesvertretung (§ 56 Abs. 2 HSG 2014)** – **Möglichkeit von Einsprüchen gegen die Wahlen der Hochschulvertretungen und der Studienvertretungen (§ 57 Abs. 2 HSG 2014)**
1. Juli XXXX	– **Beginn der neuen Funktionsperiode (§ 8 Abs. 2, § 15 Abs. 3 und § 26 Abs. 2 HSG 2014)**

Außerkrafttreten

§ 3. Mit Verlautbarung der Verordnung des Bundesministers für Wissenschaft, Forschung und Wirtschaft über die Wahltage der Hochschülerinnen- und Hochschülerschaftswahlen XXXX, BGBl. II Nr. XXXX, tritt die Verordnung des Bundesministers für Wissenschaft, Forschung und Wirtschaft über die Wahltage der Hochschülerinnen- und Hochschülerschaftswahlen XXXX, BGBl. II Nr. XXXX, außer Kraft.

Verordnung des Bundesministers für Wissenschaft, Forschung und Wirtschaft über Arbeitsverhältnisse zu Hochschülerinnen- und Hochschülerschaften – Hochschülerinnen- und Hochschülerschafts-Dienstvertragsverordnung (HS-DVV)

BGBl. II Nr. 356/2016

Auf Grund des § 42 Abs. 7 des Hochschülerinnen- und Hochschülerschaftsgesetzes 2014 – HSG 2014, BGBl. I Nr. 45/2014, zuletzt geändert durch das Bundesgesetz BGBl. I Nr. 97/2016, wird verordnet:

Geltungsbereich

§ 1. (1) Diese Verordnung ist auf Personen anzuwenden, die in ein privatrechtliches Dienstverhältnis zu einer Hochschülerinnen- und Hochschülerschaft aufgenommen werden und regelt den Abschluss und Bedingungen solcher Dienstverhältnisse. Personen, die mit Werkvertrag oder freiem Dienstvertrag bei einer Hochschülerinnen- und Hochschülerschaft beschäftigt werden, sind nicht erfasst.

(2) Sofern diese Verordnung nicht anderes bestimmt, ist auf Dienstverhältnisse mit einer Hochschülerinnen- und Hochschülerschaft das Angestelltengesetz, BGBl. Nr. 292/1921, in der jeweils geltenden Fassung, anzuwenden.

Begriffsbestimmungen und Verweisungen

§ 2. (1) Im Sinne dieser Verordnung ist:

1. **Hochschülerinnen- und Hochschülerschaft: die Österreichische Hochschülerinnen- und Hochschülerschaft oder eine Hochschülerinnen- und Hochschülerschaft;**
2. **Dienstverhältnis: ein Arbeitsverhältnis zu einer Hochschülerinnen- und Hochschülerschaft;**
3. **Dienstgeberin: eine Hochschülerinnen- und Hochschülerschaft;**
4. **Dienstvertrag: die Vereinbarung eines Dienstverhältnisses mit einer Hochschülerinnen- und Hochschülerschaft;**
5. **Dienstnehmerin oder Dienstnehmer: Person, mit der ein Dienstverhältnis mit einer Hochschülerinnen- und Hochschülerschaft abgeschlossen wird.**

(2) Soweit in dieser Verordnung auf Bundesgesetze verwiesen wird, sind diese in der jeweils geltenden Fassung anzuwenden.

Leitende Grundsätze

§ 3. Die jeweilige Dienstgeberin hat sich beim Abschluss von Dienstverträgen an den Grundsätzen der Sparsamkeit, Wirtschaftlichkeit und Zweckmäßigkeit zu orientieren. Beim Abschluss von Dienstverträgen ist auf die wirtschaftliche Leistungsfähigkeit der jeweiligen Hochschülerinnen- und Hochschülerschaft Bedacht zu nehmen.

Veröffentlichung von Stellenausschreibungen

§ 4. (1) Stellen, die für die Dauer von mehr als drei Monaten zu besetzen sind, sind öffentlich, insbesondere auf der Homepage der jeweiligen Hochschülerinnen- und Hochschülerschaft für die Dauer von mindestens zwei Wochen auszuschreiben.

(2) Jede Stellenausschreibung hat insbesondere

1. **die Art der ausgeschriebenen Stelle (Aufgabenbeschreibung),**
2. **die erforderliche Qualifikation der Bewerberin oder des Bewerbers,**
3. **den Dienstbeginn und den Dienstort sowie eine allfällige Befristung,**
4. **den Ort der Einbringung der Bewerbung, sowie Angaben zum Mindestentgelt betragsmäßig, unter Anführung der entsprechenden Zeiteinheit (Stunde, Woche oder Monat), ohne anteilige Sonderzahlungen,**

zu enthalten.

(3) Diese öffentliche Ausschreibungspflicht gilt auch für Stellen mit geringfügiger Beschäftigung im Sinne des § 5 des Allgemeinen Sozialversicherungsgesetzes – ASVG, BGBl. Nr. 189/1955.

(4) Die Dienstgeberin hat jede Ausschreibung nachvollziehbar zu dokumentieren. Insbesondere sind die auf die ausgeschriebene Stelle bezogenen Bewerbungen samt Beilagen mindestens zwei Jahre lang aufzubewahren.

Abschlussbefugnis

§ 5. Dienstverträge und Änderungen von Dienstverträgen sind von der oder dem Vorsitzenden gemeinsam mit der Wirtschaftsreferentin oder dem Wirtschaftsreferenten der jeweiligen Hochschülerinnen- und Hochschülerschaft abzuschließen.

Dienstvertrag

§ 6. (1) Der Abschluss des Dienstvertrages sowie jegliche Änderung bedürfen der Schriftform.

(2) Der Dienstvertrag hat insbesondere folgende Angaben zu enthalten:

1. **Name und Anschrift der Dienstgeberin;**
2. **Name und Anschrift der Dienstnehmerin oder des Dienstnehmers;**
3. **Beginn des Dienstverhältnisses;**
4. **Dienstort;**
5. **eine Beschreibung der Tätigkeiten;**
6. **Angaben darüber, ob das Dienstverhältnis auf Probe, auf bestimmte oder auf unbestimmte Zeit eingegangen wird, und bei Dienstverhältnissen auf bestimmte Zeit, wann das Dienstverhältnis endet;**
7. **Angaben darüber, in welchem Verwendungsbild gemäß § 7 die Dienstnehmerin oder der Dienstnehmer eingestuft ist, und das daraus resultierende Bruttoentgelt einschließlich der gebührenden Sonderzahlungen;**
8. **Zeitpunkt der Fälligkeit des Entgelts;**
9. **Angaben über das Beschäftigungsausmaß in Wochenstunden und die Festlegung der Dienstzeiten sowie**
10. **Angaben zur Geltung des Angestelltengesetzes, insbesondere hinsichtlich Kündigungsfrist und Kündigungstermin.**

Einreihung und Bemessung des Einstiegsentgelts

§ 7. (1) Die Einreihung einer Dienstnehmerin oder eines Dienstnehmers hat nach den jeweils zutreffenden Verwendungsbildern des Abs. 2 zu erfolgen. Diese orientieren sich am Entlohnungsschema der Vertragsbediensteten des Verwaltungsdienstes gemäß § 71 Abs. 1 Vertragsbedienstetengesetz 1948, BGBl. Nr. 86/1948, wobei die Entlohnungsgruppen v1 bis v5 den gleichbezeichneten Verwendungsbildern gemäß Abs. 2 entsprechen. In einem Verwendungsbild erfolgt die Einreihung anhand der entsprechenden Entlohnungsstufe der gleichbezeichneten Entlohnungsgruppe gemäß § 71 Abs. 1 Vertragsbedienstetengesetz 1948, BGBl. Nr. 86/1948.

(2) Der Einreihung sind nachstehende Verwendungsbilder zugrunde zu legen:

- **v5 Ungelernte Hilfskräfte ohne facheinschlägige Ausbildung. Arbeitnehmerinnen und Arbeitnehmer, die einfache Tätigkeiten nach gegebenen Richtlinien und genauer Arbeitsanweisung verrichten, wie beispielsweise Reinigungskräfte, Plakatiererinnen und Plakatierer oder Personen, die Flyer verteilen oder ähnliche einfache Tätigkeiten durchführen;**
- **v4 Gelernte Hilfskräfte. Arbeitnehmerinnen und Arbeitnehmer, die nach allgemeinen Richtlinien und Weisungen fachliche oder administrative, überwiegend mitwirkende und unterstützende Tätigkeiten erledigen, wie beispielsweise Telefonistinnen und**

Telefonisten für einfache Auskünfte oder Schreibkräfte;

v3 Arbeitnehmerinnen und Arbeitnehmer, die aufgrund ihrer Kenntnisse und Erfahrungen einfache fachliche und administrative Tätigkeiten nach allgemeinen Richtlinien und Weisungen im Rahmen des ihnen erteilten Auftrages weitgehend selbstständig erledigen, wie insbesondere einfache Sekretariatstätigkeiten;

v2 Arbeitnehmerinnen und Arbeitnehmer mit Reifeprüfung oder einer äquivalenten Ausbildung, die qualifizierte Tätigkeiten aufgrund ihrer Kenntnisse und Erfahrungen verantwortlich selbstständig ausführen, wie Fachkräfte im Bereich der Buchhaltung, im IT-Bereich oder im Rahmen der Hausverwaltung;

v1 Arbeitnehmerinnen und Arbeitnehmer mit abgeschlossenem Universitäts- oder Hochschulstudium oder einer äquivalenten Ausbildung, die qualifizierte Tätigkeiten verantwortlich selbstständig ausführen, wozu besondere Fachkenntnisse und/ oder mehrjährige praktische Erfahrungen erforderlich sind, wie insbesondere Juristinnen und Juristen, Technikerinnen und Techniker im IT-Bereich oder Controllerinnen und Controller.

(3) Die Bemessung des Einstiegsentgelts in einem Verwendungsbild gemäß Abs. 2 hat unter Berücksichtigung von Vorverwendungen nach Maßgabe der Entlohnungsstufen des § 71 Abs. 1 Vertragsbedienstetengesetz 1948, BGBl. Nr. 86/1948, zu erfolgen, wobei zu beachten ist, dass die einzelnen Entlohnungsstufen jeweils durch einen Zeitraum von zwei Jahren voneinander getrennt sind.

(4) Als Vorverwendungen anzurechnen sind die zurückgelegten Zeiten

1. eines abgeschlossenen verwendungseinschlägigen Studiums an einer Universität oder Hochschule oder einer äquivalenten Ausbildung;
2. der Leistung eines Grundwehrdienstes oder eines entsprechenden Ausbildungsdienstes gleicher Dauer für Frauen nach dem Wehrgesetz 2001 – WG 2001, BGBl. I Nr. 146/2001 oder des Zivildienstes nach dem Zivildienstgesetz 1986 – ZDG, BGBl. Nr. 679/1986,

bis zum Ausmaß von insgesamt höchstens vier Jahren.

(5) Über die in Abs. 4 angeführten Zeiten hinaus sind Zeiten der Ausübung einer einschlägigen Berufstätigkeit bis zum Ausmaß von insgesamt höchstens sechs Jahren anrechenbar. Eine Berufstätigkeit ist einschlägig, insoweit eine fachliche Erfahrung vermittelt wird, durch die

1. eine fachliche Einarbeitung auf dem neuen Arbeitsplatz überwiegend unterbleiben kann oder
2. ein erheblich höherer Arbeitserfolg durch die vorhandene Routine zu erwarten ist.

(6) Je nach Ausmaß der anrechenbaren Vorverwendungen erfolgt die Bemessung des Einstiegsentgelts durch Einreihung in eine Entlohnungs-

stufe, höchstens jedoch in die Entlohnungsstufe 3 der jeweils zutreffenden Entlohnungsgruppe v1 bis v5 gemäß § 71 Abs. 1 Vertragsbedienstetengesetz 1948, BGBl. Nr. 86/1948. Die mehrfache Anrechnung ein und desselben Zeitraums ist nicht zulässig. Eine Vorrückung in eine weitere Entlohnungsstufe ist ausgeschlossen.

(7) In begründeten Fällen ist bei der Bemessung des Einstiegsentgelts eine Über- bzw. Unterschreitung des nach Abs. 6 erster Satz ermittelten Betrages um bis zu zehn Prozent zulässig.

(8) Bezogen auf das Arbeitsjahr gebühren Weihnachtsremuneration und Urlaubszuschuss (Sonderzahlungen).

Beschäftigungsausmaß sowie Fälligkeit und Auszahlung des Entgelts

§ 8. (1) Das Entgelt gebührt für Vollzeitbeschäftigung, bei einer wöchentlichen Normalarbeitszeit von 40 Stunden gemäß § 3 Abs. 1 Arbeitszeitgesetz (AZG), BGBl. Nr. 461/1969. Bei Teilzeitbeschäftigung gebührt das Entgelt in dem, dem Beschäftigungsausmaß entsprechenden, Anteil.

(2) Der Anspruch auf das monatliche Entgelt beginnt mit dem Tag des Dienstantritts. Das Entgelt ist für den Kalendermonat zu berechnen und zum Monatsletzten, sofern dieser Tag kein Arbeitstag ist, am vorhergehenden Arbeitstag, für den laufenden Kalendermonat auszuzahlen.

Entgelterhöhung

§ 9. (1) Eine Erhöhung des Entgelts erfolgt ausschließlich durch Vereinbarung der Dienstgeberin mit der Dienstnehmerin oder dem Dienstnehmer und bedarf zu ihrer Wirksamkeit der Änderung des Dienstvertrages. Eine solche Vereinbarung ist frühestens nach Ablauf von zwei Jahren nach Aufnahme in das Dienstverhältnis erstmals zulässig. Jede weitere Erhöhung ist frühestens nach Ablauf von drei Jahren seit der letzten Erhöhungsvereinbarung zulässig. Insgesamt sind höchstens fünf Erhöhungsvereinbarungen zulässig. Die jeweilige Erhöhung darf fünf Prozent des Bruttomonatsentgelts nicht überschreiten.

(2) Das Entgelt unterliegt den allgemeinen Bezugserhöhungen für den Bundesdienst.

(3) Ein Anspruch auf sonstige Entgelte – mit Ausnahme einer Mehr- bzw. Überstundenvergütung sowie der Sonderzahlungen – besteht nicht.

(4) Mehr- bzw. Überstunden sind ausnahmslos nur nach vorheriger Anordnung durch die Dienstgeberin zu leisten. Die Abgeltung von Mehr- bzw. Überstundenarbeit durch Zeitausgleich ist primär anzustreben und dienstvertraglich zu vereinbaren.

Überleitungsbestimmung

§ 10. Soll mit einer Dienstnehmerin oder einem Dienstnehmer einer Hochschülerinnen- und Hochschülerschaft ein neues Dienstverhältnis nach den Bestimmungen dieser Verordnung begründet werden, entfällt die Ausschreibungspflicht gemäß § 4. Dabei ist § 7 auch im Fall eines Wechsels zwischen den Verwendungsbildern nach § 7 Abs. 2 anzuwenden.

Inkrafttreten

§ 11. Diese Verordnung tritt mit 1. Jänner 2017 in Kraft.

Anlage Musterdienstvertrag

BGBl. II - Ausgegeben am 1. Dezember 2016 - Nr. 356

Anlage

Musterdienstvertrag

Abgeschlossen zwischen

…………………………………………..

Vorname und Familien- oder Nachname

………………………………………..

Geburtsdatum

…………………………………………

Staatsbürgerschaft

(im Folgenden kurz Dienstnehmerin/Dienstnehmer genannt)

UND

………………………………………………………………………..

(im Folgenden kurz Dienstgeberin genannt)

1. Beginn und Dauer sowie Dienstort

Das Dienstverhältnis beginnt am ……………………………und wird auf bestimmte Zeit bis………/auf unbestimmte Zeit eingegangen.

Die Probezeit beträgt einen Monat. Während der Probezeit kann das Dienstverhältnis von beiden Dienstvertragsparteien mit sofortiger Wirksamkeit ohne Angaben von Gründen gelöst werden.

Dienstort ist……………………

2. Vorgesehene Verwendung

Die Dienstnehmerin/der Dienstnehmer wird für folgende Tätigkeiten eingesetzt:

…………………………………………………………………………..

(Beschreibung der Tätigkeiten)

3. Einstufung und Entlohnung

Die Dienstnehmerin/der Dienstnehmer wird gemäß § 7 Abs. 2 der Hochschülerinnen- und Hochschülerschafts – Dienstvertragsverordnung (HS-DVV) ……………… in das Verwendungsbild v……..Entlohnungsstufe……..eingestuft.

(Optional: Es wird davon ein Zu- bzw. Abschlag von 10 Prozent vereinbart.) Die Dienstnehmerin/der Dienstnehmer erhält ein Monatsentgelt von insgesamt EURO………brutto. Das Monatsentgelt ist am Monatsletzten auszuzahlen.

Zusätzlich erhält die Dienstnehmerin/der Dienstnehmer bezogen auf das Arbeitsjahr anteilig zum Kalendervierteljahr eine Weihnachtsremuneration sowie einen Urlaubszuschuss (Sonderzahlung).

Das gesamte Entgelt wird auf das Konto der Dienstnehmerin/des Dienstnehmers, bei der Bank..........................IBAN................BIC................................überwiesen.

4. Beschäftigungsausmaß und Dienstzeiten

Es gelten die Bestimmungen des Arbeitszeitgesetzes (AZG), BGBl. Nr. 461/1969, in der jeweils geltenden Fassung.

Die regelmäßige wöchentliche Normalarbeitszeit beträgt 40 Stunden auf Basis einer 5-Tagewoche.

⇨ Bei Teilzeitbeschäftigung beträgt die wöchentliche Arbeitszeit.......Stunden.

Die Dienstzeiten werden dabei wie folgt festgelegt:

....

Mehr- bzw. Überstunden sind ausnahmslos, nur nach vorheriger Anordnung durch .... zu leisten.

Die Abgeltung von Mehr- bzw. Überstundenarbeit durch Zeitausgleich wird zwischen der Dienstnehmerin/dem Dienstnehmer und der Dienstgeberin vereinbart.

5. Kündigung

Die Kündigung richtet sich nach den Bestimmungen des Angestelltengesetzes (AngG), BGBl. Nr. 292/1921, in der jeweils geltenden Fassung.

6. Betriebliche Vorsorgekasse

Die Dienstgeberin leistet Beiträge nach dem Bundesgesetz über die betriebliche Vorsorgekasse (Betriebliches Mitarbeiter- und Selbstständigenvorsorgegesetz- BMSVG), BGBl. I Nr. 100/2002, in der jeweils geltenden Fassung, in die betriebliche Vorsorge.

Name und Anschrift der Betrieblichen Vorsorgekasse (BV-Kasse)

....

7. Urlaub

Der Urlaubsanspruch richtet sich nach den Bestimmungen des Urlaubsgesetzes, BGBl. Nr. 390/1976, in der jeweils geltenden Fassung.

8. Dienstverhinderungen

Dienstverhinderungen infolge Krankheit oder Unglücksfall hat die Dienstnehmerin/der Dienstnehmer der Dienstgeberin bzw. ihrer Vertreterin/ihrem Vertreter ohne Verzug, d.h. grundsätzlich noch am Tag des Eintritts der Verhinderung, telefonisch oder schriftlich zu melden. Anderenfalls verliert die Dienstnehmerin/der Dienstnehmer für die Dauer der Säumnis den Anspruch auf Entgelt. Die Dienstgeberin ist jedenfalls berechtigt, für jede Erkrankung, im Einzelfall, sofort eine Bestätigung der zuständigen Krankenkasse oder eines Amts- oder Gemeindearztes/einer Amts- oder Gemeindeärztin über Beginn, Ursache und voraussichtliche Dauer der Dienstunfähigkeit zu verlangen. Kommt die Dienstnehmerin/der Dienstnehmer dieser Aufforderung nicht nach, so verliert sie/er für die Dauer der Säumnis den Anspruch auf das Entgelt.

9. Sozialversicherung

Die Dienstnehmerin/der Dienstnehmer wird bei der zuständigen Gebietskrankenkasse an- und abgemeldet.

10. Verschwiegenheitspflicht

Die Dienstnehmerin/der Dienstnehmer verpflichtet sich zur Einhaltung sämtlicher gesetzlicher Verschwiegenheitspflichten, insbesondere zur Geheimhaltung aller in Zusammenhang mit dem Dienstverhältnis erlangten Kenntnisse, sofern sie/ihn die Dienstgeberin nicht in einem bestimmten Fall schriftlich von dieser Verpflichtung entbindet.

11. Schriftlichkeit

Jegliche Änderungen des Dienstvertrages bedürfen der Schriftform.

12. Rechtsgrundlage

Auf das Dienstverhältnis sind die Bestimmungen des Angestelltengesetzes (AngG), BGBI. Nr. 292/1921, in der jeweils geltenden Fassung anzuwenden.

………………………………, am…………………………………

Ort

……………………………………… ………………………………………..

………………………………………...

Dienstnehmerin/Dienstnehmer Dienstgeberin

(Vorsitzende/Vorsitzender der

Österreichischen Hochschülerinnen- und Hochschülerschaft oder der jeweiligen Hochschülerinnen- und Hochschülerschaft und Wirtschaftsreferentin/Wirtschaftsreferent)

Erläuterungen:

Allgemeiner Teil:

Um die Kontrollkommission der Österreichischen Hochschülerinnen- und Hochschülerschaft (im Folgenden kurz: Kontrollkommission) hinsichtlich ihrer Aufgaben zu entlasten, sieht § 42 Abs. 7 Hochschülerinnen- und Hochschülerschaftsgesetz 2014 – HSG 2014 eine neue Kompetenzverteilung dahingehend vor, dass die Kontrollkommission die Erlassung einer Verordnung durch die Bundesministerin oder den Bundesminister hinsichtlich der Voraussetzungen für Abschlüsse und Bedingungen von Arbeitsverhältnissen beantragen kann. Die Österreichische Hochschülerinnen- und Hochschülerschaft und die Hochschülerinnen- und Hochschülerschaften sind anzuhören. Eine diesbezügliche Beantragung seitens der Kontrollkommission liegt vor. Die Bemessung der Entgelthöhe im Zeitpunkt des Abschlusses des Arbeitsverhältnisses hat sich an einer vergleichbaren Tätigkeit gemäß dem Entlohnungsschema der Vertragsbediensteten des Bundes des Verwaltungsdienstes zu orientieren. Der Verordnung entgegenstehende Vereinbarungen sind unwirksam.

Die Kontrollkommission hat in Zukunft den Abschluss von Arbeitsverhältnissen (Dienstverträgen) und Betriebsvereinbarungen nicht mehr im Einzelfall zu genehmigen, sondern die Bundesministerin oder der Bundesminister kann in der Verordnung objektive Kriterien festlegen, nach welchen Dienstverträge und Betriebsvereinbarungen in Zukunft von der Österreichischen Hochschülerinnen- und Hochschülerschaft und den einzelnen Hochschülerinnen- und Hochschülerschaften abgeschlossen werden dürfen. Die Prüfung der Einhaltung der in der Verordnung festgelegten Kriterien wird durch die Wirtschaftsprüferin oder den Wirtschaftsprüfer sowie durch die Aufsichtsbehörde unter Mitwirkung der Kontrollkommission wahrgenommen. Durch die Erlassung dieser Verordnung durch die Bundesministerin oder den Bundesminister ist nunmehr eine erhöhte Publizität gewährleistet.

Ein erhöhter Rechtsschutz wird dadurch bewirkt, dass bei einem Verstoß gegen Bestimmungen dieser Verordnung die Aufsichtsbehörde angerufen bzw. diese von sich aus selbst tätig werden kann. Die von der Kontrollkommission erstellten Richtlinien sind bis zur Verlautbarung einer Verordnung für den jeweiligen Bereich weiterhin anzuwenden.

Gemäß § 33 Abs. 8 Hochschülerinnen- und Hochschülerschaftsgesetz 1998 (HSG 1998) dürfen Dienstverträge erst nach Genehmigung durch die Kontrollkommission abgeschlossen werden. Die Entscheidung über die Genehmigung hat ehestmöglich, längstens jedoch innerhalb von drei Wochen nach Vorlage, zu erfolgen.

Gemäß § 53 Abs. 1 Z 8 HSG 1998 umfassen die Aufgaben der Kontrollkommission die Genehmigung von Dienstverträgen unter besonderer Beachtung der finanziellen Auswirkungen. Nach den Übergangs-bestimmungen ist dieser § 53 Abs. 1 Z 8 leg. cit. bis zum Inkrafttreten einer Verordnung gemäß § 42 Abs. 7 HSG 2014 weiterhin anzuwenden.

Die Richtlinien der Kontrollkommission sehen hinsichtlich der Dienstverträge vor:

- *Alle Dienstverträge, die Organe der Österreichischen Hochschülerinnen- und Hochschülerschaft bzw. der Hochschülerinnen- und Hochschülerschaften [der Universitäten] mit Angestellten abschließen wollen, sind der Kontrollkommission der Österreichischen Hochschülerinnen- und Hochschülerschaft vor Abschluss zur Genehmigung vorzulegen.*
- *Dies gilt auch für Änderungen von Dienstverträgen wie zum Beispiel Änderung der Arbeitszeit oder Gehaltsanpassungen. Jährliche Gehaltsanpassungen haben sich am Gehaltsabschluss des öffentlichen Dienstes zu orientieren.*

Die Dienstverträge sind bis zur Genehmigung durch die Kontrollkommission schwebend unwirksam und unter Umständen mit Nichtigkeit bedroht.

Besonderer Teil:

Zu § 1 (Geltungsbereich):

Für die auf der Grundlage dieser Verordnung abgeschlossenen Arbeitsverhältnisse (Dienstverträge) ist das gesamte (private) Arbeitsrecht anwendbar. Die Dienstnehmerinnen und Dienstnehmer genießen daher auch den vollen Arbeitnehmerschutz. Diese Verordnung erfasst nur Arbeits- bzw. Dienstverhältnisse im Sinne des § 1151 ABGB. Dabei handelt es sich um Verträge, die insbesondere durch die persönliche Abhängigkeit der Arbeitnehmerin oder des Arbeitnehmers gekennzeichnet sind, welche sich unter anderem durch Einbindung in das Ordnungsgefüge des Unternehmens, insbesondere hinsichtlich Arbeitszeit, Arbeitsort und Kontrolle sowie durch die persönliche Arbeitspflicht der Arbeitnehmerin oder des Arbeitnehmers äußert. Andere vertragliche Gestaltungen von Beschäftigungsverhältnissen, wie etwa freie Dienstverträge und Werkverträge, werden nicht erfasst.

Zu § 2 (Begriffsbestimmungen und Verweisungen):

Diese Bestimmung definiert die in der Verordnung verwendeten Begrifflichkeiten und stellt klar, dass in der Verordnung auf Bundesgesetze dynamisch verwiesen wird.

Zu § 3 (Leitende Grundsätze):

Die Hochschülerinnen- und Hochschülerschaften sollen als Dienstgeberinnen ausdrücklich angehalten sein, vor jeder Personalaufnahme zu prüfen, ob diese durch die wirtschaftliche Leistungsfähigkeit der Einrichtung getragen wird. Dabei ist insbesondere auf die Prinzipien der Wirtschaftlichkeit, Zweckmäßigkeit und Sparsamkeit Bedacht zu nehmen. Es sollen nur jene Dienstverträge eingegangen werden, die sich die betroffene Einrichtung auch tatsächlich wirtschaftlich leisten kann.

Zu § 4 (Veröffentlichung von Stellenausschreibungen):

Es werden die Mindesterfordernisse einer Stellenausschreibung sowie die Verpflichtung, jede Ausschreibung nachvollziehbar zu dokumentieren normiert. Insbesondere sind die auf die ausgeschriebene Stelle bezogenen Bewerbungen samt Beilagen, wie beispielsweise Lebenslauf und Zeugnisse der Bewerberin oder des Bewerbers, mindestens zwei Jahre ab Ende der Bewerbungsfrist in geeigneter Weise, entsprechend den einschlägigen datenschutzrechtlichen Bestimmungen, aufzubewahren.

Zu § 5 (Abschlussbefugnis):

Rechtsgeschäfte können grundsätzlich von der oder dem außenvertretungsbefugten Vorsitzenden gemeinsam mit der Wirtschaftsreferentin oder dem Wirtschaftsreferenten abgeschlossen werden. Im Falle der Verhinderung der oder des Vorsitzenden wird diese oder dieser von der Stellvertreterin oder dem Stellvertreter vertreten.

Im Falle der Verhinderung der Wirtschaftsreferentin oder des Wirtschaftsreferenten wird diese oder dieser von der Stellvertreterin oder dem Stellvertreter vertreten, sofern eine Stellvertreterin oder ein Stellvertreter gemäß § 36 Abs. 3 HSG 2014 bestellt wurde.

Zu § 6 (Dienstvertrag):

Es besteht die Möglichkeit, einen Dienstvertrag „auf Probe" (Probemonat) nach § 19 Abs. 2 Angestelltengesetz zu vereinbaren.

Die Vereinbarung eines Probemonats ist sowohl bei einem befristeten als auch bei einem unbefristeten Dienstvertrag möglich. Der Dienstvertrag kann während des ersten Monats von beiden Teilen jederzeit mit sofortiger Wirkung ohne Angabe von Gründen gelöst werden.

Angestellte gemäß § 1 Angestelltengesetz sind Personen, die arbeitsvertraglich überwiegend zur Erbringung von kaufmännischen, höheren, nicht kaufmännischen Diensten oder Kanzleidiensten verpflichtet sind. Sofern die Verordnung nichts anderes bestimmt, ist auf Dienstverhältnisse zu einer Hochschülerinnen- und Hochschülerschaft das Angestelltengesetz, BGBl. Nr. 292/1921, in der jeweils geltenden Fassung, generell anwendbar. Das Angestelltengesetz gilt somit auch dann, wenn die Erbringung manueller Tätigkeiten im Vordergrund steht.

Hinsichtlich des Inhalts des Dienstvertrages sind die Bestimmungen des § 2

Abs. 2 Arbeitsvertragsrechts-Anpassungsgesetzes-AVRAG, BGBl. Nr. 459/1993, in der jeweils geltenden Fassung, zu beachten.

Zu § 7 (Einreihung und Bemessung des Einstiegsentgelts):

Die Abs. 1 und 2 regeln die Einreihung einer Dienstnehmerin oder eines Dienstnehmers nach den jeweils zutreffenden Verwendungsbildern des Abs. 2 und die Bemessung des Einstiegsentgelts zum Zeitpunkt des Abschlusses des Dienstverhältnisses.

Wie gesetzlich angeordnet, orientiert sich die Einstufung an der Systematik des Entlohnungsschemas der Vertragsbediensteten des Bundes des Verwaltungsdienstes gem. § 71 Abs. 1 Vertragsbedienstetengesetz 1948 – VBG. Dies dient der Stärkung der Planungssicherheit und Effektivität durch Vorgaben von Mindeststandards im Personalbereich der Österreichischen Hochschülerinnen- und Hochschülerschaft und der Hochschülerinnen- und Hochschülerschaften. Die Verhältnisse der Vertragsbediensteten des Bundes, die dem Verwaltungsdienst zugeordnet sind, sollen, unter Bedachtnahme auf die Hochschülerinnen- und Hochschülerschaften als privatrechtliche Arbeitgeber, nachgebildet werden, da Beschäftigte der Österreichischen Hochschülerinnen- und Hochschülerschaft und von Hochschülerinnen- und Hochschülerschaften überwiegend mit Verwaltungstätigkeiten betraut sind. Damit ist die Gestaltung leistungsadäquater Entlohnung durch den Rahmen der für den öffentlichen Verwaltungssektor des Bundes geltenden Entgeltsätze gewährleistet.

Die Tätigkeitsbilder der Verwendungsbilder v5 bis v1 nach Abs. 2 sind inhaltlich breit angelegt. Insbesondere trifft dies auf die Ausbildungserfordernisse für die Aufnahme in die Verwendungsbilder v1 und v2 zu. Die für die Einreihung in diese Verwendungsbilder erforderlichen Ausbildungen sind nicht nur durch den Abschluss eines abgeschlossenen Universitäts- oder Hochschulstudiums oder durch die Ablegung der Reifeprüfung, sondern auch durch nach Art und Qualität äquivalente andere Ausbildungen erfüllt. Das Erfordernis eines abgeschlossenen Universitäts- oder Hochschulstudiums bedeutet, dass auch abgeschlossene Studien etwa an einer Fachhochschule oder an einer Pädagogischen Hochschule erfasst sind.

Liegen Mischverwendungen vor, gilt das Überwiegenheitsprinzip. Die Einreihung erfolgt demnach in jenes Verwendungsbild nach v5 bis v1, worin der überwiegende Teil der Tätigkeit erbracht wird.

Grundlage der Entgeltbemessung sind die für die Einreihung maßgeblichen Verwendungsbilder des Abs. 2, die dem Entlohnungsschema der Entlohnungsgruppe v der Vertragsbediensteten des Verwaltungsdienstes nach dem VBG 1948 nachgebildet sind. Die Entlohnungsgruppen v1 bis v5 entsprechen demnach den gleichbezeichneten Verwendungsbildern gemäß Abs. 2. In einem Verwendungsbild erfolgt die Einreihung anhand der entsprechenden Entlohnungsstufe der gleichbezeichneten Entlohnungsgruppe gemäß § 71 Abs. 1 Vertragsbedienstetengesetz 1948. Dabei ist zu beachten, dass die Entlohnungsstufen ab der Entlohnungsstufe 1 jeweils durch einen Zeitraum von zwei Jahren voneinander getrennt sind.

Die Bemessung des Einstiegsentgelts anlässlich der Aufnahme einer Dienstnehmerin oder eines Dienstnehmers hat unter Berücksichtigung allfälliger Vorverwendungszeiten zu erfolgen. Liegen verwertbare Vorverwendungszeiten nicht vor, erfolgt die Bemessung des Entgelts nach der Entgeltstufe 1 des jeweiligen Verwendungsbildes. § 7 definiert drei Gruppen von Vorverwendungszeiten als für die Entgeltbemessung verwertbar. Zum einen sind dies Zeiten eines Universitäts- oder Hochschulstudiums (oder einer nach Art und Qualität äquivalenten Ausbildung), Zeiten öffentlicher Dienstverpflichtungen wie Wehr-, Zivil-, und Ausbildungsdienst sowie Zeiten einschlägiger Berufserfahrung für die ausgeschriebene Verwendung. Nach § 7 Abs. 4 können Ausbildungs-, Wehr-, bzw. Wehrersatzdienstzeiten zusammen in einem Ausmaß von nicht mehr als vier Jahren angerechnet werden.

Zeiten verwertbarer Berufstätigkeiten sollen bis zu einem Höchstausmaß von insgesamt sechs Jahren berücksichtigt werden können.

Hinsichtlich der Anrechnung von sonstigen Zeiten gemäß Abs. 5 sind nachstehende, anhand des ähnlich geregelten Dienstrechts der Vertragsbediensteten des Bundes entwickelte Prinzipien, zu beachten:

- *Anrechenbar sind nur Zeiten einer Berufstätigkeit. Es muss sich dabei um eine auf Erwerb gerichtete Tätigkeit handeln.*
- *Anrechenbar sind nur Zeiten, die nicht ohnehin von der Mehrheit der potentiellen Bewerberinnen und Bewerber vorgewiesen werden können. Derartige Qualifikationen sind ebenfalls mit dem Ansatz für die erste Entgeltstufe bzw. durch die Möglichkeit der Berücksichtigung von Studienzeiten bereits abgegolten. Maßgeblich für die Beurteilung ist nicht der Kreis der tatsächlichen Bewerberinnen und Bewerber, sondern jener Personenkreis, auf den eine entsprechende Ausschreibung typischerweise zutreffen würde (objektiver Maßstab). Praktisch geht es daher vor allem um Zeiten durch welche sich die oder der Bedienstete hinsichtlich ihrer oder seiner Verwendbarkeit deutlich von typischen Berufseinsteigerinnen und -einsteigern abhebt.*
- *Eine Berufstätigkeit kann daher im Ergebnis nur dann einschlägig sein, wenn sie zu einer erheblich besseren Verwendbarkeit im Vergleich zu einer durchschnittlichen Berufseinsteigerin oder einem durchschnittlichen Berufseinsteiger führt. Dieser Vergleich ist zur Beurteilung stets anzustellen. Eine bloß fachverwandte Vorverwendung genügt für sich alleine nicht für eine Anrechnung. Maßgeblich ist vielmehr stets die Frage der besseren Verwendbarkeit. Ein Indiz zur Beurteilung der Verwendbarkeit ist dabei vor allem die Frage, ob die oder der Bedienstete deutlich schlechter verwendbar wäre, wenn man sich die zu beurteilende Vorverwendung (Vordienstzeit) wegdenkt – also ob dann z. B. längere fachliche Einarbeitung und Einschulung auf dem neuen Arbeitsplatz notwendig wäre, oder ob die oder der Bedienstete die Aufgaben für einen beachtlichen Zeitraum mangels Routine nur deutlich langsamer oder deutlich*

fehleranfälliger erfüllen könnte. Generell wird eine niederwertigere Tätigkeit in der Regel keine ausreichende Erfahrung für einen höherwertigen Arbeitsplatz vermitteln und damit keine Anrechenbarkeit begründen können.

Eine Berufstätigkeit kann auch auf selbstständiger Grundlage ausgeübt werden, also z. B. auf Grundlage von Werkverträgen oder Lehr- und Forschungsaufträgen.

In allen Fällen sind Zeiten der Berufstätigkeit nur anrechenbar, insoweit sie einschlägig sind. Für Teilzeitbeschäftigungen gilt, dass solche Zeiten nur entsprechend dem damaligen Beschäftigungsausmaß angerechnet werden.

Es besteht somit die Möglichkeit, Vorverwendungen im Gesamtausmaß von insgesamt zehn Jahren bei der Bemessung des Einstiegsentgelts im Zuge des Abschlusses des Arbeitsverhältnisses zu berücksichtigen. Das Einstiegsentgelt ist zudem mit dem Erreichen der Entgeltstufe 3 nach § 7 Abs. 6 der Verordnung limitiert. Eine (automatische) Vorrückung in höhere Entgeltstufen findet nicht statt. Allerdings darf der so bei der Bemessung des Einstiegsentgelts nach Abs. 6 erster Satz ermittelte Betrag in begründeten Fällen einmalig im Ausmaß eines zehnprozentigen Zu- oder Abschlags über- bzw. unterschritten werden.

Dies soll Flexibilität bei der Berücksichtigung der Entgelthöhen des Arbeitsmarktes bei der Bemessung des Einstiegsentgelts ermöglichen.

Eine Unterschreitung von bis zu zehn Prozent ist etwa dann begründet, wenn die in der Stellenausschreibung geforderten (Mindest-)Qualifikationen von der Bewerberin oder von dem Bewerber lediglich formell erfüllt werden; eine Überschreitung, sofern die Bewerberin oder der Bewerber die in der Stellenausschreibung geforderten Qualifikationen nicht nur formell, sondern innerhalb der für sie oder ihn vorgesehenen Verwendung in höchstmöglichem Ausmaß, also an der oberen Grenze des Anforderungsprofils der ausgeschriebenen Stelle, erfüllt.

Weiters sollen Weihnachts- und Urlaubsgeld (Sonderzahlungen) bezogen auf das Arbeitsjahr gebühren.

Auf das Dienstverhältnis sind die Bestimmungen des Betrieblichen Mitarbeiter- und Selbstständigenvorsorgegesetzes – BMSVG, BGBl. I Nr. 100/2002, in der jeweils geltenden Fassung, anzuwenden.

Zu § 8 (Beschäftigungsausmaß sowie Fälligkeit und Auszahlung des Entgelts):

Die Entgeltansätze der jeweiligen Entlohnungsstufen repräsentieren das Entgelt bei Vollbeschäftigung, bei einer wöchentlichen Normalarbeitszeit von 40 Stunden gemäß § 3 Abs. 1 Arbeitszeitgesetz (AZG), BGBl. Nr. 461/1969, in der jeweils geltenden Fassung. Wird eine Dienstnehmerin oder ein Dienstnehmer teilbeschäftigt angestellt, ist der Entgeltansatz entsprechend dem Ausmaß der Teilbeschäftigung zu aliquotieren.

Abweichend von den Regelungen des Angestelltengesetzes wird klargestellt, dass der Anspruch auf Entgelt mit dem Tag des Dienstantritts entsteht, es für den Kalendermonat gebührt und am Monatsletzten zur Auszahlung zu bringen ist.

Zu § 9 (Entgelterhöhung):

Ferner sieht die Verordnung im Hinblick auf die Grundsätze der Wirtschaftlichkeit, Zweckmäßigkeit und Sparsamkeit einen Rahmen für künftige Erhöhungen des Einstiegsentgelts vor. Dabei wird an die auf dem allgemeinen Arbeitsmarkt übliche Möglichkeit der Vereinbarung von „Gehaltserhöhungen" angeknüpft. Solche Gehaltsvereinbarungen sollen auch den Hochschülerinnen- und Hochschülerschaften grundsätzlich, allerdings nach einem in Abs. 1 festgelegten Weg, als Leistungsanreiz, Motivation der Dienstnehmerin und des Dienstnehmers sowie zur Abgeltung des beruflichen Erfahrungszuwachses, möglich sein.

Danach darf eine Erhöhung des Entgelts ausschließlich durch Vereinbarung der Dienstgeberin mit der Dienstnehmerin oder dem Dienstnehmer erfolgen und bedarf zu ihrer Wirksamkeit der Änderung des Dienstvertrages. Auch eine solche Änderung des Dienst- (bzw. Arbeits-) vertrages bedarf nach § 6 Abs. 1 der Schriftform. Erstmals darf eine Erhöhungsvereinbarung frühestens nach Ablauf von zwei Jahren nach Aufnahme in das Dienstverhältnis getroffen werden. Eine bereits bei Abschluss des Dienstvertrages vereinbarte Erhöhung des Entgelts ist unzulässig.

Wird eine Erhöhungsvereinbarung erstmals getroffen, ist eine allfällige weitere Erhöhung frühestens nach Ablauf von drei Jahren seit der letzten Erhöhungsvereinbarung möglich. Diese zumindest zweijährige Wartefrist gilt auch für jede weitere Erhöhung. Insgesamt sind höchstens fünf Erhöhungsvereinbarungen zulässig. Die jeweilige Erhöhung darf fünf Prozent des Bruttomonatsentgelts nicht überschreiten.

Zudem wird die jeweilige Entgelthöhe nach den allgemeinen Bezugserhöhungen für den Bundesdienst valorisiert. Auch diese Valorisierungen sind durch Nachtrag zum Dienstvertrag zu dokumentieren.

Es gebührt kein weiteres Entgelt, welches über das, nach den Grundsätzen des § 7 ermittelte, Entgelt hinausgeht (wie Jubiläumsgelder, Prämien, Belohnungen etc.). Aufwandsentschädigungen sind von Abs. 3 nicht erfasst. Hinsichtlich der Vergütung von Mehr- bzw. Überstunden gelten die gesetzlichen Bestimmungen des Arbeitszeitgesetzes (AZG), BGBl. Nr. 461/1969, in der jeweils geltenden Fassung.

Zu § 10 (Überleitungsbestimmung):

Bei der Begründung eines neuen Dienstverhältnisses mit einer Dienstnehmerin oder einem Dienstnehmer einer Hochschülerinnen- und Hochschülerschaft nach den Bestimmungen dieser Verordnung, entfällt die in § 4 normierte Ausschreibungspflicht. Im Zuge der in diesen Fällen erforderlichen Neubemessung des Entgelts gilt § 7. Es wird zudem klar gestellt, dass die Bemessung des Entgelts nach § 7 auch dann zu erfolgen hat, wenn ein Wechsel in ein anderes Verwendungsbild gemäß § 7 Abs. 2 vorliegt. Damit soll bei internen Besetzungen die Durchführung eines Ausschreibungsverfahrens unterbleiben und somit unnötiger administrativer Aufwand vermieden werden.

Zu § 11 (Inkrafttreten):
Die Verordnung über Arbeitsverhältnisse tritt mit 1. Jänner 2017 in Kraft.

Verordnung des Bundesministers für Wissenschaft, Forschung und Wirtschaft über die einheitliche Vorgangsweise bei der Zuweisung von Räumen und der Zahlung von Beiträgen zum Verwaltungsaufwand an die Hochschülerinnen- und Hochschülerschaften und die Vertretungen von Studierenden an Bildungseinrichtungen, an denen keine Hochschülerinnen- und Hochschülerschaft eingerichtet ist (Hochschülerinnen- und Hochschülerschaftsraum- und -verwaltungsbeitragsverordnung – HS-RVBV)

Auf Grund des § 14 Abs. 5 des Hochschülerinnen- und Hochschülerschaftsgesetzes 2014 – HSG 2014, BGBl. I Nr. 45/2014, zuletzt geändert durch das Bundesgesetz BGBl. I Nr. 97/2016, wird verordnet:

Geltungsbereich

§ 1. Diese Verordnung regelt die Grundsätze für

1. die Zuweisung von Räumen und

2. die Zahlung von Beiträgen zum Verwaltungsaufwand an Hochschülerinnen- und Hochschülerschaften und Vertretungen von Studierenden an Bildungseinrichtungen, an denen keine Hochschülerinnen- und Hochschülerschaft eingerichtet ist.

Begriffsbestimmungen

§ 2. Im Sinne dieser Verordnung sind:

1. Bildungseinrichtungen: alle Bildungseinrichtungen gemäß § 1 des Hochschülerinnen- und Hochschülerschaftsgesetzes 2014 – HSG 2014, BGBl. I Nr. 45/2014, in der jeweils geltenden Fassung;

2. Studierende: alle Studierenden gemäß § 2 Abs. 1 und 2 HSG 2014 an der jeweiligen Bildungseinrichtung;

3. Vertretungen von Studierenden: Vertretungen von Studierenden an Bildungseinrichtungen, an denen keine Hochschülerinnen- und Hochschülerschaft eingerichtet ist.

Berechnung der Anzahl der Studierenden

§ 3. Den Berechnungen im Sinne dieser Verordnung ist die Zahl der Studierenden im vorhergehenden Wintersemester zu Grunde zu legen. Die Anzahl der Studierenden von gemeinsam eingerichteten Studien ist anhand der Verteilungsschlüssel gemäß § 9 Abs. 5 und 7 der Universitäts- Studienevidenzverordnung 2004 – UniStEV 2004, BGBl. II Nr. 288/2004, unter Anwendung der in § 3 Abs. 2 HSG 2014 normierten Grundsätze, zu berechnen.

Zuweisung von Räumen

§ 4. (1) Der jeweiligen Hochschülerinnen- und Hochschülerschaft und der jeweiligen Vertretung von Studierenden sind gemäß den §§ 14 und 25 HSG 2014 von der Rektorin oder dem Rektor der Universität oder der Pädagogischen Hochschule oder der Rektorin oder dem Rektor im Einvernehmen mit der Vertreterin oder dem Vertreter des Erhalters einer privaten Pädagogischen Hochschule oder der Leiterin oder dem Leiter der Privatuniversität oder der Vertreterin oder dem Vertreter des Erhalters eines Fachhochschul-Studienganges die für die Erfüllung ihrer Aufgaben erforderlichen Räume, insbesondere innerhalb der Gebäude der jeweiligen Bildungseinrichtung, zur Verfügung zu stellen und die für die Heizung, die Reinigung und die Instandhaltung der zugewiesenen Räume anfallenden Kosten zu tragen. Insbesondere ist dabei auf eine etwaige Dislozierung von Organisationseinheiten bzw. Studien Bedacht zu nehmen.

(2) Bei der Zuteilung von Räumen gelten folgende Richtwerte:

1. für Bildungseinrichtungen bis 500 Studierende	15 - 40 m^2
2. für Bildungseinrichtungen über 500 bis 1 000 Studierende	40 - 120 m^2
3. für Bildungseinrichtungen über 1 000 bis 3 000 Studierende	120 - 250 m^2
4. für Bildungseinrichtungen über 3 000 bis 10 000 Studierende	250 - 500 m^2
5. für Bildungseinrichtungen über 10 000 bis 30 000 Studierende	500 - 1 200 m^2
6. für Bildungseinrichtungen über 30 000 Studierende, zusätzlich zur gemäß Z 5 festgelegten Quadratmeteranzahl, pro angefangene 1 000 Studierende	weitere 30 m^2

Dieser Raumbedarf bezieht sich auf die Verwaltungseinrichtungen und die Einrichtungen zur Studierendenbetreuung.

(3) Innerhalb der angegebenen Grenzen sind für die Bemessung der Ansprüche insbesondere zu berücksichtigen:

1. die Studierendenzahl,
2. die Zahl der Organisationseinheiten und Studien,
3. eine etwaige Dislozierung von Organisationseinheiten bzw. Studien und
4. die vorhandenen räumlichen Gegebenheiten der Bildungseinrichtung.

(4) Der Raumbedarf umfasst nicht Mensen, Wirtschaftsbetriebe und Kindergärten, soweit diese Räume für diesen Zweck durch Beschluss der Rektorin oder des Rektors der Universität oder der Pädagogischen Hochschule oder der Rektorin oder des Rektors im Einvernehmen mit der Vertreterin oder dem Vertreter des Erhalters einer privaten Pädagogischen Hochschule oder der Leiterin oder des Leiters der Privatuniversität oder der Vertreterin oder des Vertreters des Erhalters eines Fachhochschul- Studienganges gewidmet wurden.

(5) Wurden Räume der jeweiligen Hochschülerinnen- und Hochschülerschaft oder der jeweiligen Vertretung von Studierenden ohne Widmung zugewiesen und nur durch internen Beschluss der Hochschülerinnen- und Hochschülerschaft oder der Vertretung von Studierenden für Kindergärten, Mensen etc. gewidmet, so sind diese Räume auf die Richtwerte gemäß Abs. 1 anzurechnen, sofern sie nicht nachträglich durch einen Beschluss der für die Raumzuordnung zuständigen Organe der Bildungseinrichtung als Mensenräume, Räume für Kindergärten oder Räume für Wirtschaftsbetriebe gewidmet werden.

(6) Sämtliche Kosten, die einer Bildungseinrichtung auf Grund unsachgemäßen Gebrauchs der zugeteilten Räumlichkeiten entstehen, sind der Bildungseinrichtung von der jeweiligen Hochschülerinnen- und Hochschülerschaft oder der jeweiligen Vertretung von Studierenden zu ersetzen.

Büroausstattung

§ 5. (1) Der jeweiligen Hochschülerinnen- und Hochschülerschaft oder der jeweiligen Vertretung von Studierenden ist gemäß den §§ 14 und 25 HSG 2014 von der Rektorin oder dem Rektor der Universität oder der Pädagogischen Hochschule oder der Rektorin oder dem Rektor im Einvernehmen mit der Vertreterin oder dem Vertreter des Erhalters einer privaten Pädagogischen Hochschule oder der Leiterin oder dem Leiter der Privatuniversität oder der Vertreterin oder dem Vertreter des Erhalters eines Fachhochschul-Studienganges eine dem Standard der zentralen Verwaltung der Bildungseinrichtung entsprechende Büroausstattung (Büroeinrichtung, Computerausstattung, Telekommunikationseinrichtungen) zur Verfügung zu stellen und instand zu halten.

(2) Anträge auf Büroausstattung gemäß Abs. 1 sind an die zuständigen Organe der Bildungseinrichtung zu richten und sind nach Dringlichkeit im Vergleich zu den übrigen Anträgen aus dem Verwaltungsbereich der Bildungseinrichtung zu berücksichtigen.

(3) Sämtliche Kosten, die einer Bildungseinrichtung auf Grund unsachgemäßen Gebrauchs der zur Verfügung gestellten Büroausstattung entstehen, sind der Bildungseinrichtung von der jeweiligen Hochschülerinnen- und Hochschülerschaft oder der jeweiligen Vertretung von Studierenden zu ersetzen.

Beiträge zum Verwaltungsaufwand für Hochschülerinnen- und Hochschülerschaften an Universitäten und der Universität für Weiterbildung Krems

§ 6. (1) Hochschülerinnen- und Hochschülerschaften an Universitäten und der Universität für Weiterbildung Krems erhalten gemäß § 14 Abs. 3 Z 2 HSG 2014 von der jeweiligen Rektorin oder dem jeweiligen Rektor nach Maßgabe der budgetären Möglichkeiten Beiträge zum Verwaltungsaufwand der jeweiligen Hochschülerinnen- und Hochschülerschaft, zur Schulung von Studierendenvertreterinnen und Studierendenvertretern sowie zur fachlichen Information der Studierenden.

(2) Der Beitrag zum Verwaltungsaufwand soll sich an folgenden Beträgen orientieren:

1. für Universitäten bis 1 000 Studierende	7 000 Euro
2. für Universitäten über 1 000 bis 5 000 Studierende, zusätzlich zum Betrag gemäß Z 1 pro weitere angefangene 1 000 Studierende je	2 600 Euro
3. für Universitäten über 5 000 bis 30 000 Studierende, zusätzlich zu den Beträgen gemäß Z 1 und 2 pro weitere angefangene 1 000 Studierenden zwischen 5 000 und 30 000 Studierende je	1 700 Euro
4. für Universitäten über 30 000 Studierende, zusätzlich zu den Beträgen gemäß Z 1, 2 und 3 pro weitere angefangene 1 000 Studierende über 30 000 Studierende je	430 Euro

Als Mindestbeitrag gemäß § 14 Abs. 3 Z 2 in Verbindung mit Abs. 5 HSG 2014 gilt 70 % des gemäß Abs. 2 ermittelten Betrages.

(3) Werden von der jeweiligen Hochschülerinnen- und Hochschülerschaft im Einvernehmen mit den zuständigen Organen der Universität Aufgaben der Universität wahrgenommen, die einen zusätzlichen Organisations- bzw. Bürobedarf verursachen, sind die nachweislich anfallenden Kosten von der Rektorin oder dem Rektor zu ersetzen.

Beiträge zum Verwaltungsaufwand für Hochschülerinnen- und Hochschülerschaften und Vertretungen von Studierenden an Pädagogischen Hochschulen, Fachhochschulen und Privatuniversitäten

§ 7. (1) Hochschülerinnen- und Hochschülerschaften und Vertretungen von Studierenden an Pädagogischen Hochschulen, Fachhochschulen und Privatuniversitäten erhalten gemäß § 14 Abs. 4 Z 1 HSG 2014 von der zuständigen Bundesministerin oder dem zuständigen Bundesminister

nach Maßgabe der budgetären Möglichkeiten Beiträge zum Verwaltungsaufwand der jeweiligen Hochschülerinnen- und Hochschülerschaft oder der jeweiligen Vertretungen von Studierenden, zur Schulung von Studierendenvertreterinnen und Studierendenvertretern sowie zur fachlichen Information der Studierenden.

(2) Den Hochschülerinnen- und Hochschülerschaften und Vertretungen von Studierenden ist ein Mindestbeitrag zum Verwaltungsaufwand von 5 vH der Gesamtsumme der Studierendenbeiträge des jeweiligen Studienjahres an der zugehörigen Bildungseinrichtung zur Verfügung zu stellen.

(3) Anträge auf Beiträge zum Verwaltungsaufwand sind bis spätestens 31. Jänner des jeweiligen Jahres an die zuständige Bundesministerin oder den zuständigen Bundesminister zu richten. Dabei ist ein Formular gemäß Anlage 1 zu verwenden.

Sonderbestimmungen für neu eingerichtete Hochschülerinnen- und Hochschülerschaften und Vertretungen von Studierenden an Bildungseinrichtungen

§ 8. (1) Neu eingerichtete Hochschülerinnen- und Hochschülerschaften und Vertretungen von Studierenden an Bildungseinrichtungen nehmen ihre Tätigkeit mit der Funktionsperiode auf, die auf die konstituierende Wahl der Organe bzw. Vertretungsstrukturen folgt.

(2) Bei der Zuteilung von Räumen hat die Rektorin oder der Rektor der Universität oder der Pädagogischen Hochschule oder die Rektorin oder der Rektor im Einvernehmen mit der Vertreterin oder dem Vertreter des Erhalters einer privaten Pädagogischen Hochschule oder die Leiterin oder der Leiter der Privatuniversität oder die Vertreterin oder der Vertreter des Erhalters eines Fachhochschul- Studienganges darauf zu achten, dass die in § 4 Abs. 2 festgelegten Richtwerte, binnen eines Jahres ab Aufnahme der Tätigkeit gemäß Abs. 1, erreicht werden.

(3) Eine Antragstellung auf Beiträge zum Verwaltungsaufwand ist abweichend von § 7 Abs. 3 bis 31. Oktober des jeweiligen Jahres, ab Aufnahme der Tätigkeit gemäß Abs. 1, zulässig.

Inkrafttreten und Übergangsbestimmungen

§ 9. Die Verordnung tritt mit 1. Juli 2017 in Kraft und ist bezüglich der Beiträge zum Verwaltungsaufwand erstmals für die Erstellung des Jahresvoranschlages für das Wirtschaftsjahr 2018/2019 anzuwenden.

Anlage 1

Anlage 1

BGBl. II - Ausgegeben am 4. Juli 2017- Nr. 179

Anlage 1

Ansuchen um Verwaltungsaufwand gemäß HSG 2014 (Hinweis: Von der Hochschulvertretung sind nur die ersten fünf Felder auszufüllen!)	
Hochschulvertretung:	
Anschrift:	
Ansprechperson: (inkl. Tel. und E-Mail)	
Bankdaten: (IBAN)	
UID-Nummer:	
Studienjahr:	
Anweisungsbetrag:	
Finanzstelle:	
Kostenstelle oder Auftragsnummer:	
Fälligkeit:	
Mittelbindungsnummer:	
Lieferantennummer:	
Auftragsreferenz:	

Vorlage Mittelbindung

Erläuterungen:

Allgemeiner Teil:

Das Hochschülerinnen- und Hochschülerschaftsgesetz 2014 – HSG 2014 räumt der Kontrollkommission der Österreichischen Hochschülerinnen- und Hochschülerschaft und der Hochschülerinnen- und Hochschülerschaften (im Folgenden: Kontrollkommission) gemäß § 14 Abs. 5 die Möglichkeit ein, unter anderem die Erlassung der folgenden Verordnung bei der Bundesministerin oder dem Bundesminister für Wissenschaft, Forschung und Wirtschaft zu beantragen:

- *Erlassung einer Verordnung durch die Bundesministerin oder den Bundesminister zur Sicherstellung einer möglichst einheitlichen Vorgangsweise bei der Zuweisung von Räumen und der Vergabe von Beiträgen. Die Hochschülerinnen- und Hochschülerschaften sowie die Rektorinnen und Rektoren der Universitäten bzw. der Pädagogischen Hochschulen bzw. die Leiterinnen und Leiter der Privatuniversitäten bzw. die Vertreterinnen und Vertreter der Erhalter von Fachhochschul-Studiengängen sind anzuhören. Dabei sind insbesondere Übergangsregelungen für neu zu errichtende Körperschaften öffentlichen Rechts und Hochschulvertretungen an Bildungseinrichtungen, an denen keine Körperschaft öffentlichen Rechts eingerichtet ist, und Mindestbeiträge zum Verwaltungsaufwand festzulegen, wobei auf die Anzahl der Studierenden und die vorhandenen räumlichen Gegebenheiten Bedacht zu nehmen ist.*

Eine diesbezügliche Beantragung seitens der Kontrollkommission liegt vor. Die Österreichische Hochschülerinnen- und Hochschülerschaft war in die Entstehung der Verordnung eingebunden. Das Anhörungsrecht gemäß § 14 Abs. 5 HSG 2014 wird durch die Aussendung des Begutachtungsentwurfes an die Genannten erfüllt.

Besonderer Teil:

Zu § 1 (Geltungsbereich):

Diese Verordnung dient der Sicherstellung einer möglichst einheitlichen Vorgangsweise bei der Zuweisung von Räumen und der Vergabe von Beiträgen an die Hochschülerinnen- und Hochschülerschaften und die Vertretungen von Studierenden an Bildungseinrichtungen, an denen keine Hochschülerinnen- und Hochschülerschaft eingerichtet ist (im Folgenden: Vertretung(en) von Studierenden). Nicht geregelt wird die Bereitstellung der Infrastruktur gemäß § 7 HSG 2014 an die Österreichische Hochschülerinnen- und Hochschülerschaft. Gemäß § 7 Abs. 1 HSG 2014 hat die Bundesministerin oder der Bundesminister der Österreichischen Hochschülerinnen- und Hochschülerschaft die für die Erfüllung ihrer Aufgaben erforderlichen Räume zur Verfügung zu stellen. Bezüglich der Beiträge zum Verwaltungsaufwand ist Folgendes in § 7 Abs. 2 leg. cit. normiert: „Nach Maßgabe des jeweiligen Bundesfinanzgesetzes hat die Bundesministerin oder der Bundesminister überdies in der Höhe von 5 bis 10 vH der Gesamtsumme der Studierendenbeiträge des jeweiligen Studienjahres (§ 38 Abs. 2 und 3) Beiträge zum Verwaltungsaufwand der Österreichischen

Hochschülerinnen- und Hochschülerschaft, zur Schulung von Studierendenvertreterinnen und Studierendenvertretern sowie zur fachlichen Information der Studierenden zu leisten."

Auch hat diese Verordnung keine Auswirkungen auf die Bestimmungen der §§ 5, 13 und 24 HSG 2014. Die Zurverfügungstellung von Räumen für Veranstaltungen durch die Bildungseinrichtung ist in den zitierten Bestimmungen des HSG 2014 geregelt und nicht Gegenstand dieser Verordnung.

Zu § 2 (Begriffsbestimmungen):

Unter den Begriff Bildungseinrichtung sind alle Bildungseinrichtungen gemäß § 1 HSG 2014 zu subsumieren. Das sind:

- *die Universitäten gemäß § 6 des Universitätsgesetzes 2002 – UG, BGBl. I Nr. 120/2002,*
- *die Pädagogischen Hochschulen gemäß § 1 Abs. 1 und 2 des Hochschulgesetzes 2005 – HG, BGBl. I Nr. 30/2006,*
- *die Fachhochschulen und Einrichtungen zur Durchführung von Fachhochschul-Studiengängen gemäß § 1 des Fachhochschul-Studiengesetzes – FHStG, BGBl. Nr. 340/1993,*
- *die Privatuniversitäten gemäß § 1 des Privatuniversitätengesetzes – PUG, BGBl. I Nr. 74/2011, und*
- *die Universität für Weiterbildung Krems gemäß §§ 1 und 2 des DUK-Gesetzes 2004, BGBl. I Nr. 22/2004.*

Unter den Begriff Studierende sind alle Studierenden gemäß § 2 Abs. 1 und 2 HSG 2014 an der jeweiligen Bildungseinrichtung zu subsumieren. Das sind:

- *an Universitäten: alle ordentlichen Studierenden gemäß § 51 Abs. 2 Z 15 UG, welche zu einem ordentlichen Studium zugelassen sind (§ 63 UG) oder die Fortsetzung des Studiums gemeldet haben (§ 62 UG) und alle außerordentlichen Studierenden gemäß § 51 Abs. 2 Z 22 UG,*
- *an Pädagogischen Hochschulen Studierende, die zu Bachelorstudien und Masterstudien zugelassen sind und Studierende, die zu Hochschullehrgängen oder Lehrgängen gemäß § 39 HG mit mindestens 30 ECTS-Anrechnungspunkten zugelassen sind,*
- *an Fachhochschulen ordentliche Studierende gemäß § 4 Abs. 2 erster Satz FHStG und Studierende gemäß § 4 Abs. 2 FHStG, die zu außerordentlichen Studien zugelassen sind,*
- *an Privatuniversitäten Studierende von Studien, mit Ausnahme der Universitätslehrgänge, die aufgrund eines Ausbildungsvertrages zu einem Studium an der Privatuniversität zugelassen sind und Studierende von Universitätslehrgängen gemäß § 3 Abs. 4 PUG,*
- *an der Universität für Weiterbildung Krems Studierende von „PhD"-Studien gemäß § 5 Abs. 1 des DUK-Gesetzes 2004 und Studierende von Universitätslehrgängen gemäß § 5 Abs. 1 des DUK-Gesetzes 2004.*

Zu § 3 (Berechnung der Anzahl der Studierenden):

Festgelegt wird, dass den notwendigen Berechnungen der Anzahl der Studierenden, die sich aufgrund der Verordnung ergeben, die Zahl der Studierenden im vorhergehenden Wintersemester zu Grunde zu legen ist. Die Anzahl der Studierenden von gemeinsam eingerichteten Studien ist anhand der Verteilungsschlüssel gemäß § 9 Abs. 5 und 7 der Universitäts-Studienevidenzverordnung 2004 – UniStEV 2004, BGBl. II Nr. 288/2004, unter Anwendung der in § 3 Abs. 2 HSG 2014 normierten Grundsätze, zu berechnen.

In den Erläuterungen der Novelle des HSG 2014, welche durch BGBl. I Nr. 97/2016 verlautbart wurde, wird dazu ausgeführt:

„In § 3 Abs. 2 wird nunmehr festgelegt, wie die Anzahl der Studierenden eines gemeinsam eingerichteten Studiums auf die beteiligten Bildungseinrichtungen aufgeteilt wird. Da diese Studierenden in Hinkunft nicht nur an einer Bildungseinrichtung, sondern an mehreren Bildungseinrichtungen Teile ihres Studiums absolvieren werden, braucht es eine Regelung, die diese Studierenden auf die beteiligten Bildungseinrichtungen „aufteilt". Dies ist insbesondere notwendig, weil die Anzahl der Studierenden an einer Bildungseinrichtung mit zahlreichen Konsequenzen verbunden ist. Zu erwähnen ist in diesem Zusammenhang die Verteilung der Studierendenbeiträge, die Berechnung der Größe einer Hochschulvertretung bzw. einer Studienvertretung, etc. Die Berechnung der Studierendenzahlen erfolgt anhand der Verteilungsschlüssel, welche von Bildungseinrichtungen, die an einem gemeinsam eingerichteten Studium beteiligt sind, an die Bundesministerin oder den Bundesminister gemäß § 9 Abs. 5 und 7 der Universitäts-Studienevidenzverordnung 2004 – UniStEV 2004, BGBl. II Nr. 288/2004, in der jeweils geltenden Fassung, zu übermitteln sind. Um diese Berechnung durchführen zu können, hat die Bundesministerin oder der Bundesminister die von den Bildungseinrichtungen übermittelten Verteilungsschlüssel der ÖH zur Verfügung zu stellen. Dadurch ist gewährleistet, dass die ÖH die in Abs. 2 beschriebene „Aufteilung" der Studierenden vornehmen kann. Angemerkt wird, dass die Verteilungsschlüssel zur Zählung der Studienmengen eingeführt worden sind, weshalb diese Art der Berechnung der Studierendenzahlen – wie sie hier definiert ist – eine Sonderbestimmung darstellt."

Zu § 4 (Zuweisung von Räumen):

Das HSG 2014 normiert in den §§ 14 und 25, dass die Rektorin oder der Rektor der Universität oder der Pädagogischen Hochschule (Anmerkung: ergänzt wurde aufgrund der besonderen Situation an privaten Pädagogischen Hochschulen: oder der Rektorin oder dem Rektor im Einvernehmen mit der Vertreterin oder dem Vertreter des Erhalters einer privaten Pädagogischen Hochschule) oder die Leiterin oder der Leiter der Privatuniversität oder die Vertreterin oder der Vertreter des Erhalters eines Fachhochschul-Studienganges der jeweiligen Hochschülerinnen- und Hochschülerschaft und der jeweiligen Vertretung von Studierenden, die für die Erfüllung ihrer Aufgaben erforderlichen Räume insbesondere innerhalb der Gebäude der jeweiligen Bildungseinrichtung zur Verfügung zu stellen hat. Diese Räume sind in einem, dem Standard der Räume der zentralen Verwaltung der Bildungseinrichtung entsprechenden Zustand bereit zu stellen, wobei etwaige Adaptierungen durch die Hochschülerinnen- und Hochschülerschaft oder die jeweilige Vertretung von Studierenden vorgenommen werden können. Auch sind die ortsüblichen Betriebskosten (z. B. für die Heizung), Reinigungskosten und Instandhaltungskosten durch die Bildungseinrichtung zu tragen.

In Abs. 2 werden Richtwerte für die Zuteilung von Räumen definiert. Je nach Studierendenanzahl wird ein Rahmen von Quadratmeterzahlen festgelegt, welche der jeweiligen Hochschülerinnen- und Hochschülerschaft oder der jeweiligen Vertretung von Studierenden zur Verfügung zu stellen ist. Dabei wird eine Mindest- und eine Obergrenze vorgegeben, wobei davon auszugehen ist, dass die Mindestgrenze im Regelfall zur Verfügung zu stellen ist. Die Bemessung der tatsächlich zur Verfügung zu stellenden Quadratmeterzahlen wird anhand der Studierendenzahl, der Zahl der Organisationseinheiten und Studien und der vorhandenen räumlichen Gegebenheiten der Bildungseinrichtung durch die Bildungseinrichtung vorgenommen. Insbesondere sind folgende Faktoren zu beachten:

- *Der Raumbedarf einer Hochschülerinnen- und Hochschülerschaft und einer Vertretung von Studierenden ergibt sich aus den Räumen, die benötigt werden, um eine ordnungsgemäße Verwaltung der Körperschaft oder der Vertretungen der Studierenden unterhalten zu können. Zu beachten ist dabei etwa die Anzahl der Studierendenvertreterinnen und Studierendenvertreter und der Mitarbeiterinnen und Mitarbeiter.*
- *Zu beachten sind auch die eingerichteten Organisationseinheiten der Körperschaft oder der Vertretung der Studierenden. Auszugehen ist davon, dass eine Hochschulvertretung existiert. Daneben kann die Anzahl der Studienvertretungen stark nach Bildungseinrichtung variieren, da einerseits die Wahl einer Studienvertretung unterbleibt, wenn es weniger Kandidatinnen und Kandidaten als die Hälfte der für eine Studienvertretung zu vergebenden Mandate gibt (§ 52 Abs. 4 HSG 2014) und andererseits die zuständige Hochschulvertretung beschließen kann, dass mehrere Studienvertretungen zu einer Studienvertretung zusammengefasst werden (§§ 19 Abs. 2 und 28 Abs. 2 HSG 2014).*
- *Bei mehreren Standorten der Bildungseinrichtung kann sich ein erhöhter Raumbedarf der jeweiligen Hochschülerinnen- und Hochschülerschaft und der jeweiligen Vertretung von Studierenden ergeben, da es notwendig sein kann für die Studierenden an mehreren (gegebenenfalls an allen) Standorten der Bildungseinrichtung Betreuungsangebote für Studierende zu unterhalten.*
- *Einschränkend wirkt die Gesamtsituation der räumlichen Gegebenheiten der Bildungseinrichtung. Es ist daher darauf Rücksicht zu nehmen, welche und wieviele Räumlichkeiten von der Bildungseinrichtung, ohne dass der Lehrbetrieb darunter leidet, bereitgestellt werden können. Stehen keine geeigneten Räume zur Verfügung, sind diese von der Bildungseinrichtung anzumieten.*

Zu § 5 (Büroausstattung):
Der jeweiligen Hochschülerinnen- und Hochschülerschaft oder der jeweiligen Vertretung von Studierenden ist gemäß den §§ 14 und 25 HSG 2014 von der Rektorin oder dem Rektor der Universität oder der Pädagogischen Hochschule (Anmerkung: ergänzt wurde aufgrund der besonderen Situation an privaten Pädagogischen Hochschulen: oder der Rektorin oder dem Rektor im Einvernehmen mit der Vertreterin oder dem Vertreter des Erhalters einer privaten Pädagogischen Hochschule) oder der Leiterin oder dem Leiter der Privatuniversität oder der Vertreterin oder dem Vertreter des Erhalters eines Fachhochschul-Studienganges eine dem Standard der zentralen Verwaltung der Bildungseinrichtung entsprechende Büroausstattung (Büroeinrichtung, Computerausstattung, Telekommunikationseinrichtungen) zur Verfügung zu stellen. Dabei ist zu beachten, dass die zur Verfügung gestellten Möbel, technischen Geräte, etc. der Ausstattung der Räumlichkeiten der zentralen Verwaltung der Bildungseinrichtung entsprechen. Auch sind diese in weiterer Folge durch die Bildungseinrichtung instand zu halten.

Zu § 6 (Beiträge zum Verwaltungsaufwand für Hochschülerinnen- und Hochschülerschaften an Universitäten und der Universität für Weiterbildung Krems):
Gemäß § 14 Abs. 3 Z 2 HSG 2014 hat die Rektorin oder der Rektor der jeweiligen Hochschülerinnen- und Hochschülerschaft an Universitäten nach Maßgabe der budgetären Möglichkeiten Beiträge zum Verwaltungsaufwand der jeweiligen Hochschülerinnen- und Hochschülerschaft, zur Schulung von Studierendenvertreterinnen und Studierendenvertretern sowie zur fachlichen Information der Studierenden zu leisten.

Die in Abs. 2 und 3 festgelegten Mindestbeiträge zum Verwaltungsaufwand basieren auf den in § 1 der von der Kontrollkommission erlassenen „Richtlinie für eine einheitliche Vorgangsweise bei der Zuweisung von Räumen und der Zahlung von Beiträgen zum Verwaltungsaufwand", festgelegten Beträge.

Werden von der jeweiligen Hochschülerinnen- und Hochschülerschaft im Einvernehmen mit den zuständigen Organen der Universität Aufgaben der Universität (insbesondere solche zur fachlichen Betreuung von Studierenden gemäß § 14 Abs. 3 Z 1 HSG 2014) wahrgenommen, die einen zusätzlichen Organisations- bzw. Bürobedarf verursachen, sind die nachweislich anfallenden Kosten ebenfalls von der Rektorin oder dem Rektor zu ersetzen.

Zu § 7 (Beiträge zum Verwaltungsaufwand für Hochschülerinnen- und Hochschülerschaften und Vertretungen von Studierenden an Pädagogischen Hochschulen, Fachhochschulen und Privatuniversitäten):
Anders als bei Hochschülerinnen- und Hochschülerschaften an Universitäten, bei welchen der Beitrag zum Verwaltungsaufwand durch die Rektorin oder den Rektor der Universität zur Verfügung zu stellen ist, hat bei Hochschülerinnen- und Hochschülerschaften und Vertretungen von Studierenden an Pädagogischen Hochschulen, Fachhochschulen und Privatuniversitäten die zuständige Bundes-

ministerin oder der zuständige Bundesminister, nach Maßgabe der budgetären Möglichkeiten, einen Beitrag zum Verwaltungsaufwand, zur Schulung von Studierendenvertreterinnen und Studierendenvertretern sowie zur fachlichen Information der Studierenden zu leisten (§§ 14 Abs. 4 und 25 Abs. 3 HSG 2014).

Nach Maßgabe der budgetären Möglichkeiten bedeutet in diesem Zusammenhang, dass in der Budgetplanung des Bundesministeriums für Wissenschaft, Forschung und Wirtschaft ein bestimmter Gesamtbetrag für die Beiträge zum Verwaltungsaufwand reserviert wird. Dieser Betrag wird sodann, aufgrund der Anzahl der Studierenden, auf die verschiedenen Anspruchsberechtigten verhältnismäßig aufgeteilt. Durch diese Vorgangsweise und um der gesetzlichen Vorgabe des § 14 Abs. 5 HSG 2014 zu entsprechen – die die Festlegung von Mindestbeiträgen zum Verwaltungsaufwand vorschreibt – wurde in Abs. 2 ein Mindestbeitrag zum Verwaltungsaufwand von 5 vH der Gesamtsumme der Studierendenbeiträge des jeweiligen Studienjahres an der zugehörigen Bildungseinrichtung normiert.

Da der jeweiligen Hochschülerinnen- und Hochschülerschaft oder Vertretung von Studierenden gemäß den §§ 14 Abs. 4 Z 2 und 25 Abs. 3 Z 2 HSG 2014 der ihr zukommende Ausgabenrahmen bis spätestens 1. Mai jeden Jahres bekanntzugeben und zeitgerecht zur Verfügung zu stellen ist, hat diese bis spätestens 31. Jänner des jeweiligen Jahres den Antrag auf Beitrag zum Verwaltungsaufwand an die zuständige Bundesministerin oder den zuständigen Bundesminister zu richten.

Zu § 8 (Sonderbestimmungen für neu eingerichtete Hochschülerinnen- und Hochschülerschaften und Vertretungen von Studierenden an Bildungseinrichtungen):

Die Verordnungsermächtigung des § 14 Abs. 5 HSG 2014 sieht vor, dass in dieser Verordnung auch Übergangsregelungen für neu zu errichtende Körperschaften öffentlichen Rechts und Vertretungen von Studierenden an Bildungseinrichtungen festgelegt werden.

Zu § 9 (Inkrafttreten und Übergangsbestimmungen):

Diese Verordnung tritt mit 1. Juli 2017 in Kraft und ist, bezüglich der Beiträge zum Verwaltungsaufwand, erstmals für die Erstellung des Jahresvoranschlages für das Wirtschaftsjahr 2018/2019 anzuwenden.

Verordnung des Bundesministers für Wissenschaft, Forschung und Wirtschaft über die Grundsätze einer einheitlichen und ordnungsgemäßen Haushaltsführung, der Abwicklung von Rechtsgeschäften, der Budgetierung, der Bilanzierung, der Erstellung von Jahresvoranschlägen und Jahresabschlüssen und der Prüfung von Jahresabschlüssen der Österreichischen Hochschülerinnen- und Hochschülerschaft und der Hochschülerinnen- und Hochschülerschaften und über die Erstellung von Jahres-, Quartals- und Sonderberichten von Wirtschaftsbetrieben der Österreichischen Hochschülerinnen- und Hochschülerschaft und der Hochschülerinnen- und Hochschülerschaften (Hochschülerinnen- und Hochschülerschaftswirtschaftsverordnung – HS-WV)

Auf Grund der §§ 37 Abs. 5, 40 Abs. 5 und 6 und § 41 Abs. 7 des Hochschülerinnen- und Hochschülerschaftsgesetzes 2014 – HSG 2014, BGBl. I Nr. 97/2016, wird verordnet:

1. Abschnitt

Allgemeine Bestimmungen

1. Geltungsbereich

§ 1. Diese Verordnung regelt die Grundsätze

1. **einer einheitlichen und ordnungsgemäßen Haushaltsführung und der Abwicklung von Rechtsgeschäften und der sich daraus ergebenden Anforderungen an die laufenden Aufzeichnungen der Hochschülerinnen- und Hochschülerschaft und deren Wirtschaftsbetrieben,**
2. **der Erstellung von Jahresvoranschlägen (Budgetierung), der Buchführung, der Bilanzierung und der Erstellung von Jahresabschlüssen sowie der Ausgestaltung des Budget-Ist-Vergleiches der Hochschülerinnen- und Hochschülerschaft und deren Wirtschaftsbetrieben,**
3. **der Prüfung von Jahresabschlüssen der Hochschülerinnen- und Hochschülerschaft und deren Wirtschaftsbetrieben und**
4. **der Erstellung von Jahres-, Quartals- und Sonderberichten von Wirtschaftsbetrieben der Hochschülerinnen- und Hochschülerschaft.**

2. Begriffsbestimmungen und Verweisungen

§ 2. (1) Im Sinne dieser Verordnung ist:

1. Hochschülerinnen- und Hochschülerschaft: die Österreichische Hochschülerinnen- und Hochschülerschaft und die Hochschülerinnen- und Hochschülerschaften;
2. Bundesministerin oder Bundesminister: die Bundesministerin oder der Bundesminister, die oder der für die Angelegenheiten der Österreichische Hochschülerinnen- und Hochschülerschaft und der Hochschülerinnen- und Hochschülerschaften zuständig ist;
3. Kontrollkommission: Kontrollkommission der Österreichischen Hochschülerinnen- und Hochschülerschaft und der Hochschülerinnen- und Hochschülerschaften.

(2) Soweit in dieser Verordnung auf Bundesgesetze und Verordnungen verwiesen wird, sind diese in der jeweils geltenden Fassung anzuwenden.

2. Abschnitt

Haushaltsführung und Abwicklung von Rechtsgeschäften

Grundsätze der Haushaltsführung

§ 3. (1) Die Haushaltsführung hat den Grundsätzen der Rechtmäßigkeit, Zweckmäßigkeit, Sparsamkeit und leichten Kontrollierbarkeit zu folgen. Die Grundsätze der Sparsamkeit und Zweckmäßigkeit bedingen auch den Grundsatz der Wirtschaftlichkeit für die Haushaltsführung. Die verfügbaren Ressourcen sind so einzusetzen, dass die dem gesetzlichen Auftrag entsprechenden Ziele mit einem zweckmäßigen Mitteleinsatz erreicht werden.

Die laufenden Aufzeichnungen haben die Einhaltung der Grundsätze gemäß Abs. 1 zu dokumentieren und müssen für einen sachkundigen Dritten nachvollziehbar sein.

Die Buchführung ist ein wesentlicher Bestandteil der laufenden Aufzeichnungen. Sie hat derart beschaffen zu sein, dass sie einem sachverständigen Dritten innerhalb angemessener Zeit einen Überblick über die Geschäftsvorfälle und über die Lage der Hochschülerinnen- und Hochschülerschaft vermitteln kann. Dabei sind die Bestimmungen über die Buchführung, insbesondere § 190 des Unternehmensgesetzbuches – UGB, dRGBl. S 219/1897, heranzuziehen. Damit wird die Einhaltung des Grundsatzes der leichten Kontrollierbarkeit gemäß § 41 Abs. 1 des Hochschülerinnen- und Hochschülerschaftsgesetzes 2014 – HSG 2014, BGBl. I Nr. 45/2014, gewährleistet.

Haushaltsführung

§ 4. (1) Der Gebarung ist gemäß § 41 Abs. 1 HSG 2014 der genehmigte Jahresvoranschlag (Budget) zugrunde zu legen, wodurch gewährleistet ist, dass die Gebarung mit den korrespondierenden Ansätzen des Jahresvoranschlages übereinstimmt. Überschreitungen und Umgliederungen von Budgetansätzen des Jahresvoranschlages bedürfen der vorherigen Genehmigung durch das zuständige Organ.

(2) Alle Vorgänge der Gebarung sind ordnungsgemäß und vollständig im Rahmen einer ordnungsgemäßen Buchführung zu dokumentieren. Sie hat den Grundsätzen ordnungsmäßiger Buchführung (GoB im unternehmensrechtlichen Sinn) zu entsprechen. Die Eintragungen in den Büchern (Buchhaltung) und die sonst erforderlichen Aufzeichnungen (z. B. Anlagenverzeichnis, Kassa- oder Bankbuch) haben somit insbesondere vollständig, richtig, zeitgerecht und geordnet zu erfolgen. Zeitgerecht bedeutet, dass Eintragungen in das Kassa- oder Bankbuch nach Möglichkeit täglich zu erfolgen haben. Die Buchungen laufender Geschäftsfälle sollen nach Möglichkeit wöchentlich, spätestens jedoch zu Beginn des Folgemonats durchgeführt werden. Auf die abgabenrechtlichen Fristsetzungen ist Bedacht zu nehmen.

(3) Voraussetzungen und Vorgaben für die Aus- und Durchführung eines Geschäftsfalles (insbesondere Zahlungen, Überweisungen, etc.) sind:

1. **das Vorliegen eines Beleges: Die Anforderungen an einen ordnungsgemäßen Beleg ergeben sich aus der allgemeinen wirtschaftlichen Praxis und den abgabenrechtlichen Normen.**
2. **Einhaltung des Vieraugenprinzips: bei sämtlichen Geschäftsfällen, insbesondere der Freigabe von Belegen und Zahlungen, sowie der Abgabe von rechtsgültigen Erklärungen über den Abschluss von Rechtsgeschäften.**
3. **Einhaltung der Bestimmungen des § 42 HSG 2014 für bestimmte Geschäftsfälle und Wertgrenzen: Zur Beurteilung des Überschreitens von Beschlussgrenzen gilt eine wirtschaftliche Betrachtungsweise. Bei dieser ist zu beurteilen, ob Geschäftsfälle wirtschaftlich als eine Einheit zu betrachten sind.**
4. **Jeder Geschäftsfall ist einzeln in den Büchern zu erfassen.**

(4) Die Führung der Bücher hat durch qualifizierte Personen zu erfolgen.

(5) Die Organisation der geschäftlichen Abläufe (Bestellprozess, Angebotslegungen, Rechnungsfreigaben, etc.) hat eine der Größe der Organisation angemessene Kontrolle („Internes Kontrollsystem“) vorzusehen.

Konkretisierung von Anforderungen an die Buchführung

§ 5. (1) Insbesondere gelten folgende Anforderungen für die Ordnungsmäßigkeit der laufenden Buchführung:

1. Eine erfolgte Eintragung oder Aufzeichnung darf nachträglich nicht verändert werden. Für jede Korrektur ist ein gesonderter Beleg auszustellen.

2. Vermerke und Abkürzungen auf Belegen müssen allgemein verständlich und leserlich sein.

3. Die Belegorganisation ist so zu gestalten, dass zu jeder Buchung der zugehörige Beleg und zu jedem Beleg die jeweilige Buchung in angemessener Zeit aufgefunden werden kann.

4. Jedenfalls zu wählende Unterteilungen der Belegarten sind:

a) Externe Belege:

– Eingangsrechnungen

– Durchschriften von Ausgangsrechnungen

– Kontoauszüge

– Überweisungsbestätigungen

– Quittungen

b) Interne Belege:

– Buchungsanweisungen

– Eigenbelege

5. Die Belege sind nach Belegarten zu ordnen (z. B.: Kassabelege, Eingangsrechnungen, Durchschriften von Ausgangsrechnungen, Bankbelege, Lohnbelege, Buchungsanweisungen, etc.).

6. Die Belege sind je nach Belegart lückenlos durchzunummerieren.

7. Die Ablage hat je Belegart gesondert sowie in zeitlicher Reihenfolge („chronologisch“) zu erfolgen.

8. Jedenfalls zu erfüllende Anforderungen an die Belegverarbeitung sind:

a) Jeder Beleg hat folgende Vermerke zu enthalten:

– Eingangsvermerk (Datum des Belegeinganges)

– Belegkontrolle (Abzeichnung des Beleges auf inhaltliche und formale Richtigkeit)

– Belegsymbol (Zuordnung zu Belegart)

– Vorkontierung (die zu bebuchenden Konten)

– Buchungsvermerk (Zeichen, dass der Beleg verbucht wurde)

b) Der Beleg hat klar und deutlich den Zweck des Geschäftsfalles zu zeigen. Sollte der ursprüngliche Belegtext für diesen Zweck nicht ausreichen, sind zusätzliche Vermerke am Beleg anzubringen.

(2) Hochschülerinnen- und Hochschülerschaften mit mehr als 2.500 ordentlichen Mitgliedern haben ihre Bücher entsprechend den Grundsätzen einer doppelten Buchhaltung zu führen (§ 41 Abs. 4 HSG 2014) und jährlich einen Jahresabschluss zu erstellen. Hochschülerinnen- und Hochschülerschaften mit bis zu 2.500 ordentlichen Mitgliedern können ihre Bücher vereinfacht als Überschussrechnung (Einnahmen-Ausgaben-Rechnung) gemäß den abgabenrechtlichen Normen führen (§ 41 Abs. 4 HSG 2014). Es wird allerdings auch diesen Hochschülerinnen- und Hochschülerschaften die Anwendung einer doppelten Buchhaltung empfohlen.

(3) Bei einer doppelten Buchhaltung sind jedenfalls folgende Bücher zu führen:

1. das Journal (Grundbuch, enthält alle Buchungen in chronologischer Reihenfolge),

2. das Hauptbuch (Summe aller Buchhaltungskonten, enthält alle Buchungen systematisch gegliedert) und

3. die Neben- oder Hilfsbücher (Anlagenverzeichnis, Inventarverzeichnis, Kassabuch, Kunden- und Lieferantenbuch).

(4) Güter des Anlagevermögens (im Sinne des § 226 UGB) sind in das Anlageverzeichnis aufzunehmen. Güter sind bis zu ihrem Ausscheiden im Verzeichnis zu belassen. Der Bestand der tatsächlich vorhandenen Güter ist regelmäßig auf Übereinstimmung mit dem Verzeichnis zu überprüfen (Anlageninventur). Das Anlageverzeichnis hat pro Gegenstand jedenfalls folgende Informationen zu enthalten:

1. Inventarnummer (Diese fortlaufende Nummer der vorhandenen Gegenstände ist auch auf den Gegenständen selbst anzubringen),

2. Art des Gegenstandes (Bezeichnung),

3. Name und Anschrift der Lieferantin oder des Lieferanten,

4. Datum der Anschaffung,

5. Belegart und Belegnummer,

6. Anschaffungswert,

7. Buchwert zu Beginn der Wirtschaftsjahres,

8. Abschreibungssatz, Nutzungsdauer sowie Restnutzungsdauer,

9. kumulierte Abschreibung zu Beginn und am Ende des Wirtschaftsjahres und

10. Buchwert am Ende des Wirtschaftsjahres.

(5) Die Ableitung des Jahresabschlusses hat richtig und vollständig aus der laufenden Buchführung zu erfolgen.

(6) Erfolgt die Führung der Aufzeichnungen in Form einer Überschussrechnung, so sind ergänzend das vorhandene Vermögen und die bestehenden Verbindlichkeiten zum Abschlussstichtag gemäß § 41 Abs. 4 HSG 2014 darzustellen. Es ist jedenfalls ein Inventarverzeichnis zu führen.

Zahlungsverkehr

§ 6. (1) Zahlungen sind gemäß § 41 Abs. 3 HSG 2014 grundsätzlich bargeldlos in Form von Banküberweisungen abzuwickeln. Die Führung von Handkassen zur Abwicklung von laufenden Kleingeschäften ist zulässig, wobei der jeweilige Kassenstand 500 Euro nicht überschreiten sollte. In begründeten Einzelfällen (z. B. kleine Veranstaltungen, Bücherbörse) kann temporär eine eigene Kassa mit höherem Bestand vorgesehen werden, die gesondert abzurechnen ist.

(2) Für eine Handkassa ist eine verantwortliche Person zu benennen. Dieser obliegt die Führung eines Kassabuchs gemäß den allgemeinen Anforderungen an eine ordnungsgemäße Buchhaltung. In diesem sind die Ein- und Auszahlungen chronologisch zu erfassen und den entsprechenden Belegen zuzuordnen. Der tatsächliche Bestand ist von einer weiteren zu diesem Zweck benannten Person regelmäßig auf Übereinstimmung mit dem Stand laut Aufzeichnungen zu überprüfen. Die Überprüfungen sind durch eigenhändige Unterschrift der beteiligten Personen zu dokumentieren.

(3) Werden finanzielle Mittel in einer Rechenperiode nicht verbraucht, so können sie, unter Berücksichtigung einer angemessenen Kassenreserve für die laut Jahresvoranschlag zukünftig anfallenden Ausgaben, bei einem inländischen Kreditinstitut, das zur Entgegennahme von Spareinlagen berechtigt ist, in Form einer Spareinlage angelegt werden. Auch die Anlage in Form von Bundesschätzen bei der Bundesfinanzagentur ist zulässig.

Aufwandsentschädigungen

§ 7. (1) Die Studierendenvertreterinnen und Studierendenvertreter üben gemäß § 31 Abs. 1 HSG 2014 ihre Tätigkeit ehrenamtlich aus. Sie haben Anspruch auf Ersatz des ihnen aus ihrer Tätigkeit erwachsenden Aufwandes. Ihnen kann im Hinblick auf die Bedeutung der Funktion und auf den damit üblicherweise verbundenen Aufwand durch Beschluss der Bundesvertretung oder der jeweiligen Hochschulvertretung eine laufende pauschalierte Entschädigung gewährt werden. Diese Beschlüsse sind der Kontrollkommission unverzüglich in elektronischer Form zu übermitteln.

(2) Werden einer Studierendenvertreterin oder einem Studierendenvertreter pauschalierte Aufwandsentschädigungen gewährt, so ist der den jeweiligen Sätzen zu Grunde liegende übliche Aufwand zu beschreiben. Auf Grund der Ehrenamtlichkeit der Tätigkeit ist dafür eine Referenzierung des üblichen mit der Tätigkeit verbundenen Zeitaufwands nicht zulässig. Die Begründung ist schriftlich zu verfassen und zu archivieren.

Ergänzende Aufzeichnungen

§ 8. (1) Zur Dokumentation der zum Abschluss von Rechtsgeschäften befugten Personen gemäß § 42 HSG 2014 ist ein Organbuch zu führen. In diesem sind auch Unterschriftsproben der angeführten Personen aufzunehmen.

(2) Bei Rechtsgeschäften, die auch den Beschluss eines Ausschusses oder eines Organs erfordern, sind diese in einem eigenen Beschlussbuch zu dokumentieren. In diesem sind das Datum des Beschlusses sowie die Beschlussunterlagen zu verzeichnen bzw. abzulegen.

(3) Der oder die Vorsitzende der Hochschülerinnen- und Hochschülerschaft ist verpflichtet, ein Verzeichnis aller abgehaltenen Sitzungen von Vertretungen und Ausschüssen anzulegen.

Aufbewahrung

§ 9. Alle Unterlagen und Aufzeichnungen zur Dokumentation einer ordnungsmäßigen Haushaltsführung sind sicher zu verwahren. Es sind geeignete Maßnahmen zur Datensicherung zu setzen. Es wird eine Archivierung aller Protokolle in einer Form empfohlen, durch welche diese zumindest während der Aufbewahrungsfrist des § 41 Abs. 6 HSG 2014 jederzeit zugänglich gemacht werden können. Bestimmungen, die eine längere Aufbewahrungsfrist vorsehen, bleiben davon unberührt.

3. Abschnitt

Budgetierung

Zweck der Budgetierung

§ 10. (1) Die Budgetierung dient der vorausschauenden Planung künftiger Abrechnungsperioden. Sie soll der Hochschülerinnen- und Hochschülerschaft ermöglichen, Vorhaben zu identifizieren und deren Umsetzung auf ihre Übereinstimmung mit den allgemeinen Grundsätzen des HSG 2014 zu überprüfen (Planungsfunktion).

(2) Die Budgetierung regelt die Verteilung der Ressourcen innerhalb der Hochschülerinnen- und Hochschülerschaft (Allokationsfunktion).

(3) Durch den Budget-Ist-Vergleich ermöglicht die Budgetierung den Vergleich von geplantem und tatsächlich angefallenem Ressourcenverbrauch der laufenden Gebarung. Dadurch erhält die Hochschülerinnen- und Hochschülerschaft frühzeitig Informationen, ob korrigierende Maßnahmen zum ursprünglichen Plan erforderlich werden (Kontroll- und Steuerungsfunktion).

(4) Die Budgetierung soll außerdem ermöglichen, dass ein sachkundiger Dritter Einblick in die wirtschaftliche Gebarung erhält (leichte Kontrollierbarkeit).

Jahresvoranschlag

§ 11. (1) Gemäß § 40 Abs. 1 HSG 2014 hat die Wirtschaftsreferentin oder der Wirtschaftsreferent bis spätestens 1. Juni jeden Jahres einen Jahresvoranschlag für die Zeit vom 1. Juli des Jahres bis zum 30. Juni des folgenden Jahres zu erstellen und diesen der oder dem Vorsitzenden zur Gegenzeichnung vorzulegen. Diese oder dieser hat den Jahresvoranschlag unverzüglich gegenzuzeichnen und den jeweiligen Mandatarinnen und Mandataren zuzustellen.

(2) Die Bundesvertretung und jede Hochschulvertretung einer Hochschülerinnen- und Hochschülerschaft hat den Jahresvoranschlag sowie jede Änderung mit einfacher Mehrheit zu beschließen und der Kontrollkommission schriftlich und in elektronischer Form zuzustellen.

(3) Der Jahresvoranschlag hat die geplanten Erträge und Aufwendungen der Hochschülerinnen- und Hochschülerschaft für die Planperiode vollständig zu enthalten.

(4) Für den Fall, dass die Bücher im Rahmen einer Überschussrechnung geführt werden, hat diese die geplanten Einnahmen und Ausgaben für die Planperiode zu enthalten.

(5) Der Jahresvoranschlag ist zweckmäßig tiefergehend zu detaillieren. Er hat die den einzelnen Organen und Referaten zugeordneten Mittel sowie die Art des Verbrauches zu zeigen.

(6) Der Jahresvoranschlag in der organ- und referatsbezogenen Gliederung ist in einen rechnerisch übereinstimmenden Jahresvoranschlag in der Gliederung der Erfolgsrechnung des Jahresabschlusses überzuleiten, der Auskunft über die Gebarung der Hochschülerinnen- und Hochschülerschaft insgesamt gibt (§ 40 Abs. 1 HSG 2014).

(7) Der Jahresvoranschlag ist der Kontrollkommission gemäß § 40 Abs. 2 HSG 2014 in der Form gemäß Abs. 6 zu übermitteln.

(8) Bei einer Änderung des Jahresvoranschlages ist der gesamte Jahresvoranschlag in der Form gemäß Abs. 5 und 6 neu zu erstellen und der Kontrollkommission erneut zu übermitteln.

Umfang des Jahresvoranschlages

§ 12. (1) Der Jahresvoranschlag hat jedenfalls eine Gebarungserfolgsrechnung gemäß § 18 zu umfassen.

(2) Es wird empfohlen, im Rahmen der Budgetierung neben der Gebarungserfolgsrechnung auch eine Planbilanz sowie eine einfache Plangeld-

flussrechnung zur Planung der Vermögens- und der Finanzlage (Liquidität) zu erstellen.

Allgemeine Grundsätze der Erstellung des Jahresvoranschlages

§ 13. (1) Bei der Erstellung des Jahresvoranschlages ist dem Grundsatz der Vollständigkeit zu folgen, um eine aussagefähige Beurteilung der geplanten wirtschaftlichen Lage einer Hochschülerinnen- und Hochschülerschaft zu ermöglichen. Dies bedeutet, dass sämtliche Vorhaben und die mit ihnen verbundenen Aufwendungen und Erträge (bzw. bei Überschussrechnung: Einnahmen und Ausgaben) der Budgetperiode in das Budget aufzunehmen sind. Diese sind in deren voraussichtlicher Höhe in der Planung zu erfassen.

(2) Die in § 190 UGB festgelegten Grundsätze ordnungsmäßiger Buchführung sind sinngemäß bei der Erstellung des Jahresvoranschlages anzuwenden.

Konkretisierung der Budgetausgestaltung

§ 14. (1) Bei der Budgetausgestaltung ist Folgendes zu beachten:

1. **Erwartete Aufwendungen (bzw. bei Überschussrechnung: Ausgaben) sind im Zweifel anzusetzen. Planungsunsicherheiten bei einzelnen Planungsobjekten können durch Zuordnung von Projektreserven berücksichtigt werden.**
2. **Erwartete Erträge (bzw. bei Überschussrechnung: Einnahmen) sind im Zweifel nicht anzusetzen. Insbesondere sind zu erwartende Einnahmen, auf die kein Rechtsanspruch besteht, in ein Eventualbudget aufzunehmen.**
3. **Geplante Aufwendungen (bzw. bei Überschussrechnung: Ausgaben) dürfen nicht mit Erträgen (bzw. bei Überschussrechnung: Einnahmen) saldiert werden (Saldierungsverbot).**
4. **Für eine sinnvolle organ- und referatsbezogene Planung sind geeignete Planungsobjekte auf den einzelnen organisatorischen Ebenen vorzusehen. Im Regelfall sind das die laufende Administration, Einzelprojekte (auf Organ- und Referatsebene sowie organ- und referatsübergreifend), Großveranstaltungen sowie wirtschaftliche Aktivitäten (z. B. Shop, Beteiligung an Wirtschaftsbetrieb).**
5. **Da pauschalierte Aufwandsentschädigungen weder einen Personal- noch Sachaufwand darstellen, sind diese als eigene Position unter der Bezeichnung „Aufwandsentschädigungen" separat in der Gebarungserfolgsrechnung auszuweisen.**
6. **Sind Leistungen an Wirtschaftsbetriebe, Mensen oder ähnliche Einrichtungen vorgesehen, sind sie im Budget jedenfalls gesondert auszuweisen.**

(2) Unterjährige Budgetänderungen sind im Hinblick auf Zweck, allgemeine Grundsätze und Konkretisierung der Ausgestaltung wie die Erstellung des Budgets zu beurteilen. Änderungen zum ursprünglichen Budget sind rechnerisch zu erläutern und der Bedarf für eine Budgetänderung zu begründen.

Kontrolle des Budgetvollzugs

§ 15. (1) Der Grundsatz der leichten Kontrollierbarkeit erfordert die Möglichkeit einer raschen Überprüfung des Budgets während des Vollzugs. Dies ist sowohl in der detaillierten organ- und referatsbezogenen Gliederung als auch für die Hochschülerinnen- und Hochschülerschaft als Ganzes erforderlich.

(2) Die Wirtschaftsreferentin oder der Wirtschaftsreferent hat geeignete Verfahren zur internen Kontrolle des laufenden Budgetvollzugs einzusetzen (z. B. unterjährige Budget-Ist-Vergleiche in einem der Größe der Körperschaft angemessenen zeitlichen Abstand). Die Ergebnisse der Kontrolle sind der Vorsitzenden oder dem Vorsitzenden der Hochschülerinnen- und Hochschülerschaft zur Kenntnis zu bringen. Bei Abweichungen im „Ist" vom Jahresvoranschlag ist festzustellen, ob die Abweichungen aus Gesamtjahressicht ausgeglichen werden können oder ob andere Maßnahmen erforderlich sind. Gegebenenfalls erforderliche zusätzliche Bedeckungen sind zu erläutern und allenfalls erforderliche Änderungen des Jahresvoranschlags sind unter Einbindung der vorgesehenen Organe vorzunehmen.

4. Abschnitt

Erstellung des Jahresabschlusses

Zweck und Inhalt des Jahresabschlusses

§ 16. (1) Die Wirtschaftsreferentin oder der Wirtschaftsreferent hat gemäß § 40 Abs. 3 HSG 2014 einen schriftlichen Jahresabschluss zu erstellen und nach der Gegenzeichnung durch die oder den Vorsitzenden bis spätestens 31. Dezember jedes Jahres den jeweiligen Mandatarinnen und Mandataren und der Kontrollkommission schriftlich und in elektronischer Form zuzustellen. Dem Jahresabschluss ist ein schriftlicher Prüfungsbericht einer Wirtschaftsprüferin oder eines Wirtschaftsprüfers beizulegen. Im Zuge des Jahresabschlusses ist ein Budget-Ist-Vergleich zwischen den Ansätzen des Jahresvoranschlages und den tatsächlichen Aufwendungen und Erträgen (bzw. bei Überschussrechnung: Ausgaben und Einnahmen) zu erstellen.

(2) Der Jahresabschluss dokumentiert die Haushaltsführung eines abgelaufenen Wirtschaftsjahres und besteht bei einer

1. doppelten Buchhaltung aus:
   a. der Bilanz gemäß Anlage 1,
   b. der Gebarungserfolgsrechnung („Gewinn- und Verlustrechnung“) gemäß Anlage 2 und
   c. dem Anhang.
2. Überschussrechnung aus:
   a. der Gebarungserfolgsrechnung gemäß Anlage 3,
   b. einer Auflistung des Bestandes an Vermögen einschließlich der liquiden Mittel (Kassa, Guthaben bei Banken), sowie an Wertpapieren und Beteiligungen,
   c. einer Auflistung des Bestandes aller Verbindlichkeiten sowie Eventualverbindlichkeiten zum Stichtag der Abschlusserstellung und
   d. dem Inventarverzeichnis.

Allgemeine Grundsätze der Jahresabschlusserstellung

§ 17. (1) Die unternehmensrechtlichen Grundsätze ordnungsmäßiger Buchführung, insbesondere die Bestimmungen des dritten Buchs des UGB (§§ 189ff UGB) sind bei der Erstellung des Jahresabschlusses sinngemäß einzuhalten. Der Jahresabschluss hat ein möglichst getreues Bild der Vermögens-, Finanz- und Ertragslage zu vermitteln.

(2) Wird der Abschluss gemäß § 41 Abs. 4 HSG 2014 zulässigerweise in Form einer Einnahmen- Ausgaben-Rechnung (Überschussrechnung) erstellt, hat dieser vollständig alle Einnahmen und Ausgaben zu enthalten und zusätzlich Auskunft über das zum Abschlussstichtag vorhandene Vermögen und die bestehenden Verbindlichkeiten zu geben.

Konkretisierung der Erstellung und Ausgestaltung des Jahresabschlusses

§ 18. (1) Die Bilanz zeigt das Vermögen, das Eigenkapital, die Verbindlichkeiten, die Rückstellungen und die Rechnungsabgrenzungsposten der Hochschülerinnen- und Hochschülerschaft zu einem Stichtag mit Gegenüberstellung der Vorjahreszahlen. Die Gliederung hat sich an der Gliederung gemäß § 224 UGB zu orientieren. Die Posten sind gesondert auszuweisen, dabei ist auf die Grundsätze des § 195 UGB Bedacht zu nehmen.

(2) Im Anhang sind gemäß den Bestimmungen des UGB die einzelnen Posten der Bilanz sowie die Ansatz- und Bewertungsmethoden näher zu erläutern und aufzugliedern, sofern dies für das Erlangen eines möglichst getreuen Bildes der Vermögens-, Finanz- und Ertragslage erforderlich ist.

(3) Direkt unter der Summe der Passivseite sind, so vorhanden, Eventualverbindlichkeiten anzuführen.

(4) Die Gebarungserfolgsrechnung hat das Ziel, die einzelnen Bereiche der Periodengebarung zu zeigen. Sie hat eine Mindestgliederung gemäß den Anlagen 2 und 3 zu enthalten.

(5) Im Anhang zum Jahresabschluss sind zur Vermittlung eines möglichst getreuen Bildes der Aufwands- und Ertragsstruktur ergänzende Aufgliederungen zu geben. Jedenfalls weiter sinnvoll zu untergliedern sind:

1. die Sachaufwendungen,
2. die funktionsbezogene Aufteilung der gewährten Aufwandsentschädigungen und
3. bei Veranstaltungen: einzelne Feste, Bälle, etc..

(6) Unter wirtschaftlichen Aktivitäten ist ua. das Führen von Shops oder Heimen durch die Hochschülerinnen- und Hochschülerschaft selbst zu verstehen. Gibt es mehrere wirtschaftliche Aktivitäten innerhalb der jeweiligen Hochschülerinnen- und Hochschülerschaft, Wirtschaftsbetriebe im Sinne des § 37 HSG 2014 oder Beteiligungen, sind diese im Anhang jeweils gesondert darzustellen.

(7) Wird die Gebarungserfolgsrechnung in Form einer Überschussrechnung erstellt, so beziehen sich die Regelungen der Absätze 4, 5 und 6 auf Einnahmen und Ausgaben. Ergänzend zur Gebarungserfolgsrechnung ist für den Abschluss der Bestand an Vermögen einschließlich der liquiden Mittel (Kassa, Guthaben bei Banken), sowie an Wertpapieren und Beteiligungen sowie ferner der Bestand aller Verbindlichkeiten sowie Eventualverbindlichkeiten zum Stichtag der Abschlusserstellung zu erheben und zu berichten.

Budget-Ist-Vergleich

§ 19. (1) Im Budget-Ist-Vergleich werden die Positionen der Gebarungserfolgsrechnung des Jahresabschlusses den jeweils korrespondierenden Ansätzen im Jahresvoranschlag gegenübergestellt.

(2) Ursachen von wesentlichen Abweichungen zwischen den Plan- und Istwerten sind vom zuständigen Organ schriftlich zu erläutern. Abweichungen sind jedenfalls wesentlich, wenn bei einem Budgetansatz bis zu 75.000 Euro die Überschreitungen der Aufwendungen (bzw. bei Überschussrechnung: Ausgaben) oder Unterschreitungen der Erträge (bzw. bei Überschussrechnung: der Einnahmen) mehr als 20 % oder mehr als 1.500 Euro des Budgetansatzes, bzw. bei einem Budgetansatz von mehr als 75.000 Euro mehr als 5% bzw. mehr als 5.000 Euro betragen.

(3) Es ist durch geeignete organisatorische Maßnahmen sicherzustellen, dass aussagefähige, schriftliche Erläuterungen gegeben werden können.

5. Abschnitt

Prüfung des Jahresabschlusses

Grundsätze der Prüfung von Jahresabschlüssen

§ 20. (1) Der Jahresabschluss ist gemäß § 40 Abs. 3 HSG 2014 verpflichtend von einer Wirtschaftsprüferin oder einem Wirtschaftsprüfer zu prüfen. Über die Prüfung ist ein Prüfbericht zu verfassen. Sofern in der Folge nichts anderes geregelt ist, sind die Bestimmungen des UGB über die Prüfung des Jahresabschlusses sinngemäß anzuwenden.

(2) Der Prüfbericht hat darüber Auskunft zu geben:

1. **ob der Jahresabschluss dem HSG 2014, den darauf basierenden Verordnungen der Bundesministerin oder des Bundesministers, den Grundsätzen ordnungsmäßiger Buchführung und den Bestimmungen des § 269 Abs. 1 UGB entspricht und ein möglichst getreues Bild der Vermögens-, Finanz- und Ertragslage der Hochschülerinnen- und Hochschülerschaft vermittelt,**
2. **ob die Haushaltsführung den Grundsätzen der Zweckmäßigkeit, Wirtschaftlichkeit und Sparsamkeit sowie der Rechtmäßigkeit entspricht, sowie**
3. **wieviele Dienstverträge im Berichtsjahr bestehen und wieviele davon neu abgeschlossen wurden.**

(3) Im Prüfbericht ist insbesondere festzuhalten, ob Tatsachen festgestellt wurden,

1. **die den Bestand oder die Entwicklung der Hochschülerinnen- und Hochschülerschaft wesentlich beinträchtigen können,**
2. **die schwerwiegende Verstöße der gesetzlichen Vertreterinnen und Vertreter oder von Arbeitnehmerinnen und Arbeitnehmern gegen Gesetze, Verordnungen (insbesondere die Hochschülerinnen- und Hochschülerschafts-Dienstvertragsverordnung, BGBl. II Nr. 356/2016) oder Satzung erkennen lassen,**
3. **die wesentliche Schwächen bei der internen Kontrolle des Rechnungslegungsprozesses aufzeigen, wobei § 273 Abs. 2 UGB anzuwenden ist.**

(4) Die Organe der Hochschülerinnen- und Hochschülerschaften sind der Wirtschaftsprüferin oder dem Wirtschaftsprüfer zu umfassender Information verpflichtet. Es sind alle geforderten Unterlagen vorzulegen oder mündliche Auskünfte zu erteilen, die zur Durchführung einer ordnungsgemäßen Abschlussprüfung benötigt werden. Die Wirtschaftsprüferin oder der Wirtschaftsprüfer hat sich die Vollständigkeit durch eine Vollständigkeitserklärung von den Organen der Hochschülerinnen- und Hochschülerschaften bestätigen zu lassen.

(5) Es besteht keine Verschwiegenheitspflicht der Wirtschaftsprüferin oder des Wirtschaftsprüfers gegenüber der Bundesministerin oder dem Bundesminister und der Kontrollkommission.

Beauftragung der Abschlussprüfung

§ 21. (1) Es hat – vor der Beauftragung einer Wirtschaftsprüferin oder eines Wirtschaftsprüfers mit der Durchführung der Jahresabschlussprüfung – eine Aufforderung zur Angebotsabgabe zu erfolgen, wobei jedenfalls drei Angebote einzuholen sind. Begründete Ausnahmen sind aus sachlichen Gründen zulässig. Die Auswahl der Wirtschaftsprüferin oder des Wirtschaftsprüfers ist zu dokumentieren. Zudem ist die Prüfrotation gemäß § 40 Abs. 3 HSG 2014 einzuhalten.

(2) Die zuständigen Organe haben eine Wirtschaftsprüferin oder einen Wirtschaftsprüfer zeitgerecht mit der Durchführung der Jahresabschlussprüfung zu beauftragen. Dabei ist sicherzustellen, dass die Vorlagefrist gemäß § 40 Abs. 3 HSG 2014 eingehalten werden kann. Überschreitungen des Vorlagetermins um mehr als drei Monate gelten als wesentlich. In diesem Fall hat die Kontrollkommission die Bundesministerin oder den Bundesminister über einen wesentlichen Mangel der Haushaltsführung der Hochschülerinnen- und Hochschülerschaft zu informieren.

Bestätigungsvermerk

§ 22. Führt die Prüfung zu keinen Einwendungen, ist ein zusammenfassender Bestätigungsvermerk von der Wirtschaftsprüferin oder dem Wirtschaftsprüfer zu erteilen, für den § 274 UGB sinngemäß gilt.

6. Abschnitt

Wirtschaftsbetriebe

Leitende Grundsätze für Wirtschaftsbetriebe

§ 23. (1) Gemäß § 37 Abs. 1 HSG 2014 ist eine Hochschülerinnen- und Hochschülerschaft berechtigt, im Interesse der Studierenden Wirtschaftsbetriebe in Form von Kapitalgesellschaften zu führen oder sich an Kapitalgesellschaften zu beteiligen. Die Berechtigung zur Führung von Wirtschaftsbetrieben und zur Beteiligung an Kapitalgesellschaften bedarf der Genehmigung der Bundesministerin oder des Bundesministers. Diese ist zu erteilen, wenn diese im Interesse der Studierenden wirtschaftlich, zweckmäßig und sparsam geführt werden können. In den Satzungen der Kapitalgesellschaften ist die Einrichtung eines Aufsichtsrates vorzusehen.

(2) Die Geschäftsführerin oder der Geschäftsführer bzw. der Vorstand des jeweiligen Wirtschaftsbetriebes hat der Kontrollkommission unverzüglich:

1. die Jahresbudgets jährlich im Vorhinein,
2. den Jahresabschluss gemäß §§ 193 ff, den Lagebericht gemäß §§ 243 ff, den Prüfungsbericht gemäß § 273 und den Bestätigungsvermerk gemäß § 274 UGB, spätestens aber vier Monate nach Abschluss eines Wirtschaftsjahres,
3. die nach § 81 des Aktiengesetzes – AktG, BGBl. Nr. 98/1965, oder § 28a des GmbH-Gesetzes – GmbHG, RGBl. Nr. 58/1906, dem Aufsichtsrat zu erstattenden Jahres-, Quartals- und Sonderberichte,
4. die Protokolle der Aufsichtsratssitzungen und
5. eine Aufstellung aller Einlagen der oder Ausschüttungen an die Hochschülerinnen- und Hochschülerschaft sowie einen Überblick über die Geschäftsfälle zwischen Wirtschaftsbetrieb und Eigentümerin im Berichtsjahr zusammen mit dem Jahresabschluss

zu übermitteln.

(3) Die Regelungen für die Ausgestaltung des Jahresabschlusses und der Jahres-, Quartals- und Sonderberichte ergeben sich aus den einschlägigen Gesetzen entsprechend der Rechtsform des Wirtschaftsbetriebes (insbesondere UGB, AktG, GmbHG), den ergänzenden Bestimmungen des HSG 2014 sowie den aufgrund des HSG 2014 erlassenen Verordnungen.

Quartalsberichte

§ 24. (1) Die Quartalsberichte geben ausgewählte Informationen zur Vermögens-, Finanz- und Ertragslage. Die Mindestinhalte sowie Vorgaben zur Gliederung sind der Anlage 4 zu entnehmen.

(2) Die Quartalsberichte zum II., III. und IV. Quartal sind auf der Grundlage kumulierter Werte der bereits vergangenen Quartale zu erstellen.

(3) Den jeweiligen tatsächlichen Quartalswerten sind die jeweils ursprünglich geplanten Werte gegenüber zu stellen.

Prüfung von Wirtschaftsbetrieben

§ 25. (1) Es gelten die Bestimmungen des UGB über die Prüfung des Jahresabschlusses.

(2) Es ist am Ende eines Wirtschaftsjahres von der Wirtschaftsprüferin oder dem Wirtschaftsprüfer zu prüfen, ob die gesetzlich vorgesehene Anzahl an Aufsichtsratssitzungen auch tatsächlich stattgefunden hat sowie ob Sitzungsprotokolle ordnungsgemäß verfasst und archiviert werden.

(3) Es besteht keine Verschwiegenheitspflicht der Wirtschaftsprüferin oder des Wirtschaftsprüfers gegenüber der Bundesministerin oder dem Bundesminister und der Kontrollkommission.

7. Abschnitt

Verfahrens-, Übergangs- und Schlussbestimmungen

Inkrafttreten

§ 26. Diese Verordnung tritt mit 1. Juli 2017 in Kraft.

Übergangsbestimmungen

§ 27. Die Bestimmungen dieser Verordnung sind bei der Erstellung und Prüfung der Jahresabschlüsse und Jahresvoranschläge für das Wirtschaftsjahr 2018/2019 erstmaliganzuwenden.

Anlage 1 Mindestgliederung Bilanz

Anlage 2 Mindestgliederung Gebarungserfolgsrechnung bei doppelter Buchhaltung

Anlage 3 Mindestgliederung Gebarungserfolgsrechnung bei Überschussrechnung

Anlage 4 Mindestgliederung Quartalsbericht

Anlage 1 Mindestgliederung Bilanz

BGBl. II - Ausgegeben am 13. Juli 2017 - Nr. 189

Anlage 1 Mindestgliederung Bilanz

AKTIVA	Berichtsjahr	Vorjahr
A. Anlagevermögen		
I. Immaterielle Vermögensgegenstände		
1. Software		
2. Sonstige immaterielle Vermögensgegenstände		
II. Sachanlagen		
1. Grundstücke		
2. Betriebs- und Geschäftsausstattung		
3. Sonstige Sachanlagen		
III. Finanzanlagen		
1. Beteiligungen		
2. Wertpapiere des Anlagevermögens		
Gesamtsumme Anlagevermögen		
B. Umlaufvermögen		
I. Vorräte		
II. Forderungen und sonstige Vermögensgegenstände		
1. Forderungen aus Lieferungen und Leistungen		
2. Forderungen gegenüber Unternehmen, mit denen ein Beteiligungsverhältnis besteht		
3. Forderungen gegenüber Bundesvertretung		
4. Sonstige Forderungen und Vermögensgegenstände		
III. Wertpapiere		
IV. Guthaben bei Kreditinstituten, Kassabestand		
Gesamtsumme Umlaufvermögen		
C. Rechnungsabgrenzungsposten		
SUMME AKTIVA		
PASSIVA	**Berichtsjahr**	**Vorjahr**
A. Eigenkapital		
I. Kumulierter Gebarungszugang aus Vorperioden		
II. Gebarungszugang der laufenden Periode		
III. Rücklagen		
Gesamtsumme Eigenkapital		
B. Rückstellungen		
I. Rückstellungen für Abfertigungen		
II. Sonstige Rückstellungen		
Gesamtsumme Rückstellungen		
C. Verbindlichkeiten		
I. Verbindlichkeiten gegenüber Kreditinstituten		
II. Verbindlichkeiten aus Lieferungen und Leistungen		
III. Verbindlichkeiten gegenüber Unternehmen, mit denen ein Beteiligungsverhältnis besteht		
IV. Sonstige Verbindlichkeiten, davon aus Steuern		
davon im Rahmen der sozialen Sicherheit		
Gesamtsumme Verbindlichkeiten		
D. Rechnungsabgrenzungsposten		
SUMME PASSIVA		

Anlage 2 Mindestgliederung Gebarungserfolgsrechnung bei doppelter Buchhaltung

Anlage 2 Mindestgliederung Gebarungserfolgsrechnung bei doppelter Buchhaltung

GEBARUNGSERFOLGSRECHNUNG DOPPELTE BUCHHALTUNG	Berichts-jahr	Vorjahr
I. Erträge im Zusammenhang mit der unmittelbaren Vertretungstätigkeit		
1. Studierendenbeiträge		
2. Beiträge gem. §§ 7 Abs. 2, 14 Abs. 3 oder 25 Abs. 3 HSG 2014		
3. Erträge aus Stiftungen, Spenden und Zuwendungen		
4. Erträge aus Inseraten und Werbung		
5. Sonstige Erträge		
SUMME I		
II. Aufwendungen im Zusammenhang mit der unmittelbaren Vertretungstätigkeit		
1. Personalaufwand		
a. Gehälter		
b. Aufwendungen für Abfertigungen und Leistungen an betriebliche MV-Kassen		
c. Aufwendungen für gesetzlich vorgeschriebene Sozialabgaben sowie vom Entgelt abhängige Abgaben und Pflichtbeiträge		
d. Sonstige Sozialaufwendungen		
2. Aufwandsentschädigungen		
3. Werkverträge und Honorare		
4. Sachaufwendungen		
5. Abschreibungen		
SUMME II		
III. Ergebnis der unmittelbaren Vertretungstätigkeit (= I. abzüglich II.)		
IV. Erträge aus Veranstaltungen		
V. Aufwendungen aus Veranstaltungen		
VI. Ergebnis aus Veranstaltungen (IV. abzüglich V.)		
VII. Erträge aus wirtschaftlichen Aktivitäten/Wirtschaftsbetrieben/Beteiligungen		
VIII. Aufwendungen aus wirtschaftlichen Aktivitäten/Wirtschaftsbetrieben/Beteiligungen		
IX. Ergebnis aus wirtschaftlichen Aktivitäten/Wirtschaftsbetrieben/Beteiligungen (VII. abzüglich VIII.)		
X. Finanzerträge		
XI. Finanzaufwendungen		
XII. Finanzergebnis (X. abzüglich XI.)		
XIII. Steuern und Abgaben		
XIV. Ergebnis der laufenden Gebarung (Summe aus III., VI., IX., XII. abzüglich XIII.)		
XV. abzüglich Zuweisung zu Rücklagen		
XVI. zuzüglich Auflösung von Rücklagen		
XVII. Gebarungsüberschuss/-fehlbetrag		

Anlage 3 Mindestgliederung Gebarungserfolgsrechnung bei Überschussrechnung

Anlage 3 Mindestgliederung Gebarungserfolgsrechnung bei Überschussrechnung

GEBARUNGSERFOLGSRECHNUNG ÜBERSCHUSSRECHNUNG	**Berichtsjahr**	**Vorjahr**
I. Einnahmen im Zusammenhang mit der unmittelbaren Vertretungstätigkeit		
1. Studierendenbeiträge		
2. Beiträge gem. §§ 7 Abs. 2, 14 Abs. 3 oder 25 Abs. 3 HSG 2014		
3. Einnahmen aus Stiftungen, Spenden und Zuwendungen		
4. Einnahmen aus Inseraten und Werbung		
5. Sonstige Einnahmen		
SUMME I		
II. Ausgaben im Zusammenhang mit der unmittelbaren Vertretungstätigkeit		
1. Ausgaben für Personal		
a. Gehälter		
b. Ausgaben für Abfertigungen und Leistungen an betriebliche MV-Kassen		
c. Ausgaben für gesetzlich vorgeschriebene Sozialabgaben sowie vom Entgelt abhängige Abgaben und Pflichtbeiträge		
d. Sonstige Ausgaben		
2. Aufwandsentschädigungen		
3. Werkverträge und Honorare		
4. Ausgaben für Sachmittel		
5. Abschreibungen		
SUMME II		
III. Ergebnis der unmittelbaren Vertretungstätigkeit (= I. abzüglich II.)		
IV. Einnahmen aus Veranstaltungen		
V. Ausgaben für Veranstaltungen		
VI. Ergebnis aus Veranstaltungen (IV. abzüglich V.)		
VII. Einnahmen aus wirtschaftlichen Aktivitäten/Wirtschaftsbetrieben/Beteiligungen		
VIII. Ausgaben für wirtschaftlichen Aktivitäten/Wirtschaftsbetrieben/Beteiligungen		
IX. Ergebnis aus wirtschaftlichen Aktivitäten/Wirtschaftsbetrieben/Beteiligungen (VII. abzüglich VIII.)		
X. Einnahmen aus Finanzaktivitäten		
XI. Ausgaben für Finanzaktivitäten		
XII. Finanzergebnis (X. abzüglich XI.)		
XIII. Ausgaben Steuern und Abgaben		
XIV. Ergebnis der laufenden Gebarung (Summe aus III., VI., IX., XII. abzüglich XIII.)		

Anlage 4 Mindestgliederung: Quartalsbericht

Anlage 4 Mindestgliederung Quartalsbericht

Bezeichnung des Wirtschaftsbetriebes:		
Bericht Quartal … des Wirtschaftsjahres …		
	Bestand Quartalsende	Bestand Quartalsende Vorquartal
Finanzanlagen		
Forderungen		
Kassa, Guthaben bei Banken		
Verbindlichkeiten bei Kreditinstituten		
Verbindlichkeiten L&L		

	Ist Quartalsende kum.	Budget kum.	Abweichung
Umsatzerlöse			
Sonstige Erlöse			
Bestandsveränderungen			
Materialaufwand			
Personalaufwand			
Sonstige Aufwendungen			
Betriebsergebnis			
Finanzergebnis			

Erläuterungen:

Allgemeiner Teil:

Das Hochschülerinnen- und Hochschülerschaftsgesetz 2014 (im Folgenden HSG 2014) räumt der Kontrollkommission der Österreichischen Hochschülerinnen- und Hochschülerschaft (im Folgenden Kontrollkommission) durch § 65 Abs. 1 Z 4 HSG 2014 die Möglichkeit ein, unter anderem die Erlassung der folgenden Verordnungen bei der Bundesministerin oder dem Bundesminister zu beantragen:

- *Verordnung zur näheren Regelung der Erstellung von Jahres-, Quartals- und Sonderberichten von Wirtschaftsbetrieben gemäß § 37 Abs. 5 HSG 2014*
- *Verordnung zur näheren Regelung der Budgetierung, der Bilanzierung und der Erstellung von Jahresabschlüssen gemäß § 40 Abs. 5 HSG 2014*
- *Verordnung zur näheren Regelung der Prüfung von Jahresabschlüssen gemäß § 40 Abs. 6 HSG 2014 und*
- *Verordnung zur näheren Regelung einer einheitlichen und ordnungsgemäßen Haushaltsführung und der Abwicklung von Rechtsgeschäften gemäß § 41 Abs. 7 HSG 2014*

Die Österreichische Hochschülerinnen- und Hochschülerschaft und die Hochschülerinnen- und Hochschülerschaften (im Folgenden kurz: Hochschülerinnen- und Hochschülerschaft) sind dabei anzuhören. Eine diesbezügliche Beantragung seitens der Kontrollkommission liegt vor. Die oben angeführten Verordnungen sollen die Kontrollkommission in der Erfüllung ihrer Pflichten gemäß § 65 Abs. 1 Z 1 und Z 2 HSG 2014 unterstützen und zu einer einheitlichen Vorgehensweise der einzelnen Hochschülerinnen- und Hochschülerschaften sowie deren Wirtschaftsbetriebe in der Geschäftsgebarung beitragen.

Bisher wurden diese Sachverhalte in den Richtlinien der Kontrollkommission zu § 53 Abs. 1 Z 4 bis 6 HSG 1998 geregelt. Mit der Neuerlassung des Hochschülerinnen- und Hochschülerschaftsgesetzes im Jahr 2014 wurde vom Gesetzgeber allerdings eine Neuformulierung dieser Bestimmungen in Form von Verordnungen der Bundesministerin oder des Bundesministers vorgesehen. Die von der Kontrollkommission erstellten Richtlinien sind bis zur Verlautbarung einer entsprechenden Verordnung für den jeweiligen Bereich weiterhin anzuwenden.

In der nachfolgenden Verordnung werden somit neben den allgemeinen Grundsätzen einer einheitlichen und ordnungsgemäßen Haushaltsführung, der Abwicklung von Rechtsgeschäften und der Budgetierung und der Bilanzierung insbesondere die folgenden Berichts- und Prüfungspflichten näher geregelt:

- *Erstellung, Prüfung und Übermittlung eines schriftlichen Jahresabschlusses, eines Lageberichtes, eines Prüfungsberichtes und eines Bestätigungsvermerks an die Kontrollkommission gemäß § 37 Abs. 3 HSG 2014*
- *Übermittlung der an den Aufsichtsrat zu erstattenden Jahres-, Quartals- und Sonderberichte an die Kontrollkommission gemäß § 37 Abs. 4 HSG 2014*
- *Erstellung und Übermittlung eines Jahresvoranschlages gemäß § 40 Abs. 1 und Abs. 2 HSG 2014*
- *Erstellung, Prüfung und Übermittlung eines schriftlichen Jahresabschlusses an die Kontrollkommission gemäß § 40 Abs. 3 HSG 2014*

Besonderer Teil:

Zu § 1 (Geltungsbereich):

Im Geltungsbereich werden die verschiedenen Grundsätze angeführt, die in dieser Verordnung formal geregelt werden. Es wird dabei einerseits auf die laufende Haushaltsführung und die Abwicklung von Rechtsgeschäften eingegangen und andererseits eine Regelung der verschiedenen Berichtspflichten (insbesondere Jahresvoranschläge, Jahresabschlüsse inkl. deren Prüfung, Quartals- und Sonderberichte) der Hochschülerinnen- und Hochschülerschaften sowie deren Wirtschaftsbetrieben vorgenommen.

Zu § 2 (Begriffsbestimmungen und Verweisungen):
Diese Bestimmung definiert die in der Verordnung verwendeten Begrifflichkeiten der Hochschülerinnen- und Hochschülerschaft, der Bundesministerin oder des Bundesministers und der Kontrollkommission.

Zu § 3 (Grundsätze der Haushaltsführung):
Neben den Grundsätzen der Rechtmäßigkeit, Zweckmäßigkeit, Sparsamkeit und Wirtschaftlichkeit sind von den Hochschülerinnen- und Hochschülerschaften in der laufenden Haushaltsführung die Bestimmungen über die Buchführung des UGB und dabei insbesondere § 190 UGB zu beachten. Darin wird zusätzlich zu den Ausführungen dieser Verordnung festgehalten, dass die Eintragung in Büchern und die sonst erforderlichen Aufzeichnungen vollständig, richtig, zeitgerecht und geordnet vorgenommen werden müssen. Datenträger dürfen grundsätzlich zur ordnungsmäßigen Buchführung und zur Aufbewahrung der Geschäftsbriefe benützt werden. Es muss allerdings gesichert sein, dass die inhaltsgleiche, vollständige, geordnete und bei Schriftstücken gemäß § 212 Abs. 1 UGB auch die urschriftsgetreue Wiedergabe bis zum Ablauf der gesetzlichen Aufbewahrungsfrist jederzeit gewährleistet ist. Sollte ein Sachverhalt nicht explizit in dieser Verordnung angesprochen werden, so ist die Vorgehensweise so zu wählen, dass den vorstehend genannten Grundsätzen bestmöglich entsprochen wird.

Zu § 4 (Haushaltsführung):
Der Gebarung ist der genehmigte Jahresvoranschlag (Budget) zugrunde zu legen. Falls es im Zuge der Haushaltsführung zu Überschreitungen oder zu Umgliederungen von Budgetansätzen kommt, bedürfen diese einer vorherigen Genehmigung durch das zuständige Organ. Die entsprechenden Grenzen ergeben sich aus § 42 HSG 2014.

Die Buchführung zur Gebarung hat den Grundsätzen ordnungsmäßiger Buchführung (Vollständigkeit, Richtigkeit, zeitgerechter Eingang und Ordnungsmäßigkeit der Eintragungen) zu genügen. Im Bedarfsfall ist eine Übertragung der Führung der Bücher auch an externe Personen (insb. Buchhalterin bzw. Buchhalter, Steuerberaterin bzw. Steuerberater) möglich, wobei die Verantwortung für die Ordnungsmäßigkeit bei der Hochschülerinnen- und Hochschülerschaft verbleibt. Der Grundsatz der Vollständigkeit bedingt, dass alle eintragungspflichtigen Geschäftsfälle (alle Ein- und Auszahlungen, sowie alle ein- und ausgehenden Lieferungen und Leistungen) in der Buchhaltung berücksichtigt werden müssen. Der Grundsatz der Richtigkeit besagt, dass die Einträge in die Buchhaltung den tatsächlich dahinter stehenden Geschäftsfällen entsprechen müssen. Um dem Grundsatz des zeitgerechten Eingangs Folge zu leisten, sind die Eintragungen in das Kassa- oder Bankbuch nach Möglichkeit täglich und die Verbuchungen von laufenden Geschäftsfällen zumindest innerhalb einer Woche durchzuführen. Der Grundsatz der Ordnungsmäßigkeit der Eintragungen wird in § 5 näher konkretisiert. Diese Grundsätze gelten sinngemäß auch für die Führung einer Einnahmen-Ausgaben-Rechnung und für Wirtschaftsbetriebe von Hochschülerinnen- und Hochschülerschaften (zu Wirtschaftsbetrieben siehe auch § 37 HSG 2014 und §§ 25ff dieser Verordnung).

Es ist von der jeweiligen Hochschülerinnen- und Hochschülerschaft ein geeignetes internes Kontrollsystem zu installieren (wie z. B. Einrichtung eines Finanzausschusses, erhöhte Transparenz), um die betrieblichen Abläufe einer entsprechenden Kontrolle zuzuführen. Internes Kontrollsystem bedeutet, dass die erste Gebarungskontrolle durch die Körperschaft selbst erfolgen soll. Eine Mindestvoraussetzung ist dabei die Einhaltung des Vieraugenprinzips bei der Aus- und Durchführung sämtlicher Geschäftsfälle, insbesondere bei Geschäftsfällen, die zu Zahlungen oder zur rechtsgültigen Erklärung über den Abschluss eines Rechtsgeschäftes führen.

Zu § 5 (Konkretisierung von Anforderungen an die Buchführung):

Die Konkretisierung des Grundsatzes der Ordnungsmäßigkeit soll zu einer möglichst standardisierten Vorgehensweise der Hochschülerinnen- und Hochschülerschaften beitragen. Es soll einem sachverständigen Dritten ermöglicht werden, innerhalb einer angemessenen Zeit einen Überblick über die Geschäftsvorfälle und über die Lage des Unternehmens zu bekommen.

Hochschülerinnen- und Hochschülerschaften mit mehr als 2.500 ordentlichen Mitgliedern sind gemäß § 41 Abs. 4 HSG 2014 zur Führung einer doppelten Buchführung verpflichtet. Für alle Hochschülerinnen- und Hochschülerschaften mit bis zu 2.500 ordentlichen Mitgliedern kann eine Vermögensrechnung entfallen. Diese Hochschülerinnen- und Hochschülerschaften müssen gemäß den Bestimmungen des HSG 2014 allerdings zumindest eine Einnahmen-Ausgaben-Rechnung im Sinne des § 4 Abs. 3 EStG erstellen. Es wird jedoch auch diesen Hochschülerinnen- und Hochschülerschaften das Führen einer doppelten Buchhaltung empfohlen. Falls die Führung der Aufzeichnungen in Form einer Überschussrechnung erfolgt, sind ergänzend zu den Aufzeichnungspflichten gemäß § 4 Abs. 3 EStG das vorhandene Vermögen und die bestehenden Verbindlichkeiten zum Abschlussstichtag darzustellen und es ist ein Inventarverzeichnis zu führen.

Bei einer doppelten Buchhaltung sind ein Journal, ein Hauptbuch und entsprechende Neben- oder Hilfsbücher (Anlagenverzeichnis, Inventarverzeichnis, Kassabuch, Kunden- und Lieferantenbuch) zu führen. Aus dem Anlagenverzeichnis muss dabei grundsätzlich jederzeit gewährleistet sein, einen Überblick über die aktuell vorhandenen Güter des Anlagevermögens zu bekommen. Diese werden mit Eingang in das Vermögen der Hochschülerinnen- und Hochschülerschaft in das Anlagenverzeichnis aufgenommen und bis zu dessen Ausscheiden im Verzeichnis belassen.

Zu § 6 (Zahlungsverkehr):

Zahlungen sind gemäß § 41 Abs. 3 HSG 2014 grundsätzlich bargeldlos abzuwickeln. Für die Abwicklung von Kleingeschäften ist allerdings das Führen einer Handkassa zulässig. Es ist dabei jedoch darauf zu achten, dass der Kassenstand 500 Euro zu keinem Zeitpunkt übersteigt. Falls die Durchführung größerer Ver-

anstaltungen (z. B. Bücherbörse oder Organisation eines Balls) temporär einen größeren Kassenbestand erfordert, ist dafür eine eigene Kassa einzurichten. Diese muss gesondert von der Handkassa abgerechnet werden und darf nur für den Zeitraum dieser Veranstaltung eingerichtet sein und muss nach Abwicklung der Veranstaltung wieder aufgelöst werden.

Es ist eine verantwortliche Person für das Führen der Handkassa zu benennen. Diese Person ist für die ordnungsmäßige Buchführung der Handkassa verantwortlich. Im Sinne des Vieraugenprinzips ist außerdem eine weitere Person zu bestimmen, die den tatsächlichen Kassenbestand in regelmäßigen Abständen (zumindest wöchentlich) auf Übereinstimmung mit dem Stand laut Aufzeichnungen überprüft. Diese Überprüfungen sind durch eigenhändige Unterschriften der beteiligten Personen festzuhalten.

Falls in einer Hochschülerinnen- und Hochschülerschaft überschüssige finanzielle Mittel in Form von Kassabeständen und Bankguthaben vorhanden sind, die nicht für die laufende (bzw. zukünftige) Gebarung benötigt werden, dürfen diese im Sinne des Grundsatzes der Wirtschaftlichkeit langfristig bei für diese Anlagedauer angemessenen Zinssätzen angelegt werden. Es sind dazu mindestens drei Vergleichsangebote einzuholen, um die Entscheidung für eine bestimmte Anlageform einem sachkundigen Dritten jederzeit begründen zu können. Ein Beschluss der Hochschulvertretung ist bei Überschreitung der in § 42 HSG 2014 normierten Wertgrenzen jedenfalls einzuholen (z. B. bei Überschreiten von Beschlussgrenzen). Als Anlageform kann ausschließlich eine Anlage in Form von Bundesschätzen bei der Bundesfinanzagentur oder eine Veranlagung bei einem inländischen Kreditinstitut, das zur Entgegennahme von Spareinlagen berechtigt ist, gewählt werden.

Zu § 7 (Aufwandsentschädigungen):

Studierendenvertreterinnen und Studierendenvertretern ist gemäß § 31 Abs. 1 HSG 2014 eine Entschädigung für den ihnen entstandenen Aufwand zu gewähren. Diese Entschädigung soll insbesondere aus der Tätigkeit entstandene Aufwendungen (wie beispielsweise Telefonkosten oder Reisekosten) abdecken. Eine Orientierung der Höhe der pauschalierten Aufwandsentschädigung am Zeitaufwand darf aufgrund der Ehrenamtlichkeit der Funktion jedoch keinesfalls erfolgen. Die mit einer Tätigkeit verbundenen Aufgaben sind schriftlich so festzuhalten, dass jederzeit eine Begründung für die aktuell gültige Höhe der pauschalierten Aufwandsentschädigung geliefert werden kann. Um der gesetzlichen Anordnung in § 31 Abs. 1 HSG 2014 zu entsprechen, wird in diesem Zusammenhang angeregt, in regelmäßigen Abständen zu überprüfen, ob der seinerzeit gefasste Beschluss auch weiterhin aufrecht zu erhalten ist. Liegen Gründe vor, die die Auszahlung einer pauschalierten Aufwandsentschädigung nicht (mehr) rechtfertigen, ist diese durch Fassung eines neuen Beschlusses einzustellen. Nähere Bestimmungen, insbesondere Kriterien für die Auszahlung und Einstellung von Aufwandsentschädigungen können zudem in die Satzung aufgenommen werden.

Zu § 8 (Ergänzende Aufzeichnungen):

Es sind an den Hochschülerinnen- und Hochschülerschaften ein Organbuch und ein Beschlussbuch anzulegen. In einem Organbuch sind alle Personen anzuführen, die zum Abschluss von Rechtsgeschäften gemäß § 42 HSG 2014 ermächtigt sind (die oder der Vorsitzende, die Wirtschaftsreferentin oder der Wirtschaftsreferent, alle zeichnungsberechtigten Vorsitzenden der Studienvertretungen und alle weiteren zeichnungsberechtigten Personen der Hochschülerinnen- und Hochschülerschaft). Außerdem sind im Organbuch Unterschriftsproben von allen zeichnungsberechtigten Personen der Hochschülerinnen- und Hochschülerschaft festzuhalten. Im Beschlussbuch werden alle Beschlüsse eines Ausschusses oder eines Organs, die zu einem Rechtsgeschäft führen, also sämtliche Sitzungsprotokolle gesammelt und archiviert. Es sind dazu das Datum des Beschlusses und alle Beschlussunterlagen festzuhalten. Die Beschlussunterlagen sollen es einem sachkundigen Dritten ermöglichen, innerhalb angemessener Zeit die Gründe für die Beschlussfassung nachvollziehen zu können. Weiters ist die oder der Vorsitzende der Hochschülerinnen- und Hochschülerschaft verpflichtet, ein Verzeichnis aller abgehaltenen Sitzungen von Vertretungen und Ausschüssen anzulegen.

Zu § 9 (Aufbewahrung):

Es ist sicherzustellen, dass alle Unterlagen und erforderlichen Aufzeichnungen gemäß § 41 Abs. 6 HSG 2014 zumindest 7 Jahre bei den Hochschülerinnen- und Hochschülerschaften verfügbar sind. Falls für bestimmte Unterlagen längere Aufbewahrungsfristen durch andere Gesetze vorgesehen sind, sind diese entsprechend zu beachten. Eine Archivierung unter Verwendung elektronischer Datenträger ist gemäß § 190 Abs. 5 UGB zulässig (siehe dazu auch § 3 Abs. 3).

Zu § 10 (Zweck der Budgetierung):

Die Budgetierung soll innerhalb einer Hochschülerinnen- und Hochschülerschaft eine entsprechende Planung der zukünftigen Gebarung sicherstellen. Durch die gedankliche Vorwegnahme möglicher zukünftiger Entwicklungen werden dabei die erwarteten Auswirkungen unterschiedlicher möglicher Handlungsalternativen analysiert und eine zielgerichtete Entscheidungsfindung unterstützt. Es soll somit ein vorausschauendes Denken der handelnden Organe gefördert werden. Außerdem wird durch die Budgetierung im Rahmen der Allokationsfunktion ein sinnvoller Ressourceneinsatz bzw. eine sinnvolle Ressourcenverteilung innerhalb der Hochschülerinnen- und Hochschülerschaft unterstützt.

Im Rahmen der Kontroll- und Steuerungsfunktion der Budgetierung sind die Budgetgrößen während der Budgetperiode laufend mit den realisierten Istgrößen zu vergleichen und die Abweichungen entsprechend zu analysieren. Auf Basis der Erkenntnisse dieser Analyse sind bei Auftreten von gebarungsergebnismindernden Abweichungen geeignete Gegenmaßnahmen einzuleiten. Falls dies für die laufende Budgetperiode nicht mehr möglich ist, sind auf Basis dieser Erkenntnisse entsprechende Schlüsse für die zukünftige Planung abzuleiten und in den zukünftigen Budgetierungsprozess zu integrieren.

Zu § 11 (Jahresvoranschlag):

Die geplanten Einnahmen und Ausgaben aller Organe für eine Planperiode hat die Wirtschaftsreferentin oder der Wirtschaftsreferent in Form eines Jahresvoranschlages festzuhalten. Der Jahresvoranschlag soll sich an der Struktur der Erfolgsrechnung der Gewinn- und Verlustrechnung orientieren. Dieser ist bis spätestens 1. Juni jeden Jahres für die Zeit vom 1. Juli des selbigen Jahres bis zum 30. Juni des folgenden Jahres zu erstellen und der oder dem Vorsitzenden zur Gegenzeichnung vorzulegen. Der beschlossene Jahresvoranschlag muss gemäß § 40 Abs. 2 HSG 2014 der Kontrollkommission schriftlich und in elektronischer Form vorgelegt werden. Ebenso muss eine Vorlage an die Kontrollkommission erfolgen, sobald Änderungen zum Jahresvoranschlag beschlossen werden. Dabei ist der gesamte adaptierte Jahresvoranschlag unverzüglich der Kontrollkommission zu übermitteln.

Zu § 12 (Umfang des Jahresvoranschlages):

Der Jahresvoranschlag hat zumindest eine Gebarungserfolgsrechnung zu enthalten. Der Aufbau dieser Gebarungserfolgsrechnung soll sich dabei am Aufbau der Gebarungserfolgsrechnung des Jahresabschlusses orientieren. Eine Mindestgliederung einer solchen Gebarungserfolgsrechnung ist der **Anlage 1** *dieser Verordnung zu entnehmen. Zusätzlich wird empfohlen, neben der Gebarungserfolgsrechnung auch eine Planbilanz und eine einfache Plangeldflussrechnung für die Planung der Vermögens- und der Finanzlage zu erstellen. Eine Mindestgliederung für die Planbilanz und die einfache Plangeldflussrechnung wird nicht vorgegeben. Eine Orientierung am Aufbau der Bilanz (und ggf. dem Aufbau der einfachen Plangeldflussrechnung) des Jahresabschlusses wird empfohlen.*

Zu § 13 (Allgemeine Grundsätze der Erstellung des Jahresvoranschlages):

In den Jahresvoranschlag sind sämtliche zum Zeitpunkt der Budgeterstellung geplanten bzw. bekannten Aufwendungen und Erträge (bzw. bei Überschussrechnung: Einnahmen und Ausgaben) einer Budgetperiode aufzunehmen. Unter den jeweils voraussichtlichen Zeitpunkten in Abs. 1 ist zu verstehen, dass zumindest eine Quartalsangabe für die betreffende Vorhaben (Projekte) wünschenswert wäre oder angestrebt werden soll. Es sind dabei die Grundsätze ordnungsmäßiger Buchführung gemäß § 190 UGB (siehe dazu auch § 3 – Grundsätze der Haushaltsführung) sinngemäß anzuwenden.

Zu § 14 (Konkretisierung der Budgetausgestaltung):

Die allgemeinen Vorgaben zur Budgeterstellung werden in § 14 punktuell konkretisiert. Entsprechend dem Vorsichtsprinzip bzw. dem Imparitätsprinzip sind in der Budgetausgestaltung erwartete Aufwendungen (bzw. bei Überschussrechnung: Ausgaben) im Zweifel anzusetzen, erwartete Erträge (bzw. bei Überschussrechnung: Einnahmen), auf die kein Rechtsanspruch besteht, jedoch im Zweifel nicht anzusetzen. Es müssen somit alle bis zum Zeitpunkt der Budgeterstellung vorhersehbaren unrealisierten Risiken und Verluste im Budget berücksichtigt werden. Beispielsweise sind die erwarteten finanziellen Konsequenzen eines vermuteten Forderungsausfalles (auf Grund mehrerer erfolgloser Mahnungen oder eines laufenden Ausgleichs- oder Insolvenzverfahrens) in der Gebarungsrechnung durch die Bildung einer Rückstellung entsprechend gebarungsergebnismindernd zu berücksichtigen. Ein bloß geschätzter Ertrag (z. B. durch eine zukünftige Veranstaltung) darf jedoch nicht angesetzt werden. Ein Ertrag darf in der Gebarungsrechnung erst dann berücksichtigt werden, wenn er bereits erzielt wurde oder wenn ein konkreter Rechtsanspruch darauf besteht. Dies gilt auch für den Fall, wenn vorhersehbare unrealisierte Risiken und Verluste bis zum Zeitpunkt einer Budgetanpassung bekannt werden. Diese sind im Falle einer Budgetanpassung entsprechend zu ergänzen. Für die gesamte Budgeterstellung gilt ein Saldierungsverbot. Es sind daher alle Aufwendungen und Erträge (bzw. bei Überschussrechnung: Einnahmen und Ausgaben) in vollem Ausmaß in die Gebarungserfolgsrechnung aufzunehmen und nicht miteinander zu saldieren. Für den Fall, dass ein Projekt referatsübergreifend durchgeführt wird, ist dieses als eigenes Planungsobjekt zu qualifizieren. Außerdem sind sämtliche geplanten Leistungen an Wirtschaftsbetriebe, Mensen oder ähnliche Einrichtungen in der Gebarungserfolgsrechnung explizit auszuweisen.

Zu § 15 (Kontrolle des Budgetvollzugs):

Es sind innerhalb der Hochschülerinnen- und Hochschülerschaft organisatorische Maßnahmen zu treffen, damit eine unterjährige Überprüfung des Budgetvollzugs durch einen sachkundigen Dritten jederzeit gewährleistet ist. Diese Überprüfung muss sowohl auf organ- und referatsbezogener Ebene, als auch auf gesamtheitlicher Ebene für die Hochschülerinnen- und Hochschülerschaft als Ganzes möglich sein. Zu Steuerungszwecken ist der Budgetvollzug zumindest vierteljährig durch die Wirtschaftsreferentin oder den Wirtschaftsreferenten mit den Budgetansätzen zu vergleichen und den zuständigen Organen der Hochschülerinnen- und Hochschülerschaft zur Kontrolle vorzulegen. Die Quartalsergebnisse sind dabei jeweils in kumulierter Form (alle bisherigen Ergebnisse der Rechenperiode zusammengefasst) auszuweisen. Falls es zu wesentlichen Abweichungen (jedenfalls bei mehr als 20 % oder mehr als € 1.500 Abweichung vom Budgetansatz) kommt, ist festzustellen, ob diese aus Gesamtjahressicht ausgeglichen werden können. Falls eine gebarungsergebnismindernde Abweichung während der restlichen Budgetperiode nicht ausgeglichen werden kann, ist diese Abweichung entsprechend zu erläutern und allenfalls eine Budgetänderung herbeizuführen.

Zu § 16 (Zweck und Inhalt des Jahresabschlusses):

Die Wirtschaftsreferentin oder der Wirtschaftsreferent ist gemäß § 40 Abs. 3 HSG 2014 zur Erstellung eines schriftlichen Jahresabschlusses verpflichtet. Der Jahresabschluss dokumentiert die Haushaltsführung und gibt Auskunft über die Vermögens-, Finanz- und Ertragslage der Hochschülerinnen- und Hochschülerschaft. Neben der Bilanz und der Gebarungserfolgsrechnung sind dem Jahresabschluss ein schriftlicher Prüfbericht einer Wirtschaftsprüferin oder eines

Wirtschaftsprüfers und ein Anhang hinzuzufügen. Der Jahresabschluss ist der Kontrollkommission gemeinsam mit dem Budget-Ist-Vergleich (siehe dazu § 19 dieser Verordnung) bis spätestens 31. Dezember des jeweiligen Jahres, in welchem das Geschäftsjahr geendet hat, in schriftlicher und elektronischer Form zu übermitteln.

Zu § 17 (Allgemeine Grundsätze der Jahresabschlusserstellung):
Die Erstellung des Jahresabschlusses orientiert sich am dritten Buch des UGB (§§ 189ff UGB) und an den einschlägigen Grundsätzen ordnungsmäßiger Buchführung. Ziel der Jahresabschlusserstellung ist ein möglichst getreues Bild der Vermögens-, Finanz- und Ertragslage zu vermitteln. Auch für Hochschülerinnen- und Hochschülerschaften, die ihren Jahresabschluss gemäß § 41 Abs. 4 HSG 2014 zulässigerweise in Form einer Einnahmen-Ausgaben-Rechnung erstellen, gelten die allgemeinen Grundsätze wie für die Führung einer doppelten Buchhaltung sinngemäß. Eine Buchführung ist grundsätzlich dann als ordnungsgemäß anzusehen, wenn alle gesetzlichen und sonstigen Normen beachtet werden und alle Geschäftsvorfälle vollständig, wahr, klar, ordentlich und leicht nachprüfbar erfasst sind. In § 201 UGB werden dazu insbesondere folgende Grundsätze angeführt:

1. *Die auf den vorhergehenden Jahresabschluss angewendeten Bewertungsmethoden sind beizubehalten (Grundsatz der Kontinuität).*
2. *Bei der Bewertung ist von der Fortführung des Unternehmens auszugehen, solange dem nicht tatsächliche oder rechtliche Gründe entgegenstehen (Grundsatz der Fortführung der Unternehmenstätigkeit).*
3. *Die Vermögensgegenstände und Schulden sind zum Abschlussstichtag einzeln zu bewerten (Grundsatz der Einzelbewertung).*
4. *Der Grundsatz der Vorsicht ist einzuhalten, insbesondere sind*
   a) *nur die am Abschlussstichtag verwirklichten Gewinne auszuweisen,*
   b) *erkennbare Risken und drohende Verluste, die in dem Geschäftsjahr oder einem früheren Geschäftsjahr entstanden sind, zu berücksichtigen, selbst wenn die Umstände erst zwischen dem Abschlussstichtag und dem Tag der Aufstellung des Jahresabschlusses bekannt geworden sind,*
   c) *Wertminderungen unabhängig davon zu berücksichtigen, ob das Geschäftsjahr mit einem Gewinn oder einem Verlust abschließt.*
5. *Aufwendungen und Erträge des Geschäftsjahrs sind unabhängig vom Zeitpunkt der entsprechenden Zahlungen im Jahresabschluss zu berücksichtigen.*
6. *Die Eröffnungsbilanz des Geschäftsjahrs muss mit der Schlussbilanz des vorhergehenden Geschäftsjahres übereinstimmen.*

Weiterführende Ausführungen zu den Grundsätzen ordnungsmäßiger Buchführung sind unter anderem Bertl/Deutsch-Goldoni/Hirschler (2015), S. 9 ff. zu entnehmen.

Zu § 18 (Konkretisierung der Erstellung und Ausgestaltung des Jahresabschlusses):

Der Aufbau der Gebarungsrechnung hat sich an der Mindestgliederung gemäß ***Anlage 1*** *zu orientieren. Zusätzlich zu den Ausführungen der Gebarungsrechnung sind zu den folgenden Positionen der Gebarungsrechnung im Anhang ergänzende Aufgliederungen vorzunehmen:*

- *Sachaufwendungen*
- *eine Auflistung der gewährten Aufwandsentschädigungen nach Funktion*
- *Wenn in einem Wirtschaftsjahr mehrere unterschiedliche Veranstaltungen durchführt werden, sind diese Veranstaltungen (Feste, Bälle oder Ähnliches) mit ihren Einnahmen und Ausgaben gesondert auszuweisen.*
- *Falls mehrere wirtschaftliche Aktivitäten (Führen von Shops, Heimen oder Ähnliches), Wirtschaftsbetriebe oder Beteiligungen vorhanden sind, sind diese ebenfalls mit ihren Einnahmen und Ausgaben gesondert auszuweisen.*

Die Gliederung der Bilanz hat der Gliederung gemäß § 224 UGB zu orientieren. Den Werten des betrachteten Wirtschaftsjahres sind die Vorjahreszahlen gegenüberzustellen. Im Anhang sind zusätzliche Informationen zu den einzelnen Positionen der Bilanz anzuführen, wenn dies für das Erlangen eines möglichst getreuen Bildes der Vermögens-, Finanz- und Ertragslage erforderlich ist. Insbesondere sind dabei Informationen zur Zusammensetzung bzw. zur Entwicklung gewisser Bilanzpositionen (wie z. B. des Anlagevermögens oder des Eigenkapitals) anzuführen. Falls in der betrachteten Periode Eventualverbindlichkeiten vorhanden waren, sind diese direkt unter der Summe der Passivseite anzuführen. Bei Eventualverbindlichkeiten handelt es sich u.a. um Verbindlichkeiten, die durch die Begebung und Übertragung von Wechseln, Bürgschaften, Garantien sowie sonstigen vertraglichen Haftungsverhältnissen, soweit sie nicht auf der Passivseite ausgewiesen wurden, entstehen; siehe dazu auch § 199 UGB und weiterführend Bertl/Deutsch-Goldoni/Hirschler (2015), S. 281f.

Für Hochschülerinnen- und Hochschülerschaften, die ihren Jahresabschluss in Form einer Einnahmen-Ausgaben-Rechnung erstellen, gelten diese Ausführungen sinngemäß. Eine Einnahmen-Ausgaben-Rechnung hat insbesondere folgende Bestandteile zu enthalten:

- *Es sind alle Einnahmen und Ausgaben eines Wirtschaftsjahres in den Jahresabschluss systematisch aufzunehmen.*
- *Die Abschreibungen sind zu berechnen und in die Rechnung als Ausgaben einzubeziehen.*
- *Es sind die zum Abschlusszeitpunkt vorhandenen Bestände an Vermögen einschließlich der liquiden Mittel (Kassa, Guthaben bei Banken), Wertpapiere und Beteiligungen festzuhalten.*
- *Angaben zu den zum Abschlussstichtag bestehenden Verbindlichkeiten sowie Eventualverbindlichkeiten sind im Jahresabschluss anzuführen.*
- *Es ist jedenfalls ein Inventarverzeichnis zu führen und dem Jahresabschluss beizufügen.*

Die Gliederung der Einnahmen-Ausgaben-Rechnung hat sich am Gliederungsschema der Gebarungserfolgsrechnung gemäß ***Anlage 2 und 3*** *zu orientieren.*

Zu § 19 (Budget-Ist-Vergleich):
Im Budget-Ist-Vergleich erfolgt ein Vergleich der Planwerte aus dem Jahresvoranschlag mit den tatsächlich eingetretenen Istwerten der Gebarungserfolgsrechnung aus dem Jahresabschluss. Wesentliche Abweichungen (jedenfalls bei einer gebarungsergebnismindernden Abweichung von größer 20 % oder mehr als € 1.500 vom Planwert) sind vom zuständigen Organ schriftlich zu erläutern. Es muss durch organisatorische Maßnahmen sichergestellt sein, dass auch bei einem stattgefundenen Wechsel des zuständigen Organs eine aussagekräftige Erläuterung zu wesentlichen Abweichungen gegeben werden kann.

Zu § 20 (Grundsätze der Prüfung von Jahresabschlüssen):
Eine Prüfung des Jahresabschlusses durch eine Wirtschaftsprüferin oder einen Wirtschaftsprüfer ist gemäß § 40 Abs. 3 HSG 2014 verpflichtend vorgesehen. Diese Prüfung orientiert sich im Wesentlichen (außer im HSG 2014 oder in dieser Verordnung werden andere Vorgaben formuliert) an einer Prüfung gemäß UGB und gilt auch für Jahresabschlüsse, die in Form einer Einnahmen-Ausgaben-Rechnung erstellt werden. Ein ordnungsgemäßer Rechnungslegungsprozess beschreibt die wirtschaftlichen Vorgänge innerhalb einer Hochschülerinnen- und Hochschülerschaft und soll Informationen über Lage und Entwicklung einer Hochschülerinnen- und Hochschülerschaft bereitstellen. Damit sind grundsätzlich vor allem folgende Tätigkeiten verbunden:

1. *Unterjährig sind alle laufenden Geschäftsfälle in Form von Buchungssätzen entsprechend zu dokumentieren. Basis eines jeden Buchungssatzes ist der mit dem jeweiligen Geschäftsfall verbundene Beleg (Eingangsrechnung, Ausgangsrechnung, Kassabeleg, Kontoauszug, usw.).*
2. *Am Ende des Jahres hat eine Inventur (Bestandsaufnahme und Bewertung aller Vermögensgegenstände) und gegebenenfalls eine Ermittlung des Warenbestandes und des Warenverbrauches zu erfolgen. Anschließend werden die entsprechenden Abschlussbuchungen erstellt (z. B. die Korrekturbuchungen im Zusammenhang mit dem Warenverbrauch oder die Verbuchung von Abschreibungen von Sachanlagevermögen).*
3. *Nachdem alle Geschäftsfälle erfasst wurden und die Abschlussbuchungen vorgenommen worden sind, erfolgt die Erstellung des schriftlichen Jahresabschlusses. Der Jahresabschluss hat eine Bilanz, eine Gebarungserfolgsrechnung, einen schriftlichen Prüfbericht einer Wirtschaftsprüferin oder eines Wirtschaftsprüfers und einen Anhang zu enthalten. Außerdem ist ein Budget-Ist-Vergleich zu erstellen, der eine Gegenüberstellung der Plandaten gemäß dem Jahresvoranschlag mit den tatsächlich realisierten Istdaten gemäß der Gebarungserfolgsrechnung beinhaltet.*

Für alle Hochschülerinnen- und Hochschülerschaften mit bis zu 2.500 ordentlichen Mitgliedern kann eine Vermögensrechnung entfallen. Diese Hochschülerinnen- und Hochschülerschaften müssen gemäß den Bestimmungen des HSG 2014 allerdings zumindest eine Einnahmen-Ausgaben-Rechnung im Sinne des § 4 Abs. 3 EStG erstellen. Dabei handelt es sich um ein vereinfachtes Buchhaltungssystem, das sich weitgehend auf die Aufzeichnung der Zahlungsvorgänge beschränkt. Durch eine Gegenüberstellung der betriebsbedingten Einnahmen und der betriebsnotwendigen Ausgaben wird der Jahresüberschuss dieser Hochschülerinnen- und Hochschülerschaften ermittelt; siehe zur Einnahmen-Ausgaben-Rechnung auch weiterführend Bertl/Deutsch-Goldoni/Hirschler (2015), S. 18f. Ergänzend zu den Aufzeichnungspflichten gemäß § 4 Abs. 3 EStG sind das vorhandene Vermögen und die bestehenden Verbindlichkeiten zum Abschlussstichtag darzustellen, es ist ein Inventarverzeichnis zu führen und es sind ein Budget-Ist-Vergleich und eine Liste der Aufwandsentschädigungen nach Funktion zu erstellen.

Über die Prüfung ist von der Wirtschaftsprüferin oder dem Wirtschaftsprüfer ein Prüfbericht zu erstellen. Die Wirtschaftsprüferin oder der Wirtschaftsprüfer sind in der Prüftätigkeit von den Organen der Hochschülerinnen- und Hochschülerschaft bestmöglich zu unterstützen. Insbesondere haben diese der Wirtschaftsprüferin oder dem Wirtschaftsprüfer alle geforderten Unterlagen vorzulegen und entsprechende Auskünfte zu erteilen. Die Wirtschaftsprüferin oder der Wirtschaftsprüfer hat sich die Vollständigkeit der geleisteten Angaben durch die Organe der Hochschülerinnen- und Hochschülerschaft schriftlich bestätigen zu lassen. Die Wirtschaftsprüferin oder der Wirtschaftsprüfer wird aufgrund des Aufsichtsrechts und der Aufsichtspflicht der zuständigen Bundesministerin oder des zuständigen Bundesministers von der Verschwiegenheitspflicht gegenüber der zuständigen Bundesministerin oder dem zuständigen Bundesminister und der Kontrollkommission befreit. Insbesondere darf die Wirtschaftsprüferin oder der Wirtschaftsprüfer bei Verdacht auf einen schwerwiegenden Verstoß gegen Gesetze, Verordnungen oder Satzungen oder bei Feststellung von Tatsachen, die den Bestand oder die Entwicklung der Hochschülerinnen- und Hochschülerschaft gefährden, Auskunft geben.

Zu § 21 (Beauftragung der Abschlussprüfung):

Bevor eine Wirtschaftsprüferin oder ein Wirtschaftsprüfer zur Abschlussprüfung bestellt wird, sind drei Angebote für die Prüfungstätigkeit einzuholen. Es muss einem sachkundigen Dritten dadurch in angemessener Zeit ermöglicht werden, die Gründe für die Bestellung der beauftragten Wirtschaftsprüferin oder des beauftragten Wirtschaftsprüfers nachzuvollziehen. Eine weitere Neuerung durch das HSG 2014 betrifft die Auswahl der Wirtschaftsprüferin oder des Wirtschaftsprüfers. Gemäß § 40 Abs. 3 HSG 2014 muss in regelmäßigen Abständen eine Prüfrotation stattfinden. Es muss spätestens nach 5 Prüfungen durch die gleiche Wirtschaftsprüferin oder den gleichen Wirtschaftsprüfer ein Wechsel der Wirtschaftsprüferin oder des Wirtschaftsprüfers erfolgen. Nach einer Unterbrechung von 2 Jahren erlischt diese „Sperre“ und die Wirtschaftsprüfe-

rin oder der Wirtschaftsprüfer könnte wieder für die Abschlussprüfung herangezogen werden. Die Bestimmung des HSG 2014 nimmt dabei explizit Bezug auf die Person der Wirtschaftsprüferin oder des Wirtschaftsprüfers. Ein Wechsel der Wirtschaftsprüferin oder des Wirtschaftsprüfers innerhalb einer Kanzlei würde somit genügen, um die Vorgaben des HSG 2014 zur Prüfrotation zu erfüllen.

Die Wirtschaftsprüferin oder der Wirtschaftsprüfer ist zeitgerecht mit der Prüfung zu beauftragen, um die Einhaltung der Vorlagefrist gemäß § 40 Abs. 3 HSG 2014 zu erfüllen. Falls dieser Vorlagetermin um mehr als drei Monate überschritten wird, gilt dies als wesentlich und es erfolgt eine Mitteilung durch die Kontrollkommission über einen wesentlichen Mangel der Haushaltsführung der Hochschülerinnen- und Hochschülerschaft an die zuständige Bundesministerin oder den zuständigen Bundesminister.

Zu § 22 (Bestätigungsvermerk):
Es ist von der Wirtschaftsprüferin oder dem Wirtschaftsprüfer ein Bestätigungsvermerk über die stattgefundene Prüfung zu erstellen.

Zu § 23 (Leitende Grundsätze für Wirtschaftsbetriebe):
Hochschülerinnen- und Hochschülerschaften sind gemäß § 37 Abs. 1 HSG 2014 berechtigt, Wirtschaftsbetriebe in Form von Kapitalgesellschaften zu führen oder sich an einer Kapitalgesellschaft zu beteiligen, wenn dies im Interesse der Studierenden ist. Eine Voraussetzung für eine solche Gründung oder Beteiligung ist die Genehmigung der zuständigen Bundesministerin oder des zuständigen Bundesministers. Die bisher angeführten Bestimmungen dieser Verordnung (insbesondere die Grundsätze der Zweckmäßigkeit, der Sparsamkeit und der Wirtschaftlichkeit) gelten sinngemäß auch für Wirtschaftsbetriebe. Darüber hinaus sind die Bestimmungen des HSG 2014 und die einschlägigen Gesetze entsprechend der Rechtsform des Wirtschaftsbetriebes (insbesondere UGB, AktG und GmbHG) zu beachten. Vor der Gründung eines Wirtschaftsbetriebes wird empfohlen, die Rahmenbedingungen für die Existenz des Wirtschaftsbetriebes (bzw. die Aussicht auf Gewinnerzielung) genau zu prüfen. Insbesondere wird die Abklärung der Marktchancen des Wirtschaftsbetriebes durch eine Sachverständige oder einen Sachverständigen und die rechtliche Beratung v.a. im Gründungsprozess durch eine Rechtsanwältin oder einen Rechtsanwalt, eine Notarin oder einen Notar oder eine Wirtschaftstreuhänderin oder einen Wirtschaftstreuhänder empfohlen.

Es sind der Kontrollkommission von der Geschäftsführerin oder dem Geschäftsführer bzw. dem Vorstand unverzüglich die folgenden Informationen zukommen zu lassen:

- *ein Jahresbudget jährlich im Vorhinein;*
- *ein Jahresabschluss, ein Lagebericht, ein Prüfbericht und ein Bestätigungsvermerk gemäß den entsprechenden Bestimmungen des UGB. Diese Unterlagen müssen bis spätestens vier Monate nach Abschlussstichtag des jeweiligen Wirtschaftsjahres übermittelt werden. Endet das*

Wirtschaftsjahr beispielsweise mit 30.06. muss die Übermittlung somit bis spätestens 31.10. erfolgen;

- *Jahres-, Quartals- und Sonderberichte, die gemäß § 81 AktG oder § 28a GmbHG dem Aufsichtsrat zu übermitteln sind. Aus diesen muss eine getreue Beurteilung der Vermögens-, Finanz- und Ertragslage ermöglicht werden. Aus den Zwischenberichten muss außerdem ersichtlich sein, ob es im Laufe des bisherigen Geschäftsjahres zu Abweichungen vom Plan gekommen ist. Falls dabei wesentliche Abweichungen (jedenfalls bei gebarungsergebnismindernden Abweichungen von größer 20 % oder mehr als € 1.500 vom Planwert) aufgedeckt werden, sind entsprechende Erläuterungen zu diesen Abweichungen zu liefern und geeignete Gegenmaßnahmen zu prüfen und zu berichten;*
- *die Protokolle der Aufsichtsratssitzungen und*
- *eine Aufstellung aller Einlagen der und Ausschüttungen an die Hochschülerinnen- und Hochschülerschaft, welche Eigentümerin des Wirtschaftsbetriebes ist bzw. Anteile am Wirtschaftsbetrieb hält.*

Zu § 24 (Quartalsberichte):

*Der Aufbau der Quartalsberichte hat dem Aufbau gemäß **Anlage 4** zu folgen. Es wird dabei jedoch explizit von einer Mindestgliederung gesprochen. Die Quartalsberichte können demnach bei Bedarf um weitere Inhalte erweitert werden.*

Die Quartalsberichte zum II., III. und IV. Quartal sind auf der Grundlage kumulierter Werte der bereits vergangenen Quartale zu erstellen.

Den jeweiligen tatsächlichen Quartalswerten sind die jeweils ursprünglich geplanten Werte gegenüber zu stellen.

Zu § 25 (Prüfung von Wirtschaftsbetrieben):

Für die Prüfung von Jahresabschlüssen von Wirtschaftsbetrieben gelten die einschlägigen Bestimmungen des UGB zur Prüfung von Kapitalgesellschaften. Darüber hinaus ist von der Wirtschaftsprüferin oder von dem Wirtschaftsprüfer zu prüfen, ob die vorgesehene Anzahl an Aufsichtsratssitzungen tatsächlich stattgefunden hat und ob die Sitzungsprotokolle ordnungsgemäß verfasst und archiviert wurden. Ebenso wie zur Prüfungstätigkeit von Hochschülerinnen- und Hochschülerschaften wird die Wirtschaftsprüferin oder der Wirtschaftsprüfer auch bei der Prüfung von Wirtschaftsbetrieben von der Verschwiegenheitspflicht gegenüber der zuständigen Bundesministern oder dem zuständigen Bundesminister und gegenüber der Kontrollkommission befreit.

Zu § 26 (Inkrafttreten):

Die Verordnung tritt mit 1. Juli 2017 in Kraft.

Zu § 27 (Übergangsbestimmungen):

Erstmalig anzuwenden sind die Bestimmungen dieser Verordnung bei der Erstellung und Prüfung der Jahresabschlüsse und Jahresvoranschläge für das Wirtschaftsjahr 2018/2019.

Verordnung des Bundesministers für Wissenschaft, Forschung und Wirtschaft über die Verlängerung der Anspruchsdauer für den Bezug von Studienbeihilfe für Studierendenvertreterinnen und Studierendenvertreter

BGBl. II Nr. 245/2015

Auf Grund

1. des § 31 Abs. 2 des Hochschülerinnen- und Hochschülerschaftsgesetzes 2014 (HSG 2014), BGBl. I Nr. 45/2014, und
2. des § 8 Abs. 5 des Studentenheimgesetzes, BGBl. Nr. 291/1986, zuletzt geändert durch das Bundesgesetz BGBl. I Nr. 24/1999,

wird verordnet:

Verlängerung der höchstzulässigen Studienzeit

§ 1. Zeiten, in denen Studierende als Studierendenvertreterinnen bzw. Studierendenvertreter gemäß § 30 Abs. 1 und 2 des Hochschülerinnen- und Hochschülerschaftsgesetzes 2014 (HSG 2014), BGBl. I Nr. 45/2014, oder als Vorsitzende oder Sprecherinnen bzw. Sprecher der Heimvertretungen nach dem Studentenheimgesetz, BGBl. Nr. 291/1986, tätig waren, sind nach Maßgabe der §§ 2 bis 4 nicht in die für die Absolvierung des Studiums oder Studienabschnittes höchstzulässigen Studienzeiten nach dem Studienförderungsgesetz 1992, BGBl. Nr. 305/1992, einzurechnen.

Allgemeine Voraussetzungen

§ 2. Voraussetzung für die Verlängerung der höchstzulässigen Studienzeit ist die Ausübung einer der in § 1 genannten Funktionen für die Dauer von mindestens einem Semester vor Ablauf der für die Absolvierung des Studiums oder Studienabschnittes höchstzulässigen Studienzeit.

Ausmaß der Verlängerung

§ 3. (1) Die höchstzulässige Studienzeit wird um die vollen Semester, in denen eine der folgenden Funktionen ausgeübt wurde, verlängert:

1. **Vorsitzende bzw. Vorsitzender der Österreichischen Hochschülerinnen- und Hochschülerschaft, einer Hochschülerinnen- und Hochschülerschaft oder einer Hochschulvertretung,**
2. **Referentin bzw. Referent der Bundesvertretung oder einer Universitäts- oder Hochschulvertretung.**

(2) Die höchstzulässige Studienzeit wird um drei Viertel der Semester, in denen eine der folgenden Funktionen ausgeübt wurde, verlängert:

1. stellvertretende Vorsitzende bzw. stellvertretender Vorsitzender der Österreichischen Hochschülerinnen- und Hochschülerschaft oder einer Hochschülerinnen- und Hochschülerschaft oder einer Hochschulvertretung,
2. stellvertretende Wirtschaftsreferentin bzw. stellvertretender Wirtschaftsreferent,
3. Vorsitzende bzw. Vorsitzender eines Organs gemäß § 15 Abs. 2 HSG 2014 oder
4. Vorsitzende bzw. Vorsitzender einer Studienvertretung.

(3) Die höchstzulässige Studienzeit wird um die Hälfte der Semester, in denen eine der folgenden Funktionen ausgeübt wurde, verlängert:

1. Sachbearbeiterin bzw. Sachbearbeiter der Bundesvertretung,
2. Sachbearbeiterin bzw. Sachbearbeiter einer Universitäts- oder Hochschulvertretung der Studierenden,
3. Mandatarin bzw. Mandatar in einem Organ der Österreichischen Hochschülerinnen– und Hochschülerschaft oder einer Hochschülerinnen- und Hochschülerschaft oder einer Hochschulvertretung.

(4) Für alle anderen Studierendenvertreterinnen und Studierendenvertreter nach dem HSG 2014 sowie für die Vorsitzenden und Sprecherinnen und Sprecher der Heimvertretungen nach dem Studentenheimgesetz wird die höchstzulässige Studienzeit um ein Viertel der zurückgelegten Semester verlängert.

Dauer der Verlängerung

§ 4. (1) Im Hinblick auf die zeitliche Inanspruchnahme sind bei Ausübung mehrerer Funktionen gemäß § 3 in einem Semester die Zeiten für die Verlängerung der höchstzulässigen Studienzeit mit der Maßgabe zusammenzuzählen, dass die Summe höchstens ein ganzes Semester ergeben darf.

(2) Die höchstzulässige Studienzeit kann um nicht mehr als die gesamte Zeit, in der eine Funktion gemäß § 3 ausgeübt wurde, und um nicht mehr als insgesamt vier Semester verlängert werden.

(3) Ergibt die rechnerische Ermittlung der zulässigen Verlängerung keine ganze Semesterzahl, so sind Verlängerungszeiten ab 0,5 Semestern als ganze Semester anzusehen.

Nachweise

§ 5. (1) Die Dauer der Funktion der bzw. des Vorsitzenden der Österreichischen Hochschülerinnen- und Hochschülerschaft, der Hochschülerinnen- und Hochschülerschaften und der Hochschulvertretungen sowie

die Dauer der Funktion der Mandatarinnen und Mandatare ist von der bzw. dem jeweiligen Vorsitzenden der Wahlkommission zu bestätigen.

(2) Die Art und die Dauer der Funktion der anderen Studierendenvertreterinnen und Studierendenvertreter sind von den jeweiligen Vorsitzenden der Hochschülerinnen- und Hochschülerschaften bzw. der Hochschulvertretungen zu bestätigen. Bei den Vorsitzenden und Sprecherinnen bzw. Sprechern der Heimvertretungen erfolgt diese Bestätigung durch den jeweiligen Heimträger.

Inkrafttreten

§ 6. Diese Verordnung tritt mit 1. Oktober 2015 in Kraft.

Außerkrafttreten

§ 7. Die Verordnung BGBl. II Nr. 84/1999 tritt mit Ablauf des 30. September 2015 außer Kraft.

Verordnung der Bundesministerin für Familien und Jugend über die Verlängerung der Anspruchsdauer für den Bezug von Familienbeihilfe für Studierendenvertreterinnen und Studierendenvertreter

BGBl. II Nr. 263/2015

Auf Grund des § 2 Abs. 1 lit. b des Familienlastenausgleichsgesetzes 1967 (FLAG 1967), BGBl. Nr. 376/1967, zuletzt geändert durch das Bundesgesetz BGBl. I Nr. 50/2015, wird verordnet:

Verlängerung der höchstzulässigen Studienzeit

§ 1. Zeiten, in denen Studierende als Studierendenvertreterinnen bzw. Studierendenvertreter gemäß § 30 Abs. 1 und 2 des Hochschülerinnen- und Hochschülerschaftsgesetzes 2014 (HSG 2014), BGBl. I Nr. 45/2014, oder als Vorsitzende oder Sprecherinnen bzw. Sprecher der Heimvertretungen nach dem Studentenheimgesetz, BGBl. Nr. 291/1986, tätig waren, sind nach Maßgabe der §§ 2 bis 4 bei der Gewährung der Familienbeihilfe nicht in die für die Absolvierung des Studiums oder Studienabschnittes höchstzulässigen Studienzeiten nach dem Familienlastenausgleichsgesetz 1967 (FLAG 1967), BGBl. Nr. 376/1967, einzurechnen.

Allgemeine Voraussetzungen

§ 2. Voraussetzung für die Verlängerung der höchstzulässigen Studienzeit ist die Ausübung einer der in § 1 genannten Funktionen für die Dauer von mindestens einem Semester vor Ablauf der für die Absolvierung des Studiums oder Studienabschnittes höchstzulässigen Studienzeit.

Ausmaß der Verlängerung

§ 3. (1) Die höchstzulässige Studienzeit wird um die vollen Semester, in denen eine der folgenden Funktionen ausgeübt wurde, verlängert:

1. **Vorsitzende bzw. Vorsitzender der Österreichischen Hochschülerinnen- und Hochschülerschaft, einer Hochschülerinnen- und Hochschülerschaft oder einer Hochschulvertretung,**
2. **Referentin bzw. Referent der Bundesvertretung oder einer Universitäts- oder Hochschulvertretung.**

(2) Die höchstzulässige Studienzeit wird um drei Viertel der Semester, in denen eine der folgenden Funktionen ausgeübt wurde, verlängert:

1. **stellvertretende Vorsitzende bzw. stellvertretender Vorsitzender der Österreichischen Hochschülerinnen- und Hochschülerschaft oder einer Hochschülerinnen- und Hochschülerschaft oder einer Hochschulvertretung,**

2. stellvertretende Wirtschaftsreferentin bzw. stellvertretender Wirtschaftsreferent,
3. Vorsitzende bzw. Vorsitzender eines Organs gemäß § 15 Abs. 2 HSG 2014 oder
4. Vorsitzende bzw. Vorsitzender einer Studienvertretung.

(3) Die höchstzulässige Studienzeit wird um die Hälfte der Semester, in denen eine der folgenden Funktionen ausgeübt wurde, verlängert:

1. Sachbearbeiterin bzw. Sachbearbeiter der Bundesvertretung,
2. Sachbearbeiterin bzw. Sachbearbeiter einer Universitäts- oder Hochschulvertretung der Studierenden,
3. Mandatarin bzw. Mandatar in einem Organ der Österreichischen Hochschülerinnen– und Hochschülerschaft oder einer Hochschülerinnen- und Hochschülerschaft oder einer Hochschulvertretung.

(4) Für alle anderen Studierendenvertreterinnen und Studierendenvertreter nach dem HSG 2014 sowie für die Vorsitzenden und Sprecherinnen und Sprecher der Heimvertretungen nach dem Studentenheimgesetz wird die höchstzulässige Studienzeit um ein Viertel der zurückgelegten Semester verlängert.

Dauer der Verlängerung

§ 4. (1) Im Hinblick auf die zeitliche Inanspruchnahme sind bei Ausübung mehrerer Funktionen gemäß § 3 in einem Semester die Zeiten für die Verlängerung der höchstzulässigen Studienzeit mit der Maßgabe zusammenzuzählen, dass die Summe höchstens ein ganzes Semester ergeben darf.

(2) Die höchstzulässige Studienzeit kann um nicht mehr als die gesamte Zeit, in der eine Funktion gemäß § 3 ausgeübt wurde, und um nicht mehr als insgesamt vier Semester verlängert werden.

(3) Ergibt die rechnerische Ermittlung der zulässigen Verlängerung keine ganze Semesterzahl, so sind Verlängerungszeiten ab 0,5 Semestern als ganze Semester anzusehen.

Nachweise

§ 5. (1) Die Dauer der Funktion der bzw. des Vorsitzenden der Österreichischen Hochschülerinnen- und Hochschülerschaft, der Hochschülerinnen- und Hochschülerschaften und der Hochschulvertretungen sowie die Dauer der Funktion der Mandatarinnen und Mandatare ist von der bzw. dem jeweiligen Vorsitzenden der Wahlkommission zu bestätigen.

(2) Die Art und die Dauer der Funktion der anderen Studierendenvertreterinnen und Studierendenvertreter sind von den jeweiligen Vorsit-

zenden der Hochschülerinnen- und Hochschülerschaften bzw. der Hochschulvertretungen zu bestätigen. Bei den Vorsitzenden und Sprecherinnen bzw. Sprechern der Heimvertretungen erfolgt diese Bestätigung durch den jeweiligen Heimträger.

Inkrafttreten

§ 6. Diese Verordnung tritt mit dem Wintersemester 2015/2016 in Kraft.

Außerkrafttreten

§ 7. Die Verordnung BGBl. II Nr. 83/1999 tritt mit Ablauf des Sommersemesters 2015 außer Kraft.

Auszüge aus dem Bundes-Verfassungsgesetz (B-VG)

Allgemeine Bestimmungen

Artikel 20. (1) Unter der Leitung der obersten Organe des Bundes und der Länder führen nach den Bestimmungen der Gesetze auf Zeit gewählte Organe, ernannte berufsmäßige Organe oder vertraglich bestellte Organe die Verwaltung. Sie sind den ihnen vorgesetzten Organen für ihre amtliche Tätigkeit verantwortlich und, soweit in Gesetzen gemäß Abs. 2 nicht anderes bestimmt ist, an deren Weisungen gebunden. Das nachgeordnete Organ kann die Befolgung einer Weisung ablehnen, wenn die Weisung entweder von einem unzuständigen Organ erteilt wurde oder die Befolgung gegen strafgesetzliche Vorschriften verstoßen würde.

(2) Durch Gesetz können Organe

1. zur sachverständigen Prüfung,
2. zur Kontrolle der Gesetzmäßigkeit der Verwaltung,
3. mit Schieds-, Vermittlungs- und Interessenvertretungsaufgaben,
4. zur Sicherung des Wettbewerbs und zur Durchführung der Wirtschaftsaufsicht,
5. zur Aufsicht und Regulierung elektronischer Medien und zur Förderung der Medien,
6. zur Durchführung einzelner Angelegenheiten des Dienst- und Disziplinarrechts,
7. zur Durchführung und Leitung von Wahlen, oder,
8. soweit dies nach Maßgabe des Rechts der Europäischen Union geboten ist,

von der Bindung an Weisungen der ihnen vorgesetzten Organe freigestellt werden. Durch Landesverfassungsgesetz können weitere Kategorien weisungsfreier Organe geschaffen werden. Durch Gesetz ist ein der Aufgabe des weisungsfreien Organs angemessenes Aufsichtsrecht der obersten Organe vorzusehen, zumindest das Recht, sich über alle Gegenstände der Geschäftsführung der weisungsfreien Organe zu unterrichten, und – soweit es sich nicht um Organe gemäß den Z 2, 5 und 8 handelt – das Recht, weisungsfreie Organe aus wichtigem Grund abzuberufen.

(3) Alle mit Aufgaben der Bundes-, Landes- und Gemeindeverwaltung betrauten Organe sowie die Organe anderer Körperschaften des öffentlichen Rechts sind, soweit gesetzlich nicht anderes bestimmt ist, zur Verschwiegenheit über alle ihnen ausschließlich aus ihrer amtlichen Tätigkeit bekannt gewordenen Tatsachen verpflichtet, deren Geheimhaltung im Interesse der Aufrechterhaltung der öffentlichen Ruhe, Ordnung und Sicherheit, der umfassenden Landesverteidigung, der auswärtigen Beziehungen,

im wirtschaftlichen Interesse einer Körperschaft des öffentlichen Rechts, zur Vorbereitung einer Entscheidung oder im überwiegenden Interesse der Parteien geboten ist (Amtsverschwiegenheit). Die Amtsverschwiegenheit besteht für die von einem allgemeinen Vertretungskörper bestellten Funktionäre nicht gegenüber diesem Vertretungskörper, wenn er derartige Auskünfte ausdrücklich verlangt.

(4) Alle mit Aufgaben der Bundes-, Landes- und Gemeindeverwaltung betrauten Organe sowie die Organe anderer Körperschaften des öffentlichen Rechts haben über Angelegenheiten ihres Wirkungsbereiches Auskünfte zu erteilen, soweit eine gesetzliche Verschwiegenheitspflicht dem nicht entgegensteht; berufliche Vertretungen sind nur gegenüber den ihnen jeweils Zugehörigen auskunftspflichtig und dies insoweit, als dadurch die ordnungsgemäße Erfüllung ihrer gesetzlichen Aufgaben nicht verhindert wird. Die näheren Regelungen sind hinsichtlich der Organe des Bundes sowie der durch die Bundesgesetzgebung zu regelnden Selbstverwaltung in Gesetzgebung und Vollziehung Bundessache, hinsichtlich der Organe der Länder und Gemeinden sowie der durch die Landesgesetzgebung zu regelnden Selbstverwaltung in der Grundsatzgesetzgebung Bundessache, in der Ausführungsgesetzgebung und in der Vollziehung Landessache.

Artikel 23. **(1) Der Bund, die Länder, die Gemeinden und die sonstigen Körperschaften und Anstalten des öffentlichen Rechts haften für den Schaden, den die als ihre Organe handelnden Personen in Vollziehung der Gesetze durch ein rechtswidriges Verhalten wem immer schuldhaft zugefügt haben.**

(2) Personen, die als Organe eines im Abs. 1 bezeichneten Rechtsträgers handeln, sind ihm, soweit ihnen Vorsatz oder grobe Fahrlässigkeit zur Last fällt, für den Schaden haftbar, für den der Rechtsträger dem Geschädigten Ersatz geleistet hat.

(3) Personen, die als Organe eines im Abs. 1 bezeichneten Rechtsträgers handeln, haften für den Schaden, den sie in Vollziehung der Gesetze dem Rechtsträger durch ein rechtswidriges Verhalten unmittelbar zugefügt haben.

(4) Die näheren Bestimmungen zu den Abs. 1 bis 3 werden durch Bundesgesetz getroffen.

(5) Ein Bundesgesetz kann auch bestimmen, inwieweit auf dem Gebiet des Post- und Fernmeldewesens von den in den Abs. 1 bis 3 festgelegten Grundsätzen abweichende Sonderbestimmungen gelten.

Verwaltung

6. Universitäten

Artikel 81c. (1) Die öffentlichen Universitäten sind Stätten freier wissenschaftlicher Forschung, Lehre und Erschließung der Künste. Sie handeln im Rahmen der Gesetze autonom und können Satzungen erlassen. Die Mitglieder universitärer Kollegialorgane sind weisungsfrei.

(2) Bundesgesetzlich kann vorgesehen werden, dass die Tätigkeit an der Universität sowie die Mitwirkung in Organen der Universität und der Studierendenvertretung von Personen, die nicht die österreichische Staatsbürgerschaft besitzen, zulässig ist.

(3) (Anm.: aufgehoben durch BGBl. I Nr. 51/2012)

Selbstverwaltung

Sonstige Selbstverwaltung

Artikel 120a. (1) Personen können zur selbständigen Wahrnehmung öffentlicher Aufgaben, die in ihrem ausschließlichen oder überwiegenden gemeinsamen Interesse gelegen und geeignet sind, durch sie gemeinsam besorgt zu werden, durch Gesetz zu Selbstverwaltungskörpern zusammengefasst werden.

(2) Die Republik anerkennt die Rolle der Sozialpartner. Sie achtet deren Autonomie und fördert den sozialpartnerschaftlichen Dialog durch die Einrichtung von Selbstverwaltungskörpern.

Artikel 120b. (1) Die Selbstverwaltungskörper haben das Recht, ihre Aufgaben in eigener Verantwortung frei von Weisungen zu besorgen und im Rahmen der Gesetze Satzungen zu erlassen. Dem Bund oder dem Land kommt ihnen gegenüber nach Maßgabe der gesetzlichen Bestimmungen hinsichtlich der Rechtmäßigkeit der Verwaltungsführung ein Aufsichtsrecht zu. Darüber hinaus kann sich das Aufsichtsrecht auch auf die Zweckmäßigkeit der Verwaltungsführung erstrecken, wenn dies auf Grund der Aufgaben des Selbstverwaltungskörpers erforderlich ist.

(2) Den Selbstverwaltungskörpern können Aufgaben staatlicher Verwaltung übertragen werden. Die Gesetze haben derartige Angelegenheiten ausdrücklich als solche des übertragenen Wirkungsbereiches zu bezeichnen und eine Weisungsbindung gegenüber dem zuständigen obersten Verwaltungsorgan vorzusehen.

(3) Durch Gesetz können Formen der Mitwirkung der Selbstverwaltungskörper an der staatlichen Vollziehung vorgesehen werden.

Artikel 120c. **(1) Die Organe der Selbstverwaltungskörper sind aus dem Kreis ihrer Mitglieder nach demokratischen Grundsätzen zu bilden.**

(2) Eine sparsame und wirtschaftliche Erfüllung der Aufgaben der Selbstverwaltungskörper ist nach Maßgabe der gesetzlichen Bestimmungen durch Beiträge ihrer Mitglieder oder durch sonstige Mittel sicherzustellen.

(3) Die Selbstverwaltungskörper sind selbständige Wirtschaftskörper. Sie können im Rahmen der Gesetze zur Erfüllung ihrer Aufgaben Vermögen aller Art erwerben, besitzen und darüber verfügen.

Rechnungs- und Gebarungskontrolle

Artikel 126b. **(1) Der Rechnungshof hat die gesamte Staatswirtschaft des Bundes, ferner die Gebarung von Stiftungen, Fonds und Anstalten zu überprüfen, die von Organen des Bundes oder von Personen (Personengemeinschaften) verwaltet werden, die hiezu von Organen des Bundes bestellt sind.**

(2) Der Rechnungshof überprüft weiters die Gebarung von Unternehmungen, an denen der Bund allein oder gemeinsam mit anderen der Zuständigkeit des Rechnungshofes unterliegenden Rechtsträgern jedenfalls mit mindestens 50 vH des Stamm-, Grund- oder Eigenkapitals beteiligt ist oder die der Bund allein oder gemeinsam mit anderen solchen Rechtsträgern betreibt. Der Rechnungshof überprüft weiters jene Unternehmungen, die der Bund allein oder gemeinsam mit anderen der Zuständigkeit des Rechnungshofes unterliegenden Rechtsträgern durch finanzielle oder sonstige wirtschaftliche oder organisatorische Maßnahmen tatsächlich beherrscht. Die Zuständigkeit des Rechnungshofes erstreckt sich auch auf Unternehmungen jeder weiteren Stufe, bei denen die Voraussetzungen gemäß diesem Absatz vorliegen.

(3) Der Rechnungshof ist befugt, die Gebarung öffentlich-rechtlicher Körperschaften mit Mitteln des Bundes zu überprüfen.

(4) Der Rechnungshof hat auf Beschluss des Nationalrates oder auf Verlangen von Mitgliedern des Nationalrates in seinen Wirkungsbereich fallende besondere Akte der Gebarungsüberprüfung durchzuführen. Die nähere Regelung wird durch das Bundesgesetz über die Geschäftsordnung des Nationalrates getroffen. Desgleichen hat der Rechnungshof auf begründetes Ersuchen der Bundesregierung oder eines Bundesministers solche Akte durchzuführen und das Ergebnis der ersuchenden Stelle mitzuteilen.

(5) Die Überprüfung des Rechnungshofes hat sich auf die ziffernmäßige Richtigkeit, die Übereinstimmung mit den bestehenden Vorschriften, ferner auf die Sparsamkeit, Wirtschaftlichkeit und Zweckmäßigkeit zu erstrecken.

Volksanwaltschaft

Artikel 148a. (1) Jedermann kann sich bei der Volksanwaltschaft wegen behaupteter Missstände in der Verwaltung des Bundes einschließlich dessen Tätigkeit als Träger von Privatrechten, insbesondere wegen einer behaupteten Verletzung in Menschenrechten, beschweren, sofern er von diesen Missständen betroffen ist und soweit ihm ein Rechtsmittel nicht oder nicht mehr zur Verfügung steht. Jede solche Beschwerde ist von der Volksanwaltschaft zu prüfen. Dem Beschwerdeführer sind das Ergebnis der Prüfung sowie die allenfalls getroffenen Veranlassungen mitzuteilen.

(2) Die Volksanwaltschaft ist berechtigt, von ihr vermutete Missstände in der Verwaltung des Bundes einschließlich dessen Tätigkeit als Träger von Privatrechten, insbesondere von ihr vermutete Verletzungen in Menschenrechten, von Amts wegen zu prüfen.

(3) Zum Schutz und zur Förderung der Menschenrechte obliegt es der Volksanwaltschaft und den von ihr eingesetzten Kommissionen (Art. 148h Abs. 3), im Bereich der Verwaltung des Bundes einschließlich dessen Tätigkeit als Träger von Privatrechten

1. den Ort einer Freiheitsentziehung zu besuchen und zu überprüfen,
2. das Verhalten der zur Ausübung unmittelbarer verwaltungsbehördlicher Befehls- und Zwangsgewalt ermächtigten Organe zu beobachten und begleitend zu überprüfen sowie
3. für Menschen mit Behinderungen bestimmte Einrichtungen und Programme zu überprüfen beziehungsweise zu besuchen.

(4) Unbeschadet des Abs. 1 kann sich jedermann wegen behaupteter Säumnis eines Gerichtes mit der Vornahme einer Verfahrenshandlung bei der Volksanwaltschaft beschweren, sofern er davon betroffen ist. Abs. 2 gilt sinngemäß.

(5) Der Volksanwaltschaft obliegt ferner die Mitwirkung an der Erledigung der an den Nationalrat gerichteten Petitionen und Bürgerinitiativen. Näheres bestimmt das Bundesgesetz über die Geschäftsordnung des Nationalrates.

(6) Die Volksanwaltschaft ist in Ausübung ihres Amtes unabhängig.

Artikel 148b. (1) Alle Organe des Bundes, der Länder, der Gemeinden und der Gemeindeverbände sowie der sonstigen Selbstverwaltungskörper haben die Volksanwaltschaft bei der Besorgung ihrer Aufgaben zu unterstützen, ihr Akteneinsicht zu gewähren und auf Verlangen die erforderlichen Auskünfte zu erteilen. Amtsverschwiegenheit besteht nicht gegenüber der Volksanwaltschaft.

(2) Die Volksanwaltschaft unterliegt der Amtsverschwiegenheit im gleichen Umfang wie das Organ, an das die Volksanwaltschaft in Erfüllung

ihrer Aufgaben herangetreten ist. Bei der Erstattung der Berichte an den Nationalrat ist die Volksanwaltschaft zur Wahrung der Amtsverschwiegenheit aber nur insoweit verpflichtet, als dies im Interesse der Parteien oder der nationalen Sicherheit geboten ist.

(3) Die Abs. 1 und 2 gelten sinngemäß auch für die Mitglieder der Kommissionen und die Mitglieder und Ersatzmitglieder des Menschenrechtsbeirats.

Artikel 148c. Die Volksanwaltschaft kann den mit den obersten Verwaltungsgeschäften des Bundes betrauten Organen Empfehlungen für die in einem bestimmten Fall oder aus Anlass eines bestimmten Falles zu treffenden Maßnahmen erteilen. In Angelegenheiten der Selbstverwaltung oder der Verwaltung durch weisungsfreie Behörden kann die Volksanwaltschaft dem zuständigen Organ der Selbstverwaltung oder der weisungsfreien Behörde Empfehlungen erteilen; derartige Empfehlungen sind auch dem obersten Verwaltungsorgan des Bundes zur Kenntnis zu bringen. Das betreffende Organ hat binnen einer bundesgesetzlich zu bestimmenden Frist entweder diesen Empfehlungen zu entsprechen und dies der Volksanwaltschaft mitzuteilen oder schriftlich zu begründen, warum der Empfehlung nicht entsprochen wurde. Die Volksanwaltschaft kann in einem bestimmten Fall oder aus Anlass eines bestimmten Falles einen auf die Beseitigung der Säumnis eines Gerichtes (Art. 148a Abs. 4) gerichteten Fristsetzungsantrag stellen sowie Maßnahmen der Dienstaufsicht anregen.

Übersicht über Zuständigkeiten, Rechte, Pflichten und Aufgaben

Rechte und Pflichten der Studierenden

ordentliche Mitglieder der ÖH:

Allgemein:

- Leistung des Studierendenbeitrages gemäß § 38 Abs. 2 HSG 2014.
- Antragstellung an die Hochschulvertretung bezüglich einer Ermäßigung oder Befreiung von der Bezahlung des Studierendenbeitrages aufgrund der sozialen Lage (§ 38 Abs. 5 HSG 2014).
- Anspruch auf Beratung und Betreuung durch Organe der ÖH, der HS und der Hochschulvertretungen und Studienvertretungen an Bildungseinrichtungen, an denen keine HS eingerichtet ist.
- Antragstellung an die Hochschulvertretung bzw. die Bundesvertretung bei Bildungseinrichtungen ohne HS auf Erlassung von Bescheiden über die Rechte und Pflichten der Mitglieder, insbesondere über die Feststellung der Verpflichtung zur Leistung des Studierendenbeitrages einschließlich eines allfälligen Sonderbeitrages (§ 67 Abs. 3 HSG 2014).
- Recht auf Einsichtnahme in das Verzeichnis der Studierendenvertreterinnen und Studierendenvertreter (§ 30 Abs. 5 HSG 2014).
- Erzwingung der Einberufung einer Studierendenversammlung, wenn dies mindestens 5 vH der für das jeweilige Organ Wahlberechtigten schriftlich verlangen (§ 21 Abs. 2 HSG 2014).
- Direkte Mitbestimmung: Ein Antrag kann von mindestens 5 vH oder von mindestens 200 Wahlberechtigten eines Organs bzw. einer Hochschulvertretung oder einer Studienvertretung eingebracht werden und muss in den Aufgabenbereich des Organs bzw. der Hochschulvertretung oder der Studienvertretung fallen (§ 61 Abs. 1 HSG 2014).
- Recht auf Erhebung einer Aufsichtsbeschwerde an die Bundesministerin oder den Bundesminister, gegen Beschlüsse der Bundesvertretung, der Hochschulvertretungen, der Organe gemäß § 15 Abs. 2 und der Studienvertretungen, wegen behaupteter Rechtswidrigkeit (§ 67 Abs. 1 HSG 2014).

bei Hochschülerinnen- und Hochschülerschaftswahlen:

- Aktive und passive Wahlberechtigung bei den Hochschülerinnen- und Hochschülerschaftswahlen, wenn der Studierendenbeitrag gemäß § 38 Abs. 2 HSG 2014 rechtzeitig eingezahlt worden ist.

- Studierende eines an mehreren Bildungseinrichtungen gemeinsam eingerichteten Studiums sind für zwei Hochschulvertretungen und die dazugehörigen Studienvertretungen nach Wahl der oder des Studierenden aktiv wahlberechtigt und für die Hochschulvertretungen und die dazugehörigen Studienvertretungen an allen am gemeinsam eingerichteten Studium beteiligten Bildungseinrichtungen passiv wahlberechtigt. (§ 13 Abs. 3 HSWO 2014).
- Antragstellung von ordentlichen Studierenden, die zu einem individuellen Diplom-, Bachelor- oder Masterstudium zugelassen sind, auf Zulassung zur Wahl der Studienvertretung jenes Studiums, bei welchem der Schwerpunkt des individuellen Studiums liegt, wobei der Antrag spätestens vier Monate vor dem ersten Wahltag zu stellen ist (§ 4 Abs. 2 Z 4 HSWO 2014).
- Wahlberechtigte haben einen Anspruch auf Ausstellung einer Wahlkarte zur Wahl der Bundesvertretung und der Hochschulvertretungen (§ 44 Abs. 1 HSG 2014).
- Nach erfolgter Überprüfung des Vorliegens der Wahlberechtigungen durch die Wahlkommission der ÖH ist bei schriftlich oder elektronisch gestellten Anträgen, mit Ausnahme des Nachweises der Identität durch die Verwendung der Bürgerkarte, einschließlich jener mittels Mobiltelefon (Handy-Signatur), ein E-Mail mit einem Bestätigungslink und einem Ablehnungslink an die von der Bildungseinrichtung bzw. den Bildungseinrichtungen gemäß § 16 übermittelten E-Mail-Adressen der Antragstellerin oder des Antragstellers zu senden. Erst wenn durch Aufruf des Bestätigungslinks die Identität der Antragstellerin oder des Antragstellers bestätigt wird, ist die Wahlkarte wirksam beantragt und die Beantragung im Wahladministrationssystem zu vermerken. Wird der Ablehnungslink aufgerufen, gilt der Wahlkartenantrag als zurückgezogen (§ 55 Abs. 2 HSWO 2014).
- Blinde, schwer sehbehinderte und körper- oder sinnesbehinderte Studierende: Recht auf Unterstützung bei der persönlichen Stimmabgabe durch eine selbst gewählte Begleitperson (§ 38 Abs. 5 HSWO 2014).
- sehbehinderte und blinde Studierende: Recht auf Ausfolgung von Stimmzettel-Schablonen bei der persönlichen Stimmabgabe (§ 38 Abs. 6 HSWO 2014).

außerordentliche Mitglieder der ÖH:

- Anspruch auf Beratung und Betreuung durch Organe der ÖH, der HS und der Hochschulvertretungen und Studienvertretungen an Bildungseinrichtungen, an denen keine HS eingerichtet ist.
- Recht auf Einsichtnahme in das Verzeichnis der Studierendenvertreterinnen und Studierendenvertreter (§ 30 Abs. 5 HSG 2014).

- Recht auf Erhebung einer Aufsichtsbeschwerde an die Bundesministerin oder den Bundesminister, gegen Beschlüsse der Bundesvertretung, der Hochschulvertretungen, der Organe gemäß § 15 Abs. 2 und der Studienvertretungen, wegen behaupteter Rechtswidrigkeit (§ 67 Abs. 1 HSG 2014).

Rechte und Pflichten der Studierendenvertreterinnen und Studierendenvertreter

Studierendenvertreterinnen und Studierendenvertreter sind gemäß § 30 Abs. 1 HSG 2014:

- die Mandatarinnen und Mandatare,
- die von den Organen der Österreichischen Hochschülerinnen- und Hochschülerschaft und der Hochschülerinnen- und Hochschülerschaften sowie den Hochschulvertretungen entsandten Vertreterinnen und Vertreter in staatliche Behörden, universitäre Kollegialorgane und, nach Maßgabe der gesetzlichen Vorschriften, in Kollegialorgane der Bildungseinrichtung sowie deren Kommissionen und Unterkommissionen und in internationale Studierendenorganisationen,
- die Referentinnen und Referenten sowie die stellvertretenden Wirtschaftsreferentinnen und Wirtschaftsreferenten,
- die Sachbearbeiterinnen und Sachbearbeiter,
- die entsandten Vertreterinnen und Vertreter in die Organe der Wirtschaftsbetriebe, wenn sie Studierende sind,
- Personen, die bei einem vorzeitigen Ende der Funktionsperiode einer Studienvertretung, von der Hochschulvertretung bestellt wurden um diese Aufgaben zu übernehmen (§ 19 Abs. 4 und § 28 Abs. 4 HSG 2014),
- Personen, die von der Bundesvertretung bestellt wurden, um die Aufgaben für sie zu besorgen, wenn die Wahl einer Hochschulvertretung unterblieben ist (§ 52 Abs. 3 HSG 2014),
- Personen, die von der Hochschulvertretung bestellt wurden, um die Aufgaben für sie zu besorgen, wenn die Wahl einer Studienvertretung unterblieben ist (§ 52 Abs. 4 HSG 2014) und

<u>zusätzlich an Universitäten und Pädagogischen Hochschulen:</u>

- die Tutorinnen und Tutoren gemäß § 66 Abs. 4 UG und § 41 Abs. 3 HG, wenn sie Studierende sind und von Organen der jeweiligen Hochschülerinnen- und Hochschülerschaft namhaft gemacht wurden.

Allgemein:

- Dauer der Funktionsperiode: Beginn am 1 . Juli nach der Wahl; Ende am 30. Juni des zweiten darauf folgenden Jahres.

Aufgaben:

- Vertretung der Studierenden.
- Gewissenhafte und uneigennützige Erfüllung der Aufgaben (§ 30 Abs. 3 HSG 2014).
- Führung eines Kassabuches wenn Bareinnahmen aufgebracht oder Barausgaben bestreitet werden (§ 41 Abs. 4 HSG 2014).

Rechte und Pflichten:

- Teilnahme an Schulungen der Bundesvertretung, der Hochschulvertretungen und der Studienvertretungen, nach Maßgabe der finanziellen Mittel (§ 11 Abs. 1 Z 8 u. a. HSG 2014).
- Auf Antrag der oder des Vorsitzenden sind den Studierendenvertreterinnen und Studierendenvertreter von der oder dem Vorsitzenden der Wahlkommission Ausweise auszustellen (§ 30 Abs. 4 HSG 2014).
- Ausfolgung der Ausweise bei der zuständigen Wahlkommission bei Beendigung der Funktionsausübung (§ 30 Abs. 4 HSG 2014).
- Ehrenamtliche Ausübung der Tätigkeit, aber Anspruch auf Ersatz des ihnen aus ihrer Tätigkeit erwachsenden Aufwandes (§ 31 Abs. 1 HSG 2014).
- Zeiten als Studierendenvertreterin oder Studierendenvertreter sind unter Berücksichtigung der Funktion und der zeitlichen Inanspruchnahme bis zum Höchstausmaß von vier Semestern zur Erlangung von Studienbeihilfen nach dem Studienförderungsgesetz 1992, BGBl. Nr. 305/1992, nicht in die darin vorgesehene höchstzulässige Studienzeit einzurechnen (§ 31 Abs. 2 HSG 2014).
- Studierendenvertreterinnen und Studierendenvertreter sind berechtigt, anstelle von Einzelprüfungen kommissionelle Prüfungen abzulegen. Die freie Wahl der Prüferinnen und Prüfer ist ab dem zweiten Prüfungsantritt zulässig. Diese Berechtigungen erstrecken sich auch auf die beiden darauffolgenden Semester nach dem Semester der Beendigung der Funktion als Studierendenvertreterin oder Studierendenvertreter (§ 31 Abs. 5 HSG 2014).
- Soweit für eine Lehrveranstaltung an einer Bildungseinrichtung eine Anwesenheitsverpflichtung vorgesehen ist, kann diese von Studierendenvertreterinnen und Studierendenvertretern, zusätzlich zu den bestehenden Regelungen betreffend die Ausnahmen der Anwesenheitsverpflichtung, um höchstens 30 vH unterschritten werden (§ 31 Abs. 6 HSG 2014).

Aufgaben und Pflichten der Rektorin oder des Rektors der Universität oder der Pädagogischen Hochschule oder der Leiterin oder des Leiters der Privatuniversität oder der Vertreterin oder des Vertreters des Erhalters eines Fachhochschul-Studienganges

Allgemein:

- Durchführung und Überprüfung der Einhebung bzw. Einzahlung des Studierendenbeitrages einschließlich allfälliger Sonderbeiträge (§ 38 Abs. 4 HSG 2014).
- Zuweisung von Plakatflächen an die Wahlkommissionen (§ 19 Abs. 4 HSWO 2014).

Hochschülerinnen- und Hochschülerschaftswahlen:

- Übermittlung der Daten der ordentlichen Mitglieder der Österreichischen Hochschülerinnen- und Hochschülerschaft an der jeweiligen Bildungseinrichtung für die Erstellung des Wählerinnen- und Wählerverzeichnisses für die Hochschülerinnen- und Hochschülerschaftswahlen an die Wahlkommission der Österreichischen Hochschülerinnen- und Hochschülerschaft in elektronischer Form (§ 43 Abs. 6 HSG 2014 und § 16 Abs. 1 HSWO 2014):
  - bis spätestens 31. Dezember jeden Jahres, das einer ÖH-Wahl vorangeht (§ 43 Abs. 6 HSG 2014 und § 16 Abs. 1 HSWO 2014) und
  - unmittelbar nach Ablauf des Stichtages gemäß § 47 Abs. 5 binnen zweier Werktage (§ 43 Abs. 6 HSG 2014 und § 16 Abs. 1 HSWO 2014).
- Bestimmung einer bzw. eines rechtskundigen Vorsitzenden (Stellvertreterin oder Stellvertreter) der Wahlkommissionen und Unterwahlkommissionen (§ 50 Abs. 3 und 4 HSG 2014 und § 2 Abs. 3 Z 2 und Abs. 4 Z 2 HSWO 2014).
- Angelobung der Vorsitzenden der Wahlkommissionen bei den HS (§ 50 Abs. 7 HSG 2014 und § 3 Abs. 2 HSWO 2014).
- Zurverfügungstellung von geeigneten (barrierefreien) Wahllokalen für die Hochschülerinnen- und Hochschülerschaftswahlen (§ 35 Abs. 1 HSWO 2014).
- Zurverfügungstellung je eines Computers mit Internetzugang und eines Druckers pro Wahlkommission und Unterwahlkommission für die Hochschülerinnen- und Hochschülerschaftswahlen (§ 35 Abs. 1 HSWO 2014).
- Zurverfügungstellung eines Computers mit Internetzugang für jede Unterkommission der Wahlkommissionen und Unterwahlkommissionen für die Hochschülerinnen- und Hochschülerschaftswahlen (§ 35 Abs. 1 HSWO 2014).

- Bestätigung der Zulassung zu einem Studium oder Ausstellung einer Bestätigung über die Fortsetzungsmeldung des Studiums oder eines aufrechten Ausbildungsverhältnisses für die Kandidatinnen- und Kandidatenliste (§ 24 HSWO 2014) und die Unterstützungserklärungen eines Wahlvorschlages (§ 27 Abs. 4 HSWO 2014) und bei Kandidaturen für eine Studienvertretung (§ 28 Abs. 4 HSWO 2014).

Gegenüber der ÖH, den HS und Bildungseinrichtungen, an denen keine HS eingerichtet ist:

- Festlegung welche Räume für welchen Zeitraum für Veranstaltungen zur Verfügung gestellt werden und erforderlichenfalls Einschränkung auf Angehörige der jeweiligen Bildungseinrichtung (§ 5 Abs. 2, § 13 Abs. 1 und § 24 Abs. 1 HSG 2014).
- Die Begrenzung des Zutritts zu Veranstaltungen und die Untersagung von Veranstaltungen durch Bescheid (§ 5 Abs. 3, § 13 Abs. 2 und § 24 Abs. 2 HSG 2014).
- Zurverfügungstellung von Plakatflächen für die Anbringung von Informationen (§ 5 Abs. 4, § 13 Abs. 3 und § 24 Abs. 3 HSG 2014).
- Zurverfügungstellung eines Verzeichnisses der Studierenden an die ÖH, die HS und die Hochschulvertretungen in jedem Semester. Dieses Verzeichnis hat Angaben über Namen, wenn vorhanden über Matrikelnummer bzw. Personenkennzahl bzw. Personenkennzeichen, Geschlecht, Staatsangehörigkeit, Geburtsdatum, Anschrift am Studienort und Heimatort, und, wenn vorhanden, die E-Mail-Adresse, sowie über die Zulassung zum Studium zu enthalten (§ 6 Abs. 1, § 13 Abs. 4 und § 24 Abs. 4 HSG 2014).
- Zurverfügungstellung der für die Erfüllung ihrer Aufgaben erforderlichen Räume insbesondere innerhalb der Gebäude der jeweiligen Bildungseinrichtung an die jeweilige HS oder Hochschulvertretung und eine dem Standard der Zentralen Verwaltung der Bildungseinrichtung entsprechende Büroausstattung (§ 14 und § 25 HSG 2014).

Aufsicht:

- Prüfung der gefassten Beschlüsse durch Durchsicht der vorgelegten Protokolle von Organen der HS und Studienvertretungen und gegebenenfalls Information der Bundesministerin oder des Bundesministers über festgestellte Rechtswidrigkeit von Beschlüssen. Davon ausgenommen sind Beschlüsse der Bundesvertretung, der Hochschulvertretungen und der Wahlkommissionen und Unterwahlkommissionen (§ 63 Abs. 1 und 2 HSG 2014).

- Beauftragung von Dienstleistern (§ 12 Abs. 5, § 16 Abs. 5, § 19 Abs. 5 und § 52 Abs. 6 HSWO 2014).
- Durchführung von Urabstimmungen gemäß § 62 HSG 2014, wenn sie gemeinsam mit Hochschülerinnen- und Hochschülerschaftswahlen stattfinden (§ 4 Abs. 1 Z 16 HSWO 2014).
- Übermittlung der Protokolle über die von ihr gefassten Beschlüsse binnen zwei Wochen nach Beschlussfassung an die Bundesministerin oder den Bundesminister (§ 63 Abs. 1 HSG 2014).

Wählerinnen- und Wählerverzeichnis:

- Erstellung des gesamten Wählerinnen- und Wählerverzeichnisses (Wählerinnen- und Wählerverzeichnis BV) für die Hochschülerinnen- und Hochschülerschaftswahlen mit den Wahlberechtigungen für die Bundesvertretung, die Hochschulvertretungen und die Studienvertretungen zur Sicherstellung des gleichen Wahlrechts (§ 43 Abs. 4 HSG 2014 und § 4 Abs. 1 Z 4 HSWO 2014).
- Bekanntgabe des Datenformates der zu übermittelnden Daten zur Erstellung des Wählerinnen- und Wählerverzeichnisses an die Leiterinnen und Leiter der Bildungseinrichtungen (§ 16 Abs. 2 HSWO 2014).
- Sicherstellung der sicheren Speicherung der übermittelten Daten für die Erstellung des Wählerinnen- und Wählerverzeichnisses (§ 16 Abs. 3 HSWO 2014).
- Bekanntgabe des Zeitpunktes und der Dauer der Einsichtnahme in das vorläufige Wählerinnen- und Wählerverzeichnis (§ 19 Abs. 4 HSWO 2014).
- Auflage des Wählerinnen- und Wählerverzeichnisses BV (§ 4 Abs. 1 Z 5 HSWO 2014).
- Veranlassung der Berichtigung des Wählerinnen- und Wählerverzeichnisses BV (§ 4 Abs. 1 Z 6 HSWO 2014).

Leitung und Organisation der Wahl der Bundesvertretung und der Briefwahl für die Bundesvertretung und die Hochschulvertretungen (§ 51 Abs. 2 HSG 2014 und § 4 Abs. 1 HSWO 2014):

- Verlautbarung der Wahltage sowie der sich daraus ergebenden Termine und Fristen und Veröffentlichung auf der Homepage der ÖH (§ 4 Abs. 1 Z 1 und § 11 HSWO 2014).
- Durchführung der Briefwahl und deren Auswertung; bei Bedarf die Einrichtung von Unterkommissionen zur Unterstützung.
- Prüfung der Wahlvorschläge für die Wahl der Bundesvertretung.
- Prüfung der Unterstützungserklärungen für einen Wahlvorschlag (§ 27 Abs. 6 HSWO 2014).

- Gegebenenfalls: Aufforderung der Verbesserung des Wahlvorschlages (§ 29 Abs. 2 HSWO 2014).
- Festsetzung von unterscheidenden Bezeichnungen der Wahlvorschläge, sofern zwischen den wahlwerbenden Gruppen, kein Einvernehmen zustande gekommen ist (§ 23 Abs. 1 HSWO 2014).
- Verlautbarung der zugelassenen gültigen Wahlvorschläge spätestens drei Wochen vor dem ersten Wahltag (§ 51 Abs. 3 HSG 2014 und § 4 Abs. 3 HSWO 2014).
- Erstellung der Stimmzettel für die Wahl der Bundesvertretung.
- Ausstellung einer Wahlkarte für die Wahl der Bundesvertretung und der Hochschulvertretung(en) (§ 44 HSG 2014).
- Entgegennahme der Briefwahlstimmen und Erfassung der Daten der Wahlberechtigten im Wahladministrationssystem (§ 45 Abs. 4 HSG 2014).
- Übermittlung der Ergebnisse der abgegebenen Briefwahlstimmen für die Wahl der Hochschulvertretungen durch das Wahladministrationssystem an die zuständige Wahlkommission oder Unterwahlkommission (§ 12 Abs. 1 Z 5 HSWO 2014).
- Verlautbarung des Wahlergebnisses der Bundesvertretung (§ 63 HSWO 2014).
- Zuweisung der Mandate für die Bundesvertretung (§ 62 HSWO 2014).
- Verständigung der gewählten Mandatarinnen und Mandatare (§ 64 HSWO 2014).
- Verwahrung der Wahlakten (§ 60 Abs. 1 HSWO 2014).

Bundesvertretung:

- Durchführung der konstituierenden Sitzung der Bundesvertretung mit Wahl der oder des Vorsitzenden und ihrer oder seiner Stellvertreterinnen oder Stellvertreter (§ 4 Abs. 13 HSWO 2014).
- Bescheidmäßige Feststellung des Erlöschens von Mandaten gemäß § 55 und nachträgliche Zuweisung von Mandaten an Personen gemäß §§ 53 und 54 (§ 51 Abs. 2 HSG 2014 und § 4 Abs. 15 HSWO 2014).

Wahlanfechtungen:

- Entscheidung über Einsprüche wegen Verletzung der Bestimmungen über das Wahlverfahren für die Wahlen in alle Organe der Hochschülerinnen- und Hochschülerschaften und an Bildungseinrichtungen, an denen keine Hochschülerinnen- oder Hochschülerschaften eingerichtet ist, der Hochschulvertretungen und Studienvertretungen mit Bescheid (§ 57 Abs. 1 HSG 2014 und § 4 Abs. 1 Z 14 HSWO 2014).

- Abgabe einer Stellungnahme zu Einsprüchen gegen die jeweilige Wahl der Bundesvertretung und Weiterleitung des Einspruchs und der Stellungnahme an die Bundesministerin oder den Bundesminister (§ 56 Abs. 3 HSG 2014).

Aufgaben und Pflichten der oder des Vorsitzenden der Wahlkommission der Österreichischen Hochschülerinnen- und Hochschülerschaft

Allgemein:

- Angelobung der übrigen Mitglieder der WK ÖH und etwaiger Unterkommissionen (§ 50 Abs. 7 HSG 2014 und § 5 Abs. 1 HSWO 2014).
- Angelobung der Vorsitzenden der Unterwahlkommissionen (§ 3 Abs. 2 HSWO 2014).
- Einberufung und Leitung der Sitzungen und Abstimmungen der WK ÖH (§ 5 Abs. 1 und § 8 HSWO 2014).
- Ist die Wahlkommission nicht beschlussfähig, so entscheidet die oder der Vorsitzende alleine über die für diese Sitzung ausgesendeten Tagesordnungspunkte (§ 7 Abs. 2 HSWO 2014).
- Vollziehung der Beschlüsse der WK ÖH (§ 5 Abs. 1 HSWO 2014).
- Anfertigung der Niederschrift über jede Sitzung (§ 5 Abs. 1 HSWO 2014).
- Berechtigung geeignete Hilfsorgane mit der Erfüllung spezifischer Aufgaben (Festlegung der Aufgaben durch Wahlkommission der ÖH) zu betrauen (§ 10 Abs. 6 HSWO 2014).
- Ausstellung einer Bestätigung über die persönliche Übergabe von Wahlvorschlägen (§ 22 Abs. 2 HSWO 2014).
- Bei Gefahr in Verzug: Unterbrechung der Wahlhandlung und Verschiebung der festgelegten Wahlzeit, innerhalb der Wahltage, wenn Umstände eintreten, die die Stimmabgabe verhindern und deren Kundmachung (§ 50 Abs. 1 HSWO 2014).
- Entgegennahme von Einsprüchen gegen die jeweilige Wahl von wahlwerbenden Gruppen für die Bundesvertretung (§ 56 Abs. 2 HSG 2014).
- Vornahme der Umbildung der WK ÖH nach den Hochschülerinnen- und Hochschülerschaftswahlen (§ 5 Abs. 1 und § 6 Abs. 1 HSWO 2014).

Bundesvertretung:

- Einladung zur konstituierenden Sitzung der Bundesvertretung ehestmöglich nach der Verlautbarung des Wahlergebnisses (§ 59 Abs. 1 HSG 2014).

- Leitung der konstituierenden Sitzung der Bundesvertretung mit der Wahl der oder des Vorsitzenden und der Stellvertreterinnen und Stellvertreter (§ 33 Abs. 1 HSG 2014).
- Gegebenenfalls: Ausstellung einer Vollmacht für die Vertretungsbefugnis einer anderen Ersatzperson (§ 59 Abs. 3 HSG 2014).
- Ausstellung von Ausweisen für Vorsitzende und Wirtschaftsreferentinnen und Wirtschaftsreferenten der Bundesvertretung und bei Vorliegen eines Antrags des Vorsitzenden der Bundesvertretung auch für andere Studierendenvertreterinnen und Studierendenvertreter (§ 30 Abs. 4 HSG 2014).

Wahlkommissionen und Unterwahlkommissionen:

- Verwaltung und Übermittlung der Zugänge der Wahlkommissionen, Unterwahlkommissionen und Unterkommissionen zum elektronischen Wahladministrationssystem (§ 4 Abs. 1 Z 17 und § 12 HSWO 2014).
- Bereitstellung von Zugangsberechtigungen für das Wahladministrationssystem für zusätzliche vertrauenswürdige Personen auf Grund von besonderen Erfordernissen, wenn ein solcher Beschluss der Wahlkommission oder Unterwahlkommission vorliegt (§ 12 Abs. 3 HSWO 2014).
- Unverzügliche Sperrung einer Zugangsberechtigung einer Unterkommission für das Wahladministrationssystem, wenn diese missbräuchlich verwendet oder verloren gegangen ist (§ 12 Abs. 9 HSWO 2014).
- Zurverfügungstellung von Stimmzettel-Schablonen (§ 44 Abs. 7 HSWO 2014).

Aufgaben und Pflichten der Wahlkommissionen und Unterwahlkommissionen:

Allgemein:

- Vor Antritt ihres Amtes: Ablegung des Gelöbnisses strenger Unparteilichkeit und gewissenhafter Erfüllung ihrer Aufgaben (§ 3 Abs. 3 HSWO 2014).
- Verwendung des von der Wahlkommission der ÖH zur Verfügung gestellten Wahladministrationssystems zur Organisation und Durchführung der Hochschülerinnen- und Hochschülerschaftswahlen (§ 12 Abs. 1 HSWO 2014).
- Übermittlung der Protokolle über die von ihnen gefassten Beschlüsse binnen zwei Wochen nach Beschlussfassung an die Bundesministerin oder den Bundesminister (§ 63 Abs. 1 HSG 2014).
- Entscheidung über Anträge, wenn 15 vH der für die gemeinsame Studienvertretung aktiv Wahlberechtigten innerhalb eines Monates nach der

jeweiligen Beschlussfassung über eine Zusammenfassung von Studienvertretungen, bei der zuständigen Wahlkommission eigenständige Studienvertretungen schriftlich beantragen (§ 19 Abs. 5 und 28 Abs. 5 HSG 2014).

- Durchführung der Wahlen an der jeweiligen Bildungseinrichtung sowie die organisatorische Durchführung der Wahlen in die Bundesvertretung an der jeweiligen Bildungseinrichtung (§ 51 Abs. 1 HSG 2014 und § 4 Abs. 2 HSWO 2014).
- Allenfalls: Beschluss, dass die Bezeichnung der Bildungseinrichtung auf die Wahlkuverts gedruckt wird (§ 45 Abs. 3 HSWO 2014).

Vor den Wahltagen der Hochschülerinnen- und Hochschülerschaftswahlen:

- Verlautbarung der Wahltage sowie der sich daraus ergebenden Termine und Fristen und Veröffentlichung auf den Homepages der HS (§ 4 Abs. 2 Z 1 und § 11 HSWO 2014).
- Festlegung eines Zeitpunktes, bis zu dem von der Hochschulvertretung bekannt zu geben ist, welche zusammengefassten Studienvertretungen zu wählen sind, wobei dieser Zeitpunkt spätestens drei Monate vor dem erstem Wahltag zu liegen hat.
- Zuordnung der Studien zu Studienvertretungen im Wahladministrationssystem (§ 12 Abs. 2 Z 2 HSWO 2014).
- Zulassung von Studierenden, die zu einem individuellen Diplom-, Bachelor- oder Masterstudium zugelassen sind, zur Wahl der Studienvertretung jenes Studiums, bei welchem der Schwerpunkt des individuellen Studiums liegt, auf Antrag dieser Studierenden, wobei dieser Antrag spätestens vier Monate vor dem ersten Wahltag zu stellen ist (§ 47 Abs. 4 HSG 2014).
- Bekanntgabe des Zeitpunktes und der Dauer der Einsichtnahme in das vorläufige Wählerinnen- und Wählerverzeichnisses (§ 19 Abs. 4 HSWO 2014).
- Erstellung (§ 18 Abs. 2 HSWO 2014) und Auflage des Wählerinnen- und Wählerverzeichnisses HV (§ 19 Abs. 2 Z 2 HSWO 2014) und die Erstellung der Wählerinnen- und Wählerverzeichnisse UK (§ 18 Abs. 3 HSWO 2014).
- Entscheidungen über Einsprüche gegen das Wählerinnen- und Wählerverzeichnis HV gemäß § 20 Abs. 2 HSWO 2014.
- Feststellung der Zahl der für jedes Organ zu vergebenden Mandate gleichzeitig mit der Veröffentlichung der Wahlvorschläge (§ 16 Abs. 1 Z 1, § 18 Abs. 2 Z 1, § 19 Abs. 3 HSWO 2014 und § 28 Abs. 3 HSG 2014 und § 32 Abs. 5 HSWO 2014).

- Prüfung der Wahlvorschläge und Kandidaturen (§ 29 HSWO 2014).
- Prüfung der Unterstützungserklärungen für einen Wahlvorschlag (§ 27 Abs. 6 HSWO 2014).
- Gegebenenfalls: Aufforderung der Verbesserung des Wahlvorschlages oder der Kandidatur (§ 29 Abs. 2 HSWO 2014).
- Festsetzung von unterscheidenden Bezeichnungen der Wahlvorschläge, sofern zwischen den wahlwerbenden Gruppen, kein Einvernehmen zustande gekommen ist (§ 23 Abs. 1 HSWO 2014).
- Erstellung der Stimmzettel für die Wahl der Hochschulvertretung und elektronische Übermittlung dieser an die Wahlkommission der Österreichischen Hochschülerinnen- und Hochschülerschaft bis spätestens vier Wochen vor dem letzten Wahltag (§ 32 Abs. 2 HSWO 2014).
- Verlautbarung der zugelassenen gültigen Wahlvorschläge spätestens drei Wochen vor dem ersten Wahltag (§ 51 Abs. 3 HSG 2014).
- Erstellung der Stimmzettel für die Wahl der Studienvertretungen.
- Berechtigung, Formulare (Anlagen 3 bis 6 und 14 bis 16 der HSWO 2014) auch in einer Fremdsprache zur Verfügung zu stellen, sofern diese die an der Bildungseinrichtung überwiegend verwendete Unterrichtssprache ist.
- Einrichtung von Unterkommissionen (§ 10 Abs. 1 HSWO 2014).
- Bekanntgabe der Wahlzeiten und der Wahllokale bis spätestens zwei Wochen vor dem ersten Wahltag (§ 33 Abs. 1 HSWO 2014).
- Beschluss über eine Bereitstellung von Zugangsberechtigungen für das Wahladministrationssystem für zusätzliche vertrauenswürdige Personen auf Grund von besonderen Erfordernissen durch die oder den Vorsitzenden der Wahlkommission der ÖH (§ 12 Abs. 3 HSWO 2014).
- Gegebenenfalls an Bildungseinrichtungen, an denen berufsbegleitende Studien eingerichtet sind, mit Ausnahme der Universitäten gemäß § 6 UG: Beschluss über einen vorgezogenen Wahltag oder zwei vorgezogene Wahltage (§ 33 Abs. 4 HSWO 2014).
- Beschluss über die Ausmaße der Verbotszone und deren Kundmachung bis spätestens sieben Tage vor dem ersten Wahltag (§ 34 Abs. 1 HSWO 2014).
- Beschluss über die Form der sicheren Verwahrung der Wahlakten und der Wahlurnen nach Wahlschluss des ersten und zweiten Wahltages (§ 37 Abs. 4 HSWO 2014).
- Allenfalls: Beschluss über eine automationsunterstützte Feststellung des Wahlergebnisses unter Verwendung eines Strichcodes (§ 44 Abs. 3 HSWO 2014).

- Durchführung von Urabstimmungen gemäß § 62 HSG 2014, wenn sie gemeinsam mit Hochschülerinnen- und Hochschülerschaftswahlen stattfinden.

Während der Wahltage der Hochschülerinnen- und Hochschülerschaftswahlen:

- Durchführung der Wahl und die Leitung der Wahlhandlung, insbesondere auch jener Wahlen, die in der Satzung der jeweiligen Hochschülerinnen- und Hochschülerschaft oder bei Hochschulvertretungen, an denen keine Körperschaft öffentlichen Rechts eingerichtet ist, in der Satzung der Österreichischen Hochschülerinnen- und Hochschülerschaft vorgesehen sind und der Obsorge der Einhaltung der Wahlvorschriften (§ 37 Abs. 1 HSWO 2014).
- Entscheidung bezüglich des Startens, Beendens und etwaigen Unterbrechens des Wahlvorganges.
- Unterbrechung der Wahlhandlung und Verschiebung der festgelegten Wahlzeit, innerhalb der Wahltage, wenn Umstände eintreten, die die Stimmabgabe verhindern und deren Kundmachung (§ 50 Abs. 1 HSWO 2014).
- Verfügung, dass die Wählerinnen und Wähler nur einzeln in das Wahllokal eingelassen werden, wenn dies zur ungestörten Durchführung der Wahl erforderlich scheint (§ 35 Abs. 5 HSWO 2014).
- Kontrolle der Wahlurnen und der zur Verfügung gestellten Ausstattung unmittelbar vor Beginn der Wahlhandlung (§ 37 Abs. 3 HSWO 2014).
- Stempeln der amtlichen Stimmzettel (§ 40 Abs. 1 HSWO 2014).
- Regelmäßige Kontrolle der Wahlzelle (§ 36 Abs. 4 HSWO 2014).
- Prüfung der Identität und der Wahlberechtigung der Wählerinnen und Wähler (§ 39 HSWO 2014).
- Entscheidung über die Zulassung von Wahlberechtigten zur Stimmabgabe, wenn begründete Zweifel an der Identität der oder des Wahlberechtigten bestehen. Diese oder dieser ist nur dann zur Stimmabgabe zuzulassen, wenn diese Person durch Vorlage eines zusätzlichen amtlichen Lichtbildausweises ihre oder seine Identität eindeutig nachweisen kann (§ 43 Abs. 2 HSWO 2014).
- Feststellung der Wahlberechtigung auf Grund des Wählerinnen- und Wählerverzeichnisses und des elektronisch geführten Abstimmungsverzeichnisses (§ 39 Abs. 2 HSWO 2014).
- Bei einem Vermerk im Wahladministrationssystem, dass eine Wahlkarte beantragt worden ist darf die Bundesvertretung, Hochschulvertretung und die Studienvertretung nur dann gewählt werden, wenn die Wahlkarte abgegeben wird (§ 51 HSWO 2014).

- Vermerk der Stimmabgabe im elektronisch geführten Abstimmungsverzeichnis des Wahladministrationssystems (§ 41 Abs. 1 HSWO 2014).
- Vornahme der Streichung der Wählerin oder des Wählers im Wählerinnen- und Wählerverzeichnis und Eintragung der fortlaufenden Nummer aus dem elektronischen Abstimmungsverzeichnis (§ 41 Abs. 3 HSWO 2014).
- Entscheidung im Zweifelsfall über die Zulässigkeit der Inanspruchnahme einer Begleitperson bei blinden, schwer sehbehinderten und körper- oder sinnesbehinderten Wählerinnen und Wählern und Vermerk einer solchen Stimmabgabe in der Niederschrift (§ 38 Abs. 7 HSWO 2014).
- Unverzügliche Information der Wahlkommission der ÖH, wenn eine Zugangsberechtigung einer Unterkommission für das Wahladministrationssystem missbräuchlich verwendet wird oder verloren geht (§ 12 Abs. 9 HSWO 2014).
- Gewährleistung der sicheren Verwahrung der Wahlakten und der Wahlurnen nach Wahlschluss des ersten und zweiten Wahltages (§ 37 Abs. 4 HSWO 2014).

Nach den Hochschülerinnen- und Hochschülerschaftswahlen:

- Schließung des Wahllokales nach Abschluss der Stimmabgabe (§ 48 Abs. 1 HSWO 2014).
- Mischen der Wahlkuverts in den Wahlurnen und Entleerung der Wahlurnen und Feststellung der Anzahl der abgegebenen Wahlkuverts und der Anzahl der im elektronisch geführten Abstimmungsverzeichnis eingetragenen Wählerinnen und Wähler (§ 48 Abs. 2 HSWO 2014).
- Entscheidung über die Gültigkeit der abgegebenen Stimmzettel (§ 48 Abs. 3 HSWO 2014).
- Feststellung des Wahlergebnisses (§ 48 Abs. 3 und § 60 HSWO 2014).
- Übermittlung der Ergebnisse der Wahl der Bundesvertretung an die Wahlkommission der ÖH (§ 12 Abs. 2 Z 6 und § 60 Abs. 2 HSWO 2014).
- Beurkundung des Wahlvorganges in einer Niederschrift nach dem Muster der Anlage 11 der HSWO 2014 (§ 49 Abs. 1 HSWO 2014).
- Zuweisung der Mandate an die wahlwerbenden Gruppen und die Kandidatinnen und Kandidaten für die Studienvertretungen (§ 62 HSWO 2014).
- Verständigung der gewählten Mandatarinnen und Mandatare (§ 64 HSWO 2014).
- Verlautbarung des Wahlergebnisses (§ 63 HSWO 2014).
- Verwahrung der Wahlakten (§ 60 Abs. 1 HSWO 2014).

- Durchführung der konstituierenden Sitzung der Hochschulvertretung und der Studienvertretungen mit Wahl der oder des Vorsitzenden und ihrer oder seiner Stellvertreterinnen oder Stellvertreter (§ 59 HSG 2014).
- Bescheidmäßige Feststellung des Erlöschens von Mandaten gemäß § 55 Abs. 2 und 3 HSG 2014 und die nachträgliche Zuweisung von Mandaten an Personen gemäß §§ 53 und 54 HSG 2014.
- Abgabe einer Stellungnahme zu Einsprüchen gegen die jeweilige Wahl und Weiterleitung des Einspruchs und der Stellungnahme an die WK ÖH (§ 57 Abs. 3 HSG 2014).

Aufgaben und Pflichten der Vorsitzenden der Wahlkommissionen und Unterwahlkommissionen:

Allgemein:

- Angelobung der übrigen Mitglieder der Wahlkommission oder Unterwahlkommission (§ 50 Abs. 7 HSG 2014).
- Angelobung der Mitglieder von Unterkommissionen (§ 5 Abs. 1 HSWO 2014).
- Einberufung und Leitung der Sitzungen und Abstimmungen der Wahlkommission oder Unterwahlkommission (§ 5 Abs. 1 und § 8 HSWO 2014).
- Ist die Wahlkommission nicht beschlussfähig, so entscheidet die oder der Vorsitzende alleine über die für diese Sitzung ausgesendeten Tagesordnungspunkte (§ 7 Abs. 2 HSWO 2014).
- Vollziehung der Beschlüsse der Wahlkommission oder Unterwahlkommission (§ 5 Abs. 1 HSWO 2014).
- Anfertigung der Niederschrift über jede Sitzung (§ 5 Abs. 1 HSWO 2014).
- Ausstellung von Ausweisen für Vorsitzende und Wirtschaftsreferentinnen und Wirtschaftsreferenten der Hochschulvertretungen und bei Vorliegen eines Antrags des Vorsitzenden (des jeweiligen Organs) auch für andere Studierendenvertreterinnen und Studierendenvertreter (§ 30 Abs. 4 HSG 2014).

Hochschülerinnen- und Hochschülerschaftswahlen:

- Ausstellung einer Bestätigung über die persönliche Übergabe von Wahlvorschlägen (§ 22 Abs. 2 HSWO 2014).
- Ausstellung einer Bestätigung über die persönliche Übergabe von Kandidaturen (§ 28 Abs. 2 HSWO 2014).
- Fristgerechte Anforderung der Stimmzettel-Schablonen für sehbehinder-

te und blinde Studierende bei der oder dem Vorsitzenden der Wahlkommission der ÖH (§44 Abs. 6 HSWO 2014).

- Veranlassung des Druckes der Stimmzettel, spätestens gleichzeitig mit der Verlautbarung der Wahlvorschläge (§ 44 Abs. 5 HSWO 2014).
- Herstellung der papierbasierten Wählerinnen- und Wählerverzeichnisse (§ 21 HSWO 2014).
- Kuvertierung der Zugangsberechtigungen zum Wahladministrationssystem für die Unterkommissionen (§ 12 Abs. 7 HSWO 2014).
- Entscheidung ob die Zugangsberechtigungen für das Wahladministrationssystem an die Unterkommissionen übergeben werden, oder ob die Wahlhandlung von ihr oder ihm (Stellvertreterin oder Stellvertreter) vorgenommen wird (§ 12 Abs. 7 HSWO 2014).
- Übergabe, am ersten Wahltag vor der festgesetzten Wahlzeit, des Wählerinnen- und Wählerverzeichnisses nebst den vorbereiteten Abstimmungsverzeichnissen, gegebenenfalls der verschlossenen abgezählten Kuverts mit den Zugangsberechtigungen der Unterkommissionen zum elektronischen Wahladministrationssystem, der Wahlkuverts und der abgezählten amtlichen Stimmzettel an die Wahlkommission oder Unterwahlkommission oder den eingerichteten Unterkommissionen (§ 37 Abs. 3 HSWO 2014).
- Sicherstellung der Aufrechterhaltung der Ruhe und Ordnung bei der Wahlhandlung (§ 37 Abs. 2 HSWO 2014).
- Übergabe des leeren Wahlkuverts und die oder dem Wahlberechtigten zustehenden Stimmzettel (§ 40 Abs. 1 HSWO 2014).
- Entgegennahme der Stimmzettel (§ 40 Abs. 2 HSWO 2014).
- Erklärung des Endes der Wahl, wenn die für die Wahlhandlung festge setzte Zeit abgelaufen ist und alle bis dahin im Wahllokal erschienenen Wählerinnen und Wähler gewählt haben (§ 48 Abs. 1 HSWO 2014).
- Mitteilung der Pflicht zur Geheimhaltung des Wahlergebnisses bis zur Verlautbarung an die Mitglieder der Unterkommissionen und der Wahlkommission oder Unterwahlkommission und die Beobachterinnen und Beobachter (§ 48 Abs. 5 HSWO 2014).
- Entgegennahme von Einsprüchen gegen die jeweilige Wahl (§ 57 Abs. 2 HSG 2014).
- Vornahme der Umbildung der Wahlkommission oder Unterwahlkommission nach den Hochschülerinnen- und Hochschülerschaftswahlen (§ 5 Abs. 1 und § 6 Abs. 1 HSWO 2014).
- Einladung zur konstituierenden Sitzung des jeweiligen Organs bzw. der betreffenden Hochschulvertretung oder Studienvertretung ehestmöglich nach der Verlautbarung des Wahlergebnisses (§ 59 Abs. 1 HSG 2014).

- Leitung der konstituierenden Sitzung mit der Wahl der oder des Vorsitzenden und der Stellvertreterinnen und Stellvertreter (§ 33 Abs. 1 HSG 2014).
- Gegebenenfalls: Ausstellung einer Vollmacht für die Vertretungsbefugnis einer anderen Ersatzperson (§ 59 Abs. 3 HSG 2014).

Aufgaben und Pflichten der Unterkommissionen

- Vor Antritt ihres Amtes: Ablegung des Gelöbnisses strenger Unparteilichkeit und gewissenhafter Erfüllung ihrer Aufgaben (§ 3 Abs. 3 HSWO 2014).
- Durchführung der Wahl und die Leitung der Wahlhandlung und der Obsorge der Einhaltung der Wahlvorschriften (§ 37 Abs. 1 HSWO 2014).
- Unterbrechung der Wahlhandlung und Verschiebung der festgelegten Wahlzeit, innerhalb der Wahltage, wenn Umstände eintreten, die die Stimmabgabe verhindern und deren Kundmachung (§ 50 Abs. 1 HSWO 2014).
- Verwendung des von der Wahlkommission der ÖH zur Verfügung gestellten Wahladministrationssystems zur Durchführung der Hochschülerinnen- und Hochschülerschaftswahlen (§ 12 Abs. 1 HSWO 2014).
- Anmeldung im Wahladministrationssystem, sofern diese Handlung nicht von der oder dem Vorsitzenden der Wahlkommission oder Unterwahlkommission (Stellvertreterin oder Stellvertreter) vorgenommen wird (§ 12 Abs. 7 HSWO 2014).
- Unverzügliche Information der Wahlkommission oder Unterwahlkommission, wenn eine Zugangsberechtigung für das Wahladministrationssystem missbräuchlich verwendet wird oder verloren geht (§ 12 Abs. 9 HSWO 2014).
- Kontrolle der Wahlurnen und der zur Verfügung gestellten Ausstattung unmittelbar vor Beginn der Wahlhandlung (§ 37 Abs. 3 HSWO 2014).
- Regelmäßige Kontrolle der Wahlzelle (§ 36 Abs. 4 HSWO 2014).
- Stempeln der amtlichen Stimmzettel (§ 40 Abs. 1 HSWO 2014).
- Verfügung, dass die Wählerinnen und Wähler nur einzeln in das Wahllokal eingelassen werden, wenn dies zur ungestörten Durchführung der Wahl erforderlich scheint (§ 35 Abs. 5 HSWO 2014).
- Prüfung der Identität und der Wahlberechtigung der Wählerinnen und Wähler (§ 39 HSWO 2014).
- Entscheidung über die Zulassung von Wahlberechtigten zur Stimmabgabe, wenn begründete Zweifel an der Identität der oder des Wahlberechtigten bestehen. Diese oder dieser ist nur dann zur Stimmabgabe zuzu-

lassen, wenn diese Person durch Vorlage eines zusätzlichen amtlichen Lichtbildausweises ihre oder seine Identität eindeutig nachweisen kann (§ 43 Abs. 2 HSWO 2014).

- Feststellung der Wahlberechtigung auf Grund des Wählerinnen- und Wählerverzeichnisses und des elektronisch geführten Abstimmungsverzeichnisses (§ 39 Abs. 2 HSWO 2014).
- Bei einem Vermerk im Wahladministrationssystem, dass eine Wahlkarte beantragt worden ist darf die Bundesvertretung, Hochschulvertretung und die Studienvertretung nur dann gewählt werden, wenn die Wahlkarte abgegeben wird (§ 51 Abs. 1 HSWO 2014).
- Vermerk der Stimmabgabe im elektronisch geführten Abstimmungsverzeichnis des Wahladministrationssystems (§ 41 Abs. 1 HSWO 2014).
- Vornahme der Streichung der Wählerin oder des Wählers im Wählerinnen- und Wählerverzeichnis und Eintragung der fortlaufenden Nummer vom elektronisch geführten Abstimmungsverzeichnis im Wählerinnen- und Wählerverzeichnis (§ 41 Abs. 3 HSWO 2014).
- Entscheidung im Zweifelsfall über die Zulässigkeit der Inanspruchnahme einer Begleitperson bei blinden, schwer sehbehinderten und körper- oder sinnesbehinderten Wählerinnen und Wählern und Vermerk einer solchen Stimmabgabe in der Niederschrift (§ 38 Abs. 7 HSWO 2014).
- Schließung des Wahllokales nach Abschluss der Stimmabgabe (§ 48 Abs. 1 HSWO 2014).
- Gewährleistung der sicheren Verwahrung der Wahlakten und der Wahlurnen nach Wahlschluss des ersten und zweiten Wahltages (§ 37 Abs. 4 HSWO 2014).
- Mischen der Wahlkuverts in den Wahlurnen und Entleerung der Wahlurnen und Feststellung der Anzahl der abgegebenen Wahlkuverts und der Anzahl der im elektronisch geführten Abstimmungsverzeichnis eingetragenen Wählerinnen und Wähler (§ 48 Abs. 2 HSWO 2014).
- Feststellung des Wahlergebnisses (§ 48 Abs. 3 HSWO 2014).
- Bekanntgabe des Wahlergebnisses an die Wahlkommission oder Unterwahlkommission (§ 48 Abs. 4 HSWO 2014).
- Beurkundung des Wahlvorganges in einer Niederschrift nach dem Muster der Anlage 11 der HSWO 2014 (§ 49 Abs. 1 HSWO 2014).
- Übermittlung der Wahlakten an die Wahlkommission oder Unterwahlkommission (§ 60 Abs. 1 HSWO 2014).

Aufgaben und Pflichten der Vorsitzenden der Unterkommissionen

- Sicherstellung der Aufrechterhaltung der Ruhe und Ordnung bei der Wahlhandlung (§ 37 Abs. 2 HSWO 2014).
- Übergabe des leeren Wahlkuverts und die oder dem Wahlberechtigten zustehenden Stimmzettel (§ 40 Abs. 1 HSWO 2014).
- Erklärung des Endes der Wahl, wenn die für die Wahlhandlung festgesetzte Zeit abgelaufen ist und alle bis dahin im Wahllokal erschienenen Wählerinnen und Wähler gewählt haben (§ 48 Abs. 1 HSWO 2014).
- gegebenenfalls: Entgegennahme der Stimmzettel (§ 40 Abs. 2 HSWO 2014).

Aufgaben der Bundesvertretung

Allgemein:

- Vertretung der Interessen und Förderung der Mitglieder der Österreichischen Hochschülerinnen- und Hochschülerschaft, soweit sie über den Wirkungsbereich einer Hochschülerinnen- und Hochschülerschaft hinausgehen und diese nicht von der an der jeweiligen Bildungseinrichtung eingerichteten Hochschülerinnen- und Hochschülerschaft wahrgenommen wird (§ 11 Abs. 1 Z 1 HSG 2014).
- Beratung der Studienwerberinnen und Studienwerbern sowie der Studierenden (§ 11 Abs. 1 Z 10 HSG 2014).
- Abgabe von Stellungnahmen zu Gesetzes- und Verordnungsentwürfen (§ 11 Abs. 1 Z 9 HSG 2014).
- Beschluss einer Satzung (§ 9 Abs. 2 HSG 2014).
- Veröffentlichung der Satzung auf der Homepage der Österreichischen Hochschülerinnen- und Hochschülerschaft (§ 9 Abs. 4 HSG 2014).
- Wahl der oder des Vorsitzenden (§ 33 Abs. 1 HSG 2014).
- Abhaltung mindestens zweier Sitzungen pro Semester (§ 9 Abs. 3 HSG 2014).
- Beschlussfassung über die Durchführung oder Koordinierung von Projekten, soweit diese nicht zum Wirkungsbereich der einzelnen Hochschülerinnen- und Hochschülerschaften gehören (§ 11 Abs. 1 Z 7 HSG 2014).
- Veröffentlichung eines Tätigkeitsberichts bis 30. Juni jeden Jahres auf der Homepage und Übermittlung an die Kontrollkommission und die Bundesministerin oder den Bundesminister (§ 22 Abs. 1 HSG 2014).
- Erstellung eines Berichts auf der Grundlage der Tätigkeitsberichte und Übermittlung dieses Berichts an die Bundesministerin oder den Bundesminister zwecks Vorlage an den Nationalrat (§ 22 Abs. 2 HSG 2014).
- Übermittlung der Protokolle über die von ihr gefassten Beschlüsse bin-

nen zwei Wochen nach Beschlussfassung an die Bundesministerin oder den Bundesminister (§ 63 Abs. 1 HSG 2014).

- Übertragung genau bestimmter Teile der Aufgaben der oder des Vorsitzenden auf die Stellvertreterin oder den Stellvertreter durch Beschluss aufgrund eines Vorschlages der oder des Vorsitzenden. In diesem Fall handelt die Stellvertreterin oder der Stellvertreter im eigenen Namen und unter eigener Verantwortung (§ 35 Abs. 3 HSG 2014).
- Beschluss mit Zweidrittelmehrheit über die Abhaltung von Urabstimmungen (§ 62 Abs. 1 HSG 2014).
- Durchführung von Schulungen für Studierendenvertreterinnen und Studierendenvertreter nach Maßgabe der finanziellen Möglichkeiten, soweit eine einheitliche, bundesweite Durchführung der Schulung zweckmäßig ist (§ 11 Abs. 1 Z 8 HSG 2014).
- Entsendung von Studierendenvertreterinnen und Studierendenvertretern insbesondere in staatliche Behörden und von Delegierten in internationale Studierendenorganisationen nach dem Wahlverfahren gemäß § 52, auf Grund eines Beschlusses der Bundesvertretung, wobei eine Person jedenfalls durch die Vorsitzende oder den Vorsitzenden zu nominieren ist (§ 32 Abs. 2 HSG 2014).
- Entsendung von drei Vertreterinnen oder Vertretern in die Kontrollkommission (§ 64 Abs. 3 Z 4 HSG 2014).
- Gegebenenfalls: Wahrnehmung von einzelnen Hochschulvertretungen im Einvernehmen übertragenen Aufgaben (§ 11 Abs. 2 HSG 2014).
- Gegebenenfalls: Gibt es weniger Kandidatinnen und Kandidaten als die Hälfte der für eine Hochschulvertretung zu vergebenden Mandate, so hat die Wahl zu unterbleiben. In diesem Fall hat die Bundesvertretung deren Aufgaben und das Budget zu übernehmen. Die Bestellung einer Person, die diese Aufgaben für die Bundesvertretung wahrnimmt, ist zulässig (§ 52 Abs. 3 HSG 2014).

Wirtschaftliche Angelegenheiten:

- Beschlussfassung über den Jahresvoranschlag der Österreichischen Hochschülerinnen- und Hochschülerschaft und der Zustellung an die Kontrollkommission (§ 11 Abs. 1 Z 3 und § 40 Abs. 2 HSG 2014).
- Beschlussfassung über den Jahresabschluss der Österreichischen Hochschülerinnen- und Hochschülerschaft (§ 11 Abs. 1 Z 5 HSG 2014).
- Führung der für die Erledigung der Aufgaben notwendigen Verwaltungseinrichtungen (§ 11 Abs. 1 Z 6 HSG 2014).
- Einrichtung von Referaten in der Satzung (§ 36 Abs. 2 HSG 2014).
- Beschlussfassung über die Bestellung einer Wirtschaftsprüferin oder eines Wirtschaftsprüfers (§ 17 Z 4a HSG 2014).

Finanzielle Angelegenheiten:

- Einhebung der Studierendenbeiträge (§ 11 Abs. 1 Z 2 HSG 2014).
- Festlegung von allgemeinen Richtlinien über Ermäßigungen oder Befreiungen von der Bezahlung des Studierendenbeitrages unter Beachtung der sozialen Lage der Studierenden (§ 38 Abs. 5 HSG 2014).
- Verfügung über das Budget der Österreichischen Hochschülerinnen- und Hochschülerschaft (§ 11 Abs. 1 Z 4 HSG 2014).
- Beschluss über den Abschluss von Rechtsgeschäften, mit denen je Rechtsgeschäft Einnahmen oder Ausgaben von über 18 000 Euro verbunden sind (§ 42 Abs. 2 HSG 2014).
- Gegebenenfalls: Beschluss über laufende pauschalierte Entschädigungen unter Beachtung der Bedeutung der Funktion und auf den damit üblicherweise verbundenen Aufwand von Studierendenvertreterinnen und Studierendenvertretern (§ 31 Abs. 1 HSG 2014).
- Gegebenenfalls: Beschluss über den Abschluss von Rechtsgeschäften, mit denen je Rechtsgeschäft Einnahmen oder Ausgaben von über 9 000 Euro verbunden sind, wenn kein fachlich zuständiger Ausschuss eingerichtet ist (§ 42 Abs. 2 HSG 2014).
- Gegebenenfalls: Beschluss mit Zweidrittelmehrheit über die Einhebung eines Sonderbeitrages zur Erfüllung besonderer Aufgaben durch die ÖH nach Maßgabe des Mehraufwandes unter Beachtung der Grundsätze der Sparsamkeit, Wirtschaftlichkeit und Zweckmäßigkeit (§ 38 Abs. 6 HSG 2014).

Bezüglich Bildungseinrichtungen, an denen keine Hochschülerinnen- und Hochschülerschaft eingerichtet ist:

- Rechtsgeschäftliche Vertretung der Hochschulvertretungen und Studienvertretungen der Bildungseinrichtungen, an denen keine Hochschülerinnen- und Hochschülerschaft als Körperschaft öffentlichen Rechts eingerichtet ist, sofern für die Vertretung nicht eine andere HS zuständig ist (§ 3 Abs. 3 HSG 2014).
- Erlassung von Bescheiden über die Rechte und Pflichten der Mitglieder, insbesondere über die Feststellung der Verpflichtung zur Leistung des Studierendenbeitrages einschließlich eines allfälligen Sonderbeitrages (§ 67 Abs. 3 HSG 2014).

Aufgaben und Pflichten der oder des Vorsitzenden der Bundesvertretung

Allgemein:

- Die oder der Vorsitzende führt die Bezeichnung Vorsitzende oder Vorsitzender der ÖH und vertritt diese nach außen (§ 34 Abs. 1 HSG 2014).
- Führung eines Verzeichnisses der Studierendenvertreterinnen und Studierendenvertreter (§ 30 Abs. 5 HSG 2014).
- Nominierung jedenfalls einer Person, bei einer Entsendung von Studierendenvertreterinnen und Studierendenvertretern insbesondere in staatliche Behörden und von Delegierten in internationale Studierendenorganisationen (§ 32 Abs. 2 HSG 2014).
- Bekanntgabe der Höhe des Studierendenbeitrages für das folgende Studienjahr bis längstens 1. Mai jedes Jahres in geeigneter Form (§ 38 Abs. 3 HSG 2014).
- Vorschlagsrecht der Übertragung genau bestimmter Teile ihrer oder seiner Aufgaben auf die Stellvertreterin oder den Stellvertreter durch Beschluss der Bundesvertretung (§ 35 Abs. 3 HSG 2014).
- Gegebenenfalls: Übertragung genau bestimmter Teile ihrer oder seiner Aufgaben auf die Stellvertreterin oder den Stellvertreter. In diesem Fall handelt die Stellvertreterin oder der Stellvertreter im Auftrag und unter Verantwortung der oder des Vorsitzenden (§ 35 Abs. 2 HSG 2014).
- Gegebenenfalls: Ermächtigung der sachlich zuständigen Referentin oder des sachlich zuständigen Referenten zum Abschluss von Rechtsgeschäften, mit denen je Rechtsgeschäft Einnahmen oder Ausgaben bis zu einem Betrag von höchstens 900 Euro verbunden sind gemeinsam mit der Wirtschaftsreferentin oder dem Wirtschaftsreferenten (§ 42 Abs. 3 HSG 2014).
- Gegebenenfalls: Zurverfügungstellung des Verzeichnisses der Studierenden an die wahlwerbenden Gruppen der Bundesvertretung (§ 6 Abs. 2 HSG 2014).

Verteilung der Studierendenbeiträge:

- Feststellung der Gesamtsumme der Studierendenbeiträge, gegliedert nach den Studierendenbeiträgen von Studierenden an Universitäten, Pädagogischen Hochschulen, Fachhochschulen und Privatuniversitäten einschließlich der Sonderbeiträge. Die Sonderbeiträge sind von der Summe der zu verteilenden Studierendenbeiträge abzuziehen (§ 39 Abs. 1 HSG 2014).
- Die oder der Vorsitzende hat 84 vH der festgestellten Gesamtsumme der Studierendenbeiträge von Studierenden an Universitäten den Universitätsvertretungen anzuweisen. 30 vH des den Universitätsvertretungen

zustehenden Betrages ist den Universitätsvertretungen zu gleichen Teilen als Sockelbetrag zuzuweisen. Die Anweisung des Restbetrages hat nach Maßgabe der Zahl der Studierenden zu erfolgen (§ 39 Abs. 2 HSG 2014).

- Die oder der Vorsitzende hat 95 vH der festgestellten Gesamtsumme der Studierendenbeiträge von Studierenden an Pädagogischen Hochschulen den Pädagogischen Hochschulvertretungen anzuweisen. 30 vH des den Pädagogischen Hochschulvertretungen zustehenden Betrages ist den Pädagogischen Hochschulvertretungen, an denen gemäß § 2 Abs. 2 eine Körperschaft öffentlichen Rechts eingerichtet ist, zu gleichen Teilen als Sockelbetrag zuzuweisen. Die Anweisung des Restbetrages hat nach Maßgabe der Zahl der Studierenden zu erfolgen, wobei Pädagogische Hochschulvertretungen, an denen keine Körperschaft öffentlichen Rechts eingerichtet ist, einen Grundbetrag erhalten (§ 39 Abs. 3 HSG 2014).
- Die oder der Vorsitzende hat 95 vH der festgestellten Gesamtsumme der Studierendenbeiträge von Studierenden an Fachhochschulen den Fachhochschulvertretungen anzuweisen. 30 vH des den Fachhochschulvertretungen zustehenden Betrages ist den Fachhochschulvertretungen, an denen gemäß § 2 Abs. 2 eine Körperschaft öffentlichen Rechts eingerichtet ist, zu gleichen Teilen als Sockelbetrag zuzuweisen. Die Anweisung des Restbetrages hat nach Maßgabe der Zahl der Studierenden zu erfolgen, wobei Fachhochschulvertretungen, an denen keine Körperschaft öffentlichen Rechts eingerichtet ist, einen Grundbetrag erhalten (§ 39 Abs. 4 HSG 2014).
- Die oder der Vorsitzende hat 95 vH der festgestellten Gesamtsumme der Studierendenbeiträge von Studierenden an Privatuniversitäten den Privatuniversitätsvertretungen anzuweisen. 30 vH des den Privatuniversitätsvertretungen zustehenden Betrages ist den Privatuniversitätsvertretungen, an denen gemäß § 2 Abs. 2 eine Körperschaft öffentlichen Rechts eingerichtet ist, zu gleichen Teilen als Sockelbetrag zuzuweisen. Die Anweisung des Restbetrages hat nach Maßgabe der Zahl der Studierenden zu erfolgen, wobei Privatuniversitätsvertretungen, an denen keine Körperschaft öffentlichen Rechts eingerichtet ist, einen Grundbetrag erhalten (§ 39 Abs. 5 HSG 2014).
- Anweisung von mindestens 90 vH der den Hochschulvertretungen von HS zustehenden Beträge im Wintersemester bis spätestens 15. Dezember und im Sommersemester bis spätestens 15. Mai. Den restlichen Betrag auf Grund der tatsächlichen Zahlen der Studierenden bis zum 30. Juni jeden Jahres (§ 39 Abs. 7 HSG 2014).

Bezüglich Bildungseinrichtungen, an denen keine Hochschülerinnen- und Hochschülerschaft eingerichtet ist:

- Gegebenenfalls: Übertragung von bestimmten Rechtsgeschäften durch Vollmacht an gewählte Vertreterinnen und Vertreter an diesen Bildungseinrichtungen (§ 23 Abs. 4 HSG 2014).
- Anweisung des Grundbetrags in der Höhe von 3 000 Euro bei einer Studierendenzahl bis zu 200, von 6 000 Euro bei einer Studierendenzahl bis zu 400, von 12 000 Euro bei einer Studierendenzahl bis zu 1 000 und von 15 000 Euro bei einer Studierendenzahl von über 1 000 (§ 39 Abs. 6 HSG 2014).

Aufgaben der Hochschulvertretung

Allgemein:

- Vertretung der Interessen ihrer Mitglieder für den Bereich der jeweiligen Bildungseinrichtung sowie deren Förderung, soweit sie nicht in den Wirkungsbereich anderer Organe der HS fallen (§ 17 Z 1 HSG 2014).
- Beratung der Studienwerberinnen und Studienwerber sowie der Studierenden (§ 17 Z 10 HSG 2014).
- Abgabe von Stellungnahmen zu Gesetzes- und Verordnungsentwürfen (§ 17 Z 6 HSG 2014).
- Mit Zweidrittelmehrheit: Beschluss einer Satzung (§ 16 Abs. 2 HSG 2014).
- Abhaltung mindestens zweier Sitzungen pro Semester (§ 16 Abs. 3 HSG 2014).
- Entsendung und Abberufung von Studierendenvertreterinnen und Studierendenvertretern in Kommissionen und Unterkommissionen des Senates der Universität, insbesondere in die Kollegialorgane gemäß § 25 Abs. 8 Z 1 bis 3 UG, bei allen anderen Bildungseinrichtungen nach Maßgabe der dortigen organisationsrechtlichen Bestimmungen und in staatliche Behörden (§ 17 Z 7 HSG 2014).
- Entsendung der Vertreterinnen und Vertreter der Studierenden in den Senat der Universität aus den Reihen der Studierenden der Universität nach dem Wahlverfahren gemäß § 52 entsprechend dem Stimmenverhältnis der in der Universitätsvertretung vertretenen wahlwerbenden Gruppen und bei allen anderen Bildungseinrichtungen nach Maßgabe der dortigen organisationsrechtlichen Bestimmungen (§ 17 Z 8 HSG 2014).
- Beschluss über die Zusammenfassung von Studienvertretungen (§ 19 Abs. 2 HSG 2014).
- Beschluss über die Einrichtung von Studienvertretungen für außerordentliche Studien (§ 19 Abs. 1 HSG 2014).

- Erlassung von Bescheiden über die Rechte und Pflichten der Mitglieder, insbesondere über die Feststellung der Verpflichtung zur Leistung des Studierendenbeitrages einschließlich eines allfälligen Sonderbeitrages (§ 67 Abs. 3 HSG 2014).
- Wahl der oder des Vorsitzenden (§ 33 Abs. 1 HSG 2014).
- Übermittlung der Protokolle über die von ihnen gefassten Beschlüsse binnen zwei Wochen nach Beschlussfassung an die Bundesministerin oder den Bundesminister (§ 63 Abs. 1 HSG 2014).
- Veröffentlichung eines Tätigkeitsberichts bis 30. Juni jeden Jahres auf der Homepage und Übermittlung an die Kontrollkommission und die Bundesministerin oder den Bundesminister (§ 22 Abs. 1 HSG 2014).
- Beschluss mit Zweidrittelmehrheit über die Abhaltung von Urabstimmungen (§ 62 Abs. 1 HSG 2014).
- Einrichtung von weiteren Organen entsprechend dem Organisationsplan der jeweiligen Bildungseinrichtung in der Satzung (§ 15 Abs. 2 HSG 2014).
- Gegebenenfalls: Koordination der Tätigkeiten der Organe gemäß § 15 Abs. 2, sofern solche eingerichtet sind (§ 17 Z 9 HSG 2014).
- Gegebenenfalls: Übertragung von Aufgaben im Einvernehmen an die Bundesvertretung (§ 11 Abs. 2 HSG 2014).
- Gegebenenfalls: bei vorzeitiger Beendigung der Funktionsperiode einer Studienvertretung, die Übernahme deren Aufgaben und das Budget, sofern kein Organ gemäß § 15 Abs. 2 eingerichtet ist. Die Bestellung einer Person, die diese Aufgaben für das zuständige Organ wahrnimmt, durch Beschluss der zuständigen Hochschulvertretung ist zulässig (§ 19 Abs. 4 HSG 2014).
- Gegebenenfalls: Übertragung genau bestimmter Teile der Aufgaben der oder des Vorsitzenden auf die Stellvertreterin oder den Stellvertreter durch Beschluss aufgrund eines Vorschlages der oder des Vorsitzenden. In diesem Fall handelt die Stellvertreterin oder der Stellvertreter im eigenen Namen und unter eigener Verantwortung (§ 35 Abs. 3 HSG 2014).
- Gegebenenfalls: Gibt es weniger Kandidatinnen und Kandidaten als die Hälfte der für eine Studienvertretung zu vergebenden Mandate, so hat die Wahl zu unterbleiben. In diesem Fall hat das Organ gemäß § 15 Abs. 2, an Bildungseinrichtungen ohne zusätzliches Organ gemäß § 15 Abs. 2 die Hochschulvertretung, deren Aufgaben und das Budget zu übernehmen. Die Bestellung einer Person, die diese Aufgaben wahrnimmt, durch Beschluss der zuständigen Hochschulvertretung ist zulässig (§ 52 Abs. 4 HSG 2014).

Wirtschaftliche Angelegenheiten:

- Einrichtung von Referaten in der Satzung (§ 36 Abs. 2 HSG 2014).
- Führung der für die Erledigung der Aufgaben aller Organe der Hochschülerinnen- und Hochschülerschaft notwendigen Verwaltungseinrichtungen (§ 17 Z 5 HSG 2014).
- Beschlussfassung über die Bestellung einer Wirtschaftsprüferin oder eines Wirtschaftsprüfers (§ 17 Z 4a HSG 2014).

Finanzielle Angelegenheiten:

- Verfügung über das Budget der Hochschulvertretung (§ 17 Z 3 HSG 2014).
- Beschlussfassung über den Jahresvoranschlag der HS und über die Verteilung der aus den Studierendenbeiträgen zur Verfügung stehenden Geldmittel. An Bildungseinrichtungen mit Organen gemäß § 15 Abs. 2 sind den Studienvertretungen insgesamt mindestens 30 vH und den Organen gemäß § 15 Abs. 2 mindestens 10 vH zur Verfügung zu stellen. An Bildungseinrichtungen ohne Organe gemäß § 15 Abs. 2 und an den anderen Bildungseinrichtungen sind den Studienvertretungen insgesamt mindestens 30 vH zur Verfügung zu stellen. Bei der Verteilung ist darauf zu achten, dass jedem dieser Organe ein zur Erfüllung seiner Aufgaben erforderlicher Mindestbetrag zur Verfügung steht (§ 17 Z 2 HSG 2014).
- Beschlussfassung über den Jahresabschluss der HS und der Zustellung an die Kontrollkommission (§ 17 Z 4 und § 40 Abs. 2 HSG 2014).
- Entscheidungen über Bewilligungen von Ermäßigungen oder Befreiungen von der Bezahlung des Studierendenbeitrages im Hinblick auf die soziale Lage der Studierenden auf Grundlage der allgemeinen Richtlinien, die die Bundesvertretung beschlossen hat (§ 38 Abs. 5 HSG 2014).
- Gegebenenfalls: Beschluss über laufende pauschalierte Entschädigungen unter Beachtung der Bedeutung der Funktion und auf den damit üblicherweise verbundenen Aufwand von Studierendenvertreterinnen und Studierendenvertretern (§ 31 Abs. 1 HSG 2014).

<u>bei Hochschulvertretungen mit mindestens 15 Mandatarinnen und Mandataren:</u>

- Gegebenenfalls: Beschluss über den Abschluss von Rechtsgeschäften, mit denen je Rechtsgeschäft Einnahmen oder Ausgaben von über 9 000 Euro verbunden sind, wenn kein fachlich zuständiger Ausschuss eingerichtet ist (§ 42 Abs. 2 HSG 2014).
- Beschluss über den Abschluss von Rechtsgeschäften, mit denen je Rechtsgeschäft Einnahmen oder Ausgaben von über 18 000 Euro verbunden sind (§ 42 Abs. 2 HSG 2014).

bei Hochschulvertretungen mit weniger als 15 Mandatarinnen und Mandataren:

- Gegebenenfalls: Beschluss über den Abschluss von Rechtsgeschäften, mit denen je Rechtsgeschäft Einnahmen oder Ausgaben von über 6 000 Euro verbunden sind, wenn kein fachlich zuständiger Ausschuss eingerichtet ist (§ 42 Abs. 2 HSG 2014).
- Beschluss über den Abschluss von Rechtsgeschäften, mit denen je Rechtsgeschäft Einnahmen oder Ausgaben von über 12 000 Euro verbunden sind (§ 42 Abs. 2 HSG 2014).

Bezüglich Bildungseinrichtungen, an denen keine Hochschülerinnen- und Hochschülerschaft eingerichtet ist:

- Gegebenenfalls: Rechtsgeschäftliche Vertretung der Hochschulvertretungen und Studienvertretungen der Bildungseinrichtungen, an denen keine Hochschülerinnen- und Hochschülerschaft als Körperschaft öffentlichen Rechts eingerichtet ist (§ 3 Abs. 3 HSG 2014).

Aufgaben und Pflichten der Vorsitzenden der Hochschulvertretungen

Allgemein:

- Die oder der Vorsitzende führt die Bezeichnung Vorsitzende oder Vorsitzender der HS mit einem die Bildungseinrichtung kennzeichnenden Zusatz und vertritt diese nach außen (§ 34 Abs. 2 HSG 2014).
- Zur Verfügungstellung des Budgets an die Studienvertretungen und, sofern eingerichtet, an die Organe gemäß § 15 Abs. 2 (§ 39 Abs. 8 HSG 2014).
- Führung eines Verzeichnisses der Studierendenvertreterinnen und Studierendenvertreter der jeweiligen Bildungseinrichtung (§ 30 Abs. 5 HSG 2014).
- Teilnahme an Sitzungen der Bundesvertretung mit beratender Stimme und Antragsrecht (§ 9 Abs. 1 Z 3 HSG 2014).
- Vorschlagsrecht der Übertragung genau bestimmter Teile ihrer oder seiner Aufgaben auf die Stellvertreterin oder den Stellvertreter durch Beschluss der Hochschulvertretung (§ 35 Abs. 3 HSG 2014).
- Gegebenenfalls: Übertragung genau bestimmter Teile ihrer oder seiner Aufgaben auf die Stellvertreterin oder den Stellvertreter. In diesem Fall handelt die Stellvertreterin oder der Stellvertreter im Auftrag und unter Verantwortung der oder des Vorsitzenden (§ 35 Abs. 2 HSG 2014).
- Gegebenenfalls: Ermächtigung der sachlich zuständigen Referentin oder des sachlich zuständigen Referenten zum Abschluss von Rechtsgeschäften, mit denen je Rechtsgeschäft Einnahmen oder Ausgaben bis zu ei-

nem Betrag von höchstens 900 Euro verbunden sind gemeinsam mit der Wirtschaftsreferentin oder dem Wirtschaftsreferenten (§ 42 Abs. 3 HSG 2014).

- Gegebenenfalls: Zurverfügungstellung des Verzeichnisses der Studierenden an die wahlwerbenden Gruppen und die zugelassenen Kandidatinnen und Kandidaten (§ 13 Abs. 5 HSG 2014).

Bezüglich Bildungseinrichtungen, an denen keine Hochschülerinnen- und Hochschülerschaft eingerichtet ist:

- Gegebenenfalls: Übertragung von bestimmten Rechtsgeschäften durch Vollmacht an gewählte Vertreterinnen und Vertreter an diesen Bildungseinrichtungen (§ 23 Abs. 4 HSG 2014).

Aufgaben der Organe gemäß § 15 Abs. 2

- Vertretung der Interessen der Studierenden sowie deren Förderung in ihrem Wirkungsbereich (§ 18 Abs. 1 Z 1 HSG 2014).
- Wahl der oder des Vorsitzenden (§ 33 Abs. 1 HSG 2014).
- Koordination der Tätigkeiten der Studienvertretungen (§ 18 Abs. 1 Z 3 HSG 2014).
- Verfügung über das zugewiesene Budget (§ 18 Abs. 1 Z 2 HSG 2014).
- Änderung der Gliederung der ihnen zugewiesenen Mittel (§ 41 Abs. 2 HSG 2014).
- Abgabe von Stellungnahmen zu Gesetzes- und Verordnungsentwürfen (§ 18 Abs. 1 Z 4 HSG 2014).
- Veröffentlichung eines Tätigkeitsberichts bis 30. Juni jeden Jahres auf der Homepage und Übermittlung an die Kontrollkommission und die Bundesministerin oder den Bundesminister (§ 22 Abs. 1 HSG 2014).
- Gegebenenfalls: Beschluss der Einberufung einer Studierendenversammlung (§ 21 Abs. 1 HSG 2014).
- Gegebenenfalls: Übernahme der Aufgaben und des Budgets von Studienvertretungen, falls die Funktionsperiode einer Studienvertretung vorzeitig geendet hat (§ 19 Abs. 4 HSG 2014).

Aufgaben und Pflichten der Vorsitzenden der Organe gemäß § 15 Abs. 2

- Die Vorsitzenden von anderen Organen der HS führen die Bezeichnung Vorsitzende oder Vorsitzender des jeweiligen Organs der HS mit einem die HS an der Bildungseinrichtung kennzeichnenden Zusatz (§ 34 Abs. 4 HSG 2014).

- Abschluss von Rechtsgeschäften, mit denen je Rechtsgeschäft Einnahmen oder Ausgaben bis zu einem Betrag von höchstens 1 800 Euro verbunden sind gemeinsam mit der Wirtschaftsreferentin oder dem Wirtschaftsreferenten (§ 42 Abs. 4 HSG 2014).
- Teilnahme an Sitzungen der Hochschulvertretung mit beratender Stimme und Antragsrecht (§ 16 Abs. 1 Z 3 HSG 2014).
- Gegebenenfalls: Vornahme der Einberufung einer Studierendenversammlung (§ 21 Abs. 1 HSG 2014).

Aufgaben der Studienvertretung

- Wahl der oder des Vorsitzenden (§ 33 Abs. 1 HSG 2014).
- Vertretung der Interessen der Studierenden sowie deren Förderung in ihrem Wirkungsbereich (§ 20 Abs. 1 Z 1 HSG 2014).
- Beratung der Studienwerberinnen und Studienwerber sowie der Studierenden (§ 20 Abs. 1 Z 1 HSG 2014).
- Verfügung über das der Studienvertretung zugewiesene Budget (§ 20 Abs. 1 Z 1 HSG 2014).
- Änderung der Gliederung der ihnen zugewiesenen Mittel (§ 41 Abs. 2 HSG 2014).
- Abgabe von Stellungnahmen zu Gesetzes- und Verordnungsentwürfen (§ 20 Abs. 1 Z 1 HSG 2014).
- Nominierung der von der Universitätsvertretung in die Kollegialorgane gemäß § 25 Abs. 8 Z 1 bis 3 UG zu entsendenden Studierendenvertreterinnen und Studierendenvertreter nach Maßgabe der Satzung, bei allen anderen Bildungseinrichtungen nach Maßgabe der dortigen organisationsrechtlichen Bestimmungen (§ 20 Abs. 1 Z 1 HSG 2014).
- Gegebenenfalls: Entsendung von Studierenden in Organe gemäß § 15 Abs. 2 (§15 Abs. 2 HSG 2014).
- Gegebenenfalls: Beschluss der Einberufung einer Studierendenversammlung (§ 21 Abs. 1 HSG 2014).

Aufgaben und Pflichten der Vorsitzenden der Studienvertretung

- Abschluss von Rechtsgeschäften, mit denen je Rechtsgeschäft Einnahmen oder Ausgaben bis zu einem Betrag von höchstens 900 Euro verbunden sind gemeinsam mit der Wirtschaftsreferentin oder dem Wirtschaftsreferenten (§ 42 Abs. 5 HSG 2014).
- Gegebenenfalls: Vornahme der Einberufung einer Studierendenversammlung (§ 21 Abs. 1 HSG 2014).

- Gegebenenfalls: Teilnahme an Sitzungen der Hochschulvertretung mit beratender Stimme und Antragsrecht, wenn keine Organe gemäß § 15 Abs. 2 eingerichtet sind (§ 16 Abs. 1 Z 3 HSG 2014).
- Gegebenenfalls: Teilnahme an Sitzungen der Organe gemäß § 15 Abs. 2 mit beratender Stimme und Antragsrecht, sofern Organe gemäß § 15 Abs. 2 eingerichtet sind und von dieser Studienvertretung Studierende in das Organ gemäß § 15 Abs. 2 entsendet wurden (§ 19 Abs. 1 Z 3 HSG 2014).

Aufgaben der Hochschulvertretungen der Studierenden an Bildungseinrichtungen, an denen keine Hochschülerinnen- und Hochschülerschaft eingerichtet ist

Allgemein:

- Wahl der oder des Vorsitzenden (§ 33 Abs. 1 HSG 2014).
- Mit Zweidrittelmehrheit: die Erlassung einer Geschäftsordnung ist zulässig (§ 26 Abs. 4 HSG 2014).
- Vertretung der Interessen ihrer Mitglieder für den Bereich der jeweiligen Bildungseinrichtung sowie deren Förderung (§ 27 Z 1 HSG 2014).
- Koordination der Tätigkeiten der Studienvertretungen (§ 27 Z 3 HSG 2014).
- Abgabe von Stellungnahmen zu Gesetzes- und Verordnungsentwürfen (§ 27 Z 4 HSG 2014).
- Entsendung und Abberufung von Studierendenvertreterinnen und Studierendenvertretern in Organe, Kommissionen und Unterkommissionen der Bildungseinrichtung nach Maßgabe der dortigen organisationsrechtlichen Bestimmungen und in staatliche Behörden (§ 27 Z 5 HSG 2014).
- Beratung der Studienwerberinnen und Studienwerber sowie der Studierenden (§ 27 Z 6 HSG 2014).
- Beschluss über die Zusammenfassung von Studienvertretungen (§ 28 Abs. 2 HSG 2014).
- Mitwirkung in staatlichen Behörden und Einrichtungen sowie nach Maßgabe der gesetzlichen oder satzungsmäßigen Bestimmungen in Organen der jeweiligen Bildungseinrichtung (§ 23 Ab. 2 HSG 2014).
- Veröffentlichung eines Tätigkeitsberichts bis 30. Juni jeden Jahres auf der Homepage und Übermittlung an die Kontrollkommission und die Bundesministerin oder den Bundesminister (§ 23 Abs. 5 HSG 2014).
- Gegebenenfalls: bei vorzeitiger Beendigung der Funktionsperiode einer Studienvertretung, die Übernahme deren Aufgaben und das Budget. Die Bestellung einer Person, die diese Aufgaben wahrnimmt, durch Be-

schluss der zuständigen Hochschulvertretung ist zulässig (§ 28 Abs. 4 HSG 2014).

- Gegebenenfalls: Zurverfügungstellung des Verzeichnisses der Studierenden an die wahlwerbenden Gruppen und die zugelassenen Kandidatinnen und Kandidaten (§ 24 Abs. 5 HSG 2014).

Rechtsgeschäfte:

- Zum Abschluss von Rechtsgeschäften ist gemäß § 3 Abs. 3 entweder die Mitwirkung der Bundesvertretung oder die Mitwirkung einer Hochschülerinnen- und Hochschülerschaft gemäß § 3 Abs. 1 oder 2 erforderlich (§ 23 Abs. 3 HSG 2014).
- Gewählten Vertreterinnen und Vertretern an diesen Bildungseinrichtungen können von der oder dem Vorsitzenden der Bundesvertretung oder der oder dem Vorsitzenden der Hochschulvertretung einer Hochschülerinnen- und Hochschülerschaft gemäß § 3 Abs. 3 bestimmte Rechtsgeschäfte durch Vollmacht übertragen werden. Diese bevollmächtigten Personen haben Rechtsgeschäfte gemeinsam mit der zuständigen Wirtschaftsreferentin oder dem zuständigen Wirtschaftsreferenten der mitwirkenden Körperschaft gemäß Abs. 3 unter Anwendung der Bestimmungen des § 42 abzuschließen. Die Vollmacht ist längstens für die Dauer der Funktionsperiode zu erteilen (§ 23 Abs. 4 HSG 2014).
- Verfügung über das von der oder dem Vorsitzenden der Bundesvertretung gemäß § 39 Abs. 6 zugewiesene Budget gemeinsam mit der zuständigen Wirtschaftsreferentin bzw. dem Wirtschaftsreferenten (§ 27 Z 2 HSG 2014).

Vorsitzende:

- Die Vorsitzenden der Hochschulvertretungen an Bildungseinrichtungen, an denen keine Hochschülerinnen- und Hochschülerschaft eingerichtet ist, führen die Bezeichnung Vorsitzende oder Vorsitzender der jeweiligen Vertretung mit einem die Bildungseinrichtung kennzeichnenden Zusatz (§ 34 Abs. 4 HSG 2014).
- Die oder der Vorsitzende einer Hochschulvertretung kann im Hinblick auf den Umfang ihrer oder seiner Aufgaben, nach Zustimmung der Hochschulvertretung, Sachbearbeiterinnen und Sachbearbeiter einsetzen. Die Sachbearbeiterinnen und Sachbearbeiter sind der oder dem Vorsitzenden für ihre Tätigkeit verantwortlich (§ 23 Abs. 6 HSG 2014).
- Die oder der Vorsitzende der Hochschulvertretung hat jedenfalls zwei Sitzungen pro Semester einzuberufen, wobei die Anberaumung einer außerordentlichen Sitzung jedenfalls zu erfolgen hat, wenn mindestens 20 vH der Mandatarinnen und Mandatare dies verlangen (§ 26 Abs. 4 HSG 2014).

- Zurverfügungstellung des Budgets an die Studienvertretungen (§ 39 Abs. 8 HSG 2014).
- Gegebenenfalls: Zurverfügungstellung des Verzeichnisses der Studierenden an die wahlwerbenden Gruppen und die zugelassenen Kandidatinnen und Kandidaten (§ 24 Abs. 5 HSG 2014).

Aufgaben der Studienvertretungen der Studierenden an Bildungseinrichtungen, an denen keine Hochschülerinnen- und Hochschülerschaft eingerichtet ist

Allgemein:

- Vertretung der Interessen der Studierenden sowie deren Förderung in ihrem Wirkungsbereich (§ 29 Z 1 HSG 2014).
- Beratung der Studienwerberinnen und Studienwerber sowie der Studierenden (§ 29 Z 5 HSG 2014).
- Mitwirkung in staatlichen Behörden und Einrichtungen sowie nach Maßgabe der gesetzlichen oder satzungsmäßigen Bestimmungen in Organen der jeweiligen Bildungseinrichtung (§ 23 Abs. 2 HSG 2014).
- Wahl der oder des Vorsitzenden (§ 33 Abs. 1 HSG 2014).
- Nominierung der von der Hochschulvertretung zu entsendenden Vertreterinnen und Vertretern in Organe, Kommissionen und Unterkommissionen der Bildungseinrichtung nach Maßgabe der dortigen organisationsrechtlichen Bestimmungen (§ 29 Z 2 HSG 2014).
- Abgabe von Stellungnahmen zu Gesetzes- und Verordnungsentwürfen (§ 29 Z 4 HSG 2014).

Rechtsgeschäfte:

- Zum Abschluss von Rechtsgeschäften ist gemäß § 3 Abs. 3 entweder die Mitwirkung der Bundesvertretung oder die Mitwirkung einer Hochschülerinnen- und Hochschülerschaft gemäß § 3 Abs. 1 oder 2 erforderlich (§ 23 Abs. 3 HSG 2014).
- Gewählten Vertreterinnen und Vertretern an diesen Bildungseinrichtungen können von der oder dem Vorsitzenden der Bundesvertretung oder der oder dem Vorsitzenden der Hochschulvertretung einer Hochschülerinnen- und Hochschülerschaft gemäß § 3 Abs. 3 bestimmte Rechtsgeschäfte durch Vollmacht übertragen werden. Diese bevollmächtigten Personen haben Rechtsgeschäfte gemeinsam mit der zuständigen Wirtschaftsreferentin oder dem zuständigen Wirtschaftsreferenten der mitwirkenden Körperschaft gemäß Abs. 3 unter Anwendung der Bestimmungen des § 42 abzuschließen. Die Vollmacht ist längstens für die Dauer der Funktionsperiode zu erteilen (§ 23 Abs. 4 HSG 2014).

- Verfügung über das der Studienvertretung zugewiesene Budget nach Maßgabe des § 42 gemeinsam mit der zuständigen Wirtschaftsreferentin bzw. dem zuständigen Wirtschaftsreferenten (§ 29 Z 3 HSG 2014).

Vorsitzende:

- Die Vorsitzenden der Studienvertretungen an Bildungseinrichtungen, an denen keine Hochschülerinnen- und Hochschülerschaft eingerichtet ist, führen die Bezeichnung Vorsitzende oder Vorsitzender der jeweiligen Vertretung mit einem die Bildungseinrichtung kennzeichnenden Zusatz (§ 34 Abs. 4 HSG 2014).
- Gegebenenfalls: Teilnahme an Sitzungen der Hochschulvertretung mit beratender Stimme und Antragsrecht (§ 26 Abs. 3 Z 3 HSG 2014).

Aufgaben und Pflichten der Wirtschaftsreferentinnen und Wirtschaftsreferenten:

- Leitung des Wirtschaftsreferats (§ 36 Abs. 3 HSG 2014).
- Abschluss von Rechtsgeschäften, mit denen je Rechtsgeschäft Einnahmen oder Ausgaben bis zu einem Betrag von höchstens 900 Euro verbunden sind, gemeinsam mit der oder dem Vorsitzenden der zuständigen Studienvertretung (§ 42 Abs. 5 HSG 2014).
- Abschluss von Rechtsgeschäften, mit denen je Rechtsgeschäft Einnahmen oder Ausgaben bis zu einem Betrag von höchstens 1 800 Euro verbunden sind, gemeinsam mit der oder dem Vorsitzenden des jeweiligen Organs gemäß § 15 Abs. 2 (§ 42 Abs. 4 HSG 2014).
- Abschluss von Rechtsgeschäften, mit denen Einnahmen oder Ausgaben verbunden sind, im Einvernehmen mit der oder dem Vorsitzenden der ÖH oder einer HS (§ 42 Abs. 1 HSG 2014).
- Führung von Verzeichnissen über das bewegliche und unbewegliche Vermögen (§ 41 Abs. 5 HSG 2014).
- Erstellung des Jahresvoranschlags bis spätestens 1. Juni jeden Jahres für die Zeit vom 1. Juli des Jahres bis zum 30. Juni des folgenden Jahres und Vorlegung des Jahresvoranschlags an die Vorsitzende oder den Vorsitzenden zur Gegenzeichnung (§ 40 Abs. 1 HSG 2014).
- Verfassung des schriftlichen Jahresabschluss und Vorlage zur Gegenzeichnung durch die oder den Vorsitzenden und Zustellung des Jahresabschlusses in schriftlicher und in elektronischer Form spätestens Ende Dezember jedes Jahres an die jeweiligen Mandatarinnen und Mandataren und an die Kontrollkommission (§ 40 Abs. 3 HSG 2014).
- Gegebenenfalls: Übertragung von genau bestimmten Teilen der Aufgaben an die Stellvertreterin oder den Stellvertreter, sofern eine solche oder ein solcher bestellt worden ist (§ 36 Abs. 3 HSG 2014).

- Gegebenenfalls bei Vorliegen einer derartigen Ermächtigung durch die oder den Vorsitzenden der ÖH oder einer HS: Abschluss von Rechtsgeschäften, mit denen je Rechtsgeschäft Einnahmen oder Ausgaben bis zu einem Betrag von höchstens 900 Euro verbunden sind gemeinsam mit der sachlich zuständigen Referentin oder dem sachlich zuständigen Referenten (§ 42 Abs. 3 HSG 2014).

bei Bildungseinrichtungen, an denen keine HS eingerichtet ist:

- Verfügung über das von der oder dem Vorsitzenden der Bundesvertretung gemäß § 39 Abs. 6 zugewiesene Budget gemeinsam mit der zuständigen Hochschulvertretung (§ 27 Z 2 HSG 2014).
- Verfügung über das der Studienvertretung zugewiesene Budget nach Maßgabe des § 42 gemeinsam mit der zuständigen Studienvertretung (§ 29 Z 3 HSG 2014).
- Gegebenenfalls: Abschluss von Rechtsgeschäften gemeinsam mit gewählten Vertreterinnen und Vertretern an diesen Bildungseinrichtungen, sofern diesen von der oder dem Vorsitzenden der Bundesvertretung oder der oder dem Vorsitzenden der Hochschulvertretung einer Hochschülerinnen- und Hochschülerschaft gemäß § 3 Abs. 3 durch Vollmacht der Abschluss von bestimmten Rechtsgeschäften übertragen worden ist (§ 23 Abs. 4 HSG 2014).

Aufgaben der Zustellungsbevollmächtigten der wahlwerbenden Gruppen

- Wird von der Wahlwerbenden Gruppe benannt und ist für sie vertretungsbefugt (§ 49 Abs. 1 HSG 2014).
- Antragstellung auf Aushändigung von Abschriften der Verzeichnisse der Studierenden (§ 6 Abs. 2, § 13 Abs. 5 und § 24 Abs. 5 HSG 2014).
- Bekanntgabe der Mitglieder der Wahlkommissionen und der Unterkommissionen an die Vorsitzenden der Wahlkommissionen (§ 3 HSWO 2014).
- Einbringung der Wahlvorschläge (§ 22 HSWO 2014).
- Gegebenenfalls: Verbesserung eines Wahlvorschlages (§ 29 HSWO 2014).
- Gegebenenfalls: Zurückziehung eines Wahlvorschlages (§ 30 HSWO 2014).
- Herstellung des Einvernehmens, wenn Wahlvorschläge für ein Organ dieselben oder schwer unterscheidbare Bezeichnungen aufweisen (§ 23 Abs. 1 HSWO 2014).

Aufgaben der Kontrollkommission:

Allgemein:

- Beschluss einer Geschäftsordnung (§ 65 Abs. 6 HSG 2014) und Veröffentlichung von dieser (§ 65 Abs. 7 HSG 2014).
- Beratung der Bundesministerin oder des Bundesministers (§ 64 Abs. 1 HSG 2014).
- Überprüfung der Gebarung der Österreichischen Hochschülerinnen- und Hochschülerschaft, der Hochschülerinnen- und Hochschülerschaften und der Hochschulvertretungen und der Studienvertretungen der Studierenden an Bildungseinrichtungen, an denen keine Hochschülerinnen- und Hochschülerschaft eingerichtet ist, und ihrer Wirtschaftsbetriebe (§ 64 Abs. 1 HSG 2014).
- Laufende Überprüfung der finanziellen Gebarung und wirtschaftlichen Lage sowie der Einhaltung der Haushaltsvorschriften (§ 65 Abs. 1 Z 1 HSG 2014).
- Beratung und Überprüfung bei dienst- und besoldungsrechtlichen Angelegenheiten sowie bei Angelegenheiten der finanziellen Gebarung (§ 65 Abs. 1 Z 2 HSG 2014).
- Mitwirkung an der Schulung der Studierendenvertreterinnen und Studierendenvertreter (§ 65 Abs. 1 Z 3 HSG 2014).
- Erstellung eines jährlichen Tätigkeitsberichts und Vorlage an die Bundesministerin oder den Bundesminister, an die ÖH, an die HS und an die Hochschulvertretungen der Studierenden an Bildungseinrichtungen, an denen keine Hochschülerinnen- und Hochschülerschaft eingerichtet ist (§ 65 Abs. 4 HSG 2014).
- Unverzügliche Information der Bundesvertretung oder der betreffenden Hochschulvertretung und der Bundesministerin oder des Bundesminister bei Feststellung grober Mängel in der Erfüllung der gesetzlichen Pflichten betreffend die Haushaltsführung durch Studierendenvertreterinnen und Studierendenvertreter (§ 65 Abs. 3 HSG 2014).
- Antrag auf Enthebung einer Organwalterin oder eines Organwalters bzw. einer Angehörigen oder eines Angehörigen einer Hochschulvertretung oder Studienvertretung von ihrer oder seiner Funktion durch aufsichtsbehördlichen Bescheid, wenn diese oder dieser schuldhaft ihrer bzw. seiner gesetzlichen Informationspflicht gemäß § 40 Abs. 2 oder 3 gegenüber der Kontrollkommission trotz mindestens zweimaliger schriftlicher Aufforderung durch die Kontrollkommission nicht nachgekommen ist (§ 63 Abs. 7 HSG 2014).
- Anhörungsrecht in wirtschaftlichen und haushaltsrechtlichen Belangen bei einem aufsichtsbehördlichen Verfahren (§ 63 Abs. 7 HSG 2014).

- Gegebenenfalls: Aufforderung der Vorlage von abgeschlossenen Dienstverträgen und Betriebsvereinbarungen (§ 42 Abs. 6 HSG 2014).
- Gegebenenfalls: Beauftragung einer Wirtschaftsprüferin oder eines Wirtschaftsprüfers mit der Erstellung eines Prüfungsberichts über den Jahresabschluss der ÖH, einer HS oder eines Wirtschaftsbetriebs (§ 40 Abs. 3 HSG 2014).
- Stellung von Anträgen zur Erlassung von Verordnungen der Bundesministerin oder des Bundesministers (Aufgliederung siehe unten).

Aufgaben der Bundesministerin oder des Bundesministers:

- Vollziehung des HSG 2014 (§ 71 HSG 2014).

Verordnungen:

- Erlassung einer Verordnung über die Feststellung der Bildungseinrichtungen, an denen im Durchschnitt der letzten drei Studienjahre mehr als 1.000 Studierende zugelassen waren (§ 3 Abs. 2 HSG 2014).
- Erlassung einer Verordnung über die Herstellung und Gestaltung der Ausweise für die Vorsitzenden und die Wirtschaftsreferentinnen und Wirtschaftsreferenten der Bundesvertretung und der Hochschulvertretungen (§ 30 Abs. 4 HSG 2014).
- Erlassung einer Verordnung über die näheren Voraussetzungen der Nichteinrechnung von Zeiten als Studierendenvertreterin oder Studierendenvertreter in die höchstzulässige Studienzeit zur Erlangung von Studienbeihilfen gemäß Studienförderungsgesetz 1992, BGBl. Nr. 305/1992 (§ 31 Abs. 2 HSG 2014).
- Erlassung einer Verordnung über die Festlegung der Wahltage und der sich daraus ergebenden Fristen nach Anhörung der Österreichischen Hochschülerinnen- und Hochschülerschaft, der Hochschülerinnen- und Hochschülerschaften und der Hochschulvertretungen an Bildungseinrichtungen, an denen keine Hochschülerinnen- und Hochschülerschaft eingerichtet ist (§ 43 Abs. 2 HSG 2014).
- Erlassung einer Verordnung (Hochschülerinnen- und Hochschülerschaftswahlordnung) über nähere Bestimmungen hinsichtlich der Durchführung der Wahlen (Präsenz- und Briefwahlen) und der Festlegung der jeweiligen Pflichten der Rektorinnen und Rektoren der Universitäten bzw. der Pädagogischen Hochschulen bzw. der Leiterinnen und Leiter der Privatuniversitäten bzw. der Vertreterinnen und Vertreter des Erhalters von Fachhochschul-Studiengängen zur Mitwirkung an der Durchführung der Wahlen (§ 60 HSG 2014).
- Erlassung von Verordnungen gemäß § 14 Abs. 5, § 37 Abs. 5, § 40 Abs. 5 und 6, § 41 Abs. 7 und § 42 Abs. 7 HSG 2014 auf Antrag der Kontrollkommission (siehe Aufgaben der Kontrollkommission).

- Gegebenenfalls: Festlegung der Wahltage durch Verordnung bei einer Wahlwiederholung nach Anhörung der ÖH, der HS und der Hochschulvertretungen an Bildungseinrichtungen, an denen keine HS eingerichtet ist (§ 58 HSG 2014 und § 67 HSWO 2014).

Aufsicht:

- Prüfung der gefassten Beschlüsse durch Durchsicht der vorgelegten Protokolle der Bundesvertretung, der Hochschulvertretungen und der Wahlkommissionen (§ 63 Abs. 1 HSG 2014).
- Aufhebung des Beschlusses eines Organs bzw. einer Hochschulvertretung oder Studienvertretung und der Wahl oder Abwahl der oder des Vorsitzenden und der Stellvertreterinnen und Stellvertreter durch Bescheid (§ 63 Abs. 3 HSG 2014) bei Vorliegen folgender Gründe:
  - wenn der Beschluss oder die Wahl von einem unzuständigen Organ bzw. einer unzuständigen Hochschulvertretung oder unzuständigen Studienvertretung stammt oder
  - wenn der Beschluss oder die Wahl unter erheblicher Verletzung von Verfahrensvorschriften zustande gekommen ist oder
  - wenn der Beschluss oder die Wahl im Widerspruch zu geltenden Gesetzen oder Verordnungen steht oder
  - wenn der Beschluss wegen seiner finanziellen Auswirkungen nicht durchführbar ist.
- Feststellung der Rechtswidrigkeit der Handlung einer oder eines Vorsitzenden oder einer Stellvertreterin oder eines Stellvertreters durch Bescheid, wenn die oder der Vorsitzende oder die Stellvertreterin oder der Stellvertreter in Ausübung ihrer oder seiner Funktion eine Handlung vorgenommen oder unterlassen hat, die im Widerspruch zu geltenden Gesetzen oder Verordnungen steht (§ 63 Abs. 4 HSG 2014).
- Enthebung von Organwalterinnen und Organwaltern oder Angehörigen einer Hochschulvertretung oder Studienvertretung durch aufsichtsbehördlichen Bescheid, wenn diese entweder schuldhaft ihrer gesetzlichen Informationspflicht gemäß § 40 Abs. 2 oder 3 gegenüber der Kontrollkommission trotz mindestens zweimaliger schriftlicher Aufforderung durch die Kontrollkommission nicht nachgekommen sind und die Enthebung von der Kontrollkommission beantragt worden ist oder diese Personen schuldhaft der im aufsichtsbehördlichen Verfahren festgestellten Rechtsansicht der Bundesministerin oder des Bundesministers nicht unverzüglich entsprechen (§ 63 Abs. 7 HSG 2014).
- Aufhebung einer Verordnung durch Verordnung, wenn die betreffende Verordnung in Widerspruch zu geltenden Gesetzen oder Verordnungen steht (§ 63 Abs. 8 HSG 2014).
- Unverzügliche (längstens binnen dreier Monate) Entscheidung über eine Aufsichtsbeschwerde (§ 67 Abs. 1 HSG 2014).

- Gegebenenfalls: Ab der formellen Einleitung eines aufsichtsbehördlichen Verfahrens, die Untersagung der diesem Verfahren zu Grunde liegenden Beschlüsse für jeweils ein Monat durch Bescheid bis zu einer Gesamtdauer von sechs Monaten (§ 63 Abs. 9 HSG 2014).

Bezüglich Wahlkommissionen:

- Entsendung der Vorsitzenden und deren Stellvertreterinnen und Stellvertreter in die Wahlkommissionen (§ 50 HSG 2014 und § 2 HSWO 2014).
- Angelobung der oder des Vorsitzenden und der Stellvertreterin oder des Stellvertreters der WK ÖH (§ 50 Abs. 7 HSG 2014).
- Festsetzung des Aufwandersatzes für die Vorsitzenden der Wahlkommissionen und ihren Stellvertreterinnen und Stellvertretern (§ 51 Abs. 5 HSG 2014).
- Entscheidung ob eine Vorsitzende oder ein Vorsitzender (Stellvertreterin oder Stellvertreter) einer Wahlkommission auch einer anderen Wahlkommission (Unterkommission) angehören darf (§ 3 Abs. 1 HSWO 2014).

Bezüglich der Kontrollkommission:

- Genehmigung der Geschäftsordnung (§ 65 Abs. 6 HSG 2014).
- Entsendung von vier Vertreterinnen oder Vertretern in die Kontrollkommission (§ 64 Abs. 3 Z 1 HSG 2014).
- Bestellung der oder des Vorsitzenden und der Stellvertreterinnen und Stellvertreter aus den entsandten Vertreterinnen und Vertretern (§ 64 Abs. 5 HSG 2014).
- Zur Verfügungstellung des für die Durchführung ihrer Aufgaben notwendigen Verwaltungsaufwands, inklusive der Personal- und Sachaufwendungen (§ 64 Abs. 6 HSG 2014).
- Festsetzung der Aufwandsentschädigung für die vom Bund entsandten Vertreterinnen und Vertreter (§ 64 Abs. 8 HSG 2014).
- Gegebenenfalls: Tragung der Kosten für die Erfüllung zusätzlicher Prüfungsaufträge (§ 64 Abs. 7 HSG 2014).

Bezüglich der ÖH bzw. der HS:

- Zurverfügungstellung der für die Erfüllung ihrer Aufgaben erforderlichen Räume an die Österreichische Hochschülerinnen- und Hochschülerschaft (§ 7 Abs. 1 HSG 2014).
- Leistung von Beiträgen zum Verwaltungsaufwand der Österreichischen Hochschülerinnen- und Hochschülerschaft, zur Schulung von Studierendenvertreterinnen und Studierendenvertretern sowie zur fachlichen Information der Studierenden (§ 7 Abs. 2 HSG 2014).

- Nach Maßgabe der budgetären Möglichkeiten: Leistung von Beiträgen zum Verwaltungsaufwand der jeweiligen HS, zur Schulung von Studierendenvertreterinnen und Studierendenvertretern sowie zur fachlichen Information der Studierenden an Pädagogischen Hochschulen, Fachhochschulen und Privatuniversitäten (§ 14 Abs. 4 HSG 2014).
- Genehmigung der Führung von Wirtschaftsbetrieben und der Beteiligung an Kapitalgesellschaften (§ 37 Abs. 1 HSG 2014).
- Vorlage des von der Bundesvertretung übermittelten Berichts an den Nationalrat (§ 22 Abs. 2 HSG 2014).
- Übermittlung von Gesetzesentwürfen, die Angelegenheiten von Studierenden betreffen, vor ihrer Vorlage an die Bundesregierung und Verordnungen dieser Art vor ihrer Erlassung an die ÖH und die HS unter Gewährung einer angemessenen Frist zur Begutachtung (§ 4 Abs. 3 und § 12 Abs. 4 HSG 2014).
- Entscheidung über Einsprüche wegen Verletzung der Bestimmungen über das Wahlverfahren für die Wahl der Bundesvertretung mit Bescheid (§ 56 Abs. 1 HSG 2014).
- Bei einer Wahlwiederholung: Festlegung der Wahltage durch Verordnung, nach Anhörung der Österreichischen Hochschülerinnen- und Hochschülerschaft, der Hochschülerinnen- und Hochschülerschaften und der Hochschulvertretungen an Bildungseinrichtungen, an denen keine Hochschülerinnen- und Hochschülerschaft eingerichtet ist (§ 58 Abs. 2 HSG 2014).

Bezüglich Bildungseinrichtungen, an denen keine Hochschülerinnen- und Hochschülerschaft eingerichtet ist:

- Nach Maßgabe der budgetären Möglichkeiten, Leistung von Beiträgen zum Verwaltungsaufwand, zur Schulung von Studierendenvertreterinnen und Studierendenvertretern sowie zur fachlichen Information der Studierenden (§25 Abs. 3 HSG 2014).

Übersicht über Übermittlungs- und Veröffentlichungspflichten

Übermittlungspflichten an die Kontrollkommission gemäß HSG 2014:

Tätigkeitsberichte:
Gemäß den §§ 22 Abs. 1 und 23 Abs. 5 HSG 2014 haben die Bundesvertretung, die Hochschulvertretungen und die Organe gemäß § 15 Abs. 2 jedes Jahr bis 30. Juni einen Tätigkeitsbericht auch auf der jeweiligen Homepage zu veröffentlichen, der in geeigneter Weise die Verteilung der Studierendenbeiträge darzustellen und die Tätigkeitsfelder, insbesondere die Beratungstätigkeiten und die erbrachten Dienstleistungen darzulegen hat. Dieser Tätigkeitsbericht ist der Kontrollkommission und der Bundesministerin oder dem Bundesminister unverzüglich in elektronischer Form zu übermitteln.

Beschlüsse über pauschalierte Aufwandentschädigungen:
Gemäß § 31 Abs. 1 HSG 2014 kann Studierendenvertreterinnen und Studierendenvertretern im Hinblick auf die Bedeutung der Funktion und auf den damit üblicherweise verbundenen Aufwand durch Beschluss der Bundesvertretung oder der jeweiligen Hochschulvertretung eine laufende pauschalierte Entschädigung gewährt werden. Diese Beschlüsse sind der Kontrollkommission unverzüglich in elektronischer Form zu übermitteln.

Jahresvoranschläge:
Gemäß § 40 Abs. 2 HSG 2014 hat die Bundesvertretung und jede Hochschulvertretung einer Hochschülerinnen- und Hochschülerschaft den Jahresvoranschlag sowie jede Änderung mit einfacher Mehrheit zu beschließen und der Kontrollkommission schriftlich und in elektronischer Form zuzustellen.

Jahresabschluss:
Gemäß § 40 Abs. 3 HSG 2014 hat die Wirtschaftsreferentin oder der Wirtschaftsreferent einen schriftlichen Jahresabschluss zu verfassen und nach der Gegenzeichnung durch die oder den Vorsitzenden spätestens Ende Dezember jedes Jahres den jeweiligen Mandatarinnen und Mandataren und der Kontrollkommission schriftlich und in elektronischer Form zuzustellen. Dem Jahresabschluss ist ein schriftlicher Prüfungsbericht einer Wirtschaftsprüferin oder eines Wirtschaftsprüfers beizulegen.

Dienstverträge:
NUR nach Aufforderung durch die Kontrollkommission: Gemäß § 42 Abs. 6 HSG 2014 sind abgeschlossene Dienstverträge und Betriebsvereinbarungen der Kontrollkommission, auf deren Verlangen, in elektronischer Form unverzüglich zu übermitteln. Bei Feststellung grober Mängel ist die Bundesministerin oder der Bundesminister zu informieren. Die Einhaltung der Verordnung des Bundesministers für Wissenschaft, Forschung und Wirtschaft über Arbeitsverhältnisse zu Hochschülerinnen- und Hochschülerschaften – Hochschülerinnen- und Hochschülerschafts-Dienstvertragsverordnung (HS-DVV) ist von der Hochschülerinnen- und Hochschülerschaft selbständig zu prüfen. Dienstverträge sind daher der Kontrollkommission seit 1. Jänner 2017 nicht mehr zur Genehmigung oder zur Prüfung zu übermitteln (Ausnahme: ausdrückliche Aufforderung durch die Kontrollkommission).

Tätigkeitsberichte, Beschlüsse über pauschalierte Aufwandentschädigungen und Dienstverträge sind jedenfalls in elektronischer Form zu übermitteln an: koko.oeh@bmwfw.gv.at

Jahresvoranschläge und Jahresabschlüsse samt schriftlichem Prüfbericht sind zusätzlich postalisch der Kontrollkommission zu übermitteln.

Übermittlungspflichten an die Wirtschaftsprüferin oder den Wirtschaftsprüfer gemäß HSG 2014:

Jahresabschluss:
Gemäß § 40 Abs. 3 HSG 2014 hat die Wirtschaftsreferentin oder der Wirtschaftsreferent einen schriftlichen Jahresabschluss zu verfassen und nach der Gegenzeichnung durch die oder den Vorsitzenden spätestens Ende Dezember jedes Jahres den jeweiligen Mandatarinnen und Mandataren und der Kontrollkommission schriftlich und in elektronischer Form zuzustellen. Dem Jahresabschluss ist ein schriftlicher Prüfungsbericht einer Wirtschaftsprüferin oder eines Wirtschaftsprüfers beizulegen.

Dienstverträge:
Gemäß § 42 Abs. 6 HSG 2014 sind die im Wirtschaftsjahr abgeschlossenen Dienstverträge der Wirtschaftsprüferin oder dem Wirtschaftsprüfer zusammen mit dem Jahresabschluss zu übermitteln.

Veröffentlichungspflichten auf der Homepage gemäß HSG 2014:

Satzung:
Gemäß den §§ 9 Abs. 4 und 16 Abs. 4 HSG 2014 ist die Satzung auf der Homepage der Österreichischen Hochschülerinnen- und Hochschülerschaft oder der betreffenden Hochschülerinnen- und Hochschülerschaft zu veröffentlichen.

Tätigkeitsberichte:
Gemäß §§ 22 Abs. 1 und 23 Abs. 5 HSG 2014 haben die Bundesvertretung, die Hochschulvertretungen und die Organe gemäß § 15 Abs. 2 jedes Jahr bis 30. Juni einen Tätigkeitsbericht auch auf der jeweiligen Homepage zu veröffentlichen, der in geeigneter Weise die Verteilung der Studierendenbeiträge darzustellen und die Tätigkeitsfelder, insbesondere die Beratungstätigkeiten und die erbrachten Dienstleistungen darzulegen hat.

Jahresvoranschlag und Jahresabschluss:
Gemäß § 40 Abs. 4 HSG 2014 sind Jahresvoranschlag und Jahresabschluss samt Prüfungsbericht mindestens zwei Wochen vor der ihre Genehmigung betreffenden Sitzung zur öffentlichen Einsicht in den Räumen der Österreichischen Hochschülerinnen- und Hochschülerschaft oder der jeweiligen Hochschülerinnen- und Hochschülerschaft aufzulegen. Der Zeitraum, in welchem der Jahresvoranschlag und der Jahresabschluss zur öffentlichen Einsicht aufliegen, der beschlossene Jahresvoranschlag und der Jahresabschluss samt schriftlichem Prüfungsbericht einer Wirtschaftsprüferin oder eines Wirtschaftsprüfers sind auf der Homepage der Österreichischen Hochschülerinnen- und Hochschülerschaft oder der jeweiligen Hochschülerinnen- und Hochschülerschaft zu veröffentlichen.

Übermittlungspflichten an die Bundesministerin oder den Bundesminister gemäß HSG 2014:

Tätigkeitsberichte:
Gemäß den §§ 22 Abs. 1 und 23 Abs. 5 HSG 2014 haben die Bundesvertretung, die Hochschulvertretungen und die Organe gemäß § 15 Abs. 2 jedes Jahr bis 30. Juni einen Tätigkeitsbericht auch auf der jeweiligen Homepage zu veröffentlichen, der in geeigneter Weise die Verteilung der Studierendenbeiträge darzustellen und die Tätigkeitsfelder, insbesondere die Beratungstätigkeiten und die erbrachten Dienstleistungen darzulegen hat. Dieser Tätigkeitsbericht ist der Kontrollkommission und der Bundesministerin oder dem Bundesminister unverzüglich in elektronischer Form zu übermitteln.

Tätigkeitsbericht der Bundesvertretung:
Gemäß § 22 Abs. 2 HSG 2014 hat die Bundesvertretung auf der Grundlage der Tätigkeitsberichte gemäß Abs. 1 der Bundesministerin oder dem Bundesminister mindestens alle zwei Jahre einen Bericht zwecks Vorlage an den Nationalrat zu übermitteln.

Bekanntgabe der Wahl und Abwahl der oder des Vorsitzenden:
Gemäß § 33 Abs. 6 HSG 2014 ist die Bundesministerin oder der Bundesminister von der Wahl und Abwahl der oder des Vorsitzenden der Bundesvertretung und der Hochschulvertretungen unverzüglich in Kenntnis zu setzen.

Anträge auf Führung von Wirtschaftsbetrieben und der Beteiligung an Kapitalgesellschaften:
Gemäß § 37 Abs. 1 HSG 2014 sind die Österreichische Hochschülerinnen- und Hochschülerschaft und die Hochschülerinnen- und Hochschülerschaften berechtigt, im Interesse der Studierenden Wirtschaftsbetriebe in Form von Kapitalgesellschaften zu führen oder sich an Kapitalgesellschaften zu beteiligen. Die Berechtigung zur Führung von Wirtschaftsbetrieben und zur Beteiligung an Kapitalgesellschaften bedarf der Genehmigung der Bundesministerin oder des Bundesministers.

Beschlussprotokolle:
Gemäß § 63 Abs. 1 HSG 2014 unterstehen die Österreichische Hochschülerinnen- und Hochschülerschaft und die Hochschülerinnen- und Hochschülerschaften an den Bildungseinrichtungen sowie die Hochschulvertretungen und die Studienvertretungen der Studierenden an Bildungseinrichtungen, an denen keine Hochschülerinnen- und Hochschülerschaft eingerichtet ist, der Aufsicht der Bundesministerin oder des Bundesministers. Die Bundesvertretung, die Hochschulvertretungen und die Wahlkommissionen bzw. Unterwahlkommissionen haben die Protokolle über die von ihnen gefassten Beschlüsse binnen zwei Wochen nach Beschlussfassung der Bundesministerin oder dem Bundesminister, alle anderen Organe der Rektorin oder dem Rektor der Universität oder der Pädagogischen Hochschule oder der Leiterin oder dem Leiter der Privatuniversität oder der Vertreterin oder dem Vertreter des Erhalters eines Fachhochschul-Studienganges unaufgefordert vorzulegen.

Stichwortverzeichnis

V

W

Z